# 西潮

고급 중국어 독해

## [서양의 물결]

서정희 편저

신아사

서문

# 西潮[서양의 물결]에 대하여

『서조(西潮)』의 저자는 1930년에서 1947년까지 북경대학 총장을 역임한 장몽린(蔣夢麟)(1886~1964)이다. 이 책은 장몽린이 태어나면서부터 1940년대 후반에 이르는 기간 동안 자신이 직접 보고 듣고 느낀 것을 서술하는 내용으로 그의 자서전 혹은 회고록이라고 보아도 무방할 것이다.『서조』는 대만에서 출판된 후 중고등학교 학생 및 대학생에게 즐겨 읽힌 애독서로 그 중 일부 내용은 교과서에 실려 소개되기도 하였다. 그리고 최근 몇 년 사이 중국대륙에서도 출판되어 널리 읽히고 있다.

장몽린은 어린 시절, 서당에서 전통적인 중국교육을 받은 뒤 과거에 합격하여 수재(秀才)가 되었다. 그 후 그는 다시 신식교육을 받은 뒤 미국에 유학하여 캘리포니아 대학교 버클리 분교에서 교육학을 전공하였다. 졸업 후 뉴욕에 있는 컬럼비아대학교 대학원에서 호적과 함께 당대 세계적인 석학인 존 듀이(John Dewey)교수 밑에서 철학과 교육학 박사학위를 받았다. 귀국 후 1919년부터 1947년까지 북경대학 교육학 교수로 봉직하며 후학을 지도하였다. 채원배(蔡元培)가 총장으로 있던 기간, 그는 오랜 기간 총무처장직을 맡았으며 세 번이나 총장대리직을 수행하였다. 1928년 국민 정부가 수립 된 후 잠시 교육부 장관직을 역임하였으며 1930년부터 1947년까지 최장기간 북경대학 총장직을 맡게 된다.

그가 살던 시대는 격동의 시대였다. 1840년 아편전쟁 이후 서양의 물결이 중국에 도래하면서 중국 사회는 전통사회에서 현대사회로의 급격한 변화를 맞이하게 된다. 그는 서양문화의 충격이 야기한 중국 전통사회의 해체를 직접 경험하면서 받은 깊은 인상을 이 책을 통하여 생생하게 묘사하고 있다. 장몽린이 이 책의 제목을『서조(西潮 : 서양의 물결)』라고 명명(命名)한 것은 바로 이와 같은 이유 때문일 것으로 추측된다.

장몽린은 우리에게 전통중국사회의 모습과 함께 서양문화의 영향으로 급격하게 변모해 가는 중국사회의 모습을 세밀화를 그리듯 세세하게 그려 보여주고 있다. 그가 살았던 시기는 청일전쟁, 노일전쟁, 무술정변, 의화단 사건, 5.4운동, 신해혁명, 군벌의 할거, 북벌, 국공투쟁, 서안사변, 중일전쟁 등 격동의 현대사가 전개된 시대였다. 이처럼 전통사회에서 현대사회로 이행하는 격동의 현대사 속에서 중국인이 겪었던 역사적 사건들을 친히 자신이 경험한 사실에 근거하여 기록한 내용이 바로 이 책인 것이다. 그러므로 이 책을 통하여 생생한 중국 역사의 현장을 볼 수 있으며 아울러 중국사회와 중국인의 삶을 그려볼 수 있다. 뿐만 아니라 당시 일본 식민지 치하에 있던 우리나라(조선)를 방문하여 보고 느낀 점을 언급한 내용을 통하여 중국인에 눈에 비친 우리나라의 모습이 어떠했는지를 살펴볼 수 있는데 이는 우리에게 의미하는 바가 적지 않을 것으로 생각된다. 특히 중국 전통교육을 철저히 받은 뒤에 다시 10년간의 미국 유학을 통하여 배양된 동서 문화를 꿰뚫는 혜안을 가지고 중국문화를 서양문화와 비교 서술하고 있기 때문에 이 책은 중국문화는 물론 서양문화를 이해하는 면에서도 많은 도움을 주리라는 사실을 믿어 의심치 않는다.

장몽린의『서조』는 독자들에게 첫째, 중국의 전통사회와 전통사회에서 현대사회로 이행하는 과정, 다사다난했던 중국 현대사의 전개과정을 보여주며, 둘째, 중국 각 지역의 사람들과 그들이 살고 있는 지역의 지리적 특성을 알려주며, 셋째, 중국과 관련된 미국의 상황, 미국에 사는 화교들의 생활모습 나아가 중국문화 및 서양문화의 정수를 날카로운 안목으로 펼쳐 보임으로써 좀 더 깊이 중국을 이해할 수 있는 기회를 제공하고 있다. 그러므로 중국을 알고 싶어 하는 독자들 특히 중국인의 삶과 문화에 관심이 많은 독자들에게 많은 정보와 재미를 제공하는 점에서 일독할 가치가 충분히 있는 책이라고 생각된다.

2015년 여름

편저자 서정희

# 목 차

## 第一部 满清末年
청조 말년



## 第二部 留美时期
미국유학시기

## 第3部 现代世界中的中国

현대세계속의 중국

# 第一部 満清末年

## 청조 말년

# 第一章　西风东渐
# 서양세력의 동방진입

差不多两千年以前，几位东方的智者，循着天空一颗巨星的指示，追寻到一个新宗教的诞生地。这个宗教便是基督教。基督教后来在西方国家的生活中占着极其重要的地位。

**智者**(zhìzhě)：지혜로운 사람. **循着**(xúnzhe)：~을 따라가다. 쫓아가다. ~을 따라. **追寻**(zhuīxún)：캐다. 따지다. 추적하다. **极其**(jíqí)：극히. 매우. 아주. 몹시.

基督教以和平仁爱为宗旨，要求教徒们遇到"有人掌掴你的右颊时，你就把左颊也凑过去"。基督教的教徒经过不断的磨难和挫折，不顾罗马猛狮的威胁和异教徒的摧残迫害，逆来顺受，终于在罗马帝国各民族之间传播开来了。几百年之后，它以同样坚忍的精神慢慢地流传到中国。

**宗旨**(zōngzhǐ)：목적. 목표. 주지. [주요한 목적과 의도]. **掌掴**(zhǎngguó)：손바닥으로 때리다. 따귀를 때리다. **颊**(jiá)：뺨. 볼. **凑过去**(còuguòqù)：갖다 대다. **经过**(jīngguò)：(장소, 시간, 동작 등을) 지나다. 거치다. 경과(經過)하다. 통과(通過)하다. **磨难**(mónàn)：역경. 고생. 고난. 시련. **不顾**(bùgù)：고려하지 않다. 꺼리지 않다. **罗马**(luómǎ)：로마. **猛狮**(měngshī)：사나운 사자. **威胁**(wēixié)：(어떤 무력이나 권세로) 협박(脅迫)하다. 위협(威脅)하다. **摧残**(cuīcán)：심각한 손해를 입게 하다. 심각한 피해를 입히다. **逆来顺受**(nìláishùnshòu)：외부로부터의 압력을 참고 견디어 내다. **终于**(zhōngyú)：마침내. 결국. 끝내. **开来**(kāilái)：~하게 되다. **坚忍**(jiānrěn)：꾹 참고 견디다. **流传**(liúchuán)：(사적·작품 따위가) 유전하다. 세상에 널리 퍼지다.

景教徒在唐朝(公元六一八～九〇七)时来到中国，唐室君主曾为他们建造了景教寺，但是景教徒的传教成绩却很有限，再过了几百年，在十七世纪中叶，耶稣会教士带着西方的天文学来到中国，终于得到明朝(公元一三六八~一六四四)皇帝的垂青。

景教(Jǐngjiào):기독교의 일파. 传教(chuánjiào):포교, 선교. 成绩(chéngjì):성적. 성과. 기록. 垂青(chuíqīng):특별히 애호하시다. 호의를 보이시다.

在这同时, 活力旺盛的西方民族, 不但接受了新兴的基督教, 而且发展了科学, 完成了许许多多的发明, 为近代的工业革命奠立了基础。科学和发明渐渐流传到了东方, 先是涓涓滴滴地流注, 接着汇为川流江涛, 最后成为排山倒海的狂潮巨浪, 泛滥整个东方, 而且几乎把中国冲塌了。

奠立(diàndìng):다지다. 닦다. 안정시키다. 先是(xiān·shì):처음에는. 먼저. 전에는. 涓涓滴滴(juānjuāndīdī):적은 양의 물. 流注(liúzhù):흘러 들어가다. 汇(huì):물이 한 곳으로 모이다. 川流江涛(chuānliújiāngtāo):냇물과 강물. 排山倒海(páishāndǎohǎi):산을 밀어 치우고 바다를 뒤집어엎다; 위세(威勢)가 대단하다. 狂潮巨浪(kuángcháojùlàng):세찬조수와 거대한 파도. 几乎(jīhū):거의, 하마터면. 冲塌(chōngtā):(홍수 따위가) 휩쓸어 무너뜨리다.

中国人与基督教或任何其他宗教一向没有什么纠纷, 不过到了十九世纪中叶, 基督教与以兵舰做靠山的商业行为结了伙, 因而在中国人心目中, 这个宣扬爱人如己的宗教也就成为侵略者的工具了。

一向(yīxiàng):(이전부터 오늘까지) 줄곧. 내내. 종래. 본래. 원래. 纠纷(jiūfēn):다툼. 분쟁. 분규. 알력. 兵舰(bīngjiàn):군함(軍艦). 靠山(kào·shān):믿고 의지할 사람. 후원자. 보호자. 빽. 结伙(jiéhuǒ):무리[패거리]를 짓다. 작당하다. 한 패가 되다. 宣扬(xuānyáng):말을 퍼뜨리다. 소문을 내다. 떠벌리다. 工具(gōngjù):수단. 도구.

人们发现一种宗教与武力形影不离时, 对这种宗教的印象自然就不同了。而且中国人也实在无法不把基督教和武力胁迫相提并论。慢慢地人们产生了一种印象, 认为如来佛是骑着白象到中国的, 耶稣基督却是骑在炮弹上飞过来的。

形影不离(xíngyǐngbùlí):그림자가 형체를 따르듯이 조금도 떨어지지 않다; 그림자처럼 따라 다니다. 대단히 사이가 좋다. 胁迫(xiépò):협박하다. 위협하다. 相提并论

(xiāngtíbìnglùn) : 여러 종류의 것을 함께 논하다. 동일시하다. **炮弹**(pàodàn) : 포탄. [때로는 탄두(彈頭)를 가리킴].

我们吃过炮弹的苦头, 因而也就对炮弹发生兴趣。一旦我们学会制造炮弹, 报仇雪耻的机会就来了。我们可以暂时不管这些炮弹是怎么来, 因为对我们这些凡夫俗子而言, 保全性命究竟比拯救灵魂来得重要。

**吃苦头**(chīkǔ·tou) : 괴로움을 당하다. 애를 먹다. 쓴맛을 보다. **一旦**(yīdàn) : 어느 때. 일단. **报仇雪耻**(bàochóuxuěchǐ) : 원수를 갚고 치욕을 씻다. **不管**(bùguǎn) : 관계하지 않다. 돌보지 않다. 간섭하지 않다. **凡夫俗子**(fánfūsúzǐ) : 평범한 사람. 범부. 범인(凡人). **性命**(xìngmìng) : 목숨, 생명. **究竟**(jiūjìng) : 필경. 결국. 어쨌든. 요컨대. **拯救**(zhěngjiù) : 구하다. 구제하다. 구조하다. 구출하다. 건지다. 구원하다.

历史的发展真是离奇莫测。我们从研究炮弹而研究到机械发明；机械发明而导致政治改革；由于政治改革的需要, 我们开始研究政治理论；政治理论又使我们再度接触西方的哲学。

**离奇莫测**(líqímòcè) : 불가사의하여 헤아릴 수 없다. **再度**(zàidù) : 재차. 두 번째.

在另一方面, 我们从机械发明而发现科学, 由科学进而了解科学方法和科学思想。一步一步地我们离炮弹越来越远了, 但是从另一角度来看, 也可以说离炮弹越来越近了。故事说得很长, 但是都是在短短一百年之内发生的, 而且紧张热烈的部分还不过五十年的样子。我说一百年, 因为香港本来可以在一九四二年庆祝香港成为英国领土的一百周年纪念, 但是这也是历史上偶然的一件事, 英国的旧盟邦日本却在前一年以闪击方式把香港抢走了。

**短短**(duǎnduǎn) : 매우 짧다. **闪击**(shǎnjī) : 전격(電擊)하다. **抢走**(qiǎngzǒu) : 강탈하여 도망가다. 빼앗아 가다.

我提到香港, 决不是有意挖旧疮疤, 而是因为香港在中国欧化的早期历史中, 恰恰是现成的里程碑。大家都知道, 香港这群小岛是中国在所谓"鸦片战争"中失败以后在一八四二年割让给英国的。

**提到**(tídào) : 말이 미치다. 언급하다. **挖**(wā) : 파다. 파내다. 후벼 내다. 깎아 내다. 갉아 내다. 후비다. 발굴하다. **疮疤**(chuāngbā) : 부스럼·상처 따위가 아문 후의 흔적. 상처 자국. 고통스러웠던 옛 일. 허물. 개인의 비밀. **恰恰**(qiàqià) : 꼭. 바로. 마침. **现成**(xiànchéng) : 마침 그 자리에 있는. 이미 갖추어져[만들어져] 있는. 기성(旣成)의. **纪程碑**(jìlǐchéngbēi) : 역사상 이정표가 되는 사건, 획기적인 사건.

这次战争的起因是中国继禁止鸦片进口之后, 又在广州焚毁大批鸦片。鸦片是英国由印度输出的主要货物, 于是英国就以炮弹回敬中国, 中国被击败了。

**起因**(qǐyīn) : 원인. **焚毁**(fénhuǐ) : 불태워 버리다. 소각하다. **货物**(huòwù) : 물품. 상품. 화물. **回敬**(huíjìng) : (인사 또는 선물에) 답례하다. 대꾸하다. 반격하다. **击败**(jībài) : 쳐부수다. 패배시키다. 격파하다.

一八四二年的中英条约同时规定中国的五个沿海城市开放为商埠。这就是所谓"五口通商"。大批西方商品随着潮涌而至。这五个商埠以差不多相似的距离散布在比较繁盛的中国南半部, 为中国造成了与外来势力接触的新边疆。

**商埠**(shāngbù) : (옛날) 외국과의 통상 항구[도시]. 개항장(開港場). **五口通商**(WǔkǒuTōngshāng) : 5개통상항(1842년, 청(淸)나라가 아편 전쟁의 패배로, 남경(南京) 조약에 의하여 상해(上海)·광주(廣州)·복주(福州)·하문(廈門)·영파(寧波) 등 다섯 개 항(港)을 통상 항으로 개방한 것.). **随着**(suí·zhe) : …따라서. …뒤이어. …에 따라. **潮涌而至**(cháoyǒngérzhì) : 밀물처럼 세차게 밀려오다. **散布**(sànbù) : 흩어지다. 흩뜨리다. 뿌리다.

过去中国只有北方和西北那样的内陆边疆, 现在中国的地图起了变化, 这转变正是中国历史的转捩点。

**转变**(zhuǎnbiàn) : 전변하다. (점점)바뀌다. 전환(轉換)하다. **转捩点**(zhuǎnlièdiǎn) : 전환점.

这五个商埠—广州、厦门、福州、宁波和上海—由南向北互相衔接, 成为西方货品的集散地, 舶来品由这五个口岸转销中国最富有的珠江流域和长江流域各地。

**衔接**(xiánjiē) : 맞물다. 맞물리다. 잇다. 이어지다. 연결하다. 연결되다. **舶来品**(bóláipǐn) : 외래품, 수입품. **口岸**(kǒuàn) : 개항지(開港地). 항구. **转销**(zhuǎnxiāo) : 전매하다.

西方商人在兵舰支持之下像章鱼一样盘踞着这些口岸, 同时把触须伸展到内地的富庶省份。中国本身对于这些渗透并不自觉, 对于必然产生的后果更茫无所知。

**章鱼**(zhāngyú) : 문어. **盘踞**(pánjù) : 불법으로 점거하다. 둥지를 틀고 들어앉다. 도사리다. 웅거하다. **触须**(chùxū) : 촉수. **富庶**(fùshù) : 인구가 많고, 물자가 풍부하다. 풍요롭다. **省份**(shěngfèn) : 성(省). **茫无所知**(mángwúsuǒzhī) : 전혀 모르다.

亿万人民依旧悠然自得地过着日子, 像过去一样过他们从摇篮到坟墓的生活, 从没想到在现代的工作上下工夫。一部分人则毫不经心地开始采用外国货, 有的是为了实用, 有的是为了享受, 另一些人则纯然为了好奇。

**亿万**(yìwàn) : 억만(의). 무수(한). **依旧**(yījiù) : 의구하다. 여전하다. 예전대로다. **悠然自得**(yōuránzìdé) : 유유자적하다. **坟墓**(fénmù) : 무덤. 묘지. **下工夫**(xià gōngfu) : 공을 들이다. 노력하다. 시간과 정력을 쏟아 붓다. 힘쓰다. **毫不经心地**(háobùjīngxīnde) : 전혀 마음에 두지 않고, 전혀 신경을 쓰지 않고. **采用**(cǎiyòng) : 채용(採用)하다. 채택(採擇)하다. **纯然**(chúnrán) : 순전히. 오직.

但是, 西方列强的兵舰政策不但带来了货品和鸦片, 同时也带来了西方科学文化的种子。这在当时是看不出来的, 但是后来这些种子终于发芽滋长, 使中国厚蒙其利——这也是历史上的一大讽刺。

**发芽滋长**(fāyázīzhǎng) : 싹이 터서 자라다. **讽刺**(fěngcì) : 아이러니.

这时候, 日本也正以一日千里之势向欧化的途程迈进, 中国对此却毫无所觉。半世纪以后, 这个蕞尔岛国突然在东海里摇身一变, 形成一个硕大的怪物, 并且在一八九四年出其不意地咬了东亚睡狮一大口。

**蕞尔**(zuì'ěr) : 지역이) 비좁다. 손바닥 만하다. **摇身一变**(yáoshēnyībiàn) : (신괴소설(神怪小說)에서 사람이나 귀신이) 몸을 흔들어 곧 모습을 바꾸다 ; 사람의 태도·말·행동 등이 갑자기 크게 변하다. 갑자기 변신하다. **硕大**(shuòdà) : 매우 크다. 대단히 크다. **出其不意地**(chūqíbùyìde) : 불의에. 예기치 않게. **咬一大口**(yǎoyīdàkǒu) : 크게 물다.

中国继香港之后又丢了台湾。这只东亚睡狮这时可真有点感到疼痛了, 茫茫然揉着惺忪的睡眼, 不知道究竟是什么扰了它的清梦?

**茫茫然**(mángmángrán) : 멍청하게 **惺忪**(xīngsōng) : 잠에서 막 깨어나 거슴츠레하다. **清梦**(qīngmèng) : 미몽.

我原先的计划只是想写下我对祖国的所见所感, 但是当我让这些心目中的景象一一展布在纸上时, 我所写下的可就有点像自传, 有点像回忆录, 也有点像近代史。

**原先**(yuánxiān) : 원래. 이전. 본래. **景象**(jǐngxiàng) : 현상. 상태. 상황. 광경. 양상. 경관. 모양. 모습. **展布**(zhǎnbù) : 의견을 진술하다. 솜씨를[수완을] 발휘하다. 드러나다. 펼쳐지다. **可就**(kějiù) : 곧. 바로. 틀림없이. ['**就**'보다 뜻이 강함]. **自传**(zìzhuàn) : 자서전. **回忆录**(huíyìlù) : 회상록. 회고록.

不管它像什么, 它记录了我心目中不可磨灭的景象, 这些景象历历如绘地浮现在我的脑际, 一如隔昨才发生的经历。在急速递擅的历史中, 我自觉只是时代巨轮上一颗小轮齿而已。

**心目**(xīnmù) : 심중(心中). 마음속. 안중. 생각. 견지. **不可磨灭**(bùkěmómiè) : 지워 버릴 수 없다. 가셔질 수 없다. 불멸하다. **浮现**(fúxiàn) : (지난 일이)떠오르다. **脑际**(nǎojì) : 머리. 생각. 사고. **一如**(yīrú) : …와 똑같다. **经历**(jīnglì) : 경력. 경험. **一如隔昨才发生的经历**(yīrúgézuócáifāshēngdejīnglì) : 어제 발생한 일처럼. **递擅**(dìshàn) : 차례로, 교체되다. **轮齿**(lúnchǐ) : 톱니바퀴의 톱니. **而已**(éryǐ) : …만. …뿐.

# 第二章 乡村生活
# 향촌생활

我出生在一个小村庄里的小康之家。兄弟姊妹五人, 我是最小的一个, 三位哥哥, 一位姊姊。我出生的前夕, 我父亲梦到一只熊到家里来, 据说那是生男孩的征兆。第二天, 这个吉兆应验了, 托庇祖先在天之灵, 我们家又添了一个儿子。

**村庄**(cūnzhuāng) : 마을. 촌락. 부락. **小康之家**(xiǎokāngzhījiā) : 중류가정. 밥술이나 먹는 집. **前夕**(qiánxī) : 전날 밤. 전야. **据说**(jùshuō) : 말하는 바에 의하면. 듣건대 **征兆**(zhēngzhào) : 징조. 조짐. 전조. 징후. **应验**(yìngyàn) : 효험이 있다. 효력이 있다. 영험하다. (예언 등이) 들어맞다. **托庇**(tuōbì) : (윗사람이나 유력자에게) 신세를 지다. 덕을 입다. 도움을 받다. 비호를 받다. 덕분에 …하다. **在天之灵**(zàitiānzhīlíng) : 하늘에 계시는 영혼. [죽은 사람의 영혼을 공경하여 일컫는 말].

我大哥出生时, 父亲曾经梦到收到一束兰花, 因此我大哥就取名梦兰。我二哥也以同样的原因取名为梦桃。不用说, 我自然取名为梦熊了。姊姊和三哥诞生时, 父亲却没有梦到什么。

**兰花**(lánhuā) : 난초·등골나물 따위의 꽃. **一束**(yīshù) : 한 묶음, 한 다발, 한 단. **取名**(qǔmíng) : 이름을 짓다. **不用说**(bùyòngshuō) : 말할 필요가 없다. 말할 나위도 없다.

后来在我进浙江高等学堂时, 为了先前的学校里闹了事, 梦熊这个名字入了黑名单, 于是就改为梦麟了。

**先前**(xiānqián) : 이전. 앞서. 종전. **闹事**(nàoshì) : 크게 문제를 일으켜 사회 질서를 파괴하다. 소동을 일으키다. 일을 저지르다. 소란을 피우다. **黑名单**(hēimíngdān) : 블랙리스트.

我出生在战乱频仍的时代里。我出生的那一年，英国从中国拿走了对缅甸的宗主权；出生的前一年恰恰是中法战争结束的一年，中国对越南的宗主权就在那一年让渡法国。

**战乱**(zhànluàn)：전란. **频仍**(pínréng)：잦다. 빈발(頻發)하다. 빈번히 일어나다. 여러 번 발생하다. **缅甸**(Miǎndiàn)：미얀마(Myanmar). [수도는'**仰光**'(양곤, Yangon)]. **让渡**(ràngdù)：양도하다. 넘겨주다.

中国把宗主权一再割让，正是外国列强进一步侵略中国本土的序幕，因为中国之保有属国，完全是拿它们当缓冲地带，而不是为了剥削他们。中国从来不干涉这些边缘国家的内政。

**一再**(yīzài)：몇 번이나. 수차. 거듭. 반복하여. **边缘**(biānyuán)：(경계에)근접한. (양방이)관계있는.

这情形很像一只橘子，橘皮被剥去以后，微生物就开始往橘子内部侵蚀了。但是中国百姓却懵然不觉，西南边疆的战争隔得太远了，它们不过是浩瀚的海洋上的一阵泡沫。

**懵然不觉**(měngránbùjué)：전혀 모르다. **边疆**(biānjiāng)：변방(邊方). 변경(邊境). 국경지대. **浩瀚**(hàohàn)：무수히 많다. 막대하다. 매우 크고 많다. **泡沫**(pàomò)：포말(泡沫). (물)거품.

乡村里的人更毫不关心，他们一向与外界隔绝，谈狐说鬼的故事比这些军国大事更能引起他们的兴趣。但是中国的国防军力的一部份却就是从这些对战争不感兴趣的乡村征募而来的。

**隔绝**(géjué)：단절하다. 막히다. 차단하다. **军国**(jūnguó)：군사와 국정 혹은 군대와 국가. **征募**(zhēngmù)：(병사 등을)징모하다. 징집하다.

我慢慢懂得一些人情世故之后，我注意到村里的人讲起太平天国革命的故事时，却比谈当前国家大事起劲多了。我们乡间呼太平军为长毛，因为他们蓄发不剃头。凡听到有变乱的事，一概称之为长毛造反。

人情世故(rénqíngshìgù) : 처세술. 세상 물정. 起劲(qǐjìn) : 기운이 나다. 흥(興)이 나다. 마음이 쏠리다. 열심이다. 乡间(xiāngjiān) : 시골. 마을. 촌. 蓄发(xùfà) : 머리를 기르다. 剃头(tìtóu) : 머리를 깎다. 이발하다. 变乱(biànluàn) : 변란. 소란. 전란. 一概(yīgài) : (예외 없이) 전부. 모조리. 일률적으로. 凡(fán) : 무릇. 대저. 造反(zàofǎn) : 반란을 일으키다. 반역하다.

大约在我出生的三十年前, 我们村庄的一角曾经被太平军破坏。一位木匠出身的蒋氏族长就参加过太平军。人们说他当过长毛的, 他自己也直认不讳。他告诉我们许多太平军掳掠杀戮煮吃人肉的故事, 许多还是他自己亲身参加的。

一角(yījiǎo) : (일의) 한 몫. 한 부분. 한 귀퉁이. 木匠(mù·jiang) : 목수. 목공. 直认不讳(zhírènbùhuì) : 거리낌 없이 솔직히 인정하다. 掳掠(lǔlüè) : 약탈하다. 빼앗다. 노략질하다. 杀戮(shālù) : 살육하다. 煮吃(zhǔchī) : 삶아먹다. 还是(hái·shi) : 또한. 亲身(qīnshēn) : 친히. 스스로. 몸소.

我看他的双目发出一种怪光, 我父亲说, 这是因为吃人肉的缘故。我听了这些恐怖的故事, 常常为之毛骨悚然。这位族长说, 太平军里每天要做祷告感谢天父天兄(上帝和耶稣)。

毛骨悚然(máogǔsǒngrán) : 머리카락이 곤두서다. 모골이 송연하다. 소름이 끼치다. 祷告(dǎogào) : 기도드리다. 기원하다.

有一天做祷告以后, 想要讨好一位老长毛, 就说了几句"天父夹天兄, 长毛夺咸丰" 一套吉利话。老长毛点头称许他。他抖了。就继续念道"天下打不通, 仍旧还咸丰"。"妈"的一声, 刀光一闪, 从他头上掠过。

老长毛(lǎochángmáo) : 고참 태평군병사. 讨好(tǎohǎo) : 비위를 맞추다. 기분을 맞추다. 영합하다. 잘 보이다. 눈에 들다. 이익을 얻다. 咸丰(xiánfēng) : 청대(清代)문종(文宗)의 연호(1851-1861). 夹(jiá) : 뒤섞이다. 혼합하다. 吉利话(jílì话) : 상서로운 말. 덕담. 좋은 말. 称许(chēngxǔ) : 칭찬하다. 찬양하다. 抖(dǒu) : 떨다. 念道(niàn·dao) : 말하다. 담론하다. 仍旧(réngjiù) : 변함없이. 여전히. 刀光一闪(dāoguāngyīshǎn) : 칼 빛이 번뜩이다.

从此以后, 他不敢再和老长毛开玩笑了。这样关于长毛的故事, 大家都欢喜讲, 欢喜听。但是村里的人只有偶然才提到近年来的国际战争, 而且漠不关心。其间还有些怪诞不经的胜利, 后来想起来可怜亦复可笑。事实上, 中国军固然在某些战役上有过良好的表现, 结果却总是一败涂地的。

**开玩笑**(kāiwánxiào) : 농담을 하다. 웃기다. 놀리다. **偶然**(ǒurán) : 이따금. 가끔. 때때로. **漠不关心**(mòbùguānxīn) : 전혀 관심이 없다. **怪诞不经**(guàidànbù jīng) : 황당무계한. **亦复**(yìfù) : 또한. **固然**(gùrán) : 물론 …지만. **战役**(zhànyì) : 전역. [일정한 전략 목적을 실현하기 위해, 통일된 작전 계획에 의해 일정한 방향과 시간 내에 행하는 전투]. **一败涂地**(yībàitúdì) : 여지없이 패하여 다시는 일어날 수 없게 되다. 철저히 실패하여 돌이킬 수 없다. 참패하다.

现代发明的锋芒还没有到达乡村, 因而这些乡村也就像五百年前一样保守、原始、宁静。但是乡下人却不闲, 农人忙着耕耘、播种、收获; 渔人得在运河里撒网捕鱼; 女人得纺织缝补; 商人忙着买卖; 工匠忙着制作精巧的成品; 读书人则高声诵读, 默记四书五经, 然后参加科举。

**锋芒**(fēngmáng) : 예봉. 영향. 영향력. **宁静**(níngjìng) : (환경·마음 따위가) 편안하다. 조용하다. 평온하다. **农人**(nóngrén) : 농부, 농민. **耕耘**(gēngyún) : 땅을 갈고 김을 매다. **撒网**(sāwǎng) : 그물을 치다. **纺织**(fǎngzhī) : 방직을 하다. **缝补**(féngbǔ) : 바느질이나 수선을 하다. **工匠**(gōngjiàng) : 공예가. 공인(工人). **成品**(chéngpǐn) : 제품. 완제품. **读书人**(dúshūrén) : 독서인. 지식인. 학자. **诵读**(sòngdú) : 소리를 내어서 읽다. 송독(誦讀)하다. **默记**(mòjì) : 암기(暗記)하다.

中国有成千上万这样的村落, 因为地形或气候的关系, 村庄大小和生活习惯可能稍有不同, 但是使他们聚居一起的传统、家族关系, 和行业却大致相同。

**成千上万**(chéngqiānshàngwàn) : 수천수만. 대단히 많은 수의 형용. **因为……关系** : …… 때문에. **聚居**(jùjū) : 모여 살다. 집거(集居)하다.

共同的文字、共同的生活理想、共同的文化和共同的科举制度则使整个国家结为一体而成为大家所知道的中华帝国(我们现在称中华民国, 在辛亥革命以前, 欧美人称我们为中华帝国)。

**共同**(gòngtóng) : 공동의. 공통의.

以上所说的那些成千上万的村庄, 加上大城市和商业中心, 使全国所需要的粮食、货品、学人、士兵, 以及政府的大小官吏供应无缺。只要这些村镇城市不接触现代文明, 中国就可以一直原封不动, 如果中国能在通商口岸四周筑起高墙, 中国也可能再经几百年而一成不变。

**学人**(xuérén) : 학자. **村镇**(cūnzhèn) : 촌과 소도시. **原封不动**(yuánfēngbùdòng) : 개봉하거나 손대지 않고 원래 그대로 두다. 원래 모양대로 그대로 하다. **一成不变**(yīchéngbùbiàn) : 한번 정해지면 고치지 않는다. 고정불변하다. 변함없다. 옛것을 고수하여 잘 고치려 하지 않다.

但是西洋潮流却不肯限于几个通商口岸里。这个潮流先冲激着附近的地区, 然后循着河道和公路向外伸展。五个商埠附近的, 以及交通线附近的村镇首先被冲倒。现代文明像是移植过来的树木, 很快地就在肥沃的中国土壤上发荣滋长, 在短短五十年之内就深入中国内地了。

**冲激**(chōngjī) : 충격을 가하다. 돌진하다. 세게 부딪치다. **河道**(hédào) : (주로 배가 다닐 수 있는) 물길. 수로(水路). **公路**(gōnglù) : 도로(道路). [시 지역 이외에 각종 차량들이 통행할 수 있는 넓고 평탄한 도로]. **伸展**(shēnzhǎn) : (일정한 방향을 향해)뻗다. 늘이다. 펼치다. 펴다. **交通线**(jiāotōngxiàn) : 교통선. 수송선. **冲倒**(chōngdǎo) : (강한 기세로) (밀어)넘어뜨리다. 부딪쳐 넘어뜨리다. **发荣滋长**(fāróngzīzhǎng) : 무성하게 자라다.

蒋村是散布在钱塘江沿岸冲积平原上的许多村庄之一, 村与村之间常是绵延一两里的繁茂的稻田, 钱塘江以风景优美闻名于世, 上游有富春江的景色, 江口有著名的钱塘江大潮。

**冲积平原**(chōngjīpíngyuán) : 충적평야. **绵延**(miányán) : 길게 이어져 있다. 끊임이 없다. **繁茂**(fánmào) : 초목이 무성하다[우거지다]. **稻田**(dàotián) : 논. **闻名于世**(wénmíngyúshì) : 세상에 유명한. **景色**(jǐngsè) : 경색. 경치. 풍경. **大潮**(dàcháo) : 대조. 한사리.

几百年来, 江水沿岸积留下肥沃的泥土, 使两岸逐步向杭州湾扩伸。居民就在江边新生地上筑起临时的围堤截留海水晒盐。每年的盐产量相当可观, 足以供应几百万人的需要。

**泥土**(nítǔ) : 흙. 토양(土壤). **逐步**(zhúbù) : 한 걸음 한 걸음. 차츰차츰. 점차. **扩伸**

(kuòshēn) : 확장하다. 신장하다. **居民**(jūmín) : 주민(住民). [고정적으로 어느 한 곳에 거주하는 사람]. **新生地**(xīnshēngdì) : 새 땅. **围堤**(wéidī) : 사방에 쌓은 제방. **截留**(jiéliú) : (수속 과정에서 사람을) 잡아서 가두다. 억류(抑留)하다. 구류(拘留)하다. **晒盐**(shàiyán) : 천일염을 만들다. **相当可观**(xiāngdāngkě guān) : 상당히 굉장한. 상당한. 엄청난.

经过若干年代以后, 江岸再度向前伸展, 原来晒盐的地方盐份渐渐消失净尽, 于是居民就在离江相当远的地方筑起堤防, 保护渐趋干燥的土地, 准备在上面蓄草放枝。再过一段长时期以后, 这块土地上面就可以植棉或种桑了。

**年代**(niándài) : 시대. 시기. 시간. [주로 지금으로부터 꽤 오래전의 과거를 가리킴]. **江岸**(jiāngàn) : 강안. 하안. 강기슭. **再度**(zàidù) : 다시. 재차. **伸展**(shēn zhǎn) : (일정한 방향을 향해) 뻗다. 늘이다. 펼치다. 펴다. **净尽**(jìngjìn) : 전혀 남지 않다. 조금도 남지 않다. **蓄草放枝**(xùcǎofàngzhī) : 풀과 나뭇가지를 쌓아놓다. **植棉**(zhímián) : 면화. 목화

要把这块土地改为稻田, 也许要再过五十年。因为种稻需要大量的水, 而挖池塘筑圳渠来灌溉稻田是需要相当的时间的, 同时土地本身也需要相当时间才能慢慢变为沃土。

**稻田**(dàotián) : 논. **池塘**(chítáng) : 못. **圳渠**(zhènqú) : 인공수로. 도랑. **灌概**(guàngài) : 논밭에 물을 대다.

我童年时代的蒋村, 离杭州湾约有二十里之遥。围绕着它的还有无数的村庄。大大小小, 四面八方都有, 往南一直到山麓, 往北到海边, 往东往西则有较大的城镇和都市, 中间有旱道或河汊相通。

**童年**(tóngnián) : 어린 시절. 유년시절. **四面八方**(sìmiànbāfāng) : 사면팔방. 방방곡곡. **城镇**(chéngzhèn) : 도시와 읍. **旱道**(hàndào) : 육로. **河汊**(héchà) : 큰 강의 지류.

蒋氏族谱告诉我们, 我们的祖先是从徽州迁到奉化暂驻, 又从奉化迁到余姚。徽州是钱塘江的发源地, 我们的祖先到余姚来, 可能就是为了开垦江边的新生地。

**族谱**(zúpǔ) : 족보. **迁**(qiān) : 옮기다. 이사하다. **开垦**(kāikěn) : 개간하다.

在我幼年时, 我们蒋氏家庙的前面还有古堤岸的遗迹, 那家庙叫做"四勿祠", 奉祠宋朝当过御史的一位祖先, 他是奉化人, 名叫蒋舰。然而一般人却惯叫"陡塘庙", 因为几百年前, 庙前横着一条堤塘。

**家庙**(jiāmiào) : 가묘. 한 집안의 사당. **堤岸**(dī'àn) : 제방. 동뚝. **奉祠**(fèngcí) : 제사를 받들다. **堤塘**(dītáng) : 제방.

读者或许要问 : 什么叫"四勿"呢? 那就是〈论语〉里的非礼勿视, 非礼勿听, 非礼勿言, 非礼勿动四句话。我们玩具店里所看到的三只猴子分别蒙起眼睛、耳朵、嘴巴, 就是指这回事。

**非礼勿视, 非礼勿听, 非礼勿言, 非礼勿动** : 예가 아니면 보지 말고, 예가 아니면 듣지 말고 에가 아니면 말하지 말고 예가 아니면 행하지 말라(논어(論語). 안연편(顔淵篇)). **玩具**(wánjù) : 장난감. 완구. **分别**(fēnbié) : 각각. **蒙**(méng) : 덮다. 가리다.

至于为什么没有第四只猴子, 因为那三只猴子坐着不动, 就可以代表了。但是我们那位御史公却把这四勿改为勿欺心, 勿负主, 勿求田, 勿问舍, 人称之为四勿先生。这些自古流传下来的处世格言是很多的。

**負主**(fùzhǔ) : 주인을 배반하다. **求田问舍**(qiútiánwènshè) : 전답이나 가옥을 사려고 묻다 ; 재산을 늘리는 데만 마음을 쓰고 원대한 뜻이 없다. 돈벌이에만 급급하다.

我们利用一切可能的方法, 诸如寺庙、戏院、家庭、玩具、格言、学校、历史、故事等等, 来灌输道德观念, 使这些观念成为日常生活中的习惯。以道德规范约束人民生活是中国社会得以稳定的理由之一。

**诸如**(zhūrú) : 예컨대 …따위. 이를테면 … 같은 것들. **寺庙**(sìmiào) : 절. 사원. **戏院**(xìyuàn) : 극장. **灌输**(guànshū) : (지식 따위를) 주입하다. **约束**(yuēshù) : 단속[구속]하다. 제약[제한]하다. 얽매다.

几千年以来, 中国的人口从北方渐渐扩展到南方, 先到长江流域, 继至珠江流域, 最后到了西南山区。中华民族一再南迁的理由很多, 南方土地肥沃、塞外好战部落入侵, 以及人口的自然繁殖都有关系。

**扩展**(kuòzhǎn) : 확장하다. 신장하다. **一再**(yīzài) : 몇 번이나. 수차. 거듭. 반복하여. **塞外**(sàiwài) : 변새 밖. 국경 밖(만리장성 밖의 변방지역).

且从宋朝以后, 黄河一再泛滥, 更使人们想念江南乐土。我的祖先在早期就由北而南, 由南而东, 最后终于在杭州湾沿岸定居下来。

**想念**(xiǎngniàn) : 그리워하다. 생각하다. **乐土**(lètǔ) : 낙토. **早期**(zǎoqī) : 조기. 이른 시기. 초기. **定居**(dìngjū) : 정주(**定住**)하다. 정착하다.

蒋氏的始祖是三千多年前受封的一位公子王孙。他的名字叫做百龄, 是代周成王摄政的周公的第三个儿子。他在纪元前十二世纪末期被封在黄河流域下游的一块小地方, 他的封地叫做"蒋", 他的子孙也就以蒋为氏了。蒋是茭白古名。那块封地之所以定名为蒋, 可能是那一带地方茭白生长得特别繁茂的缘故。

**受封**(shòufēng) : 봉작을 받다. **公子王孙**(gōngzǐwángsūn) : 귀족의 자제. **茭白**(jiāobái) : 교백(줄의 어린 줄기가 깜부깃병에 걸려 비대해진 것. [식용으로 함).

在三国时代, 也就是公元第三世纪, 我们的一位祖先曾在历史上露了脸。他的名字叫蒋碗, 住在长江流域南部的湘乡, 从蜀先主入蜀。诸葛亮称他是社稷之才。这证明住在长江以南的蒋姓子孙, 在第三世纪以前就从黄河流域南迁了。

**也就是**(yějiù·shi) : 바꾸어[다시] 말하면 …이다. **露脸**(lòuliǎn) : 얼굴을 내밀다. 출현하다. **社稷之才**(shèjìzhīcái) : 국가의 안위를 책임 맡을 수 있는 재능을 지닌 신하.

从我们的始祖起到现在, 所有嫡系子孙的名字, 在我们的族谱上都有纪录可考。至于确实到什么程度, 我却不敢说, 因为他们的生平事迹很少有人知道, 考证起来是很困难的。

**嫡系**(díxì) : 직계. 정통. 적계. **可考**(kěkǎo) : 고증할 수 있다.

但相传江南无二蒋, 所以我们至少可以说一句: 住在长江以南所有姓蒋的都是同宗同支的。究竟可以正确地追溯到多远, 我们可不知道了。不过我们确切知道: 住在浙江省境的蒋姓子弟, 都在徽州找到了共同的宗脉。

**相传**(xiāngchuán) : (확실치 않은 전설 또는 근거 없는 사실이) …라고 전해지다. …라고 전해오다. **同宗同支**(tóngzōngtóngzhī) : 동성동본이고 파도 같다. **追溯**(zhuīsù) : 추소하다. 거슬러 올라가다. 사물의 근본으로 거슬러 올라가 살피다. **宗脉**(zōngmài) : 경맥(經脈)이 합치는 곳. 종맥.

我在宗谱中从迁余姚的始祖传到我为第十五世。蒋氏首先定居在我们村里的是五百多年前来的, 那是元朝末年的事。

**宗谱**(zōngpǔ) : 동족의 계보. **首先**(shǒuxiān) : 맨 처음. 무엇보다 먼저. 우선. **定居**(dìngjū) : 정착하다.

这五百多年之中, 两个朝代是外来民族建立的, 一个是汉族自己的王朝, 蒋姓一族曾经看到元朝的没落, 明朝和满清的兴衰, 以及几乎推翻满清的太平天国。朝代更换了, 蒋村却依然故我, 人们还是照常地过活、做工, 最后入土长眠。

**朝代**(cháodài) : 왕조. **兴衰**(xīngshuāi) : 흥함과 쇠함. 성쇠. **更换**(gēnghuàn) : 바꾸다. 대체하다. 변환하다. 갈다. **依然故我**(yīrángù wǒ) : 자신의 모든 것이 조금의 변화도 없이 예전 그대로다. 구태의연(舊態依然)하다. **照常**(zhào cháng) : 평소대로 하다. 평상시대로 하다. 평소와 같다. **过活**(guòhuó) : 생활하다. 나날을 보내다. **入土长眠**(rùtǔchángmián) : 죽어서 땅에 묻히다.

太平军到了村子里, 村中曾经有几所房子焚毁, 留在村子里的老弱有被活活烧死的, 有一处大门口残存的石阶上留有红斑, 据传说是某位老太婆在此烧死时所流的血。

**村子**(cūnzi) : 마을. 부락. 촌. **焚毁**(fénhuǐ) : 불태워 버리다. 소각하다. **红斑**(hóngbān) : 붉은 반점.

大多数的老百姓都逃到山里躲起来, 但是战事一平定, 大家又像蜜蜂回巢一样回到村里。在我童年时代, 村里还可以看到兵燹以后留下来的残垣断瓦。

**兵燹**(bīngxiǎn) : 전화. 전쟁으로 인한 재해. **残垣断瓦**(cányuánduànwǎ) : 무너진 담벽.

[황폐하고 처량한 모습을 형용]

村里的人告诉我, 满洲人推翻明朝的消息, 一直到新朝廷的圣旨到了村里时, 大家才知道。清帝圣旨到达村里时, 邻村还正在演社戏呢! 改朝换代以后, 族人生活上的唯一改变是强迫留辫子, 同时圣旨严禁男人再穿明朝式样的衣服。

**社戏**(shèxì) : 옛날, 농촌에서 지신제(地神祭) 때 하던 연극. **改朝换代**(gǎicháohuàndài) : 조대(朝代)가 바뀌다 ; 세상[정권]이 바뀌다. 왕조가 바뀌다. **族人**(zúrén) : 족인. **留辫子**(liúbiàn·zi) : 변발을 하다.

大家敢怒不敢言, 但是死后入殓时, 男人还是穿明朝衣冠。因此我们族中流行着一句话"男投(降)女不投, 活投死不投。" 就是说男人投降, 女人却不投降, 活人投降, 死人却不投降。一些人一直维持这个办法到一九一一年清室覆亡民国建立为止, 中间经过两百五十年之久。

**怒不敢言**(nùbùgǎnyán) : 격분하고 있지만 감히 말은 못 한다. **入殓**(rùliàn) : 납관하다. 입관하다. **投降**(tóu xiáng) : 투항하다. 항복하다. **覆亡**(fùwáng) : 멸망하다.

我们村上只有六十来户人家, 人口约三百人, 是个很小的村庄。它的三面环绕着河汊, 南面是一条石板路, 通往邻近的村庄和城镇。小河汊可以通到大河再由大河可以到达杭州、苏州和上海等大城市。

**人家**(rénjiā) : 인가. (사람이 사는) 집. **河汊**(héchà) : 큰 강의 지류(支流). **石板路**(shí bǎnlù)자갈 길.

蒋村虽然小, 水陆交通却很便利。河汊上随处是石桥, 河的两岸则满是绿柳垂杨。河中盛产鱼、虾、鳝、鳗、龟、鳖。柳荫之下, 常有人悠闲地在垂钓。耕牛慢慢地踱着方步, 绕着转动牛车, 把河水汲到水槽再送到田里。

**随处**(suíchù) : 도처에. 어디(서)나. **绿柳垂杨**(lùliǔchuíyáng) : 초록 수양버들. **盛产**(shèngchǎn) : 많이 나다. 많이 생산하다. **鱼**(yú) : 물고기. **虾**(xiā) : 새우. **鳝**(shàn) : 두

렁허리. **鳗**(mán) : 뱀장어. **龟**(guī) : 거북. **鳖**(biē) : 자라. **柳荫**(liǔyīn) : 버드나무그늘. **悠闲**(yōuxián) : 유한하다. 유유하다. **垂钓**(chuídiào) : 낚시를 물속에 드리우다. 낚시하다. **耕牛**(gēngniú) : 밭갈이 소. **踱**(duó) : 느린 걸음으로 걸어가다. **踱着方步**((duózhefāngbù) : 팔자걸음으로 천천히 걷다. **牛车**(niúchē) : 달구지. 소가 끄는 짐수레. **绕着转**(ràozhezhuàn) : 싸고돌다. **转动**(zhuǎn dòng) : (몸이나 물체의 어떤 부분을 자유롭게) 움직이다. 활동하다. (물체가 한 점을 중심으로) 돌다. 회전하다. **汲**(jí) : (밑에서 위로 물을) 긷다. **水槽**(shuǐcáo) : 물통. 물탱크.

冬天是连阡穿陌的麦穗, 夏天是一片稻海, 使人生四季长青之感, 麦穗和稻穗随着微风的吹拂, 漾起一片涟漪, 燕子就在绿波之上的蓝空中穿梭翱翔。老鹰忽高忽低地绕村回旋着, 乘老母鸡不备的时候就俯冲而下, 攫走小鸡。

**连阡穿陌**(liánqiānchuānmò) : 가로세로로 난 논밭 길. **麦穗**(màisuì) : 밀·보리이삭. **稻海**(dàohǎi) : 벼가 대단히 많은 것. **四季长青**(sìjìchángqīng) : 사계절이 항상 푸르르다. **吹拂**(chuīfú) : (미풍(微風)이)스치나. 바람에 흔들리다. **漾起**(yàngqǐ) : 일으키다. **涟漪**(liányī) : 잔잔한 물결. **燕子**(yàn·zi) : 제비. **绿波**(lǜbō) : 푸른 파도. **蓝空**(lánkōng)파란 하늘. **穿梭**(chuānsuō) : (베틀의 북이 왕복하듯이) 오가며 활동하다. 왕래가 빈번하다. **翱翔**(áoxiáng) : 빙빙 돌면서 날다. **老鹰**(lǎoyīng) : 솔개. **绕**(rào) : (빙빙)돌다. **回旋**(huíxuán) : 선회하다. **老母鸡**(lǎomǔ jī) : 늙은 암탉. **乘**(chéng) : (기회 등을) 틈타. 빌려. 이용하여. **不备**(bùbèi) : 방비하지 않다. 방비가 허술하다. **俯冲**(fǔchōng) : (비행기 등이) 급강하하다. **攫走**(juézǒu) : 빼앗아 가버리다. 탈취해 가버리다. **小鸡**(xiǎojī) : 병아리. 닭.

这就是我童年时代的背景, 也是我家族的环境。他们安安定定地在那里生活了五百多年, 他们很少碰到水灾或旱灾, 在这漫长的几百年中也不过遇上一两次的变乱和战争。他们和平而满足地生活在他们自己的世界里, 贫富之间也没有太大的差别。富饶的稻谷、棉花、蚕丝、鱼虾、鸡鸭、蔬菜使人们丰衣足食。

**背景**(bèijǐng) : 배경. 상황. **安安定定地**(ānāndìngdìng) : 안정되게. **旱灾**(hànzāi) : 한재(旱災). 가뭄으로 인한 재해. **漫长**(mànchàng) : (시간이나 길 등이) 길다. 멀다. 끝이 없다. 아득하다. 길고 길다. **富饶**(fùráo) : 풍요롭다. **稻谷**(dàogǔ) : 벼. **蚕丝**(cánsī) : 잠사. 누에고치에서 뽑아낸 실. **鱼虾**(yúxiā) : 물고기와 새우. **鸡鸭**(jīyā) : 닭과 오리. **蔬菜**(shūcài) : 채소(菜蔬). **丰衣足食**(fēngyīzúshí) : 먹고 입는 것이 풍족하다. 살림이 넉넉하다.

几百年来, 不论朝代如何更换, 不论是太平盛世或战祸频仍, 中国乡村的道德、信仰, 和风俗习惯却始终不变。乡下人觉得这个世界已经很不错, 不必再求进步。生命本身也许很短暂, 但是投胎转世时可能有更大的幸福。

**更换**(gēnghuàn) : 바꾸다. 대체하다. 변환하다. 갈다. **频仍**(pínréng) : 잦다. 빈번히 일어나다. 빈발하다. **始终不变**(shǐzhōng) : 한결같이. 언제나. 늘. **也许**(yě xǔ) : 어쩌면. 아마. 짐작하건대. 혹시. **短暂**(duǎnzàn) : 시간이)짧다. **投胎转世**(tóutāizhuǎnshì) : 다른 것으로 환생하다.

人死以后, 据说灵魂就离开肉体, 转投到初生的婴儿的身上。我自己就亲眼看到过绑赴刑场处决的罪犯, 对围观的群众高喊:"十八年以后又是一条好汉!" 这是何等的达观!

**初生**(chūshēng) : 갓 태어나다. 처음으로 태어나다. **婴儿**(yīng'ér) : 영아. 젖먹이. 갓난애. **处决**(chǔjué) : 사형을 집행하다. 처단하다. **罪犯**(zuìfàn) : 범인. 죄인. **围观**(wéiguān) : (많은 사람들이) 둘러싸고 구경하다. 에워싸고 관람하다. **好汉**(hǎohàn) : 사내대장부. 호한(好漢). 호걸. **何等的**(héděngde) : 얼마나. **达观**(dáguān) : 달관하다.

我们村子里的人说 : 一个坏人或作孽多端的人, 死后要转世为穷人, 或者变马变猪, 甚至灵魂支离割裂, 变为蚊蝇小虫。好人善士的灵魂转世时则可以享受更高的福禄。这些都是随佛教而来的印度传说而被中国道教所采用的。佛教本身, 倒不大理会这些事。

**作孽多端**(zuònièduōduān) : 죄가 많다. 악한 짓을 많이 하다. **转世**(zhuǎnshì) : ~로 다시 태어나다. **蚊蝇**(wényíng) : 모기와 파리. **善士**(shànshì) : 훌륭한 사람.

善恶当然有公认的标准。"万恶淫为首, 百善孝为先。" 孝道使中国家庭制度维系不随; 贞操则使中国种族保持纯净。敬老怜贫, 忠信笃敬也被认为善行。重利盘剥, 奸诈谎骗则列为罪行。斥责恶行时常骂人来生变猪变犬。

**当然**(dāngrán) : 물론, 당연히. **万恶淫为首, 百善孝为先**(wànèyínwéishǒu, bǎishànxiàowéixiān) : 모든 죄악 중 음란함이 으뜸이고, 온갖 종류의 선(善) 중에 효(孝)가 제일이다.

**维系不堕**(wéixìbùduō) : 무너지지 않고 유지하다. **纯净**(chúnjìng) : (성분이)순수하다. 깨끗하다. 청정하다. **忠信笃敬**(zhōngxìndǔjìng) : 성실하고 신용이 있고 근실하고 정직한 것. **重利盘剥**(zhònglìpánbō) : 고리로 착취하다. **奸诈**(jiānzhà) : 간사하다. 간사(奸邪)하여 남을 잘 속이다. **谎骗**(huǎngpiàn) : 속이다. 기만하다. **罪行**(zuìxíng) : 범죄 행위. 범법 행위. **斥责**(chìzé) : 질책하다. 탓하다. 꾸짖다.

商业往来讲究一诺千金。一般而论, 大家都忠实可靠。欺诈的人必然受亲朋戚友一致的唾弃。

**一诺千金**(yīnuòqiānjīn) : 한 번 승낙한 말은 천금(千金)과 같다 ; 약속한 말은 틀림없이 지킨다. **忠实可靠**(zhōngshíkěkào) : 충직하고 성실하며 믿음직하다. **欺诈**(qīzhà) : 사기하다. 속여먹다. **亲朋戚友**(qīnpéngqīyǒu) : 친척과 친구들. **唾弃**(tuòqì) : 버림받다. 미워하고 싫어하다.

婚姻是由媒妁之言、父母之命决定的。通例是男子二十而娶, 女子十八而嫁。妻子死了, 丈夫大概都要续弦, 中人之家的女人如果死了丈夫, 却照例要守寡。守寡的可怜人算是最贞节的, 死后皇帝还要给她们建贞节牌坊。这种牌坊在乡间到处可以看见的。

**媒妁之言**(méishuòzhīyán) : 중매인의 소개말. **通例**(tōnglì) : 통례. 관례. **续弦**(xù xián) : 재취하다. 후처를 맞이하다. **中人之家**(zhōngrénzhījiā) : 일반가정. **守寡**(shǒuguǎ) : 과부로 수절하다. **贞节**(zhēnjié) : 굳은 절개. **贞节牌坊**(zhēnjiépái fāng) : 열녀문. **乡间**(xiāngjiān) : 마을. 시골. 촌.

村里的事全由族长来处理, 不待外界的干涉。祠堂就是衙门。"族长"不一定是老头子, 也可能是代表族中辈份最高一代的年轻人。族长们有责任监督敬先祭祖的礼仪遵奉不愉, 族人中起了争执时, 他们还须负责加以评断。

**外界**(wàijiè) : 외계(外界). 외부(外部). 국외(國外). **祠堂**(cítáng) : 사당. **衙门**(yá men) : 아문(衙門). [옛날 관리들이 사무를 보던 기관]. **辈份**(bèifen) : 항렬. 촌수. 선후배의 차례. **敬先祭祖**(jìngxiānjìzǔ) : 조상을 공경하고 제사를 지내다. **遵奉不愉**(zūnfèngbùyú) : 변함없이 받들어 지키다. **争执**(zhēngzhí) : 자신의 의견을 굽히지 않고 양보 없이) 논쟁하다. 말다툼하다. 언쟁하다. 분쟁. **评断**(píng duàn) : 비평하여 판단하다. 시비를 가리다.

没有经过族长评理以前，任何人不许打官司。族长开堂审判叫做“开祠堂门”，全村的人都可以来参观。祖宗牌位前面点起香烛，使得每个人都觉得祖先在天之灵就在冥冥之中监视似的，在祖先的面前，当事的两边不能有半句谎话。一般而论，说老实话的居多。

**评理**(pínglǐ)：시비를 가리다. **打官司**(dǎguānsi)：소송을 걸다. **开堂**(kāitáng)：개정하다. **祖宗**(zǔzong)：선조. 조상. **牌位**(páiwèi)：위패. 신주. **香烛**(xiāng zhú)：향촉. 제사나 불공 때에 쓰이는 향과 초. **在天之灵**(zàitiānzhīlíng)：〔높임말〕 돌아가신 분의 영혼. 돌아가신 분의 정신. **冥冥之中**(míngmíngzhīzhōng)：눈에 보이지 않는 곳에서. **谎话**(huǎnghuà)：거짓말. **说老实话**(shuōlǎoshihuà)：진실을 말하다. 정직하게 말하다. **居多**(jūduō)：다수(多數)를 차지하다. 대부분을 차지하다.

仲裁者力求做得公平。自然，村中的舆论也是重要因素，还有，邻村的舆论也得考虑。族长们如果评断不公，就会玷污了祠堂的名誉。因此，争执多半在祠堂里得到公平的解决，大家用不到上衙门打官司。

**力求**(lìqiú)：힘껏 노력하다. …할 수 있도록 힘쓰다. 힘껏 추구하다. **因素**(yīn sù)：요소. **还有**(háiyǒu)：그리고. 또한. **玷污**(diànwū)：더럽히다. 모욕당하다. **用不到**(yòngbudào)：필요치 않다. 필요 없다.

实际上真需要“开祠堂门”来解决的事情并不多，因为大家认为“开祠堂门”是件大事，只有特别严重的案子才需要这么做。一般的纠纷只是在祠堂前评个理就解决了。
读书人和绅士在地方上的权威很大。他们参加排难解纷，也参加制定村里的规矩，他们还与邻村的士绅成立组织，共同解决纠纷，照顾邻近村庄的共同福利。

**实际上**(shíji)：실제로는. **案子**(ànzi)：사건. **纠纷**(jiūfēn)：분규(紛糾). 다툼. 분쟁(紛爭). **评个理**(pínggělǐ)：시비를 가리다. **读书人**(dúshūrén)：지식인. 학자. 독서인. **排难解纷**(páinànjiěfēn)：분쟁을 해결하다. 중재하다. **规矩**(guīju)：표준. 법칙. 습관. 규칙. **照顾**(zhàogù)：돌보다. 살피다. 보살피다. 지키다.

田赋由地主送到离村约二十里的县库去，粮吏从来不必到村里来。老百姓根本不理会官府的存在，这就是所谓“天高皇帝远”。

田赋(tiánfù) : 토지세. 县库(xiànkù) : 현(縣)의 창고. 粮吏(liánglì) : 식량담당관리. 理会(lǐhuì) : 알다. 이해하다. 깨닫다. 알아차리다.

除了崇拜祖先之外, 大家要信什么就信什么。上佛寺、拜神仙、供关公、祭土地, 悉听尊便。没有宗教限制, 也没有宗教迫害。你信你的神, 我拜我的佛, 各不相涉, 并且还把各式各样的神拼在一起大家来拜。

拜(bài) : 숭배하다. 供(gòng) : 섬기다. 悉听尊便(xītīngzūn biàn) : 편하신 대로 하십시오. 相涉(xiāngshè) : 관련되다. 관계되다. 상관하다. 拼在一起(pīnzàiyīqǐ) : 한데 모으다.

这就是通常所称的"道教"。如果基督徒肯让基督与中国神祇并供在中国庙宇里, 我相信村里人一定会像崇拜其他神佛一样虔敬地崇拜基督。

神祇(shénqí) : 신(神). ['神'은 천신(天神)을 말하고, '祇'은 지신(地神)을 말함]. 庙宇(miàoyǔ) : 사원. 虔敬(qiánjìng) : 경건하다.

一般老百姓都是很老实的, 人家说什么, 他们就相信。迷信就是在这种背景下产生的, 而且像滚雪球一样越滚越大, 几百年积聚下来的迷信, 当然是非常可观了。

滚雪球(gǔnxuěqiú) : 눈덩이 굴리기. 재물이나 재산, 일 등이 눈덩이처럼 커져가다. 积聚(jījù) : 축적(蓄積)하다. 많이 모아서 쌓다. 非常可观(fēichángkě guān) : 매우 굉장하다. 실로 엄청나다.

我提到过村里的人相信灵魂轮回之说。这似乎与散鬼游魂之说互相矛盾。不过, 凡关于鬼神的事, 我们本来是不甚深究的, 幾种矛盾的说法, 可以同时平行。据说灵魂与鬼是两回事。灵魂转入轮回, 鬼则飘游宇宙之间。

散鬼游魂(sànguǐyóuhún) : 흩어져서 떠돌아다니고 있는 유령과 영혼. 深究(shēnjiū) : 깊이 따지다. 깊이[미주알 고주알] 캐다. 철저히 구명하다. 平行(píngxíng) : 병행하다. 동시에 행하다. 两回事(liǎnghuíshì) : 서로 관계없는 두 종류의 일[사물]. 전혀 별개의 것. 飘游(piāoyóu) : 목적 없이 떠돌아다니다.

伟人圣哲的鬼就成了神，永远存在于冥冥之中，凡夫俗子的鬼则逐渐飘散消逝，最后化为乌有。鬼能够随心所欲，随时随地出现。它可以住在祠堂里，也可以住在坟墓里，高兴怎么样就怎么样。

**圣哲**(shèngzhé)：덕이 높고 지혜가 뛰어난 사람. 성인(聖人)과 철인(哲人). **凡夫俗子**(fánfūsúzǐ)：평범하고 속된 인간. 평범한 인재. **飘散消逝**(piāosànxiāo shì)：사방으로 흩어져 사라지다. **化为乌有**(huàwéiwūyǒu)：수포로 돌아가다. 아무 것도 없게 되다. **随心所欲**(suíxīnsuǒyù)：자신의 뜻대로 하다. 자기가 하고 싶은 대로 하다. **坟墓**(fénmù)：무덤. 묘지.

我国不惜巨资建造富丽堂皇的坟墓和宫殿式的祠堂，大概和这些信仰不是没有关系的。这种鬼话各地皆有，虽各有不同，但大体是一致的。中国人对一切事物的看法都不脱人本位的色彩。

**不惜**(bùxī)：아끼지 않다. **巨资**(jùzī)：거액. 거액의 자금. **富丽堂皇**(fùlìtáng huáng)：화려하고 웅장하다. 으리으리하다. **大概**(dàgài)：아마. 대개. 대략적으로.

如果鬼神与活人之间毫无关系或毫无接触，那末大家就不会觉得鬼神有什么用处，或许根本就不会相信它们真的存在。寺庙祠堂里固然有神佛的塑像，也有祖宗的灵牌，但是这些偶像或木主虽令人望之生畏，却不能走出神龛直接与生人交谈，除非在梦中出现。人们需要更具体更实际的表现，因此就有了巫婆、扶乩和解梦。

**塑像**(sùxiàng)：소상(塑像). 조소. **灵牌**(língpái)：위패. **木主**(mùzhǔ)：위패. 신주(神主). **望之生畏**(wàngzhīshēngwèi)：바라보기만 해도 두려움이 생긴다. **神龛**(shénkān)：감실(龕室). 신상(神像)이나 위패(位牌)를 모셔 두는 장(欌). 신불을 모시는 작은 방. **扶乩**(fújī)：부계(길흉을 점치는 점술의 일종).

如果一个人怀念作古了的朋友或去世的亲戚，他可以请一位巫婆把鬼魂召了来。当巫婆的多半是远地来的女人。被召的鬼魂来时，巫婆的耳朵就会连续抽搐三次。

**作古**(zuògǔ)：작고하다. 사망하다. 고인이 되다. **巫婆**(wūpó)：무녀. 무당. **鬼魂**(guǐhún)：죽은 사람의 영혼. 망령. 혼귀. **抽搐**(chōuchù)：(근육이)실룩거리다. 경련을 일으키다. 경련하다.

普通人是不能控制耳朵的肌肉的, 巫婆的耳朵能够自己动, 使得大家相信它的确有鬼神附体。她说话时, 压着喉咙像猫叫, 因此她讲的话可以由听的人随意附会。如果巫婆在谈话中摸清了对方的心思, 她的话也就说得更清楚点, 往往使听的人心悦诚服。

**肌肉**(jīròu):근육. **的确**(díquè):확실히. 분명히. 정말. 참으로. 실로. **压**(yā):목청을 낮추다. **喉咙**(hóu·lóng)목청. 목구멍. **随意**(suíyì):뜻대로 하다. 생각[마음]대로 하다. **附会**(fùhuì):억지로 갖다 붙이다. 남의 뒤를 따라다니다. 비위를 맞추다. 맞장구치다. **摸清**(mōqīng):분명히 찾아내다. 분명하게 파악하다. **心悦诚服**(xīnyuèchéngfú):진심으로 신복하다.

真也好, 假也好, 这办法至少使活着的亲戚朋友心里得点安慰。五十年前, 我自己就曾经透过巫婆与我故世的母亲谈话, 那种惊心动魄的经验至今还不能忘记。

**透过**(tòuguo):~을 통해서. **故世**(gùshì):세상을 떠나다. 죽다. 사망하다. 별세하다. **惊心动魄**(jīngxīndòngpò):마음을 놀라게 하고 넋을 뒤흔들다. 매우 놀라게 하다.

扶乩比较高级了, 扶乩的人多半是有知识的。两个人分执-根横木条的两端, 木条的中央接着一根木棒, 木棒就在沙盘里写字。神佛或者名人的鬼魂可以被请降坛, 写字赐教。

**扶乩**(fújī):길흉을 점치는 점술의 일종. [나무로 된 틀에 목필(木筆)을 매달고, 그 아래 모래판을 두고 두 사람이 틀 양쪽을 잡아, 신이 내려 목필이 움직이면 모래판에 쓰여지는 글자나 기호를 읽어 길흉을 점치는 것]. **横木条**(héngmùtiáo):가로 놓인 나무막대기. **木棒**(mùbàng):나무 몽둥이. **沙盘**(shāpán):모래판. **降坛**(jiàngtán):단위에 내려오다. **赐教**(cìjiào):가르침을 내려 주시다.

扶乩可以预知未来, 可以预言来年的收成, 也可以预告饥荒, 甚至和平或战乱, 几乎什么问题都可以问。完全不会作诗的也能写出诗来。写的人也能写出素昧平生的人的名字。懂一点心理学的人大概都能解释, 这是一种潜意识的作用。

**收成**(shōu·cheng):작물 등의)수확. 작황. (수산물의) 어황. **饥荒**(jī·huang):기근, 흉작. **素昧平生**(sùmèipíngshēng):전혀 안면이 없다. 원래부터 모르는 사이다. 평소 서로 만난

일이 없다. **潜意识**(qiányìshí) : 잠재의식.

但是有好幾位外国留学的博士学士, 到如今还是相信扶乩。有一位哈佛大学毕业生, 于抗战期间任盐务某要职, 扶乩报告预言, 推测战局, 终被政府革职。

**盐务**(yánwù) : 소금에 관련된 업무(業務). **报告**(bàogào) : 진술하다. 보고하다. **战局**(zhànjú) : 전세(戰勢). **革职**(gézhí) : 파면하다. 해직하다.

巫婆只能召至去世的亲戚朋友的鬼魂, 扶乩却能召唤神佛。在做梦时, 鬼魂和神佛都能自动地来托梦。我听过许多关于做梦应验的事, 但是多半不记得了。我记得一个圆梦的例子是这样的:我的一位曾叔祖到杭州去应乡试, 俗称考举人, 他在考棚里梦到一只硕大无比的手伸进窗子。

**召唤**(zhàohuàn) : 부르다. [주로 추상적인 방면에 쓰임]. **托梦**(tuōmèng) : 현몽(現夢)하다. 꿈에 나타나 알려 주거나 부탁하다. **应验**(yìngyàn) : 영험하다. (예언 등이) 들어맞다. **圆梦**(yuánmèng) : 해몽(하다). **叔祖**(shūzǔ) : 작은 할아버지. **考棚**(kǎopéng) : 시험장. **硕大**(shuòdà) : 매우 크다. **窗子**(chuāngzi) : 창. 창문.

因为他从来没有见过这样大的手, 这个梦就被解释为他将独占鳌头的征兆。放榜时我的曾叔祖居然中试第一名, 俗称解元。

**独占鳌头**(dúzhànáotóu) : (과거시험에서)장원급제(壯元及第)하다. 수위(首位)를 차지하다. **放榜**(fàngbǎng) : 방을 붙이다. 합격자 명단을 공포하다. **中试**(zhòng shì) : 시험에 합격되다.

神佛、死去的亲戚朋友或者精灵鬼怪可能由托梦提出希望、请求或者警告。一位死了的母亲可能要求她儿子给她修葺坟墓。死了的父亲可能向儿子讨纸钱。死人下葬时总要烧点纸钱, 以备阴间使用。

**精灵**(jīnglíng) : 정령. 도깨비. **鬼怪**(guǐguài) : 요괴. 도깨비. 유령. **修葺**(xiūqì) : 건축물을 보수하다. 개축하다. **讨钱**(tǎoqián) : 돈을 요구하다. **纸钱**(zhǐqián) : 지전(紙錢). [죽은 사람이 저승길에 노자에 쓰라고 관에 넣거나 태우는 가짜 돈. **下葬**(xiàzàng) : 매장하다. **阴间**(yīnjiān) : 저승. 저세상.

我们村里发生过一件事, 好几年以后, 大家谈起来还是娓娓不倦。一位叫阿乂的青年农夫预备用船载谷子进城去。那天早上, 他坐在家里发呆, 人家问他为什么, 他说前一晚他死去的母亲来托梦, 警告他不要靠近水边。他的游泳技术很高明, 他猜不透这个梦究竟是什么意思。

**娓娓不倦**(wěiwěibùjuàn) : 이야기가 흥미진진하여 지루하지 않다. **载**(zài) : 싣다. 적재하다. **谷子**(gǔ·zi) : 곡식. **进城**(jìnchéng) : 성안에[시내에] 들어가다. **发呆**(fādāi) : 멍하니 있다. 멍하다. **靠近**(kàojìn) : 가까이 다가가다. 접근하다. **高明**(gāomíng) : (학문·견해·기술·기능이) 빼어나다. 고명하다. 뛰어나다. 훌륭하다. **猜不透**(cāi·butòu) : 알아맞히지 못하다. 확실하게 추측이 안 되다. **究竟**(jiūjìng) : 도대체. 대관절.

黄昏时, 他安然划着船回家, 用竹篙把船拢了岸。他对站在岸上的朋友开玩笑, 说他自己的危险总算过去了, 说罢还哈哈大笑。突然间他足下一滑就跌进河里去了。挣扎了一阵子, 他就沉入水底。

**安然**(ānrán) : 무사하다. 평온하다. 태연하다. 마음 놓다. **划船**(huáchuán) : (노 따위로) 배를 젓다. **竹篙**(zhúgāo) : 대나무 상앗대. **拢岸**(lǒngàn) : 물가에 대다. **总算**(zǒngsuàn) : 겨우. 간신히. 마침내. 드디어. **说罢**(shuōbà) : 말을 끝내다. **哈哈大笑**(hāhādàxiào) : 하하하고 크게 웃다. **突然间**(tūránjiān) : 갑자기. 별안간. **跌进**(diējìn) : 떨어져 들어가 버리다. **挣扎**(zhēngzhá) : 힘써 버티다[지탱하다]. 발버둥 치다. 발악하다. **一阵子**(yīzhènzi) : 한때. 한동안. 한 기간. **沉入**(chénrù) : 가라앉다. 잠기다. 빠지다.

朋友们赶紧潜水去救, 但是到处找不到。半小时后他被拖上来了。但是已经手足冰冷, 一命呜呼。原来他跌入洞中以后, 手足就被水边一棵陈年老柳的盘根缠住了。

**赶紧**(gǎnjǐn) : 서둘러. 급히. 재빨리. **一命呜呼**(yīmìngwūhū) : 일순간 황천길로 가다. [해학·풍자적인 뜻이 포함됨]. **原来**(yuánlái) : 알고 보니. [실제 상황을 알아냈음을 나타냄]. **陈年**(chénnián) : 여러 해 묵은. **盘根**(pángēn) : 밑뿌리. **缠住**(chánzhu) : 달라붙다. 감기다. 얽매이다.

大家说他是被水鬼抓下去的, 或许那是一只以柳树根作窝的水猴子。好几个游泳技术很好的人都在那个地方淹死。村里的人常看到那个"水鬼"在月光下坐在附近的桥上赏月。它一看到有人走近就扑通一声钻到水里去。

**或许**(huòxǔ) : 아마. 어쩌면. **作窝**(zuòwō) : 둥지를 틀다. **淹死**(yānsǐ) : 익사(溺死)하다. 물에 빠져 죽다. **赏月**(shǎngyuè) : 달구경하다. **扑通一声**(pūtōngyīshēng) : 퐁당 소리를 내며. 펑하고.

各式各样无法解释的现象都使迷信的雪球越滚越大, 错觉、幻象、梦魔、想像、巧合、谣言都是因素。时间更使迷信愈积愈多。

**雪球**(xuěqiú) : 눈 덩이. 눈덩어리. **梦魔**(mèngmó) : 악몽(같은 사건). **巧合**(qiǎo hé) : 우연의 일치. **谣言**(yáoyán) : 헛소문. 유언비어(流言蜚語). 뜬소문. 풍설(風說). **因素**(yīnsù) : 구성 요소. (사물의 성립을 결정하는) 원인(原因). 조건(條件). 요소(要素).

村中的医药当然也很原始。我们得走好几里路才能在大镇里找到草药医生, 俗称"草头郎中"。对于通常的病痛或者某些特殊的病症, 中国药是很有效的。但是对于许多严重的病症, 草药不但无效而且危险。

**草药医生**(cǎoyàoyīshēng) : (민간약으로 병을 치료하는) 민간 의사. **草头郎中**(cǎotóuláng-zhōng) : 한의사. **病痛**(bìngtòng) : 잔병. **病症**(bìngzhèng) : 질병. **草药**(cǎoyào) : 약초. [식물로 만든 약재].

我自己曾经两次病得奄奄一息, 结果却都给草药救起了。有一次病了好几个月, 瘦得只剩皮包骨, 结果是一位专精儿科的草药医生救了我的命。另一次我染了白喉, 请了一位中国喉科专家来医治。

**奄奄一息**(yǎnyǎnyīxī) : 숨이 곧 끊어질 듯하다. 마지막 숨을 모으다. 숨이 간들간들하다. 빈사 상태에 있는 모양. **皮包骨**(píbāogǔ) : 피골상접(皮骨相接)하다. 피골상련(皮骨相連)하다. **专精**(zhuānjīng) : (기술·학문 따위에) 정통하다. **儿科**(érkē) : 소아과. **白喉**(báihóu) : 디프테리아. **喉科**(hóukē)인후과. **医治**(yīzhì) : 치료하다.

他用一根细针在我喉头附近刺了一遍, 然后敷上一些白粉。我不知道那是什么东西, 只觉得喉头凉爽舒服, 很像抽过一支薄荷烟的感觉。

**喉头**(hóutóu) : 후두. **一遍**(yībiàn) : 한번. **敷上**(fūshàng) : 바르다. **白粉**(báifěn) : 하얀 분. 하얀 가루. **凉爽**(liángshuǎng) : 시원하고 상쾌하다. **薄荷烟**(bòheyān) : 박하연기.

喉头是舒服一点了, 病状却起了变化。我的扁桃腺肿得像鹅蛋那末大, 两颊鼓起像气球。我甚至连流质的食物都无法下咽。鼻子一直出血不止, 最后连呼吸也感到困难了。正在奄奄一息的时候, 我父亲认为只有"死马当作活马医"了。

**病状**(bìngzhuàng) : 병의 증상. **扁桃腺**(biǎntáoxiàn) : 편도선. **肿**(zhǒng) : (피부, 점막, 근육 등의 조직이 염증, 출혈, 장애, 곪음 등으로 인해)붓다. **鹅蛋**(édàn) : 거위 알. **颊**(jiá) : 볼. 뺨. **鼓起**(gǔqǐ) : 부풀어 오르다. **气球**(qìqiú) : 기구(氣球). 경기구(輕氣球). 고무풍선(風船). 벌룬(balloon). **流质**(liúzhì) : 액체로 된 음식. 유동식. **下咽**(xiàyàn) : 삼키다. 넘기다. **死马当作活马医**(sǐmǎdàng zuòhuómǎyī) : 죽은 말을 산 말처럼 치료하다. 안될 줄 뻔히 알지만 끝까지 최선을 다하다.

于是他就在古老的医书里翻寻秘方, 结果真地找到一剂主治类似症候的方子。我吃了幾服重药。头-剂药就发生验效, 一两个小时之后, 病势居然大有起色。第二天早晨我的扁桃腺肿消了许多, 个把星期以后饮食也恢复正常。

**翻寻**(fānxún) : 책장을 넘기며 찾다. **主治**(zhǔzhì) : 주로 치료하다. **症候**(zhèng·hou) : 질병. **方子**(fāng·zi) : 처방전. **服**(fù) : 첩. [한약의 1회 복용량을 세는 단위]. **验效**(yànxiào) : 효용(效用). 효과(效果). **饮食**(yǐnshí) : 먹고 마시다. **个把**(gèbǎ) : 한 두. 일이(一二).

我曾经亲眼目睹跌断的腿用老法子治好, 伤风咳嗽、风湿和眼睛红肿被草药治好的例子更是多不胜举。

**亲眼**(qīnyǎn) : 제 눈으로. 직접. **跌断**(diēduàn) : 넘어져서 부러지다. **伤风**(shāngfēng) : 감기. 감기를 앓다. **咳嗽**(késou) : 기침하다. **风湿**(fēngshī) : 류머티즘. **红肿**(hóngzhǒng) : 발갛게 붓다. **草药**(cǎoyào) : 약초. **多不胜举**(duōbùshèngjǔ) : 헤아릴 수 없을 정도로 많다.

中医很早以前就发现可以从人体采取一种预防天花的"痘苗", 他们用一种草药塞到病婴的鼻孔里, 再把这种草药塞到正常儿童的鼻孔里时, 就可以引起一种比较温和的病症。

**中医**(zhōngyī) : 한방의(**漢方醫**). 중국의학. 한의사. **天花**(tiānhuā) : 천연두. **痘苗**(dòumiáo) : 천연두의 왁친. **病症**(bìngzhèng) : 병의 증세.

这样"种了痘"的孩子自然不免有死亡，因此我父亲宁愿让孩子按现代方法种牛痘。我们兄弟姊妹以及许多亲戚的子弟都用现代方法种痘，而且从来没有出过毛病。我们村子里的人不知道怎样治疗疟疾。

**种痘**(zhòngdòu) : 종두하다. 우두를 놓다. **宁愿**(nìngyuàn) : 차라리. **种牛痘**(zhòngniúdòu) : 종두하다. 우두를 놓다. **出毛病**(chūmáobing) : 실수가 나오다. 착오가 생기다. 고장이 나다. 사고가 생기다. **疟疾**(nüèji) : 학질. 말라리아.

我们只好听它自生自灭地流行几个礼拜，甚至好几个月。我们村子附近总算没有发现恶性症疾，患了病的人虽然伤了原气，倒还没有人因此致命。后来传教士和商人从上海带来奎宁粉，叫做金鸡纳霜，吃了很有效，于是大家才发现了西药的妙用。

**自生自灭**(zìshēngzìmiè) : 자생하고 자멸하다. **总算**(zǒngsuàn) : 마침내. 드디어. 결국. **致命**(zhìmìng) : 죽을 정도에 이르다. **传教士**(chuánjiàoshì) : 선교사. 전도사. **奎宁粉**(kuíníngfěn) : 키니네. **金鸡纳霜**(jīnjīnàshuāng) : 김계랍. **西药**(xīyào) : 양약. **妙用**(miàoyòng) : 믿기 어려운 작용. 초자연적인 효능. 기묘한 용도.

村里有些人相信神力可以治病。他们到寺庙里焚香祝祷，然后在香炉里取了一撮香灰作为治疗百病的万应灵丹。这是一种心理治疗，在心理学应用得上的时候，也的确能医好一些病。

**寺庙**(sìmiào) : 절. 사원. **焚香**(fénxiāng) : 향을 피우다. **一撮**(yīcuō) : 한줌. **百病**(bǎibìng) : 만병. 갖가지 병. **万应灵丹**(wànyìnglíngdān) : 어떤 병이라도 치료할 수 있는 명약. 각종 문제를 다 해결할 수 있는 방법. **的确**(díquè) : 확실히. 정말. **医好**(yīhǎo) : 치료하다.

我家的花园里，每月有每月当令的花，阴历正月是茶花，二月是杏花，三月是桃花，四月是蔷薇，五月是石榴，六月是荷花，七月是凤仙，八月是桂花，九月是菊花，十月是芙蓉，十一月是水仙，十二月是腊梅。每种花都有特别的花仙做代表。

**当令**(dānglìng) : 철에 맞다. 계절에 맞다. **茶花**(cháhuā) : 동백꽃. **杏花**(xìnghuā) : 살구꽃. **桃花**(táohuā) : 복숭아꽃. **荷花**(héhuā) : 연꽃. **凤仙**(fèngxiān) : 봉선화. **桂花**(guìhuā) : 계수나무 꽃. **菊花**(júhuā) : 국화. **芙蓉**(fúróng) : 목부용. **腊梅**(làméi) : 새양나무. **花仙**(huāxiān) : 해당화.

| 最受欢迎的季节花是春天的桃花, 夏天的荷花, 秋天的桂花和菊花, 季节到来时, 村里的人就成群结队出来赏花。 |
|---|

**成群结队**(chéngqúnjiéduì) : 무리를 이루다. 떼를 짓다, 한 패가 되다. **赏花**(shǎnghuā) : 꽃놀이를[꽃구경을] 하다.

| 过年过节时, 无论男女老幼都可以高兴一阵子。最重要的年节, 通常从十二月二十三日开始。灶神就在这一天报告这一家一年来的家庭琐事。 |
|---|

**过年过节**(guòniánguòjié) : 설과 명절을 쇠다. **一阵子**(yīzhèn·zi) : 한때. 한동안. 한 기간. **年节**(niánjié) : 설 명절. 일년 동안의 경축일. **灶神**(Zàoshén) : 부엌 신. 조신. 조왕신(竈王神). 조왕대신. **琐事**(suǒshì) : 자질구레한 일. 번거로운 일. 사소한 일. **家庭琐事**(jiātíngsuǒshì) : 집안의 자질구레한 일.

| 中国人都相信多神主义, 在道教里, 众神之主是玉皇大帝。据说玉皇大帝也有公卿大臣和州官吏卒, 和中国的皇帝完全一样。玉皇大帝派灶神监视家庭事务, 因此灶神必须在年终岁尾提出报告。 |
|---|

**玉皇大帝**(yùhuángdàdì) : 옥황대제. 옥황상제. **年终岁尾**(niánzhōngsuìwěi) : 연말.

| 灶神是吃素的, 因此在它启程上天时, 大家就预备素斋来祭送。灶神对好事坏事都要报告, 因此大家一年到头都得谨言慎行。送灶神和迎灶神时都要设家宴、烧纸钱、放鞭炮。 |
|---|

**吃素**(chīsù) : 어육(魚肉)을 삼가고 채식(菜食)하다. **启程**(qǐchéng) : 출발하다. 떠나다. **素斋**(chīzhāi) : 소식(素食)하다. **祭送**(jìsòng) : 제사를 지내 환송하다. **一年到头**(yīniándàotóu) : 일 년 내내. **谨言慎行**(jǐnyánshènxíng) : 언행(言行)을 매우 신중하게 하다. **设家宴**(shèjiāyàn) : 집안에서 연회를 베풀다. **放鞭炮**(fàngbiānpào) : 폭죽을 터뜨리다.

除夕时，家家都大鸡大肉地庆祝，叫做吃年夜饭。家庭的每一个分子都得参加。如果有人远行未归，也得留个空位给他。红烛高烧到天明，多数的大人还得“守岁”。要坐到子夜以后才睡。

**除夕**(chúxī) : 12월 31일. 섣달그믐. [일반적으로 음력 섣달그믐을 가리킴]. **家家**(jiājiā) : 집집마다. **大鸡大肉地**(dàjīdàròude) : 닭고기와 육류를 잔뜩 차려놓고. **红烛**(hóngzhú) : (축제용의) 붉은 초. **高烧**(gāoshāo) : 고열. **天明**(tiānmíng) : 새벽. 동틀 무렵. **守岁**(shǒusuì) : 까치설날을 쇠다. **子夜**(zǐyè) : 자시.

第二天早晨，也就是正月初一早晨，一家人都要参加拜天地。祭拜时自然又免不了点香烛，焚纸钱和放鞭炮。

**拜天地**(bàitiāndi) : 하늘과 땅에 참배하다. **祭拜**(jìbài) : 제사를 지내다.

新年的庆祝节目之一是灯节，从正月十三开始，一直到正月十八，十八以后年节也就算结束了。灯节时家家户户和大街小巷到处张灯结彩。花灯的式样很多，马、兔、蝴蝶、蜻蜓、螳螂、蝉、莲花，应有尽有。我们常常到大城市去看迎神赛会，街上总是人山人海。

**节目**(jiémù) : 종목. 프로그램. 레퍼토리. 목록. 항목. **灯节**(dēngjié) : 원소절. **大街小巷**(dàjiēxiǎoxiàng) : 대로와 골목. 온 거리. **张灯结彩**(zhāngdēngjiécǎi) : 초롱을 달고 오색천으로 장식하다. **花灯**(huādēng) : 꽃등. **式样**(shìyàng) : 양식. 스타일. 형상. 모양. **兔**(tù). **蝴蝶**(húdié) : 나비. **蜻蜓**(qīngtíng) : 왕잠자리. **螳螂** (tángláng) : 사마귀. **蝉**(chán) : 매미. **莲花**(liánhuā) : 연꽃. **应有尽有**(yīngyǒujìnyǒu) : 있어야 할 것은 모두 다 있다; 없는 것이 없다. 모두 갖추어져 있다. **迎神赛会**(yíngshénsàihuì) : 영신새회(**迎神赛会**)[민간에서 징을 울리고 북을 치면서 각종 잡극을 연출하여 신을 맞아들이는 습속]. **总是**(zǒng shì) : 항상. 늘. 만날. 변함없이. 예외 없이.

五月里的端午节和八月里的中秋节也是重要的节日。端午节有龙舟比赛。庆祝中秋节却比较安静，也比较富于诗意——吃过晚饭后我们就在月下散步，欣赏团栾满月中的玉兔在月桂下捣药。

**中秋节**(zhōngqiūjié) : 한가위. 추석. **节日**(jiérì) : 기념일. 명절. **龙舟**(lóngzhōu) : 용주(단오절 날, 뱃머리에 용머리를 달고 경주하는 배). **比赛**(bǐsài) : 시합. **安静**(ānjìng) : 고요하다. 조용하다. **诗意**(shīyì) : 시적인 맛. 시적 정취. **欣赏**(xīn shǎng) : (예술 작품 등의 아

름다운 사물을) 음미하여 즐기다. 감상(鑑賞)하다. **团栾**(tuán luán) : 달이 둥글다. **月桂**(yuèguì) : 월계수. **捣药**(dǎoyào) : 방망이로 약을 찧다.

迎神赛会很普遍, 普通有好几百人参加, 沿途围观的则有几千人。这些场合通常总带点宗教色彩, 有时是一位神佛出巡各村庄。神像坐在一乘木雕的装饰华丽的轿子里, 前面由旌旗华盖、猛龙怪兽、吹鼓手、踩高跷的人等等开道前导。

**围观**(wéiguān) : (많은 사람들이)둘러싸고 구경하다. 에워싸고 관람하다. **出巡**(chūxún) : 바깥으로(외지로) 나가 순시하다. **木雕**(mùdiāo) : 나무로 조각된 것. **轿子**(jiàozi) : (옛날에 주로 쓰인 의자 형식으로 된) 가마. **旌旗**(jīngqí) : 각종 기(旗)의 총칭(總稱). **华盖**(huágài) : 옛날, 수레 위에 친 큰 양산. **猛龙怪兽**(měnglóngguàishòu) : 사나운 용과 이상하게 생긴 짐승. **吹鼓手**(chuīgǔshǒu) : 구식 혼례나 구식 장례식 때 악기를 연주하던 사람. **踩高跷**(cǎigāoqiāo) : 높은 나무다리를 타는 춤(을 추다). **开道**(kāidào) : 길을 열다. **前导**(qiándǎo) : 선도(先導)하다. 안내하다.

迎神行列经过时, 掉狮舞龙就在各村的广场上举行。踩高跷的人, 在街头扮演戏剧中的各種脚色。一面一面绣着龙虎狮子的巨幅旗帜, 由十来个人举着游行, 前前后后则由绳索围起来。

**掉狮舞龙**(diàoshīwǔlóng) : 사자춤과 용춤. **戏剧**(xìjù) : 극. 연극. **游行**(yóu xíng) : 정처 없이 떠돌아다니다. **绳索**(shéngsuǒ) : (굵은)밧줄. **围起来**(wéiqǐ lái) : 둘러치다.

这样的行列在旷野的大路上移动时, 看来真好威风呀! 这种举大旗游行的起源, 据说是明代倭寇入侵时老百姓以此向他们示威的。

**旷野**(kuàngyě) : 광야(曠野). 광원(曠原). [매우 광활(廣闊)한 평야]. **看来**(kàn lai) : 보기에.

碰到过年过节, 或者庆祝神佛生日或者其他重要时节, 活动的戏班子就到村庄上来表演。戏通常在下午三点钟左右开始, 一直演到第二天早晨, 中间有一段休息的时间, 以便大家吃晚饭。

**时节**(shíjié) : 때. 계절(季節). 철. 시절(時節). 절기(節氣). **戏班子**(xìbānzi) : 연극단. **表演**(biǎoyǎn) : 공연하다. 연출하다.

开演时总是锣鼓喧天，告诉大家戏正在开始。演的戏多半是根据历史故事编的，人民也就从戏里学习历史。每一出戏都包括一点道德上的教训，因此演戏可以同时达到三重目的：教授历史、灌输道德、供给娱乐。

**开演**(kāiyǎn)：(연극이나 영화 등을) 시작하다. **锣鼓喧天**(luógǔxuāntiān)：징소리와 북소리가 하늘을 진동하다. (사람들이 놀거나 일할 때)기세가 충천하다. **多半**(duōbàn)：대부분. 대개. **一出戏**(yīchūxì)：하나의 극.

女角是由男人扮演的，这是和莎士比亚时代的英国一样。演员涂抹形形色色的脸谱来象征忠奸善恶。白鼻子代表奸诈、狡猾、卑鄙或小丑。在日常生活中我们也常常指这一类人为白鼻子。

**女角**(nǚjué)：여자 역. **莎士比亚**(shāshìbǐyà)：셰익스피어. 영국의 극작가 · 시인. **演员**(yǎnyuán)：배우. 연기자. 출연자. **涂抹**(túmǒ)：칠하다. 바르다. **形形色色**(xíngxíngsèsè)：형형색색의. 가지각색의. **脸谱**(liǎnpǔ)：중국 전통극의 배우들의 얼굴 분장(扮裝). 용모. 얼굴 생김새. **小丑**(xiǎochǒu)：소인. 하찮은 인간. 어릿광대.

红脸代表正直、忠耿等等，但是红脸的人心地总是很厚道。黑脸象征铁面无私。这种象征性的脸谱一直到现在还被各地国剧所采用。

**忠耿**(zhōnggěng)：충직함. **心地**(xīndì)：심지(心志). 마음씨. 무엇을 하려고 하는 의지. 마음으로 뜻하는 바. **厚道**(hòudao)：너그럽다. 관대하다. **铁面无私**(tiěmiànwúsī)：사사로움이 없이 공정하다. 인정에 구애됨이 없이 공평하고 무사(無私)하다.

这就是我的童年的环境。这种环境已经很快地成为历史陈迹。这个转变首由外国品的输入启其端，继而西方思想和兵舰的入侵加速其进程；终将由现代的科学、发明和工业化，完毕其全程。

**陈迹**(chénjì)：역사의 지난 일. **启其端**(qǐqíduān)：그 시작을 열다. **继而**(jìér)：계속하여. 뒤이어. **兵舰**(bīngjiàn)：군함. **完毕**(wánbì)：끝나다. 끝내다. 종료하다. 완료시키다.

# 第三章　童年教育
# 어린 시절 교육

在我的童年时代, 没有学校, 只有家塾。男孩子在家塾里准备功课应付科举或者学点实用的知识以便经商, 女孩子不能和男孩子一道上学, 要读书就得另请先生, 穷苦人家的子弟请不起先生, 因此也就注定了文盲的命运。

**家塾**(jiāshú) : 가숙. 서당. **功课**(gōngkè) : 수업(授業). 교실 학습. 공부(工夫). **注定**(zhùdìng) : 필히. 반드시. 운명으로 정해져 있다.

一位先生通常教数十位学生, 都是分别教授的。家塾里没有黑板, 也不分班级。先生从清晨到薄暮都端端正正地坐在那里。学生们自然也就不敢乱蹦乱跳。那时候钟是很难见到的。

**分别**(fēnbié) : 각각. 각자. 따로. 제각기. **班级**(bānjí) : 클래스(class). 학급(學級). 학년과 학급. **清晨**(qīngchén) : 새벽녘. 이른 아침. **薄暮**(bómù) : 해질녘. 저녁 무렵. 황혼. **乱蹦乱跳**(luànbèngluàntiào) : 함부로 깡충깡충 뛰어다니다. **钟**(zhōng) : 시계.

家塾里当然没有钟。冬天白昼比较短。天黑后我们就点起菜油灯, 在昏暗的灯光下念书, 时间是靠日晷来计算的。碰到阴天或下雨, 那就只好乱猜了。猜错一两个小时是常事, 好在书是个别教授的, 猜错个把钟头也无所谓。

**白昼**(báizhòu) : 한낮. 대낮. **菜油灯**(càiyóudēng) : (식용기름을 사용한)등잔불. **昏暗**(hūnàn) : 어둡다. 어두컴컴하다. **日晷**(rìguǐ) : 해시계. **好在**(hǎo zài) : 다행히도. 운 좋게. **个把**(gèbǎ) : 한 두. 일이(一二). **无所谓**(wúsuǒwèi) : 대수롭지 않게 여기다. 염두에 두지 않다. 문제 삼지 않다. 관계가 없다. 개의치 않다. 아랑곳없다.

我在六岁时进家塾，一般小孩子差不多都在这个年岁"启蒙"的。事实上我那时才五岁零一个月的样子，因为照我家乡的算法，一个人生下来就算一岁了。家塾里的书桌太高，我的椅子下面必须垫上一个木架子之后才够得上书桌，因此我坐到椅子上时，两只脚总是悬空的。

**启蒙**(qǐméng) : 학문 · 기술 등의 초보를 가르치다. **书桌**(shūzhuō) : 책상. **够得上**(gòudeshàng) : (기준에)이르다. (자격이)되다. **悬空**(xuánkōng) : 허공에 뜨다.

我最先念的书叫《三字经》，每句三个字，而且是押韵的，因此小孩子记起来比较容易。事隔六十多年，我现在还能背出一大半，开头几句是："人之初，性本善。性相近，习相远。苟不教，性乃迁。"

**押韵**(yāyùn) : 압운하다. **事隔六十多年**(shìgéliùshíduōnián) : 60여년이 지났지만. **开头**(kāitóu) : 시초. 최초. 처음. 첫머리.

性善论是儒家人生哲学和教育原理的出发点，这种看法曾对十八世纪的大光明时代的法国学派产生过重大的影响。

**大光明时代**(dàguāngmíngshídài)계몽시대.

虽然我现在已经懂得什么叫"性本善"，在当时却真莫名其妙。我恨透了家塾里的生活。有一天，我乘先生不注意我的时候，偷偷地爬下椅子，像一只挣脱锁链的小狗，一溜烟逃回家中，躲到母亲的怀里。

**莫名其妙**(mòmíngqímiào) : 영문을 모르다. 무슨 뜻인지 모르다. 이유를 모르다. **挣脱**(zhèngtuō) : 애써 벗어나다. 필사적으로 벗어나다. **锁链**(suǒ liàn) : 쇠사슬. **一溜烟**(yīliùyān) : 쏜살같이. 재빨리. 슬그머니.

母亲自然很感意外，但是她只是很慈祥地问我："你怎么跑回家来了，孩子？" 我答道："家塾不好，先生不好，书本不好。" "你不怕先生吗？他也许会到家里来找你呢！" 母亲笑着说。"先生，我要杀了他！家塾，我要放把火烧了它！"我急着说。

**先生**(xiānsheng) : 선생(先生). [학생을 가르치는 사람]. **放把火**(fàngbǎ huǒ)불을 지르다.

母亲并没有把我送回家塾。那位先生也没有找上门来了。第二天早上，奶奶喊醒了我，对我说了许多好话，总算把我劝回家塾。从童年时代起我就吃软不吃硬。好好劝我，要我干什么都行，高压手段可没有用。经过奶奶一阵委婉的劝谏，我终于自动地重新去上学了。

**找上门来**(zhǎoshàngménlái) : 집에 찾아오다. **第二天**(dìèrtiān) : 이튿날. 다음날. **奶妈**(nǎimā) : 유모. **吃软不吃硬**(chīruǎnbùchīyìng) : 부드러운 것을 먹고, 딱딱한 것을 먹지 않다. 부드럽게 나오면 받아들이나, 강하게 나오면 반발하다. **委婉**(wěiwǎn) : 완곡하다. **劝谏**(quànjiàn) : (윗사람에게) 충고하다. 간언하다.

我带着一张自备的竹椅子，家里一位佣人跟着我到了家塾，把竹椅子放到木架上，使我刚好够得到书桌。先生没有出声，装作不知道我曾经逃过学。但是我注意到好几位同学对着我装鬼脸。我讨厌他们，但是装作没有看见。

**佣人**(yōngrén)고용인. 머슴. 하인. **装作**(zhuāngzuò) : (고의로)…한 체하다. **逃学**(táoxué) : 학교를 무단결석하다. **装鬼脸**(zhuāngguǐliǎn) : 익살스런 표정을 짓다. **讨厌**(tǎoyàn) : 싫어하다. 미워하다. 혐오하다.

我爬上椅子坐在那里，两只脚悬空挂着，没有休息的地方。我的课也上了。书却仍旧是那本《三字经》。我高声朗诵着不知所云的课文，一遍又一遍地念得烂熟。

**仍旧**(réngjiù) : 여전히. **不知所云**(bùzhīsuǒyún) : 무슨 말인지 모르다. 무엇이라고 말하는지 모르다. **课文**(kèwén) : (교과서에서의)본문(本文). **烂熟**(lànshú) : 익숙하다. 숙련되다.

等到太阳不偏不倚地照到我们的头上时，我们知道那是正午了。先生让我们回家吃午饭，吃过饭我马上回到家塾继续念那课同样的书，一直到日落西山才散学。

**不偏不倚**(bùpiānbùyǐ) : 어느 한쪽으로 치우치지 않다. 공정하다. **散学**(sànxué) : 학교를 파하다. 방과하다.

一日又一日地过去，课程却一成不变。一本书念完了之后，接着又是一本不知所云的书。接受训练的只是记忆力和耐心。念书时先生要我们做到“三到”，那就是心到、眼到、口到。

**一成不变**(yīchéngbùbiàn)：한번 정해지면 고치지 않는다. 고정불변하다. 변함 없다. 옛것을 고수하여 잘 고치려 하지 않다.

所谓心到就是注意力集中，不但读书如此，做任何事情都得如此。眼到对学习中国文字特别重要，因为中国字的笔划错综复杂，稍一不慎就可能读别字。所谓口到就是把一段书高声朗诵几百遍，使得句子脱口而出，这样可以减轻记忆力的负担。

**错综复杂**(cuòzōngfùzá)：서리서리 얽히다. 대단히 복잡하다.

先生警告我们，念书不能取巧强记，因为勉强记住的字句很容易忘记。如果我们背书时有些疙瘩，先生就会要我们一遍又一遍地再念，甚至念上一两百遍。

**取巧**(qǔqiǎo)：교활한 수단을 쓰다. 교활하게 행동하다. 요령 있게 하다. 불법적으로 이익을 얻다. **强记**(qiǎngjì)：애써 기억하다. 억지로 외우다. **疙瘩**(gēda)：응어리. 매듭. [쉽게 해결되지 않는 문제].

碰上先生心情不好，脑袋上就会吃栗子。天黑放学时，常常有些学生头皮上带着几个大疙瘩回家。不管学生愿意不愿意，他们必须守规矩，而且要绝对服从。

**碰上**(pèng·shang)：우연히 만나다. **吃栗子**(chīlìzi)：꿀밤을 먹다.

我们根本不知道什么叫礼拜天。每逢阴历初一、十五，我们就有半天假。碰到节庆，倒也全天放假，例如端午节和中秋节。新年的假期比较长，从十二月二十一直到正月二十。

**每逢**(měiféng)：…할 때마다. …때가 되면. **节庆**(jiéqìng)：기념일[명절] 경축.

在家塾里念了几年以后，我渐渐长大了，也记得不少的字。这时先生才开始把课文的意思解释给我们听，因此念起书来也不再像以前那样吃力了。

**吃力**(chīlì)：힘들다. 힘겹다.

从四书五经里，我开始慢慢了解做人的道理。按照儒家的理念，做人要先从修身着手，其次齐家，然后治国，平天下。其中深义到后来我才完全体会。

**体会**(tǐhuì)：체득하다. 이해하다. 체험하여 터득하다

在最初几年，家塾生活对我而言简直像监狱，唯一的区别是：真正监狱里的犯人没有希望，而家塾的学生们都有着前程无限的憧憬。所有的学者名流，达官贵人不是都经过寒窗苦读的煎熬吗？

**名流**(míngliú)：명류. 명사(名士). (학술 · 정치계의) 유명인사(人士). **达官贵人**(dáguānguìrén)：고관대작. **寒窗苦读**(hánchuāngkǔdú)：고학(苦學)하다.

"吃得苦中苦，方为人上人。""天子重英豪，文章教尔曹。万般皆下品，惟有读书高。""别人怀宝剑，我有笔如刀。"这些成语驱策着我向学问之途迈进，正如初春空气中的芳香吸引着一匹慵懒的马儿步向碧绿的草原。

**方**(fāng)：비로소. 막. **人上人**(rénshàngrén)：우수한 사람. 지위가 높은 사람. 사람 위의 사람. **英豪**(yīngháo)：영웅호걸. **尔曹**(ěrcáo)：너희들. 당신들. **万般**(wànbān)：모든 것. 만반. 온갖. 여러 가지. **驱策**(qūcè)：(채찍으로) 휘몰다. 혹사하다. 부리다. 몰아대다. **芳香**(fāngxiāng)：방향. 꽃다운 향기. **慵懒**(yōnglǎn)：게으르다. **马儿**(mǎr)：말. **碧绿**(bìlǜ)：진녹색의. 짙푸른.

否则我恐怕早已丢下书本跑到上海去做生意去了。理想、希望和意志可以说是决定一生荣枯的最重要因素。教育如果不能启发一个人的理想、希望和意志，单单强调学生的兴趣，那是舍本逐末的办法。

**启发**(qǐfā)：(사례를 확실히 밝히어) 일깨우다. 깨닫게 하다. 계발(啓發)하다. 계몽(啓蒙)하다. **单单**(dāndān)：오직. 홀로. **舍本逐末**(shěběnzhúmò)：근본적인 부분을 버리고 사소한 부분을 쫓는다. 일의 경중(輕重)을 뒤바꾸다. 일의 본말을 뒤바꾸다.

只有以启发理想为主, 培养兴趣为辅时, 兴趣才能成为教育上的一个重要因素。在老式私塾里死背古书似乎乏味又愚蠢, 但是背古书倒也有背古书的好处。一个人到了成年时, 常常可以从背得的古书里找到立身处事的指南针。

**只有…才~**: 오직…해야 비로소~할 수 있다. **私塾**(sīshú): 글방. **死背**(sǐbèi): 무조건 외우다. **乏味**(fáwèi): 맛이 없다. 무미건조하다. **愚蠢**(yúchǔn): 어리석다. 우둔하다. 미련하다. 미욱하다.

在一个安定的社会里, 一切守旧成风, 行为的准则也很少变化。因此我觉得我国的老式教学方法似乎已足以应付当时的实际需要。自然, 像我家乡的那个私熟当然是个极端的例子, 那只有给小孩子添些无谓的苦难。

**准则**(zhǔnzé): 준칙. 규범. **无谓**(wúwèi): 부당하다. 뜻이 없다. 의미가 없다. **苦难**(kǔnàn): 고난. 고초.

我怕许多有前途的孩子, 在未发现学問的重要以前就给吓跑了。在我的家塾里, 课程里根本没有运动或体育项目。小孩子们不许拔步飞跑, 他们必须保持"体统"一步一步慢慢地走。吃过中饭以后, 我们得马上练字。

**吓跑**(xiàpǎo): 놀라 달아나다. **项目**(xiàngmù): 항목(項目). 조목(條目). 사항(事項). **拔步飞跑**(bábùfēipǎo): 쏜살같이 뛰어다니다. **练字**(liànzì): 습자를 하다. 글씨공부를 하다.

我们简直被磨得毫无朝气。话虽如此, 小孩子还是能够自行设法来满足他们嬉戏的本能。如果先生不在, 家塾可就是我们的天下了。有时候我们把书桌搬在一起, 拼成一个戏台在上面演戏。

**简直**(jiǎnzhí): 그야말로. 너무나. 전혀. 정말로. **磨**(mó): 고통스럽게 하다. 괴롭히다. **设法**(shèfǎ): 방법을 세우다. 방도를 강구하다. 대책을 찾다.

椅子板凳就成了舞台上的道具。有时侯我们就玩捉迷藏。有一次, 我被蒙上眼睛当瞎子, 刚巧先生回来了, 其余的孩子都偷偷地溜了, 我轻而易举地就抓到一个人－我的先生。

**板凳**(bǎndèng) : 작은 나무걸상. **玩捉迷藏**(wánzhuōmícáng) : 숨바꼭질을 하다. **刚巧**(gāngqiǎo) : 마침. 때마침. 때맞춰. **溜**(liū) : (몰래)빠져나가다. **轻而易举**(qīngéryìjǔ) : (어떤 일을) 별다른 노력을 들이지 않고 해내다. 수월하다.

当我发现闯了祸时, 我简直吓昏了。到现在想起这件事尚有余悸。春天来时, 放了学我们就去放风筝, 风筝都是我们自己做的。风筝的形式不一, 有的像蜈蚣, 有的像蝴蝶。

**闯祸**(chuǎnghuò) : (주의를 소홀히 했기 때문에) 사고를 일으키다. 손실을 가져오다. 화를 자초하다[야기하다]. **吓昏**(xiàhūn) : 놀라 정신을 잃다. 기절하다. **余悸**(yújì) : 아직도 남아 있는 공포. **尚有余悸**;【성어】아직도 두려움을 느끼고 있다. **放风筝**(fàngfēng·zheng) : 연을 띄우다[날리다]. **不一**(bùyī) : 일치하지 않다. 같지 않다. 한 가지가 아니다. **蜈蚣**(wúgōng) : 지네. **蝴蝶**(húdié) : 나비.

夜晚时, 我们把一串灯笼随着风筝送上天空, 灯笼的数目通常是五个、七个或九个。比较小的孩子就玩小风筝, 式样通常是蜻蜓、燕子, 或老鹰。

**灯笼**(dēnglong) : 등롱. 초롱. 제등(提燈). **随**(suí) : 부대(附帶)하다. …에 딸려 있다. **蜻蜓**(qīngtíng) : 왕잠자리. **燕子**(yànzi) : 제비. **老鹰**(lǎoyīng) : 새매.

"燕子"风筝设计得最妙, 通常是成对的, 一根细竹片的两端各扎一只"燕子", 然后把竹片摆平在风筝绳子上。送上天空以后, 一对对的"燕子"随风摆动, 活像比翼双飞的真燕子。

**妙**(miào) : 아름답다. 좋다. 훌륭하다. (절)묘하다. **成对**(chéngduì) : 쌍을 이루다. 짝을 이루다. **扎**(zā) : 묶다. 매다. 동이다. **摆平**(bǎipíng) : (물건을) 가지런히[바로]놓다.

送上天空以后, 一对对的"燕子"随风摆动, 活像比翼双飞的真燕子。有一次, 我还看到好几只真的燕子在一只"燕子"风筝附近盘旋, 大概是在找伴儿。满天星斗的夏夜, 村子里的小孩子们就捉萤火虫玩儿。

**摆动**(bǎidòng) : 흔들거리다. 흔들다. 진동하다[시키다]. 일렁거리다. **活像**(huóxiàng) : 꼭 닮다. 아주 비슷하다. **比翼双飞**(bǐyìshuāngfēi) : 비익조가 짝지어 날다; 부부(夫婦)간의 애정이 매우 두텁다. 날개를 나란히 하여 날다. **盘旋**(pánxuán) : 선회하다. 빙빙 돌다. **伴儿**(bànr) : 동료. 반려. 벗. 짝. **满天星斗**(mǎntiānxīngdǒu) : 온 하늘에 총총한 별. **萤火虫**

(yínghuǒchóng) : 개똥벌레.

有些小孩子则宁愿听大人们讲故事。讲故事的大人, 手中总是摇着一柄大蒲扇, 一方面为了驱暑, 一方面也是为了驱逐纠缠不清的蚊子。口中衔旱烟杆, 旁边放着小茶壶, 慢条斯理地叙述历史人物的故事, 改朝换代的情形, 以及村中的掌故。

**宁愿**(nìngyuàn) : 차라리 (…하고자 한다). 차라리. **蒲扇**(púshàn) : 부들부채. **驱**(qū) : 쫓아내다. 몰아내다. 축출하다. **纠缠不清**(jiūchán·buqīng) : 몹시 귀찮게 구는. **蚊子**(wénz) : 모기. **衔**(xián) : 입에 물다. 머금다. **旱烟**(hànyān) : 잎담배. 살담배. **慢条斯理**(màntiáosīlǐ) : 태연자약하다. 침착하다. **改朝换代**(gǎicháohuàndài) : 왕조가 바뀌다. 조대(**朝代**)가 바뀌다; 세상[정권]이 바뀌다. **掌故**(zhǎnggù) : 장고. 고실(**故實**). 전고(**典故**). 연혁(**沿革**). 역사적 사실.

大人告诉我们, 大约二百五十年前, 清兵入关推翻明朝, 盗贼蜂起, 天下大乱, 但是我们村中却安谧如恒。后来圣旨到了村里, 命令所有的男人按照满洲鞑子的发式, 剃去头顶前面的头发, 而在后脑勺上留起辫子。

**入关**(rùguān) : 산해관(**山海關**)안으로 들어가다. (동북으로부터) 중국 관내에 들어가다. **推翻**(tuīfān) : (기존의 국면을) 전복시키다. 뒤집다. **安谧**(ānmì) : 평온하다. 안정되다. **如恒**(rúhéng) : 평소와 같다. 다른 때와 다름없다. **鞑子**(dázi) : 몽고인. **发式**(fàshì) : 헤어스타일. **剃去**(tìqù) : 깎아버리다. **后脑勺**(hòunǎosháo) : 뒤통수. **辫子**(biànzi) : 땋은 머리. 변발(**辮髮**).

男人听了如同晴天霹雳, 女人们则急得哭了, 剃头匠奉派到村子里强制执行, 他们是奉旨行事, 如果有人抗旨不肯剃头, 就有杀头的危险。

**如同**(rútóng) : 마치 …와 같다. **晴天霹雳**(qíngtiānpīlì) : 맑게 갠 하늘에서 치는 벼락. **剃头匠**([tìtóujiàng) : 이발사. **杀头**(shātóu) : 목을 베다.

留头究竟比留发重要, 二者既然不可兼得, 大家也就只好乖乖地伸出脖子, 任由剃头匠剃发编辫了。当然, 后来大家看惯了, 也就觉得无所谓, 但是初次剃发留辫子的时候, 那样子看起来一定是很滑稽的。……

**两者不可兼得** : 양자를 동시에 얻을 수 없다. **乖乖地**(guāiguāide) : 꼼짝없이. **无所谓**(wúsuǒwèi) : 대수롭지 않게 여기다. 염두에 두지 않다. 문제 삼지 않다. 관계가 없다. 개의

치 않다. 아랑곳없다. **滑稽**(huájī) : 행동이나 말 등이) 익살맞다. 익살스럽다. 우습다.

从这位讲故事的长者口中, 我们总算学到了一点历史, 那是在家塾中学不到的。此外, 我们还得到一点关于人类学的传说。故事是这样的 : 几万年以前, 我们的祖先也像*猴子一样长着尾巴。

**总算**(zǒngsuàn) : 마침내. 드디어. 결국. **尾巴**(wěiba) : 동물의) 꼬리.

那时的人可说介于人与猿猴之间。人猿年岁长大以后, 他的尾巴就渐渐变为黄色。人猿的尾巴共有十节, 十节中如有九变黄, 他就知道自己快要死了。于是他就爬到窑洞里深居简出, 结果就死在窑洞里面。

**猿猴**(yuánhóu) : 원숭이. **人猿**(rényuán) : 유인원. **窑洞**(yáodòng) : 동굴집. 토굴집. 혈처(穴處). 혈거(穴居). **深居简出**(shēnjūjiǎnchū) : 언제나 집에만 틀어박혀 있고, 거의 외출을 하지 않는다.

再经过几千年以后, 人的尾巴掉了, 所以现在的人都没有尾巴, 但是尾巴的痕迹仍旧存在。不信, 你可以顺着背脊骨往下摸, 尾巴根儿还是可以摸得到的。下面是一则关于技击的故事 :

**不信**(bùxìn) : 믿지 못하면. **背脊骨**(bèijǐgū) : 등뼈. **摸**(mō) : (손으로) 짚어 보다. 어루만지다. 쓰다듬다. **技击**(jìjī) : 격투기. 무술.

一位学徒在一家店前卖米。在没有生意的时候, 这位学徒就抓着米粒玩儿, 他一把一把地把米抓起来, 然后又一把一把地把米掷回米筐里。有一天, 一位和尚来化米, 那位学徒不但没有拿米给和尚, 反而抓了几颗米掷到和尚的脸上。想不到那几颗米竟然颗颗深陷到和尚的皮肉里面去了。

**学徒**(xuétú) : 도제. 견습생. 실습생. **掷回**(zhìhuí) : 도로 던져 넣다. **米筐**(mǐkuāng : 쌀 뒤지. **化米**(huàmǐ) : 쌀을 보시해 줄 것을 요청하다. **想不到**(xiǎngbudào) : 의외이다. 미처 생각하지 못 하다. 예상하지 못하다. **皮肉**(píròu) : 육체. 가죽과 살. 신체.

和尚似乎不生气，反而向那位学徒深深一鞠躬，双手合什，念了一声“南无阿弥陀佛”就走了。七天之后，一位拳师经过村里，他看到米店学徒脸色苍白，就问学徒究竟是怎么回事。

**双手合什**(shuāngshǒuhéshí)：두 손으로 합장하다. **究竟**(jiūjìng)：도대체. **拳师**(quánshī)：권술을 하는 사람.

学徒把和尚化米的事说了，拳师听了不禁摇头叹息：“啊呀，你怎么可得罪他呢?” 他是当今武林首屈一指的人物呀!

**得罪**(dézuì)：죄를 짓다. 죄를 범하다. 무례한 짓을 하다. 불쾌하게 하다. **武林**(wǔlín)：무림. 무술계. **首屈一指**(shǒuqūyīzhǐ)：제일이다. 으뜸이다. 첫째로 손꼽다. 가장 좋다.

他在向你鞠躬的时候，你已经受了致命的内伤，不出七七四十九天，你就活不成了! 幸好我还有药可以给你医治，不过你要赶快躲开，永远不要再撞上这位和尚。

**幸好**(xìng hǎo)：다행히. **躲开**(duǒkāi)：피하다. 물러서다. 비키다.

四十九天之后他还会再来的。赶快备口棺木，放几块砖头在棺材里，假装你已经死了入殓待葬就是了。四十九天之后，和尚果然又来找学徒了。人们告诉他学徒已经死了。

**口**(kǒu)：(우물·종(鐘)·관(棺)·독 따위의) 아가리가 있는 물건을 셀 때 쓰임. **赶快**(gǎnkuài)：빨리. 얼른. 어서. **棺木**(guānmù)：관. 널. **入殓**(rùliàn)：납관하다. 입관하다.

和尚叹口气说：“可怜! 可怜!” 和尚要看看棺材，大家就带他去看，他用手轻轻地把棺盖从头到尾抚摸一遍，念一声“南无阿弥陀佛”就走了。和尚走了之后，大家打开棺盖一看，里面的砖头已经全部粉碎。

**棺材**(guāncai)：관. 널. **从头到尾**(cóngtóudàowěi)：처음부터 끝까지, 위에서 아래까지. **抚摸**(fǔmō)：어루만지다. 쓰다듬다. **砖头**(zhuāntóu)：벽돌 조각. 벽돌 부스러기. **粉碎**(fěnsuì)：가루가 된. 산산조각이 난.

小孩子们全部竖起耳朵听这些故事, 这些故事就是我们课外知识的主要来源之一。我们家塾里的先生, 前前后后换了好几个。其中之一是位心地仁厚然而土头土脑的老学究。

**竖起**(shùqǐ) : 세우다. **课外**(kèwài) : 과외(課外). [학교에서 수업이 끝난 후의 시간]. **前前后后**(qiánqianhòuhòu) : 앞뒤 전부 합해서. **仁厚**(rénhòu) : 어질고 너그럽다. 인후하다. **土头土脑**(tǔtóutǔnǎo) : 시골뜨기. 촌뜨기. **老学究**(lǎoxuéjiū) : 늙은 서생. 샌님 티가 몸에 벤 세상사에 어두운 노서생.

他的命途多舛, 屡次参加府试都没有考上秀才, 最后只好死心塌地教私塾。他的脸团团如满月, 身材矮胖, 一副铜框眼镜老是低低地滑到鼻梁上, 两只眼睛就打从眼镜上面看人。

**命途**(mìngtú) : 운명. **命途多舛**(mìngtúduōchuǎn) : 운명이 순탄하지 못하다. **死心塌地**(sǐxīntādì) : 체념하여 마음이 진정되다. 끝까지. 목숨을 걸고. 죽을 때까지. 변함없이. 한사코. 외곬으로. **团团**(tuántuán) : 아주 동그란 모양. **打从**(dǎcóng) : …로 부터. …에서.

他没有留须, 鼻子下面却养着一撮蓬松的灰色胡子。碰到喝蛋花汤的日子, 他的胡子上常常挂着几片黄蛋花。他的故事多得说不尽, 简直是一部活的百科全书。但是他的文才很差, 我想这或许就是他屡试不中的缘故。

**留须**(liúxū) : 수염을 기르다. **一撮**(yīcuō) : (털 따위의)한 움큼. 한 줌. **蓬松**(péngsōng) : 풀·나뭇잎·머리털·모직물의 털 등이) 흐트러지다. 더부룩하다. 텁수룩하다. **蛋花汤**(dànhuātāng) : 계란 국. **文才**(wéncái) : 문재. 글재주. **不中**(bùzhòng) : 명중하지 못하다. 합격하지 못하다.

不过人很风趣, 善于笑谑 他在有些事情上非常健忘, 看过朋友回到家塾时, 不是忘了雨伞, 就是丢了扇子。老是这样丢三落四究竟不是事, 于是他就把他出门时必带的东西开了个清单:烟管、雨伞、毛巾、扇。

**风趣**(fēngqù) : 유머러스하다. **善于**(shànyú) : …에 능숙하다. …를 잘하다. **笑谑**(xiàoxuè) : 웃으며 농담하다. 희롱하다. **健忘**(jiànwàng) : 잘 잊어버리다. **不是…就是**~ : …하지 않으면~한다. **丢三落四**(diūsānlàsì) : 잘 빠뜨리다. 이것저것 잘 잊어버리다. 건망증이 심하다. 실수가 많다. **开清单**(kāiqīngdān) : 목록을 작성하다.

每当他告辞回家时，他就念一遍："烟管、雨伞、毛巾、扇。" 冬天不需要带扇子的时候，他也照样要按清单念扇子。有时侯他也记得根本没有带扇子出门，有时侯却仍然到处找扇子，他的朋友和学生就在暗中窃笑。

**照样**(zhàoyàng)：여전히. **暗中窃笑**(ànzhōngqièxiào)：은밀히 몰래 비웃다.

我童年时的知识范围，可以说只局限于四书五经，以及私塾先生和村中长辈所告诉我的事。我背得出不少的古书，也记得很多的故事。因此我的童年教育可以说主要的是记忆工作。幸而我生长在乡村，可以从大自然获得不少的知识和启发。

**幸而**(xìng'ér)：다행히. 운 좋게. 요행으로.

有一次，我注意到生长在皂荚树上的甲虫头上长着鹿角一样的角，这些角和枝上的刺长得一模一样，人家告诉我，这些甲虫是树上长出来的，因此也就和母体长得很像。不过我总觉得有点相信不过。

**皂荚树**(zàojiáshù)：쥐엄나무. **甲虫**(jiǎchóng)：딱정벌레. **一模一样**(yīmúyī yàng)：모양이 완전히 같다. **不过**(bùguò～할 수 없다.

我心里想，如果一棵树真能生下甲虫，那末甲虫产下的卵也就应该可以作皂荚树的种子了。甲虫卵既然种不出皂荚树，那么甲虫的角和皂荚树的刺这样相像一定另有原因。

**相像**(xiāngxiàng)：서로 닮다. **既然**(jìrán)：이미 이렇게 된 바에야. 기왕 그렇게 된 이상.

后来我看到一只鸟在皂荚树上啄虫吃，但是这只鸟对于身旁长着鹿角的甲虫却视而不见。于是我恍然大悟，原来甲虫的角是摹拟着刺而生的，目的是保护自己以免被鸟儿啄死。

**啄**(zhuó)：부리로 쪼다. 쪼아 먹다. **视而不见**(shìérbùjiàn)：보고도 못 본 척하다. **恍然大悟**(huǎngrándàwù)：문득 크게 깨닫다. **摹拟**(mónǐ)：모방하다. 본뜨다.

河汊的两岸长着许多桕树，桕子可以榨油制蜡烛，因此 桕树的土名就叫蜡烛树。冬天里农夫们用稻草把树干裹起来，春天到了，就把稻草取下烧掉。

**河汊**(héchà)：큰 강의 지류. **桕树**(jiùshù)：오구목. **桕子**(jiùzǐ)：오구목 열매. **榨油**(zhàyóu)：기름을 짜다. **蜡烛**(làzhú)：양초. 초. **土名**(tǔmíng)：(민간에게 사용하는)속명.

一般人相信，这种办法可以产生一种神秘的力量杀死寄生虫。事实上这件事毫无神奇之处，只要我们在树干上扎上足够的稻草，寄生虫就只好在稻草上产卵，烧掉稻草等于毁掉虫卵，寄生虫也就无法繁殖了。

**稻草**(dàocǎo)：볏짚. **等于**(děngyú)：…이나 매한가지다. …이나 다름없다. …에 해당하다.

在我童年时代里，这类对自然的粗浅研究的例子很多，举了前面的两个例子，我想也就够了。由此可见我的童年教育共有三个来源。第一是在私塾里念的古书，来自古书的知识，一方面是立身处世的指针，另一方面也成为后来研究现代社会科学的基础。

**粗浅**(cūqiǎn)：(내용이)얕다. (이해가)쉽다. 초보적이다. **由此可见**(yóucǐkějiàn)：(주로 문장의 첫머리에 쓰여)이로부터[이로써] 알 수 있다. 이로부터 볼 수 있다. **来源.**(láiyuán)：출처. 공급지.

第二个知识来源是听故事，这使我在欣赏现代文学方面奠立了基础。第三个知识来源是对自然的粗浅研究，不过这种粗浅研究的根基却可以移接现代科学的幼苗。

**根基**(gēnjī)：기초. 근원. 토대. **幼苗**(yòumiáo)：유묘. 어린 모종. 새싹.

如果我生长在草木稀少的大城市里，那我势将失去非常重要的自然训练的机会，我的一生也可能完全改观。每一个小孩子所具备的感受力、观察力、好奇心，和理解力等等天赋，都可能被我童年所受的全凭记忆的传统训练所窒息。

**感受力**(gǎnshòulì) : 감수성. **天赋**(tiānfù) : 타고난 재질. 천성. 천품.

我得承认, 我并没有像某些同学那样用功读书, 因为我不喜欢死记, 我愿意观察、触摸、理解。我的先生们认为这是我的不幸, 我的个性上的祸根。

**触摸**(chùmō) : 만지다. 쓸어 만지다.

我喜欢玩, 喜欢听故事。我喜欢打破砂锅问到底, 使大人感到讨厌。我喜欢看着稻田里的青蛙捉蚱蜢, 或者鹅鸭在河里戏水。我欣赏新篁解箨。我的先生认为这些癖好都是祸根。

**打破砂锅问到底**(dǎpòshāguōwèndàodǐ) : 끝까지 캐고 따져 일의 진상을 밝히다. **青蛙**(qīngwā) : 청개구리. **蚱蜢**(zhàměng) : 메뚜기의 일종. **鹅鸭**(éyā) : 거위와 오리. **欣赏**(xīnshǎng) : 좋다고 여기다. 마음에 들어 하다. 좋아하다. **篁**(huáng) : 대나무 숲. **癖好**(pǐhào) : 좋아하는 버릇. 기호. 취미. **箨**(tuò) : 죽순(竹笋) 껍질.

我自己也相信将来不会有出息。但是命运是不可捉摸的, 我的这些祸根后来竟成为福因, 而先生认定的某些同学的福因结果都证明是祸根。那些好的学生后来有的死于肺痨, 有的成为书呆, 有的则在西化潮流横扫中国时无法适应日新月异的环境而落伍了。

**出息**(chūxi) : 발전성. 전도(前途). 장래성. **捉摸**(zhuōmō) : 추측하다. 짐작하다. 헤아리다. **横扫**(héngsǎo) : 쓸어버리다. 소탕하다. 일소하다. **肺痨**(fèiláo) : 폐결핵. **书呆**(shūdāi) : 독서광. 책벌레. **日新月异**(rìxīnyuèyì) : 나날이 새로워지다[달라지다]. 발전이 매우 빠르다.

# 第四章　家庭影响
# 가정의 영향

童年时代和青春时代的可塑性最大, 因而家庭影响往往有决定性的作用。这时期中所养成的习惯, 不论好坏, 将来都很难根除。大致说来, 我所受的家庭影响是良好而且健全的。

**可塑性**(kěsùxìng) : 적응성. **根除**(gēnchú) : 뿌리(째) 뽑다. 근절하다. **大致说来**(dàzhìshuōlái) : 대체적으로 말하면

我的父亲是位小地主, 而且是上海当地几家钱庄的股东。祖父留给父亲的遗产相当可观, 同时父亲生活俭朴, 因此一家人一向用不着为银钱操心。

**钱庄**(qiánzhuāng) : [명사] 전장. 옛날, 개인이 운영하던 금융 기관. 금융업 점포. **股东**(gǔdōng) : 주주. 출자자. **相当可观**(xiāngdāngkěguān) : 상당히 많은. **俭朴**(jiǎnpǔ) : [형용사] 검박하다. **操心**(cāoxīn) : [동사]마음을 쓰다[졸이다]. 걱정[고민]하다. 애태우다. 노심하다

父亲为人忠厚而慷慨, 蒋村的人非常敬重他, 同时也受到邻村人士的普遍崇敬。他自奉俭约, 对公益事业却很慷慨, 常常大量捐款给慈善机构。

**忠厚**(zhōnghòu) : [형용사]충후하다. 충직하고 온후하다. **慷慨**(kāngkǎi) : (1)[형용사]강개하다. (의기·정서가)격앙되다. (2)기개가 있다. (3)(kāng//kǎi)아끼지 않다. 후하게 대하다. **敬重**(jìngzhòng) : 존경하다. 존중하다. **崇敬**(chóngjìng) : 숭경(하다). 숭배하고 존경하다. 존경하다. **自奉**(zìfèng) : 자기의생활. **自奉俭约**(zìfèngjiǎnyuē) : 스스로의 생활이 검소하다. **捐款**(juānkuǎn) : 돈을 기부하다.

他从来没有说过有句存心骗人的话, 因此与他交往的人全都信任他的话。他相信风水和算命。同时又相信行善积德可以感召神明, 使行善者添福增寿, 因此前生注定的命运也可以因善行而改变。

**存心**(cúnxīn) : 고의로. 일부러. **交往**(jiāowǎng) : 왕래(하다). 내왕(하다). 교제(하다). 상종(하다). **算命**(suànmìng) : 점치다. **感召**(gǎnzhào) : [명사][동사] 감화(를 받다). **增**(zēng) : 늘다. 증가하다. 많아지다. **注定**(zhùdìng) : 운명으로 정해져 있다.

我父亲的道德人品对我的影响的确很大, 我唯一遗憾是没有好好学到父亲的榜样。我的母亲是位很有教养而且姿容美丽的女人。我童年时对她的印象已经有点模糊了。我记得她能够弹七弦古琴, 而且能够抚琴幽歌。

**的确**(díquè) : 확실히. 정말. **榜样**(bǎngyàng) : 모범이 되는 사람이나 사례. 본보기. 귀감. 모범. **七弦**(qīxián) : [명사] 칠현. 칠현금의 일곱 현(弦)에 따른 음의 종류. [즉 궁(宫)·상(商)·각(角)·치(徵)·우(羽)·소궁(小宫)·소상(小商)을 말함]. **古琴**(gǔqín) : [명사]〈음악〉 칠현금(七弦琴).

她最喜欢唱的一只歌, 叫做 <古琴引>, 词为 : 音音音, 尔负心。真负心, 辜负我, 到如今。记得当年低低唱, 千千斟, 一曲值千金。如今放我枯墙阴, 秋风芳草白云深, 断桥流水过故人。凄凄切切, 冷冷清清, 凄凄切切, 冷冷清清。

**尔**(ěr) : 너. 당신. 그대. **负心**(fùxīn) : 은혜를 저버리다. 양심을 어기다. 신의를 저버리다. **辜负**(gūfù) : (기대, 희망 등을) 저버리다. 어기다. **千千**(qiān qiān) : 무수하다. 수가 매우 많다. **斟**(zhēn) : (컵이나 그릇에 술이나 차를) 붓다. 따르다. 헤아리다. 짐작하다. **枯**(kū) : (1)[동사] (꽃·잎 따위가) 시들다. 이울다. (우물·강 등이) 마르다. (2)[형용사] 생기가 없다. 시들하다. 무미건조하다. (3)[형용사] 멍하다. 우두커니 있다. **如今**(rújīn) : 현재(現在). 지금. **墙阴**(qiángyīn) : 담벼락 그늘. **芳草**(fāngcǎo) : 방초. 향기로운 풀. **凄凄切切**(qīqīqièqiè : 처량하고 슬픈. **冷冷清清**(lěnglengqīngqīng) : 매우 쓸쓸하다.

有人说 : 像我母亲那样青春美貌的妇人唱这样悲切的歌, 是不吉利的。母亲弹琴的书斋, 屋后长着一棵几丈高的大樟树。离樟树不远的地方种着一排竹子, 这排竹子也就成为我家的篱芭。竹丛的外面围绕着一条小河。

**悲切**(bēiqiè) : 슬프고 애처롭다. 비통하다. **不吉利**(bùjílì) : 불길한. **弹琴**(tánqín) : 거문고를 타다[연주하다]. **书斋**(shūzhāi) : 서재. **樟树**(zhāngshù) : 장목. 녹나무. **丈**(zhàng) : 길이의 단위. '一尺'의 10배. 3. 33미터. **篱芭**(líbā) : 울타리.

大樟树的树荫下长着一棵紫荆花和一棵香团树，但是这两棵树只能在大樟树扶疏的枝叶之间争取些微的阳光。母亲坐在客厅里，可以谛听小鸟的啭唱，也可以听到鱼儿戏水的声音。

**紫荆花**(zǐjīnghuā) : 박태기나무 꽃. **扶疏**(fúshū) : [형용사](가지와 잎이)무성하다. **争取**(zhēngqǔ) : ⑴쟁취하다. 얻다. 획득하다. 이룩하다. 노력하여 목적을 달성하다. **客厅**(kètīng) : 객실. 응접실. **谛听**(dìtīng) : 상세히 듣다. **啭唱**(zhuànchàng) : 지저귀며 울다. **戏水**(xìshuǐ) : 물 장난치다.

太阳下山时，平射过来的阳光过竹丛把竹影投映在窗帘上，随风飘动。书斋的墙上满是名家书画。她的嵌着白玉的古琴则安放在长长的红木琴几上，琴几的四足则雕着凤凰。

**窗帘**(chuānglián) : 커튼. **飘动**(piāodòng) : 펄럭이다. 나부끼다. **书画**(shū huà) : 서화. **嵌**(qiàn) : ⑴[동사] 새겨 넣다. 끼워 넣다. 사이에 박아 넣다. [미술품의 장식을 말함]. **几**(jī) : [명사] 궤. 작은 탁자. 작은 상.

她去世以后，客厅的布置一直保留了好几年没有动。她的一张画像高悬在墙的中央。但是母亲已经不在了。她用过的古琴用一块软缎盖着，仍旧放在红木琴几上。我有时不禁要想自己就是那个饮泣孤冢幽幽低诉的古琴。

**布置**(bùzhì) : 장식. 배치. **画像**(huàxiàng) : 초상화. **饮泣**(yǐnqì) : 음읍하다. 흐느껴 울다. 눈물을 삼키다. **冢**(zhǒng) : 무덤. 묘지. **幽幽**(yōuyōu) : (소리. 광선 등이) 약하다. **低诉**(dīsù) : 작은 소리로 하소연하다.

我母亲去世还很年轻。我看到母亲穿着华丽的绣花裙袄躺在棺里，裙袄外面罩一个长长的红绸披风，一直盖到足踝，披风上缀着大红的头兜，只有她的脸露在外面，一棵很大的珍珠衬着红头兜在她额头发出闪闪的亮光。

**绣花**(xiùhuā) : (도안이나 그림 등을)수놓다. **裙袄**(qúnǎo) : 치마와 저고리. **红绸**(hóngchóu) : 붉은 명주. **躺**(tǎng) : (사람, 동물 또는 기타 물체가) 눕다. 드러눕다. 넘어지다. **罩**(zhào) : [동사]덮다. 씌우다. 가리다. **披风**(pīfēng) : 부녀자들이 입던, 현재의 망토와 비슷한 모양의 외투. **足踝**(zúhuái) : 복사뼈. **缀**(zhuì) : (바늘 등으로) 깁다. 엮다. 꿰매다.

**头兜**(tóudōu) : 두건. 모자. **衬**(chèn) : (1) [동사] 안에다 (하나 더) 대다[받치다]. 받쳐 입다. (2) [명사] 안에 대는[받치는] 것. (3)(**衬儿**) [명사] (옷·신발·모자 등의 안에 대는) 안감. 심. (4) [동사] (다른 사물에 의하여) 돋보이게[두드러지게 하다. 어울리게 하다.] (5) [동사]【방언】돈으로 부조하다. 말로 가세하다. 변호하다. **衬着**(chènzhe) : 돋보이게 하다.

我的继母是位治家很能干的主妇, 待人也很和气, 但不久也去世了, 此后父亲也就不再续弦了。我的祖父当过上海某银庄的经理。

**治家**(zhìjiā) : 치가하다. 집안일을 다스리다. **能干**(nénggàn) : 유능하다. 재능이 있다. 일 처리가 뛰어나다. **续弦**(xùxián) : [동사]후처를 맞다. 재취(**再娶**)하다. **银庄**(yínzhuāng) : 은장(옛날의 은행)

太平天国时(一八五一～一八六四), 祖父在上海旧城设了一个小钱摊, 后来钱摊发展为小钱庄, 进而成为头等钱庄。这种钱庄是无限责任的机构, 做些信用贷款的生意。墨西哥鹰洋传到中国成为银两的辅币以后, 洋钱渐渐受到国人的欢迎。

**设**(shè) : 차리다. 배치하다. 세우다. 두다. **钱摊**(qiántān) : [명사] 옛날, 가두(**街頭**) 환전상(**換錢商**). 이동식 환전상. **头等**(tóuděng) : [명사][형용사] 제1등(의). 최상(의). **鹰洋**(yīngyáng) : 옛날, 중국의 시장에서 유통된 멕시코 은화. [표면에 매 모양이 그려져 있었으며, 넓게는 '**银元**'을 가리킴]. **辅币**(fǔbì) : [명사] 보조 화폐. [중국의 **人民幣**에서 **元**이하의 **角**jiǎo나 **分**fēn의 경우]

后来流通渐广, 假币也跟着比例增加, 但是钱庄里的人只要在指尖上轻轻地把两块银元敲敲, 他们就能够辨别那个是真, 那个是假, 我祖父本领更使一般钱庄老板佩服, 他一眼就能看出那个是真, 那个是假。

**指尖**(zhǐjiān) : 손가락의 끝. **敲**(qiāo) : (물체의 표면을 소리가 나게) 두드리다. 치다. 때리다. **佩服**(pèi·fú) : [동사]탄복하다. 감탄하다.

不幸他在盛年时伤了一条腿, 后来严重到必须切去, 祖父就因为血液中毒辞世。父亲当时还只有十二岁左右, 祖父给他留下了七千两银子, 在当时说起来, 这已经是一笔相当大的遗产了。父亲成了无告的孤儿, 就归他未来的丈人照顾。

**盛年**(shèngnián) : [명사] 문어장년(壯年)(3. 40세). **辞世**(císhì) : 죽다. **遗产**(yíchǎn) : [명사] 유산. **无告**(wúgào) : 괴로운 처지를 호소할 곳이 없다. 매우 불행하다. 의지할 곳이 없다. **照顾**(zhào·gù) : 돌보다. 보살펴 주다. 배려하다. 정신을 쏟다.

由于投资得当, 调度谨慎, 这笔财产逐渐增加, 三十年之后, 已经合到七万两银子。从上面这一点家庭历史里, 读者不难想像我的家庭一定在早年就已受到西方影响了。

**调度**(diàodù) : (일·인력·차량 등을) 관리하고 배치하다. 지도하다.

父亲很有点发明的头脑。他喜欢自己设计, 或者画出图样来, 然后指示木匠、铁匠、铜匠、农夫或篾匠, 按照尺寸照样打造。

**图样**(túyàng) : 도안. 도면. 설계도. 견본. 카탈로그. **铁匠**(tiějiang) : 철공. 대장장이. **铜匠**(tóngjiang) : 동장. 동기를 제작하는 사람. **篾匠**(mièjiàng) : 죽공(竹工). 죽세공을 업으로 하는 사람. **尺寸**(chǐ·cun) : (옷 따위의) 치수. 절도(節度). 법도(法度). 규정. 표준.

他自己设计过造房子, 他实验过養蚕、植桑、造楼(照着西方一种过时了式样), 而且按着他的想像制造过许多的东西。最后他想出一个打造"轮船"的聪明办法, 但是他的"轮船"却是不利用蒸气的。

**造房子**(zàofáng·zi) : 집을 짓다. **过时**(guòshí) : 시대에 뒤떨어지다. 유행이 지나다.

父亲为了视察业务, 常常需要到上海去。他先坐桨划的木船到宁波, 然后从宁波乘轮船到上海。他常说 : "坐木船从蒋村到宁波要花三天两夜, 但是坐轮船从宁波到上海, 路虽然远十倍, 一夜之间就到了。"

**桨划**(jiǎnghuá) : 노를 젓다. **一夜之间**(yīyèzhījiān) : 하룻밤 사이에.

因此他就画了一个蓝图, 预备建造一艘具体而微的轮船。木匠和造船匠都被找来了。木匠奉命制造水轮, 造船匠则按照我父亲的计划造船, 隔了一个月, 船已经造得差不多。

**蓝图**(lántú) : 건설 계획. 청사진(青寫眞). 설계도. **艘**(sōu) : (1)[양사] 척. (2)[명사] 선

박의 총칭. **具体而微**(jùtǐérwēi) : 내용은 대체로 갖추어져 있으나 규모가 작다. **水轮**(shuǐlún) : 수력터빈.

小“轮船”下水的那一天，许多人跑来参观，大家看了这艘新奇的“轮船”都赞不绝口。“轮船”停靠在我家附近的小河里，父亲雇了两位彪形大汉分执木柄的两端来推转水轮。

**下水**(xiàshuǐ) : (배를)물에 띄우다. 진수하다. **赞不绝口**(zànbùjuékǒu) : 【성어】칭찬이 입에서 그치지 않다. 칭찬이 자자하다. **停靠**(tíngkào) : (배가 부두에)정박하다. (차량, 기차가) 머물다. 정거하다. **雇**(gù) : 고용하다. 세내다. 빌리다. **彪形**(biāoxíng)**大汉** ; 체격이 건장하고 늠름한 사나이. **执**(zhí) : (1)[동사] 잡다. 쥐다. 들다. (2)[동사](권력 따위를) 잡다. 장악하다. 맡다. 담당하다. 틀어쥐다.

“轮船”慢慢开始在水中移动时，岸上围观的人不禁欢呼起来。不久这只船的速度也逐渐增加。但是到了速度差不多和桨划的船相等时，水手们再怎样出力，船的速度不增加了。

**移动**(yídòng) : [명사][동사]이동(하다). **逐渐**(zhújiàn) : [부사]점차. 차츰차츰. 점점. **桨划**(jiǎnghuá) : 노를 젓다.

乘客们指手划脚，巴不得能使船驶得快一点，有几位甚至亲自动手帮着转水轮。但是这只船似乎很顽固，始终保持原来的速度不增加。父亲把水轮修改了好几次，希望使速度增加。但是一切努力终归白费。

**指手划脚**(zhǐshǒuhuàjiǎo) : (1)(흥이 나서) 손짓 몸짓하면서 말하다. **巴不得**(bābude) : (목마른 사람이 물을 찾듯이) 간절히 바라다. 열망(熱望)하다. **驶**(shǐ) : (차, 말 등이) 뛰다. 빨리 달리다. **终归**(zhōngguī) : [부사] 결국. 마침내. **白费**(báifèi) : [동사] 헛되이 쓰다. 쓸데없이 소비하다. 허비하다.

更糟的是船行相当距离以后，水草慢慢缠到水轮上，而且愈积愈多，最后甚至连转都不动了。父亲叹口气说：“唉！究竟还是造轮船的洋人有办法？”那条“轮船”最后改为普通桨划的船。但是船身太重，划也划不动。

**糟**(zāo) : (일이나 상황 등이) 나쁘다. 안 좋다. **缠**(chán) : 감다. (관계 등이) 뒤얽히다. 뒤엉키다. **愈**. …**愈**…: [부사] 더욱. 더더욱. 더욱더. '**越**…**越**…'(…하면 할수록 …하다)의 뜻을 지님. **叹口气**(tànkǒuqì): 한숨을 쉬다.

几年以后, 我们发现那条船已经弃置在岸上朽烂腐败, 船底长了厚厚一层青苔。固然这次尝试是失败了, 父亲却一直想要来试一下, 后来有人告诉他瓦特和蒸汽机的故事, 他才放弃了造船的雄心。

**弃置**(qìzhì): [동사] 한 쪽에 던져 놓다. 방치하다. **朽烂**(xiǔlàn): [동사] 썩어 문드러지다. **腐败**(fǔbài): 썩다. 부패하다. **青苔**(qīngtái): 〈식물〉청태. 푸른 이끼. **瓦特**(wǎtè): [명사] [양사]【음역어】와트(watt)(증기기관을 발명한 사람). **蒸汽机**(zhēngqìjī): [명사]증기기관. 스팀엔진. **雄心**(xióngxīn): 웅심. 웅장한 뜻.

他发现除了轮船的外表之外, 还有更深奥的原理存在。从这时候起, 他就一心一意要让他的儿子受现代教育, 希望他们将来能有一天学会洋人制造神奇东西的"秘诀"。

**深奥**(shēn'ào): (학문 · 이론 등이) 심오하다. **秘诀**(mìjué): [명사] 비결. **一心一意**(yīxīnyīyì): (다른 것은 고려하지 않고) 외곬으로. 오로지. 오직 한 가지의 생각으로.

这个造轮船的故事也正是中国如何开始向西化的途程探索前进的实例。不过, 在人论道德上父亲却一直不大赞成外国人的办法。固然也认为"外国人倒也同我们中国人一样地忠实、讲理、勤劳。"但是除此之外, 他并不觉得外国人有什么可取的地方。

**探索**(tànsuǒ): [동사] 탐색하다. 찾다. **可取**(kěqǔ): (의견, 건의, 요구, 충고, 방법 등을) 취할 만하다. 받아들일 만하다. 배울만하다. 찬양할 만하다. **讲理**(jiǎnglǐ): 이치를 따지다. 시비를 가리다. **勤劳**(qínláo): (어떤 고생이나 어려움도 두려워하지 않고)근로(**勤勞**)하다. 매우 부지런히 일하다. 근면(**勤勉**)하다.

话虽如此, 他却也不反对他的孩子们学习外国人的生活方式和习惯。我的先生却反对我父亲的看法。他说:"'奇技淫巧'是要伤风败俗的。先圣前贤不就是这样说过吗?"他认为只有朴素的生活才能保持高度的道德水准。

**奇技淫巧**(qíjìyínqiǎo) : 올바르지 않은 기교나 수식. **伤风败俗**(shāngfēng bàisú) : 사회의 도덕과 풍기(風紀)를 어지럽게 하다. **先圣前贤**(xiān shèngqiánxián) : 옛 성현. **水准**(shuǐzhǔn) : 수준.

我的舅父也有同样的看法。他用一张红纸写下他的人生观, 又把红纸贴在书桌边旁的墙上:"每日清晨一支香, 谢天谢地谢三光。国有忠臣护社稷, 家无逆子闹爷娘, … 但愿处处田稻好, 我虽贫时也不妨。"

**三光**(sānguāng) : 해, 달, 별. **逆子**(nìzǐ) : 불효자. 불효한 자식. **爷娘** (yéniáng) : 양친. 부모. **稻**dào) : 〈식물〉벼. **不妨**(bùfāng) : 무방하다. 괜찮다.

我的舅父是位秀才, 他总是携带着一根长长的旱烟杆, 比普通的手杖还长。他经常用烟管的铜头敲着砖地。他在老年时额头也不显皱纹, 足见他心境宁静, 身体健康, 而且心满意足。他斯文有礼, 我从来没有看到他发脾气。他说话很慢, 但是很清楚, 也从来不骂人。

**旱烟杆**(hànyāngān) : 잎 담뱃대. **携带**(xiédài) : 휴대하다. **手杖**(shǒuzhàng) : 지팡이. **烟管**(yānguǎn) : 담뱃대. 연관(煙管). 연죽(煙竹). **敲**(qiāo) : 두드리다. **砖地**(zhuāndì) : 벽돌 바닥. **皱纹**(zhòuwén) : (~儿) [명사] 주름. 주름살. 구김살. **足见**(zújiàn) : [동사]볼 수 있다. 충분히 알 수 있다. **心境**(xīnjìng) : 심경. 심정. 기분. **宁静**(níngjìng) : (환경, 마음 등이) 편안하다. 평온하다. 고요하다. **心满意足**(xīnmǎnyìzú) : 마음속으로 매우 만족하다. **斯文**(sī wen) : 고상하다. 점잖다. **发脾气**(fāpíqi) : 화를 내다. **骂**(mà) : 욕하다.

# 第五章　山雨欲来风满楼
# 격동 전야의 심상치 않은 분위기

新年里常常有些小贩到村子里卖画片, 有些画的是国家大事, 有的则是戏中情节。有一年新春假期里, 有一套新鲜的画图引起小孩子们的深厚兴趣。这套五彩绘画的是一八九四年(甲午年)中日战争的故事。

**山雨欲来风满楼**(shānyǔyùláifēngmǎnlóu) : 산비가 오려 하고, 바람이 누각에 가득하다. 사건이나 전쟁이 일어나기 직전의 살벌한 분위기 또는 그 조짐. **画片**(huàpiàn) : 그림엽서. **小贩**(xiǎofàn) : (밑천이 매우 적은) 행상(行商). 소상인(小商人). **情节**(qíngjié) : 사건이나 범죄 행위 등의) 변화와 경위. 구체적인 상황(狀況). 사정(事情). 형편이나 그렇게 된 까닭. (어떤 작품의) 줄거리. 플롯(plot). 구성(構成). **画图**(huàtú) : 도화(圖畫). 도면과 그림. **五彩**(wǔcǎi) : 오채(五彩). [파란색, 노란색, 빨간색, 흰색, 검정색의 다섯 가지 색깔]. 다채로운 빛깔. 각종 색채.

其中有一张画的是渤海上的海战场面, 日军舰队中的一艘军舰已被几罐装满火药的大瓦罐击中起火, 军舰正在下沉。中国还画着几百个同样的大瓦罐在海上漂浮。这种瓦罐, 就是当时的民间所通用的夜壶, 夜间小便时使用的。

**瓦罐**(wǎguàn) : 질항아리. 오지동이. 토기동이. **起火**(qǐhuǒ) : 불이 나다. 화재가 발생하다. **下沉**(xiàchén) : 가라앉다. **漂浮**(piāofú) : (물위에)둥둥 뜨다. 떠돌다. **夜壶**(yèhú) : (남자용의)야호. 요강.

另一幅画则画着一群带了锈链的日本俘虏, 有的则关在笼子里。中国打了大胜仗! 自然, 那只是纸上的胜仗, 但是我们小孩子们却深信不疑。后来我年纪大一点以后, 我才知道我国实际上是被日本打败了。

**铐链**(kàoliàn) : 쇠고랑. **笼子**(lóngzi) : 바구니. 우리. ['새장'과 같은 작은 우리에도 쓸 수 있음]. **深信不疑**(shēnxìnbùyí) : 굳게 믿어 의심치 않다.

而且割让了台湾, 我们的海军被日本消灭, 高丽也被日本抢走了。短短九年之内, 中国已经相继丧失了三个承认中国宗主权的外围国, 最先是越南, 继之是缅甸, 现在又丢了高丽。

**相继**(xiāngjì) : 연이어. 계속하여. 잇달아.

一个夏天的傍晚, 一位临时雇工气喘如牛地从我父亲的书房里跑了出来。他说在书房里听到一阵叮当的声音, 但是房里找不到人影。他说一定是鬼在作怪。后来一追究, 原来是时钟在报时。

**气喘**(qìchuǎn) : (숨이) 가쁘다. 몹시 차다. 헐떡대다. 천식. **叮当**(dīngdāng) : 금속, 도자기, 옥 장식 등이 부딪칠 때 나는 소리. **作怪**(zuòguài) : 못되게 굴다. 장난치다. **追究**(zhuījiū) : (원인, 책임 등을) 캐다. 조사하다. 따지다. 추궁하다. **时钟**(shízhōng) : 시계의 구칭. **原来**(yuánlái) : 알고 보니 ~이다. ~으로 판명되다. **报时**(bàoshí) : 시각을 알리다.

从无可稽考的年代起, 乡下人一直利用刀片敲击火石来取火, 现在忽然有人从上海带来了几盒火柴。大人对这种简便的取火方法非常高兴。小孩们也很开心, 在黑暗的角落里, 手上的火柴一擦, 就可以发出萤火虫一样的光亮。火柴在当时叫 "自来火", 因为一擦就着 ; 也叫"洋火", 因为它是从外洋运进来的。

**稽考**(jīkǎo) : 고찰하다. 검사하다. 조사하다. 고증하다. **刀片**(dāopiàn) : 절삭 공구의 날. **火石**(huǒshí) : 부싯돌. 수석(燧石). **敲击**(qiāojī) : 두드리다. 치다. **取火**(qǔhuǒ) : 원시적 방법으로) 불씨를 얻다. 불을 붙이다. **开心**(kāixīn) : 유쾌하다. 즐겁다. **火柴**(huǒchái) : 성냥. **外洋**(wàiyáng) : 해외. 외국.

时钟实际上并无需要, 因为在乡村里, 时间算得再准也没有用处。早两三个钟头, 迟两三个钟头又有什么关系? 乡下人计时间是以天和月做单位的, 并不以分或小时来计算。

**早**(zǎo) : 이르다. 빠르다.

火柴其实也是奢侈品——用刀片火石不也是一直过得很好吗? 至于煤油, 那可又当别论了, 煤油灯可以把黑夜照得如同白昼, 这与菜油灯的昏暗灯光比起来真有天渊之别。

**又当别论**(yòudàngbiélùn) : 다른 문제로 논의하다. 별도로 논의하다. **天渊之别**(tiānyuānzhībié) : 천양지차.

美孚洋行是把中国从"黑暗时代" 导引到现代文明的执炬者。大家买火柴、时钟是出于好奇, 买煤油却由于生活上的必要。但事情并不到此为止。煤油既然成为必需品, 那末取代信差的电报以及取代舢舨和帆船的轮船又何尝不是必需品呢? 依此类推, 必需的东西也就愈来愈多了。

**执炬者**(zhíjùzhě) : 횃 불을 든 사람. **煤油**(méiyóu) : 석유. **既然**(jìrán) : ~한 이상. **信差**(xìnchāi) : 우편배달부. **何尝**(hécháng) : 언제 …한 적이 있는가.

很少人能够在整体上发现细微末节的重要性。当我们毫不在意的玩着火柴或者享受煤油灯的时候, 谁也想不到是在玩火, 这点星星之火终于使全中国烈焰烛天。火柴和煤油是火山爆发前的迹象, 这个 "火山"爆发以后, 先是破坏了蒋村以及其他村庄的和平和安宁, 最后终于震撼了全中国。

**细微末节**(xìwēimòjié) : 사소하고 지엽적인 것. **毫不在意**(háobùzàiyì) : 조금도 마음에 두어서 생각하지 않다. 개의치 않다. **星星之火**(xīngxīngzhīhuǒ) : 작디작은 불티. **烈焰**(lièyàn) : 맹렬한 불길. **烛天**(zhútiān) : 하늘을 환하게 비추다. **迹象**(jìxiàng) : 흔적. 형적. 자취. 현상. 기미. 조짐 기색. 눈치. **震撼**(zhènhàn) : 진감하다. 진동하다. 뒤흔들다.

基督教传教士曾在无意中把外国货品介绍到中国内地。传教士们不顾艰难险阻, 瘴疠瘟疫, 甚至生命危险, 遍历穷乡僻壤, 去拯救不相信上帝的中国人的灵魂。他们足迹所至, 随身携带的煤油、洋布、钟表、肥皂等等也就到了内地。

**艰难**(jiānnán) : 곤란하다. 어렵다. 힘들다. **险阻**(xiǎnzǔ) : 험난한 길. (길이)험준하(여 다니기 어렵)다. 어렵다. 힘들다. 간고하다. **瘴疠**(zhànglì) : 장려(말라리아 따위의 전염병). **瘟疫**(wēnyì) : 유행성 급성 전염병(流行性急性傳染病). **遍历**(biànlì) : 곳곳을 돌아다니

다. 편력하다. **穷乡僻壤**(qióngxiāngpìrǎng) : 산간벽지(山間僻地). 벽촌(僻村). **拯救**(zhěngjiù) : 구하다. 구제하다. 구출하다. 건지다. 구조하다. **足迹**(zújì) : 족적. 발자취. **随身携带**(suíshēnxiédài) : 몸에 지니다. 몸에 소지하다. 몸에 휴대하다. **洋布**(yángbù) : 캘리코(calico). **钟表**(zhōngbiǎo) : 시계. **肥皂**(féizào) : 비누.

一般老百姓似乎对这些东西比对福音更感兴趣。这些舶来品开拓了中国老百姓的眼界, 同时也激起了国人对物质文明的向往。传教士原来的目的是传布耶蘇基督的福音, 结果却无意中为洋货开拓了市场。

**开拓**(kāituò) : 개척하다. 개간하다. **眼界**(yǎnjiè) : 시계. 시야. 【전용】견문. 식견. **激起**(jīqǐ) : (자극이나 충격을 주어)불러일으키다. 야기하다. **向往**(xiàngwǎng) : 동경하다. 지향하다.

我不是说传教士应对中国现代商业的成长负主要责任, 但是他们至少在这方面担任了一个角色, 而且是重要的一角, 因为他们深入到中国内地的每一个角落。主角自然还是西方列强的商船和兵舰。基督教传教士加上兵舰, 终于逼使文弱的、以农为本的古老中国步上现代工商业的道路。

**主角**(zhǔjué) : 주역. 주인공. 중심인물. 주요 인물.

我曾经目睹买办阶级的成长以及士大夫阶级的没落。我自己也几乎参加了士大夫的行列, 但是最后总算偷偷地溜掉了。所谓买办阶级, 就是本国商人和外国商人之间的中国人。

**行列**(hángliè) : 행렬. 대열. **偷偷**(tōutōu) : 몰래. 살짝. 슬그머니. 슬며시. **溜掉**(liūdiào) : 빠져버리다.

外国商人把货品运到上海、天津等通商港埠, 这些货品再通过买办, 从大商埠转销到各城镇村庄。买办们在转手之间就可以大笔的赚钱, 因此吃这一行饭的人也就愈来愈多了。

**商埠**(shāngbù) : 상업도시. **转销**(zhuǎnxiāo) : 전매(轉賣)하다. **转手**(zhuǎnshǒu) : (상품 등이) 남의 손을 거치다.

事业心比较强, 际遇比较好的人, 纷纷加入直接间接买卖外国货品的新行业。有的人发了大财, 有的人则丰衣足食。际遇比较差的可就落了伍, 有的依旧种田耕地, 有的则守在旧行业里谋生。

**际遇**(jìyù) : 운. 좋은 때를 만나다. **纷纷**(fēnfēn) : 잇달아. 끊이지 않고. 쉴 새 없이. 계속하여. **发大财**(fādàcái) : 큰돈을 벌다. **丰衣足食**(fēngyīzúshí) : 먹고 입는 것이 풍족하다. **谋生**(móushēng) : 생계를 꾸리다. 살 궁리를 꾀하다. 생활하다.

田地的出息有限, 旧行业在外国的竞争之下又一落千丈, 于是旧有的经济制度很快的就开始崩溃了。结果是一大群人无可避免地失去了谋生糊口的机会。

**出息**(chūxi) : 발전성. 전도. 장래성. **一落千丈**(yīluòqiānzhàng) : 순식간에 몰락하다.

这些不幸的人, 一方面嫉妒新兴的暴发户, 一方面又不满于旧日的行业, 或者根本丧失了旧有的职业, 结果就铤而走险。曹娥江大潮止在冲激着水闸, 象征着即将破坏蒋村安宁的动乱正在奔腾澎湃。

**暴发户**(bàofāhù) : 벼락부자. **根本**(gēnběn) : 아예. 도무지. 전혀. 아예. 전연(全然). 시종. **铤而走险**[tǐngérzǒuxiǎn] : 어찌할 방법이 없어) 위험한 길을 가다. 위험을 무릅쓰다. 이판사판으로 행동하다. **冲激**(chōngjī) : 세차게 부딪치다. **水闸**(shuǐzhá) : 수문. **奔腾**(bēnténg) : (많은 말이 껑충껑충 뛰며) 내달리다. 달리다. 질주하다. **澎湃**(péngpài) : 큰 물결이 서로 맞부딪쳐 솟구쳐 오르는 모양. **奔腾澎湃**[bēnténgpēngpài] : 큰 물결이 서로 맞부딪쳐 용솟음치다. 기세가 드높아 막을 수 없다. 성세(聲勢)가 막기 힘들 정도로 크다.

一个秋天的下午, 我正在田野里追逐嬉戏, 我突然听到一阵紧急狂骤的锣声。敲锣的人一面狂奔着, 一面高喊堤塘已经冲塌了, 洪水正向村中漫过来。我拼命跑回家, 把这消息告诉路上所碰到的一切人。

**田野**(tiányě) : 전야(田野). 들판. 들. **追逐**(zhuīzhú) : 쫓다. 쫓고 쫓기며 하다. **嬉戏**(xīxì) : (즐겁게) 놀다. 유희하다. 장난치다. **骤**(zhòu) : 갑작스럽다. **锣声**(luóshēng) : 징소리. **狂奔**(kuángbēn) : 급히 달리다. 미친 듯이 다니다. **堤塘**(dī táng) : 제방. **冲塌**(chōngtā) : (홍수 등이)휩쓸어 무너뜨리다. **漫**(màn) : (물이) 넘치다. 범람(汎濫)하다. **高喊**(gāohǎn) : 큰소리로 외치다. **拼命**(pīnmìng) : 필사적(必死的)으로. 적극적(積極的)으로. 결사적(決死的)으로. 죽을 힘을 다하여. **碰到**(pèngdào) : 우연히 만나다.

大家马上忙做一团, 我们赶快准备好船只、木浴盆, 以及所有可以浮得起来的东西, 以便应付即将来临的灾难。有的人则决定爬到木树上去暂避。第二天早晨, 洪水已经冲到我们家的大门, 水头像巨蟒一样奔进院子。到了中午时, 小孩已经坐上浴盆, 在大厅里划来划去了。

**忙成一团**(mángzuòyītuán) : (많은 사람들이) 바빠서 야단법석이다. **船只**(chuán zhī) : 배의 총칭. **浴盆**(yùpén) : 욕조. 목욕통. **水头**(shuǐtóu) : 물의 기세.

堤搪的缺口终于用沙包堵住, 曹娥江也不再泛滥了。洪水在我们村里以及邻近村庄停留约一个星期, 然后慢慢退到低地, 最后随江河入海, 同时卷走了所有的稻作。

**缺口**(quēkǒu) : (물체가 파손되어 생긴) 부분. 결함(缺陷). 결점(缺點). 흠. 구멍. **沙包**(shābāo) : 모래주머니. **堵住**(dǔzhù) : (틀어)막다. 메우다. **以及**(yǐjí) : 및. 그리고. 아울러. 그 밖에 또. **江河**(jiānghé) : 하천. 강.

大约一个星期以后, 一只大船在傍晚时分载着许多人向我们村庄划过来。这只船在我家附近停下, 船上的人纷纷离船上岸。我们为防意外, 赶紧闭起大门。他们用大石头来捣大门, 最后终于排闼而入。

**傍晚**(bàngwǎn) : 저녁 무렵. **划**(huá) : (배를) 젓다. 물을 헤치며 전진하다. **赶紧**(gǎnjǐn) : 서둘러. 급히. 어서. **捣**(dǎo) : (방망이로) 두드리다. **排闼**(páità) : (문을)밀어 열다[제치다].

领头的人身材魁伟, 显然孔武有力, 辫子盘在头顶上。他带着一伙人走到天井里, 高喊:“我们肚子饿, 我们要借粮。” 其余人也就跟着呐喊助威。

**领头**(lǐngtóu) : (어떤 일을 할 때) 앞에 서서 다른 사람을 이끌다. 앞장서다. 선두에 서다. **身材魁伟**(shēncáikuíwěi) : 체구가 크고 우람하다. **孔武有力**(kǒngwǔyǒulì) : 용감하고 힘이 세다. **天井**(tiānjǐng) : 안채와 사랑채 사이의 마당. 주택의 뜰의 통칭. **呐喊助威**(nàhǎnzhùwēi) : 큰 소리로 외치면서 응원하다

他们搜索了谷仓, 但是没有马上动手搬; 他们要“借”。最后经过隔壁一位农人的调停, 他们“借”走了几担谷子以后, 就回船启航了。这是随后发生一连串变乱的首次警号。

**搜索**(sōusuǒ) : 수색하다. 수사하다. 자세히 뒤지다. **谷仓**(gǔcāng) : 곡식창고. **谷子**(gǔzi) : 곡식. **担**(dàn) : [용량(容量) 1석(石) 혹은 중량(重量) 100근(斤)을 '一担'이라 함]. **启航**(qǐháng) : 선박·항공기가)출발하다. 출항하다. **一连串**(yīliánchuàn) : 일련의. 계속되는. 이어지는. **警号**(jǐnghào) : 경계신호. 경보신호.

> 性质相近然而比较严重的事件，接二连三地在邻村发生。开始时是"借"，随后就变质为抢劫。抢劫事件像野火一样到处蔓延，乡间微薄的官兵武力根本无法加以阻遏。而且抢粮食不能处以极刑，但是在那种情势下，恐怕只有极刑才能加以遏止，至少暂时不至如此猖獗。

**接二连三**(jiēèrliánsān) : 연이어. 연달아. 잇따라. 연속적으로. **抢劫**(qiǎngjié) : (재물을)약탈하다. 강탈하다. 빼앗다. **乡间**(xiāngjiān) : 향촌. 시골. **阻遏**(zǔ'è) : 저지하다. 가로막다. **恐怕**(kǒngpà) : (나쁜 결과를 예상해서) 아마 …일 것이다. **遏止**(èzhǐ) : (힘껏) 저지하다. 억제하다.

> "借粮"的事件一直延续至那年冬天。不久之后，杀人掳掠的暴行终于在孙庄首次发生。被害的孙君在上海有生意兴隆的木行。孙君的父亲曾在上海承包"洋行"的营造工程而发了大财。

**木行**(mùháng) : 목재상(木材商). **承包**(chéngbāo) : 청부 맡다. 도급 맡다. **营造**(yíngzào) : 영조하다. 집을 짓다. 건축물을 역사(役事)하여 짓다.

> 那是一个凛冽的冬夜，孙庄的人很早就躲到被窝里去了。有人从窗子里发现黑暗中有一队火把正从大路上向孙庄移动。火把临近孙庄时，大家听到一阵枪声。强盗来了！强盗冲开孙家的大门，抢走了孙家所有的金银财帛……名贵的羊裘皮袄、金银器皿、珍珠宝石，无一幸免。

**凛冽**(lǐnliè) : 매섭게 춥다. 살을 에듯 춥다. **躲**(duǒ) : 숨다. 피하다. 비키다. **火把**(huǒbǎ) : 횃불. **临近**(línjìn) : (시간·거리상) 접근하다. 근접하다. **冲开**(chōngkāi) : 부수어 열다. **抢走**(qiǎngzǒu) : 강탈하여 도망가다. 빼앗아 가다. **财帛**(cáibó) : 금전. 재화. **名贵**(míngguì) : 유명하고 진귀하다. **裘**(qiú) : 갖옷. 가죽옷. 모피로 만든 옷. **皮袄**(pí'ǎo) : 모피로 안을 댄 중국식 윗옷. **器皿**(qìmǐn) : 그릇. 식기. **幸免**(xìngmiǎn) : 다행히 면하다. 요행으로 모면하다.

他们并且掳走孙君, 把他绑在一根长竹竿的顶端, 然后又把他压到河底。第二天孙家的人拖起竹竿才发现他的尸体。

**掳走**(lŭzŏu) : 잡아가다. **顶端**(dĭngduān) : 끝. 가. 가장자리. 꼭대기.

抢劫的风潮迅速蔓延到各村庄。几百年来乡村人们所享受的和平与安宁, 一夜之间丧失殆尽。我们没有一夜能够安稳地睡觉, 我父亲从上海买来了手枪以及旧式的长枪。大家开始练习放枪, 小孩子也不例外。

**抢劫**(qiăngjié) : (재물을) 약탈하다. 강탈하다. 빼앗다. **一夜之间**(yīyèzhījiān) : 하룻밤 사이에. **殆尽**(dàijìn) : 거의 다하다.

我们拿鸟雀当活靶, 因此连鸟雀都遭了殃。我们轮班睡觉, 值班的人就负责守夜。一听到犬吠, 我们就向空放枪警告盗匪, 自然有时是虚惊, 有时却的确把强盗吓跑了。

**鸟雀**(niăoquè) : 새. 조류. **活靶**(huóbă) : 살아 있는 표적. **连…都** : …조차도. **遭殃**(zāoyāng) : 재앙을 만나다. 불행한 일을 당하다. **轮班**(lúnbān) : 교대 근무하다. **值班**(zhíbān) : (돌아가면서) 당직을 맡다. 당번을 맡다. **犬吠**(quănfèi) : 개가 짖다. **虚惊**(xūjīng) : 괜히 놀라다.

为了节省弹药我们常常在枪声中夹带些爆竹。永远这样紧张下去究竟不是事, 父亲最后无可奈何地带了一家大小搬到上海住下来。

**节省**(jiéshěng) : 아끼다. 절약(節約)하다. 절감(節減)하다. **夹带**(jiādài) : 몸속에 숨기거나 다른 물건 내부에 몰래 감춰둔다. **爆竹**(bàozhú) : 폭죽. **不是事**(bù shishì) : 옳은 방법이 아니다. **无可奈何**(wúkĕnàihé) : 속수무책(束手無策)이다. 어찌할 도리가 없다. 방법이 없다.

我们搬家之前的两年内, 我曾在绍兴继续我的学业。我还在家塾里念书的时候, 父亲曾经问我将来愿意做生意还是预备做官。我的两位哥哥都已经决定步入仕途。父亲要我在决定之前, 仔细考虑一番。

**仕途**(shìtú) : 벼슬길. 관도.

做官可以光宗耀祖，几百年来，年轻人无不心向往之。自然我也很希望将来能做官。在另一方面，新近发财的人可以享受新颖奇巧的外国货，这般人的生活也是一种强烈的引诱。名利之间的选择，多少与一个人思想中所已灌输进去的观念和理想有点关联。

**光宗耀祖**(guāngzōngyàozǔ)：조상，가문에 영예를 더하다. 가문을 빛내다. **新近**(xīnjìn)：근래(近來). 요즈음. 최근(最近). 요즘. 이래(爾來). **引诱**(yǐnyòu)：유혹(誘惑)하다.

我听人家说，我们中国人分为士、农、工、商四个阶级。每一个阶级在整个社会里都有特定的任务，士大夫都是统治阶级，因此也是最尊荣的一级，依照亚里士多德的主张，哲学家当为国王，所以我们可以说，哲人学士如果做不到帝王，至少也应该是公卿宰相。

**尊荣**(zūnróng)：존귀와 영예. 고귀하고 권세가 높다.

中国的贵族阶级除少数例外，都不是世袭的，而是由于本身努力而达到的。俗语说：秀才是宰相的根苗。如果我去经商，那么将来不就与功名无缘了吗?

**根苗**(gēnmiáo)：뿌리와 싹. 근원. 내력. 유래

因此我决心续求学问。自然，我当时对学问的意义并不十分了解；我只觉得那是向上层社会爬的阶梯。在我们村里，农、工、商三类人都不稀罕。种田的不必说了，商人也不少。

**稀罕**(xīhan)：보기 드물다. 희귀하다. **种田的**(zhòngtiánde)：농사꾼.

好多人在上海做生意，从上海带回来很多好玩的东西：小洋刀、哨子、皮球、洋娃娃、汽枪、手表等等，多不胜举。至于工匠，我们的一位族长就是木匠，他的儿子们也是的。一位远房叔叔是银匠，专门打造乡村妇女装饰的指环、手镯、钗簪之类。至于读书的人，那可不同了。

**好玩**(hǎowán)：재미있다. 놀기가 좋다. 흥미 있다. **洋刀**(yángdāo)：서양 칼. **哨子**

(shàozi) : 호루라기. 휘슬(whistle). **皮球**(píqiú) : 고무공. **洋娃娃**(yángwá wa) : 서양 인형. **汽枪**(qìqiāng) : 공기총. **手表**(shǒubiǎo) : 손목시계. **多不胜举**(duōbùshèngjǔ) : 너무 많아서 다 열거할 수 없다. **银匠**(yínjiàng) : 은세공 기술자. **远房**(yuǎnfáng) : (가족의 구성원 간의) 친분이 가깝지 못하고 멀다. 소원(**疏遠**)하다. **打造**(dǎzào) : (주로 금속 기물을) 제조하다. 만들다. **指环**(zhǐ huán) : 반지. **手镯**(shǒuzhuó) : 팔찌. **钗簪**(chāizān) : 비녀.

凡是族人之中有功名的, 家庙中都有一面金碧辉煌的匾额, 举人以上的家庙前面还有高高的旗杆, 悬挂他们的旗帜。我还记得有一天县太爷到邻村查办命案, 他乘坐一顶四人抬的绿呢暖轿, 红缨帽上缀着一颗金顶, 胸前挂着一串朝珠。

**金碧辉煌**(jīnbìhuīhuáng) : 황금빛과 푸른빛이 휘황찬란하다. **匾额**(biǎn'é) : 편액. **悬挂**(xuánguà) : 걸다. 매달다. **县太爷**(xiàntàiyé) : 옛날, 현령(**縣令**)·현지사(**縣知事**). **查办**(chábàn) : 조사하여 처리하다. 조사하여 처벌하다. **命案**(mìng'àn) : 살인사건. **绿呢**(lǜní) : 초록 빛 나사. **暖轿**(nuǎnjiào) : 사면에 휘장을 짜서 만든 겨울용 가마. **红缨帽**(hóngyīngmào) : 붉은 색 술이 달린 모자. **金顶**(jīndǐng) : 금방울. **朝珠**(cháozhū) : 청(**淸**)나라 때 고급관원이 목에 걸던 목걸이.

四名轿夫每人戴着一顶尖锥的黑帽, 帽顶插着一根鹅毛。暖轿前面有一对铜锣开道, 县太爷所经之处老百姓就得肃静回避。他是本县的父母官, 我们老百姓的生命财产都得听他发落。他的权势怎么来的? 读书呀!

**尖锥**(jiānzhuī) : 뾰족한 송곳. **开道**(kāidào) : 길을 열다. 앞서 인도하다. 선도(**先導**)하다. **肃静**(sùjìng) : 고요하다. 조용하다. 정숙하다. **发落**(fāluò) : 처벌하다. 처리하다. 처분하다.

于是我知道了读书人的地位, 也知道做一名读书人的好处。他可以一级一级的往上爬, 甚至有一天当了大官, 还可以在北京皇宫里饮御赐香茗呢! 像我这样的一位乡下孩子, 足步向未逾越邻近的村镇, 他希望读书做官应是很自然的事。

**御赐**(yùcì) : 황제의 하사품(**下賜品**). **香茗**(xiāngmíng) : 어린 싹으로 만든 고급 차. **逾越**(yúyuè) : 넘다. 초과(**超過**)하다.

我幼稚的心灵里, 幻想着自己一天比一天神气, 功名步步高升, 中了秀才再中了举人, 中了举人再中进士, 终于有一天当了很大很大的官, 比那位县知事要大得好多好多, 身穿蟒袍, 腰悬玉带, 红缨帽上缀着大红顶子, 胸前挂着长长的朝珠, 显显赫赫地回到故乡, 使村子里的人看得目瞪口呆。

**神气**(shén·qi) : 의기[득의]양양함. 우쭐댐. **中**(zhòng) : 맞히다. 명중하다. 들어맞다. 당첨되다. 합격하다. **中秀才**(zhòngxiù·cai) : 수재(秀才)에 합격하다. **蟒袍**(mǎngpáo) : 망포. [명청(明清) 시대에 대신(大臣)들이 입던 예복(禮服)으로 황금색(黃金色)의 이무기를 수놓은 것]. **红缨帽**(hóngyīngmào) : 붉은 술을 단 모자. **红顶子**(hóngdǐng·zi) : 청대(清代)에 2품 이상 관리의 갓 꼭대기에 다는 붉은 산호 구슬. **缀**(zhuì) : 꿰매다. 깁다. 얽어매다. **朝珠**(cháozhū) : 청(清)나라 때, 고급 관원이 목에 걸던 목걸이. **显显赫赫**(xiǎnxiǎnhèhè) : 찬란하게. **目瞪口呆**(mùdèngkǒudāi) : 눈을 크게 뜨고 입을 벌리다. 어안이 벙벙하다. 아연실색하다. [놀란 모습을 형용].

这些美丽的憧憬, 在我眼前一幕一幕展开, 我的前程多么光明呀! 只要我用心熟读经书就行了。

**憧憬**(chōngjǐng) : 동경(하다). **前程**(qiánchéng) : 전도. 앞날.

我的童年教育虽然枯燥乏味, 却也在我的思想里模模糊糊地留下学问重于一切的印象。政府官吏都是经过科举选拔的。但是只有有学问的人才有希望金榜题名。官吏受人敬重, 是因为学问本身在中国普遍受人敬重的关系。

**枯燥乏味**(kūzàofáwèi) : 무미건조하다. **金榜题名**(jīnbǎngtímíng) : 시험합격자 게시판에 이름이 나붙다. 전시(殿試)에 급제하다. 어려운 시험에 합격하다. **敬重**(jìngzhòng) : 존경하다. 존중하다. **关系**(guān·xi) : 원인·이유·조건 등을 나타냄. [주로 '由于'·'因为' 등과 연용.

因此我最后决定努力向学。准备参加科举考试, 父亲自然欣然同意, 家塾的教育是不够的, 因此父亲把我送到离村约四十里的绍兴府去进中西学堂, 我的两位哥哥则已先我一年入学。我们是乘条又小又窄的河船去的。

**向学**(xiàngxué) : 학문에 뜻을 두다. 배울 결심을 품다. **欣然**(xīnrán) : 흔연히. 기꺼이. 쾌히. 달갑게. 선뜻.

小船的一边是一柄长桨，是利用脚力来划的，另一边则是一柄用手操纵的短桨，作用等于船舵。沿岸我们看到许多纪念烈女节妇的牌坊。沿岸相隔相当的距离就有一个比较热闹的市镇。我们一大早动身，中途在一个大镇过了一夜，第二天下午就到了府城。

**桨**(jiǎng) : 노. **船舵**(chuánduò) : 배의 키. **等于**(děngyú) : …와 별 차이가 없다. …와 거의 같다. **烈女节妇**(lièn̆ǚjiéfù) : 열녀와 절부. **牌坊**(páifāng) : 패방. 문. **市镇**(shìzhèn) : 장거리 마을. 읍. **一大早**(yīdàzǎo) : 이른 아침. **动身**(dòngshēn) : 출발하다. 여행을 떠나다.

顾名思义，中西学堂教的不但是我国旧学，而且有西洋学科。这在中国教育史上还是一种新尝试。虽然先生解释得很粗浅，我总算开始接触西方知识了。在这以前，我对西洋的认识只是限于进口的洋货。现在我那充满了神仙狐鬼的脑子，却开始与思想上的舶来品接触了。

**顾名思义**(gùmíngsīyì) : 이름을 보고 그 뜻을 생각하다 ; 이름 그대로. 글자 그대로. **学科**(xuékē) : 학과. 학과목. 교과목. (학문의 성질을 나타내는) 학문 분야. **尝试**(chángshì) : 시험하다. 테스트하다. 시험 삼아 해 보다. 시도하다. **粗浅**(cūqiǎn) : 얕은. 기초적인. **总算**(zǒngsuàn) : 마침내. 드디어. 결국. [상당히 긴 시간을 거친 후에 어떤 바람이 실현되는 것을 표시함].

我在中西学堂里首先学到一件不可思议的事是地圆学说。我一向认为地球是平的。后来先生又告诉我，闪电是阴电和阳电撞击的结果，并不是电神的镜子里所发出来的闪光；雷的成因也相同，并不是雷神击鼓所生。

**闪电**(shǎndiàn) : 번개. **撞击**(zhuàngjī) : 부딪다. 부딪치다. **闪光**(shǎnguāng) : 섬광(閃光). **成因**(chéngyīn) : 사물의 형성 원인. **雷神**(léishén) : 뇌신(雷神). 천둥신.

这简直使我目瞪口呆。从基本物理学我又学到雨是怎样形成的。巨龙在云端张口喷水成雨的观念只好放弃了。了解燃烧的原理之后，我更放弃了火神的观念。过去为我们所崇拜的神佛，像是烈日照射下的雪人，一个接着一个融化。这是我了解一点科学的开端，也是我思想中怪力乱神信仰的结束。

**简直**(jiǎnzhí) : 그야말로. 전혀. 정말. 완전히. 실로. [과장의 말투임]. **目瞪口呆**(mùdèngkǒudāi) : 눈을 크게 뜨고 입을 벌리다. 어안이 벙벙하다. 아연실색하다. [놀란 모습을 형용]. **云端**(yúnduān) : 구름 속[끝]. **烈日**(lièrì) : 강하게 내리쬐는 태양. **照射**

(zhàoshè) : (밝게) 비치[추]다. 쪼이다. **开端**(kāiduān) : 발단(하다). 시작(하다). **怪力乱神**(guàilìluànshén) : 불가사의한 힘. 신통력.

我在乡村里曾经养成研究自然的习惯, 我喜欢观察, 喜欢说理, 虽然有时自己根本就不知道其中的深意。这种习惯在中西学堂里得到继续发展的机会。我还是像过去一样强于理解而不善记忆, 凡是合理的新观念我都乐于接受, 对记忆中的旧观念则弃如敝屣。

**不善**(bùshàn) : 잘하지[능숙하지] 못하다. **敝屣**(bìxǐ) : 헌신짝.

中西学堂的课程大部分还是属于文科方面的:国文、经书和历史。记忆的工作相当多, 记忆既非我之所长, 我的考试成绩也就经常在中等以下。我在学校中显得庸庸碌碌, 较之当时头角峥嵘的若干学生, 显有逊色。教师们对我的评价如此, 我自己也做如是观。

**课程**(kèchéng) : 교과과정. **所长**(suǒcháng) : 뛰어난 점. 장점. **庸庸碌碌**(yōngyōnglùlù) : 평범하다. **较之**(jiàozhī) : ~보다. ~와 비교하면. **头角**(tóujiǎo) : (청년의) 기개나 재능. 두각. **峥嵘**(zhēngróng) : (재능이나 품성 등이) 예사롭지 않다. 범상치 않다. 뛰어나다. **逊色**(xùnsè) : 뒤떨어지다. 다른 것에 비해 못해 보이다.

校中外语分为英文、日文、法文三组。我先选修英语, 后来又加选日文。我的日文教师是中川先生, 我从他那里学到了正确的日文发音。英文是一位中国老师教的, 他的英文发音错得一塌糊涂, 后来我千辛万苦才算改正过来。他一开始就把我们导入歧途, 连字母发音都咬不准。最可笑的是他竟把字母Z念成"乌才"。

**选修**(xuǎnxiū) : 선택 과목으로 이수하다. **一塌糊涂**(yītāhútú) : 엉망진창이 되다. **歧途**(qítú) ; 잘못된 길. **连…都** : …조차도. **咬不准**(yǎobùzhǔn) : 정확하게 읽지 못하다.

一八九八年, 我在学校里听到一个消息, 说是光绪皇帝听了康有为和梁启超的话, 已经决定废科举, 办学校。这使老一辈的学人大惊失色。但是康、梁的维新运动如昙花一现, 不久慈禧太后再度垂帘听政, 康有为和梁启超亡命日本。

**老一辈**(lǎoyībèi) : 구세대. 전 세대. **昙花一现**(tánhuāyīxiàn) : 우담화(**優曇花**)처럼 잠깐 나타났다가 바로 사라져 버리다 ; 사람 혹은 사물이 덧없이 사라지다. **垂帘听政**(chuíliántīngzhèng) : 수렴청정하다.

中国又回到老路子, 我放假回到乡村时, 看到大街的墙上张贴着黄纸缮写的圣旨, 一面是汉文, 一面是满文, 写的是通缉康、梁的命令。看起来维新运动就此寿终正寝了。这个维新运动, 以后叫做戊戌政变。

**张贴**(zhāngtiē) : (광고·표어 따위를)붙이다. **黄纸**(huángzhǐ) : 마분지. **缮写**(shànxiě) : 정서(**淨書**)하다. 베껴 쓰다. 필사하다. **通缉**(tōngjī) : 지명수배(하다). **寿终正寝**(shòuzhōngzhèngqǐn) : 천수(**天壽**)를 다하고 집안에서 죽다. 사물이 소멸하다.

是近代中国史上的一个转捩点。虽不为革命党人所乐道, 而历史的事实却不能因政见不同而抹杀的。我记得梁氏逝世的消息传到南京以后, 蔡孑民先生和我两人曾在中央政治会仪提请国民政府明令表扬其功业。适值胡展堂(汉民)先生为主席, 一见提案, 面孔涨得通红, 便开口大骂。于是我门自动把提案取消了事。

**转捩点**(zhuǎnlièdiǎn) : 전환점. **乐道**(lèdào) : 칭찬하다. 좋게 평가하다. **为…所**+타동사 : …에 의해~되어지다. **逝世**(shìshì) : 서거하다. 세상을 뜨다. **提请**(tíqǐng) : 제청하다. 요청하다. **明令**(mínglìng) : 명문화(**明文化**)하여 공포한 법령. 명백하게[똑똑히] 명령하다. **表扬**(biǎoyáng) : 표창(하다). 표양(하다). **功业**(gōngyè) : 공훈과 업적. **适值**(shìzhí) : 마침 …을 만나다. 때마침 …에 즈음하다. **为**(wéi) : ~이다. **主席**(zhǔxí) : (회의따위의)의장. **涨得通红**(zhǎngdetōnghóng) : 벌겋게 상기되다. **开口大骂**(kāikǒudàmà) : 심한 욕설을 퍼붓다.

绍兴的名胜古迹很多, 它原是古代越国的都城。越王勾践在纪元前四九四年被以苏洲为京城的吴王夫差所击败。勾践定下“二十年计划”, 卧薪尝胆, 生聚教训, 终于在纪元前四七三年击败骄奢淫逸的吴王夫差, 复兴越国。

**击败**(jībài) : 쳐부수다. 패배시키다. 격파하다. **京城**(jīngchéng) : 경성. 수도. 국도. 서울. **卧薪尝胆**(wòxīnchángdǎn) : 와신상담. **生聚教训**(shēngjùjiàoxùn) : 인구를 늘리고 물자를 모으며 백성들을 가르치고 군사를 훈련시켜 나라를 부강하게 하다. **骄奢淫逸**(jiāoshēyínyì) : 교만하고 사치스럽고 방종하다.

勾践卧薪尝胆, 雪耻复国的故事, 差不多已经成为家喻户晓的格言了。这则历史教训使一切在公私事业上遭受挫折的人重新燃起希望, 它说明了忍耐、勇气、刻苦和详密计划的重要性。我在勾践卧薪尝胆的故址领受这个历史教训, 自然印象特别深刻。

**雪耻**(xuěchǐ) : 치욕을 씻다. 설욕하다. **家喻户晓**(jiāyùhùxiǎo) : 집집마다 알다. 모두가 다 알다. **燃起**(ránqǐ) : 불이 일다[타오르다]. **故址**(gùzhǐ) : 옛 터. 옛 장소. 옛 자취. **领受**(lǐngshòu) : 받아들이다. 받다. [대부분 남의 호의 등을 받아들일 때 사용함]

南宋(纪元一一二七~一二七六)的高宗也曾在绍兴驻节。当时金兵南侵, 宋康王渡江南迁, 京城也从开封迁到杭州。离绍兴府城不远, 还有南宋皇帝的陵寝。

**驻节**(zhùjié) : 옛날, 고급 관리가 외지에 머물러 있으면서 공무를 처리하다. **陵寝**(língqǐn) : [문언]왕릉. 황릉.

绍兴师爷是全国皆知的。全国大小衙门, 几乎到处有绍兴师爷插足, 绍兴老酒更是名震遐迩。绍兴府出过许多历史上有名的学者、哲学家、诗人和书法家。绍兴府包括八个县, 我的故乡余姚便是其中一县。

**绍兴师爷**(shàoxīngshīyé) : 과거, 지방관의 개인 고문으로 근무한 서기관. **插足**(chāzú) : (어떤 활동에) 참여하다. **名震遐迩**(míngzhènxiá'ěr) : 원근에 이름을 떨치다. 이름이 널리 알려져 있다. **书法家**(shūfǎjiā) : 서도가. 서예가.

绍兴的风景也很有名, 这里有迂回曲折的小溪, 桥梁密布的小河, 奔腾湍急的大江, 平滑如镜的湖泊, 以及蜿蜒起伏的丘陵, 山光水色使学人哲士留连忘返。

**小溪**(xiǎoxī) : 시내. 작은 내. **密布**(mìbù) : (구름 따위가) 짙게 덮이다[깔리다]. 빽빽하게 들어차다. 빈틈없이 배치하다. **奔腾湍急**(bēnténgtuānjí) : 물살이 세차게 흐르는. **平滑如镜**(pínghuárújìng) : 평평하고 미끄럽기가 거울 같은. **湖泊**(húpō) : 호수(湖水)의 총칭(總稱). **蜿蜒起伏**(wānyánqǐfú) : 구불구불하고 기복이 있는. **山光水色**(shānguāngshuǐsè) : 아름다운 산천경개. **留连忘返**(liúliánwàng fǎn) : 심취하게 하여 돌아가는 것을 잊게 하다

我在绍兴读了两年书, 知识大增。我开始了解一八九四年中日战争的意义: 日本战胜我国是吸收西洋学术的结果。光绪皇帝的维新运动是受了这次失败的刺激。中国预备学敌人的榜样, 学校里有日文课程就是这个道理。

**吸收**(xīshōu) : 받아들이다. **榜样**(bǎngyàng) : 모범이 되는 사람이나 사례. 본보기. 귀감. 모범. **课程**(kèchéng) : 교과 과정. 교육 과정. 커리큘럼(curriculum).

在绍兴的两年学校生活结束以后, 乡村里盗警频仍, 使我们无法再安居下去。于是父亲带了我们一家迁到上海。我的大哥已在搬家的前一年亡故了。到了上海以后, 我暂时进了一家天主教学校继续念英文, 教我们英文的是一个法国神父。

**盗警**(dàoǐng) : 도적출몰사건. **频仍**(pínréng) : 잦다. 빈번히 일어나다. 빈발하다. **亡故**(wánggù) : 사망하다.

我心里想, 这位英文先生既然是外国人, 发音一定很准确。他的发音与我过去那位中国先生迥然不同, 过去那位先生把 "兄弟" 念成 "布朗德", 现在的法国先生却教我们念 "布拉达"。后来我才发现那不是英国音或美国音, 而是法国音。

**迥然不同**(jiǒngránbùtóng) : 현저히 다르다.

不过我在这个天主教学校里的时间不久。因为一时找不到合适的学校, 父亲就让我二哥到一位美国太太那里学英文, 二哥又把学到的英文转授给我, 因此二哥就成为学英文的"掮客"了。我对这办法不满意, 但是父亲认为这是很聪明的安排, 因为这样可以省钱。

**合适**(héshì) : 알맞다. 적합하다. 적당하다. **掮客**(qiánkè) : (옛날의) 중매인. 거간꾼. 중개인. **安排**(ānpái) : (조리 있게 일을) 처리하다. (인원을 적절한 곳에)배치하다. 안배하다. 배정하다.

上海在一八九九年前后还是个小城, 居留的外国人也只不过三四千人, 但是这些洋人却都趾高气扬, 自视甚高。市政倒办得不错, 街道宽大清洁, 有电灯, 也有煤气灯。我觉得洋人真了不起, 他们居然懂得电的秘密。

居留(jūliú) : 거류하다. 체류하다. 趾高气扬(zhǐgāoqìyáng) : 의기양양하다. 득의 양양하다. 잘난 체하다. 우쭐거리다. 自视(zìshì) : 자신을 …하다고 여기다. 街道(jiēdào) : 큰길. 대로(大路). 거리. 가로(街路). 清洁(qīngjié) : (먼지나 기름때 없이) 청결(清潔)하다. 깨끗하다. 煤气灯(méiqìdēng) : 가스 등.

他们发明了蒸汽机, 又能建造轮船。他们在我的心目中已经成为新的神, 原先心目中的神佛在我接受科学新知之后已经烟消云散了。但是有时候他们又像魔鬼, 因为他们不可一世的神气以及巡捕手中的木棒使我害怕, 外滩公园门口挂着一个牌子写着:"犬与华人不得入内"。犬居华人之上, 这就很够人受的了。

烟消云散(yānxiāoyúnsàn) : (연기 또는 구름과 같이) 사라져 없어지다. 사물이 흔적도 없이 깨끗이 사라지다. 魔鬼(móguǐ) : 마귀(魔鬼). 不可一世(bùkěyī shì) : 저밖에 없다고 뽐내다. 안하무인격이다. 牌子(páizi) : (상호, 상품명, 업종 등을 써서 밖에 내건) 표지(標識). 간판(看板).

在我的心目中, 外国人是半神半鬼的怪物, 很像三头六臂的千手观音, 三只手分别拿着电灯、轮船、洋娃娃, 另外三只手分别拿着巡棍、手枪、鸦片。从某一边看, 他是天使; 从另一边看, 他却是魔鬼。

分别(fēnbié) : 각각. 臂(bì) : 팔.

中国人对西方文明的看法总不出这两个极端, 印象因人而异, 也因时而异。李鸿章看到西方文明丑恶狰狞的一面, 因此决定建立海军, 以魔鬼之矛攻魔鬼之盾。光绪帝看到西方文明光明和善的一面, 因此想建立新式的学校制度。

狰狞(zhēngníng) : 생김새가 흉악하다.

慈禧太后和义和团看到可憎的一面, 想用中国的陈旧武器驱逐魔鬼。麻烦的是这位怪物的黑暗面和光明面是不可分的。它有时像是佛法无边的神, 有时又像狰獰凶残的魔鬼, 但是它凭藉的力量是相同的。

陈旧(chénjiù) : 오래되다. 낡다. 케케묵다. 驱逐(qūzhú) : 몰아내다. 쫓아내다. 구축(驅逐)하다. **凶残**(xiōngcán) : 성질이 몹기 악하고 잔인하다. **凭藉**(píngjiè) : …에 의하다. …를 통하다. …을 믿다.

我们要就不接受西方文明, 要接受就得好坏一齐收下。日本就是一个很好的榜样。没奈何, 我们只好向我们过去的敌人学习了。

**要就**(yàojiù) : ~하든. ~하거나. **没奈何**(mònàihé) : 하는 수 없이. 부득이. 어쩔 수 없이. **只好**(zhǐhǎo) : ~하는 수밖에 없다.

我们在上海住了将近两年。有一天晚上, 我们听说慈禧太后已经命令各省总督把所有的外国人一齐杀光。于是我们连夜举家迁离上海, 那是一九〇〇年的事, 也就是义和团战争的开始。

**杀光**(shāguāng) : 모조리 죽여 버리다. **连夜**(liányè) : 밤새. **迁离**(qiānlí) : 떠나가다. **也就是**(yějiùshi) : 즉~이다. **一齐**(yīqí) : 일제히. 동시에. 다 같이.

义和团的人自称能用符咒对付刀枪子弹, 拳术也是训练节目之一。因此, 义和团有拳匪之称。他们预备破坏一切外国制造的东西, 同时杀死所有使用外国货的人。他们要把运进这些可恶的外国货而杜绝他们生路的洋人统统杀光。

**符咒**(fúzhòu) : 주문. 주술. **刀枪**(dāoqiāng) : 칼과 창. 무기. **子弹**(zǐdàn) : 총탄. 총알. 탄알. **可恶**(kěwù) : 얄밉다. 가증스럽다. 괘씸하다. **杜绝**(dùjué) : 두절하다. 끊다. **统统**(tǒngtǒng) : 모두. 전부. 다.

把这些害人的外国货介绍到中国来的教会、学校、传教士、基督徒都罪无可逭。用刀剑、法术把这些人杀光吧！放把火把外国人的财产统统烧光！

**罪无可逭**(zuìwúkěhuàn) : 죄는 면할 수 없다. **刀剑**(dāojiàn) : 칼.

朝廷本身也想把康有为、梁启超介绍进来的外国思想一扫而光, 免得有人再搞什么维新运动。义和团要消灭物质上的外国货, 慈禧太后则想消灭精神上的外国货。不论是物质或是精神上的, 反正都是外国货, 都是外国人造的孽。

**一扫而光**(yīsǎoérguāng) : 일소하다. 말끔히 쓸어버리다. 완전히 없애버리다. **造孽**(zàoniè) : (장래에 응보를 받을) 나쁜 짓을 하다. 벌 받을 짓을 하다. 죄를 짓다.

杀呀! 杀光外国人! 工业革命开始时, 英国人曾经捣毁了威胁他们生活的机器。义和团做得更彻底, 他们要同时破坏血肉构成的"机器"。

**捣毁**(dǎohuǐ) : 때려 부수다. 파괴하다. **机器**(jī·qì) : 기계. 기기.

南方的人对外国人的看法稍有不同, 他们欢迎外国货, 他们不觉得外国货是盗匪的起因, 他们认为毛病在于清室的苛捐杂税以及官吏的腐败无能。他们要革命。

**毛病**(máo·bìng) : (개인의)약점. 흠. 나쁜 버릇. 벽(癖). **苛捐杂税**(kējuānzáshuì) : 과중하고 잡다한 세금.

北方的老百姓和朝廷, 认为外国人杜绝了他们的生路, 那是对的。但是他们想藉破坏血肉构成的"机器"来解决问题却错了。南方的人认为朝廷本身的腐败是苦难唯一的原因, 想不到更大的原因是洋货进口。

**想不到**(xiǎng·budào) : 미처 생각하지 못하다. 예상하지 못하다. 의외이다. **进口**(jìnkǒu) : 수입하다.

推理错了, 但是展开革命的行动却是对的。历史似乎包括一连串意外事件的, 不合逻辑的推理, 和意想不到的结果。历史上的风云人物似乎不过是命運之神摆布的工具而已。

**包括**(bāokuò) : ~로 이루어지다. **似乎**(sì·hu) : 마치 (…인 것 같다[듯하다]). **一连串**(yīliánchuàn) : 일련의. 계속되는. 이어지는. **不过**(bùguò) : …에 지나지 않다. …에 불과하다. **而已**(éryǐ) : …만. …뿐. **摆布**(bǎi·bu) : 지배하다. 조종하다. 좌지우지하다.

外国人咒骂中国的盗匪, 殊不知盗匪正是他们自已的货品所引起的。在我的童年时代里, 大家都害怕老虎、鬼怪和强盗。但是实际上并没有真的老虎、鬼怪或强盗。我们只在图画书中看到这些东西。忽然之间强在实际生活中出现了。好像是老虎冲进你的居室, 也像是鬼怪在你背后紧追不舍。最后我们所惧怕的是强盗, 老虎和鬼怪却都被遗忘了。

**盗匪**(dàofěi) : 도적. **咒骂**(zhòumà) : 악담을 퍼붓다. 저주하는 말로 욕을 퍼붓다. **殊不知**(shūbùzhī) : 전혀 모르다. [다른 사람의 의견의 모순점이나 잘못된 점을 지적하는 문장에 많이 쓰임]. **鬼怪**(guǐguài) : 요괴. 유령. 도깨비. **紧追不舍**(jǐnzhuībùshě) : 놓치지 않고 바싹 쫓아가다. **惧怕**(jùpà) : 두려워하다. **遗忘**(yíwàng) : 유망하다. 잊(어버리)다.

# 第六章　继续就学
## 공부를 계속하다.

在我十五岁的时候, 父亲又带我回到故乡。我们怕义和团之乱会蔓延到上海。因此就回到乡下去住。在蒋村住了不久, 乡下土匪愈闹愈凶, 又迁余姚城里, 我在余姚县里的一所学校里念英文和算术, 另外还请了一位家庭教师教中文。

**蔓延**(mànyán) : 만연하다. 널리 번지어 퍼지다. **中文**(zhōngwén) : 중국어문.

大概一年之后, 我到了杭州。杭州是浙江的省会, 也是我国蚕丝工业中心和五大茶市之一。杭州的绸缎和龙井茶是全国闻名的。

**省会**(shěnghuì) : 성도(省都). **省政府**소재지. **蚕丝**(cánsī) : 잠사. 고치실. 생사(生絲). **绸缎**(chóuduàn) : 주단. 비단과 공단. 견직물. **闻名**(wénmíng) : 이름[명성]을 듣다. 유명하다.

"上有天堂, 下有苏杭", 杭洲的风景更是尽人皆知。城东南有杭州湾的钱塘大湖 ; 城西有平滑如镜的西湖, 湖边山麓到处是古寺别墅。《马哥·孛罗游记》中就曾盛道杭州的风景。

**尽人皆知**(jìnrénjiēzhī) : 모든 사람이 다 알다. **平滑**(pínghuá) : 평활하다. 평평하고 미끄럽다. 매끈매끈하다. **山麓**(shānlù) : 산록. 산기슭. **别墅**(biéshù) : 별장. **盛道**(shèngdào) : 크게 칭찬하다. 열렬히 칭송하다.

杭州是吴越和南宋的故都, 南宋曾在这里定都一百五十年之久, 因此名胜古迹很多。墨人骚客更代有所出。湖滨的文澜阁收藏有四库全书及其他要籍, 正是莘莘学子潜心研究的好去处。

**故都**(gùdū) : 고도. 옛 수도. **墨人**(mòrén) : 학자. 문인. 지식층. 지식계급. 인텔리겐치아. **骚客**(sāokè) : 시인. **更代**(gēngdài) : 교체하다. **莘莘学子**(shēnshēnxuézǐ) : 많은 학자들.

我在这个文化城中瞎打瞎撞，进了一所非常落伍的学校。校长是位木匠出身的美国传教士。我以为在这所教会学校里，至少可以学好英文。事实上却大谬不然。这位传教士抱着一股宗教热忱来到中国，在主持这所教会学校之前，曾经在我的故乡绍兴府传过教。因为他只教"圣经"，我也摸不清他肚子里究竟有多少学问。

**瞎打瞎撞**(xiādǎxiāzhuàng) : 마구 이리저리 돌아다니다. **木匠**(mù·jiang) : 목수. 목공. **传教士**(chuánjiàoshì) : 선교사. 포교사. **大谬不然**(dàmiùbùrán) : 커다란 착오로, 절대로 그렇지 않다. 완전히 틀리다. **主持**(zhǔchí) : 주관하다. 책임지고 집행하다. 주재(主宰)하다. **摸不清**(mōbuqīng) : 예측할 수 없다. 잘 알 수 없다. 헤아릴 수 없다.

在我们学生的心目中，士、农、工、商，士为首。对木匠出身的人多少有点轻视。我的英文教师更是俗不可耐的人物。他入教不久，灵魂也许已经得救，但是那张嘴却很能够使他进拔舌地狱。我为了找位英文好教师，曾经一再转学，结果总使我大失所望。

**俗不可耐**(súbùkěnài) : 저속하기 이를 데 없는. **也许**(yěxǔ) : 어쩌면. 아마. 짐작하건대. 혹시.

在这所教会学校里，学生们每天早晨必须参加做礼拜。我们唱的是中文赞美诗，有些顽皮的学生就把赞美诗改编为打油诗，结果在学校里传诵一时。虽然我也参加主日学校和每天早晨的礼拜，我心灵却似紧闭双扉的河蚌，严拒一切精神上的舶来品。我既然已经摆脱了神仙鬼怪这一套，自然不愿再接受类似的东西。

**赞美诗**(zànměishī) : 찬송가. 찬미가. **打油诗**(dǎyóushī) : 평측(平仄)과 운(韻)에 구애받지 않은 통속적인 해학 시. **传诵**(chuánsòng) : (사람들의 입에서 입으로 널리 전해져) 불려지다. **心灵**(xīnlíng) : 심령(心靈). 정신(精神). 영혼(靈魂). 마음. **河蚌**(hébàng) : 민물조개. **舶来品**(bóláipǐn) : 수입품. 외래품. **严拒**(yánjù) : 단호히 거부하다. **鬼怪**(guǐguài) : 요괴. 유령. 도깨비. **既然**(jìrán) : ~한 이상.

而且从那时起，我在宗教方面一直是个"不可知"论者，我认为与其求死后灵魂的永恒，不如在今世奠立不朽的根基。这与儒家的基本观念刚好相符合。

**与其…不如～**：…라기 보다는 차라리～이다. **永恒**(yǒnghéng)：영원히 변하지 않다. 영원하다. 항구하다. **奠立**(diànlì)：다지다. 닦다. 안정시키다. **根基**(gēnjī)：기초. 근원. 토대. **刚好**(gānghǎo)：꼭 알맞다. 알맞게. 때마침.

校园之内唯一像样的建筑是礼拜堂和校长官舍。学生则住在鸽笼一样的土房里，上课有时在这些宿舍里，有时在那间破破烂烂的饭厅里。

**像样**(xiàngyàng)：어떤 수준에 도달하다. 그럴 듯하다. 버젓한 모양을 이루다. 맵시 있다. 보기 좋다. **鸽笼**(gēlóng)：비둘기장. **土房**(tǔfáng)：토담집. 토옥. **破破烂烂**(pòpòlànlàn)：대단히 남루한, 매우 낡은.

大概是出于好奇吧，学生们常常喜欢到校长官舍附近去散步。校长不高兴学生走进他的住宅，不速之客常常被撵出来。有一次，一位强悍的学生说什么也不肯走开，结果与一位路过的教员发生冲突。

**大概**(dàgài)：아마도. 대개는. **不速之客**(bùsùzhīkè)：불청객(不請客). **撵出来**(niǎnchūlái)：쫓아내다. **强悍**(qiánghàn)：용맹스럽다. 사납다. **走开**(zǒukāi)：물러서다. 비키다. 피하다. 떠나다.

围观的人渐聚渐多。那位学生说先生掴他的耳光，同时放声大哭，希望引起群众的同情。这场纷扰遂即像野火一样波及全校。学生会多数决议，要求校长立即开革那位打人的教员。

**围观**(wéiguān)：(많은 사람들이)둘러싸고 구경하다. 에워싸고 관람하다. **掴耳光**(guāiěrguāng)：따귀를 때리다. **放声大哭**(fàngshēngdàkū)：대성통곡하다. **纷扰**(fēnrǎo)：**野火**(yěhuǒ)：들불. **开革**(kāigé)：(기관, 단체, 학교 등에서) 구성원의 이름을 제명하여 단체에서 탈퇴시키다. 면직(免職)하다. 해고(解雇)하다.

校长断然拒绝学生的要求，群众的情绪愈涨愈高。校长冷然告诉学生说：如果他们不喜欢这个学校，就请他们卷铺盖。不到两个小时，全体学生都跑光了。

**情绪**(qíngxù) : 정서(情緖). 기분. [어떤 일에 종사할 때 생겨나는 갖가지 감정이나 그런 감정을 생겨나게 하는 분위기나 기분]. 의기소침. 우울함. 언짢은 기분. **冷然**(lěngrán) : 갑자기. 돌연. 불시에. **卷铺盖**(juǎnpū·gai) : 이불을 말다. 직장을 그만두다. 퇴직하다. **跑光**(pǎoguāng) : 모조리 도망치다.

我所受的教会学校教育就此结束。但我毫不后悔，我巴不得早一天离开这个学校。或许有人要问：为什么这样的事会突然发生呢？其实这不只是学生桀骜难驯的表示而已，那耳光不过是导火线。这类事件也决不局限于这所小小的教会学校，学生反抗学校当局已经成为全国的普遍风气。

**就此**(jiùcǐ) : 이것으로. **结束**(jiéshù) : 끝나다. 마치다. 종결하다. 종료하다. 마무르다. **巴不得**(bā·bu·de) : 갈망하다. 간절히 바라다. 몹시 …를 바라다. **或许**(huòxǔ) : 아마. 혹시. 어쩌면. **桀骜难驯**(jiéàonánxùn) : 포악하고[고집스럽고] 오만불손하다. **风气**(fēngqì) : 풍조(風潮). 기풍(氣風).

一年以前，上海南洋公学首先发生学潮。一位学生放了一瓶墨水在教授的座椅上，教授不注意，一屁股坐了上去，弄得全身墨迹。教授盛怒之下报告了校长，接着几个嫌疑较大的学生被开除。这引起了学生会和学校当局之间的冲突，学生会方面还有许多教授支持。结果全体学生离开学校。

**学潮**(xuécháo) : 학생 운동. 학원 시위. **墨水**(mòshuǐ) : 먹물. 잉크. **一屁股**(yīpì·gu) : 털썩 주저앉는 모양. **一屁股坐了上去** : 그 위에 털썩 주저앉았다. **墨迹**(mòjì) : 묵적. 먹으로 쓴 흔적. **盛怒**(shèngnù) : 격노(激怒)하다. 몹시 화내다. 크게 성을 내다. **开除**(kāichú) : 제적시키다.

年轻的一代正在转变，从驯服转变为反抗。一般老百姓看到中国受到列强的侵略，就怪清廷颟顸无能；受到国父革命理论熏陶和鼓励的学生们则热血沸腾，随时随地准备发作。首当其冲的就是学校当局。

**年轻的一代**(niánqīng·deyīdài) : 젊은 세대. **驯服**(xùnfú) : (동물이) 온순하다. 순종하다. **怪**(guài) : 책망하다. 원망하다. **颟顸无能**(mān·hānwúnéng) : 어리석고 무능함. **熏陶**(xūntáo) : 가르쳐 감화시키다. (오랜 교제로) 영향을 끼치다. 영향. 훈도. **热血沸腾**(rèxuèfèiténg) : 뜨거운 피가[열정이] 끓어오르다. **随时随地**(suíshísuídì) : 언제 어디서나. **首当其冲**(shǒudāngqíchōng) : 맨 먼저 공격을 받거나 재난을 당하다.

浙江省立高等学堂接着起了风潮。起因是一位学生与来校视察巡抚的一名轿夫发生龃龉，结果全校罢课，学生集体离开学校。类似的事件相继在其他学校发生，卒使许多学府弦歌中辍。学潮并且迅速蔓延到全国。

**风潮**(fēngcháo)：소동. 충돌. 분쟁. 쟁의. **巡抚**(xúnfǔ)：청대(清代), 지방행정장관. **轿夫**(jiàofū)：가마꾼. 교자꾼. **龃龉**(jǔyǔ)：의견충돌. **罢课**(bàkè)：수업을 거부하다. 동맹휴학(하다). **相继**(xiāngjì)：잇따르다. 잇닿다. 연잇다. 계속하다. **弦歌中辍**(xiángēzhōngchuò)：교육을 중단하다.

思想较新的人同情罢课的学生，斥责学校当局过于专制；思想守旧的人则同情学校当局，严词谴责学生。不论是同情学生或者是同情学校当局的，似乎没有人体会到这就是革命的前夕，从学生初闹学潮开始，到一九一一年辛亥革命成功、中华民国诞生为止，其间不过短短八年而已。

**斥责**(chìzé)：(매서운 말로 남의 잘못이나 죄를)지적하다. 꾸짖다. 질책하다. **专制**(zhuānzhì)：독재적이다. **严词谴责**(yáncíqiǎnzé)：엄하게 꾸짖다. **体会**(tǐhuì)：체득하다. 이해하다. 체험하여 터득하다. **闹学潮**(nàoxuécháo)：학생운동을 일으키다.

这种反抗运动可说是新兴的知识分子对一向控制中国的旧士大夫阶级的反抗，不但是知识上的反抗，而且是社会和政治的反抗。自从强调物竞天择、适者生存的进化论以及其他科学观念输入中国以后，年轻一代的思想已经起了急剧的变化。

**物竞天择**(wùjìngtiānzé)：생존 경쟁과 자연 도태.

十八世纪的个人观念与十九世纪的工业革命并临：个人自由表现于对旧制度的反抗；工业革命则表现于使中国旧行业日趋式微的舶来品。中国的旧有制度正在崩溃，新的制度尚待建设。

**并临**(bìnglín)：함께 오다. **日趋**(rìqū)：하루하루 …를 향해 나아가다. 날마다. 나날이. 차츰. 점점. **式微**(shìwēi)：쇠미하다.

全国普遍显得扰攘不安。贫穷、饥馑、瘟疫，贪污、国际知识的贫乏以及外国侵略的压力都是因素，青年学生不过是这场战乱中的急先锋而已，使全国学府遍然烽火的，不是一直无足轻重的墨水瓶，不是一个在教会学校里被刮了耳光的学生，也不是一次学生与轿夫之间的龃龉而已。

**扰攘不安**(rǎorǎngbùān)：소란스럽고 불안한. **贪污**(tānwū)：탐오(하다). 독직(하다). 횡령(하다). **急先锋**(jíxiānfēng)：전투에서 최전방에 나서서 싸우는 사람. 적극적으로 앞장서서 일하는 사람. 선구자. **遍然**(biànrán)：널리. 두루. **烽火**(fēnghuǒ)：봉화. 전쟁. 전화. **无足轻重**(wúzúqīngzhòng)：문제 삼을 만한 것이 못되다. 별로 중시할 것이 못 되다. 대수롭지 않다. 대단하지 않다. 보잘것없다. 하찮다.

我们离开那所教会学校以后，我们的学生会自行筹办了一个学校，取名"改进学社"。这个名称是当时著名的学者章炳麟给我们起的。这位一代大儒，穿了和服木屐，履声郭橐，溢于堂外。他说，改进的意思是改良、进步。

**筹办**(chóubàn)：계획하여 실시하다. 구입하다. 조달하다. **起名**(qǐmíng)：이름을 짓다. 명명(命名)하다. **一代大儒**(yīdàidàrú)：당대의 대학자. **和服**(héfú)：일본식복장[옷]. **木屐**(mùjī)：왜나막신. 게다. **履声郭橐**(lǚshēngguōtuó)：뚜벅뚜벅 걷는 신발소리가 주변에 크게 들리다.

这当然是我们愿意听的。我们的妄想是，希望把这个学校办得和牛津大学或者剑桥大学一样，真是稚气十足。但是不久我们就尝到幻灭的滋味。不到半年学生就渐渐散了。结果只乘下几个被选担任职务的学生。当这几位职员发现在再没有选举他们的群众时，他们也就另觅求学之所去了。

**牛津大学**(niújīndàxué)：옥스포드대학. **剑桥大学**(Jiànqiáodàxué)：캠브리지대학. **稚气十足**(zhìqìshízú)：유치하기 이를 데 없는. **尝**(cháng)：맛보다. 겪다. 경험하다. 체험하다. **滋味**(zīwèi)：맛. 기분. 심정. 감정. **乘下**(shèngxià)：남다. **觅**(mì)：구하다. 찾다. **求学**(qiúxué)：학교에서 공부하다.

我自己进了浙江高等学堂。我原来的名字"梦熊"已经入了闹事学生的黑名单，因此就改用"梦麟"注册。我参加入学考试，幸被录取。当时的高等学堂，正当把罢课学潮之后重新改组，是一向有"学人之省"之称的浙江省的最高学府。

**注册**(zhùcè) : (관련 기관·단체·학교 등에) 등기(하다). 등록(하다). **录取**(lùqǔ) : (시험으로) 채용하다. 합격시키다. 뽑다. **重新**(chóngxīn) : 새로이. 처음부터. 다시. 거듭. 재차.

他的前身是求是书院。"求是"是前辈学者做学问的一贯态度。求是书院和绍兴的中西学堂有很多相似的地方, 课程中包括一些外国语和科学科目。后来新学科愈来愈见重要, 所占时间也愈来愈多, 求是书院终于发展为一种新式的学校, 同时改名为浙江高等学堂。

**前辈**(qiánbèi) : 선배(先輩). 연장자(年長者). **学科**(xuékē) : 학과. 학과목. 교과목. **愈来愈**(yùláiyù) : 갈수록…해지다. **见**(jiàn) : 당하다. 받다. [동사 앞에 쓰여 피동을 나타냄].

这个学堂既然办在省城, 同时由于政府负担经费, 它自然而然地成为全省文化运动的中心。它的课程和中西学堂很相似, 不过功课比较深, 科目比较多, 先生教得比较好, 全凭记忆的工作比较少。他已粗具现代学校的规模。

**省城**(shěngchéng) : 성도(省都). **省政府**'소재지. **自然而然**(zìránérrán) : 자연히. 저절로. **粗具规模**(cūjùguīmó) : 대충 규모를 갖추다.

我自从进了绍兴的中西学堂以后, 一直在黑暗中摸索。看到东边有一点闪霎的亮光, 我就摸到东边 ; 东边亮光一闪而逝以后, 我有连忙转身扑向西边。现在进了浙江高等学堂, 眼前豁然开朗, 对一切都可以看得比较真切了。

**摸索**(mō·suo) : (길·방향 따위를) 더듬어 찾다. **闪霎**(shǎnshà) : 잠간 반짝이는. **亮光**(liàngguāng) : (어둠 속에 비치는) 빛. **连忙**(liánmáng) : 서둘러. 급히. 황급히. 즉시. 바로. **扑向**(pūxiàng) : ~을 향해 달려들다. **豁然开朗**(huòránkāilǎng) : (마음이)확 트이다. 눈앞이 환해지다. **真切**(zhēnqiè) : 뚜렷하다. 분명하다. 명료하다. 선명하다. 성실하다. 진실하다. 참되다.

我开始读英文原版的世界史。开始的似乎很难了解外国人民的所作所为, 正如一个人试图了解群众行动时一样困难。后来我才慢慢地了解西方文化的发展。自然那只是一种粗枝大叶而且迷迷糊糊地了解。但是这一点了解已经鼓起我对西洋史的兴趣, 同时奠定了进一步研究的基础。

**所作所为**(suǒzuòsuǒwéi) : 사람이 하는 모든 행위. **粗枝大叶**(cūzhīdàyè) : 세심하지 못하고 일을 경솔하게 하다. **迷迷糊糊**(mímíhuhu) : 모호하다. 혼미하다. 정신이 없다. 명확하지 않다. **鼓起**(gǔqǐ) : 분발하여 일어나다. (용기를)불러일으키다.

在浙江高等学堂里所接触的知识非常广泛。从课本里, 从课外阅读, 以及师友的谈话中, 我对中国以及整个世界的知识日渐增长。我渐渐熟悉将近四千年的中国历史, 同时对于历代兴衰的原因也有相当的了解。这是我后来对西洋史从事比较研究的一个基础。

**阅读**(yuèdú) : 열독하다. 읽다. 열람하다. **师友**(shīyǒu) : 스승과 벗. **熟悉**(shú·xī) : 숙지(熟知)하다. 익히 알다. 충분히 알다. 상세히 알다. **将近**(jiāngjìn) : 거의 …에 가깝다[접근하다, 근접하다]

近代史上值得研究的问题就更多 : 首先是一八九四年使台湾割让于日本的中日战争, 童年时代所看到的彩色图画曾使我对它产生错误的印象 ; 其次是一八九八年康有为和梁启超的维新运动, 那时我在中西学堂读书时所发生的 ; 再其次是一九〇〇年的义和团战争, 我在上海时曾经听到许多关于义和团的消息 ; 然后是一九零四年的日俄战争, 我在杭州念书时正在进行。每一件事都有丰富的资料足以供研究而且使人深省。

**使人深省**(shǐrénshēnxǐng) : 사람을 깊이 생각하게 하다.

我们也可以用倒卷珠帘的方式来研究历史 : 一八八五年的中法战争使中国丧失了越南 ; 太平天国始于一八五一年而终于一八六四年, 其间还出现过戈登将军和华德将军的常胜军 ; 一八四〇年鸦片战争的结果使中国失去了香港 ; 如果在往上追溯, 明末清初有耶稣会教士来华传教, 元朝有马哥。孛罗来华游历 ; 在往上可以追溯到中国与罗马帝国的关系。

**倒卷珠帘**(dàojuǎnzhūlián) : 주렴을 되감다. **追溯**(zhuīsù) : 거슬러 올라가다. 사물의 근본으로 거슬러 올라가 살피다.

梁启超在东京出版的《新民丛报》是份综合性的刊物，内容从短篇小说到形而上学，无所不包。其中有基本科学常识、有历史、有政治论著、有自传、有文学作品。梁氏简洁的文笔深入浅出，能使人了解任何新颖或困难的问题。

**简洁**(jiǎnjié) : (언행 혹은 문장이) 간결하다. 간단하고 깔끔하다. **深入浅出**(shēnrùqiǎnchū) : (문장이나 말의) 내용 또는 도리가 매우 깊고 오묘하지만, 설명은 간단명료하고 쉽게 하다. **新颖**(xīnyǐng) : 참신하다. 새롭고 독특하다.

当时正需要介绍西方观念到中国，梁氏深入浅出的才能尤其显得重要。梁启超的文笔简明、有力、流畅，学生们读来裨益非浅，我就是千千万万受其影响的学生之一。

**裨益非浅**(bìyìfēiqiǎn) : 소득이 적지 않다. **千千万万**(qiān·qianwànwàn) : 무수하다. 수가 매우 많다.

我认为这位伟大的学者，在介绍现代知识给年轻一代的工作上，其贡献较同时代的任何人为大，他的《新民丛报》是当时每一位渴求新知识的青年的智慧源泉。

**渴求**(kěqiú) : 갈구하다.

在政治上，他主张在清廷支持之下进行立宪维新。这时候，革命党人也出版了许多刊物，鼓吹孙中山先生的激烈思想。中山先生认为共和政体胜于君主立宪，同时他认为中国应由中国人自己来统治，而不应有腐败无能的满洲人来统治。

**胜于**(shèngyú) : ~보다 낫다.

浙籍学生在东京也出版了一个定名《浙江潮》的月刊。这个杂志因为攻击清廷过于激烈，以至与若干类似的杂志同时被邮政当局禁止寄递。但是日本政府却同情中国留学生的革命运动，因此这些被禁的杂志仍旧不断地从日本流入上海租界。

**寄递**(jìdì) : 우편물을) 우송하다[배달하다]. **以至**(yǐzhì) : 및. 그리고. 아울러.

因此上海就成为革命思想的交易所, 同情革命的人以及营求厚利者再从上海把革命书刊走私到其它城市。

**营求**(yíngqiú) : 꾀하여 구하다. 도모하다. **厚利**(hòulì) : 큰 이익. **走私**(zǒusī) : 밀수하다. 암거래하다.

浙江高等学堂本身就到处有宣传革命的小册子、杂志和书籍, 有的描写清兵入关时暴行, 有的描写清廷的腐败, 有的则描写清廷对满人和汉人的不平等待遇。学生们如饥似渴地读着这些书刊, 几乎没有任何力量足以阻止他们。

**如饥似渴**(rújīsìkě) : 배고프고 목마른 것 같다 ; 갈망하다. 절실하게 요구하다. **阻止**(zǔzhǐ) : 저지하다. 가로막다.

事实上, 清廷腐败无能的实例, 在校门之外就俯拾即是。杭州城墙之内就有一个满洲人住的小城, 里面驻扎着监视汉人的"旗兵"。两百多年前, 政府特地划出这个城中之城做为驻扎杭州的"旗兵"的营房。

**俯拾即是**(fǔshíjíshì) : 몸을 굽혀 줍기만 하면 얼마든지 있다. 손쉽게 얻다. (찾으려는 증거나 틀린 글자 따위가) 수두룩하다. **驻扎**(zhùzhā) : 군대가 주둔하다. 관리가 임지에 주재하여 근무하다. **营房**(yíngfáng) : 병사. 병영.

这些旗兵的子子孙孙一直就住在这里, 名义上仍旧是军人。满汉通婚原则上是禁止的, 但是满人如果愿意娶汉人为妻是准许的, 实际上这类婚姻很少就是了。太平军围城时, 杭州的旗人全部被杀。

**准许**(zhǔnxǔ) : 남의 요구에) 동의하다. 허락(**許諾**)하다. 허가(**許可**)하다.

内战结束以后, 原来驻扎湖北荆州的一部分旗兵移驻杭州, 来填补空缺。这些从荆州来的旗人当时还有健在的, 而且说的是湖北话。虽然他们多数已经去世, 但是他们的子女仍旧住在那里, 而且说他们父辈所说的方言。道地湖北人很容易察觉这些旗人的湖北口音。但是从第三代开始, 他们就说杭州的本地方言了。

**填补**(tiánbǔ) : (빈 부분을) 메우다. 보충하다. **空缺**(kòngquē) : (직무상 지위의) 빈자리. 공석(空席).

当时的浙江高等学堂里有十名旗人子弟。这几位年轻人对学校中的革命运动装聋作哑, 应付得很得当。其中一人原是蒙古人的后裔, 他甚至告诉我, 他也赞成革清朝的命, 因为他虽然是旗"兵", 却不是满人。

**装聋作哑**(zhuānglóngzuòyǎ) : 귀머거리인 척 벙어리인 척하다. 모르는 체하다. **得当**(dédàng) : 틀림이나 잘못됨이 없이 아주 알맞다.

这些所谓旗兵, 实际上绝对不是兵 ; 他们和老百姓毫无区别。他们在所谓"兵营"里娶妻养子, 对冲锋陷阵的武事毫无所知。

**冲锋陷阵**(chōngfēngxiànzhèn) : 돌격하여 적진(敵陣) 깊숙이 들어가 함락시키다. **武事**(wǔshì) : 군사상의 일.

唯一的区别是他们有政府的俸饷而无所事事, 他们过的是一种寄生生活, 因之身体、智力和道德都日渐衰退。他们经常出入西湖湖滨的茶馆, 有的则按当时的习尚提着鸟笼到处游荡, 一般老百姓都敬而远之。

**俸饷**(fèngxiǎng) : 봉급. 급료. **无所事事**(wúsuǒshìshì) : 아무 일도 하지 않다. 아무 일도 하는 것이 없다. **习尚**(xíshàng) : 풍습. **鸟笼**(niǎolóng) : 새장. **游荡**(yóudàng) : 빈둥거리다. 한가롭게 노닐다. **敬而远之**(jìngéryuǎnzhī) : 경원하다. 멀리하다.

如果有人得罪他们, 就随时有挨揍的危险。这些堕落、腐化、骄傲的活榜样, 在青年学生群中普遍引起憎恨和鄙夷。他们所引起的反感, 比起革命宣传的效果只有过之而无不及。

**得罪**(dé·zui) : 남의 미움을 사다. 실례가 되다. 남의 노여움을 사다. 남의 기분을 상하게 하다. **挨揍**(áizòu) : (심하게) 얻어맞다. **憎恨**(zēnghèn) : 증오하다. 미워하다. 증오. **鄙夷**(bǐyí) : 경시하다. 얕보다. 경멸하다. **有过之而无不及**(yǒuguòzhīérwúbùjí) : 지나쳤으면 지나쳤지 미치지 못하는 것은 아니다. 그 이상이지 이하는 아니다.

我们从梁启超获得精神食粮，孙中山先生以及其他革命志士，则使我们的革命情绪不断增涨。到了重要关头，引发革命行动的就是这种情绪。后来时机成熟，理想和行动兼顾的孙中山先生终于决定性地战胜主张君主立宪的新士大夫阶级。

**关头**(guāntóu)：중요한 때. 결정적인 때. 중대한 시점. 전환점.

这就是浙江高等学堂的一般气氛。其他学校的情形也大都如此。我对这一切活动都感兴趣。我喜欢搜求消息，喜欢就所获得的资料加以思考分析，同时也喜欢使自己感情奔放，参加行动。但是我非常适可而止。

**气氛**(qìfēn)：분위기(雰圍氣). **搜求**(sōuqiú)：찾다. 물색하다. **就**(jiù)：~에 대해서. **奔放**(bēnfàng)：사상. 감정. 문장의 기세 따위가) 힘차게 내뿜다. 솟구치다. **适可而止**(shìkěérzhǐ)：(도를 넘어서지 않고) 적당한 정도에서 그치다.

为求万全，我仍旧准备参加科举考试。除了革命，科举似乎仍旧是参加政府工作的不二途径，并且我觉得革命似乎遥遥无期，而且困难重重。我有时候非常胆小而怕羞，有时候却又非常大胆而莽撞，因此我对自己的性格始终没有自信。

**不二途径**(bùèrtújìng)：유일한 방법. **遥遥无期**(yáoyáowúqī)：기약(期約)도 없이 아득하다. **重重**(chóngchóng)：층층의. 겹겹의. 많다. **胆小**(dǎnxiǎo)：담이 작다. 겁 많다. 소심하다. 배짱이 없다. **怕羞**(pàxiū)：부끄러워하다. 수줍어하다. **莽撞**(mǎngzhuàng)：(행동이) 거칠고 경솔[무모]하다. 우악스럽다.

所以我的行动常常很谨慎，在采取确切的行动之前，喜欢先探索一下道路。尤其碰到岔路时，我总是考虑再三才能作决定。如果犹豫不决，我很可能呆坐道旁，想入非非。但是一旦作了决定，我必定坚持到底。我一生犯过许多错误，但没有犯不可挽回的错误。所以没有让时代潮流把我卷走。

**岔路**(chàlù)：갈림길. **犹豫不决**(yóuyùbùjué)：결단을 내리지 못하고 망설이다. 우유부단하다. 주저주저하다. **呆坐道旁**(dāizuòdàopáng)：길옆에 멍하니 앉아 있다. **想入非非**(xiǎngrùfēifēi)：비현실적인[터무니없는, 허망한] 생각을 하다.

# 第七章　参加郡试[1]
# 군시(郡試)참가

郡试快到了。一天清早，我从杭州动身往绍兴去，因为我们那一区的郡试是在绍兴举行。行李夫用一根扁担挑起行李走出校门，我紧紧地跟在他的后面。扁担的一端系着一只皮箱和一只网篮[2]，另一端是铺盖卷。走到校门口，碰到一位老师，他向我微微一笑，并祝我吉星高照。

**清早**(qīngzǎo) : 이른 아침. 새벽. **行李夫**(xíng·lifū)짐꾼. **扁担**(biǎn·dan) : 멜대. **挑**(tiāo) : (멜대로) 메다. 어깨에 메다. 짊어지다. **紧紧地**(jǐnjǐnde) : 바짝. 꽉. 단단히. **系**(jì) : 매다. 묶다. **网篮**(wǎnglán) : 윗면에 그물 덮개가 있는 여행용 손바구니. **铺盖卷**(pū·gaijuǎn) : 이불보따리. [이부자리를 둘둘 말아서 운반할 수 있도록 한 것]. **微微一笑**(wēiwēiyīxiào) : 미소를 짓다. **祝**(zhù) : 축원하다. **吉星高照**(jíxīnggāozhào) : 길운(吉運)의 별이 높은 곳에서 비치다 ; 운수가 좋다. 운이 트이다.

穿过许多平坦的石板路，又穿过许多迂回狭窄的小巷，我们终于到了钱塘江[3]边。渡船码头离岸约有一里路，我小心翼翼的踏上吱吱作响的木板通过一条便桥到达码头。

**穿过**(chuānguò) : 빠져 나가다. 관통하다. 건너다. 통과하다. **渡**(dùchuán) : 나룻배. **小心翼翼**(xiǎoxīnyìyì) : 거동이 신중하고 소홀함이 없다. 매우 조심스럽다. **吱吱作响**(zhīzhīzuòxiǎng) : 삐걱삐걱 소리내다. **便桥**(biànqiáo) : 임시로 놓은 다리. 가교.

渡船上有好几把笨重的木桨，风向对时也偶然张起帆篷。船行很慢，同时是泥水行驶，所以整整化了两个小时才渡过钱塘江。

1. 군(郡). 고대의 행정구역 단위의 하나로, '县'보다 작았으나, 진한(秦漢) 시대 이후에는 '县'보다 크게 되었음
2. 윗면에 그물 덮개가 있는 여행용 손 바구니
3. 중국지명, 절강성(浙江省)에 위치한 강

**木桨**(mùjiǎng) : 나무로 만든 노(櫓). **帆篷**(fānpéng) : 배의 돛. **行**(xíngshǐ) : (차·배 따위가) 다니다. 통행하다. 운항(運航)하다.

当时谁也想不到三十年之后竟有一条钢铁大桥横跨宽阔的江面, 桥上还可以同时行驶火车和汽车。上岸以后雇了一乘小轿。穿过绵亘数里的桑林, 到达一个人烟稠密的市区, 然后转船续向绍兴进发。

**上岸**(shàngàn) : 육지[뭍]에 오르다. 상륙하다. **雇**(gù) : 세내다. 빌리다. **绵亘**(miángèn) : (산맥 등이) 끊이지 않고 이어지다. 연잇다. 연거푸 뻗쳐 있다. **人烟**(rényān) : 인가(人家). 밥 짓는 연기. **稠密**(chóumì) : 빼곡하다. 많고 빽빽하다. 조밀하다. **市区**(shìqū) : 시가지역. 시내지역.

船上乘客挤得像沙丁鱼[4]。我们只能直挺挺地平躺着睡, 如果你缩一缩腿, 原来放腿的地方马上就会被人占据 ; 如果你想侧转身睡一下, 你就别想再躺平。在船上过了一夜, 第二天早晨达到绍兴。寄宿在一个制扇工匠的家里, 房间又小又暗, 而且充满了制扇用的某种植物油气味。

**挤**(jǐ) : (사람이나 물건이) 빽빽하게 들어차다. 차다. 채우다. 비집다. **沙丁鱼**(shādīngyú) : 정어리. **直挺挺地**(zhítǐngtǐngde) : 꼿꼿이. **平躺**(píngtǎng) : 반듯이 눕다. **工匠**(gōngjiàng) : 장인(匠人). **油气味**(yóuqìwèi) : 기름 냄새.

晚上就在菜油[5]灯下读书, 但是灯光太暗, 看小字很吃力。我们不敢用煤油灯, 因为屋子里到处是易燃的制扇材料, 黑暗中摸索时还常要跌跤。

**吃力**(chīlì) : 힘들다. 힘겹다. **跌跤**(diējiāo) : 넘어지다.

考试开始时, 清晨四点左右大家就齐集在试院门前, 听候点名。那是一个初秋的早晨, 天气相当冷。几千位考生挤在院子里, 每人头上戴着一顶没有顶子的红缨帽[6], 手里提着一个灯笼, 一只考篮[7]。

4. 청어과의 바닷물고기. 떼를 지어서 다님

5. 유채기름. 평지 씨앗으로 짠 기름

6. 청나라 관리가 쓰던 꼭대기에 술이 달린 모자

7. 옛날 관리 등용 시험장에 수험생이 식사와 기타 필요한 물건을 넣어 가져가던 대바구니

**清晨**(qīngchén) : 새벽녘. 동틀 무렵. 이른 아침. **齐集**(qíjí) : 모두 모이다. **试院**(shìyuàn) : 과거(科擧) 시험장. **听候**(tīnghòu) : (상급 기관의 결정이나 명령을) 기다리다. 대기하다. **点名**(diǎnmíng) : 출석을 부르다. 점호를 하다. **早晨**(zǎo·chén) : (이른)아침. 새벽. 오전. **顶子**(dǐng·zi) : 청대(清代)관리의 관모의 꼭대기에 붙여서 등급을 나타내는 구슬.

> 大厅门口摆着一张长桌。监考官就是绍兴知府, 昂然坐在长桌后面。他戴着蓝色晶顶的红缨帽, 穿着深蓝色的长袍, 外罩黑马褂, 胸前垂着一串朝珠。那是他的全套官服。

**监考官**(jiānkǎoguān) : 시험감독관. **知府**(zhīfǔ) : 지부(知府)[부지사(府知事). 명청(明清) 시대 부(府)의 장관]. **昂然**(ángrán) : 떳떳하다. 씩씩하다. 당당하다. 의젓하다. **晶顶**(jīngdǐng) : 반짝이는 구슬. **马褂**(mǎguà) : 마고자. [남자들이 '长袍' 위에 입는 허리까지 오는 짧은 상의. 검은색으로 된 것이 많으며, 원래는 만주족이 말 탈 때 입는 옷이었음]. **朝珠**(cháozhū) : 청(清)나라 때, 고급 관원이 목에 걸던 목걸이. [산호·마노·수정·호박·비취·침향(沈香) 등으로 만듦]. **垂**(chuí) : 늘어뜨리다. 드리우다.

> 他提起朱笔顺着名单, 开始点名。他每点一个名, 站在他旁边的人就拖着长腔唱出考生的名字。

**提起**(tíqǐ) : 들다. **拖腔**(tuōqiāng) : (중국 전통 희곡(戲曲)의 창사(唱詞) 중) 어느 한 글자를 길게 발음하다.

> 考生听到自己的名字以后, 就高声答应 : "有 ! 某某人保"。保的人也随即唱名证明。监考官望一眼以后, 如果认为并无舛错, 就用朱笔在考生名字上加上红点。

**随即**(suíjí) : 즉시. 곧. **唱名**(chàngmíng) : 큰소리로 점호하다[이름을 부르다]. **舛错**(chuǎn·cuò) : 착오. 뜻밖의 실수.

> 考生点名后就可以进考棚了。他的帽子和衣服都得经过搜索, 以防夹带, 任何写了字的纸头都要没收。考生鱼贯进入考棚, 找出自己的位置分别就座。座位都是事先编好号码的。

**鱼贯**(yúguàn) : 줄지어. **编号**(biānhào) : 번호를 매기다.

考卷上有写好考生姓名的浮签, 缴卷时就撕去浮签。考卷的一角另有弥封的号码, 录取名单决定以后才开拆弥封, 以免徇私舞弊。清末时, 政府各部门无不百弊丛生。唯有科举制度颇能保持独立, 不为外力所染。

**考卷**(kǎojuàn) : 시험답안. **浮签**(fúqiān) : 부전(附箋). 쪽지. **缴卷**(jiǎojuàn) : 시험 답안을 제출하다. **弥封**(mífēng) : 부정을 막기 위해 답안지의 이름이나 번호가 적힌 부분을 접거나 종이를 붙여) 봉하다. 밀봉하다. **徇私舞弊**(xùnsīwǔbì) : 사리사욕을 채우기 위하여 부정을 하다. **开拆**(kāichāi) : 개봉하다. 열다. **百弊丛生**(bǎibìcóngshēng) : 갖가지 폐단이 속출하다.

科举功名之所以受人器重, 大概就是这个缘故。考试的题目不出四书五经的范围, 所以每个考生必须把四书五经背得烂熟。我在家塾里以及后来在绍兴中西学堂里, 已经在这方面下过苦功。

**功名**(gōngmíng) : 옛날, 과거의 칭호나 관직의 등급. **器重**((주로 윗사람이 아랫사람을) 중시하다. 신임하다. **缘故**(yuángù) : 연고. 원인. 이유. **背得烂熟**(bèidelànshú) : 줄줄 외우다. **下苦功**(xiàkǔgōng) : 각고의 노력을 하다.

题目写在方形的灯笼罩子上, 白单子上写着黑字, 灯笼里面点着蜡烛, 因此从远远的地方就可以看得很清楚。提灯笼的人把灯笼擎得高高的, 在考生座位之间的甬道上来回走好几次, 所以大家都不会看漏题目。

**蜡烛**(làzhú) : 초. 양초. **擎**(qíng) : (위로)들어 올리다. 떠받들다. 받쳐 들다. **甬道**(yǒngdào) : 각도(閣道). 골마루. 낭하(廊下). 복도. **看漏**(kànlòu) : 간과하다. 못 보고 넘기다.

将近中午时, 办事人员开始核对考生的进度, 每一份考卷的最末一行都盖上印子。下午四点钟左右, 炮声响了, 那是收卷的第一次讯号。大门打开, 吹鼓手也呜呜啦啦开始吹奏起来。

**核对**(héduì) : 검토하여 대조하다. 심사하여 대조하다. **讯号**(xùnhào) : 신호. **吹鼓手**(chuīgǔshǒu) : 악사.

考生缴了卷, 在乐声中慢慢走出大门, 大门外亲戚朋友正在焦急地等待着。缴了卷的人完全出来以后, 大门又重新关上。第二次缴卷的讯号大约在一小时以后发出, 同样的鸣炮奏乐。

**缴卷**(jiǎojuàn) : 시험답안을 제출하다. **焦急**(jiāojí) : 초조해하다. 애태우다. 안달하다. **鸣炮**(míngpào) : 폭죽(**爆竹**)을 터뜨리다.

第三次下令收卷则在六点钟左右，这一次可不再鸣炮奏乐。考试以后，我们要等上十天八天，才能知道考试结果。因此放榜以前，我们可以大大地玩一阵。试院附近到处是书铺，我常碰到全省闻名的举人徐锡麟，在书铺里抽出书来看。

**放榜**(fàngbǎng) : 방을 붙이다. 합격자 명단을 공포(**公布**)하다. **书铺**(shūpù) : 서점. 책방. **抽出**(chōuchū) : 뽑아내다. 추출하다.

我认识他，因为他曾在绍兴中西学堂教算学。想不到不出数年，他的心脏被挖出来，在安徽巡抚恩铭灵前致祭，因他为革命刺杀了恩铭。

**想不到**(xiǎng·budào) : 미처 생각하지 못하다. 예상하지 못하다. 의외이다. **致祭**(zhìjì) : 제물로 바치다.

街头巷尾还有象棋摊子，棋盘两边都写着"观棋不语真君子，落子无悔大丈夫"两句俗语。街上有临时的酒楼饭馆，出售著名的绍兴酒和价廉物美的菜肴。一毛钱买一壶酒。

**街头巷尾**(jiētóuxiàngwěi) : 거리와 골목(의 이곳저곳). **象棋**(xiàngqí) : 중국 장기(**將棋**). **棋盘**(qípán) : 장기판. 바둑판. **落子**(luòzǐ) : (바둑·장기의) 대국을 시작하다. **酒楼**(jiǔlóu) : 요릿집. 술집. 요정. **饭馆**(fànguǎn) : 요리점. 식당. **出售**(chūshòu) : 팔다. 매각하다. **价廉物美**(jiàliánwùměi) : 값도 싸고 물건도 좋다. **菜肴**(càiyáo) : 요리. 반찬. **毛钱**(máoqián) : 옛날, 10전·20전짜리 은화.

醉蚶、糟鸡、家乡肉，每盘也只要一毛。如肯费三四毛钱，保管你买得满面春风，齿颊留香。城里有流动的戏班子，高兴的时候，我们还可以看看戏。

**醉蚶**(zuìhān) : 술에 담근 살 조개. **糟鸡**(zāojī) : 술에 절인 닭. **家乡肉**(jiāxiāngròu) : 소금에 절인 돼지고기. **保管**(bǎoguǎn) : 꼭. 틀림없이. 어김없이. **满面春风**(mǎnmiànchūnfēng) : 만면에 웃음을 띠다. 얼굴에 기쁨이 넘치다. **流动**(liúdòng) : 옮겨다니다. 유동하다. 유랑하다. **戏班子**(xìbān·zi) : 극단.

放榜的那一天，一大群人挤在试院大门前一座高墙前面守候。放榜时鸣炮奏乐，仪式非常隆重。榜上写的是录取考生的号码，而非姓名。号码排成一圆圈，以免有先后次序的分别。

**一大群**(yīdàqún) : 많은. **座**(zuò) : 도시, 산, 건축물 등의) 비교적 크거나 고정된 물체를 세는 단위. (一座山 : 산 하나). **守候**(shǒuhòu) : 기다리다. **仪式**(yíshì) : 의식. **隆重**(lóngzhòng) : 성대하다. 성대하고 장중하다. **录取**(lùqǔ) : (시험으로)채용하다. 합격시키다. 뽑다. **圆圈**(yuánquān) : 동그라미. 둥근 바퀴.

我发现自己的号码也排入圆圈，列在墙上那张其大无比的长方形榜上，真是喜出望外。号码是黑墨大字写的，但是我还是不肯相信自己的眼睛，连揉了几次眼，发现自己的号码的的确确排在榜上的大圈圈内，这才放了心。

**喜出望外**(xǐchūwàngwài) : 뜻밖의 기쁜 일을 만나 기뻐 어쩔 줄 모르다. **黑墨**(hēimò) : 먹. **的的确确**(dídíquèquè) : 확실히. 분명히. 정말. 참으로. 실로. **圈圈**(quānquān) : 원. 동그라미.

连忙挤出人群，回到寄宿的地方。在我往外挤的时候，看到另一位考生也正在往外跑。他打着一把伞，这把伞忽然被一根栅栏钩住，他一拖，伞就向上翻成荷叶形。可是这位兴奋过度的考生，似乎根本没有注意他的伞翻向天了，还是匆匆忙忙往前跑。

**连忙**(liánmáng) : 얼른. 급히. 바삐. 분주히. 재빨리. **栅栏**(zhàlan) : 울짱. 울타리. **钩住**(gōuzhù) : 걸리다. **拖**(tuō) : 잡아당기다. **荷叶**(héyè) : 연잎. **匆匆忙忙**(cōngcōngmángmáng) : 허겁지겁.

几天之后，举行复试。复试要淘汰一部分人，所以初试录取的还得捏一把汗。复试时运气还算不错。放榜时，发现自己的名字列在居中的某一行上。

**捏一把汗**(niēyībǎhàn) : (걱정이 되어) 손에 땀을 쥐다.

第三次考试只是虚应故事而已。除了写一篇文章以外，名义上我们还得默写一段《圣谕广训》(皇帝训谕士子的上谕)；但是我们每人都可以带一册进考场，而且老实不客气地照抄一遍。

**虚应故事**(xūyìnggùshì) : (일을)예전 그대로 적당히 얼버무려 버리다. 형식적으로 대강대강 하다. **默写**(mòxiě) : 암기하여 적다. (읽었던 문장을)외워 쓰다. **训谕**(xùnyù) : 가르쳐 타이르다. 가르쳐 깨우치게 하다. **照抄**(zhàochāo) : 그대로 베끼다. 모사(**模寫**)하다.

这次考试由学政(俗称学台)亲自莅场监考。试院大门口的两旁树着两根旗竿，旗竿上漂着长达十五尺的长幡，幡上写的就是这位学台的官衔。记得他的官衔是："礼部侍郎提督浙江全省学政…。"

**学政**(xuézhèng) : 청대 각 성의 교육 행정 장관. **莅场**(lìchǎng) : 장소에 임하다. **监考**(jiānkǎo) : 시험 감독하다. **旗竿**(qígān) : 깃대. **幡**(fān) : (수직으로 거는 좁고 긴)깃발. **官衔**(guānxián) : 관리의 직함(**職銜**). 관직명(**官職名**). 관함(**官銜**).

再过几天以后，我一大早就被窗外一阵当当小锣惊醒。原来是试差来报喜。我已经考取了附生，也就是平常所说的秀才。试差带来一份捷报，那是一张大约六尺长，四尺宽的红纸，上面用宋楷大字写着："贵府相公某蒙礼部侍郎提督浙江全省学政某考试录取余姚县学附生。"

**一大早**(yīdà(qīngzǎo) : 이른 아침. **惊醒**(jīngxǐng) : 깜짝 놀라서 깨다. **试差**(shìchāi) : (옛날, 조정에서 파견하는) 향시(**鄕試**)의 시험관. **报喜**(기쁜 소식을 알리다. 대중에게 좋은 소식을 선전하다. 옛날, 과거 급제나 진급 소식을 알리다. [이런 소식을 적은 것을 '**报条**'라고 하며, 이것을 전달하는 것을 업(**業**)으로 한 사람을 '**报录人**' '**报喜的**' '**报喜人**' '**报子**'라 고 함]=[**报录**]. **附生**(fùshēng) : 옛날, 시험에 합격하여 부(**府**)·주(**州**)·현(**縣**)의 학교에 채용되어 '**生员**'이 된 학생. **捷报**(jiébào) : 옛날, 과거 시험 합격자에게 전해주는 급보. **相公**(xiànggong) : 과거, 지체 높은 집안의 젊은 선비의 높임말. 상공. **县学**((xiànxué) : 옛날, 부(**府**)·주(**州**)·현(**縣**)에 설치된 학교.

所谓"县学"只有一所空无所有的孔庙，有一位"教谕"主持，事实上这位"教谕"并不设帐讲学，所谓"县学"是有名无实的。按我们家庭经济状况，我须呈缴一百元的贽敬，拜见老师。

**空无所有**(kōngwúsuǒyǒu) : 무엇 하나 가진 것이 없다. 아무것도 없다. **教谕**(jiàoyù) : 가르치고 깨우쳐주다. 교유하다. 교도하다. **设帐**(shèzhàng) : 글방을 차리고 가르치다. **讲学**(jiǎngxué) : 자신의 학술 이론을 공개적으로 강의하여 설명하다. **呈缴**(chéngjiǎo) : 납입하다. 상납하다. **贽敬**(zhìjìng) : 옛날, 제자가 스승을 찾아뵐 때 가지고 가는 예물. **拜见**(bàijiàn) : 찾아뵙다. 알현하다.

不过经过讨价还价, 只缴了一半。也并没有和老师见过面。当讨价还价正在进行的时候, 父亲恼怒的说, 孔庙里应该拜财神才是。旁边一位老先生说, 那是说不得的。

**经过**(jīngguò) : ~을 거쳐서. **讨价还价**(tǎojiàhuánjià) : 가격(값)을 흥정하다. **恼怒**(nǎonù) : 성내다. 노하다. 화내다. **财神**(cáishén) : 행운의 신. 재물신. 재신(財神). **说不得**(shuōbude) : 말해서는 안 된다. 말할 것이 아니다.

从前有一位才子金圣叹, 因为讥笑老师, 说了一句"把孔子牌位取消, 把财神抬进学宫"的话, 奉旨杀了头。临刑前这位玩世不恭的才子叹道："杀头至痛也, 圣叹于无意中得之, 岂不快哉。"

**才子**(cáizǐ) : 재능이 뛰어난 사람. **讥笑**(jīxiào) : 비웃다. 조소(嘲笑)하다. 조롱(嘲弄)하다. **学宫**(xuégōng) : 국자감. **奉旨**(fèngzhǐ) : 임금의 명을 받들다. 취지를 받들다. **杀头**(shātóu) : 목을 베다. **玩世不恭**(wánshìbùgōng) : 세상을 업신여기고 공경하지 않다.

郡试以后, 又再度回到浙江高等学堂, 接受新式教育。我离开绍兴时, 房东告诉我, 一位同住在他店里的考生愤愤不平地对他说, 学台简直瞎了眼, 居然取了像我这样目不识丁的人, 其意若曰像他那样满腹经纶的人反而落第, 真是岂有此理。

**房东**(fángdōng) : 집주인. **愤愤不平**(fènfènbùpíng) : 매우 불만스럽다. **学台**(xuétái) : 학정(學政). **目不识丁**(mùbùshídīng) : 낫 놓고 기역자도 모른다. 일자무식이다. **瞎眼**(xiāyǎn) : 눈이 멀다. **满腹经纶**(mǎnfùjīnglún) : 뛰어난 학식이나 정치적 경륜을 가지고 있다. **岂有此理**(qǐyǒucǐlǐ) : 어찌 이럴 수가 있는가? [이치에 맞지 않는 이야기 또는 일에 대하여 불만을 나타내는 말임].

我笑笑没说什么, 考试中本来不免有幸与不幸的！回到学校以后, 马上又埋头读书, 整天为代数、物理、动物学和历史等功课而忙碌, 课余之暇, 又如饥似渴地阅读革命书刊, 并与同学讨论当时的政治问题。

**埋头**(máitóu) : 몰두하다. 달라붙다. 정신을 집중하다. **功课**(gōngkè) : 학과목. **课余**(kèyú) : 과외. **如饥似渴**(rújīsìkě) : 배고프고 목마른 것 같다 ; 갈망하다. 절실하게 요구하다.

郡试的那段日子和浙江高等学堂的生活恍若隔世。静定的, 雾样迷蒙的中世纪生活, 似乎在一夜之间就转变为汹涌的革命时代的漩涡。我像是做了一场大梦。两个月以后, 寒假到了。奉父亲之命回到乡间, 接受亲戚朋友的道贺。

**恍若**(huǎngruò) : 마치 …인 것 같다. **恍若隔世**(huǎngruògéshì) : 마치 딴 세상 같다. **静定**(jìngdìng) : 차분하고 움직이지 않다. 고요하고 잔잔하다. **漩涡**(xuánwō) : 소용돌이. **大梦**(dàmèng) : 오랜 꿈. 깊은 꿈. 미몽

那时我是十九岁, 至亲们都希望我有远大的前程, 如果祖坟的风水好, 很可能一步一步由秀才而举人, 由举人而进士, 光大门楣, 荣及乡里, 甚至是祖先在天之灵也感到欣慰。

**至亲**(zhìqīn) : 지친. 육친. **祖坟**(zǔfén) : 조상의 무덤. 선조의 묘. **光大门楣**(guāngdàménméi) : 가문을 크게 빛내다. **欣慰**(xīnwèi) : 기쁘고 안심되다. 기쁘고 위안이 되다.

二哥已早我几年考取了秀才, 那时正在北京大学(京师大学堂)读书。当时的学生们听说京师大学四个字, 没有不肃然起敬的。想不到十五年之后我竟为时会所迫承乏了北京大学的校长职务。

**肃然起敬**(sùránqǐjìng) : 경건하게 경의를 표하다. 경건(敬虔)한 마음이 일다. **想不到**(xiǎngbudào) : 의외이다. 미처 생각하지 못 하다. 예상하지 못하다. **时会**(shíhuì) : 그 당시의 특수한 정황. **承乏**(chéngfá) : 재능이 없는 사람이 잠시 관직을 얻어 맡다.

回想起来, 真令人觉得命运不可捉摸。在绍兴时曾经收到一份捷报, 不久, 试差又用一份同样以红纸写的捷报, 敲着铜锣分向我家乡的亲戚家属报喜。开筵庆祝的那一天, 穿起蓝绸衫, 戴了一顶银雀顶的红缨帽。

**捉摸**(zhuōmō) : 추측하다. 헤아리다. 짐작하다. **捷报**(jiébào) : 옛날, 과거 시험 합격자에게 전해주는 급보. **报喜**(bàoxǐ) : 기쁘고 경사스러운 소식을 알리다. **铜锣**(tóngluó) : 징. 동라. **家属**(jiāshǔ) : 가족(家族). 가속(家屬). **开筵**(kāiyán) : 연회를 열다. 연회석을 마련하다. **绸衫**(chóushān) : 비단 옷. **银雀**(yínquè) : 은으로 만든 참새.

好几百亲戚朋友, 包括妇孺老少, 齐来道贺, 一连吃了两天喜酒。大厅中张灯结彩, 并有吹班奏乐助兴。最高兴的自然是父亲, 他希望他的儿子有一天能再朝中做到宰相, 因为俗语说, "秀才为宰相之根苗。"

**妇孺**(fùrú) : 부인과 아동들. **道贺**(dàohè) : 축하하다. 축하를 드리다. **一连**(yīlián) : 계속해서. 잇따라. 연거푸. 연이어. **大厅**(dàtīng) : 대청. 홀. **张灯结彩**(zhāngdēngjiécǎi) : 초롱을 달고 오색 천으로 장식하다. **吹奏乐**(chuī zòuyuè) : 취주악. [관악기로 연주하는 음악]. **助兴**(zhùxìng) : 흥취를 돋우다. 흥을 돋우다. **朝中**(cháozhōng) : 조정에서. **为**(wéi) : ~이다.

至于我自己, 简直有点迷惘。两个互相矛盾的势力正在拉着, 一个把我往旧世界拖, 一个把我往新世界拖。我不知道怎么办。在乡间住了三个星期, 学校重新开学, 我又再度全神贯注地开始研究学问。在浙江高等学堂再逗留了半年光景, 到暑假快开始时, 又离开了。

**迷惘**(míwǎng) : 곤란하여 (당황하여) 정신을 못 차리다. 뒤숭숭해서 갈피를 잡지 못하다. **全神贯注**(quánshénguànzhù) : 모든 정신을 다 집중하다. 온 정신을 다 기울이다. 혼신의 힘을 쏟다. **逗留**(dòuliú) : 머물다. 체류(滯留)하다. **光景**(guāngjǐng) : 대략의 시간 또는 수량을 표시함.

满脑子矛盾的思想, 简直使尚未成熟的心灵无法忍受, 有时觉得坐立不安, 有时又默坐出神, 出神时, 会觉得自己忽然上冲霄汉, 然后又骤然落地, 结果在地上跌得粉碎, 立刻被旋风吹散无踪了。

**忍受**(rěnshòu) : (고통, 어려움, 불행 등을) 견디다. 버티다. 참다. **坐立不安**(zuòlìbùān) : 서도 앉아도 편안하지 않다. 안정되지 않다. 안절부절못하다. **默坐**(mòzuò) : 묵묵히 앉다. 정좌하다. **出神**(chūshén) : 정신을 지나치게 집중하여 멍해지다. **上冲**(shàngchōng) : 치솟아 올라가다. **霄汉**(xiāohàn) : 하늘. **骤然**(zhòurán) : 돌연히. 갑자기. **旋风**(xuànfēng) : 회오리바람. 선풍.

我的近亲当中曾经发现有人患精神病, 我有时不禁怀疑自己是否也有点神经质的遗传。父亲和叔祖都说过, 我小时候的思想行动本来就与常儿不同。我还记得有一天伯祖骂我, 说我将来如不成君子必成流氓。

**不禁**(bùjīn) : 참지 못하게. 견디지 못하게. 자기도 모르게. 참을 수 없을 정도로. **神经质**(shénjīngzhì) : 신경질(神經質). [신경이 예민하고 겁이 많아 사소한 자극에도 필요 이상으로 민감하게 반응하는 성질을 말함]. 정신병. **叔祖**(shūzǔ) : 작은할아버지. **常儿**(chángér) : 일반 아이들. **伯祖**(bózǔ) : 큰할아버지.

> 虽然不大明白这话的意思, 但是我心里想一定要做君子。这个世界确是个疯狂的世界, 难道我也真的发了疯吗? 至少有一个问题在脑子里还是很清楚的 : 那就是如何拯救祖国, 免受列强的瓜分。

**疯狂**(fēngkuáng) : 미친 듯하다. 미치다. **拯救**(zhěngjiù) : 구하다. 구제하다. 구출하다. 건지다. 구조하다. **瓜分**(guāfēn) : (박을 자르듯)분할하다. 나누다. 분배하다. [주로 영토를 분할하는 것을 가리킴].

> 革命正迅速地在全国青年学生群中生根发展。投身革命运动的青年学生愈多, 孙中山先生的影响也愈来愈广。清室覆亡已经近在旦夕了。我渴望找个更理想、更西化的学校。

**覆亡**(fùwáng) : 멸망하다. **近在旦夕**(jìnzàidànxī) : 지척에 있다. 얼마 남지 않나. **西化**(xīhuà) : 서양화 하다. 서구화되다.

> 因为这时候已经看得清楚 : 不论立宪维新或者革命, 西化的潮流已经无法抗拒。有一天早晨, 无意中闯进禁止学生入内的走廊, 碰到了学监。他问有什么事, 我只好临时扯了个谎, 说母亲生病, 写信来要我回家。

**抗拒**(kàngjù) : 거역하다. 항거하다. 저항(반항)하다. **闯进**(chuǎngjìn) : 틈입하다. 뛰어들다. **走廊**(zǒuláng) : 복도. 회랑. **扯谎**(chěhuǎng) : 거짓말하다.

> "哦 ! 那太不幸了。你还是赶快回家吧 ! "学监很同情的说。回到宿舍, 收拾起行李, 当天上午就离开学校, 趁小火轮沿运河到了上海。参加上海南洋公学的入学考试, 结果幸被录取。那是一九〇四年的事。为争取满洲控制权的日俄战争正在激烈进行。

**赶快**(gǎnkuài) : 빨리. 어서. 서둘러. **趁**(chèn) : 타다. **录取**(lùqǔ) : (시험에 합격한 사람을) 선정(選定)하다. 뽑다.

# 第八章 西化运动
# 서구화운동

虽然新旧之争仍在方兴未艾，立宪与革命孰长孰短亦无定论，中国这时已经无可置疑地踏上西化之路了。日本对帝俄的胜利，更使中国的西化运动获得新的鼓励，这时聚集东京的中国留学生已近五万人，东京已经成为新知识的中心。

**方兴未艾**(fāngxīngwèiài)：바야흐로 힘차게 발전하고 있다. 이제 막 한창이다. **孰**(shú)：누구. 어느. 어느 것. **长短**(chángduǎn)：시비(是非). 좋고 나쁨. 우열. **定论**(dìnglùn)：정설. 정론. **无可置疑**(wúkězhìyí)：의심할 여지가 없다. **帝俄**(dìé)：제정 러시아. **鼓励**(gǔlì)：격려하다. 북돋우다. 고무하다. **聚集**(jùjí)：모으다. 모이다. 집결하다.

国内方面，政府也已经开始一连串的革新运动，教育、军事、警政都已根据日本的蓝图采取新制度。许多人相信：经过日本同化修正的西方制度和组织，要比纯粹的西洋制度更能适合中国的国情，因此他们主张通过日本接受西洋文明。但是也有一般人认为：既然我们必须接受西洋文明，何不直接向西洋学习？

**一连串**(yīliánchuàn)：일련의. 계속되는. 이어지는. **警政**(jǐngzhèng)：경찰행정. **蓝图**(lántú)：청사진. 설계도. **采取**(cǎiqǔ)：(어떤 방침·정책·조치·수단·형식·태도 등을) 선택하여 실행하다. 취하다. 채택하다.

我是主张直接向西方学习的，虽然许多留学日本的朋友来信辩难，我却始终坚持自己的看法。进了南洋公学，就是想给自己打点基础，以便到美国留学。这里一切西洋学科的课本都是英文的，刚好合了我的心意。

**辩难**(biànnàn)：논란(論難)하다. 논박하다. **心意**(xīnyì)：마음. 성의.

南洋公学开办时，采纳了美国传教士福开森博士的许多意见。南洋公学是交通大学的前身，交通大学附近的福开森路，就是为纪念这位美国传教士而命名的。南洋公学的预科，一切按照美国的中学学制办理，因此南洋公学可说是升入美国大学的最好阶梯。

**开办**(kāibàn) : 설립[창립]하다. 개업하다. **阶梯**(jiētī) : 계단과 사다리. 층층대. 계단.

学校里有好几位讲授现代学科的美国人。在校两年，在英文阅读方面已经没有多大困难，不过讲却始终讲不好。学校教的英文并不根据语音学原理。我的舌头又太硬，始终跟不上。

**讲授**(jiǎngshòu) : 강의하다. 교수하다. **始终**(shǐzhōng) : 한결같이. 언제나. 늘. **跟不上**(gēnbushàng) : 따라가지 못하다. 미치지 못하다.

课程方面分为两类，一类是中国旧学，一类是西洋学科。我在两方面的成绩都还过得去，有一次还同时侥幸获得两类考试的荣誉奖。因此蒙校长召见，谬承奖勉。

**课程**(kèchéng) : 교과과정. 교육과정. 커리큘럼(curriculum). **侥幸**(jiǎoxìng) : 요행히. 다행히. **蒙**(méng) : 받다. 입다. **召见**(zhàojiàn) : 옛날, 윗사람이 아랫사람을 불러서 만나다. 소견하다. **谬承奖勉**(miùchéngjiǎngmiǎn) : 과분한 칭찬과 격려를 받다.

校舍是根据西洋设计而建筑的，主要建筑的中心有一座钟楼，数里之外就可以望见。有一排房子的前面是一个足球场，常年绿草如茵，而且打扫得很整齐。学校当局鼓励学生玩足球和棒球，学生们对一般的运动也都很感兴趣。

**钟楼**(zhōnglóu) : 시계탑. **望见**(wàngjiàn) : 망견하다. 멀리 바라보다. **常年**(chángnián) : 일년 내내. **绿草如茵**(lǜcǎorúyīn) : 새파란 풀이 요처럼 깔려 있다. **打扫**(dǎsǎo) : 청소하다. 소제하다. **整齐**(zhěngqí) : 가지런하다. 고르다. 즐비하다. 나란하다. **足球**(zúqiú) : 축구. **棒球**(bàngqiú) : 야구.

我生来体弱, 进了南洋公学以后, 开始体会到要有高深的学问, 必须先有强健的体魄。除了每日的体操和轻度的运动之外, 还给自己定了一套锻炼身体的办法。每天六点钟光景, 练习半小时的哑铃, 晚间就寝前再练一刻钟。继续不断的练了三年, 此后身体一直很好, 而且心情也总是很愉快。

**高深**(gāoshēn) : (학문 · 기술의 조예가) 수준이 높고 깊다. 심오하다. **体会**(tǐhuì) : 체득하다. 이해하다. 체험하여 터득하다. **体魄**(tǐpò) : 신체와 정신. 체력과 기백. **光景**(guāngjǐng) : 추량 · 추정을 표시함. **一刻**(yīkè) : 15분. **一直**(yīzhí) : 계속해서. 연속해서. 끊임없이. 줄곧. 내내. **心情**(xīnqíng) : 심정. 마음. 기분. **愉快**(yúkuài) : 기분이 좋다. 기쁘다. 유쾌하다.

包括德、智、体三要素的斯宾赛尔教育原则这时已经介绍到中国。为了发展德育, 就温习了四书, 同时开始研究宋明的哲学家以及历代中外伟人的传记, 希望借此机会学习他们的榜样, 碰到认为足资借鉴的言行时, 就把它们摘录在日记本上。然后仔细加以思考, 试着照样去做, 同时注意其成绩。这些成绩也记载在日记上, 以备进一步的考核。

**斯宾赛尔**(sībīnsàiěr) : 스펜서(Spencer). **温习**(wēnxí) : 복습하다. **榜样**(bǎngyàng) : 본보기. 모범. 귀감. **借鉴**(jièjiàn) : 참고로 하다. 거울로 삼다. **摘录**(zhāilù) : 적록하다. (글의 일부분을)따서 적다. **成绩**(chéngjì) : 성적. 성과. 기록. **考核**(kǎohé) : 심사(하다).

每当发现对某些问题的中西见解非常相似, 甚至完全相同时, 我总有难以形容的喜悦。如果中西贤哲都持同一见解, 那末照着做自然就不会错了。当发现歧见时, 就加以研究, 设法找出其中的原因。

**每当**(měidāng) : …할 때마다. …할 때면 언제나. **那末**(nà·mo) : 那么. **歧见**(qí jiàn) : 같지 않은 의견. 견해차이. **设法**(shèfǎ) : 방법을 세우다. 방도를 찾다. 대책을 강구하다.

这样就不知不觉地做了一项东西道德行为标准的比较研究。这种研究工作最重要的结果是学到了如何在道德观念中区别重要的与不重要的, 以及基本的与浮面的东西。

**不知不觉**(bùzhībùjué) : 자기도 모르는 사이에. 부지중에. 부지불식간에. **浮面**(fúmiàn) : 표

면. 겉. 피상.

从此以后, 对于如何立身处世开始有了比较肯定、比较确切、也比较自信的见解, 因为道德观念是指导行为的准绳。

**从此以后**(cóngcǐ[yǐhòu]) : 이때부터. 그 이후로. **立身处世**(lìshēnchǔshì) : 【성어】사회에서의 처세. 사회생활. 세상살이를 하다. **准绳**(zhǔnshéng) : 먹줄. 기준. 표준. 근거.

我开始了解东西方的整体性, 同时也更深切的体会到宋儒陆象山所说的"东海有圣人出焉, 此心同, 此理同。西海有圣人出焉, 此心同, 此理同"的名言。同时开始体会到紊乱中的统一, 因为我发现基本道理原极有限, 了解这些基本道理之间的异同矛盾正可以互相发明, 互相印证。

**整体性**(zhěngtǐxìng) : 전체성. **体会**(tǐhuì) : 체득하다. 이해하다. 체험하여 터득하다. **异同**(yìtóng) : 이동. 서로 다른 점과 같은 점. **发明**(fāmíng) : 밝히다. 드러내다. 말하다. **印证**(yìnzhèng) : 검증하다. 실증하다. 증명하다.

使我感到头晕眼花的只是细微末节的纷扰而已。孟子和陆像山告诉我们, 做学问要抓住要点而舍弃细节, 要完全凭我们的理智辨别是非。于是我开始发展以理解为基础的判断能力, 不再依据传统的信仰。这是思想上的一次大解放, 像是脱下一身紧绷绷的杉裤那样舒服而自由。

**头晕眼花**(tóuyūnyǎnhuā) : 머리가 어지럽고 눈이 가물가물하다. 머리가 아찔하고 눈이 어질어질하다. **细微末节**(xìwēimòjié) : (일이나 문제 등이) 사소하다. 중요하지 않다. 하찮다. **纷扰**(fēnrǎo) : 혼란스럽다. **舍弃**(shěqì) : 버리다. 그만두다. 손을 떼다. 포기하다. **细节**(xìjié) : 세부(細部). 자세한 부분. 세목(細目). 상세한 부분. 자세한 사정(事情). **于是**(yúshì) : 그래서. 이에. 그리하여. **紧绷绷**(jǐnbēngbēng) : 팽팽하게 잡아당기다. 바짝 동여매다.

但是理解力也不能凭空生存。想得太多, 结果除失望外一无成就。这样是犯了孔子所说的"思而不学"的毛病。当然, 导向正确思想的途径还是从思想本身开始, 然后从经验中学习如何思想。你不可能教导一个根本不用脑筋的人如何去思想。后来我留美时读到杜威的《我们如何思想》, 使我的信念更为加强。

**毛病**(máobìng) : 결점(缺點). 약점(弱點). 나쁜 버릇. 결함(缺陷). 단점(短點). **导向**(dǎoxiàng) : (어떤 방향으로) 발전하다. **教导**(jiàodǎo) : 계몽(啓蒙)하다. 지도(指導)하다. 깨우치다. 가르치다.

儒家说, 正心诚意是修身的出发点, 修身则是治国、平天下的根基。因此, 我想, 救国必先救己。于是决心努力读书、思考, 努力锻炼身体, 努力敦品励行。我想, 这就是修身的正确途径了。有了良好的身心修养, 将来才能为国服务。

**根基**(gēnjī) : 기초. 근원. 토대. **敦品**(dūnpǐn) : 덕을 닦다. **励行**(lìxíng) : 힘써 실행하다. 실행하기를 장려하다.

在南洋公学读书的时候, 清廷终于在一九〇五年采取了教育改革的重要步骤, 毅然宣布废止科举。年轻一代迷恋过去的大门从此关闭。废科举的诏书是日本战胜帝俄所促成的。

**步骤**(bùzhòu) : 조처. **毅然**(yìrán) : 의연히. 결연히. 단호히. **迷恋**(míliàn) : 미련을 두다. 그리워하다.

代替科举的是抄袭自日本的一套新教育制度。日本的教育制度是模仿西方的。追本溯源, 中国的新教育制度仍旧来自西方。中国现在总算不折不扣地踏上西化的途程了。

**抄袭**(chāoxí) : (객관적인 상황을 살피지 않고 남의 경험이나 방법 등을)그대로 답습하다. **追本溯源**(zhuīběnsùyuán) : 사물의 근본을 탐구하다. 사건의 발생 원인을 찾다. **不折不扣**(bùzhébùkòu) : 어김없다. 영락없다. 틀림없다.

在这以前, 上海曾经是我国革命分子文化运动的中心。中国的知识分子和革命领袖, 躲在上海公共租界和法租界, 可以享受言论自由和出版自由。政治犯和激烈分子在租界里讨论, 发表他们的见解, 思想自由而且蓬勃一时, 情形足与希腊的城邦媲美。

**法租界**(fǎzūjiè) : 프랑스 조계. **而且**(érqiě) : 게다가. …뿐만 아니라. 또한. **蓬勃**(péngbó) : 왕성한 모양. 활기 있는 모양. **城邦**(chéngbāng) : 도시국가. **媲美**(pìměi) : 아름

다움을 겨루다. 필적하다.

我自己除了在南洋公学接受课本知识之外, 也参加了各式各样的活动, 但是学习的性质居多, 谈不到积极工作。到礼拜六和礼拜天时, 常常到福州路的奇芳茶馆去坐坐。

**课本知识**(kèběnzhī·shi) : 교과서를 통해 배우는 지식. **各式各样**(gèsègèyàng) : 각양각색. 각색. 여러 가지. **谈不到**(tán·budào) : 말이(거기까지) 미치지 않다. (…에 이르기까지는)말할 수 없다. 문제가 되지 않다. **居多**(jūduō) : 다수(多數)를 차지하다. 대부분을 차지하다. **茶馆**(cháguǎn) : 다방. 찻집.

那时候, 上海所有的学生都喜欢到"奇芳"去吃茶, 同时参加热烈的讨论。茶馆里有一位叫"野鸡大王"的, 每日在那里兜售新书, 他那副样子, 去过"奇芳"的人没有一个会忘记的。他穿着一身破烂的西装, 头上戴着一项灰色的满是油垢的鸭舌头帽。

**兜售**(dōushòu) : 행상(行商)하다. (물건을)팔러 다니다. **破烂**(pòlàn) : 남루(襤褸)하다. 해어져 너절하다. 낡아 빠지다. **鸭舌头帽**(yāshétóumào) : 사냥모자. 헌팅캡(hunting cap). **油垢**(yóugòu) : 기름때.

他专门贩卖革命书刊给学生, 他的货色当中还包括一本《性学新论》的小册子, 据他解释, 那只是用来吸引读者的。谁也不知道他的名字。吴稚晖先生说, 他知道他是谁, 并告诉了我他的名字, 我却忘记了。

**书刊**(shūkān) : 서적과 잡지. 출판물. 간행물. **货色**(huòsè) : 상품. 물품. **用来**(yònglái) : (…에) 쓰이다. 쓰다. 사용하다. **吸引**(xīyǐn) : 끌어들이다. 꾀어내다. 빠지게 하다. 매료(魅了)시키다. 사로잡다.

我们也不晓得他住在什么地方。任何革命书刊都可以从他那里买得到。这些书, 因租界当局应中国政府之请, 在名义上是禁止贩卖的。

**晓得**(xiǎode) : 알다. 깨닫다. 이해(理解)하다.

科举废止的同一年, 孙中山先生在东京组织同盟会, 参加的学生有好几百人, 中山先生被选为主席。这一年也就是日本和俄国签订《朴茨茅斯条约》, 结束日俄战争的一年。

**朴茨茅斯条约**(pòcímáosītiáoyuē) : 포츠머스조약(러일전쟁이 끝난 후 미국의 중재로 미국의 포츠머스에서 러시아와 일본이 맺은 조약).

日本在击败西方列强之一的俄国以后, 正蠢蠢欲动, 预备侵略中国。十年之后, 日本向中国提出著名的二十一条要求, 十六年以后, 发动九·一八沈阳事变, 最后终于在民国廿六年与中国发生全面战争。

**正**(zhèng) : 지금. 현재. 막. **蠢蠢欲动**(chǔnchǔnyùdòng) : 꿈틀거리며 움직이려 하다. 적이 공격하려고 꿈틀대다(준비하다). **发动**(fādòng) : 개시하다. 일으키다. 발동하다.

当时, 上海正在热烈展开抵制美货运动, 抗议美国国会通过排华法案。学生和商人联合挨户劝告商店店主不要售卖美国货。店主亟于卖掉被抵制的货品, 只好削价脱售, 有许多顾客倒也乐于从后门把货色买走。

**抵制**(dǐzhì) : 저지하다. 거부하다. 반항하다. [어떤 사물을 저지하여 침입하거나 어떤 작용을 일으키지 못하게 함을 가리킴]. **挨户**(āihù) : 가가호호(家家戶戶). 집집마다. **店主**(diànzhǔ) : (상점 또는 여관의)주인. **售卖**(shòumài) : 판매하다. **亟于**(jíyú) : 급히~하다. **削价**(xuējià) : (가격을) 내리다. 인하(引下)하다. **脱售**(tuōshòu) : 팔아버리다. 처분하다.

群众大会中, 大家争着发表激烈演说, 反对排华法案。有一次会中, 一位慷慨激昂的演说者捶胸顿足, 结果把鞋跟顿掉了。鞋跟飞到听众头上, 引得哄堂大笑。

**慷慨激昂**(kāngkǎijīáng) : 강개 격앙하다. 의기·어조가 격앙되어 정기(正氣)가 충만한 모양. **捶胸顿足**(chuíxiōngdùnzú) : 슬픔이 극에 달하거나 분하기가 짝이 없어)가슴을 치고 발을 동동 구르다. **鞋跟**(xiégēn) : 구두 뒤축. **顿**(dùn) : 갑자기. **哄堂大笑**(hōngtángdàxiào) : 장내가 떠들썩하게 웃다. 모든 사람이 포복절도하다.

翌年也发生一件重要的事情, 江浙两省的绅士同上海的学生和商人联合起来反对英国人投资建筑苏杭甬铁路。

同(tóng):…와. …과. 甬(yǒng):용장(甬江). [저장성(浙江省)에 있는 강의 이름으로 닝보(宁波)를 경유함]. 저장성(浙江省) 닝보(宁波)의 다른 이름

示威的方式包括群众大会、发通电、街头演说等等, 同时开始招股准备用本国资金建筑这条铁路, 路线要改为由上海经杭州到宁波。以上海代替苏州的理由很奇怪, 说苏州是个内陆城市, 铁路不经过苏州, 可以使苏州免受外国的影响。英国人对路线让步了, 铁路也在第二年动工兴建。

招股(zhāogǔ):(기업이 회사 조직의 형식을 채택하여)출자금(出資金)을 모집하다. 주식(株式)을 모집하다. 动工(dònggōng):공사를 시작하다. 공사를 개시하다. 兴建(xīngjiàn):건설(建設)하다. 짓다. 세우다. 건축(建築)하다. [일반적으로 규모가 비교적 큰 건설에 쓰임].

那几年里, 全国各校的学生倒是都能与学校当局相安无事, 一方面是因为他们对校外活动的兴趣提高, 另一方面是因为他们对于给学校当局找些无谓的麻烦已经感到厌倦。不过, 他们却把注意力转移到为他们做饭的厨子身上去了。

相安无事(xiāngānwúshì):(서로 어떤 논쟁이나 충돌 없이) 잘 지내다. 평화롭게 지내다. 厌倦(yànjuàn):(어떤 일에 대해 흥미를 잃어) 질리다. 싫증이 나다. 달갑지 않게 여기다. 找麻烦(zhǎomáfan):귀찮게 하다. 폐를 끼치다. (스스로) 골칫거리를 만들다. 转移(zhuǎnyí):(위치를) 바꾸다. 옮기다. 전이하다.

当时上海学生的伙食费是每月六块钱;在内地, 只要三块钱。因此饭菜不会好到哪里去。但是学生对伙食很不满意, 不是埋怨米太粗糙, 就是埋怨菜蔬质地太差, 因此常常要求加菜－通常是加炒蛋, 因为炒蛋最方便。

伙食费(huǒshifèi):급식비. 伙食(huǒshi):(부대, 기관, 학교 등의) 공동 식사. 단체 급식. 埋怨(mányuàn):(일이 여의치 못해) 불평(不平)하다. 원망(怨望)하다. 菜蔬(càishū):채소. 야채. 요리. 质地(zhìdì):재질(材質). 품질(品質). 炒蛋(chǎodàn):달걀볶음.

当时鸡蛋也很便宜, 一块钱可以买五六十个。有时候, 学生们就砸碎碗碟出气, 甚至把厨子揍一顿。几乎没有一个学校没有“饭厅风湖”。

**砸碎**(zásuì) : 때려서 산산조각을 내다. **碗碟**(wǎndié) : 사발과 접시. **出气**(chūqì) : 마음속의 분노를 토하다. **揍一顿**(zòuyīdùn) : 한바탕 때리다.

一九○七年, 安徽省城安庆发生了一次昙花一现的革命。革命领袖是徐锡麟, 我们在前面曾提起他过。他是安徽省警务督办, 曾在绍兴中西学堂教过书。我们在前面也曾经提及(中西学堂就是我最初接触西方学问的地方, 我在那里学到地球是圆的)。他中过举人, 在中西学堂教过几年书以后, 又到日本留学。

**昙花一现**(tánhuāyīxiàn) : (아름다운 사물이나 풍경이) 잠깐 나타났다 바로 사라져 버리다. **警务督办**(jǐngwùdūbàn) : 경찰 총수.

他回国后向朋友借了五万块钱, 捐了道台的缺, 后来被派到安庆。他控制了警察以后, 亲手枪杀安徽巡抚, 并在安庆发动革命。他同两名亲信带了警校学生及警察部队占领军械库, 在库门口架起大炮据守。

**道台**(dàotai) : 청대에 한 성 각 부처의 장관이나 또는 각 부, 현의 행정을 감찰하는 관리. **军械库**(jūnxièkù) : 무기고. **枪杀**(qiāngshā) : 총살하다. **亲信**(qīnxìn) : 심복. 부하. **架**(jià) : 받치다. 세우다. 걸다. 놓다. 설치하다. **据守**(jùshǒu) : (어떤 방위 시설을) 점거하고 방위하다. 차지하고 수비하다.

但是他们因缺乏军事训练, 无法使用大炮, 结果被官兵冲入, 徐锡麟当场被捕。他的两位亲信, 一名叫陈伯平的阵亡了, 一位叫马子夷的事后被捕。

**冲入**(chōngrù) : 돌파하여 들어가다. **当场**(dāngchǎng) : 당장. 즉석(에서). 현장. **阵亡**(zhènwáng) : 진망(하다). 전사(하다). 전몰(하다).

马子夷是我在浙江高等学堂的同学, 他和陈伯平从日本赴安庆时, 曾在上海逗留一个时期。两个人几乎每天都来看我, 大谈革命运动。他们认为革命是救中国的唯一途径, 还约我同他们一道安庆。

**逗留**(dòuliú) : 머물다. 체류하다. 체재하다. **几乎**(jīhū) : 거의. **大谈**(dàtán) : **大谈特谈**(서로 실컷 이야기하다.). **一道**(yīdào) : ~와 함께.

但是一位当钱庄经理的堂兄劝我先到日本去一趟。那年暑假，就和一位朋友去东京，顺便参观一个展览会。我们离沪赴日的前夕，马子夷、陈伯平和我三个人在一枝香酒楼聚餐话别。第二天我去日本，他们也搭长江轮船赴安庆。想不到一枝香酒楼一别竟成永诀。

**当钱庄**(dàngqiánzhuāng) : 전당포. **经理**(jīnglǐ) : 지배인. 사장. **顺便**([shùn biàn) : …하는 김에. **沪**(hù) : 상하이(上海)의 별칭(別稱). **聚餐**(jùcān) : 회식. 회식하다. **话别**(huàbié) : 이별의 말을 나누다. 작별 인사를 하다. **搭**(dā) : (차·배·비행기 따위를) 타다. **永诀**(yǒngjué) : 영결. 영원한 이별. 사별(死別). **想不到**(xiǎng·budào) : 미처 생각하지 못하다. 예상하지 못하다. 의외이다.

初次乘大洋轮船，样样觉得新奇。抽水马桶其妙无比。日本茶房礼貌周到。第二天早晨，我们到达长崎，优美的风景给我很深的印象。下午经过马关，就是李鸿章在一八九五年与日本签订《马关条约》的地方。

**大洋**(dàyáng) : 내양. 큰 바다. **抽水马桶**(chōushuǐmǎtǒng) : 수세식 변기. **茶房**(chá·fáng) : (옛날 여관·다방·여객선·기차·극장 등에서 차 심부름하는) 심부름꾼. **周到**(zhōu·dao) : 주도하다. 꼼꼼하다. 세심하다. 세밀하다. 빈틈없다. **优美**(yōuměi) : 우미하다. 우아하고 아름답다.

我们在神户上岸，从神户乘火车到东京，在新桥车站落车。一位在东京读书的朋友领我们到小石川二十三番君代馆住下。东京的街道当时还没有铺石子，更没有柏油，那天又下雨，结果满地泥泞。

**上岸**(shàngàn) : (배로부터)기슭에 오르다. 육지[뭍]에 오르다. 상륙하다. **车站**(chēzhàn) : 정거장. 정류소. 역. **落车**(luòchē) : 하차하다. **住下**(zhùxià) : 묵다. **柏油**(bǎiyóu) : 아스팔트(asphalt). **泥泞**(nínìng) : 진창. 질퍽거리다. 질퍽거려 걷기 어렵다

我到上野公园的展览会参观了好几十趟，对日本的工业发展印象很深。在一个展览战利品的战迹博物馆里，看到中日战争中俘获的中国军旗、军服和武器，简直使我惭愧得无地自容。

**俘获**(fúhuò) : 포로를 잡거나 전리품을 노획하다. **惭愧**(cánkuì) : 부끄럽다. 송구스럽다. 면구스럽다. **无地自容**(wúdìzìróng) : 부끄러워 쥐구멍에라도 들어가고 싶다. 부끄러워 어쩔 줄 모

르다.

夜间整个公园被几万盏电灯照耀得如同白昼，兴高采烈的日本人提着灯笼在公园中游行，高呼万岁。两年前，他们陶醉于对俄的胜利，至今犹狂喜不已。我孤零零的站在一个假山顶上望着游行的队伍，触景生情，不禁泫然涕下。

**照耀**(zhàoyào) : 밝게 비추다. 눈부시게 비치다. **如同**(rútóng) : 마치 …와 같다. 흡사 …이다. **白昼**(báizhòu) : 대낮. 백주. **兴高采烈**(xìnggāocǎiliè) : 매우 흥겹다. 매우 기쁘다. 신바람 나다. 기뻐 어찌 할 바를 모르다. **游行**(yóuxíng) : 정처 없이 떠돌아다니다. 만유(漫遊)하다. **狂喜**(kuángxǐ) : 미친 듯이 기뻐하다. **不已**(bùyǐ) : (계속하여)그치지 않다. (…해) 마지않다. 그만두지 않다. **孤零零**(gūlínglíng) : 홀로. **假山**(jiǎshān) : 석가산(돌과 흙을 쌓아 만든 산의 모형). **触景生情**(chùjǐngshēngqíng) : 어떤 정경을 접하여 어떤 감정이[감개가] 일다. **不禁**(bùjīn) : 금치 못하다. 참지 못하다. 견디지 못하다. **泫然**(xuànrán) : (주로 눈물이) 뚝뚝 떨어지는 모양. **涕下**(tìxià) : 눈물이 흐르다.

到日本后约一星期，君代馆的下女在清晨拿了一份日文报纸来，从报上获悉徐锡麟在安庆起义失败的消息。如果我不来日本而跟那两位朋友去安庆，恐怕我不会今日在此讲"西潮"的故事了。

**获悉**(huòxī) : 정보를 얻다. 소식[사실]을 알게 되다.

我对日本的一般印象非常良好。整个国家像个大花园，人民衣饰整饬，城市清洁。他们内心或许很骄傲，对生客却很有礼貌。强迫教育使国民的一般水准远较中国为高，这或许就是使日本成为世界强国的秘密所在。

**衣饰**(yīshì) : 옷과 장신구. **整饬**(zhěngchì) : 질서정연하다. 단정하다. 바르다. 조리 있다. **清洁**(qīngjié) : 청결하다. 깨끗하다. **或许**(huòxǔ) : 아마. 혹시. 어쩌면. **骄傲**(jiāoào) : 거만하다. 교만하다. 자랑스럽다. 뽐내다. 자부하다. 자랑삼다. **生客**(shēngkè) : 낯선 손님. 초면의 손님. **远**(yuǎn) : 훨씬. **为高**(wéigāo) : 높다.

这是我在日本停留一月后带回来的印象。后来赴美国学教育学，也受这些感想的指示。但是国家兴衰事情并不如此简单，让我等机会再谈罢。

感想(gǎnxiǎng) : 소감.

不久以后, 又开始为学校功课而忙碌。第二年暑假, 跑到杭州参加浙江省官费留美考试, 结果被录取。于是向父亲拿到几千块钱, 预备到加利福尼亚深造。

**忙碌**(mánglù) : 분망하다. 바쁘다. **录取**(lùqǔ) : (시험으로)채용하다. 합격시키다. 뽑다. **加利福尼亚**(jiālìfúNíyà) : 캘리포니아. **深造**(shēnzào) : 깊이 연구하다[파고들다].

# 第二部 留美时期

## 미국유학시기

# 第九章　负笈西行
# 서양으로 유학가다

我拿出一部分钱, 买了衣帽杂物和一张往旧金山的头等船票, 其余的钱就以两块墨西哥鹰洋对一元美金的比例兑取美钞。上船前, 找了一家理发店剪去辫子。理发匠举起利剪, 抓住我的辫子时, 我简直有上断头台的感觉, 全身汗毛直竖。

**负笈**(fùjí) : 유학(遊學)하다. **鹰洋**(yīngyáng) : 옛날, 중국의 시장에서 유통된 멕시코 은화. **兑取**(duìqǔ) : 현금으로 바꾸어 수령하다. **美钞**(měichāo) : 미국 달러. **理发店**(lǐfàdiàn) : 이발소. **理发匠**(lǐfàjiàng) : 이발사. **汗毛直竖**(hànmáozhíshù) : (섬뜩해서)몸의 솜털이 곤두서다.

咔嚓两声, 辫子剪断了, 我的脑袋也像是随着剪声落了地。理发匠用纸把辫子包好还给我。上船后, 我把这包辫子丢入大海, 让它随波逐浪而去。

**咔嚓**(kāchā) : 뚝. 우지직. 쨍그렁. [물건이 깨지거나 부러지는 소리]. **剪断**(jiǎnduàn) : (가위로) 자르다. 잘라 끊다. 전단하다. **随波逐浪**(suíbōzhúlàng) : 파도와 물결치는 대로 가게 하다.

我拿到医生证明书和护照之后, 到上海的美国总领事馆请求签证, 按照移民条例第六节规定, 申请以学生身份赴美。签证后买好船票, 搭乘美国邮船公司的轮船往旧金山。

**护照**(hùzhào) : 여권(旅券). **邮船**(yóuchuán) : 정기 여객선. **旧金山**(jiùjīnshān) : 샌프란시스코의 다른 이름.

那时是一九〇八年八月底。同船有十来位中国同学。邮船启碇, 慢慢驶离祖国海岸, 我的早年生活也就此告一段落。在上船前, 我曾经练了好几个星期的秋千, 所以在二十四天的航程中, 一直没有晕船。

**启碇**(qǐdìng) : 닻을 올리다. 출범(出帆)하다. **告一段落**(gàoyīduànluò) : 일단락 짓다. 끝마치다. **秋千**(qiūqiān) : 그네. **航程**(hángchéng) : (배, 비행기의)항행 노정. 항로. **晕船**(yùnchuán) : 배 멀미하다.

这只邮船比我前一年赴神户时所搭的那艘日本轮船远为宽大豪华。船上最使我惊奇的事是跳舞。我生长在男女授受不亲的社会里, 初次看到男女相偎相依, 婆娑起舞的情形, 觉得非常不顺眼。旁观了几次之后, 我才慢慢开始欣赏跳舞的优美。

**跳舞**(tiàowǔ) : 춤을 추다. **授受不亲**(shòushòubùqīn) : 남녀는 서로 친히 물건을 주고받을 수 없다. 남녀 사이에는 일정한 거리를 두어야 한다. **相偎相依**(xiāngwēixiāngyī) : 서로 가까이 기대어 의지하다. **婆娑**(pósuō) : (천천히)도는 모양. 빙빙 도는 모양. **起舞**(qǐwǔ) : (기뻐서)어깨 춤을 추다. 춤을 추다. **不顺眼**(bùshùnyǎn) : 눈에 거슬리다. 눈꼴사납다. 아니꼽다. **欣赏**(xīnshǎng) : 좋다고 여기다. 좋아하다. **优美**(yōuměi) : 우미(優美)하다. 뛰어나게 아름답다.

船到旧金山, 一位港口医生上船来检查健康, 对中国学生的眼睛检查得特别仔细, 惟恐有人患砂眼。

**砂眼**(shāyǎn) : 트라코마. **惟恐**(wéikǒng) : 다만 …가[할까] 두렵다[걱정이다].

我上岸时第一个印象是移民局官员和警察所反映的国家权力。美国这个共和政体的国家, 她的人民似乎比君主专制的中国人民更少个人自由, 这简直弄得我莫名其妙。我们在中国时, 天高皇帝远, 一向很少感受国家权力的拘束。

**莫名其妙**(mòmíngqímiào) : 영문을 모르다. 무슨 뜻인지 모르다. 이유를 모르다. **一向**(yīxiàng) : (이전부터 지금까지) 줄곧. 내내. 항상. **感受**(gǎnshòu) : (영향을)받다. 느끼다.

我们在旧金山逗留了几个钟头，还到唐人街转了一趟。我和另一位也预备进加州大学的同学，由加大中国同学会主席领路到了卜技利(Berkeley)。晚饭在复德克路的天光餐馆吃，每人付两角五分钱，吃的有汤、红烧牛肉、一块苹果饼和一杯咖啡。我租了班克洛夫路的柯尔太太的一间房子。

**逗留**(dòuliú)：머물다. 체류하다. 체재하다. **唐人街**(Tángrénjiē)：차이나타운(Chinatown). 중국인 거리. **领路**(lǐnglù)：길을 안내하다. **卜技利**(bǔjìlì)：버클리(Berkeley). **汤**(tāng)：국. 국물. **班克洛夫路**(Bancroft Road)：뱅크로프트로

柯尔太太已有相当年纪，但是很健谈，对中国学生很关切。她吩咐我出门以前必定要关灯；洗东西以后必定要关好自来水龙头；花生壳决不能丢到抽水马桶里；银钱决不能随便丢在桌子上；出门时不必锁门；如果我愿意锁门，就把钥匙留下藏在地毯下面。

**健谈**(jiàntán)：입담이 좋다. 능변이다. **自来水龙头**(zìláishuǐlóngtóu)：수도꼭지. **花生壳**(huāshēngké)：땅콩 껍질. **抽水马桶**(chōushuǐmǎtǒng)：수세식 변기. **银钱**(yínqián)：돈. 금전. **锁门**(suǒmén)：문을 잠그다. **地毯**(dìtǎn)：융단. 양탄자. 카펫.

她说："如果你需要什么，你只管告诉我就是了。我很了解客居异国的心情。你就拿我的家当自己的家好了，不必客气。"随后她向我道了晚安才走。

**只管**(zhǐguǎn)：얼마든지. 마음대로. 주저하지 않고. **客居**(kèjū)：타향살이하다. **随后**(suíhòu)：뒤이어. 바로 뒤에. 그 다음에. **道**(dào)：말하다.

到卜技利时，加大秋季班已经开学，因此我只好等到春季再说。我请了加大的一位女同学给我补习英文，学费每小时五毛钱。这段时间内，我把全部精力花在英文上。

**秋季班**(qiūjìbān)：가을학기 반. **补习**(bǔxí)：(어떤 지식의 부족한 부분을 채우기 위해 여가에) 과외 학습하다. 보충 학습하다.

每天早晨必读旧金山纪事报, 另外还订了一份<展望>(The Outlook)周刊, 作为精读的资料。<韦氏大学字典>一直不离手, 碰到稍有疑问的字就打开字典来查, 四个月下来, 居然字汇大增, 读报纸杂志也不觉得吃力了。

**旧金山纪事报**(jiùjīnshānjìshìbào) : 샌프란시스코 크러니클 지(San Francisco Chronicle). **韦氏大学字典**(wéishìdàxuézìdiǎn) : 웹스터 대학사전. **字汇**(zìhuì) : 어휘. **吃力**(chīlì) : 힘들다. 힘겹다.

初到美国时, 就英文而论, 我简直是半盲、半聋、半哑。如果我希望能在学校里跟得上功课, 这些障碍必须先行克服。头一重障碍, 经过四个月的不断努力, 总算大致克服了, 完全克服它也不过是时间问题而已。第二重障碍要靠多聽人家谈话和教授讲课才能慢慢克服。

**聋**(lóng) : (귀가) 먹다. 귀가 어둡다. **哑**(yǎ) : 벙어리.

教授讲课还算比较容易懂, 因为教授们的演讲, 思想有系统, 语调比较慢, 发音也清晰。普通谈话的范围比较广泛, 而且包括一连串互不衔接而且五花八门的观念, 要抓住谈话的线索颇不容易。到剧院去听话剧对白, 其难易则介于演讲与谈话之间。

**衔接**(xiánjiē) : 맞물다. 맞물리다. 잇다. 이어지다. 연결하다. 연결되다. **五花八门**(wǔhuābāmén) : 형형색색. 여러 가지 모양. 천태만상. 다양(多様)하다. **颇**(pō) : 자못. 꽤. 상당히. 몹시. 대단히. 매우. 퍽. **话剧**(huàjù) : 연극. **对白**(duìbái) : (연극·영화의)대화.

最困难的是克服开不得口的难关。主要的原因是我在中国时一开始就走错了路。错误的习惯已经根深蒂固, 必须花很长的时间才能矫正过来。其次是我根本不懂语音学的方法, 单凭模仿, 不一定能得到准确的发音。

**根深蒂固**(gēnshēndìgù) : 뿌리가 깊다. 고질이 되다. 깊이 뿌리박혀 있다. **花**(huā) : 소비하다. 쓰다. 소모하다. 들(이)다. 걸리다. **语音学**(yǔyīnxué) : 음성학(phonetics). **准确**(zhǔnquè) : 확실하다. 꼭 맞다. 틀림없다. 정확하다.

因为口中发出的声音与耳朵听到的声音之间, 以及耳朵与口舌之间, 究竟还有很大的差别。耳朵不一定能够抓住正确的音调, 口舌也不一定能够遵照耳朵的指示发出正确的声音。

**遵照**(zūnzhào) : 따르다. …대로 하다.

此外, 加利福尼亚这个地方对中国人并不太亲热, 难得使人不生身处异地、万事小心的感觉。我更特别敏感, 不敢贸然与美国人厮混, 别人想接近我时, 我也很怕羞。许多可贵的社会关系都因此断绝了。

**亲热**(qīnrè) : 친밀하다. 친절하다. 다정하다. **身处异地**(shēnchǔyìdì) : 타향살이하다. **万事**(wànshì) : 만사. 모든 일. **贸然**(màorán) : 경솔하다. 무턱대고 …하다. **厮混**(sīhùn) : 뒤엉키다. 난잡하게 뒤섞이다. 임시로 사귀다. **怕羞**(pàxiū) : 부끄러워하다. 수줍어하다. **可贵**(kěguì) : (진)귀하다. 귀중하다. 소중하다.

语言只有多与人接触才能进步, 我既然这样固步自封, 这方面的进步自然慢之又慢。后来我进了加大, 这种口语上的缺陷, 严重地影响了我在课内课外参加讨论的机会。

**固步自封**(gùbùzìfēng) : 현재 상태에 만족하며 나아가려 하지 않다. 제자리걸음하다. 진보하지 않고 답보하다.

有人问我问题时, 我常常是脸一红, 头一低, 不知如何回答。教授们总算特别客气, 从来不勉强我回答任何问题。也许他们了解我处境的窘困, 也许是他们知道我是外国人, 所以特别加以原谅。

**客气**(kèqi) : 공손(恭遜)하다. 정중(鄭重)하다. 겸손(謙遜)하다. 친절(親切)하다. **处境**(chǔjìng) : (주로 불리한 상황에서의) 처지. 상태. 지경. **窘困**(jiǒngkùn) : (생활이) 궁하다. 곤궁하다. (입장이)궁하다. 난처하다.

无论如何, 他们知道, 我虽然噤若寒蝉, 对功课仍旧是很用心, 因为我的考试成绩多半列在乙等以上。

**噤若寒蝉**(jìnruòhánchán) : 늦가을의 매미처럼 아무 소리를 내지 못하다. 입을 다물고 말을 않다. 감히 말을 하지 못하다. **乙等**(yǐděng) : 2등의.

日月如梭，不久圣诞节就到了。圣诞前夕，我独自在一家餐馆里吃晚餐，菜比初到旧金山那一天晚上好得多，花的钱，不必说，也非那次可比。饭后上街闲游，碰到没有拉起窗帘的人家，我就从窗户眺望他们欢欣团聚的情形。每户人家差不多都有满饰小电灯或蜡烛的圣诞树。

**日月如梭**([rìyuèrúsuō) : 해와 달이 베틀 북 같다. 시간이 매우 빨리 지나가다. **好得多**(hǎodeduō) : 훨씬 좋다. **上街**(shàngjiē) : 거리로 나가다. **闲游**(xiányóu) : 한가로이 노닐다. **窗帘**(chuānglián) : 커튼(curtain). **拉窗帘**(lāchuānglián) : 커튼을 치다. **欢欣团聚**(huānxīntuánjù) : 식구가 한자리에 모여 즐거운 시간을 보내다. **眺望**(tiàowàng) : 멀리 바라보다. 전망하다. **圣诞树**(shèngdànshù) : 크리스마스트리(Christmas tree).

大除夕，我和几位中国同学从卜技利渡海到旧金山。从渡轮上可以远远地看到对岸的钟楼装饰着几千盏电灯。上岸后，发现旧金山到处人山人海。码头上候船室里的自动钢琴震耳欲聋。

**大除夕**(dàchúxī) : 섣달 그믐날 밤. 제야. 제석. **渡轮**(dùlún) : 나룻배. 카페리. **对岸**(duìàn) : (강의) 맞은편 기슭. **钢琴**(gāngqín) : 피아노(piano). **震耳欲聋**(zhèněryùlóng) : 귀가 멍 정도로 귀를 진동하다.

这些钢琴只要投下一枚镍币就能自动弹奏。我随着人潮慢慢地在大街上闲逛，耳朵里满是小喇叭和小鼗鼓的嘈音，玩喇叭和鼗鼓的人特别喜欢凑着漂亮的太太小姐们的耳朵开玩笑，这些太太小姐们虽然耳朵吃了苦头，但仍然觉得这些玩笑是一种恭维，因此总是和颜悦色地报以一笑。

**镍币**(nièbì) : 백동전. **弹奏**(tánzòu) : 탄주하다. (현악기를) 연주하다. **人潮**(réncháo) : 파도와 같이 몰려다니는 사람의 무리. 인파(人波). **闲逛**(xiánguàng) : 할 일 없이 돌아다니다. 빈둥거리며 돌아다니다. **鼗鼓**(táogǔ) : 땡땡이. **嘈音**(cáoyīn) : 시끄러운 소리. 소음. **凑**(còu) : 접근(接近)하다. 가까이 하다. 다가가다. 근접(近接)하다. **恭维**(gōngwéi) : 아첨하다. 치켜세우다. 알랑거리다. **和颜悦色**(héyányuèsè) : 상냥스러운 얼굴. 환한 얼굴. 웃음어린 얼굴.

空中到处飘扬着五彩纸条，有的甚至缠到人们的头颈上。碎花纸像彩色的雪花飞落在人们的头上。我转到唐人街，发现成群结队的人在欣赏东方色彩的橱窗装饰。噼噼啪啪的鞭炮声，使人觉得像在中国过新年。

**飘扬**(piāoyáng) : 바람에 펄럭이다[휘날리다]. **缠**(chán) : 둘둘 감다. 휘감다. 얽히다. 얽매다. 달라붙다. 치근덕거리다. 귀찮게 굴다. **头颈**(tóujǐng) : 목. **碎花纸**(suìhuāzhǐ) : 화훼무늬 종이. **雪花**(xuěhuā) : 설화(雪花). 눈송이. **成群结队**(chéngqúnjiéduì) : 무리를 이루다. **欣赏**(xīnshǎng) : 감상하다. 좋다고 여기다. 마음에 들어 하다. 좋아하다. **橱窗**(chúchuāng) : 진열창. 쇼윈도(show window). 진열장. 진열대. **噼噼啪啪**(pīpīpāpā) : 짝짝. 탕탕. 탁탁. [총·박수·폭죽 따위가 갑자기 터지는 소리]. **鞭炮**(biānpào) : (크고 작은) 폭죽의 총칭.

午夜钟声一响, 大家一面提高嗓门大喊"新年快乐!"一面乱揿汽车喇叭或者大摇响铃。五光十色的纸条片更是漫天飞舞。这是我在美国所过的第一个新年。美国人的和善和天真好玩使我留下深刻的印象。在他们的欢笑嬉游中可以看出美国的确是个年轻的民族。

**嗓门**(sǎngmén) : 목소리. 목청. **揿**(qìn) : (손으로)누르다. **喇叭**(lǎ·ba) : 나팔. 경적. **乱**(luàn) : 마구. 함부로. **大摇响铃**(dàyáoxiǎnglíng) : 방울을 크게 흔들다. **五光十色**(wǔguāngshísè) : 색채가 화려하고 아름답다. 울긋불긋 아름답다. 오색이 영롱하다. 종류가 다양하다. **漫天飞舞**(màntiānfēiwǔ) : 온 하늘을 메우면서 춤을 추다. **和善**(héshàn) : 온화하고 선량하다. 사근사근하다. **欢笑嬉游**(huānxiàoxīyóu) : 즐겁게 웃으며 노니는 것.

那晚回家时已经很迟, 身体虽然疲倦, 精神却很轻松, 上床后一直睡到第二天日上三竿起身。早饭后, 我在卜技利的住宅区打了个转。住宅多半沿着徐缓的山坡建筑, 四周则围绕着花畦和草地。

**日上三竿**(rìshàngsāngān) : 해가 세 발이나 떴다. 해가 벌써 높이 뜨다. [대개 늦게 일어난 것을 형용할 때 사용]. **打个转**(dǎgezhuǎn) : 한 바퀴 돌다. **徐缓**(xúhuǎn) : 완만하다. 천천하다. 느릿하다. **山坡**(shānpō) : 산비탈. **花畦**(huāqí) : 화단. **草地**(cǎodì) : 잔디(밭).

玫瑰花在加州温和的冬天里到处盛开着, 卜技利四季如春, 通常长空蔚蓝不见朵云。很像云南的昆明、台湾的台南, 而温度较低。

**盛开**(shèngkāi) : (꽃이) 만발(滿發)하다. 활짝 피다. **四季如春**(sìjìrúchūn) : 사계절이 마치 봄과 같다. **长空**(chángkōng) : 가없이 넓은 하늘. **蔚蓝**(wèilán) : 쪽빛. 짙은 남색. **朵云**(duǒyún) : 구름덩이.

新年之后, 我兴奋地等待着加大第二个学期在二月间开学。心中满怀希望, 我对语言的学习也加倍努力。快开学时, 我以上海南洋公学的学分申请入学, 结果获准进入农学院, 以中文学分抵补了拉丁文的学分。

**加倍努力**(jiābèi nǔlì) : 배로 노력하다. 더더욱 노력하다. 배전의 노력을 하다. **抵补**(dǐbǔ) : (부족을) 보충하다. 채우다. 메우다. 벌충하다. **拉丁文**(Lādīngwén) : 라틴어. **学分**(xuéfēn) : 학점.

我过去的准备工作偏重文科方面, 结果转到农科, 我的动机应该在这里解释一下。我转农科并非像有些青年学生听天由命那样的随便, 而是经过深思熟虑才慎重决定的。

**听天由命**(tīngtiānyóumìng) : 운명을 하늘에 맡기다. 천명에 따르다. 되어 가는 대로 내버려두다. **随便**(suíbiàn) : 마음대로[좋을 대로, 형편대로] 하다. **深思熟虑**(shēnsīshúlǜ) : 심사숙고하다.

我想, 中国既然以农立国, 那末只有改进农业, 才能使最大多数的中国人得到幸福和温饱。同时我幼时在以耕作为主的乡村里生长, 对花草树木和鸟兽虫鱼本来就有浓厚的兴趣。为国家, 为私人, 农业都似乎是最合适的学科。

**温饱**(wēnbǎo) : 배불리 먹고 따뜻하게 옷 입는 생활. 의식이 풍족한 생활. **得到温饱** : 의식이 풍족한 생활을 하게 되다. **花草**(huācǎo) : 화초. **树木**(shùmù) : 수목. 나무. **鸟兽**(niǎoshòu) : 조수(鳥獸). 새와 짐승. 날짐승과 길짐승. **虫鱼**(chóngyú) : 벌레와 물고기. **浓厚**(nónghòu) : (흥미·관심 따위가) 크다. 강하다. 깊다.

此外我还有一个次要的考虑, 我在孩提时代身体一向羸弱, 我想如果能在田野里多接触新鲜空气, 对我身体一定大有裨益。

**次要**(cìyào) : 이차적인. 부차적인. 다음으로 중요한. **孩提**(háití) : 유아(기). **羸弱**(léiruò) : 허약하다. 여위고 약하다. **田野**(tiányě) : 전야. 들판. 들. **裨益**(bìyì) : 비익(하다). 이익(이 있다). 이익(이 되다). 도움(이 되다).

第一学期选的功课是植物学、动物学、生理卫生、英文、德文和体育。除了体育是每周六小时以外, 其余每科都是三小时。我按照指示到大学路一家书店买教科书。我想买植物学教科书时, 说了半天店员还是听不懂, 后来我只好用手指指书架上那本书, 他才恍然大悟。

**恍然大悟**(huǎngrándàwù) : 문득 크게 깨닫다.

原来植物学这个名词的英文字(botany)重音应放在第一音节, 我却把重音念在第二音节上去了。经过店员重复一遍这个字的读音以后, 我才发现自己的错误。买了书以后心里很高兴, 既买到书, 同时又学会一个英文字的正确发音, 真是一举两得。

**重音**(zhòngyīn) : 강음. 악센트. **读音**(dúyīn) : (글자의) 발음.

后来教授要我们到植物园去研究某种草木, 我因为不知道植物园(botanical garden)在哪里, 只好向管清洁的校工打听。念到植物园的植物这个英文字时, 我自作聪明把重音念在第一音节上, 我心里想, "植物学这个英文的重音既然在第一音节上, 举一反三, "植物园"中"植物"一字的重音却自然该在第一音节上了。

**校工**(xiàogōng) : 사환·소사 등의) 학교의 고용인. **打听**(dǎ·tīng) : 물어보다. 알아보다. [어떠한 사실·상황에 대해서 묻는 것으로, 상대방의 의견이나 생각을 묻는 것이 아님]. **自作聪明**(zìzuòcōngmíng) : 스스로 총명하다고 여기다. 제 깐에는 약게 군다고. **举一反三**(jǔyīfǎnsān) : 한 가지 일로부터 다른 여러 가지 일을 유추하여 알다.

结果弄得那位工友瞠目不知所答。我只好重复了一遍, 工友揣摩了一会之后才恍然大悟。原来是我举一反三的办法出了毛病, "植物(的)"这个字的重音却应该在第二音节上。

**工友**(gōngyǒu) : 기관, 학교에서 잡일을 하는 사람. 잡부. **瞠目**(chēngmù) : 눈을 동그랗게 뜨다. [난처하거나 두려워하는 모습을 형용하는 동작임]. **揣摩**(chuǎimó) : 추측하다. 짐작하다. 생각하다. 추측하다. 짐작하다. 생각하다. **原来**(yuánlái) : 알고 보니. [실제 상황을 알아냈음을 나타냄].

可惜当时我还没学会任何美国的俚语村言，否则恐怕“他X的”一类的话早已脱口而出了。英文重音的捉摸不定曾经使许多学英文的人伤透脑筋。固然重音也有规则可循，但是每条规则总有许多例外，以至例外的反而成了规则。因此每个字都得个别处理，要花很大功夫才能慢慢学会每个字的正确发音。

**可惜**(kěxī)：아깝게도. 유감스럽게도. **俚语村言**(lǐyǔcūnyán)：속어와 상스러운 말. **脱口而出**(tuōkǒuérchū)：입에서 나오는 대로 말하다[지껄여대다]. 생각하지 않고 말하다. 무의식중에 말이 나오다. **捉摸不定**(zhuōmō·budìng)：일정하지 않아 헤아리기 어려움. **伤透脑筋**(shāngtòunǎojīn)：아주 골머리[골치]를 앓다. 애를 먹다. 어찌할 바를 모르다. **固然**(gùrán)：물론 …지만.

植物学和动物学引起我很大的兴趣。植物学教授在讲解显微镜用法时曾说过笑话：“你们不要以为从显微镜里可以看到大如巨象的苍蝇。事实上，你们恐怕连半只苍蝇腿都看不到呢！”

**显微镜**(xiǎnwēijìng)：현미경.

我在中国读书时，课余之暇常常喜欢研究鸟兽虫鱼的生活情形，尤其在私塾时代，一天到晚死背枯燥乏味的古书，这种肤浅的自然研究正可调节一下单调的生活，因而也就慢慢培养了观察自然的兴趣，早年的即兴观察和目前对动植物学的兴趣，有一个共同出发点——好奇，最大的差别在于使用的工具。

**死背**(sǐbèi)：무조건 외우다. **枯燥乏味**(kūzàofáwèi)：무미건조한. **肤浅**(fūqiǎn)：(학식·이해가) 얕다[천박하다]. 피상적인. **早年**(zǎonián)：여러 해 전. 이전. 오래전. 왕년.

显微镜是眼镜的引伸，可以使人看到肉眼无法辨别的细微物体。使用显微镜的结果，使人发现多如繁星的细菌。望远镜是眼睛的另一种引伸，利用望远镜可以观察无穷无数的繁星。我渴望到黎克天文台去见识见识世界上最大的一具望远镜，但是始终因故不可遂愿。

**眼镜**(yǎnjìng)：안경(眼鏡). **引伸**(yǐnshēn)：원의로부터 파생된 뜻이 생기다. 전의되다. 원의를 확대하다. **细微**(xìwēi)：미세하다. 자잘하다. **繁星**(fánxīng)：뭇별. 무수한 별. **无穷**

**无数**(wúqióngwúshù) : 무궁무진하게 많은. **黎克天文台**(líkètiānwéntái) : 리크 천문대(Lick Observatory). **渴望**(kěwàng) : 간절히 바라다. 갈망(渴望)하다. **因故**(yīngù) : 사정으로 인하다. 사정으로 말미암다. **遂愿**(suìyuàn) : 소원대로 되다. 뜻을 이루다. 소원이 성취되다.

> 后来花了二毛五分钱, 从街头的一架望远镜去眺望行星, 发现银色的土星带着耀目的光环, 在蔚蓝的天空中冉冉移动, 与学校里天体挂图上所看到的一模一样。当时的经验真是又惊又喜。

**眺望**(tiàowàng) : 멀리 바라보다. 전망하다. **耀目**(yàomù) : 눈부시다. **光环**(guānghuán) : 코로나(corona). [태양 대기(大氣)의 가장 바깥층에 있는 엷은 가스층으로 온도는 약 100만℃임]. **蔚蓝**(wèilán) : 쪽빛. 짙은 남색. **冉冉**(rǎnrǎn) : 한들거리는 모양. 부드럽게 밑쪽으로 드리운 모양. 천천히 움직이는 모양. **一模一样**(yīmúyīyàng) : 모양이 완전히 같다. **又…又～** : …하고～하다. **惊**(jīng) : 놀라다.

> 在农学院读了半年, 一位朋友劝我放弃农科之类的实用科学, 另选一门社会科学。他认为农科固然重要, 但是还有别的学科对中国更重要。

**之类**(zhīlèi) : 와 같은. …(의) 류(類). …한 부류. **固然**(gùrán) : 물론 …하지만 …해도 …하다.

> 他说, 除非我们能参酌西方国家的近代发展来解决政治问题和科学问题, 否则农业问题也就无法解决。其次, 如果不改修社会科学, 我的眼光可能就局限于实用科学的小圈子, 无法了解农业以外的重大问题。

**参酌**(cānzhuó) : 참작(參酌)하다. 참고하여 헤아리다.

> 我曾经研究过中国史, 也研究过西洋史的概略, 对各时代各国国力消长的情形有相当的了解, 因此对于这位朋友的忠告颇能领略。他的话使我一再考虑, 因为我以再度面临三岔路口, 迟早总得有个决定。我曾经提到, 碰到一足以影响一生的重要关头, 我从不轻率作任何决定。

**消长**(xiāozhǎng) : 소장. 증감. 흥망. 성쇠(盛衰). **领略**(lǐnglüè) : 체험·관찰·시험 등을 통해 감성적으로) 이해하다. 깨닫다. 감지하다. 음미하다. **一再**(yīzài) : 몇 번이나. 수차. 거듭. 반복하여. **面临**(miànlín) : (문제·상황에) 직면하다. 당면하다. 앞에 놓여 있다. **三岔路口**(sānchàlùkǒu) : 세 갈래 길목. **关头**(guāntóu) : 고비. 일의 중요한 시기. 전환점.

一天清早, 我正预备到农场看挤牛奶的情形, 路上碰到一群蹦蹦跳跳的小孩子去上学。我忽然想起：我在这里研究如何培育动物和植物, 为什么不研究如何培育人材呢? 农场不去了, 一直跑上卜技利的山头, 坐在一棵古橡树下, 凝望着旭日照耀下的旧金山和金门港口的美景。

**清早**(yiqīngzǎo)：이른 아침[새벽]. 꼭두새벽. **挤牛奶**(jǐniúnǎi)：우유를 짜내다. **蹦蹦跳跳**(bèngbèngtiàotiào)：발랄하게 뛰는 모양. 깡충깡충. **山头**(shāntóu)：(산의)정상. 산꼭대기. **橡树**(xiàngshù)：상수리나무. **凝望**(níngwàng)：응시하다. 눈 여겨 보다. **旭日照耀**(xùrìzhàoyào)：햇빛이 비추다.

脑子里思潮起伏, 细数着中国历代兴衰的前因后果。忽然之间, 眼前恍惚有一群天真烂漫的小孩, 像凌波仙子一样从海湾的波涛中涌出, 要求我给他们读书的学校, 于是我毅然决定转到社会科学学院, 选教育为主科。

**思潮起伏**(sīcháoqǐfú)：이런저런 생각이 일어났다 없어졌다하다. **细数**(xìshǔ)：자세히 세어 보다. **忽然之间**(hūránzhījiān)：별안간. 갑자기. **恍惚**(huǎng·hū)：(기억·청각·시각 따위가)희미하다. 아련하다. 어렴풋하다. 아스라하다. **天真烂漫**(tiānzhēnlànmàn)：천진난만하다. **凌波仙子**(língbōxiānzǐ)：수선화. **海湾**(hǎiwān)：만. **涌出**(yǒngchū)：솟아나다. 속출하다. 쏟아져 나오다. **毅然**(yì rán)：의연히. 결연히. 단호히. **主科**(zhǔkē)：전공과목.

从山头跑回学校时已近晌午, 我直跑到注册组去找苏顿先生, 请求从农学院转到社会科学学院。经过我一番诘难和辩解, 转院总算成功了。从一九零九年秋天起, 我开始选修逻辑学、伦理学、心理学和英国史, 我的大学生涯也从此步入正途。

**晌午**(shǎngwu)：정오(正午). 한낮. 오정(午正). 낮 열두 시. 상오(晌午). **诘难**(jiénàn)：(다른 사람의 잘못이나 흠 등을) 캐고 따져 책망하다. 나무라다. 비난하다. **辩解**(biànjiě)：변명하다. 설명하다. [질책을 당한 어떤 견해나 행위에 대하여 해석을 가하는 동작을 가리킴]. **逻辑学**(luójíxué)：논리학. **正途**(zhèngtú)：제길. 옳은 길. 정도(正道).

岁月平静而愉快地过去, 时间之沙积聚的结果, 我的知识也在大学的学术气氛下逐渐增长。

**平静**(píngjìng)：상황·환경 따위가) 평온하다. 평정하다. **积聚**(jījù)：(쌓아)모으다. 축적하다. **气氛**(qìfēn)：분위기. **逐渐**(zhújiàn)：점차. 차츰차츰. 점점.

从逻辑学里我学到思维是有一定的方法的。换一句话说，我们必须根据逻辑方法来思考。观察对于归纳推理非常重要，因此我希望训练自己的观察能力。我开始观察校园之内，以及大学附近所接触到的许许多多的事物。母牛为什么要装铃？尤加利树的叶子为什么垂直的挂着？加州的罂粟花为什么都是黄的？

**装铃**(zhuānglíng)：방울을 달다. **尤加利树**(yóujiālìshù)：유칼립투스(eucalyptus). **罂粟花**(yīngsùhuā)：양귀비꽃.

有一天早晨，我沿着卜技利的山坡散步时，发现一条水管正在汩汩流水。水从哪里来的呢？沿着水管找，终于找到了水源，我的心中也充满了童稚的喜悦。这时我已经到了相当高的山头，我很想知道山岭那一边究竟有些什么。

**山坡**(shānpō)：산비탈. **汩汩流水**(gǔgǔliúshuǐ)：물이 콸콸 흐르다. **水源**(shuǐ yuán)：수원(水源). **童稚**(tóngzhì)：어린이. **喜悦**(xǐyuè)：기쁨. 희열(喜悅). 즐거움. 희락(喜樂). **山岭**(shānlǐng)：산봉우리. 산령(山嶺). 산봉(山峯). [산의 가장 높이 솟은 부분].

翻过一山又一山，发现这些小山简直多不胜数。越爬越高，而且离住处也越来越远。最后只好放弃初衷，沿着一条小路回家。归途上发现许多农家，还有许多清澈的小溪和幽静的树林。

**翻过**(fānguò)：(산 등을) 넘다. 넘어가다. **简直**(jiǎnzhí)：그야말로. 너무나. 전혀. 정말로. **多不胜数**(duōbùshèngshǔ)：이루 헤아릴 수 없을 만큼 많다. **住处**(zhùchù)：거주지. 처소. **初衷**(chūzhōng)：맨 처음의 심원(心願). 최초의 지향(志向)과 소망. 맨 처음에 먹은 생각. **清澈**(qīngchè)：맑다. 투명하다. 깨끗하다. **小溪**(xiǎoxī)：시내. 작은 내. **幽静**(yōujìng)：유정하다. 그윽하고 고요하다. **树林**(shùlín)：수풀. 숲.

这种漫无选择的观察，结果自然只有失望。最后我终于发现，观察必须有固定的对象和确切的目的，不能听凭兴之所至乱观乱察。天文学家观察星球，植物学家观察草木的生长。后来我又发现另外一种称为实验的受控制的观察，科学发现就是由实验而来的。

**漫无**(màn)：마음대로. 자유로이. 함부로. 멋대로. **听凭**(tīngpíng)：(자유에) 맡기다. 하자는 대로 하다. 마음대로 하게 하다. 좋을 대로 내맡기다. **星球**(xīngqiú) : 천체.

念伦理学时, 我学到道德原则与行为规律的区别。道德原则可以告诉我们, 为什么若干公认的规律切合某阶段文化的需要; 行为规律只要求大家遵守, 不必追究规律背后的原则问题, 也不必追究这些规律与现代社会的关系。

**规律**(guīlǜ) : 법칙. 규칙. 규율. **切合**(qièhé) : 적합하다. 부합하다. **追究**(zhuījiū) : 규명하다. 추궁하다. 따지다.

在中国, 人们的生活是受公认的行为规律所规范的。追究这些行为规律背后的道德原则时, 我的脑海里马上起了汹涌的波澜。一向被认为最终真理的旧有道理基础, 像遭遇地震一样开始摇摇欲坠。

**汹涌**(xiōngyǒng) : (물이)세차게 위로 치솟다. 용솟음치다. **波澜**(bōlán) : 물결. 파도. 세상 변천. 파란. 우발 사건. **摇摇欲坠**(yáoyáoyùzhuì) : 흔들거려 곧 떨어질(무너질) 것 같다

同时, 赫利*澳佛斯屈里特教授也给了我很大的启示。传统的教授通常只知道信仰公认的真理, 同时希望他的学生们如此做。澳佛斯屈里特教授的思想却特别敏锐, 因此促使我深测道德原則的基石上的每一裂缝。

**敏锐**(mǐnruì) : (감각이)빠르다. 예민(銳敏)하다. (눈빛이)날카롭다. **基石**(jīshí) : 주춧돌. 주추로 괸 돌. 모퉁잇돌. 초석(礎石). **裂缝**(lièfèng) : 갈라진 금. 균열. 틈.

我们上伦理学课, 总有一场热烈的讨论。我平常不敢参加讨论, 一方面由于我英语会话能力不够, 另一方面是由于自卑感而来的怕羞心理。因为一九零九年前后是中国现代史上最黑暗的时期, 而且我们对中国的前途也很少自信。

**自卑感**(zìbēigǎn) : 열등감. 비굴감. **怕羞**(pàxiū) : 부끄러워하다. 수줍어하다. **黑暗**(hēiàn) : (사회의 상황이)어둡다. 암담하다. (통치세력이)부패하다.

虽然不参加讨论, 听得却很用心, 很像一只聪明伶俐的小狗竖起耳朵听他主人说话, 意思是懂了, 嘴巴却不能讲。

**用心**(yòngxīn) : 심혈을 기울이다. 주의력을 집중하다. 마음을 쓰다. **竖起**(shù qǐ) : 치켜세우다.

我们必须读的参考书包括柏拉图、亚里士多德、约翰福音和奥里留士等。念了柏拉图和亚里士多德之后, 使我对希腊人穷根究底的头脑留有深刻的印象。我觉得四书富有道德的色彩, 希腊哲学家却洋溢着敏锐的智慧。

**奥里留士**(àolǐliúshì) : 아우렐리우스(Aurelius). **穷根究底**(qiónggēnjiūdǐ) : 사물이나 현상의 참된 모습이나 내용을) 끝까지 캐어 따지다. 캐묻다. 추궁(追窮)하다. **洋溢**(yángyì) : (정서나 분위기 등이)(충분히)겉으로 나타내다. 표출(表出)하다. 충만(充滿)하다. 가득 차(게 하)다.

这印象使我后来研究希腊史, 并且做了一次古代希腊思想和中国古代思想的比较研究。研究希腊哲学家的结果, 同时使我了解希腊思想在现代欧洲文明中所占的重要地位, 以及希腊文被认为自由教育不可缺少的一部分的原因。

**不可缺少**(bùkěquēshǎo) : 불가결(不可缺)하다. 없어서는 안 되다.

读了约翰福音之后, 我开始了解耶稣所宣扬的爱的意义。如果撇开基督教的教条和教会不谈, 这种"爱敌如己"的哲学, 实在是最高的理想。如果一个人真能爱敌如己, 那末世界上也就不会再有敌人了。

**宣扬**(xuānyáng) : 선양(宣揚)하다. 널리 떨치다. 널리 알리다. **撇开**(piēkāi) : 던져 버리다. 방치하고 돌보지 않다. 제쳐놓다.

"你们能够做到爱你们的敌人吗?" 教授向全班发问, 没有人回答。
"我不能够。" 那只一直尖起耳朵谛听的狗吠了。
"你不能够?" 教授微笑着反问。

**谛听**(dìtīng) : 자세히 듣다.

我引述了孔子所说的"以直报怨，以德报德"作答。教授听了以后插嘴说："这也很有道理啊，是不是？"同学们没有人回答。下课后一位年轻的美国男同学过来拍拍我的肩膀说："爱敌如己！吹牛，是不是？"

**插嘴**(chāzuǐ) : 말참견하다. (말 중간에) 끼어들다. **拍**(āi) : (어떤 물체를 손바닥 또는 가늘고 평평한 물체로) 때리다. 치다. 두드리다. **肩膀**(jiānbǎng) : (사람이나 동물의) 어깨. **吹牛**(chuīniú) : 허풍(虛風)을 떨다. 허풍을 치다. 흰소리하다.

奥里留士的言论很像宋朝哲学家。他沉思默想的结果，发现理智是一切行为的准则。如果把他的著述译为中文，并把他与宋儒相提并论，很可能使人真伪难辨。

**言论**(yánlùn) : 언론. **沉思默想** : 깊게 심사숙고하다. 깊은 생각에 잠기다. **相提并论**(xiāngtíbìnglùn) : (성질이 다른 것을) 한데 섞어 논하다. [주로 부정문에 많이 쓰임. 여러 종류의 것을 함께 논하다. 동일시하다.

对于欧美的东西，我总喜欢用中国的尺度来衡量。这就是从已知到未知的办法。根据过去的经验，利用过去的经验获得新经验也是获得新知识的正途。譬如说，如果一个小孩从来没有见过飞机，我们可以解释给他听，飞机像一只飞鸟，也像一只长着翅膀的船，他就会了解飞机是怎么回事。

**欧美**(ŌuMěi) : 구미. 유럽과 아메리카. **衡量**(héng·liang) : 따져보다. 판단하다. 평정하다. 평가하다. 가늠하다. **譬如说**(pìrúshuō) : 예를 들어 말하면.

如果一个小孩根本没有见过鸟或船，使他了解飞机可就不容易了。一个中国学生如果要了解西方文明，也只能根据他对本国文化的了解。

**可就**(kějiù) : (…하면) 곧. 바로. 즉시.

他对本国文化的了解愈深，对西方文化的了解愈易。根据这种推理，我觉得自己在国内求学时，常常为读经史子集而深夜不眠，这种苦功总算没有白费，我现在之所以能够吸收、消化西洋思想，完全是这些苦功的结果。

**求学**(qiúxué) : 학교에서 공부하다. **经史子集**(jīngshǐzǐjí) : 각종 도서(圖書). 각종 서적. 각종 책. **深夜不眠**(shēnyèbùyǎn) : 밤늦게까지 잠을 자지 않다. **苦功**(kǔgōng) : 각고의 노력.

我想, 我今后的工作就是找出中国究竟缺少些什么, 然后向西方吸收所需要的东西。心里有了这些观念以后, 我渐渐增加了自信, 减少了羞怯, 同时前途也显得更为光明。

**羞怯**(xiūqiè) : 부끄러워서 멈칫멈칫하다.

我对学问的兴趣很广泛, 选读的功课包括上古史、英国史、哲学史、政治学、甚至译为英文的俄国文学。托尔斯泰的作品更是爱不释手, 尤其是《安哪·卡列尼哪》和《战争与和平》。

**选读**(xuǎndú) : 청강하다. **托尔斯泰**(tuōěrsītài) : 톨스토이. **爱不释手**(àibùshì shǒu) : 아끼고 좋아해서 손을 놓을 수 없다.

我参加许多著名学者和政治家的公开演讲会, 听过桑太耶那、泰戈尔、大卫、斯坦、约登、威尔逊(当时是普林斯顿校长)以及其他学者的演讲。对科学、文学、艺术、政治和哲学我全有兴趣。

**桑太耶那**(sāngtàiyēnà) : 산타야나(Santayana).

也听过塔虎脱和罗斯福的演说。罗斯福在加大希腊剧场演说的, 曾经说过:“我攫取了巴拿马运河, 国会要辩论, 让它辩论就是了。” 他演说时的强调语气和典型姿势, 至今犹历历可忆。

**塔虎脱和罗斯福**(tǎhǔtuōhéluósīfú) : 테오도르 루즈벨트(Theodore Roosevelt)[미국제26대 대통령]. **攫取**(juéqǔ) : (전쟁 중) 재물을 강제로 빼앗다. 약탈(掠奪)하다. 수탈(收奪)하다. **巴拿马运河**(bānámǎyùnhé) : 파나마 운하. **历历可忆**(lìlìkěyì) : 분명하게 기억할 수 있다.

中国的传统教育似乎很褊狭, 但是在这种教育的范围之内也包罗万象。有如百科全书, 这种表面的褊狭教育, 事实上恰是广泛知识的基础。我对知识的兴趣很广泛, 可能就是传统思想训练的结果。

**褊狭**(piānxiá) : 편협하다. **包罗万象**(bāoluówànxiàng) : 모든 것을 총망라하다. **百科全书**(bǎikēquánshū) : 백과전서(百科全書). 백과사전.

中国古书包括各方面的知识, 例如历史、哲学、文学、政治经济、政治制度、军事、外交等等。事实上绝不褊狭。古书之外, 学生们还接受农业、灌溉、天文、数学等实用科学的知识。

**还**(hái) : 또. **接受**(jiēshòu) : 받아들이다. 수락하다. 포용하다.

可见中国的传统学者绝非褊狭的专家, 相反的, 他具备学问的广泛基础。除此之外, 虚心追求真理是儒家学者的一贯目标, 不过, 他们的知识只限于书本上的学问, 这也许是他们欠缺的地方。在某一意义上说, 书本知识可能是褊狭的。

**可见**(kějiàn) : …을 알 수 있다. …을 볼 수 있다. **书本**(shūběn) : 책. 서적의 총칭.

幼时曾经读过一本押韵的书, 书名《幼学琼林》, 里面包括的问题非常广泛, 从天文地理到草木虫鱼无所不包, 中间还夹杂着城市、商业、耕作、游记、发明、哲学、政治等等题材。押韵的书容易背诵, 到现在为止, 我仍旧能够背出那本书的大部分。

**夹杂**(jiāzá) : 혼합(混合)하다. 섞다. 뒤섞다. **题材**(tícái) : 제재(題材). 소재. **背诵**(bèisòng) : 외우다. 암송하다.

卜枝利的小山上有长满青苔的橡树和芳香扑鼻的尤加利树;田野里到处是黄色的罂粟花;私人花园里红玫瑰在温煦的加州太阳下盛放着。这里正是美国西部黄金世界, 本地子弟的理想园地。

**长满**(zhǎngmǎn) : 온통(가득)생기다. 가득 자라다. **青苔**(qīngtái) : 청태. 푸른 이끼. **橡树**(xiàngshù) : 상수리나무. **扑鼻**(pūbí) : (냄새가)코를 찌르다. 진동하다. **尤加利树**(yóujiālìshù) : 유칼립투스(eucalyptus). **田野**(tiányě) : 전야. 들판. 들. **罂粟花**(yīngsùhuā) : 양귀비꽃. **温煦**(wēnxù) : 따뜻하다. 따사롭다. **盛放**(shèngfàng) : 만개하다. 만발하다. **园地**(yuándì) : 과수원. 화원. 식물원 따위의 총칭. (활동의) 범위. 무대. 분야. 세계.

我万幸得享母校的爱护和培育，使我这个来自东方古国的游子得以发育成长，衷心铭感，无以言宣。

**万幸**(wànxìng)：천만다행하다. 큰 행운이다. **得享**(déxiǎng)：누리다. **爱护**(àihù)：애호하다. 위하다. **培育**(péiyù)：기르다. 재배하다. 양성하다. **游子**(yóuzǐ)：유자. 나그네. 방랑자. **衷心**(zhōngxīn)：진심으로. **铭感**(mínggǎn)：감명하다. 감격하여 잊지 못하다. 마음속에 깊이 새기다. **无以言宣**(wúyǐyánxuān)：말로는 표현할 수 없다.

加州气候冬暖夏凉，四季如春，我在这里的四年生活确是轻松愉快。加州少雨，因此户外活动很少受影响。冬天虽然有阵雨，也只是使山上的青草变得更绿，或者使花园中的玫瑰花洗涤得更娇艳。

**轻松愉快**(qīngsōngyúkuài)：홀가분하고 유쾌하다. **阵雨**(zhènyǔ)：소나기. 갑자기 내리는 비. **青草**(qīngcǎo)：푸른 풀. 싱싱한 풀. 풀. **洗涤**(xǐdí)：씻다. 빨래하다. 세탁하다. 닦다. 세정(洗淨)하다. 세척(洗滌)하다. **娇艳**(jiāoyàn)：아름답고 곱다. 염려(艷麗)하다. 우아하고 매력적이다.

除了冬天阵雨之外，几乎没有任何恶劣的气候影响希腊剧场的演出，剧场四周围绕着密茂的尤加利树。莎翁名剧、希腊悲剧、星期演奏会和公开演讲会都在露天举行。离剧场不远是运动场，校际比赛和田径塞就在那里举行。

**密茂**(mìmào)：(풀과 나무 등이) 울울창창(鬱鬱蒼蒼)하다. 빽빽하게 자라다. 무성(茂盛)하다. 우거지다. **莎翁**(shāwēng)：세익스피어(Shakespeare).

青年运动员都竭其全力为他们母校争取荣誉。美育、体育和智育齐头并进。这就是古希腊格言所称"健全的心寓于健全的身"——这就是古希腊格言的实践。

**运动员**(yùndòngyuán)：운동선수. **竭**(jié)：다하다. **美育**(měiyù)：(음악과 미술 등의) 정조교육(情操教育). **齐头**(qítóu)：가지런하게 하다. 나란하게 놓다.

在校园的中心矗立着一座钟楼，睥睨着周围的建筑。通到大学路的大门口有一重大门，叫"塞色门"，门上有许多栩栩如生的浮雕裸像。这些裸像引起许多女学生的家长抗议。

**矗立**(chùlì) : 우뚝 솟다. **钟楼**(zhōnglóu) : 시계탑. **睥睨**(pìnì) : 눈을 흘기다. 흘겨보다. 깔보다. 멸시하다. **栩栩如生**(xǔxǔrúshēng) : 살아 있는 것처럼 생동감이 있는. **浮雕**(fúdiāo) : 부조. 양각. 돋을새김. **裸像**(luǒxiàng) : 나상. 나체상. **家长**(jiāzhǎng) : 학부형. 보호자.

我的伦理学教授说:"让女学生們多看一些男人的裸体像, 可以纠正她们忸怩作态的习惯。"老图书馆(后来拆除改建为陀氏图书馆)的阅览室里就有维纳斯以及其他希腊女神裸体的塑像。但是男学生的家长从未有过批评。

**忸怩作态**(niǔnízuòtài) : 부끄러운 태도를 취하다. **拆除**(chāichú) : (건축물 따위를) 뜯어 없애다. 철거하다. 헐다. **改建**(gǎijiàn) : (공장·광산·건물 따위를) 개축하다. 재건하다.

我初次看到这些希腊裸体人像时, 心里也有点疑惑, 为什么学校当局竟把这些"猥亵"的东西摆在智慧的源泉。后来, 我猜想他们大概是要灌输"完美的思想寓于完美的身体"的观念。在希腊人看起来, 美丽、健康和智慧是三位一体而不可分割的。

**疑惑**(yíhuò) : 의문스럽다. 의아스럽다. **猥亵**(wěixiè) : (언행이) 외설스럽다. 음란하다. 저속하다. **猜想**(cāixiǎng) : 짐작하다. 추측하다. **灌输**(guànshū) : (지식 따위를) 주입하다.

橡树丛中那次《仲夏夜之梦》的演出, 真是美的极致。青春、爱情、美丽、欢愉全在这次可喜的演出中活生生地表现出来了。学校附近有许多以希腊字母做代表的兄弟会和姊妹会。

**欢愉**(huānyú) : 유쾌하고 즐겁다. 즐거움. **可喜**(kěxǐ) : 즐겁다. 기쁘다. 반갑다. 만족스럽다. **活生生**(huóshēngshēng) : 생생하다. 생동하다. 살아 있는 듯하다.

听说兄弟会和姊妹會的会员们欢聚一堂, 生活非常愉快。我一直没有机会去作客。后来有人约我到某兄弟会去作客, 但是附带一个条件——我必须投票选举这个兄弟会的会员出任班主席和其他职员。

**欢聚一堂**(huānjùyìtáng) : 즐겁게 한자리에 모이다. **附带**(fùdài) : (따로)덧붙이다. 보충하다.

事先，他们曾经把全班同学列一名单，碰到可能选举他们的对头人，他们就说这个"要不得!"同时在名字上打上叉。

**对头人**(duìtourén) : 적. 원수. **要不得**(yào·bu·de) : 고약하다. 나쁘다. 허용할 수 없다. **打上叉**(dǎshàngchā) : x표를 하다

我到那个兄弟会时，备受殷勤招待，令人没齿难忘。第二天举行投票，为了确保中国人一诺千金的名誉，我自然照单圈选不误，同时我也很高兴能在这次竞选中结交了好几位朋友。

**备受**(bèishòu) : (심하게) 받다. **殷勤**(yīnqín) : 은근(慇懃)하다. 정성스럽다. 친절하고 빈틈없다. **没齿难忘**(mòchǐnánwàng) : 평생 잊지 못하다. **一诺千金**(yī nuòqiānjīn) : 한번 한 약속은 천금과 같다. **圈选**(quānxuǎn) : 동그라미를 쳐서 고르다. **不误**(bùwù) : 틀림없다. 확실하다. **竞选**(jìngxuǎn) : 경선(競選)하다. 선거운동을 벌이다.

选举之后不久，学校里有一次营火会。究竟庆祝什么却记不清楚了。融融的火光照耀着这班青年的快乐面庞。男男女女齐声高歌。每一支歌结束时，必定有一阵呐喊。

**营火会**(yínghuǒhuì) : 모닥불을 둘러싸고 하는 야회. 캠프파이어(campfire). **融融**(róngróng) : 따뜻하다. **火光**(huǒguāng) : 불빛. 화광. **照耀**(zhàoyào) : (강렬한 광선이 어떤 대상을) 비추다. **面庞**(miànpáng) : 얼굴. 용모. 얼굴 생김새. 얼굴 윤곽. **齐声**(qíshēng) : 일제히. **呐喊**(nàhǎn) : 외치다. 고함치다.

木柴的爆烈声，女孩子吃吃地笑声和男孩子的呼喊声，至今犹在耳际萦绕。我忽然在火光烛照下邂逅一位曾经受我一票之赐的同学。使我大出意外的是这位同学竟对我视若路人，过去的那份亲热劲儿不知哪里去了!

**木柴**(mùchái) : 장작. 땔나무. **犹**(yóu) : 아직. 여전히. **耳际**(ěrjì) : 귓가. 귓전. **萦绕**(yíngrào) : 물이 맴돌다. **烛照**(zhúzhào) : (등불 따위로)밝게 비추다. **邂逅**(xiè hòu) : 해후(邂逅)하다. 뜻하지 않게 만나다. 우연히 만나다.

人情冷暖，大概就是如此吧! 他对我的热情，我已经以"神圣的一票"来报答，有债还债，现在这笔账已经结清，谁也不欠谁的。从此以后，我再也不拿选票交换招待，同时在学校选举中从此没有再投票。

**人情冷暖**(rénqínglěngnuǎn) : 1. 세상인심이란 세력을 잃었을 때에는 냉담하고 득세했을 때에는 다정하다. 2. 세상인심이란 항상 변하기 마련이다. **热情**(rè qíng) : 열정. **选票**(xuǎnpiào) : 투표용지.

在"北楼"的地下室里, 有一间同学经营的 "合作社", 合作社的门口挂着一块牌子, 上面写着:"我门相信上帝, 其余人等, 一律现钱交易。" 合作社里最兴隆的生意是五分钱一个的热狗, 味道不错。

**一律**(yīlǜ) : 일률적으로. 전부. 예외 없이. **兴隆**(xīnglóng) : 흥성(興盛)하다. 번창(繁昌)하다. **热狗**(règǒu) : 핫도그(hot dog).

学校里最难忘的人是哲学馆的一位老工友, 我的先生同学门也许已经忘记他, 至少我始终忘不了。他个子高而瘦削, 行动循规蹈矩。灰色的长眉毛几乎盖到眼睛, 很像一只北京叭儿狗, 眼睛深陷在眼眶里。从眉毛下面, 人们可以发现他的眼睛闪烁着友善而热情的光辉。

**个子**(gèzi) : (물건의) 크기. (사람의) 체격, 키. (동물의) 몸집. **瘦削**(shòuxuē) : 아주 마르다. 앙상하다. **循规蹈矩**(xúnguīdǎojǔ) : 규칙을 위반하지 않고 잘 준수하다. **眉毛**(méimao) : 눈썹. **叭儿狗**(bārgǒu) : 발바리. [몸집이 작고 얼굴이 평평하며 주둥이가 매우 짧은 애완견으로 중국이 원산지임]. **眼眶**(yǎn kuàng) : 눈가. 눈의 가장자리. 눈언저리. **闪烁**(shǎnshuò) : 반짝이다. 깜빡이다.

我和这位老工友一见如故, 下课以后, 或者星期有空, 我常常到地下室去拜访他, 他从加州大学还是一个小规模的学校时开始, 就一直住在那地下室里。

**一见如故**(yījiànrúgù) : 첫 만남에서 의기상투(意氣相投)하다. 첫 만남에 옛 친구처럼 서로 마음이 잘 맞다. **拜访**(bàifǎng) : [높임말]방문하다. 찾아뵙다. 문안하다.

他当过兵, 曾在内战期间在联邦军队麾下参加许多战役。他生活在回亿中, 喜欢讲童年和内战的故事。我从他那里获悉早年美国的情形。这些情形离现在将近百年, 许多情形与当时中国差不多, 某些方面甚至还更糟。

**获悉**(huòxī) : 정보를 얻다. 알게 되다.

他告诉我, 他幼年时美国流通好几种货币:英磅、法郎、还有荷兰盾。现代卫生设备在他看起来一文不值。有一次他指着一卷草纸对我说:"现代"的人虽然有这些卫生的东西, 还不是年纪轻轻就死了。

盾(dùn):굴덴(gulden). [네덜란드의 예전 본위화폐(本位貨幣)]. 一文不值(yī wénbùzhí):조금의 가치도 없다. 가치가 전혀 없다. 草纸(cǎozhǐ):벼 등을 원료로 하여 만든 종이. [일반적으로 노란색을 띠며 과거에는 이것으로 포장지나 화장지로 사용하였음].

我们当时可没有什么卫生设备, 也没有你们所谓的现代医药。你看我, 我年纪这么大, "身体多健康!" 他直起腰板, 挺起胸脯, 像一位立正的士兵, 让我欣赏他的精神体魄。

腰板(yāobǎn):사람의 허리와 등. 立正(lìzhèng):부동자세를 하다. 体魄(tǐpò):신체와 정신. 체력과 기백. 欣赏(xīnshǎng):좋다고 여기다. 좋아하다.

西点军校在他看起来也是笑话, "你以为他们能打仗呀? 那才笑话! 他们全靠几套制服撑场面, 游行时他们穿得倒真整齐。但是说到打仗差远了!我可以教教他们。有一次作战时, 我单枪匹马就把一队叛军杀得精光, 如果他们想学习如何打仗, 还是让他们来找我把!"

西点军校(xīdiǎnjūnxiào):웨스트포인트 육군사관학교. 笑话(xiàohua):우스갯소리. 웃기는 일. 撑场面(chēngchǎngmiàn):표면적인 겉치레만 유지하다. 游行(yóuxíng):만유(漫遊)하다. 마음대로 유람(遊覽)하다. 자유롭게 노닐다. 정처 없이 떠돌아다니다. 시위하다. 单枪匹马(dānqiāngpǐmǎ):남의 도움을 받지 않고 혼자 해내다. 단기(單騎)로 창을 들고 적진에 뛰어들다. 精光(jīng guāng):(아무것도 남은 것이 없이)깨끗하다. 말끔하다.

虽然内战已经结束那末多年, 他对参加南部同盟的人却始终恨之入骨。他说, 有一次战役结束之后, 他发现一位敌人受伤躺在地上, 他正预备去救助。"你晓得这家伙怎么着? 他一枪就向我射过来!"

恨之入骨(hènzhīrùgǔ):원한이 골수에 사무치다. 원한이 가슴속 깊이 맺히다. 晓得(xiǎode):알다. 깨닫다. 이해(理解)하다. 家伙(jiāhuo):녀석. 새끼. 자식. 놈. 枪(qiāng):총(銃). 총포(銃砲).

他瞪着两只眼睛狠狠地望着我, 好像我就是那个不知好歹的家伙似的。我说 "那你怎么办?""我一枪就把这畜牲当场解决了。"他回答说。这位军人出身的老工友, 对我而论, 是加州大学不可分的一部分, 他自己也如此看法, 因为他曾经亲见加大的发育成长。

**瞪**(dèng) : (힘을 주어) 눈을 크게 뜨다. 부릅뜨다. **狠狠地**(hěnhěnde) : 매섭게. 호되게. 잔인하게. **不知好歹**(bùzhīhǎodǎi) : 선악을 구별하지 못하다. 사리를 구분할 줄 모르다. 호의를 모르다. **畜牲**(chùshēng) : 짐승 같은 놈. **解决**(jiě jué) : (나쁜 사람을)없애다. 소멸시키다.

# 第十章 美国华埠
# 미국의 차이나타운

我到美国第一年的十月底以前, 中国发生了重大的变故, 光绪皇帝和慈禧太后相继去世。

**变故**(biàngù) : (뜻밖에 발생한) 사고. 재난. 변고. **相继**(xiāngjì) : 잇따르다. 잇달다. 연잇다. 계속하다.

关于这件事, 在美国的中国学生队里有两种不同的传说 : 一说慈禧太后先去世, 她的亲信怕光绪皇帝重掌政权, 于是谋杀光绪皇帝以绝后患。

**传说**(chuánshuō) : 소문. 풍문. **亲信**(qīnxìn) : 측근자. 심복. 부하.

另一说法是慈禧太后临死前派了一名太监到囚禁光绪的瀛台, 告诉病弱的光绪帝说 : "老佛爷"希望他服用她送去的药, 光绪帝自然了解太后的用意, 就把药吞服了, 不久毒发身亡。

**囚禁**(qiújìn) : 감옥에 가두다. 수감하다. **瀛台**(yíngtái) : 영대. **老佛爷**(lǎofó·ye) : 부처. 청대(清代), 황태후(皇太后)·태상황제(太上皇帝)에 대한 존칭. **用意**(yòngyì) : 용의. 의향. 의도. 겨냥. 속셈. **吞服**(tūnfú) : (약 따위를) 돈복(頓服)하다. 한꺼번에 삼키다.

慈禧太后驾崩以前, 已经接到光绪帝服毒死亡的报告, 于是发下圣旨, 宣布光绪之死, 并由光绪的小侄子溥仪继承皇位。

**驾崩**(jiàbēng) : 붕어(崩御)(하다). 군주가 죽다. **侄子**(zhí·zi) : 조카.

不论这些说法的真确性如何, 在卜技利的中国学生一致认为"老太婆"(这是大家私底下给慈禧太后的浑号)一死, 中国必定有一场大乱。后来事实证明确是如此。

**老太婆**(lǎotàipó) : 노파(老婆). 노부인(老婦人). 늙은 여자. **浑号**(hùnhào) : 별명.

溥仪登基以后, 他的父亲载淳出任摄政王。皇帝是个小孩子, 摄政王对政务也毫无经验, 因此清廷的威信一落千丈, 三年以后, 辛亥革命成功, 清室终于被推翻。

**登基**(dēngjī) : 천자의 자리에 오르다. 제위에 오르다. 등극하다. **出任**(chūrèn) : (나와서) 임무·관직을 담당하다[맡다]. **一落千丈**(yīluòqiānzhàng) : 일순간에 천장이 떨어지다; (명예·지위·시세 따위가) 갑자기 여지없이 떨어지다. 폭락하다. **推翻**(tuīfān) : (기존의 국면을) 전복시키다. 뒤집다.

我早在一九〇九年参加≪大同日报≫担任主笔。这报是孙中山先生在旧金山的革命机关报。那一年的一个秋天晚上, 我与≪大同日报≫的另一个编辑, 以后在国内大名鼎鼎的刘麻哥成禺, 初次晋谒孙先生。他住在唐人街附近的史多克顿街的一家旅馆里。

**编辑**(biānjí) : 편집인. 편집진(編輯陣). **大名鼎鼎**(dàmíngdǐngdǐng) : 명성이 높다. 이름이 높이 나다. **禺**(ǒu) : 짝. 쌍. **初次**(chūcì) : 첫 번. 처음. 제 일회. **晋谒**(jìnyè) : 진현하다. 알현하다. **史多克顿街**(shǐduōkèdùnjiē) : 스톡튼가(StocktonStreet). **旅馆**(lǚguǎn) : 여관.

我进门的时候, 因为心情紧张, 一颗心怦怦直跳, 孙先生在他的房间里很客气地接见我们。房间很小, 一张床, 几张椅子, 还有一张小书桌。靠窗的地方有个小小的洗脸盆, 窗帘是拉上的。

**心情**(xīnqíng) : (마음에 품은)생각. 감정. 심정(心情). 기분. **心怦怦直跳**(xīnpēngpēng-zhítiào) : 가슴이 계속 쿵쿵 뛰다. **客气地**(kèqide) : 친절하게. **洗脸盆**(xǐliǎnpén) : 세숫대야. **窗帘**(chuānglián) : 커튼(curtain).

刘麻哥把我介绍给这位中国革命运动的领袖。孙先生似乎有一种不可抗拒的引力, 任何人如果有机会和他谈话, 马上会完全信赖他。

**似乎**(sìhu) : 마치 …인 것 같다. 마치 …인 듯하다. **不可抗拒**(bùkěkàngjù) : 불가항력적인. 거역할 수 없는. **引力**(yǐnlì) : 끄는 힘. 인력.

他的天庭饱满, 眉毛浓黑, 一望而知是位智慧极高, 意念坚强的人物。他的澄澈而和善的眼睛显示了他的坦率和热情。他的紧闭的嘴唇和坚定的下巴, 则显示出他是个勇敢果断的人。他的肌肉坚实, 身体强壮, 予人镇定沉着的印象。

**天庭**(tiāntíng) : 양미간. 하늘. **饱满**(bǎomǎn) : 포만하다. 풍만하다. 옹골지다. **眉毛**(méi·mao) : 눈썹. **浓黑**(nónghēi) : 새까맣다. **一望而知**(yīwàngérzhī) : 한 번 척 보면 알다. 한 번 보고 알다. **意念**(yìniàn) : 생각. 견해. 관념. **坚强**(jiānqiáng) : (조직이나 의지 따위가) 굳세다. 굳고 강하다. 꿋꿋하다. 완강하다. 강경하다. **澄澈**(chéngchè) : 맑고 투명하다. 아주 맑다. **和善**(héshàn) : 온화하고 선량하다. 사근사근하다. **坦率**(tǎnshuài) : 솔직하다. 정직하다. 담백(淡白)하다. **热情**(rèqíng) : 열정. **紧闭**(jǐnbì) : 꼭 닫다[다물다]. **嘴唇**(zuǐchún) : 입술. **坚定**(jiāndìng) : (입장·주장·의지 따위가) 확고하다. 굳다. 꿋꿋하다. 부동(不動)하다. **下巴**(xià·ba) : 턱. **肌肉**(jīròu) : 근육. **坚实**(jiānshí) : 견실하다. 견고하다. 튼튼하다. **强壮**(qiángzhuàng) : 강건하다. 건장하다. **镇定**(zhèndìng) : (다급한 상황에서도) 침착하다. 냉정하다. 차분하다.

谈话时他的论据清楚而有力, 即使你不同意他的看法, 也会觉得他的观点无可批驳。除非你有意打断话头, 他总是娓娓不倦地向你发挥他的理论。

**批驳**(pībó) : 반박(하다). 반론(하다). **打断**(dǎduàn) : 끊다. 끊어 버리다. 자르다. 잘라 버리다. **打断了话头** : 말머리를 끊다. **话头**(huàtóu) : 말머리. 말의 실마리. 말허두. 말의 방향. 화제(話題). 이야깃거리. **娓娓不倦**(wěiwěibùjuàn) : 이야기가 흥미진진하여 지루하지 않다. **发挥**(fāhuī) : (의사나 도리를) 충분히 나타내다. 발표하다. 해명(解明)하다.

他说话很慢, 但是句句清楚, 使人觉得他的话无不出于至诚。他也能很安详地听别人讲话, 但是很快就抓住人家的谈话要点。

**至诚**(zhì·cheng) : 성실하다. 진실하다. **安详**(ānxiáng) : 침착하다. (말이나 행동이) 점잖다.

后来我发现他对各种书都有浓厚的兴趣, 不论是中文书, 或者英文书。他把可能节省下来的钱全部用来买书。他读书不快, 但是记忆力却非常惊人。孙先生博览群书, 所以对中西文化的发展有清晰的了解。

**浓厚**(nónghòu) : (흥미·관심 따위가) 크다. 강하다. 깊다. **节省**(jiéshěng) : 아끼다. 절약하다. **博览**(bólǎn) : 박람하다. 널리(책을)읽다. 광범위하게 읽다. **群书**(qúnshū) : 많은 책.

他喜欢听笑话，虽然他自己很少说，每次听到有趣的笑话时总是大笑不止。他喜欢鱼类和蔬菜，很少吃肉类食物。喜欢中菜，不大喜欢西菜。他常说："中国菜是全世界最好的菜。"

**有趣**(yǒuqù) : 재미있다. 흥미 있다. 사랑스럽다. **大笑不止**(dàxiàobùzhǐ) : (그칠 줄 모르고)계속 크게 웃어 대다. **中菜**(zhōngcài) : 중국 음식. 중국 요리.

孙先生是位真正的民主主义者，他曾在旧金山唐人街的街头演说。头顶飘扬着国民党的党旗，他就站在人行道上向围集他四周的人演说。孙中山先生非常了解一般人的心理，总是尽量选用通俗平易的词句来表达他的思想。

**飘扬**(piāoyáng) : 바람에 펄럭이다[휘날리다]. **人行道**(rénxíngdào) : 인도. 보도(步道). **围集**(wéijí) : 주위로 모여들다. **词句**(cíjù) : 단어와 구절. 자구(字句). **来**(lái) : 동사구조(또는 개사구조)와 동사(또는 동사구조)사이에 쓰여, 전자(前者)는 방법, 방향, 태도를 표시하고, 후자(後者)는 목적을 표시하게 하는 역할을 함. 수단을 나타냄. **表达**(biǎodá) : (생각, 감정을) 나타내다. 드러내다. 표시하다. 표현하다.

他会故意地问："什么叫革命？""革命就是打倒满洲佬"。听众很容易明白他的意思，因此就跟着喊打倒满洲佬。接着他就用极浅近的话解释，为什么必须打倒满洲佬，推翻满清建立共和以后他的计划怎么样，老百姓在新政府下可以享受什么好处等等。

**佬**(lǎo) : 사내놈. [성년 남자를 경시하는 뜻을 담고 있음]. 놈. **跟着**(gēnzhe) : …와 함께. …에 따라. **浅近**(qiǎnjìn) : 평이하다. 알기 쉽다. 천박하고 얕다.

在开始讲话以前，他总先估量一下他的听众，然后选择适当的题目，临时决定适当的讲话的方式，然后再滔滔不绝地发表他的意见。他能自始至终把握听众的注意力。他也随时愿意发表演说，因为他有惊人的演说天才。

**估量**(gūliang) : (어떤 상황에 근거하여 사물에 대한 성질, 수량, 변화 등에) 대략적인 판단(계산)을 하다. 어림잡다. 생각하다. **临时**(línshí) : 임시로. 때가 되어서. **滔滔不绝地**(tāotāobùjuéde)흐르는 물처럼 끊이지 않고, 청산유수로. **把握**(bǎwò) : (손으로 꽉 움켜)

잡다. 쥐다. (추상적인 것을)붙잡다. 움켜잡다. **随时**(suíshí):수시(로). 언제나. 때를 가리지 않고. 아무 때나. **惊人**(jīngrén):놀랄만한.

孙中山先生对人性深切的了解，对于祖国和人民热烈的爱，对于建立新中国所需要的东西有深邃的见解。这一切的一切，使他在新中国的发展过程中成为无可置辩的领袖。

**深邃**(shēnsuì):위에서 밑 또는 겉에서 안까지의 거리(사이)가 멀다. 깊다. **置辩**(zhìbiàn):변론하다. 항변(抗辯)하다. 해명하다. **一切的一切**:모든 것들이 하나하나.

他常常到南部各州东部各州去旅行，有时又到欧洲，但是经常要回到旧金山来，每次回到旧金山，我和刘麻哥就去看他。
一九一一年十月八日，大概晚上八点钟左右，孙中山先生穿着一件深色的大衣和一顶礼帽，到了《大同日报》的编辑部。他似乎很快乐，但是很镇静。他不静地告诉我们，据他从某方面得到的消息，一切似乎很顺利，计划在武汉起义的一群人已经完成布署，随时可以采取行动。

**大衣**(dàyī):외투. 오버코트. **礼帽**(lǐmào):실크 모자. **方面**(fāngmiàn):방면. 방향. 측면. 측. 쪽.

两天以后，消息传至旧金山，武昌已经爆发革命了。这就是辛亥年十月十日的武汉革命，接着满清政府被推翻，这一天也成为中华民国的国庆日。

**推翻**(tuīfān):(기존의 국면을) 전복시키다. 뒤집다.

在孙先生的指导之下，我和刘麻哥为《大同日报》连续写了三年的社论。开始时我们两人轮流隔日撰写。我们一方面在加大读书，一方面为报纸写社论，常常开夜车到深夜，赶写第二天早上见报的文章。

**社论**(shèlùn):사설. **撰写**(zhuànxiě):(문장을) 쓰다. 짓다. **加大**(jiādà):확대하다. 늘리다. 크게 하다. (속도를) 내다. **开夜车**(kāiyèchē):밤을 새워 일하다[공부하다]. **见报**(jiànbào):신문에 나다. **赶写**(gǎnxiě):급히 쓰다.

> 大学的功课绝不轻松, 我们, 尤其是我, 深感这种额外工作负担之重。革命成功以后, 刘麻哥回国了, 我只好独立承当每日社论的重任。我虽然深深关切祖国的前途, 但是这种身不由己的经常写作, 终于扼杀了我一切写作的兴趣。

**额外**(éwài) : 정액[정원]외의. 지나친. (어떤 한도를)벗어난. 초과의. **承当**(chéngdāng) : (책임)지다. **身不由己**(shēnbùyóujǐ) : 몸이 자기 마음대로 되지 않다;어쩔 수 없이. 몸이 말을 듣지 않다. **扼杀**(èshā) : 목을 눌러 죽이다. 【비유】(새로운 세력을) 억눌러서 존재하거나 발전하지 못하게 하다. 압살하다.

> 我一直在无休无止的压力下工作, 而且仓促成文, 作品的素质日见低落, 而且养成散漫而匆促的思想习惯, 用字也无暇推敲。

**仓促**(cāngcù) : 황급하다. 창졸하다. 급작스럽다. **素质**(sùzhì) : 소양. 자질. **日见**(rìjiàn) : 나날이 …을 보이다. 하루하루 …해지다. **低落**(dīluò) : 떨어지다. 하락하다. **匆促**(cōngcù) : 바쁘다. 촉박하다. 다급하다. **暇**(xiá) : 여가. 여유. 겨를. 짬. 틈. **推敲**(tuīqiāo) : 퇴고하다. 자구(字句)를 다듬다. 헤아리다. 이것저것 생각하다.

> 有时思想阻滞, 如同阻塞了的水管里的水滴, 但是笔头的字还是像一群漫无目的的流浪者涌到纸上。我对于这些不速之客实在生气, 但是我还是由他们去了, 因为他们至少可以填满空白。

**阻滞**(zǔzhì) : (장애로)가로막히다. 지체되다. **阻塞**(zǔsè) : 가로막(히)다. 두절되다. **笔头**(bǐtóu) : 작문능력. 글씨를 쓰는 기교. 쓰기. **涌**(yǒng) : (물이 솟아나오는 것 같이) 한꺼번에 나오다. 갑자기 한꺼번에 나타나다. **不速之客**(bùsùzhīkè) : 불청객(不請客). **实在**(shízài) : 확실히. 진정. 참으로. 정말. **填满**(tiánmǎn) : 가득 메우다. 가득 채우다.

> 最初担任这份工作时, 对于写作的确非常有兴趣, 字斟句酌, 务求至当。这情形很像选择适当的钱币, 使它能投进自动售货机的放钱口。

**的确**(díquè) : 확실히. 분명히. 정말. 참으로. 실로. **字斟句酌**(zìzhēnjùzhuó) : 한 글자 한 구절을 세심히 퇴고하다;말이나 글을 신중히 잘 다듬다. **务求**(wùqiú) : 꼭 …할 것을 바라다. 반드시 …하도록 애쓰다. **至当**(zhìdàng) : 지당하다. **钱币**(qiánbì) : 돈. 화폐. **自动售货机**(zìdòngshòuhuòjī) : 자동판매기(自動販賣機).

如果你匆匆忙忙希望把一大把钱币同时投进放钱口, 机器自然就阻塞了, 多余的钱怎么也放不进去, 结果就散落一地。一个人不得不在匆忙中写文章, 情形就是这样, 结果是毫无意义的一大堆文字浪费了篇幅。

**散落**(sànluò) : 흩어져 밑(땅)으로 떨어지다. (모였던 것이)여기저기 떨어지게 되다. (갈라져) 흩어지다. 흩어져 소실되다(없어지다). **一地**(yīdì) : 땅바닥에. **一大堆**(yīdàduī) : 산더미 같이 많은. 엄청나게 많은. **文字**(wénzì) : 글. [영문, 한문 등 언어의 서면 형식을 가리킴]. **篇幅**(piānfú) : 책, 신문 등의) 지면.

一九一二年毕业后, 我终于放弃了这份工作, 心里感到很轻松。从此以后我一直怕写文章, 很像美国小学生怕用拉丁文作文一样。工作如果成为苦差, 并且必须在匆忙中完成, 这种工作绝无好成绩。这样养成的坏习惯后来很难矫正。

**轻松**(qīngsōng) : 수월하다. 편안하다. 홀가분하다. 가뿐하다. [일반적으로 어떤 부담을 갖지 않고 긴장하지 않는 것을 가리킴]. **拉丁文**(lādīngwén) : 라틴어. **苦差**(kǔchāi) : 고된 임무. **矫正**(jiǎozhèng) : 교정(教正)하다. (가르쳐서) 바로잡다.

在我四年大学时期里, 约有五万华侨集中在西海岸的各城市, 包括萨克拉孟多、旧金山、屋崙、圣多谢、洛杉矶等, 另外还有零星的小群华侨和个人散布在较小的城镇和乡村。华侨集中的区域就叫唐人街或中国城, 也称华埠。

**屋崙**(wūlún) : 오클랜드(Oakland). **洛杉矶**(luòshānjī) : 로스앤젤레스. **零星**(líng xīng) : 소량의. 자잘한. 자질구레한. 산발적인. 드문드문한.

旧金山的华埠是美洲各城中最大的一个, 共有华侨两万余人。主要的街道原来叫杜邦街, 后来改称葛兰德路, 究竟为什么改, 我不知道。葛兰德路很繁华。东方古董铺, 普通称为"杂碎馆"的中国饭馆, 算命测字的摊子, 假借俱乐部名义的赌场, 供奉中国神佛的庙宇等等, 吸引了无数的游客和寻欢作乐的人。

**杜邦街**(dùbāngjiē) : 두폰트 가(Dupont Street). **测字**(cèzì) : 글자를 이용해서 점을 치다. **摊子**(tānzi) : 노점. **假借**(jiǎjiè) : (명의·힘 등을) 차용하다. 빌리다. **赌场**(dǔchǎng) : 도박

장. 노름판. **供奉**(gòngfèng) : 바치다. 공양하다. 모시다. **庙宇**(miàoyǔ) : 사당. 불당. **游客**(yóukè) : 관광객. 여행객. **寻欢作乐**(xúnhuānzuòlè) : 쾌락과 향락만을 추구하다. **吸引**(xīyǐn) : (다른 물체, 힘, 다른 사람의 주의나 흥미 등을 자신의 쪽으로)끌어당기다. 유인(誘引)하다. 흡인(吸引)하다. 끌어들이다. 꾀어내다. 빠지게 하다. 매료(魅了)시키다. 사로잡다.

有一个年轻美丽的美国人告诉我，她曾在一家东方古董铺中看到一件非常稀奇的东西——一尊坐在一朵连花座上的大佛；她还在一家中国饭馆吃过鸟巢(燕窝)、鱼翅和杂碎。

**稀奇**(xīqí) : 진기하다. 드물다. **鱼翅**(yúchì) : 상어 지느러미. **杂碎**(zásui) : 삶은 후 토막으로 썰어 식용으로 제공되는 소·양 등의 내장.

她对这一切感到新奇万分，说得手舞足蹈。她的妹妹们都睁着眼睛，张着嘴巴听她。"真的啊!"她的老祖母从眼镜上面望着她，两只手则仍旧不停地织着毛线。"你用筷子怎么喝汤呢?"一位小妹妹满腹狐疑地问。

**万分**(wànfēn) : 심히. 대단히. 매우. (지)극히. **手舞足蹈**(shǒuwǔzúdǎo) : 기뻐 어쩔 줄을 모르다. **嘴巴**(zuǐba) : 입. **毛线**(máoxiàn) : 털실. 모사(毛絲). **狐疑**(húyí) : 의심하다. **满腹狐疑** : 의심이 가득하다.

"正像你用麦管吸汽水一样吸汤呀! 小妹妹。" 我代为回答，引得大家大笑。也有许多华侨开洗衣店。他们一天到晚忙着浆洗衣服，常常忙到深夜。许多美国家庭喜欢把衣服送到中国洗衣店洗，因为手洗不像机器那样容易损坏衣服。

**麦管**(màiguǎn) : 빨대. 스트로(straw). **汽水**(qìshuǐ) : 사이다(cider). **洗衣店**(xǐyīdiàn) : 세탁소. **一天到晚**(yītiāndàowǎn) : 아침부터 밤까지. 하루 종일. **浆洗**(jiāngxǐ) : 옷을) 빨아 풀을 먹이다. 재양치다.

这些来自"天朝"的子孙，节衣缩食省下有限的一点钱，把省下的钱装在袋里藏在床下。但是他们却慷慨地捐钱给孙中山先生的革命运动，或者把钱寄回广东，扶养他们的家人或亲戚，同时使他们的故乡变为富足。

**来自**(láizì) : (…에서) 오다. (…에서) 나오다[생겨나다]. **节衣缩食**(jiéyīsuōshí) : 입고 먹는

것을 아끼다[절약하다]. **省下**(shěng·xia) : 절약해 남기다. 절약하다. **袋**(dài) : 부대. 자루. 주머니. **扶养**(fúyǎng) : 부양하다. 양육하다. **富足**(fùzú) : 풍족하다. 넉넉하다.

广东是中国最富的省份, 一方面是广东人在香港以及其他地方经商发财的关系, 另一方面也是因为各地华侨把积蓄汇回广东的缘故。华侨遍布于马来亚、印度尼西亚、菲律宾及南美、北美各地。各地的华侨多半是从广东或福建来的。

**省份**(shěngfèn) : 성(省). [고유명사와 붙여 쓰지 않음]. **积蓄**(jīxù) : 저축하다. 축적하다. **汇回**(huìhuí) : 환으로 되돌려 보내다. **遍布**(biànbù) : 도처에 널리 분포하다. 널리 퍼지다.

上千万的华侨生活在外国, 他们在外国辛勤工作从不剥削别人, 相反地, 他们的劳力却常常受到剥削。他们除父母所赐的血肉之躯外, 别无资本。他们像一群蜜蜂, 辛勤工作, 节衣缩食, 忍气吞声, 把花蜜从遥远的花朵送到在中国的蜂房。

**辛勤工作**(xīnqíngōngzuò) : 부지런히 일하다. **剥削**(bōxuē) : 착취(하다). **血肉之躯**(xuèròuzhīqū) : 육체. 몸뚱이. **节衣缩食**(jiéyīsuōshí) : 입고 먹는 것을 아끼다[절약하다]. **忍气吞声**(rěnqìtūnshēng) : 울분을 참으면서 감히 아무 말도 못하다. **花蜜**(huāmì) : 벌꿀. **遥远**(yáoyuǎn) : 아득히 멀다. 요원하다. **花朵**(huāduǒ) : 꽃. **蜂房**(fēngfáng) : 벌집.

他们得不到任何政治力量的支持, 他们也没有携带枪炮到外国来。他们帮着居留地的人民筑路、开矿、种植树木, 以一天辛劳的工作换几个美金或先令。

**枪炮**(qiāngpào) : 총포(銃砲). **筑路**(zhùlù) : 도로[철도]를 건설하다. **开矿**(kāikuàng) : 광물을 채굴하다. 채광하다. **种植**(zhòngzhí) : 심다. 재배하다. **先令**(xiānlìng) : 실링(shilling). [영국의 옛 보조 화폐 단위로서 1실링은 1파운드의 1/20, 1페니의 12배임. 1971년에 폐지됨].

不错, 有些人, 尤其是在新加坡和印度尼西亚, 的确发了财, 住着皇宫样的大厦和别墅, 生活得像印度的土大王, 另一些人也跻入中产阶级, 买田置产, 但是富有的和小康的究竟还是少数。大多数的华侨必须辛勤工作, 而且只有辛勤工作才能糊口或稍有积蓄。

**发财**(fācái) : 돈을 벌다. 재산을 모으다. 부자가 되다. **别墅**(biéshù) : 별장. **跻**(jī) : 오르다. **买田置产**(zhìchǎn) : 토지와 부동산을 매입하다. **积蓄**(jīxù) : 저축하다. 축적하다.

在美国的华侨，没有很富的，也没有很穷的。多数都是老实可靠，辛勤工作的人。几乎所有的人都寄一点钱回广东。他们的生活方式主要是中国式的。

**老实可靠**(lǎoshikěkào) : 성실하고 믿음직하다. **主要**(zhǔyào) : 주로. 대부분.

你如果乘一只船沿萨克拉孟多江航行，你可以看到两岸散布着一些华侨城镇和村落，店铺门前挂着大字书写的中文招牌如"长途粮食"、"道地药材"等类。你可能以为自己是在沿着长江或运河航行呢。

**萨克拉孟多江**(sàkèlāmèngduōjiāng) : 새크라멘토 강. **招牌**(zhāopai) : 간판.

有一次，我曾经在萨克拉孟多江沿岸的一处中国城上岸，拜访一位芦笋园的主人。这位主人叫丁山，是孙中山先生的朋友，他拿鲜嫩的芦笋招待我，非常肥美多汁，后来一吃到芦笋，我总要想起他。

**上岸**(shàngàn) : (배로부터) 기슭에 오르다. 육지[뭍]에 오르다. 상륙하다. **芦笋园**(lúsǔnyuán) : 아스파라가스 농장. **鲜嫩**(xiānnèn) : 신선하고 연한. **肥美**(féiměi) : 살지고 기름지다. 토실토실하다. 살지다. **多汁**(duōzhī) : 즙액이 많다. **芦笋**(lúsǔn) : 아스파라가스.

他还有一间制造芦笋的罐头厂，所制的罐头借用美国商标出售。因此我常常想，美国的某些芦笋罐头，可能就是华侨种植和装罐的。他赚钱的办法的确好，而且很巧妙。

**罐头厂**(guàn·touchǎng) : 통조림공장.

他为工人开设了许多娱乐场所，工人们辛苦了一天，必须有散散心的地方；如果他不开办娱乐场所，工人们就会找到他的邻居所开的娱乐场所去。他的用意是"肥水不流外人田"。结果到他娱乐场所来玩的人，都贡献了一点"肥水"，他的财产也就愈来愈多了。

**开设**(kāishè) : (점포·작업장·공장 따위를) 설립하다. 차리다. **散散心**(sàn·sanxīn) : 기분을 전환시키다. 기분 전환을 하다. **肥水不流外人田**(féishuǐbùliú wàiréntián) : 이익이나 결실을 같은 편사람(자기사람)에게만 주다. 타 지역 사람에게 이익을 주면 안 된다.

在美国及世界各地的华侨, 真不愧为炎黄裔胄。男子留着辮子, 女子甚至还缠足。在旧金山的华侨街头, 可以发现卖卦算命的摊子。有一位算命先生告诉一位来算命的白人说:"好运道, 快快的, 大发财。"

**不愧为**(bùkuìwéi) : …이 되기에 부끄럽지 않다. 손색이 없다. **裔胄**(yìzhòu) : 먼 자손. 후예. **街头**(jiētóu) : 가두. 길거리. **运道**(yùndao) : 운수. 운세.

旁边一位黑人也想算算命, 算命先生把同样的话重复一遍, 黑人大为得意。如果这位算命先生说到此地为止, 自然太平无事, 但是他偏偏要画蛇添足, 对黑人说:"快快的, 不再黑, 像他…" 同时用手指着那位白人。黑人气得一脚踢翻算命滩子, 阿谀过分成为侮辱, 此即一例。

**太平无事**(tàipíngwúshì) : 평안무사하다. **偏偏**(piānpiān) : 기어코. 일부러. 굳이. 꼭. [일부러 객관적 요구나 상황에 상반되게 행동함을 나타냄]. **画蛇添足**(huàshétiānzú) : 뱀을 그리는 데 다리를 그려 넣다 ; 쓸데없는 짓을 하다. 사족을 가하다. **一脚踢**(yījiǎotī) : 발길로 걷어차다. **阿谀**(ēyú) : 아첨하다. 알랑거리다. **侮辱**(wǔrǔ) : 모욕(하다).

华侨还有许多杂货店, 出售咸鱼、鳗鲞、蛇肉、酱油、鱼翅、燕窝、干鲍以及其他从广州或香港运到美国的货色。有一次, 我到一家杂货铺想买一些东西。但是我的广东话太蹩脚, 没法使店员明白我要买的东西。

**出售**(chūshòu) : 팔다. 매각하다. **咸鱼**(xiányú) : 소금에 절인 생선. **鳗鲞**(mánxiǎng) : 말린 뱀장어. **干鲍**(gānbào) : 말린 전복. **蹩脚**(biéjiǎo) : 대단히 서투르다. 능력이 없다.

只好拿一张纸把它写下来, 旁边站着一位老太婆只晓得中国有许多不同的方言, 却不晓得中国只有一种共同的文字, 看了我写的文字大为惊奇, 她问店里的人 : 这位唐人既然不能讲话 (她指广东话), 为什么他能写唐字呢?

**唐人**(tángrén) : 중국인. **唐字**(tángzì) : 중국글자.

许多好奇的人围住我看，有一位稍稍懂点普通话的人问道："你到广州省城去过没有?" 我回答说："没有。""那末你过去在那里买东西呢?""上海。" 我笑着夹起一瓶酱油和一包货物走了。

夹(jiāqǐ) : 집어 들다.

唐人街的学校仍旧保持旧式的课程。学生们要高声朗读古书，和我小时候的情形一模一样。离唐人街不远的美国学校对它们毫无影响。

朗读(lǎngdú) : 낭독(朗讀)하다. (글을 소리 내어)읽다. 一模一样(yīmúyīyàng) : 같은 모양 같은 모습이다 ; 모양이 완전히 같다[닮았다.]

这是辛亥革命以前的情形。革命以后，唐人街开始起了变化，因为中国本身也在变化，而且是急遽的变化，短短几年之内，算命卖卦的不见了。辫子的数目也迅速减少，终至完全绝迹。

绝迹(juéjì) : 자취를 감추다. 사라지다.

青年女子停止缠足，学校制度改革了，采用了新式的课程 ; 送到附近美国学校上学的孩子逐渐增加。唐人街虽然想抗拒美国邻居的影响，但是祖国有了改革，而且在生活方式上有了改变以后，这些忠贞的炎黄裔胄也终于亦步亦趋了。

亦步亦趋(yìbùyìqū) : 자신의 주견이 부족하거나 남의 비위를 맞추기 위해) 남이 하는 대로 따라 하다. 부화뇌동(附和雷同)하다. 맹목적으로 남을 따르다.

# 第十一章　纽约生活
# 뉴욕생활

时间一年一年的过去, 我的知识学问随之增长, 同时自信心也加强了。民国元年, 即一九一二年, 我以教育为主科, 历史与哲学为两附科, 毕业于加大教育学系, 并承学校赠给名誉奖, 旋赴纽约入哥伦比亚大学研究院续学。

**旋**(xuán) : 오래지 않아. 아주 빨리. 금방.

我在哥大学到如何以科学方法应用于社会现象, 而且体会到科学研究的精神。我在哥大遇到许多诲人不倦的教授, 我从他们得到许多启示, 他们的教导更使我终生铭感。

**体会**(tǐhuì) : 체득하다. 이해하다. 체험하여 터득하다. **诲人不倦**(huìrénbùjuàn) : 싫증 내지 않고 남을 교도하다. 꾸준히 남을 교양하다. **启示**(qǐshì) : 계시(하다). 시사(하다). 계발(하다). 깨우쳐주다. **终生**(zhōngshēng) : 일생. 평생. **铭感**(mínggǎn) : 감명하다. 감격하여 잊지 못하다.

我想在这里特别提一笔其中一位后来与北京大学发生密切关系的教授。他就是约翰·杜威博士(Dr. John Dewey 1859~1952)。他是胡适博士和我在哥伦比亚大学的业师, 后来又曾在北京大学担任过两年的客座教授。他的著作、演讲以及在华期间与我国思想界的交往, 曾经对我国的教育理论与实践发生重大的影响。

**提笔**(tíbǐ) : 붓을 들다. 붓을 들어 쓰다. **业师**(yèshī) : 은사(恩師). 스승. 사부. 선생. **客座教授**(kèzuòjiàoshòu) : 객원 교수.

他的实验哲学与中国人讲求实际的心理不谋而合。但是他警告我们说："一件事若过于注重实用，就反为不切实用。"

**讲求**(jiǎngqiú) : 강구하다. 추구하다. 중시하다. 신경을 쓰다. **不谋而合**(bùmóuérhé) : 의논함이 없이도 의견이 서로 같다. 약속이나 한 듯이 의견이 일치하다. **注重**(zhùzhòng) : 중시하다.

我不预备详谈在哥大的那几年生活，总之，在那几年里获益很大。我对美国生活和美国语言已感习惯，而且可以随时随地从所接触的事物汲取知识而无事倍功半之苦。

**总之**(zǒngzhī) : 총괄적으로 말해서. 요컨대. 한마디로 말하면. 하여간. 아무튼. 결국. 어쨌든. **获益**(huòyì) : 이득(利得). 얻은 것. **随时随地**(suíshísuídì) : 언제 어디서나. **事倍功半**(shìbèigōngbàn) : 많은 노력을 들였지만 성과는 그보다 적다. **汲取**(jíqǔ) : 흡수하다. 얻다.

纽约给我印象较深的事物是它的摩天大楼，川流不息的地道车和高架电车，高楼屋顶上的炫目的霓虹灯广告；剧场、影院、夜总会、旅馆、饭店；出售高贵商品的第五街，生活浪漫不拘的格林威治村，东区的贫民窟等等。

**摩天大楼**(mótiāndàlóu) : 하늘을 찌를 듯한 고층 건물. 마천루. **川流不息**(chuānliúbùxī) : 사람이나 차의 행렬이 흐르는 물처럼 끊이지 않다. **地道车**(dìdàochē) : 지하철. **高架电车**(gāojiàdiànchē) : 고속전차. **炫目**(xuànmù) : 눈부시게 하다. **霓虹灯**(níhóngdēng) : 네온사인. **影院**(yǐngyuàn) : 영화관. **夜总会**(yè zǒnghuì) : 나이트클럽. **不拘**(bùjū) : 구애되지 않다. 구속되지 않다. 제한되지 않다. **格林威治村**(gélínwēizhìcūn) : 그리니치빌리지(Greenwich Village).

在社会生活方面，新英格兰人、爱尔兰人、波兰人、意大利人、希腊人、犹太人等各族杂处，和睦如邻，此外还有几千名华侨聚居在唐人街附近。当时在这个大都会里的中国菜馆就有五百家之多。

**杂处**(záchǔ) : 각지에서 온 사람들이 한곳에 뒤섞여 살다. **聚居**(jùjū) : (어떤 지역에) 모여 거주하다. 모여 살다.

纽约市密集的人口中龙蛇混杂，包括政客、流氓、学者、艺术家、工业家、金融巨子、百万富翁、贫民窟的贫民以及各色人等，但是基本上这些人都是美国的产物。有人说："你一走进纽约，就等于离开了美国。" 事实上大谬不然。

**龙蛇混杂**(lóngshéhùnzá)：착한 사람과 나쁜 사람이 뒤섞여 있다. **巨子**(jùzǐ)：대가. 거두. **工业家**(gōngyèjiā)：실업가. **大谬不然**(dàmiùbùrán)：완전히 틀려서 절대로 그렇지는 않다. 황당하기 그지없다.

只有美国这样的国家才能产生这样高度工业化的大都市，也只有美国才能出现这种兼容并蓄的大熔炉。

**兼容并蓄**(jiānróngbìngxù)：(내용이 다르고, 성질이 상반되는 것을)모두 받아들이다. 전부 수용하다. **熔炉**(rónglú)：용광로.

种族摩擦的事可说绝无仅有。一个人只要不太逾越法律的范围，就可以在纽约为所欲为。只要他不太违背习俗，谁也不会干涉他的私人行动。只要能够找到听众，谁都可以评论古今，臧否时政。

**绝无仅有**(juéwújǐnyǒu)：아주 적다. 극히 드물다. **只要**(zhǐyào)：…하기만 하면. 오직 … 한다면. **逾越**(yúyuè)：넘다. 초과하다. **为所欲为**(wéisuǒyùwéi)：제멋대로 하다. 하고 싶은 대로 하다. 하고자 하는 대로 하다. [주로 나쁜 일에 대해 씀]. **习俗**(xísú)：습속(習俗). 습관(習慣)과 풍속(風俗). **臧否**(zāngpǐ)：좋고 나쁨을 평론하다.

法律范围之内的自由，理智领域之内的思想自由和言论自由在纽约发挥得淋漓尽致，大规模的工商业，国际性的银行业务，发明、机械和资源的极度利用，处处显示美国主义的精神和实例。

**淋漓尽致**(línlíjìnzhì)：(글이나 말이)통쾌하기 그지없다；남김없이 다 드러내다[표현하다]. **极度**(jídù)：극도로. 최대한도로.

在纽约，我们可以发现整个美国主义的缩影。我们很可能为这个缩影的眩目的外表所迷惑而忽视美国主义的正常状态，这种正常状态在美国其余各地都显而易见。

**缩影**(suōyǐng) : 축도(縮圖). 축소판. **爲…所～** : …에 의해～되다. **显而易见**(xiǎnéryìjiàn) : 뚜뚜히 보이다. 명백히 알 수 있다.

> 暑假里我常常到纽约州东北部的阿地隆台克山区去避暑。有一年暑假，我和几位中国朋友到彩虹湖去，在湖中丛山中的一个小岛上露营。白天时我们就到附近的小湖去划船垂钓。钓鱼的成绩很不错，常常满载而归，而且包括十斤以上的梭鱼。

**丛山**(cóngshān) : 끊임없이 이어진 많은 산. **露营**(lùyíng) : 캠프. 야영. 노숙. **垂钓**(chuídiào) : 낚시하다. **满载而归**(mǎnzàiérguī) : 가득 싣고 돌아오다. 많은 수확이나 성과를 이루고 돌아가다. **梭鱼**(suōyú) : 숭어. 꼬치고기.

> 我们露营的小岛上，到处是又肥又大的青蛙，我幼时在我们乡下就曾学会捉蛙，想不到到了美国之后居然有机会大显身手。一根钓竿，一根细绳，一枚用大小适当的针屈曲而成的钓钩，再加一块红布就是钓蛙的全副道具了。

**青蛙**(qīngwā) : (청)개구리. **钓钩**(diàogōu) : 낚시. **大显身手**(dàxiǎnshēnshǒu) : 크게 솜씨를[실력을] 떨치다[과시하다].

> 这些临时装备成绩惊人，我们常常在一小时之内就捉到二十多只青蛙，足够我们大嚼两餐。彩虹湖附近的居民从未吃过田鸡，他们很佩服我们的捉蛙技术，但是他们的心里一定在想："这些野蛮的中国人真古怪!"

**惊人**(jīngrén) : 사람을 놀라게 하다. 놀랄 만한. **大嚼**(dàjiáo) : 우적우적 씹어 먹다. **田鸡**(tiánjī) : 개구리의 통칭. **古怪**(gǔguài) : 이상하다. (보기)드물다. [일반적인 상황과 매우 달라 사람을 의아하게 만드는 것을 형용함].

> 晚上我们常常参加附近居民的仓中舞会，随着主人弹奏的提琴曲子婆娑起舞。我还依稀记得他们所唱的一支歌，大意是：

**弹奏**(tánzòu) : 탄주하다. (현악기를)연주하다. **提琴**(tíqín) : 바이올린, 비올라, 첼로 따위 악기의 총칭. **婆娑起舞**(pósuōqǐwǔ) : 빙빙 돌며 춤을 추다. **依稀**(yī xī) : 희미하다. 모호하다.

所有的户枢都长了锈,
门窗也都歪斜倾倒,
屋顶遮不住日晒雨漏,
我的唯一的朋友,
是灌木丛后面的,
一只黄色的小狗。

这支歌反映山区孤村生活的孤独和寂寞, 但是对城市居民而言, 它却刻画了一种宁静迷人的生活。

**户枢**(hùshū) : 문지도리. **长锈**(zhǎngxiù) : 녹이 슬다. **门窗**(ménchuāng) : 문과 창문. **歪斜**(wāixié) : 비뚤어지다. 일그러지다. 구부러지다. 휘어지다. **倾倒**(qīngdǎo) : 넘어지다. 무너지다. **刻画**(kèhuà) : (인물의 형상·성격 따위를) 묘사하다. 형상화하다.

我们有时也深入到枝叶蔽天的原始森林里。山径两旁的杜松发散着芬芳的气息。我们采撷了这些芳香的常绿枝叶来装枕头, 把大自然带回锦衾之中, 阵阵发散的芳香更使我们的梦乡充满了温馨。

**山径**(shānjìng) : 산길. **杜松**(dùsōng) : 두송. 노간주나무. **芬芳**(fēnfāng) : 향기(롭다). **气息**(qìxī) : 냄새. 향기. 숨결. 기운. 기백. 정신. **采撷**(cǎixié) : 따다. 채집하다. 수집하다. **芳香**(fāngxiāng) : 방향. 꽃다운 향기. **梦乡**(mèngxiāng) : 꿈나라. 꿈속의 세계. **枕头**(zhěn·tou) : 베개. **阵阵**(zhènzhèn) : 이따금. 간간이. **温馨**(wēnxīn) : 온화하고 향기롭다. 따스하다.

有时我们也会在浓密的树林中迷途。那时我们就只好循着火车笛的声音, 找到铁路轨道以后才能回来。经过几次教训以后, 我们进森林时就带指南针了。

**迷途**(mítú) : 길을 잘못 들다. 방향을 잃다. **教训**(jiào·xun) : 교훈하다. 가르치고 타이르다. 훈계하다. 꾸짖다.

在乡下住了一段时间之后, 重新回到城市, 的确另有一番愉悦之感。从乡村回到城市, 城市会显得特别清新可喜; 从城市到了乡村, 乡村却又显得特别迷人。原因就是环境的改变和鲜明的对照。

**的确**(díquè) : 확실히. 분명히. 정말. 참으로. 실로. **愉悦**(yúyuè) : 유쾌하고 기쁘다. 기뻐하다. **清新**(qīngxīn) : 청신하다. 맑고 새롭다. 신선하다. 참신하다. **可喜**(kěxǐ) : 즐겁다. 기쁘다. 반갑다. 만족스럽다. **迷人**(mírén) : 매력적이다. 매혹적이다.

| 外国人到中国时, 常常迷恋于悠闲的中国生活和它的湖光山色 ; 而中国人到了异国时却又常常留恋外国的都市生活。 |
|---|

**迷恋**(míliàn) : 미련을 두다[갖다]. 연연해하다. **湖光山色**(húguāngshānsè) : (거울 같은) 호수와 푸른 산이 어우러진 매우 아름다운 경치. **留恋**(liúliàn) : 차마 떠나지 못하다. 떠나기 서운해 하다. 그리워하다.

| 因此我们常常发现许多欧美人士对中国的东西比中国人自己更喜爱。在另一方面, 也有许多中国人对欧美的东西比西洋人自己更喜爱。这就是环境改换和先后对照的关系, 改换和对照可以破除单调而使心神清新。但是事物的本身价值并不因心理状态的改变而有所不同。 |
|---|

**改换**(gǎihuàn) : (다른 것으로) 바꾸다. **心神**(xīnshén) : 마음. 정신. 정신 상태. **清新**(qīngxīn) : 청신하다. 맑고 새롭다. 신선하다. 참신하다.

| 我在纽约求学的一段时间里, 中日关系突起变化, 以致两国以后势成水火。日本经过约五十年的维新之后, 于一八九四年一击而败中国, 声威渐震。 |
|---|

**势成水火**(shìchéngshuǐhuǒ) : 기세가 물과 불과 같아지다 ; 서로를 용납 치 못하는 추세로 되다. 적대 관계로 되다. **声威**(shēngwēi) : 위세. 기세.

| 中国人以德报怨, 并未因战败而怀恨在心。这次战衅反而意外地引起中国人对日本的钦仰和感激——钦仰日本在短短五十年内所完成的重大革新, 感激日本唤醒中国对自己前途的乐观。 |
|---|

**以德报怨**(yǐdébàoyuàn) : 덕으로 원한을 갚다 ; 원수에게 은덕을 베풀다. **怀恨在心**(huáihènzàixīn) : 원한을 품다. **战衅**(zhànxìn) : 분쟁. (전쟁)분규. **钦仰**(qīnyǎng) : 흠앙하다. 공경하여 우러러 사모(思慕)하다. **感激**(gǎn·jī) : 감사하다. **唤醒**(huànxǐng) : 일깨우다. (정신적으로)눈뜨게 하다. 깨우치다. 자각시키다. 각성시키다.

甲午之战可说燃起了中国人心中的希望。战后一段时间中国曾力求追随日本而发奋图强。每年到日本留学的学生数以千计。中国在军事、警务、教育各方面都采取了新制度, 而由留日返国的学生主其事。

**追随**(zhuīsuí) : 추수하다. 뒤쫓아 따르다. **发奋图强**(fāfèntúqiáng) : 노력하여 강해지기를 꾀하다. **数以千计**(shǔyǐqiānjì) : 수가 천에 이르다.

中国开始从日本发现西方文明的重要。日俄战争更使中国的革新运动获得新动力——日本已成为中国人心中的偶像了。中国通过她的东邻逐渐吸收了西方文明, 但是中国不久发现, 日本值得效法的东西还是从欧美学习而来的。更巧的是美国退还了八国联军之后的庚子赔款, 中国利用庚款选派了更多的留美学生。

**退还**(tuìhuán) : (구입하거나 빌린 것을)반환(**返還**)하다. 돌려주다. **赔款**(péi kuǎn) : (남이나 어떤 단체에 입힌 손해에 대한) 배상금(**賠償金**). 변상금(**辨償金**). **选派**(xuǎnpài) : 선발하여 파견하다. (사람을)뽑아서 보내다.

在过去, 中国学生也有以官费或自费到欧美留学的, 但是人数很少, 现在从西洋回国的留学生人数逐渐增加, 而且开始掌握政府、工商业以及教育界的若干重要位置。传教士, 尤其是美国的传教士, 通过教会学校帮助中国教育了年轻的一代。因此, 中国与日本的文化关系开始逐渐疏远, 中国人心目中的日本偶像也渐行萎缩, 但是日本人却并未意识到这种转变。

**传教士**(chuánjiàoshì) : 선교사. **萎缩**(wěisuō) : (경제가)쇠퇴하다. 부진하다. 위축하다.

日本利用第一次世界大战的机会, 在民国四年即一九一五年突然向袁世凯政府提出著名的二十一条要求, 如果中国接受这些要求, 势将成为日本的保护国。日本之所以突然提出二十一条, 是因为西方列强在战事进行中自顾不暇, 同时帝俄军事力量急剧衰退, 以致远东均势破坏。

**势将**(shìjiāng) : ~해질 것이다. **自顾不暇**(zìgùbùxiá) : 자신의 일만으로도 힘에 벅차다 ; 남을 돌볼 틈이 없다. **均势**(jūnshì) : 세력이 균형을 이룬 형세. 세력 균형.

中国既受东邻日本的逼迫, 乃不得不求助于西方国家, 中日两国从此分道扬镳, 此后数十年间的国际政治也因而改观。如果日本具有远大的眼光, 能在中国的苦难时期协助中国, 那末中日两国也许一直和睦相处, 而第二次世界大战的情形也就完全不同了。

**分道扬镳**(fēndàoyángbiāo) : 제각기 제 갈 길을 가다. **改观**(gǎiguān) : 변모하다. 면모를 일신하다. **和睦相处**(hémùxiāngchǔ) : 화목하게 지내다.

驻华盛顿的中国大使馆经政府授意把二十一条要求的内容泄漏了, 那时我正在纽约读书。这消息使西方各国首都大为震惊。抵制日货运动像野火一样在中国各地迅速蔓延以示抗议, 但是日军军舰已经结集在中国的重要口岸, 同时日本在南满和山东的军队也已经动员。

**授意**(의견을 주다. 자기의 의도를 알리다. 의중(**意中**)을 말하여 알아듣게 하다. **震惊**(zhènjīng) : 몹시[깜짝]놀라게 하다[놀래다]. **抵制**(dǐzhì) : 제압하다. 배척하다. 막아 내다. **结集**(jiéjí) : (병력을) 집결하다. 결집하다.

民国四年即一九一五年五月七日也就是日本提出二十一条要求之后四个月, 日本向袁世凯提出最后通牒, 袁世凯终于在两天之后接受二十一条要求。后来情势演变, 这些要求终于化为乌有, 但是中国对日本的钦慕和感激却由此转变为恐惧和猜疑。

**化为乌有**(huàwéiwūyǒu) : 아무것도 없게 되다. 몽땅 없어지다. 수포로 돌아가다. **恐惧**(kǒngjù) : 겁먹다. 두려워하다. 공포.

从此以后, 不论日本说什么, 中国总是满腹怀疑, 不敢置信 ; 不论日本做什么, 中国总是怀着恐惧的心情加以警戒。日本越表示亲善, 中国越觉得她居心叵测。

**满腹怀疑**(mǎnfùhuáiyí) : 의심으로 가득하다. **置信**(zhìxìn) : 믿다. **居心叵测**(jūxīnpǒcè) : 마음이 음흉하여 본심을 헤아리기 어렵다.

我们的东邻质问我们："你们为什么不像我们爱你们一样地爱我们?"我们回答说："你们正在用刺刀谈恋爱, 我们又怎么爱你们?" 九· 一八事变前几年, 一位日本将官有一天问我："中国为什么要挑拨西方列强与日本作对?"

**刺刀**(cìdāo) : 총검. **谈恋爱**(tánliàn'ài) : 사랑을 속삭이다. 연애하다. **将官**(jiàngguān) : 장성(**將星**). 장관. 장군. **挑拨**(tiǎobō) : 충동질하다. 이간시키다. 분쟁을 일으키다. **作对**(zuòduì) : 맞서다. 대립하다. 적대하다. 대항하다.

"为保持均势, 以免中国被你们并吞。" 我很坦白地回答。"日本并吞中国! 我们怎么会呢? 这简直是笑话。" "一点也不笑话, 将军。上次大战时列强自顾不暇, 日本不是曾经乘机向中国提出二十一条要求吗? 如果这些要求条条实现, 日本不是就可以鲸吞中国吗?" "哦, 哦?" 这位将军像是吃惊不小的样子。"一点不错"我直截了当的回答。

**并吞**(bìngtūn) : 병탄하다. 삼키다. **笑话**(xiào·hua) : 우스운 이야기. 웃음거리. 우스갯소리. **自顾不暇**(zìgùbùxiá) : 자신의 일만으로도 힘에 벅차다; 남을 돌볼 틈이 없다. **鲸吞**(jīngtūn) : (타국의영토를) 병탄하다. **直截了当**(zhíjiéliǎodàng) : 단도직입적이다. 시원시원하다. 단순 명쾌하다.

# 第十二章 急剧变化
# 급격한 변화

「我在民国六年即一九一七年六月间离美返国, 美国正为有史以来第一次参加欧战而忙着动员。离美前夕, 心情相当复杂, 那晚睡在哥论比亚大学的赫特莱楼, 思潮起伏, 一夜不曾阖眼。时间慢慢消逝, 终于东方发白。

**赫特莱**(hètèlái) : 허털리(Hutterly). **思潮起伏**(sīcháoqǐfú) : 이런저런 생각이 일어났다 없어졌다 하다. **阖眼**(héyǎn) : 눈을 감다. 눈을 붙이다. **消逝**(xiāoshì) : 사라지다. 없어지다. **发白**(fābái) : 동이 트다. 창백해지다.

初夏的曙光从窗外爬藤的夹缝漏进房里。清晨的空气显得特别温柔, 蔷微花瓣上满积着晶莹的露珠。附近图书馆前石阶上的圣母铜像, 似乎怀着沉重的心情在向我微笑道别, 祝她抚育的义子一帆风顺。

**曙光**(shǔguāng) : 서광. 새벽의 동터 오는 빛. **夹缝**(jiāfèng) : 근접한 두 물체 사이의 매우 좁은 틈이나 간격. 틈새. **漏进**(lòujìn) : 새어 들어오다. **花瓣**(huābàn) : 꽃잎. 화판. **晶莹**(jīngyíng) : 반짝반짝 빛나다. 투명하게 반짝이다. **露珠**(lùzhū) : (둥글게 맺힌)이슬방울. **沉重**(chénzhòng) : (마음이) 무겁다. 우울하다. 즐겁지 않다. **沉重的心情** : 무거운 마음. **道别**(dàobié) : 작별 인사를 하다. 서로 인사하고 헤어지다. **抚育**(fǔyù) : (아이나 동·식물을 정성껏)키우다. 육성하다. **义子**(yìzǐ) : 수양아들. **一帆风顺**(yīfānfēngshùn) : 순풍에 돛을 올리다. (어떤 장애도 없이) 일이 순조롭게 진행되다. **祝**(zhù) : 축원하다.

我站在窗前伫望着五年来朝夕相伴的景物, 不禁热泪盈眶。难道我就这样丢下我的朋友, 永远离开这智慧的源泉吗? 但是学成回国是我的责任, 因为我已享受了留美的特权。

**伫**(zhù) : 오랫동안 서 있다. **景物**(jǐngwù) : 경물(景物). 경치(景致). 풍물(風物). 경관(景

觀). **不禁**(bùjīn) : 참지 못하게. 견디지 못하게. 자기도 모르게. 참을 수 없을 정도로. **热泪盈眶**(rèlèiyíngkuàng) : 뜨거운 눈물이 눈에 가득하다. **享受**(xiǎngshòu) : (물질이나 정신적으로) 만족을 얻다. 누리다. 향수(享受)하다. 즐기다.

那天下午我在中央车站搭火车离开纽约前往俄亥俄州的一个城市。火车慢慢移动离开车站时, 我不住地回头望着挥手送别的美国朋友, 直到无法再看到这些青年男女朋友的影子时才坐下。

**车站**(chēzhàn) : 역. 터미널. 정류장. **前往**(qiánwǎng) : …로 가다. …로 향해 가다. …로 나아가다. 전진(前進)하다. …로 떠나가다. **俄亥俄州**(éhàiézhōu) : 오하이오주(Ohio州). **不住地**(bùzhùde) : 그치지 않고. 끊임없이. **回头**(huítóu) : 고개를 (뒤쪽으로) 돌리다.

一位朋友陪我到俄亥俄州去看他的朋友。男主人有事进城去了, 由漂亮的女主人招待我们。主人家里没有男孩, 只有一位掌上明珠。这位黑发女郎明媚动人, 长着一张鹅蛋脸, 而且热情洋溢, 真是人见人爱。

**陪**(péi) : (지위가 높은 사람이나 손님 등을) 모시다. 수행(隨行)하다. 함께 가다. 배석(陪席)하다. 동반(同伴)하다. **招待**(zhāodài) : (손님이나 고객에게)접대하다. 봉사하다. 서비스하다. **掌上明珠**(zhǎngshàngmíngzhū) : 손바닥 위의 야광주. 애지중지하는 딸 또는 물건. **女郎**(nǚláng) : 소녀. **明媚动人**(míngmèidòngrén) : 대단히 밝고 매력적이다. **鹅蛋脸**(édànliǎn) : 계란형의 갸름한 얼굴. **热情洋溢**(rèqíngyángyì) : 열정이 가득 넘쳐흐르는. **人见人爱**(rénjiànrénài) : 보기만 하면 누구든지 귀여워 하다.

我们在那里住了两星期, 正是大家忙着登记应召入伍的时候, 第一批新兵正在集合出发, 队伍浩浩荡荡经过大街, 开往营地受训, 街道两旁人山人海, 母亲们、爱人们、朋友们纷纷向出征的勇士道别, 有的拥吻不舍, 有的泪流满面, 就是旁观的人也为之鼻酸。

**应召**(yìngzhào) : 소집·소환·소견(召見)에 응하다. 부름에 응하다. **入伍**(rùwǔ) : 입영(入營)하다. 입대하다. **浩浩荡荡**(hàohaodàngdàng) : 규모가 크고 기세가 웅장하다. 위풍당당하다. **开往**(kāiwǎng) : (차, 배 따위가)…로 향해서 출발하다. **拥吻**(yōngwěn) : 안고 입을 맞추다. 포옹하고 키스하다. **不舍**(bùshě) : 멈추지 않다. 버리지 않다. (이별을)아쉬워하다. **泪流满面**([lèiliúmǎnmiàn) : 온 얼굴이 눈물 투성이이다. **鼻酸**(bísuān) : 코가 찡하다. (슬퍼서)콧등이 시큰하다.

作客期间, 我们曾经数度在月明之夜划船游湖。湖上遍布着满长金色和银色水仙花的小屿。萤火虫像流星样在夜空中闪烁。鱼儿在月色下跳跃戏水。女孩子们则齐声欢唱。我还记得一支她们喜欢唱的歌:

**作客**(zuòkè) : 방문하다. 손님이 되다. 객지에 머물다. **数度**(shùdù) : 수차례. **划船**(huáchuán) : (노 등으로) 배를 젓다. **游湖**(yóuhú) : 호수를 유람하다. **屿**(yǔ) : 작은 섬. **萤火虫**(yínghuǒchóng) : 개똥벌레. **闪烁**(shǎnshuò) : 반짝이다. 깜빡이다. [주로 빛이 밝아졌다 어두워졌다 하는 것을 가리킴]. **鱼儿**(yúr) : 작은 물고기. **月色**(yuèsè) : 달빛. **跳跃**(tiàoyuè) : 도약(跳躍)하다. 뛰어오르다. **戏水**(xìshuǐ) : 물장난하다. **齐声**(qíshēng) : 일제히. 이구동성으로 말하다. 같이 소리를 치다. **欢唱**(huānchàng) : 즐겁게 노래하다.

六月的空气温暖而清新。
你为什么不肯打开你的瓣儿?
难道你怕会有人悄悄地偷走你的心?

**瓣儿**(bànr) : 꽃잎. **难道**(nándào) : 설마…하겠는가? 그래 …란 말인가? **悄悄地**(qiāoqiāode) : 가만히。몰래。**偷走**(tōuzǒu) : 훔쳐가다。

青蛙们也嘶着粗野的歌喉随声和唱, 女孩子唱了一支又接着一支, 真到晚风带来寒意, 大家才意识到夜色已深。于是我们弃舟登岸, 在斜泻而下的月色中踏着遍沾露珠的草地回家。

**嘶**(sī) : (말이)울다. **粗野**(cūyě) : 거칠고사납다. **随声和唱**(suíshēnghéchàng) : 따라서 합창하다. **晚风**(wǎnfēng) : 밤바람. **带来**(dàilái) : 가져오다. 가져다주다. **寒意**(hányì) : 추운 느낌. 한기. **夜色**(yèsè) : 야경. 밤 정경. **斜泻**(xiéxiè) : 경사로 쏟아지다. **露珠**(lùzhū) : 이슬(방울). **草地**(cǎodì) : 잔디(밭). 초지. 초원.

时间在不知不觉间飞逝, 两个礼拜的偷快生活旋告结束。我向朋友们道别, 搭了一辆火车去旧金山。邮船慢慢离开金门海口时, 我站在甲板上望着东方, 心里念念不忙在纽约的朋友们。再会吧, 朋友们! 再会吧, 美国!

**不知不觉间**(bùzhībùjuéjiān) : 어느새. **旋**(xuán) : 오래지 않아. 아주 빨리. 금방. **邮船**(yóuchuán) : 정기 여객선. 우편선. **金门**(Jīnmén) : 골든게이트(Goldengate). **海口**

(hǎikǒu) : 해구(海口). 항구. **念念不忘**(niànniànbùwàng) : 늘[자나 깨나] 생각하며 잊지 않다. 전념하다. 한 가지 일에 몰두하다. **再会**(zàihuì) : 또 뵙겠습니다. 안녕히 계십시오[가십시오]. [다시 만날 기일을 말하지 않고 헤어질 때 씀].

回到上海时还是夏天。离开九年, 上海已经变了。许多街道比以前宽阔, 也比以前平坦。租界范围之外也已经铺筑了许多新路。百貨公司、高等旅馆、屋顶花园、游乐场、跳舞场都比以前多了好几倍。上海已经追上纽约的风气了。

**宽阔**(kuānkuò) : (강·도로·어깨 따위의 폭이) 넓다. 넓고 평탄하다. **铺筑**(pūzhù) : (길 따위를)포장하다. **屋顶花园**(wūdǐnghuāyuán) : 옥상정원. **游乐场**(yóulèchǎng) : 유원지. **跳舞场**(tiàowǔchǎng) : 댄스홀. 무도장.

离开祖国的几年之内, 上海的学校也增加了好几倍 ; 但是除了少数例外, 所有学校的经费都是由私人或中国政府负担的。少数例外的学校是多年以前公共租界当局兴办的。自从这些落伍的学校在几十年前创立以来, 租界当局的收入我想至少已经增加百倍。但还是让中国人永远无知无识罢—这样, 控制和剥削都比较方便。

**私人**(sīrén) : 개인. 민간. **落伍**(luòwǔ) : (시대에)뒤떨어지다. **至少**(zhìshǎo) : 최소한. 적어도. **无知无识**(wúzhīwúshí) : 아는 것이 아무것도 없다. 아무런 지식도 없다. **剥削**(bōxuē) : 착취하다.

年轻女孩子已剪短头发, 而且穿起高齐膝盖的短裙, 哦!对不起, 我说错了, 我的意思是指她们穿了仅到膝盖的旗袍, 当时流行的式样就是如此。当时中国摩登女子的这种衣服是相当有道理的, 从肩到膝, 平直无华, 料子多半是绸缎, 长短随时尚而定。

**膝盖**(xīgài) : 무릎. **式样**(shìyàng) : 양식. 스타일. 형상. 모양. **摩登**(módēng) : 모던(modern)(하다). 신식(이다). 최신(이다). **平直**(píngzhí) : 똑바르다. **无华**(wúhuá) : 수수하다. 화려한 색채가 없다. **绸缎**(chóuduàn) : 주단. 비단과 공단. 견직물. **时尚**(shíshàng) : 당시의 풍조. 시대적 풍모.

这原是满洲旗人的长袍, 于清朝进关时男子被迫而穿着的, 满清覆亡以后也被汉家女子采用, 因此称为"旗"袍。

**长袍**(chángpáo) : 장포. 중국 고유의 긴 남자옷[두루마기]. 도포. **覆亡**(fùwáng) : 멸망하다.

到处可以看到穿着高跟鞋的青年妇女。当你听到人行道上高跟皮鞋的急骤的笃笃声时, 你就知道年轻的一代与她们的母亲已经大不相同了。过去的羞怯之态已不复存在。也许是穿着新式鞋子的结果, 她们的身体发育也比以前健美了。

**高跟鞋**(gāogēnxié) : 하이힐. **人行道**(rénxíngdào) : 인도. 보도(步道). **急骤**(jízhòu) : 급하다. 급속하다. **笃笃**(dūdū) : 의성어(여기서는 구두 발자국 소리). **大不相同**(dà bùxiāngtóng) : 크게 다르다. **羞怯**(xiūqiè) : 부끄러워서 멈칫멈칫하다. **健美**(jiàn měi) : 건강하고 아름답다.

从前女人是缠足的。天足运动是中国改革运动的一部分, 开始于日俄战争前后, 但是在辛亥革命成功以前进展始终很慢。我想高跟鞋可能是促使天足运动迅速成功的原因, 因为女人们看到别人穿起高跟鞋婀娜多姿, 自然就不愿意再把她们的女儿的足硬挤到绣花鞋里了。

**缠足**(chánzú) : 전족(纏足)하다. **天足**(tiānzú) : 전족하지 않는 원래의 발. **婀娜多姿**(ēnuóduōzī) : 아름다운 자태. 자태의 아름다움. **硬挤**(yìngjǐ) : 억지로 끼워 넣다. **绣花鞋**(xiùhuāxié) : 수놓은 (부인용의)신발.

男子已经剪掉辫子, 但是仍旧没有舍弃长衫, 因为大家已经忘记了长衫本来就是旗袍。穿着长衫而没有辫子, 看起来似乎很滑稽。但是不久之后, 我也像大家一样穿起长衫来了, 因为无论革命与不革命, 旗袍究竟比较方便而且舒服。谁也不能抵抗既方便又舒服的诱惑, 这是人情之常。

**长衫**(chángshān) : 장삼. 남자가 입는 두루마기. **舍弃**(shěqì) : 버리다. 그만두다. 손을 떼다. 포기하다. **滑稽**(huájī) : (행동이나 말 등이) 익살맞다. 익살스럽다. 우습다. **人情之常**(rénqíngzhīcháng) : 인지상정.

也有一些人仍旧留着辫子，尤其是老年人。他们看不出剪辫子有什么好处。辫子已经在中国人头上养了两百多年，就让它再留几百年也无所谓。任何运动中总不免有死硬派的。

**无所谓**(wúsuǒwèi)：상관[관계] 없다. 아랑곳없다. **死硬派**(sǐyìng)：철저한) 강경파. 매파.

在美国时，我喜欢用中国的尺度来衡量美国的东西。现在回国以后，我把办法刚刚颠倒过来，喜欢用美国的尺度来衡量中国的东西，有时更可能用一种混合的尺度，一种不中不西，亦中亦西的尺度，或者游移于两者之间。

**颠倒**(diāndǎo)：(상하·전후의 위치가)뒤바뀌다. 상반되다. 전도하다. **游移**(yóuyí)：우물쭈물하다. 망설이다. 주저하다. 동요하다. 머뭇거리다.

我可怜黄包车夫，他们为了几个铜板，跑得气喘吁吁，汗流浃背，尤其在夏天，烈日炙灼着他们的背脊，更是惨不忍睹。我的美国尺度告诉我，这太不人道，有时我碰到一些野兽似的外国人简直拿黄包车夫当狗一样踢骂…其实我说“当狗一样踢骂”是不对的，我在美国就从来没有看见一个人踢骂过狗。

**黄包车**(huángbāochē)：인력거. **铜板**(tóngbǎn)：동전. **气喘吁吁**(qìchuǎnxūxu)：숨이 가빠서 식식거리는 모양. 씩씩 가쁜 숨을 몰아쉬다. **汗流浃背**(hànliújiābèi)：땀이 등에 배다. 땀이 철철[비 오듯] 흐르다. **尤其**(yóuqí)：특히. 더욱. **烈日**(lièrì)：열일. 강하게 내리쬐는 태양. **炙灼**(zhìzhuó)：불로 지지다. **背脊**(bèijǐ)：등. **惨不忍睹**(cǎnbùrěndǔ)：눈 뜨고 차마 볼 수 없을 정도로 참혹하다.

看到这种情形，我真是热血沸腾，很想打抱不平，把这些衣冠禽兽踢回一顿。但是一想到支持他们的治外法权时，我只好压抑了满腔气愤。我想起了“小不忍则乱大谋”的古训。“懦夫!” 我的美国尺度在讥笑我。“忍耐!” 祖先的中国尺度又在劝慰我。

**热血沸腾**(rèxuèfèiténg)：감정이 격해지다. **打抱不平**(dǎbàobùpíng)：약자(弱者)의 편을 들다. 불공평한 일을 보고 피해자를 돕다. **衣冠禽兽**(yīguānqínshòu)：의관(衣冠)을 갖춘 금수(禽獸). 행실이 아주 나쁜 사람. 비열한 사람. **只好**(zhǐhǎo)：부득이. 할 수 없이. 어쩔 수 없이. **压抑**(yāyì)：억압하다. 억제하다. 속박하다. **古训**(gǔxùn)：격언. 교훈. [고대로부

터 전해내려 온 준칙으로 삼을 수 있는 말]. **懦夫**(nuòfū) : 겁쟁이. 허약하고 무능한 남자. 소심한 사람. **讥笑**(jīxiào) : 비웃다. 조소(嘲笑)하다. 조롱(嘲弄)하다. **劝慰**(quànwèi) : 위로하다. 마음을 가라앉히게 하다.

大家还是少坐黄包车, 多乘公共汽车和电车罢! 但是这些可冷的黄包车夫又将何以为生? 回到乡下种田吗? 不可能, 他们本来就是农村的剩余劳力。摆在他们面前的只有三条路 : 身强力壮的去当强盗, 身体弱的去当小偷, 身体更弱的去当乞丐。那末怎么办? 还是让他们拖黄包车罢! 兜了半天圈子, 结果还是老地方。

**兜圈子**(dōuquānzi) : 빙빙 돌다. 선회하다. 여기저기 빈둥빈둥 돌아다니다[쏘다니다]. **老地方**(lǎodì·fang) : 원래의 곳. 늘 가는 곳.

那末就发展工业, 让他们去做工吧。但是没有一个稳定的政府, 工业又无法发展。农村里农夫过剩, 只要军阀们肯出钱, 或者肯让他们到处掳掠, 这些过剩的农夫随时可以应募当兵, 在这种情形下, 欲求政府稳定势不可得。因此发展工业的路还是走不通。

**那末**(nà·mo) : 그러면. 그렇다면. 그런고로. [앞 문장은 상대방의 말이거나 자신이 제출한 문제나 가설임]. **应募**(yìngmù) : 응모하다. 모집에 응하다. **欲求**(yùqiú) : 욕구(하다). **走不通**(zǒu·butōng) : 빠져 나갈 수가 없다. 통하지 않다. **势不可得**(shìbùkěde) : 불가능할 수밖에 없다.

租界公园门口的告示牌已经有了改进, "犬与华人不得入内"的禁条已经修改为"只準高等华人入内"。甚至一向趾高气扬的洋人, 也开始发现有些值得尊重的东西, 正在中国抬头。关于上海的事, 暂时谈到此地为止。

**趾高气扬**(zhǐgāoqìyáng) : 의기양양하다. 득의양양하다. 우쭐거리다. 잘난 체하다. **抬头**(táitóu) : 대두하다. 왕성해지다. 좋아지다. 진보하다. 고개를 들다.

上海这个华东大海港和商业中心, 现在已经与向有人间天堂之称的苏州和杭州由铁道互相衔接。由上海到苏州的铁路再往西通到南京, 在下关渡长江与津浦铁路衔接, 往北直通天津和当时的首都北京。上海往南的铁路止于杭州, 尚未通到宁波。

**海港**(hǎigǎng) : (해안에 있는) 항구. 항만. **下关**(xiàguān) : 지명.

> 我的家乡离宁波不远。宁波虽是五口通商的五口之一, 但是始终未发展为重要的商埠, 因为上海迅速发展为世界大商埠之一, 使宁波黯然无光。宁波与上海之间有三家轮船公司的船只每夜对开一次; 两家是英国公司, 第三家就是招商局。

**家乡**(jiāxiāng) : 고향. **始终**(shǐzhōng) : 언제나. 결국. 끝내. 늘. **商埠**(shāngbù) : 상업도시. **黯然无光**(ànránwúguāng) : 암담하고 생기가 없다. **船只**(chuánzhī) : 배. 선박. **对开**(duìkāi) : (자동차·배 따위가)쌍방에서 동시에 출발하다.

> 许多年前我父亲曾经拿这些轮船作蓝本, 打造没有锅炉而使用手转木轮的"轮船", 结果无法行驶。我从上海经宁波还乡, 与我哥哥搭的就是这种轮船的二等舱。

**蓝本**(lánběn) : 원본. 출전(出典). 저본(底本). **打造**(dǎzào) : (주로 금속 제품을) 만들다. 제조하다. **锅炉**(guōlú) : 보일러. **行驶**(xíngshǐ) : (차·배 따위가) 다니다. 통행하다. 운항(運航)하다. **二等舱**(èrděngcāng) : 이등객실.

> 事隔二十年, 乘客的生活无多大改变。过道和甲板上乘客挤得像沙丁鱼, 一伸脚就可能踩到别人。我们为了占住舱位, 下午五点钟左右就上了船。小贩成群结队上船叫卖, 家常杂物, 应有尽有, 多半还是舶来品。

**事隔多年**(shìgéduōnián) : 그 일이 있은 지 오랜 세월이 흐르다. 그때로부터 여러 해가 지나다. **过道**(guòdào) : 새로운 양식의 가옥에서, 정문에서 각 방에 이르는 통로나 복도. **挤**(jǐ) : 빽빽이 들어차다. 꽉 차다. 붐비다. **沙丁鱼**(shādīngyú) : 정어리. **踩**(cǎi) : 밟다. 짓밟다. **舱位**(cāngwèi) : (배·비행기 따위의) 객석. 좌석. 자리. **小贩**(xiǎofàn) : 소상인. 행상인. 영세상인. **成群结队**(chéngqúnjiéduì) : 무리를 이루다. **叫卖**(jiàomài) : (거리·상점에서) 외치며 팔다. **家常杂物**(jiāchángzáwù) : 일상생활에 사용하는 잡다한 물건. **应有尽有**(yīngyǒujìnyǒu) : 있어야 할 것은 전부 다 있다.

> 水果贩提了香焦、苹果和梨子上船售卖。我和哥哥还因此辩论了一场。哥哥要买部分腐败的水果, 因为比较便宜。"不行," 我说, "买水果的钱固然省了, 看医生的钱却多了。"

**水果贩**(shuǐguǒfàn) : 과일상. **香蕉**(xiāngjiāo) : 바나나. **梨子**(lízi) : 배. **售卖**(shòumài) : 판매하다.

"哈, 哈 …… 我吃烂梨子、烂苹果已经好几年," 他说, "烂的味道反而好。我从来没有吃出过毛病。" 他随手捡起一个又大又红, 然而烂了一部分的苹果, 咬掉烂的一部分, 其余的全部落肚, 我耸耸肩膀, 他仰天大笑。

**烂**(làn) : 썩다. 부패하다. 곪다. **随手**(suíshǒu) : …하는 김에 …하다. 즉석에서[즉시]하다. **落肚**(luòdù) : 뱃속으로 삼키다. **耸耸肩膀**(sǒngsǒngjiānbǎng) : 어깨를 으쓱거리다. **仰天大笑**(yǎngtiāndàxiào) : 앙천대소하다. 하늘을 쳐다보고 크게 웃다.

天亮前我们经过宁波港口的镇海炮台。一八八五年中法战争时镇海炮台曾经发炮轰死一位法军的海军上将。

**轰死**(hōngsǐ) : 폭사(爆死)하다. **法军**(fǎjūn) : 프랑스 군대. **上将**(shàngjiàng) : 대장.

天亮了, 码头上的喧嚷声震耳欲聋。脚夫们一拥上船拼命抢夺行李。一不留神, 你的东西就会不翼而飞。我和哥哥好容易在人丛中挤下跳板, 紧紧地钉在行李夫的背后, 唯恐他们提了我们的东西溜之大吉。

**喧嚷**(xuānrǎng) : 떠들어대다. 시끄럽게 굴다. **震耳欲聋**(zhèněryùlóng) : 귀청이 떨어질 만큼 소리가 크다. **一拥而上**(yīyōngérshàng) : 우르르 몰려들다. 왁 밀려오다. **拼命**(pīnmìng) : 필사적으로 하다. 적극적으로 하다. **抢夺**(qiǎngduó) : 빼앗다. 강탈하다. **不留神**(bùliúshén) : 조심하지 않다. **不翼而飞**(bùyìérfēi) : (물건이) 온 데 간 데 없다. **好容易**(hǎoróngyì) : 겨우. 간신히. 가까스로. **人丛**(réncóng) : 사람의 무리. **跳板**(tiàobǎn) : 발판. **紧紧地**(jǐnjǐnde) : 바싹. **钉**(dīng) : 바싹 뒤쫓다. **唯恐**(wéikǒng) : 다만 …가[할까] 두렵다[걱정이다]. **溜之大吉**(liūzhīdàjí) : (슬그머니)달아나는 것이 상책이다 ; 줄행랑 놓다. 몰래 달아나다.

宁波几乎与九年前一模一样。空气中充塞着咸鱼的气味。我对这种气味颇能安之若素, 因为从小就经常吃咸鱼。宁波是个鱼市, 而且离宁波不远的地方就盛产食盐。我们跟着行李夫到了车站, 发现一列火车正准备升火开往我的家乡余姚。

**一模一样**(yīmúyīyàng) : 같은 모양 같은 모습이다 ; 모양이 완전히 같다[닮았다]. **充塞**(chōngsè) : 가득 차다[채우다]. 충만하다. **咸鱼**(xiányú) : 소금에 절인 생선. **气味**

(qìwèi) : 냄새. 내. **安之若素**(ānzhīruòsù) : (불리한 정황 속에서도) 평상시처럼 태연자약하다. **盛产**(shèngchǎn) : 많이 나다. 많이 생산하다. **升火**(shēnghuǒ) : 시동을 걸다.

沿铁道我看到绵亘数里的稻田, 稻波荡漾, 稻花在秋晨的阳光下发光, 整齐的稻田在车窗前移动, 像是一幅广袤无边的巨画。清晨的空气中洋溢着稻香, 呵, 这就是我的家乡!

**绵亘**(miángèn) : (산맥 따위가) 연달아 있다. 끊임없이 뻗쳐 있다. **荡漾**(dàngyàng) : (물·파도가) 출렁이다. 넘실거리다. (음성·감정 등이)물결치다. 감돌다. 맴돌다. **稻花**(dàohuā) : 벼꽃. **广袤**(guǎngmào) : 넓디넓다. **洋溢**(yángyì) : (정서나 분위기 등이)(충분히)겉으로 나타내다. 표출(表出)하다. 충만(充滿)하다. 가득 차(게 하)다.

火车进余姚车站时, 我的一颗心兴奋得怦怦直跳。我们越过一座几百年前建造的大石桥, 桥下退落的潮水正顺着江流急泻而下。从桥洞里还可以看到钓翁们在江边垂钓。这桥名曰武胜桥, 意指英武常胜。因为四百年前当地居民为保卫余姚县城, 曾与自日本海入侵的倭寇屡次在桥头堡作战。这些倭寇大家都认为就是日本人。

**怦怦直跳**(pēngpēngzhítiào) : 가슴이 다 쿵쿵 뛰다. **退落**(tuìluò) : (물의 기세 등이) 꺾이다. 약해지다. 줄다. **江流**(jiāngliú) : 강물. **泻**(xiè) : 액체 등이 밑을 향해) 매우 빠르게 흐르다. 매우 빠르게 쏟아지다. **桥洞**(qiáodòng) : 교각 사이의 아치형으로 이루어진 공간. **钓翁**(diàowēng) : 낚시꾼. **垂钓**(chuídiào) : 낚시하다. **英武**(yīngwǔ) : 영민하고 용맹스럽다. **屡次**(lǚcì) : 자주. 종종. 되풀이하여.

我们跑进院子时, 秋阳高照, 已是晌午时分。父亲站在大厅前的石阶上, 两鬓斑白, 微露老态, 但是身体显然很好, 精神也很旺健。他的慈祥眼睛和含笑的双唇洋溢着慈父的深情。我兄弟两人恭恭敬敬地向他老人家行了三鞠躬礼。旧式的叩头礼在某些人之间已经随着清朝的覆亡而成为历史陈迹了。

**院子**(yuànzi) : 정원(庭園). 뜰. **高照**(gāozhào) : 높은 곳에서 비추다. **晌午**(shǎngwu) : (방언)정오(正午). 한낮. 오정(午正). 낮 열두 시. 상오(晌午). **时分**(shífèn) : 무렵. 철. 시절. 때. 녘. **两鬓**(liǎngbìn) : 양쪽 귀밑머리. **斑白**(bānbái) : (수염과 머리카락이)희끗하다. **微露**(wēilù) : 약간 드러내다. **老态**(lǎotài) : 늙은 티. **旺健**(wàngjiàn) : 강건하다. 건장하다. **洋溢**(yángyì) : (정서나 분위기 등이)(충분히) 겉으로 나타내다. 표출(表出)하다. 충만(充滿)하다.

가득 차(게 하)다. **恭恭敬敬地**(gōnggōngjìngjìngde) : 공손하게. **老人家**(lǎorenjia) : 노인장. 어르신. 어르신네. [늙은 사람에 대한 존칭]. **行鞠躬礼**(xíngjūgōnglǐ) : 허리 굽혀 인사하다. **叩头**(kòutóu) : 고두하다. 머리를 조아리다. **陈迹**(chénjì) : 과거의 일. 지난 일.

父亲已经剪掉辫子, 但是仍然穿着旧式布鞋。他说话不多: 在这种场合, 沉默胜似千言万语。我们随即进入大厅。直背的椅子靠墙很对称的排列着, 显见他的生活方式仍然很少改变。

**胜似**(shèngsì) : (어떤 물건이나 사람과 서로 견주어 볼 때 더욱) 뛰어나다. 우수하다. 낫다. 좋다. ~보다 낫다. 우수하다. **布鞋**(bùxié) : 헝겊 신. **千言万语**(qiānyánwànyǔ) : 수없이 많이 하는 말. **随即**(suíjí) : 즉시(卽時). 곧.

正墙上悬着镶嵌贝壳的对联, 右联是"海阔凭鱼跃", 左联是"天空任鸟飞"。对联的中间是一幅墨竹, 竹叶似乎受秋风吹拂, 都倾向一边。这一切很可以显示一种满足的, 安静的, 而且安定的生活。

**镶嵌**(xiāngqiàn) : 끼워 넣다. 상감하다. **海阔**(hǎikuò) : 넓은 바다. **墨竹**(mòzhú) : 오죽. **吹拂**(chuīfú) : 약한 바람이 스치다. 미풍이 스치다. **安静**(ānjìng) : 고요하다. 조용하다.

大厅后面有一个小院子, 长方形的大盘子里堆砌着山景, 因此使高墙的院子里凭添山水之胜。小寺小塔高踞假山之上, 四周则围绕着似乎已历数百年的小树。山坳里散坐着小小的猴子, 母猴的身旁则偎依着更小的小猴, 这些微小的假猴显得如此玲珑可爱, 我真希望它们能够变成活猴一样大小而跳进我的怀里。

**盘子**(pánzi) : (높이가 얕고 바닥이 넓적한) 쟁반(錚盤). **堆砌**(duīqì) : (벽돌이나 돌을) 쌓다. **假山**(jiǎshān) : 가산(假山). 석가산(石假山). [정원에 강소성(江蘇省)에서 나는 태호석(太湖石) 덩어리를 쌓아 만든 작은 산]. **历数**(lìshǔ) : 낱낱이 세다. **山坳**(shānào) : 산간 평지. [일반적으로 분수령 산맥보다 높은 곳에 있는 요충지(要衝地)를 가리킴]. **猴子**(hóuzi) : 원숭이. **散坐**(sànzuò) : (자리 순서 등에) 구애 받지 않고 마음대로 앉다. **偎依**(wēiyī) : 다가가다. 가까이 기대다. 의지하다. **玲珑**(línglóng) : (사람이) 영리하고 민첩하다.

小寺小塔之外还有一个小凉亭, 亭边长着一丛篁竹。假池子里则有唼喋的金鱼和探螯觅食的小虾。这一切的一切, 都使人有置身自然之感。

**一丛**([yīcóng) : 한 무리의. **篁竹**(huángzhú) : 왕대. **唼喋**(shàzhá) : 삭삭. [물고기 떼나 물새 떼가 먹이를 먹는 소리] 벙긋벙긋. [물고기 떼나 물새 떼가 입을 열고 닫는 모양]. **金鱼**(jīnyú) : 금붕어. **探螯**(tànáo) : 집게발을 내밀다. **觅食**(mìshí) : 먹을 것을 찾다. 먹이를 구하다. **这一切的一切** : 이 모든 것 하나하나. **置身自然**(zhìshēnzì·ran) : 자연에 몸을 두다.

刘老丈听说我回家了，当天下午就来看我。在我童年时代，刘老丈曾经讲许多故事给我们听，小孩子们都很喜欢他。那天下午，他讲了许多有趣的故事。他告诉我，老百姓们听到革命成功的消息时欢喜得什么似的。

**老丈**(lǎozhàng) : 노인장. 어르신네. 영감. 남편. **欢喜**(huānxǐ) : 기쁘다. 즐겁다. 좋아하다. 즐기다. 좋아하다.

城里的人一夜之间就把辫子剪光了。年轻人买了西装，穿起来很像一群猴子。他又告诉我，短裙与短发如何在后来侵入县城。革命以后，他那留了七十多年的辫子居然也剪掉了，可见他对革命和民国仍然是很赞成的。

**一夜之间**(yīyèzhījiān) : 하룻밤사이에. **西装**(xīzhuāng) : 양복. **县城**(xiànchéng) : 현도(縣都). [현(縣)의 행정기관(行政機關)이 소재하는 도시]. **居然**(jūrán) : 뜻밖에. 생각 밖에. 의외로. **可见**(kějiàn) : …을 알 수 있다. …을 볼 수 있다. [앞 문장을 통해 다음 상황에 대해 판단 또는 결론을 낼 수 있음을 나타냄].

起先他有点想不通，没有皇帝坐龙庭，这个世界还成什么样子？但是过了一段时期以后，他才相信民国的总统，照样可以保持天下太平。他说，反正天高皇帝远，地方治安本来就靠地方官府来维持。民国以来，地方官府居然做得还不错。

**起先**(qǐxiān) : 처음에. 최초로. **想不通**(xiǎngbutōng) : 납득할 수 없다. 이해할 수 없다. **龙庭**(lóngtíng) : 조정. 제왕의 자리. **照样**(zhàoyàng) : 예전처럼. 종전처럼. 이전처럼. 그대로. **反正**(fǎnzhèng) : 어차피. 어쨌든. 틀림없이. **不错**(bùcuò) : 괜찮다. 좋다. 나쁘지 않다.

他说，五十年前 太平军侵入县城时，许多脑袋连辫子一起落了地，现在我们虽然丢掉辫子，脑袋总还存在。他一边说，一边用他皮包骨的手指摸着脑袋，样子非常滑稽，因此 引得大家都笑了。

**脑袋**(nǎodai) : 머리. **皮包骨**(píbāogǔ) : 몹시 마르다. 피골(皮骨)이 상접(相接)하다. 매우 여위다. **摸**(mō) : (손으로) 만지다. 어루만지다.

那天晚饭吃得比较早, 饭后他告辞回家, 暮色苍茫中不留神在庭前石阶上滑了一跤, 幸亏旁边有人赶紧抓住他的肩膀, 搀住他没有跌伤。他摇摇头自己开自己的玩笑说 : "三千年前姜太公八十遇文王, 我刘太公八十要见阎王了。" 说罢哈哈大笑, 兴高采烈地回家去。

**告辞**(gàocí) : (주인에게)작별을 고하다. **暮色**(mùsè) : 황혼. 저녁 빛. 해질 무렵의 경치. **苍茫**(cāngmáng) : 아득히 요원하다. 끝이 없다. **滑了一跤**(huáleyījiāo) : 미끄러지다. **赶紧**(gǎnjǐn) : 서둘러. 급히. 어서. **搀住**(chānzhu) : 부축하다. **跌伤**(diēshāng) : 낙상하다. **兴高采烈**(xìnggāocǎiliè) : 매우 흥겹다. 매우 기쁘다. 신바람 나다. 기뻐 어찌 할 바를 모르다.

几天之后消息传来, 刘太公真地见阎王去了。对我而言, 我失去了一位童年时代的老朋友, 而且再也聽不到这位风趣的老人给我讲故事了。

**阎王**(yán·wang) : 염라대왕. **风趣**(fēngqù) : (말·문장의)재미. 해학. 유머.

十五年前左右, 姊姊和我创办的一所学校现在已经改为县立女子学校。大概有一百名左右的女孩子正在读书。她们在操场上追逐嬉笑, 荡秋千荡得半天高。新生一代的女性正在成长。她们用风琴弹奏<史华尼河>和<迪伯拉莱>等西洋歌曲, 流行的中国歌更是声闻户外。

**操场**(cāochǎng) : 운동장. **追逐嬉笑**(zhuīzhúxīxì) : 쫓거니 쫓기거니 하며 뛰놀다. **荡秋千**(dàngqiūqiān) : 그네를 뛰다. **半天**(bàntiān) : 공중. 중천(中天). **新生一代**(xīnshēngyīdài) : 신세대. **迪伯拉莱**(díbólālái) : 디보랄라이. **弹奏**(tánzòu) : 탄주하다. (현악기를) 뜯다. 연주하다. **户外**(hùwài : 옥외.

我在家里住了一星期左右, 随后就到乡下去看看蒋村的老朋友。童年时代的小孩子现在都已成人长大, 当时的成年人现在已经是鬓发斑白的老人。至于当年的老人, 现在多已经入土长眠, 只有极少数历经村中沧桑的老人还健在。

**鬓发斑白**(bìnfàbānbái) : 귀밑머리가 희끗희끗한. **入土长眠**(rùtǔcháng mián) : 땅에 묻혀 잠들다. 죽다. **历经沧桑**(lìjīngcāngsāng) : 온갖 경험을 하다.

村庄的情形倒不像我想像中的那样糟。早年的盗匪之灾已经敛迹, 因为老百姓已经能够适应新兴的行业, 而且许多人已经到上海谋生去了。上海在工商业发展以后, 已经可以容纳不少人。任何变革正像分娩一样, 总是有痛苦的。

**早年**(zǎonián) : 여러 해 전. 오래전. **敛迹**(liǎnjì) : 잠잠해지다. 고요해지다. 발을 끊다.

但是在分娩以后, 产妇随即恢复正常, 而且因为添了小宝宝而沾沾自喜。中国一度厌恶的革命现在已经根深蒂固, 无法动摇。而且愈变愈厉, 中国也就身不由已地不断往前迈进 … 至于究竟往那里跑, 或者为什么往前跑, 亿万百姓却了无所知。

**产妇**(chǎnfù) : 산모. 임산부. **随即**(suíjí) : 즉시(卽時). 곧. **小宝宝**(xiǎobǎobǎo) : 귀염둥이 (아기). **沾沾自喜**(zhānzhānzìxǐ) : 득의양양하며 스스로 즐거워하다. 우쭐거리며 뽐내다. **厌恶**(yànwù) : 혐오(嫌惡)하다. 염오(厭惡)하다. 싫어하다. **根深蒂固**(gēnshēndìgù) : 깊이 뿌리내리다. **身不由己**(shēnbùyóujǐ) : 몸이 자기 마음대로 되지 않다 ; 어쩔 수 없이. **究竟**(jiūjìng) : 도대체. 대관절. **亿万**(yìwàn) : 억만(의). 무수(한). **了无所知**(liǎowúsuǒzhī) : 아무것도 모르다.

我的大伯母已经卧病了好几个月, 看到我回家非常高兴, 吩咐我坐到她的床旁, 还伸出颤巍巍的手来抚摸我的手, 她告诉我过去十六年中谁生了儿子, 谁结了婚, 谁故世。她说世界变了, 简直变得面目全非。女人已经不再纺纱织布。

**卧病**(wòbìng) : 와병하다. 앓아눕다. **颤巍巍**(chànwēiwēi) : 흔들흔들하는. 휘청거리는. 하느작거리는. 한들한들하는. 비틀거리는. 부들부들 떠는. [주로 노인 또는 병자의 동작을 형용]. **抚摸**(fǔmō) : 어루만지다. 쓰다듬다. **面目全非**(miànmùquánfēi) : (주로 좋지 않은 의미로 쓰이며)모습이 전혀 달라지다. 딴 것으로 되다. 옛 모습을 찾아볼 수 없게 되다.

因为洋布又好又便宜。她们已经没有多少事可以做, 因此有些就与邻居吵架消磨光阴, 有些则去念经拜菩萨。年轻的一代都上学堂了。有些女孩则编制发网和网线餐巾销售到美国去, 出息不错。

**洋布**(yángbù) : 캘리코(calico). **又…又～** : …하고～하다. **吵架**(chǎojià) : 말다툼하다.

언쟁하다. **消磨**(xiāomó) : (시간 등을) 헛되이 보내다. **念经**(niànjīng) : 독경하다. 경문을 소리 내어 읽다. **拜菩萨**(bàipúsà) : 보살을 섬기다. **编制**(biānzhì) : (길고 가는 물건을 서로 교차하여)엮다. 짜서 만들다. **发网**(fàwǎng) : 헤어네트(hairnet). **网线**(wǎngxiàn) : 어망을 짜는 실. **餐巾**(cānjīn) : 냅킨(napkin). [식사할 때 옷에 음식물이 묻는 것을 방지하기 위해서 무릎이나 가슴에 두르는 사각형 천]. **销售**(xiāoshòu) : (상품을) 팔다. 판매(販賣)하다. 매출(賣出)하다. 매도(賣渡)하다. 매각(賣却)하다. **出息**(chūxi) : 발전성. 전도. 장래성.

很多男孩子跑到上海工厂或机械公司当学徒, 他们就了新行业, 赚钱比以前多。现在村子里种田的人很缺乏, 但是强盗却也绝迹了。天下大概从此太平无事, 夜里听到犬吠, 大家也不再像十年前那样提心吊胆。

**学徒**(xuétú) : 도제. 견습생. 실습생. **绝迹**(juéjì) : 자취를 감추다. 사라지다. **太平无事**(tàipíngwúshì) : 평온무사하다. **提心吊胆**(tíxīndiàodǎn) : 매우 걱정되고 두렵다.

但是她发现进过学校的青年男女有些事实在要不得。他们说拜菩萨是迷信, 又说向祖先烧纸钱是愚蠢的事。他们认为根本没有灶神。庙宇里的菩萨塑像在他们看来不过是泥塑木雕。他们认为应该把这些佛像一齐丢到河里, 以便破除迷信。

**要不得**(yàobude) : (사람 또는 사물이 좋지 않아)동의할 수 없거나 용인할 수 없다. **愚蠢**(yúchǔn) : 어리석다. 우둔하다. 미련하다. **破除**(pòchú) : 타파(打破)하다. 배제(排除)하다. 제거(除去)하다.

他们说男女应该平等。女孩子说她们有权自行选择丈夫, 离婚或者丈夫死了以后有权再嫁。又说旧日缠足是残酷而不人道的办法。说外国药丸比中国药草好得多。他们说根本没有鬼, 也没有灵魂轮回这回事。人死了之后除了留下一堆化学元素的化合物之外什么也没有了。他们说唯一不朽的东西就是为人为国家服务。

**残酷**(cánkù) : 잔인하다. 잔혹하다. 냉혹하다. **不人道**(bùréndào) : 사람의 도리에 맞지 않다. 비인도적이다. **药丸**(yàowán) : 환약(丸藥). 알약. 환제(丸劑). 약환(藥丸). **不朽**(bùxiǔ) : 불후(不朽)하다. 영원히 소멸되지 않다. 영원토록 변하지 않다.

一只肥肥的黑猫跳上床，在她枕旁咪咪直叫。她有气无力地问我："美国也有猫吗?" 我说是的。再一看，她已经睡熟了。我轻轻地走出房间，黑猫则仍在她枕旁呼噜作响，并且伸出软绵绵的爪子去碰碰老太太的脸颊。

**咪咪**(mīmī)：야옹. (고양이 우는 소리). **有气无力**(yǒuqìwúlì)：맥이 없다. 풀이 죽다. 원기가 없다. **睡熟**(shuìshú)：숙면하다. 충분히 잘 자다. **呼噜**(hūlū)：드르렁. [코를 골 때 나는 소리]. 그렁그렁. **软绵绵**(ruǎnmiánmián)：부드럽다. 온화하다. **爪子**(zhuǎzi)：(날카로운 발톱이 있는 짐승의) 발.

我和大伯母谈话时，我的侄女一直在旁边听着。我走出房间以后，她也赶紧追了出来。她向我伸伸舌头，很淘气地对我说："婆婆太老了，看不惯这种变化。" 一个月之后，这位老太太终于离开这个疯狂的不断在变的世界。

**赶紧**(gǎnjǐn)：서둘러. 급히. 어서. **淘气**(táoqì)：장난이 심하다. **婆婆**(pópo)：소모(祖母). 외조모(外祖母). **看不惯**(kànbuguàn)：눈에 거슬리다. 눈꼴이 사납다.

接着我去拜望三叔母，她的年岁也不小了，身体却很健旺。我的三叔父有很多田地，而且养了许多鸡、鸭、鹅和猪。三叔母告诉我一个悲惨的故事。我的一位童年时代的朋友在上海，做黄金投机生意，蚀了很多钱。

**拜望**(bàiwàng)：[높임말]문안하다. 방문하다. **健旺**(jiànwàng)：몸이 건강하다. 정력이 왕성하다. **鹅**(é)：거위. **悲惨**(bēicǎn)：비참(悲惨)하다. 가슴 아프다. **蚀**(shí)：밑지다. 손실을 보다. 손해 보다.

结果失了业，回到村里赋闲。一年前吞鸦片自杀，他的寡妇和子女弄得一贫如洗，其中一位孩子就在皂荚树下小河中捉虾时淹死了。三叔母捉住一只又肥又大的阉鸡，而且亲自下厨。鸡烧得很鲜美，鸡之外还有鱼有虾。

**赋闲**(fùxián)：직업이 없이 놀고 있다. **一贫如洗**(yīpínrúxǐ)：매우 가난하다. 무척 빈곤하다. **皂荚树**(zàojiáshù)：쥐엄나무. **淹死**(yānsǐ)：익사(溺死)하다. 물에 빠져 죽다. **下厨**(xiàchú)：(손님을 환대하기 위하여)직접 요리를 만들다. **鲜美**(xiānměi)：맛이 아주 좋다.

三叔告诉我, 上一年大家开始用肥田粉种白菜, 结果白菜大得非常, 许多人认为这种大得出奇的白菜一定有毒, 纷纷把白菜拨起来丢掉。但三叔父却不肯丢, 而且廉价从别人那里买来腌起来。腌好的咸菜香脆可口, 这位老人真够精明。

**肥田粉**(féitiánfěn) : 유산암모늄. **种**(zhòng) : (씨를) 뿌리다. (모를)심다. 기르다. 경작하다. **出奇**(chūqí) : 특별하다. 일반적이 아니다. 기발하다. 비범하다. 유다르다. **纷纷**(fēnfēn) : (많은 사람이나 물건이) 잇달아. 몇 번이고. 쉴 사이 없이. 계속하여. **拨**(bō) : 제거하다. 폐지하다. **腌**(yān) : 소금·설탕·간장·술 따위에)절이다. **香脆**(xiāngcuì) : 서근서근하다. **可口**(kěkǒu) : (식품이나 음료 등이)맛있다. 입에 맞다. 감칠맛 있다. 온도가 적당하다.

小时候曾经抱过我的一位老太婆也从村子里来看我。她已经九十多岁, 耳朵已经半聋, 却从她的村子走了四里多路来看我。她仔仔细细地把我从头到脚端详一番, 看我并无异样才安了心。

**端详**(duānxiang) : 자세히 보다. **异样**(yìyàng) : 이상하다. 색다르다. 특별하다. [평소와는 다름을 형용함].

她说, 这位大孩子从前又瘦又小, 而且很顽皮。他曾经在他哥哥的膝头咬了一口, 留下紫色的齿印。结果自己号啕大哭, 怪哥哥的膝盖碰痛了他的牙齿。"你记不记得那两位兄弟在父亲死之后分家的事?" 她问我。两兄弟每人分到他们父亲的房子的一个边厢, 又在大厅的正中树了一片竹墙, 把大厅平分为二。

**顽皮**(wánpí) : (아이들이) 장난이 심하다. 개구장이다. 짓궂다. **膝头**(xītóu) : 무릎. **齿印**(chǐyìn) : 잇자국. **号啕大哭**(háotáodàkū) : 대성통곡하다. **碰痛**(pèngtòng) : 부딪혀서 아프다. **边厢**(biānxiāng) : 주위. 근처. 옆. 곁. **一边厢**(yībiānxiāng) : 한편. 다른 쪽. **平分**(píngfēn) : (토지, 군대 등을)평등하게 나누다. 균분하다.

一位兄弟在他的那一半厅子里养了一头牛, 另一位兄弟气不过, 就把他的半边厅子改为猪栏来报复。他们父亲留下一条船, 结果也被锯为两半。这两位缺德兄弟真该天诛地灭! 后来祝融光顾, 他们的房子烧得精光。老天爷是有眼的!

厅子(tīng·zi):홀. 응접실. 대청. 气不过(qì·buguò):화가 나서[치밀어] 견딜 수 없다. 猪栏(zhūlán):돼지우리. 锯(jù):켜다. 톱질하다. 缺德(quēdé):부덕(不德)하다. 부도덕(不道德)하다. 몰인정하다. 비열하다. 악랄하다. 天诛地灭(tiānzhūdìmiè):하늘과 땅의 주벌(誅伐)을 받다;지은 죄가 커서 하늘과 땅이 용서하지 않다. 천벌을 받다. 光顾(guānggù):왕림(하다). 精光(jīngguāng):(아무것도 남은 것이 없이) 깨끗하다. 말끔하다. 老天爷是有眼的:하늘에 눈이 있다.

他们把那快地基卖掉了。一位在上海做生意的富商后来在这块地上建了一座大洋房。洋房完工时, 她曾经进去参观, 转弯抹角的走廊、楼梯和玻璃门, 弄得她头昏眼花, 进去以后简直出不来。

地基(dìjī):택지. 집터. 富商(fùshāng):호상. 거상. 洋房(yángfáng):양옥. 转弯抹角(zhuǎnwānmòjiǎo):꼬불꼬불한 길을 가다. 길이 꼬불꼬불하다. 头昏眼花(tóu hūnyǎnhuā):머리가 어지럽고 눈이 가물거리다. 머리가 아찔하고 눈앞이 캄캄하다. 简直(jiǎnzhí):그야말로. 너무나. 전혀. 정말로

她试过沙发和弹簧床, 一坐就深陷不起, 真是吓了一大跳。最使她惊奇的是屋主人从上海买来的一架机器。轮子一转, 全屋子的灯泡都亮了, 黑夜竟同白昼一样亮。

沙发(shāfā):소파(sofa). 弹簧床(tánhuángchuáng):스프링 침대. 试过(shìguò):~해보다. 惊奇(jīngqí):매우 이상하게 여기다. 매우 의아해하다.

管机器的是她邻居的儿子。他是在上海学会开机器的。她做梦也想不到这位笨头笨脑的孩子居然能够拨弄那样复杂的一件机器。她离得远远地看着飞转的轮子, 唯恐被卷进去碾成肉浆。

笨头笨脑(bèntóubènnǎo):어리석다. 우둔하다. 拨弄(bōnong):손으로 만지작거리다. 가지고 놀다. 좌지우지하다. 飞转(fēizhuàn):(바퀴 따위가) 빨리 돌다. 碾(niǎn):(연자매·돌절구·맷돌 등으로)곡물 따위로 빻다[찧다, 갈다, 정미하다]. 肉浆(ròujiāng):잘게 다져 저민 고기.

她还注意到另一件怪事:厨房里没有灶神。这一家人而且不拜祖先。厨房里没有灶神, 她倒不大在乎, 但是一个家庭怎么可以没有祖宗牌位? 据说屋主人相信一种不拜其他神佛的教。

**不大在乎**(bùdàzàihu) : 그다지 대수롭지 않게 여기다. **牌位**(páiwèi) : 위패. 신주.

她可不愿意信这个教, 因为她喜欢到所有的庙宇去跑跑, 高兴拜哪位菩萨就拜哪位。她倒也愿意拜拜屋主人相信的那位"菩萨"。因为上一年夏天她发疟疾时, 那个"庙"里的先生曾经给她金鸡纳霜丸, 结果把她的病治好了。但是她希望也能向别的菩萨跪下来叩头, 求它们消灾赐福。

**庙宇**(miàoyǔ) : 사당. 불당. **高兴**(gāoxìng) : 좋아하다. **疟疾**(nüèji) : 학질. 말라리아. **金鸡纳霜丸**(jīnjīnàshuāngwán) : 키니네 알약. **消灾**(xiāozāi) : 재앙을 없애다. 액막이를 하다. **赐福**(cìfú) : 행복을 주다. 복을 주다.

她说她穷得常常无以为炊, 饿肚子是常事。我父亲已经每月给她一点米救济她, 但是她的小孙女死了父母, 现在靠她过活, 因此吃了她一部分粮食。我拿出一张二十元的钞票塞在她手里。她高高兴兴地走了, 嘴里咕噜着: "从小时候起, 我就知道这孩子心肠好, 心肠好。"

**无以**(wúyǐ) : (…)할 수가 없다. (…)할 도리[방법]가 없다. **为炊**(wéichuī) : 밥을 짓다. **常事**(chángshì) : 평상적인 일. 자주 있는 일. **过活**(guòhuó) : 생활하다. 나날을 보내다. **咕噜**(gūlū) : 중얼중얼하다. 투덜거리다. **心肠**(xīncháng) : 마음씨. 성격(性格). 마음을 쓰는 태도. 각 개인이 가지고 있는 특유한 성질. 품성.

有一天傍晚, 我去祭扫母亲的坟墓, 坟前点起一对蜡烛和一束香。没有风, 香烟袅袅地升起。我不知不觉地跪倒地上叩了几个头, 童年的记忆复活了, 一切恍如隔昨。我似乎觉得自己仍然是个小孩子, 像儿时一样地向母亲致敬, 我希望母亲的魂魄能够张着双臂欢迎我, 抚慰我。

**傍晚**(bàngwǎn) : 저녁 무렵. **祭扫**(jìsǎo) : 묘(墓) 앞에서 죽은 사람의 넋을 추모한 후에 벌초를 하다. 성묘하다. **坟墓**(fénmù) : 무덤. 묘지. **袅袅地**(niǎoniǎode) : 모락모락. **跪倒**(guìdǎo) : 무릎을 꿇다. 꿇어 엎드리다. **恍如**(huǎngrú) : 마치 …인 것 같다. **致敬**(zhìjìng) : 경의를 표하다. 예를 표하다. **双臂**(shuāngbei) : 양팔. **抚慰**(fǔwèi) : 위안하다. 위로하다.

我希望能够爬到她怀里, 听她甜美的催眠曲。我的一切思想和情感都回复到童年时代。母亲去世时我才七岁, 因此我对母爱的经验并不多, 也许想象中的母亲比真实的母亲更温柔, 更亲密。至少, 死去的母亲不会打你, 你顽皮, 她也不会发脾气。

**甜美**(tiánměi) : 달콤하다. 달다. **催眠曲**(cuīmiánqǔ) : 자장가. **情感**(qínggǎn) : 정감(情感). 감정(感情). 마음. 기분. 느낌.

从村子里到火车站, 大约有三里路, 中间是一片稻田。车站建在一个平静的湖泊岸旁, 这个湖叫牟山湖, 土名西湖, 是一个灌溉好几万亩田的蓄水库。湖的三面环山, 山上盛产杨梅和竹笋。我步行至车站以后就搭了一列火车到曹娥江边。

**一片**(yīpiàn) : 온통. 전부. **平静**(píngjìng) : 조용하다. 고요하다. 차분하다. **土名**(tǔmíng) : (민간에서 사용하는) 속명. **蓄水库**(xùshuǐkù) : 저수지. **杨梅**(yángméi) : 양매. 소귀나무. **一列火车**(yīlièhuǒchē) : 열차 하나.

铁路桥梁还没有完成, 因为从德国订的材料因第一次世界大战影响迟迟未能到达, 所以靠渡船渡江。通往杭州的铁路工程也因缺乏材料停顿了。从此到杭州的一大段空隙由轮船来衔接。

**迟迟**(chíchí) : 느릿느릿한 모양. 꾸물거리는 모양. **渡船**(dùchuán) : 나룻배. **工程**(gōngchéng) : 공사. 공정. **空隙**(kòngxì) : 틈. 간격. **衔接**(xiánjiē) : 맞물다. 맞물리다. 잇다. 이어지다. 연결하다. 연결되다.

多数旅客都愿意乘轮船, 因为橹船太慢, 大家不愿乘坐, 所以旧试小船的生意非常清淡。傍晚时到达钱塘江边, 再由小火轮渡过钱塘江, 只花二十分钟。我中学时代的橹摇的渡船已经不见了。

**橹船**(lǔchuán) : 노를 저어 가는 배. **清淡**(qīngdàn) : 불경기이다. 한산하다. 시세가 없다. **橹摇**(lǔyáo) : 노를 젓다.

日落前我到了杭州, 住进一家俯瞰西湖的旅馆。太阳正落到雷峰塔背后, 天上斜映着一片彩霞。一边是尖削的保俶塔在夕阳余晖中矗立山顶, 它的正对面, 短矮的雷峰塔衬着葱翠的山色蹲踞在西湖另一边的山坳里。

**日落**(rìluò) : 해가 지다. **俯瞰**(fǔkàn) : 굽어보다. 내려다보다. 부감(俯瞰)하다. **彩霞**(cǎixiá) : 아름다운 구름과 놀. 아름다운 놀. **斜映**(xiéyìng) : 비스듬히 비추다. (저녁노을 및 해)가 비추다. **尖削**(jiānxuē) : 칼로 깍은 듯이 뾰족하다. **余晖**(yúhuī) : 석양 볕. **矗立**(chùlì) : 우뚝 솟다. **衬着**(chènzhe) : 돋보이게 하다. **葱翠**(cōngcuì) : 초목이 짙고 푸르다. 짙푸르다. **山色**(shānsè) : 산색. 산의 경치. **蹲踞**(dūnjù) : 쭈그리고 앉다. 자리 잡다. **山坳**(shānào) : 산간평지.

玲珑的游船点缀着粼粼起皱的湖面。鱼儿戏水, 倦鸟归巢, 暮霭像一层轻纱, 慢慢地笼罩了湖滨山麓的丛林别墅。只有缕缕炊烟飘散在夜空。我感到无比的宁静。时代虽然进步了, 西湖却妩媚依旧。

**玲珑**(línglóng) : 물건이)정교하고 세밀하다. **游船**(yóuchuán) : 유람선. **点缀**(diǎnzhuì) : 단장하다. 장식하다. 돋보이게 하다. **粼粼**(línlín) : (물. 돌 등이) 맑고 깨끗하다. **起皱**(qǐzhòu) : 주름이 지다. **鱼儿**(yúr) : 작은 물고기. **戏水**(xìshuǐ)물장난하다. **倦鸟归巢**(juànniǎoguīcháo) : 새는 날다가 지치면 제 둥지로 돌아간다. **暮霭**(mùǎi) : 저녁 무렵의 운무(雲霧). 저녁 안개. **笼罩**(lǒngzhào) : 덮다. 뒤덮다. **丛林**(cónglín) : 무성한 나무숲. **别墅**(biéshù) : 별장. **缕缕**(lǚlǚ) : 끊임없다. **炊烟**(chuīyān) : 밥 짓는 연기. **飘散**(piāosàn) : 사방으로 흩날리다. 날아 흩어지다. **妩媚**(wǔmèi) : (여자의 자태가) 곱다. 사랑스럽다. (꽃이나 나무가) 예쁘다. **依旧**(yījiù) : 여전(如前)하다. 전과 다름없다. 의구(依舊)하다.

但是许多事情已经有了变化。我的冥想不久就被高跟鞋的笃笃声给粉碎了, 一群穿着短裙, 剪短了头发的摩登少女正踏着细碎的步子在湖滨散步。湖滨路在我中学时代原是旗下营的所在。

**高跟鞋**(gāogēnxié) : 하이힐. **笃笃声**(dǔdǔshēng) : 하이힐을 신고 걸을 때 나는 소리. **粉碎**(fěnsuì) : 분쇄(粉碎)하다. (가루처럼 잘게)부스러뜨리다. **摩登**(mó dēng) : 모던(modern)하다. 최신이다. 현대적이다. **少女**(shàonǚ) : 소녀(少女). [아주 어리지도 않고 성숙하지도 않은 아직 혼인을 하지 않은 여자]. **细碎**(xìsuì) : (소리가) 낮고 어지럽다. **旗下营**(qíxiàyíng) : 만주인의 거주지.

辛亥革命铲平了旗下营, 后来一个新市区终于在废墟上建立起来, 街道宽阔, 但是两旁的半西式的建筑却并不美观。饭馆、戏院、酒店、茶楼已经取代古老的旗下营而纷纷出现, 同时还建了湖滨公园, 以便招徕周末从上海乘火车来的游客。杭州已经成为观光的中心了。

铲平(chǎnpíng) : 평평하게 깎다. 废墟(fèixū) : 폐허. 街道(jiēdào) : 큰길. 가로. 거리. 宽阔(kuānkuò) : 강·도로·어깨따위의 폭이)넓다. 美观(měiguān) : (장식·외관 따위가)보기 좋다. 아름답다. 招徕(zhāolái) : (고객을)불러 모으다. 불러들이다. 끌다.

我在十多年前读过书的浙江高等学堂已经停办, 原址现已改为省长公署的办公厅。从前宫殿式的抚台衙门已在革命期间被焚, 在市中心留下一片长满野草闲花的长方形大空地。

公署(gōngshǔ) : 관공서. 办公厅(bàngōngtīng) : 사무청. 사무국. 판공청. 抚台(fǔtái) : 순무(巡撫)의 존칭. 衙门(yámen) : 아문[옛날 관리들이 사무를 보던 기관]. 野草闲花(yěcǎoxiánhuā) : 야생의 풀과 나무. 长满(zhǎngmǎn) : 무성하게 자라다.

革命波及杭州时不曾流半滴血。新军的将领会商之后黑夜中在杭州街头布下几尊轻型火炮, 结果未发一枪一弹就逼得抚台投降。新军放了把火焚毁抚台衙门, 算是革命的象征, 火光照得全城通红。

将领(jiànglǐng) : 장수. 장군. 사령관. 会商(huìshāng) : 만나서[모여서]의논하다. 공동으로 의논하다. 通红(tōnghóng) : 진홍빛이다. 새빨갛다.

旗下营则据守他们的小城作势抵抗, 后来经过談判, 革命军承诺不伤害旗下营的任何人, 清兵终于投降。旗人领袖桂翰香代表旗下营接受条件。但桂本人却被他的私人仇敌藉口他阴谋叛乱抓去枪毙了。

据守(jùshǒu) : (어떤 방위 시설을) 점거하고 방위하다. 차지하고 수비하다. 作势(zuòshì) : 자세를 취하다. 몸짓을 하다. 仇敌(chóudí) : 원수. 원한. 藉口(jièkǒu) : 구실로 삼다. 핑계로 삼다. 빙자하다. 枪毙(qiāngbì) : 총살(하다). 총살(되다).

新当选的都督汤寿潜是位有名的文人, 对于这件卑鄙的事非常气愤, 闹着要辞职。但是这件事总算没有闹僵, 后来汤寿潜被召至南京, 在临时大总统孙中山先生之下担任交通部长。

卑鄙(bēibǐ) : (언행 따위가)비열하다. 졸렬하다. 气愤(qìfèn) : 분개(하다). 분노(하다). 성(내다). 화(나다). 闹着(nàozhe) : 보채다. 아우성치다. 소란을 피우다. 闹僵(nàojiāng) : 진퇴양난이다. 교착(膠着) : 상태가 되다. 部长(bùzhǎng) : 정부의 각 부처의) 장관.

旗下新市区的东北已经建了五百间平房, 安置旧日旗兵的家属。有些旗人已经与汉人熔于一炉而离开了他们的安置区。几年之后, 全体旗人都失去踪迹, 一度养尊处优的统治者已经与过去的被统治者汇为一流了。

**平房**(píngfáng) : 단층집. **安置**(ānzhì) : 안치하다. 배치하다. (사람이나 사물을)제 위치에 놓다. **熔于一炉**(róngyúyīlú) : 혼연일체가 되다. 동화되다. **踪迹**(zōngjì) : 종적. 자취. 발자취. **养尊处优**(yǎngzūnchǔyōu) : 높은 지위에서 부유한 생활을 누리다. 사치스럽고 안일하게 지내다. **汇为一流**(huìwéiyīliú) : 합쳐져서 같은 부류가 되다.

旗人从此成为历史上的名词, 他们的生活情景虽然始终回旋在我的记忆里, 但是有关他们的故事已经渐渐成为民间传说。至于清朝的崛起与没落, 且让史家去记述罢!

**回旋**(huíxuán) : 왔다갔다하며[이리저리 돌며] 활동하다. 선회하다. **崛起**(juéqǐ) : 대두. 궐기. 부상.

从前的文人雅士喜欢到古色古香的茶馆去, 一面静静的品茗, 一面凭窗欣赏湖光山色, 现在这些茶馆已经为不可抵御的现代文明所取代, 只有一两家残留的老茶馆使人发怀古之幽情, 这种古趣盎然的茶馆当然还有人去, 泡上一杯龙井, 披阅唐宋诗词。这样可以使人重新回到快乐的旧日子。

**雅士**(yǎshì) : 풍아한 선비. **古色古香**(gǔsègǔxiāng) : 색채나 분위기가)옛 모습 그대로다. 고색이 창연하다. 옛 풍모를 그대로 간직하고 있다. **茶馆**(cháguǎn) : 중국의 구식 다방. 찻집. **品茗**(pǐnmíng) : 차의 맛을 보다. 차의 맛을 즐기다. **湖光山色**(húguāngshānsè) : (거울 같은)호수와 푸른 산이 어우러진 매우 아름다운 경치. **抵御**(dǐyù) : 막아내다. 방어하다. **残留**(cánliú) : 잔류하다. 남아 있다. **怀古**(huáigǔ) : 회고하다. 옛일을 회상하다. **幽情**(yōuqíng) : 마음속 깊이 간직한 감정. **古趣盎然**(gǔqùàngrán) : 옛 풍취가 넘치다. **披阅**(pīyuè) : 책을 펼쳐 읽다.

我曾经提到杭州是蚕丝工业的中心。若干工厂已经采用纺织机器。但是许多小规模的工厂仍旧使用手织机。一所工业专科学校已经成立, 里面就有纺织的课程。受过化学工程教育的毕业生在城市开办了几家小工厂, 装了电动的机器。杭州已经有电灯、电话, 它似乎已经到了工业化的前夕了。

**手织机**(shǒuzhījī) : 수직기(手織機). **课程**(kèchéng) : 교과과정. 교육과정. 커리큘럼(curriculum). **化学工程**(huàxuégōngchéng) : 화학공정. **开办**(kāibàn) : 공장, 학교, 상점, 병원, 회사 등을) 세우다. 설립(設立)하다. 개업(開業)하다. 창립(創立)하다. **装**(zhuāng) : 설치(設置)하다. 조립(組立)하다. 장착(裝着)하다. 부착(附着)하다. 달다.

我大约逗留了一个星期, 重游了许多少年时代常去的名胜古迹。离商业中心较远的地方, 我发现旧式生活受现代文明的影响也较少。在山区或穷乡僻壤, 旧日淳朴的生活依然令人迷恋。

**逗留**(dòuliú) : 머물다. 체류(滯留)하다. **重游**(chóngyóu) : 다시 돌아보다. **穷乡僻壤**(qióngxiāngpìrǎng) : 산간벽지(山間僻地). 벽촌(僻村). **迷恋**(míliàn) : 미련을 두다. 그리워하다.

参天古木和幽篁修竹所环绕的寺庙仍旧像几百年以前一样的清幽安静。和尚们的生活很少变化, 仍旧和过去一样诵佛念经。乡下人还是和他们的祖先一样种茶植桑, 外国货固然也偶然发现, 但是数量微不足道。

**参天**(cāntiān) : (하늘을 찌를 듯이)높이 솟다. 하늘에 닿다. **幽篁**(yōuhuáng) : 깊고 고요한 죽림[대숲]. 그윽한 죽림. **修竹**(xiūzhú) : 긴 대. 길게 자란 대. **清幽**(qīngyōu) : (풍경이) 수려하고 그윽하다. 맑고 고요하다. **微不足道**(wēibùzúdào) : 하찮아서 말할 가치도 없다. 보잘것 없다.

不过, 现代文明的前锋已经到达, 学校里已经采用现代课本。在现代教育的影响下, 虽然生活方式未曾改变, 新生一代的心理却正在转变。播在年轻人心中的新思想的种籽, 迟早是会发芽茁长的。

**播**(bō) : 파종하다. 씨를 뿌리다. **种籽**(zhǒngzǐ) : 종자. 씨. 씨앗. **迟早**(chízǎo) : 조만간. **发芽**(fāyá) : 발아하다. 싹이 트다. **茁长**(zhuózhǎng) : (식물·동물이) 왕성하게 자라다. 무성하게 자라다. 무럭무럭[쑥쑥] 자라다.

# 第十三章　军阀割据
# 군벌할거

年轻时我注意到文官总比武官高些。朝廷命官红缨帽的顶子分几种不同的颜色。阶级最高的是红顶子，其次是粉红的，再其次是深蓝的、翠蓝的和白色的，最后是金黄的也就是最低的一级。

**红缨帽**(hóngyīngmào) : 붉은 관모(청대(清代) 관리가 쓰던 꼭대기에 붉은 술을 단 모자). **顶子**(dǐng·zi) : 청대(清代) 관리의 관모의 꼭대기에 붙여서 등급을 나타내는 구슬. **翠蓝**(cuìlán) : 청남색. 회색을 띤 남빛.

我常常看到戴粉红顶子的武官向阶级比较低的蓝顶子文官叩头，心里觉得很奇怪。据说历朝皇帝深恐武官擅权跋扈，所以特意让文官控制武官。历史告诉我们，国家一旦受军阀控制，必定要形成割据的局面。

**擅权**(shànquán) : 권력을 마음대로 휘두르다. 천권하다. 직권을 남용하다. **深恐**(shēnkǒng) : 무척 두려워하다. **跋扈**(báhù) : 발호하다. 제멋대로 날뛰다. 설치다. 횡포하게 굴다. **特意**(tèyì) : 특히. 특별히. 일부러. **必定**(bìdìng) : 꼭. 반드시. [판단, 추론, 개인의 의지 등을 표현할 때 쓰임].

晚唐的历史就是好的教训。俗语说："好铁不打钉，好男不当兵。"因此大家都瞧不起军人。记得邻村有一位品行不端的人去当兵，在他告假返乡时，大家把他看做瘟神似的，都远远地避开他。

**好铁不打钉，好男不当兵**(hǎotiěbùdǎding, hǎonánbùdāngbīng) : 좋은 철강으로는 못을 만들지 않고, 훌륭한 남자는 군대에 가지 않는다. **瞧不起**(qiáo·buqǐ) : 경멸하다. 깔보다. 업신여기다. **不端**(bùduān) : 단정(端正)하지 않다. **告假**(gàojià) : 휴가를 얻다. 휴가를 신청하다. **瘟神**(wēnshén) : 역귀(疫鬼). **避开**(bìkāi) : 비키다. 피하다.

我们有个牢不可破的观念, 认为当兵的都是坏人, 可鄙可怕而且可憎。在另一方面, 国家的武力如果一蹶不振, 碰到外来侵略就无能力抵抗了。

**牢不可破**(láobùkěpò) : 견고하여 깰 수가 없다. 고정된. **可憎**(kězēng) : 밉살스럽다. 꺼림칙하다. **一蹶不振**(yījuébùzhèn) : 한 번 넘어져서 다시 일어나지 못하다 ; 한 번 좌절하고는 다시 분발하지 못하다.

宋朝亡于蒙古人, 明朝亡于满洲鞑靼, 情形就是如此。前临深渊, 后是魔鬼, 我们究将何去何从? 最要紧的是救中国 …… 北方由陆路来的和东南由海道来的强敌都得应付。

**何去何从**(héqùhécóng) : 어느 것을 버리고 어느 것을 따를 것인가. 어느 길로 갈 것인가. **要紧**(yàojǐn) : 중요하다. 요긴하다.

那末, 怎么办? 赶快建立一支装备现代武器的现代化军队吧! 士兵必须训练有素, 而且精忠报国。我们怎么可以瞧不起军人呢? 他们是保卫国土的英雄, 是中国的救星, 有了他们, 中国才可以免受西方列强的分割。

**赶快**(gǎnkuài) : 빨리. 얼른. 어서. **训练有素**(xùnliànyǒusù) : 평소에 훈련을 많이 하다 ; 훈련이 잘 되어 있다. **精忠报国**(jīngzhōngbàoguó) : 몸과 마음을 다하여 국가에 충성하다. **救星**(jiùxīng) : 구원의 신. 구원의 손길.

鄙视他们, 千万不可以 …… 我们必须提高军人的地位, 尊敬他们, 甚至崇拜他们。不然谁又肯当兵? 大家的心理开始转变了。穷则变, 变则通 ; 我们建立了一支现代化的军队, 装备外国武器, 穿着新式制服, 而且还有军乐队。

**鄙视**(bǐshì) : 경멸하다. 경시하다. 깔보다. **穷则变, 变则通**(qióngzébiàn, biànzétōng) : 사물이 궁극에 달하면 변화가 일어나고, 변화가 일어나면 길이 열린다. **装备**(zhuāngbèi) : 장비(하다). 장치(하다). 설비[치](하다).

我见过这样的一队现代军队的行军阵容, 洋鼓洋号前导, 精神饱满, 步伐整齐, 令人肃然起敬。我看得出神, 恍惚自己已经成人长大, 正在行列中迈步前进——向胜利进军, 我站在静静围观的群众中, 心里喜不自胜。

**阵容**(zhènróng)：모습. **洋鼓**(yánggǔ)：드럼(drum). **洋号**(yánghào)：트럼펫(trumpet). **前导**(qiándǎo)：선도(先導)하다. 안내하다. **步伐整齐**(bùfázhěngqí)：발걸음이 정연하다. **令人肃然起敬**(sùránqǐjìng)：사람을 숙연하고 경건하게 하다. **令人**(lìngrén)：사람들로 하여금 ~하게 하다. **出神**(chūshén)：정신을 지나치게 집중하여 멍해지다. **恍惚**(huǎnghū)：(너무 훌륭해서) 어리둥절하다. 황홀하다. **围观**(wéiguān)：(많은 사람들이)둘러싸고 구경하다. 에워싸고 관람하다. **喜不自胜**(xǐbùzìshèng)：너무 기뻐 자신을 어찌할 줄 모르다.

这是我首次看到现代的军队。是的，我们必须尊敬士兵和军官。从此以后，只有好男才配当兵。我们必须依赖他们恢复中国过去的光荣。从前的旧式军队中，士兵穿着马甲，佩着弓箭，或者背着欧洲国家废弃不用卖给中国的旧枪。

**只有…才~**：…만이~하다. **配**(pèi)：(…할 만한) 자격을 갖추다. 능력이 있다. **马甲**(mǎjiǎ)：마갑(말의 갑옷).

与今天的现代军队比起来真是差得太远了！我在杭州浙江高等学堂读书时，一位高等学堂的老学生刚从日本士官学校回来探望师友。他穿崭新的军服，腰旁佩着长剑，剑鞘闪闪发光。

**探望**(tànwàng)：문안하다. 방문하다. **师友**(shīyǒu)：스승과 벗. **崭新**(zhǎnxīn)：참신한. 새로운. 산뜻한. **剑鞘**(jiànqiào)：칼집. **闪闪发光**(shǎnshǎnfāguāng)：반짝반짝 빛나다.

这就是中国军队的未来将领，我们无不怀着钦敬的心情热烈地欢迎他。许多这样的未来将领正从日本回国，受命组织新军。几年之内新军部队渐次建立，驻在国内各军略要地。中国已经武装起来保卫她自己了。

**将领**(jiànglǐng)：고급장교. 장성. **钦敬**(qīnjìng)：흠복하다. 경복하다. 존경하고 진심으로 따르다.

不久辛亥革命爆发，革命军的训练也许不及政府军那样精良，但是革命的将领和士兵却充满着爱国热情，随时准备为国牺牲。革命号角一响，政府新军相继向孙中山先生投诚。

**精良**(jīngliáng)：정교하고 우수하다. 훌륭하다. **号角**(hàojiǎo)：호각. 신호나팔. **相继**(xiāngjì)：연이어. 계속하여. 잇달아. **投诚**(tóuchéng)：귀순하다. 항복하다.

短短几个月之内, 统治了中国几百年的满清帝室就像秋风扫落叶般消逝了。全国人民欢欣鼓舞, 中国已经获得新生, 前途光明灿烂。满清政府训练新军, 结果自速灭亡, 让他们去自怨自艾吧! 让我们为这些受过现代训练的将领的优越表现欢呼!

**消逝**(xiāoshì) : 사라지다. 없어지다. **欢欣鼓舞**(huānxīngǔwǔ) : 매우 들뜨다. 아주 기뻐하다. 기뻐서 춤을 덩실덩실 추다. 펄쩍 뛰면서 좋아하다. **自速灭亡**(zìsùmièwáng) : 스스로 멸망을 가속화시키다. **自怨自艾**(zìyuànzìyì) : 자신의 잘못을 후회하고 허물을 고치게 하다.

但是胜利的狂欢不久就成为过去。庆祝的烛光终于化为黑烟而熄灭。新军将领们对满清反目无情, 对革命更无所爱。他们已经尝到权势的滋味, 绝不肯轻易放弃; 而且食髓知味, 渴望攫取更大更高的势权, 结果你抢我夺, 自相残杀起来。

**狂欢**(kuánghuān) : 미칠 듯이 기뻐하다. 광희(狂喜)하다. 크게 기뻐하다. 기뻐 날뛰다. **黑烟**(hēiyān) : 검은 연기. **熄灭**(xīmiè) : (불을) 끄다. (불이) 꺼지다. **反目**(fǎnmù) : 외면하다. 반목하다. **滋味**(zīwèi) : 맛. **攫取**(juéqǔ) : 약탈하다. 수탈하다. **你抢我夺**(nǐqiǎngwǒduó) : 서로 빼앗다. **自相残杀**(zìxiāngcánshā) : 자기편끼리 서로 죽이다.

孙中山先生已经在民国元年即一九一二年回国。革命军和满清政府谈判结果。宣统皇帝决定退位, 民国接着成立。革命军同意让小溥仪仍旧住在紫禁城里。革命人士准备草拟宪法, 成立参议会, 选举总统, 不久临时参议会选举孙中山先生为中华民国临时大总统。

**谈判**(tánpàn) : 담판(하다). 회담(하다). 교섭(하다). 협상(하다). **草拟**(cǎonǐ) : 초안을 작성하다. 기초 설계하다.

中山先生不久辞职, 让位给袁世凯。后来新选的国会选举袁世凯为总统。不过, 那多少是威胁利诱的结果。于是政权又再度落到反动分子的手里去了。袁世凯原来是清朝的官吏, 负责训练新军, 他一度失宠于清廷, 革命爆发后被召回北京。

**利诱**(lìyòu) : 이익[재물]을 미끼로(남을) 유혹하다. 이익을 미끼로 한 회유. **召回**(zhàohuí) : 소환(召還)하다. 불러서 돌아오게 하다.

孙先生认为他对国家所能提供的贡献, 最重要的还是建筑铁路, 因此他甘愿主持国有铁道而让袁世凯统治国家。但是孙先生不久就觉醒了, 袁世凯上台时, 他很清楚他的实力在于他所控制的军队。

**甘愿**(gānyuàn) : 진심으로 원하다. 기꺼이…(하고자) 하다. **主持**(zhǔchí) : 주관하다. 책임지고 집행하다. 주재(主宰)하다. **觉醒**(juéxǐng) : 깨닫다. 각성하다. **实力**(shílì) : 실력. 힘.

他把国会看做一个惹人讨厌却又无可避免的东西, 不过他想, 只要他能够控制军队, 国会除了给他一点小麻烦外, 绝对奈何他不得。这位国家的新元首在强大的军队支持之下, 竟然篡窃了许多并不属于总统的权力。

**奈何不得**(nàihébùdé) : 어찌할 수 없다. **竟然**(jìngrán) : 결국. 마침내. 드디어. **篡窃**(cuànqiè) : 빼앗고 훔치다. 절취하다.

他随时威胁恐吓异己, 甚至不惜采取卑鄙的暗杀手段。在政治上, 他很懂得"分而治之"的那一套, 竭力在中山先生的国民党内部制造摩擦。他更进一步鼓励成立许多小政党, 企图削弱国民党的势力。他接着采取步骤来消除国民党的武力。

**异己**(yìjǐ) : 이분자(異分子). **恐吓**(kǒnghè) : 으르다. 위협하다. 협박하다. **竭力**(jiélì) : 온 힘을 다하여. 사력(死力)으로. 죽을힘을 다 하여.

他首先暗杀国民党的政治领袖宋教仁, 接着下令解除南方各省所有国民党将领督军职务, 企图激起各省的反抗, 然后加以武力扫荡。孙中山先生想发动二次革命而没有成功。

**解除**(jiěchú) : 없애다. 풀다. 제거(除去)하다. 해제(解除)하다.

这时候袁世凯差不多已经以武力控制全国, 于是借口这次"叛变", 预备取消国会中国民党籍议员的资格。南方被他镇压住以后, 他的野心愈来愈大, 亟欲攫取更大的权力和尊荣。

**叛变**(pànbiàn) : 모반(謀反). 반란(叛亂). 폭동(暴動). **亟**(jí) : (일이나 사정 등이) 절박(切迫)

하게. 다급(多急)하게. 신속(神速)히. 조속(早速)히.

民国四年他正预备自立为皇帝时, 各省纷纷通电反对, 因此被逼放弃皇帝梦, 旋即忧伤而死。民国六年(一九一七年), 孙中山先生在广州建立根据地, 希望在那里成立一支军队的核心, 发动新革命而推翻军阀, 不料在民国十一年(一九二二年)反被广州军阀陈炯明所推翻。

**纷纷**(fēnfēn): 많은 사람이나 사물이) 잇달아. 끊이지 않고. 쉴 새 없이. 계속하여. **通电**(tōngdiàn): 공개) 전보를 치다. 공개 전보. 통전. **旋即**(xuánjí): 뒤이어. 곧. 오래지 않아. **忧伤**(yōushāng): 근심으로 괴로워하다. 근심하고 슬퍼하다. 상심하다. **不料**(bùliào): 뜻밖에. 의외에.

不过翌年孙先生终于在广州成立新政府, 国民革命运动声势得以重振。但这仅是一个开端。自从野心勃勃而不择手段的袁世凯死了以后, 中国一直四分五裂, 各省之间内战频仍, 政局扰攘达十二年之久, 直到民国十七年(一九二八年)蒋总司令北伐成功, 国家才重归统一。

**翌年**(yìnián): 이듬해. **声势**(shēngshì): 기세. 명성(名聲)과 위세(威勢). 성세(聲勢). **开端**(kāiduān): 시작. 발단. **自从…以后**: …이후. **野心勃勃**(yěxīnbóbó): 야심이 매우 크다. 야심이 가득 차 있다. **频仍**(pínréng): 잦다. 번번히 일어나다. 빈발하다. **扰攘**(rǎorǎng): 혼란하고 어수선하다. **重归**(chóngguī): 다시~하게 되다.

中华民国成立以后, 十六年来中国一直掌握在军阀手里。内战一次接着一次发生。这些内战多半还是外国势力怂恿和支持的。内战的结果, 国力损耗, 民生凋敝, 并且为日本侵略铺了路。革命前途似乎黑暗一片。

**怂恿**(sǒngyǒng): 꼬드기다. 부추기다. 교사하다. **损耗**(sǔnhào): 소모하다. 손실시키다. 축나게 하다. **凋敝**(diāobì): (생활이) 힘들다. 고생스럽다. **铺路**(pūlù): 어떤 일을 성사시키기 위한)길을 내다[트다]. 길을 마련하다.

内战中获胜的军阀趾高气扬, 野心愈来愈大, 不断争取更大的权力。被击败的军阀则夹起尾巴躲在天津和上海的租界里待机再起, 机会一来就重启战衅, 使人民又增加一场灾祸。一度被鄙视, 后来受尊重的军人, 现在又再度被人鄙视了。

**获胜**(huòshèng)：승리하다. 이기다. **趾高气扬**(zhǐgāoqìyáng)：의기양양하다. 득의양양하다. 잘난 체하다. 우쭐거리다. **夹起尾巴**(jiāqǐwěiba)：꼬리를 사리다. **重启**(chóngqǐ)：다시 시작하다. **战衅**(zhànxìn)：분쟁. (전쟁)분규. **鄙视**(bǐshì)：경멸하다. 경시하다. 깔보다.

# 第十四章　知识分子的觉醒
# 지식분자의 각성

我从杭州到上海以后就进当时最大的书局商务印书馆当编辑。同时兼了江苏省教育会的一名理事, 膳宿就由教育会供给。但是年轻人干不惯磨桌子的生活, 一年之后我就辞职了。与商务印书馆之间的银钱来往也在翌年清洁。

**编辑**(biānjí) : 편집인. **膳宿**(shànsù) : 식사와 숙박. **磨桌子**(mózhuō·zi) : 의자에 앉아서 일하다. **清洁**(qīngjié) : (먼지나 기름때 없이) 청결(淸潔)하다. 깨끗하다.

我与几位朋友在国立北京大学和江苏教育会赞助下开始发行《新教育》月刊, 由我任主编。杂志创办后六个月就销到一万份。它的主要目标是"养成健全之个人, 创造进化的社会。"

**主编**(zhǔbiān) : 편집장.

那时正是欧战后不久, 自由与民主正风靡全世界, 威尔逊主义引起中国有识之士的注意。中国青年正浸淫于战后由欧美涌至的新思想。报纸与杂志均以巨大篇幅报导国际新闻和近代发展。中国已经开始追上世界的新思潮了。

**风靡**(fēngmǐ) : 풍미하다. **有识之士**(yǒushízhīshì) : 식자(識者). **浸淫**(jìnyín) : ~에 빠지다. **追上**(zhuī·shang) : 따라잡다.

《新青年》正在鼓吹德先生与赛先生(即民主与科学), 以求中国新生。这本思想激进的杂志原为几年前陈独秀所创办, 后来由北京大学的一群教授共同编辑。《新青年》在介绍新思想时, 自然而然对旧信仰和旧传统展开激烈的攻击。

**自然而然**(zìránérrán) : 자연히. 저절로.

有些投搞人甚至高喊"打倒孔家店!"这些激烈的言论固然招致一般读者的强烈反感, 但是全国青年却已普遍沾染知识革命的情绪。

**招致**(zhāozhì) : (어떤 결과를)일으키다. 초래하다. **沾染**(zhānrǎn) : 감염되다. 오염되다. 물들다.

孙中山先生于民国七年移居上海。我们以前已经谈过新诞生的民国的坎坷命运, 而且一部份正受着割据各省的军阀统治。中山先生的国民党, 最强大的据点是南方和上海。

**坎坷**(kǎnkě) : 뜻을 이루지 못하다. 불우하다.

民国六年(一九一七年), 国民党成立新政府对抗北京政府, 以求维护革命人士所致力的原则, 并进而推广于全国。当时广州的南方政府是由总裁控制的。若干参加分子的政治见解非常肤浅, 孙先生无法同意, 乃离粤北上定居沪滨, 从事中国事业计划的研究。

**维护**(wéihù) : 지키다. 유지하고 보호하다. 옹호[수호]하다. **肤浅**(fūqiǎn) : 학식·이해가) 얕다[천박하다]. **沪滨**(hùbīn) : 상해 근처.

他的目光远超乎当时的政治纷争之外, 他的事业计划如果顺利实现, 可以解除人民贫困, 促使国家富强, 并使中国跻于现代工业化国家之林。根据中山先生的计划, 中国的工业建设分为食衣住行四大类。这些都是人民生活所必需的, 孙先生就根据这些因素计划中国的工业建设。

**跻**(jī) : 오르다. **林**(lín) : 사람이나 사물의) 집단. 계(界).

他设计了贯串中国广大领土内所有重要商业路线和军运路线的铁路网和公路网; 他定下发展中国商埠和海港计划; 他定下疏浚河流、水利建设、荒地开垦等的计划大纲。他又设计了发展天然资源和建设轻重工业的蓝图。他鉴于中国森林砍伐过度, 又定下在华中华北造林的计划。

贯串(guànchuàn) : 관통하다. 연결되다. 개통하다. 疏浚(shūjùn) : (도랑·샘·강바닥 따위를) 쳐내다. 준설(浚渫)하다. 定下(dìng·xia) : 정하여 두다. 예약하여 두다. 商埠(shāngbù) : 상업 도시. 海港(hǎigǎng) : (해안에 있는) 항구. 항만. 蓝图(lántú) : 건설 계획. 청사진(青寫眞). 설계도. 鉴于(jiànyú) : …에 비추어 보아. …을 감안하여. 砍伐(kǎnfá) : (톱·도끼 따위로) 나무를 베다. 벌채하다.

| 他对工业发展规定了两个原则;(一)凡是可以由私人经营的就归私人经营;(二)私人能力所不及或可能造成垄断的则归国家经营。政府有责鼓励私人企业,并以法律保护之。苛捐杂税必须废除,币制必须改善并予以统一。 |
|---|

私人(sīrén) : 개인. 민간. 苛捐杂税(kējuānzáshuì) : 과중하고 잡다한 세금.

| 官方干涉和障碍必须清除。交通必须发展以利商品的流通。铁道、公路、疏浚河流、水利、垦荒、商埠、海港等都规定由国家主持。政府并须在山西省建立大规模的煤铁工厂。欢迎外国资本,并将雇用外国专家。 |
|---|

清除(qīngchú) : 철저히 제거하다. 완전히 없애다. 垦荒(kěnhuāng) : 황무지를 개간하다.

| 孙中山先生是中国第一位有过现代科学训练的政治家。他的科学知识和精确的计算实在惊人。为了计划中国的工业发展,他亲自绘制地图和表格,并收集资料,详加核对。 |
|---|

精确(jīngquè) : 매우 정확하다. 자세하고 확실하다. 实在(shízài) : 확실히. 진정. 참으로. 정말. 惊人(jīngrén) : 놀랄 정도이다. 绘制(huìzhì) : 제도하다. (도면 따위를) 제작하다. 表格(biǎogé) : 표(表). 양식. 서식. 详加(xiángjiā) : 상세하게 (…을) 덧붙이다. 详加解释 ; 상세하게 해석하다. 核对(héduì) : 대조 확인(하다). 조합(照合)(하다).

| 实业计划中所包括的河床和港湾的深度和层次等细节他无不了如指掌。有一次我给他一张导淮委员会的淮河水利图,他马上把他在地板上展开,非常认真的加以研究。后来我发现这幅水利图在他书房的壁上挂着。 |
|---|

细节(xìjié) : 자세한 사정. 세부(細部). 사소한 부분. 세목. 了如指掌(liǎorúzhǐzhǎng) : 손금 보듯이 환히 알다. 손바닥을 가리키듯 확실히 안다 ; 제 손금을 보듯 훤하다. 书房(shūfáng) : 서재(書齋).

在他仔细研究工业建设的有关问题和解决办法以后他就用英文写下来。打字工作全部归孙夫人负责，校阅原稿的工作则由余日章和我负责。一切资料数字都详予核对，如果有什么建议，孙先生无不乐予考虑。

校阅(jiàoyuè)：(원고를) 교열하다.

凡是孙先生所计划的工作，无论是政治的、哲学的、科学的或其他，他都以极大的热忱去进行。他虚怀若谷，对于任何建议和批评都乐于接受。

虚怀若谷(xūhuáiruògǔ)：겸허한 마음이 산골짜기만큼 깊다. 대단히 겸허하다.

因为他的眼光和计划超越了他的时代，许多与他同时代的人常常觉得他的计划不切实际，常常引用"知之非艰，行之唯艰"的传统观念来答复他。他对这些人的短视常常感到困扰。

不切实际(bùqièshíjì)：실제와 맞지 않다. 현실에 부합되지 않다. 短视(duǎnshì)：근시(近視). 근시안적인. 困扰(kùnrǎo)：괴롭힘. 성가심. 혼란.

当他在四十年前倡导革命运动时，他就曾遭遇到同样的障碍。后来他写了一篇叫<<心理建设>>的文章，提倡知难行易的学说。中西思想重点不同的地方其中之一就是中国人重应用，而西洋人重理知。

倡导(chàngdǎo)：제창(提唱)(하다). 창도(唱導)(하다). 발기(하다). 발의(하다). 수창(首唱)(하다). 重(zhòng)：중시하다.

中国人重实际，所以常常过分强调实践过程中的困难，有时是实在的困难，有时只是想像的，以致忽视实际问题背后的原理原则。凡是经常接触抽象原则和理论的人，或者熟悉如何由问题中找出基本原则的人，都不难了解中山先生的立论。

过分(guòfèn)：(말이나 행동이) 지나치다. 분에 넘치다. 과분하다. 以致(yǐzhì)：…이[으로] 되다. …을[를] 가져오다[초래하다]. [주로 나쁜 결과에 쓰임]. 熟悉(shú·xī)：숙지(熟知)하다. 익히 알다. 충분히 알다. 상세히 알다. 立论(lìlùn)：입론. 내세운[주장한]이론.

在另一方面, 凡是惯常注重近功实利而不耐深思熟虑的人, 可就不容易了解中山先生的主张了。在清室式微的日子里, 中国并不缺乏锐意改革的人, 但是真能洞烛病根, 且能策定治本计划的人却很少。

**惯常**(guànchánɡ) : 늘. 항상. 언제나. **注重**(zhùzhònɡ) : 중시하다. **近功实利**(jìnɡōnɡshílì) : 눈앞에 보이는 성과와 실리. **深思熟虑**(shēnsīshóulǜ) : (어떤 일에 대해) 깊이 생각하다. 심사숙고(深思熟考)하다. **不耐**(bùnài) : 견디지 못하다. 잘[쉽게]……되다. **可就**(kějiù) : (…하면) 곧. 바로. 틀림없이. ['就'보다 뜻이 강함]. **式微**(shìwēi) : (국가·명문호족 따위가)쇠미하다. **锐意**(ruìyì) : 마음을 단단히 차리다[굳게 먹다]. **洞烛**(dònɡzhú) : 똑똑히[분명히] 알아내다. 간파하다. **策定**(cèdìnɡ) : 계획 확정하다. **治本**(zhìběn) : 근본을 치료하다. 근본적으로 해결하다.

孙先生深知西方文化的发展过程, 同时对中国的发展前途具有远大的眼光, 因此他深感超乎近功近利的原理原则的重要, 他知道只有高瞻远瞩的知识才能彻底了解问题的本质。

**深知**(shēnzhī) : 깊이 알다. **高瞻远瞩**(ɡāozhānyuǎnzhǔ) : 멀리 앞 (일)을 내다 보다. 식견이 높다. 선견지명이 있다.

只要我们把握这种基本的知识, 实践起来就不会有不可解除的困难了。真正的困难在于发见基本的道理。事实上, 不但真知灼见的事情, 必能便利的推行, 而在许多地方, 即使所知不深, 亦能推行无阻。例如水泥匠和木匠, 只要他们照着建筑师的吩咐去做, 即使他们不懂得建筑学, 也照样能执行复杂的建筑蓝图。

**解除**(jiěchú) : 없애다. 제거하다. 해제하다. **真知灼见**(zhēnzhīzhuójiàn) : 정확하고 투철한 견해. 확실한 소견. 정확한 인식과 명철한 견해. **无阻**(wúzǔ) : 지장이 없다. 가로막지 못하다. **水泥匠**(shuǐníjiànɡ) : 미장이. **照样**(zhàoyànɡ) : 예전처럼. 종전처럼. 이전처럼. 그대로.

医药方面的情况更明显, 诊断常常比用药困难, 医科学生知道得很清楚, 在研究医学之前, 他必须对生理学和解剖学先有相当的了解, 而在研究生理学和解剖学之前则又得先研究物理与化学等普通科学。

**明显**(mínɡxiǎn) : 선명하다. 뚜렷하다. 분명하다. 확연하다. 확실하다.

每一种科学都是许多为学问而学问的人们经过几百年继续不断研究所积聚的结果。由此可见医学的基础知识之获得比行医远为艰难。

**积聚**(jījù) : 축적(**蓄積**)하다. 많이 모아서 쌓다. **行医**(xíngyī) : 주로 자신이 하는 병원에서) 의사 노릇을 하다.

与孙先生同时代的人只求近功, 不肯研究中国实际问题的症结所在, 希望不必根据历史、社会学、心理学、科学等所得的知识, 就把事情办好, 更不愿根据科学知识来订定国家的建设计划。

**问题的症结所在**(wèntídezhēngjiésuǒzài) : 문제의 걸림돌. 문제점.

因此他们诬蔑孙先生的计划是不切实际的空中楼阁。他们的"现实的"眼光根本看不到远大的问题, 更不知道他们自己的缺点就是无知和浅见, 缺乏实际能力倒在其次。

**诬蔑**(wūmiè) : (남을)헐뜯고 욕하다. 중상(**中傷**)하다. 비방(**誹謗**)하다. 명예를 손상시키다. 모독(**冒瀆**)하다. 모욕(**侮辱**)하다. **不切实际**(bùqièshíjì) : 실제와 맞지 않다. 현실에 부합되지 않다. **空中楼阁**(kōngzhōnglóugé) : 공중누각(**空中樓閣**). 신기루.

以实在而论, 他们自己认为知道的东西, 实只限于浅薄的个人经验或不过根据一种常识的推断。这样的知识虽然容易获得, 但以此为实践基础反常常会遭受最后的失败。

**推断**(tuīduàn) : 추정.

在西洋人看起来, 这些或许只是理论与实践, 或者知识与行为的哲学论争, 似乎与中国的革命和建设不发生关系。但是中山先生却把它看得很严重, 认为心理建设是其他建设的基础, 不论是政治建设、实业建设或社会建设。

**或许**(huòxǔ) : 아마. 어쩌면.

有一天我和罗志希同杜威先生谒见孙先生谈到知难行易问题, 杜威教授对中山先生说:"过重实用, 则反不切实用。在西方没有人相信'知'是一件容易的事。"

**同**(tóng):…와. …과. **谒见**(yèjiàn):알현하다. **羅志希**:**羅家倫**.

<新教育>月刊, 一方面受到思想界革命风气的影响, 一方面因为我个人受到中山先生的启示, 所以在教学法上主张自发自动, 强调儿童的需要, 拥护杜威教授在他的 <民主与教育>中所提出的主张。

**自发自动**(zìfāzìdòng:자발적이 주동적인.

在中国的教育原理方面, <新教育>拥护孟子的性善主张, 因此认为教育就是使儿童的本性得到正常的发展。事实上孔子以后, 中国教育的主流·直都遵循着性善的原则。

**遵循**(zūnxún):따르다.

不过年代一久, 所谓人性中的"善"就慢慢地变为受古代传统所规范的某些道德教条了。因此我们的主张在理论上似很新鲜, 实践起来却可能离本来的原则很远很远。所谓"发展本性"在事实上可能变为只是遵守传统教条, 中国发生的实际情形正是如此。

**年代**(niándài):시대. 시기. 시간. [주로 지금으로부터 꽤 오래전의 과거를 가리킴].

自从卢梭、裴斯塔洛齐、福禄培, 以及后来的杜威等人的学说被介绍至中国思想界以后, 大家对孟子学说开始有了比较清晰的认识, 中国儿童应该从不合现代需要的刻板的行为规律中解放出来。

**裴斯塔洛齐**(péisītǎluòqí):페스탈로로치. **福禄培**(fúlùpéi):플로베르(Flaubert). **刻板**(kèbǎn):융통성 없는, 판에 박은 듯한.

我们应该诱导儿童自行思想, 协助他们根据他们本身的需要, 而不是根据大人的需要, 来解决他们自己的问题。我们应该启发儿童对自然环境的兴趣。根据儿童心理学的原则, 儿童只能看做儿童; 他不是一个小大人, 不能单拿知识来填, 更不应拿书本来填, 教育应该帮助儿童在心智、身体和团体活动各方面成长。

**书本**(shūběn) : 책. 서적의 총칭.

这些就是指导<新教育>的思想原则。读者不难觉察, 这与当时国内的革命思想是恰好符合的。<新教育>月刊与北京大学师生间知识上的密切关系, 终于使我在第二年跑进这个知识革命的大漩涡, 担任了教育学教授, 并于校长蔡先生请假时代理校长。

**恰好**(qiàhǎo) : 마침. 때마침. 계제 좋게. 공교롭게도. 우연히. **觉察**(juéchá) : 깨닫다. 알아차리다. 인지(**認知**)하다. 감지(**感知**)하다. **请假**(qǐngjià) : (병이나 일 때문에 외출, 조퇴, 결근 등을) 허락을 받다. 휴가(**休暇**)를 신청하다. 말미를 얻다.

# 第十五章　北京大学和学生运动
# 북경대학과 학생운동

如果你丢一块石子在一池止水的中央, 一圈又一圈的微波就会从中荡漾开来, 而且愈漾愈远, 愈漾愈大。北京曾为五朝京城, 历时一千余年, 因此成为保守势力的中心, 慈禧太后就在这里的龙座上统治着全中国。

**止水**(zhǐshuǐ) : 우묵한 곳에 고여 있(어 흐르지 않)는 물. **微波**(wēibō) : 잔물결. **荡漾**(dàngyàng) : (물·파도가)출렁이다. 넘실거리다. (음성·감정 등이)물결치다. 감돌다. 맴돌다. **历时**(lìshí) : 시간이 경과하다. **龙座**(lóngzuò) : 용상.

光绪皇帝在一八九八年变法维新, 结果有如昙花一现, 所留下的唯一痕迹只是国立北京大学, 当时称为京师大学堂或直呼为大学堂, 维新运动短暂的潮水已经消退而成为历史陈迹只留下一些贝壳, 星散在这恬静的古都里, 供人凭吊。

**昙花一现**(tánhuāyīxiàn) : 우담화처럼 잠깐 나타났다가 바로 사라져 버리다. **消退**(xiāotuì) : 점점 없어지다. 감퇴하다. 사라지다. **陈迹**(chénjì) : 옛일. 옛 자취. 지난 일. **贝壳**(bèiké) : 패각. 조가비. **星散**(xīngsàn) : 산산이[뿔뿔이] 흩어지다. **恬静**(tiánjìng) : 평안하고 고요하다. **凭吊**(píngdiào) : (유적(遺跡)이나 분묘(墳墓) 앞에서) 고인(故人)이나 옛 일을 추모하다. 위령제를 거행하다.

但是在北京大学里, 却结集着好些蕴蓄珍珠的活贝；由于命运之神的摆布, 北京大学终于在短短三十年历史之内对中国文化与思想提供了重大的贡献。

**蕴蓄**(yùnxù) : 온축하다. (학문·기술 등을) 축적하여 겉으로 드러내지 않다. **活贝**(huóbèi) : 산 조개.

在静水中投下知识革命之石的是蔡孑民先生(元培)。蔡先生在一九一六年(民国五年)出任北京大学校长, 他是中国文化所孕育出来的著名学者, 但是充满了西洋学人的精神, 尤其是古希腊文化的自由研究精神。

**出任**(chūrèn) : (나와서) 임무·관직을 담당하다[맡다]. **孕育**(yùnyù) : 낳아 기르다. 생육하다. 배태하다. 배양하다. 내포하다. **学人**(xuérén) : 학자. **尤其是**(yóuqíshì) : 특히.

他的"为学问而学问"的信仰, 植根于对古希腊文化的透彻了解, 这种信仰与中国"学以致用"的思想适成强烈的对照。蔡先生对学问的看法, 基本上是与中山先生的看法一致的, 不过孙先生的见解来自自然科学, 蔡先生的见解则导源于希腊哲学。

**植根**(zhígēn) : 뿌리박다. 뿌리내리다. **学以致用**(xuéyǐzhìyòng) : 배운 것을 실제로 활용하다. 배워서 실제에 응용하다. **强烈的**(qiángliède) : 선명한. 뚜렷한. **导源于**(dǎoyuányú) : ~에서 발원하다. ~에서 생기다.

这位著名的学者认为美的欣赏比宗教信仰更重要。这是希腊文化與中國文化交融的一个耐人寻味的实例。蔡先生的思想中融合着中国学者对自然的传统爱好和希腊人对美的敏感, 结果产生对西洋雕塑和中国雕刻的爱好 ; 他喜爱中国的山水画, 也喜爱西洋油画 ; 对中西建筑和中西音乐都一样喜欢。

**交融**(jiāoróng) : 뒤섞이다. 혼합되다. 융합하다. 한데 어우러지다. 조화되다. **耐人寻味**(nàirénxúnwèi) : 맛을 보면 볼수록 맛이 나다 ; (말이)의미심장(**意味深長**)하여 자세히 음미할 가치가 있다.

他对宗教的看法基本上是中国人的传统见解 ; 认为宗教不过是道德的一部分。他希望以爱美的习惯来提高青年的道德观念。这也就是古语所谓"移风易俗莫大于乐"的传统信念。高尚的道德基于七情调和, 要做到七情调和则必须透过艺术和音乐有密切关系的诗歌。

**移风易俗莫大于乐**(yífēngyìsúmòdàyúyuè) : 사회풍속을 순화시킴에 있어서 악(**樂**)보다 중요한 것이 없다. **七情调和**(qīqíngtiáohé) : 칠정(**七情**)이 조화를 이루다. **透过**

(tòuguo)：통과하다. 통하다. 투과하다.

蔡先生崇信自然科学。他不但相信科学可以产生发明、机器、以及其他实益, 他并且相信科学可以培养有系统的思想和研究的心理习惯, 有了传统的思想和研究, 才有定理定则的发现, 定理定则则是一切真知灼见的基础。

**崇信**(chóngxìn)：숭배하다. 신봉하다. **定则**(dìngzé)：정칙(定則). 법칙. **真知灼见**(zhēnzhīzhuójiàn)：정확하고 투철한 견해. 확실한 소견. 정확한 인식과 명철한 견해.

蔡先生年轻时锋芒很露。他在绍兴中西学堂当校长时, 有一天晚上参加一个宴会。酒过三巡之后, 他推杯而起, 高声批评康有为、梁启超维新运动的不彻底, 因为他们主张保存满清皇室来领导维新。说到激烈时, 他高举右臂大喊道："我蔡元培可不这样。除非你推翻满清, 否则任何改革都不可能!"

**锋芒毕露**(ēngmángbìlù)：자신의 예기(銳氣)와 재주를 모두 드러내 보이다. 지나치게 뽐내며 자신을 과시해 보이다. **宴会**(yànhuì)：연회. **推杯**(tuībēi)：잔을 사양하다. **右臂**(yòubei)：오른 팔.

蔡先生在早年写过许多才华横溢, 见解精辟的文章, 与当时四平八稳, 言之无物的科举八股适成强烈的对照。

**才华横溢**(cáihuáhéngyì)：재주가 남다르다. **精辟**(jīngpì)：(견해, 이론 등이) 치밀하다. 투철하다. 상세하다. **四平八稳**(sìpíngbāwěn)：(일을) 지나치게 신중하고 보수적으로 처리하여 진취적인 정신이 결여되다. **言之无物**(yán zhīwúwù)：(말이나 글이)아무런 실제 내용이 없이 공허(空虛)하다.

有一位老举人曾经告诉我, 蔡元培写过一篇怪文, 一开头就引用《礼记》里的"饮食男女, 人之大欲存焉"一句。缴卷时间到时, 他就把这篇文章缴给考官。蔡先生就在这场乡试里中了举人。后来他又考取进士, 当时他不过三十岁左右。以后就成为翰林。

**缴卷**(jiǎojuàn) : 시험 답안을 제출하다. **考官**(kǎoguān) : 옛날, 정부에서 거행하는 시험에서 출제, 감독, 채점 등의 업무를 담당했던 관리. **中举人**(zhòngjǔrén) : 거인에 합격하다. **举人**(jǔrén) : 거인(擧人). 거자(擧子). [명청(明淸)시대 과거 시험의 하나인 향시(鄕試)에 합격한 사람을 이르는 말]. **考取**(kǎoqǔ) : (시험에 응시하여) 선발되다. 뽑히다. 채용되다. 합격하다.

蔡先生晚年表现了中国文人的一切优点, 同时虚怀若谷, 乐于接受西洋观念。他那从眼镜上面望出来的两只眼睛, 机警而沉着；他的语调虽然平板, 但是从容、清晰、流利而恳挚。

**晚年**(wǎnnián) : 노년(老年). 만년(晚年). 늙은 나이. 모년(暮年). **优点**(yōudiǎn) : 장점(長點). 우수한 점. **虚怀若谷**(xūhuáiruògǔ) : (남의 의견도 다 수용할 수 있을 정도로) 태도가 겸손하다. 매우 겸허(謙虛)하다. **机警**(jījǐng) : (상황의 변화에 대하여) 빨리 알아차리다. 눈치 채다. 기민하다. **平板**(píngbǎn) : 평범하다. 단조롭다. **从容**(cóngróng) : 여유가 있다. 넉넉하다. **流利**(liúlì) : 민첩하다. 정체되지 않다. 재빠르다. **恳挚**(kěnzhì) : (태도나 말이) 성실하다. 진실하다. 공손하다. 진지하다.

他从来不疾言厉色对人, 但是在气愤时, 他的话也会变得非常快捷、严厉、扼要——像法官宣判一样的简单明了, 也像绒布下面冒出来的匕首那样的尖锐。

**疾言厉色**(jíyánlìsè) : (화가 나서) 말을 격하게 하고 굳은[사나운] 표정을 짓다. **气愤**(qìfèn) : 화내다. 성내다. **快捷**(kuàijié) : 재빠르다. 날쌔다. 날래다. 민첩하다. **严厉**(yánlì) : 호되다. 매섭다. **扼要**(èyào) : (글이나 말이) 요점을 찌르다[잡다]. **宣判**(xuānpàn : 판결을 선고하다. **绒布**(róngbù) : 면플란넬. **冒出来**(màochūlái) : 솟아나오다.

他的身材矮小, 但是行动沉稳。他读书时, 伸出纤细的手指迅速地翻着书页, 似乎是一目十行的读, 而且有过目不忘之称。他对自然和艺术的爱好使他的心境平静, 思想崇高, 趣味雅洁, 态度恳切而平和, 生活朴素而谦抑。他虚怀若谷, 对于任何意见、批评, 或建议都欣然接纳。

**身材**(shēncái) : 몸매. 체격(體格). 몸집. **矮小**(ǎixiǎo) : 왜소하다. **沉稳**(chénwěn) : 신중하다. 침착하다. **纤细**(xiānxì) : 섬세하다. 매우 가늘다. **翻**(fān) : 뒤집다. 뒤집히다. 펼치다. **过目不忘**(guòmùbùwàng) : 한 번 보면 잊지 않다. 기억력이 매우 좋다. **心境**(xīnjìng) : 심경. 심정. 기분. **平静**(píng jìng) : (마음이나 환경 등이) 평온하다. 차분하다. 조용하다. 평정하

다. **趣味雅洁**(qùwèiyǎjié) : 취미가 고상하다. **恳切**(kěnqiè) : 간절[간곡]하다. 진지하다. 정중[공손]하다. **平和**(pínghé) : (성격이나 언행이) 온화하다. **谦抑**(qiānyì) : 겸손하다. 사양하다. **欣然**(xīnrán) : 흔연히. 기꺼이. 쾌히. 달갑게. 선뜻. **接纳**(jiēnà) : (의견 따위를) 받아들이다.

当时的总统黎元洪选派了这位杰出的学者出任北京大学校长。北大在蔡校长主持之下, 开始一连串的重大改革。自古以来, 中国的知识领域一直是由文学独霸的, 现在, 北京大学却使科学与文学分庭抗礼了。历史、哲学, 和四书五经也要根据现代的科学方式来研究。

**选派**(xuǎnpài) : 발탁해서 임명하다. **杰出**(jiéchū) : 걸출하다. 출중하다. 뛰어나다. **一连串**(yīliánchuàn) : 일련의. 계속되는. 이어지는. **独霸**(dúbà) : 독점하다. 독차지하다. 제패하다. **分庭抗礼**(fēntíngkànglǐ) : 상호간에 대등한 지위나 예의로써 대하다 ; 지위가 대등하다. 상호 대립하다.

为学问而学问的精神蓬勃一时。保守派、维新派, 和激进派都同样有机会争一日之短长。背后拖着长辫, 心里眷恋帝制的老先生与思想激进的新人物并坐讨论, 同席笑谑。教室里, 座谈会上, 社交场合里, 到处讨论着知识、文化、家庭、社会关系和政治制度等等问题。

**蓬勃**(péngbó) : (기운이나 세력이) 왕성(旺盛)하다. 활기차다. 성하다. 번성(繁盛)하다. 번창(繁昌)하다. **一日之长**(yīrìzhīcháng) : (누군가와 비교할 때 재능·학문 따위가) 조금 나음. **争一日之短长**(zhēngyīrìzhīduǎncháng) : 우열을 다투다. **眷恋**(juànliàn) : 그리워하다. 사모하다. 미련을 두다. **老先生**(lǎoxiān·shēng) : 노선생. 어르신네. **笑谑**(xiàoxuè) : 웃으며 농담하다. 희롱하다. **场合**(chǎnghé) : 경우. 형편. 상황. 장면. 장소.

这情形很像中国先秦时代, 或者古希腊苏格拉底和亚里士多德时代的重演。蔡先生就是中国的老哲人苏格拉底, 同时, 如果不是全国到处有同情他的人, 蔡先生也很可能遭遇苏格拉底同样的命运。在南方建有坚强根据地的国民党党员中, 同情蔡先生的人尤其多。

**重演**(chóngyǎn) : 재연하다. [비유적인 뜻으로도 자주 쓰임]. **同情**(tóngqíng) : 찬성(하다). 공감(하다). **尤其**(yóuqí) : 특히. 더욱.

但是中国的和外国的保守人士却一直指责北京大学鼓吹“三无主义”——无宗教、无政府、无家庭——与苏格拉底被古希腊人指责戕害青年心灵的情形如出一辙。争辩不足以消除这些毫无根据的猜疑，只有历史才能证明他们的虚妄。历史不是已经证明了苏格拉底的清白无罪吗?

**指责**(zhǐzé) : 지적(하다). 지탄(하다). 질책(하다). 책망(하다). 비난(하다). **戕害**(qiānghài) : 해치다. 손상하다. **心灵**(xīnlíng) : 심령(心靈). 정신(精神). 영혼(靈魂). 마음. **如出一辙**(rúchūyīzhé) : 두 가지 일이 아주 비슷하다 ; (여러 사람의 언행이) 꼭 같다. 판에 박은 듯하다. **猜疑**(cāiyí) : 의심(하다). **消除**(xiāochú) : (걱정이나 장애 등을) 제거하다. 일소하다. 없애 버리다. 퇴치하다. 청산하다. 풀다. 해소하다. **虚妄**(xūwàng) : 허망하다. 허위하다. 날조되다. **清白**(qīngbái) : 깨끗하다. 순결하다. 청백하다. 결백하다.

我已经提到蔡先生提倡美学以替代宗教，提倡自由研究以追求真理。北大文学院院长陈仲甫(独秀)则提倡赛先生和德先生，认为那是使中国现代化的两种武器。自由研究导致思想自由；科学破坏了旧信仰，民主则确立了民权的主张。

**文学院**(wénxuéyuàn) : 문과대학. **导致**(dǎozhì) : 야기하다. (어떤 사태를) 초래하다[가져오다].

同时，哲学教授胡适之(适)那时正在进行文学革命，主张以白话文代替文言作表情达意的工具。白话比较接近中国的口语，因此比较易学，易懂。它是表达思想的比较良好也比较容易的工具。

**表情達意**(biǎoqíngdáyì) : 감정이나 의사를 나타내다.

在过去知识原是士大夫阶级的专利品，推行白话的目的就是普及知识。白话运动推行结果，全国各地产生了无数的青年作家。几年之后，教育部并下令全国小学校一律采用白话为教学工具。

**专利品**(zhuānlìpǐn) : 전매특허품. **推行**(tuīxíng) : 널리 시행하다. 보급하다. **教学**(jiàoxué) : 교수(教授)하다. 가르치다. 수업(授業)하다.

北大是北京知识沙漠上的绿洲。知识革命的种籽在这块小小的绿洲上很快地就发育滋长。三年之后，知识革命的风气已经遍布整个北京大学。

**绿洲**(lǜzhōu) : 오아시스(oasis). **种籽**(zhǒngzǐ) : 씨. 씨앗. **发育滋长**(fāyùzīzhǎng) : 발육하고 성장하다. **风气**(fēngqì) : 풍조(風潮). 기풍(氣風). **遍布**(biànbù) : 도처에 널리 분포하다. 널리 퍼지다.

这里让我们追述一些往事。一个运动的发生, 绝不是偶然的, 必有其前因与后果。在知识活动的蓬勃气氛下, 一种思想上和道德上的不安迅即在学生中发展开来。

**追述**(zhuīshù) : (지나간 일을) 추억하며 이야기하다. 술회(述懷)하다 **蓬勃**(péngbó) : 왕성하다. **气氛**(qìfēn) : 분위기. **迅即**(xùnjí) : 즉시. **发展**(fāzhǎn) : 발전(하다). 확대(하다).

我曾经谈过学生如何因细故而闹学潮的情形, 那主要是受了十八世纪以自由、平等、博爱为口号的法国政治思想的影响, 同时青年们认为中国的迟迟没有进步, 并且因而招致外国侵略应由清廷负其咎, 因此掀起学潮表示反抗。

**细故**(xìgù) : 사소한 일. 하찮은 일. 자질구레한 일. 사소한 잘못. **闹学潮**(nàoxuécháo) : 학생운동을 일으키다. 학원시위가 일어나다. **主要**(zhǔyào) : 주로. 대부분. **迟迟**(chíchí) : 꾸물대며. 느릿느릿. 느릿하게. **招致**(zhāozhì) : (어떤 결과를) 초래하다. 일으키다. **负其咎**(fùqíjiù) : 그 잘못에 대해 책임을 지다. **掀起**(xiānqǐ) : 자극하다. 불러일으키다. 들어 올리다. 올리다. 열어젖히다.

第一学潮于一九〇二年发生于上海南洋公学, 即所谓罢学风潮。我在前篇已经讲过。几年之后, 这种学生反抗运动终至变质而流为对付学校厨子的"饭厅风潮"。最后学校当局想出"请君入瓮"的办法, 把伙食交由学生自己办理。不过零星的风潮仍旧持续了十五六年之久。

**罢学**(bàxué) : 동맹휴학. **风潮**(fēngcháo) : 시대의 풍조. 경향. 소동. 충돌. 분쟁. 쟁의. **对付**(duì·fu) : 대응하다. 대처하다. 다루다. 맞서다. **请君入瓮**(qǐngjūnrùwèng) : 어서 항아리 속에 드십시오 ; 자신이 정한 엄격한 규칙이나 금지 조항에 자기 자신이 걸려들다. 제 도끼에 제 발등 찍히다. 제가 놓은 덫에 치이다. [당(唐) 측천무후(則天武后) 때, 내준신(來俊臣)이 주흥(周興)이 모함하려 한다는 사실을 알고 그를 식사에 초대하여, 만약 죄인이 죄를 자백하지 않으면 어떻게 하겠느냐 물으니 주흥이 달군 항아리에 넣는다고 하면 모두 자백할 것이라는 대답을 하자, 내준신이 이 방법을 사용하여 주흥의 자백을 받아 냈다는 고사에서 유래함]. **伙食**(huǒ·shi) : (학교·군대 따위의 공동) 식사.

有一次"饭厅风潮"甚至导致惨剧。杭州的一所中学, 学生与厨子发生纠纷, 厨子愤而在饭里下了毒药, 结果是十多位学生中毒而死。我在惨案发生后去过这所中学, 发现许多学生正在卧床呻吟, 另有十多具棺木停放在操场上, 等待死者家属前来认领葬殓。

**惨剧**(cǎnjù) : 참사. 비극적 사건. 대 재해. **惨案**(cǎnàn) : (대규모의) 학살 사건. (대량의) 사상자 발생사고. **呻吟**(shēnyín) : 신음(하다). **停放**(tíngfàng) : 안치하다. 세워두다. **操场**(cāochǎng) : 운동장. **认领**(rènlǐng) : 확인하고 인수하다. 찾아가다. **葬殓**(zàngliàn) : 납관(納棺)하여 장사 지내다.

表现于学潮的反抗情绪固然渐成过去, 反抗力量却转移到革命理想上的发展, 而且在学校之外获得广大的支持, 终至发为政治革命而于一九一一年推翻满清。

**固然**(gùrán) : 물론 …지만. **转移**(zhuǎnyí) : 옮기다. 이동하다. 전이하다. **推翻**(tuīfān) : (기존의 국면을) 전복시키다. 뒤집다.

第二度的学生反抗运动突然在一九一九年(民国八年)五月四日在北京爆发。此即所谓五四运动。事情经过是这样的 : 消息从巴黎和会传到中国, 说欧战中的战胜国已经决定把山东半岛上的青岛送给日本。

**爆发**(bàofā) : 발발하다. 돌발하다. 갑자기 터져 나오다. 발생하다.

青岛原是由中国租借给德国的海港, 欧战期间, 日本从德国手中夺取青岛。中国已经对德宣战, 战后这块租地自然毫无疑问地应该归还中国。消息传来, 举国骚然。北京学生在一群北大学生领导下举行示威, 反对签订凡尔赛和约。

**海港**(hǎigǎng) : (해안에 있는) 항구. 항만. **归还**(guīhuán) : 되돌려 주다. 반환하다. **租地**(zūdì) : 조차지. **骚然**(sāorán) : 소란스럽다. **签订**(qiāndìng) : 조인하다. (조약을) 체결하다. 함께 서명하다. **凡尔赛和约**(fáněrsàihéyuē) : 베르사유 강화조약.

三千学生举行群众大会, 并在街头游行示威, 反对接受丧权辱国的条件, 高喊"还我青岛!" "抵制日货!" "打倒卖国贼!" 写着同样标语的旗帜满街飘扬。

**游行示威**(yóuxíngshìwēi) : 시위행진을 하다. **丧权辱国**(sàngquánrǔguó) : 주권을 상실하여 국위가 실추되다. **抵制**(dǐzhì) : 제압하다. 배척하다. 막아 내다. **旗帜**(qízhì) : 깃발. **满街**(mǎnjiē) : 온 거리. **飘扬**(piāoyáng) : 휘날리다. 나부끼다.

当时的北京政府仍旧在军人的掌握之下, 仅有民主政体和议会政治的外表, 在广州的中山先生的国民党以及其余各地的拥护者, 虽然努力设法维护辛亥革命所艰辛缔造的民主政制, 却未著实效。

**艰辛**(jiānxīn) : 괴롭다. 고생스럽다. **缔造**(dìzào) : (위대한 사업을) 창건하다. 창립하다. 창설하다.

北京政府的要员中有三位敢犯众怒的亲日分子。他们的政治立场是尽人皆知的。这三位亲日分子 一交通总长曹汝霖, 驻日公使陆宗舆, 和另一位要员章宗祥 一 结果就成学生愤恨的对象, 群众蜂拥到曹宅, 因为传说那里正在举行秘密会议。

**众怒**(zhòngnù) : 군중의 분노. **尽人皆知**(jìnrénjiēzhī) : 모든 사람이 다 알다. **愤恨**(fènhèn) : 분노하고 원망하다. 분개하고 증오하다. 분개. **蜂拥**(fēngyōng) : 벌떼처럼 붐비다.

学生破门而入, 满屋子搜索这三位"卖国贼"。曹汝霖和陆宗舆从后门溜走了 ; 章宗祥则被群众抓到打伤。学生们以为已经把他打死了, 于是一哄而散, 离去前把所有的东西砸得稀烂, 并且在屋子里放了一把火。

**破门而入**(pòménérrù) : 문을 부수고 들어가다. **溜走**(liūzǒu) : 몰래 달아나다. 뺑소니치다. **一哄而散**(yīhōngérsàn) : 와아 소리를 지르면서 뿔뿔이 흩어지다. **离去**(líqù) : 떠나가다. 떠나다. **砸得稀烂**(zádexīlàn) : 산산이 때려 부수다. **放一把火**(fàngyībǎhuǒ) : 불을 붙이다 [옛날, 대나무 다발에 불을 붙인 데서 나온 말].

这时武装警察和宪兵已经赶到, 把屋子围得水泄不通。他们逮捕了近六十位学生带往司令部, 其余的一千多名学生跟在后面不肯散, 各人自承应对这次事件负责, 要求入狱。结果全体被关到北京大学第三院(法学院), 外面由宪警严密驻守。

**水泄不通**(shuǐxièbùtōng) : 물샐틈없다. 경계가 삼엄하다. **跟在后面** : 따라다니다. **入狱**

(rùyù) : 감옥에 갇히다. 수감(收監)되다. 입감(入監)되다. 투옥(投獄)되다. 교도소에 들어가다. **驻守**(zhùshǒu) : 주둔하여 지키다.

有关这次游行示威的消息，遭到严密的检查与封锁。但是有几个学生终于蒙过政府的耳目，透过天津租界的一个外国机构发出一通电报。这电报就是五号上海各报新闻的唯一来源。

**游行示威**(yóuxíngshìwēi) : 시위행진을 하다. **蒙过**(méngguò) : 속여 넘기다. **透过**(tòuguo) : 통과하다. 통하다. 투과하다. **报**(bào) : 신문. **新闻**(xīnwén) : (신문사, 방송사, 통신사 등의) 소식(消息). 뉴스(news). **来源**(láiyuán) : 근원. 출처.

五号早晨报纸到达我手里时，我正在吃早餐。各报的首页都用大字标题刊登这条新闻，内容大致如下：
北京学生游行示威反对签订凡尔赛和约。三亲日要员曹汝霖、陆宗舆、章宗祥遭学生围殴。曹汝霖住宅被焚，数千人于大队宪警监视下拘留于北京大学第三院。群众领袖被捕，下落不明。除此简短新闻外，别无其他报导。

**刊登**(kāndēng) : (신문이나 잡지 등의 출판물에) 싣다. 게재(揭載)하다. 등재(登載)하다. **大致**(dàzhì) : 대체로. 대체적으로. **凡尔赛和约**(fáněrsàihéyuē) : 베르사유강화조약. **大队宪警**(dàduìxiànjǐng) : 군경합동대대. **拘留**(jūliú) : 구류(句留)하다. 구금(拘禁)하다. **下落不明**(xiàluòbùmíng) : 행방불명이다. **简短**(jiǎnduǎn) : (말, 행동, 내용, 문장 등이) 간결(簡潔)하다. 간단명료(簡單明瞭)하다. **报导**(bàodǎo) : 보도하다. 보도.

这消息震动了整个上海市。当天下午，公共团体如教育会、商会、职业工会等纷纷致电北京政府，要求把那三位大员撤职，同时释放被捕或被扣的学生。第二天一整天，全上海都焦急地等待政府的答复，但是杳无消息。于是全市学生开始罢课，提出与各团体相同的要求，同时开始进行街头演说。

**工会**(gōnghuì) : 공회(工會). 노동조합(勞動組合). 노조(勞組). **纷纷**(fēnfēn) : (많은 사람이나 사물이) 잇달아. 끊이지 않고. 쉴 새 없이. 계속하여. **致电**(zhìdiàn) : (상대방에게) 전보를 보내다. 전화하다. **大员**(dàyuán) : 고관. **撤职**(chèzhí) : 면직하다. 해직하다. **焦急**(jiāojí) : 초조해하다. 애태우다. 안달하다. **杳无消息**(yǎowúxiāoxi) : 감감무소식이다. **罢课**

(bàkè)：(학생들이 어떤 요구 사항을 관철시키기 위해서 집단으로) 수업을 거부하다.

第二天早晨, 各校男女学生成群结队沿南京路挨户访问, 劝告店家罢市。各商店有的出于同情, 有的出于惧怕, 就把店门关起来了。许多人则仿照左邻右舍的榜样, 也纷纷关门歇市。不到一个钟头, 南京路上的所有店户都关上大门了, 警察干涉无效。

**成群结队**(chéngqúnjiéduì)：무리를 이루다. 떼를 짓다, 한 패가 되다. **挨户**(āihù)：집집마다. **店家**(diànjiā)：상점. 점포. **罢市**(bàshì)：상인들이 동맹파업을 하다. **仿照**(fǎngzhào)：(기존의 방법·양식에) 따르다. (원형대로)모방하다. 본뜨다. **左邻右舍**(zuǒlínyòushè)：인근. 이웃(집). **榜样**(bǎngyàng)：본보기. 모범. 귀감. **店户**(diànhù)：상점.

罢市风声迅即蔓延开来, 到了中午时, 全上海的店都关了。成千成万的人在街头聚谈观望, 交通几乎阻塞。租界巡捕束手无策。男女童子军代替巡捕在街头维持秩序, 指挥交通。

**风声**(fēngshēng)：평판. 풍설. 소문. **蔓延**(mànyán)：널리 퍼지다. 널리 번지다. 만연(**蔓延**)하다. **中午**(zhōngwǔ)：정오(**正午**). 한낮. [낮 열두 시 전후의 시간]. **成千成万**(chéngqiānchéngwàn)：수천수만. 대단히 많은 수. **聚谈**(jù tán)：모여서 이야기하다. **阻塞**(zǔsè)：가로막(히)다. 두절되다. **巡捕**(xúnbǔ)：옛날, 외국 조계(**租界**)를 지키던 경찰관. **童子军**(tóngzǐjūn)：소년단원. **指挥交通**(zhǐhuījiāotōng)：교통정리하다.

由剪了短发的女童子军来维持人潮汹涌的大街的秩序, 在上海共同租界倒真是一件新鲜的事。中国人和外国人同样觉得奇怪, 为什么群众这么乐意接受这些小孩子的指挥, 而对巡捕们却大发脾气。

**人潮汹涌**(rénchàoxiōngyǒng)：인파가 물밀 듯이 몰려들다. **新鲜的事**(xīn·xiāndeshì)：신기한 일. **大发脾气**(dàfāpí·qi)：몹시 화를 내다.

几天之内, 罢课成为全国性的风潮, 上海附近各城市的商店和商业机构全都关了门。上海是长江流域下游的商业中心, 这个大都市的心脏停止跳动以后, 附近各城市也就随着瘫痪, 停止活动, 倒不一定对学生表同情。

**罢课**(bàkè) : 수업 거부. **风潮**(fēngcháo) : 시대의 풍조. 경향. 소동. 충돌. 분쟁. 쟁의. **下游**(xiàyóu) : 하류(下流). [강물이 흘러내리는 아래쪽]. **跳动**(tiàodòng) : (심장이)뛰다. 고동치다. 두근거리다. **随着**(suízhe) : …따라서. …뒤이어. …에 따라. **瘫痪**(tānhuàn) : (기구 활동 등이) 마비되다. 정지되다.

租界当局听说自来水厂和电灯厂的雇员要参加罢工, 大起惊慌。后来经过商会和学生代表的调停, 这些人才算被劝住没有罢工。各方压力继续了一个多星期, 北京政府终于屈服, 亲日三官员辞职, 全体学生释放。

**自来水厂**(zìláishuǐchǎng) : 정수장(淨水場). **雇员**(gùyuán) : 고원. 임시직 직원. **大起惊慌**(dàqǐjīnghuāng) : 크게 놀라 허둥지둥하다. **劝住**(quànzhù) : 타일러 그만두게 하다. 권고하여 제지시키다. 달래서 마음을 가라앉히다.

各地学生既然得到全国人士的同情与支持, 不免因这次胜利而骄矜自喜。各学府与政府也从此无有宁日。北京学生获得这次胜利以后, 继续煽动群众, 攻击政府的腐败以及他们认为束缚青年思想的旧传统。

**骄矜**(jiāojīn) : 교만하다. 자고자대(自高自大)하다. **自喜**(zìxǐ) : 스스로 기쁨에 젖다. **学府**(xuéfǔ) : 학부. 학교.

学生们因为得到全国舆情的支持, 已经战胜了政府。参加游行示威, 反对签订凡尔赛和约, 是每一个中国人都愿意做的事。学生们因为有较好的组织, 比较敢言, 比较冲动, 顾虑比较少, 所以打了头阵, 并且因此拨动了全国人民的心弦。

**舆情**(yúqíng) : 민정(民情). 대중의 의향. 세정(世情). 여론. **顾虑**(gùlǜ) : 고려. 우려. 근심. 걱정. 심려. **打头阵**(dǎtóuzhèn) : 선진(先陣)에 서다. 선두에 서다. 선봉을 맡다. **拨动**(bōdòng) : (손가락이나 막대기로 움직여) 돌리다. (돈을) 유용(流用)하다. 융통하다. **心弦**(xīnxián) : 심금. 어떤 자극에 울리는 마음결.

亲日官员辞职, 被捕学生释放, 上海和其他各地的全面罢课罢市风潮歇止以后, 大家以为"五四"事件就此结束, 至少暂时如此。但是北京大学本身却成了问题。蔡校长显然因为事情闹大而感到意外, 这时已经辞职而悄然离开北京。

**歇止**(xiēzhǐ) : 그만두다. 휴지(休止)하다. **事情闹大**(shìqingnàodà) : 일이 확대되다. 일이 시끄러워지다. 일이 복잡해지다. **感到意外**(gǎndàoyìwài) : 의외라고 생각하다. **悄然**(qiǎorán) : 조용한 모양. 잠잠한 모양.

临行在报上登了一个广告引《白虎通》里的几句话说:"杀君马者道旁儿, 民亦劳止, 汔可小休。" 他先到天津, 然后到上海, 最后悄然到了杭州, 住在一个朋友的家里。住处就在著名的西湖旁边, 临湖依山, 环境非常优美, 他希望能像传统的文人雅士, 就此息隐山林。虽然大家一再敦劝, 他仍旧不肯回到北京。

**临行**(línxíng) : 출발할 때가 되다. 떠날 때에 이르다. **登广告**(dēngguǎnggào) : 광고를 게재하다. **临湖依山**(línhúyīshān) : 호수와 맞닿고 산을 등지고 있다. **息隐山林**(xīyǐnshānlín) : 은둔하다. **一再**(yīzài) : 수차. 거듭. 여러 차례. 반복하여. 되풀이하여. **敦劝**(dūnquàn) : 간절하게 권고하다.

他说, 他从来无意鼓励学生闹学潮, 但是学生们示威游行, 反对接受凡尔赛和约有关山东问题的条款, 那是出于爱国热情, 实在无可厚非。至于北京大学, 他认为今后将不容易维持纪律, 因为学生们很可能为胜利而陶醉。

**无可厚非**(wúkěhòufēi) : 지나치게 나무랄 것이 없다. 크게 비난할 것이 없다.

他们既然尝到权力的滋味, 以后他们的欲望恐怕难以满足了。这就是他对学生运动的态度。有人说他随时准备鼓励学生闹风潮, 那是太歪曲事实了。

**尝**(cháng) : 맛보다. 겪다. 체험하다. **滋味**(zīwèi) : 맛. [어떤 일에 대해 느끼는 기분].

他最后同意由我前往北京大学代理他的职务。我因情势所迫, 只好勉强同意担负起这副重担, 我于是在七月间偕学生会代表张国焘乘了火车, 前赴北京。到了北京大学, 初次遇见了当时北大学生, 以后任台大校长的傅孟真(斯年), 现在台湾任国史馆长的罗志希(家伦)。

**前往**(qiánwǎng) : …로 가다. …로 향해 가다. …로 나아가다. 전진(前進)하다. …로 떠나가다. **情势所迫**(qíngshìsuǒpò) : 주위 상황 때문에 어쩔 수 없이. **偕**(xié) : 함께. 같이. **初次**(chūcì) : 첫 번. 처음. 제 일회.

| 两位是北大"五四"的健将, 不但善于谋略, 而且各自舞着犀利的一支笔, 好比公孙大娘舞剑似的, 光芒四照。他们约好了好多同学, 组织了一个新潮社, 出版了一种杂志, 叫做《新潮》, 向旧思想进攻。 |
|---|

**健将**(jiànjiàng) : 맹장(猛將). 용장(勇將). 달인(達人). 명수(名手). 중심인물. 유력자. 실력자. **善于**(shànyú) : …에 능숙하다. …를 잘하다. **谋略**(móulüè) : 모략. 책략. 지모. **犀利**(xīlì) : (무기, 언어 등이) 날카롭다. **各自** (gèzì) : 각기. **好比**(hǎobǐ) : (마치)…와 같다. **光芒四照**(guāngmángsìzhào) : 빛이 사방에 환하게 비치다. **约好**(yuēhǎo) : 약속하다.

| 我现在写《西潮》, 实在自从"五四"以后, 中国本土, 已卷起了汹涌澎湃的新潮, 而影响了中国将来的命运。然而"五四"之起因, 实为第一次世界大战后, 欧洲帝国主义之崩溃, 以及日本帝国主义的猖狂。所以毕竟还是与西潮有关。 |
|---|

**卷起**(juǎnqǐ) : 말아 올리다. 휘몰아치다. **汹涌澎湃**(xiōngyǒngpēngpài) : 물결이 세차게 출렁이다 ; 기세가 막을 수 없이 세차다. **猖狂**(chāngkuáng) : 난폭하다. 광폭하다. 광기를 부리다. 광분.

| 我到学校以后, 学生团体开了一个欢迎大会。当时的演说中, 有如下一段 : "…… 故诸君当以学问为莫大的任务。西洋文化先进国家到今日之地位, 系累世文化积聚而成, 非旦夕可几。 |
|---|

**系**(xì) : ~이다. **累世**(lěishì) : 역대(歷代). 대대. 여러 세대. **积聚**(jījù) : (쌓아)모으다. 축적하다. **旦夕**(dànxī) : 짧은 시간. 단시간.

| 千百年来, 经多少学问家累世不断的劳苦工作而始成今日之文化。故救国之要道, 在从事增进文化之基础工作, 而以自己的学问功夫为立脚点, 此岂摇旗呐喊之运动所可几? |
|---|

**千百年**(qiānbǎinián) : 긴 세월. 수천 수백 년. **学问家**(xuéwenjiā) : 학자들. **始**(shǐ) : 비

로소. 겨우. **要道**(yàodào) : 요체(要諦). **功夫**(gōngfu) : 실력. 능력. 조예(造詣). **立脚点**(lìjiǎodiǎn) : 발판. 근거지. **摇旗呐喊**(yáoqínàhǎn) : 옛날, 전장에서, 뒤에서 기를 흔들고 함성을 질러 앞에서 싸우는 사람들이 기세를 올리도록 하다.

当法国之围困德国时, 有德国学者费希德在围城中之大学讲演, 而作致国民书曰 : '增进德国之文化, 以救德国.' 国人行之, 遂树普鲁士败法之基础。故救国当谋文化之增进, 而负此增进文化之责者, 惟有青年学生……。"暴风雨过去以后, 乌云渐散, 霁日重现, 蔡先生也于九月间重回北大复职视事。

**围困**(wéikùn) : 적을 포위하여 외부와의 연락을 끊다[출로를 막다]. 겹겹이 포위하다. **费希德**(fèixīdé) : 피히테(Fichte)[칸트학파의 유명한 독일철학자 ; (1762-1814)]. **围城**(wéichéng) : 포위된 도시[성]. **乌云**(wūyún) : 검은 구름. 먹장구름. **霁日重现**(jìrìchóngxiàn) : 다시 날이 개다. **视事**(shìshì) : (옛날, 관리가) 일을 시작하다. 집무(執務)(를 시작)하다.

北大再度改组, 基础益臻健全。新设总务处, 有总务长处理校中庶务。原有处室也有所调整, 使成为一个系统化的有机体, 教务长负责教务。校中最高立法机构是评议会, 会员由教授互选 ; 教务长、总务长, 以及各院院长为当然会员。

**改组**(gǎizǔ) : 조직을 개편하다. **益**(yì) : 더욱. 한층 더. **臻**(zhēn) : 이르다. 미치다. 도달하다. **互选**(hùxuǎn) : 호선하다. 특정한 사람들이 자기네 가운데서 서로 선출하다.

评议会有权制订各项规程, 授予学位, 并维持学生风纪。各行政委员会则负责行政工作。北大于是走上教授治校的道路。学术自由、教授治校, 以及无畏的追求真理, 成为治校的准则。学生自治会受到鼓励, 以实现民主精神。

**规程**(guīchéng) : (어떤 정책, 제도 등에서 만든 세세한) 규정. **风纪**(fēng jì) : 풍기. 규율. **于是**(yúshì) : 그래서. 이에. 그리하여. **治校**(zhìxiào) : 학교를 관리하다.

此后七年中, 虽然政治上狂风暴雨迭起, 北大却在有勇气、有远见的人士主持下, 引满帆篷, 安稳前进。图书馆的藏书大量增加, 实验设备也大见改善。国际知名学者如杜威和罗素, 相继应邀来校担任客座教授。

**狂风暴雨**(kuángfēngbàoyǔ) : 세차게 몰아치는 비바람. **迭起**(diéqǐ) : 자꾸 일어나다[출현하다]. **主持**(zhǔchí) : 주관하다. 주재(主宰)하다. 진행하다. **引满**(yǐnmǎn) : 인만하다. 활을 팽팽히[힘껏] 당기다. **帆蓬**(fānpéng) : 배의 돛. **安稳**(ānwěn) : 안전하다. 안정하다. 평온하다. 편안히. 고이고이. **知名**(zhīmíng) : 지명하다. 유명하다. 저명하다. **应邀**(yìngyāo) : 초대 또는 초청에 응하다. 초청되어. **客座教授**(kèzuòjiàoshòu) : 객원 교수.

这两位西方的哲学家, 对中国的文化运动各有贡献。杜威引导中国青年, 根据个人和社会的需要, 来研究教育和社会问题。无庸讳言的, 以这样的方式来考虑问题, 自然要引起许多其他的问题。

**引导**(yǐndǎo) : 인도하다. 이끌다. **无庸讳言**(wúyōnghuìyán) : 말할 필요도 없이.

在当时变化比较迟钝的中国实际社会中自然会产生许多纠纷。国民党的一位领袖胡汉民先生有一次对我说, 各校风潮迭起, 就是受了杜威学说的影响。此可以代表一部分人士, 对于杜威影响的估计。他的学说使学生对社会问题发生兴趣也是事实。这种情绪对后来的反军阀运动却有很大的贡献。

**迟钝**(chídùn) : (감각기관, 생각, 행동 등이) 무디다. 굼뜨다. 민첩하지 못하다. 둔하다. **风潮**(fēngcháo) : 소동. 충돌. 분쟁. 쟁의. **估计**(gūjì) : 추측하다. 짐작하다. [어떤 상황에 근거하여 사물의 성질, 수량, 변화 등에 대해 대략적인 추측과 판단을 하는 것을 가리킴].

罗素则使青年人开始对社会进化的原理发生兴趣。研究这些进化的原理的结果, 使青年人同时反对宗教和帝国主义。传教士和英国使馆都不欢迎罗索。他住在一个中国旅馆里, 拒绝接见他本国使馆的官员。

**罗素**(luósù) : Bertrand Russell(영국의 철학자. 수학자. 저술가 ; 1872-1970)

我曾经听到一位英国使馆的官员表示, 他们很后悔让罗索先生来华访问。罗素教授曾在北京染患严重的肺炎, 医生们一度认为已经无可救药。他病愈后, 我听到一位女传教士说 : “他好了么? 那是很可惜的。” 我转告罗索先生, 他听了哈哈大笑。

**无可救药**(wúkějiùyào) : 병이 이미 중하여 약으로 치료할 수 없다. 이미 어찌할 수 없는 지경에 이르다. 구제할 방법이 없다. 손쓸 방도가 없다. **病愈**(bìngyù) : 병이 낫다. **哈哈大笑**(hāhādàxiào) : 크게 웃다.

第一次世界大战后, 中国的思想界, 自由风气非常浓厚, 无论是研究社会问题或社会原理, 总使惯于思索的人们难于安枕, 使感情奔放的人们趋向行动。战后欧洲的西洋思想就是在这种气氛下介绍进来的。

**安枕**(ānzhěn) : 편안하게 잠자다. **气氛**(qìfēn) : 분위기(雰圍氣).

各式各样的"主义"都在中国活跃一时。大体而论, 知识分子大都循着西方民主途径前进, 但是其中也有一部分人收到一九一七年俄国革命的鼓励而向往马克思主义。《新青年》的主编陈独秀辞去北大文学院院长的职务, 成为中国共产运动的领袖。反对日本帝国主义的运动也促使知识分子普遍同情俄国革命。

**途径**(tújìng) : 길. 도로. [일반적으로 경로, 순서, 절차, 수단 등의 비유적인 뜻으로 쓰임].
**辞去**(cíqù) : 물러나다. 그만두다. 사직하다.

第三国际于一九二三年派越飞到北京与中国知识分子接触。某晚, 北京撷英饭店有一次欢迎越飞的宴会。蔡校长于席中致欢迎词说："俄国革命已经予中国的革命运动极大的鼓励。"

**越飞**(yuèfēi) : 요페(Joffe)(人名). **撷英饭店**(xiéyīngfàndiàn) : 시에잉 호텔

俄国曾经一再宣布, 准备把北满的中东铁路归还中国, 并且希望中国能够顺利扫除军阀, 驱除侵略中国的帝国主义。苏俄对中国的这番好意, 受到所有知识分子以及一般老百姓的欢迎。这种表面上友好表示的后果之一, 就是为苏俄式的共产主义在中国铺了一条路。

**归还**(guīhuán) : (빌린 돈이나 물건을 원래 주인에게) 돌려주다. **驱除**(qū chú) : 쫓아내다. 제거하다. 구제하다. **后果**(hòuguǒ) : 결과(일반적으로 나쁜 결과를 말함). **铺路**(pūlù) : (일을 해내기 위해서) 길을 내다. 길을 마련하다. 길을 포장하다.

在这同时，许多留学欧美大学的杰出科学家也纷纷回国领导学生，从事科学研究。教员与学生都出了许多刊物。音乐协会、艺术协会、体育协会、图书馆协会纷纷成立，多如雨后春笋。

**纷纷**(fēnfēn)：잇달아. 끊이지 않고. 쉴 새 없이. 계속하여. **教员**(jiào yuán)：교원(敎員). 교사(敎師). **刊物**(kānwù)：간행물(刊行物). **雨后春笋**(yǔ hòuchūnsǔn)：우후죽순.

教授李守常(大钊)并领导组织了一个马克思主义研究会。当时北京报纸附栏，称这研究会为"马神庙某大学之牛克斯研究会"，不过作为嘲笑之对象而已。马神庙者北京大学所在地也。

**附栏**(fùlán)：비고란.

此时北大已经敞开大门招收女生。北大是中国教育史上第一所给男女学生同等待遇的高等学府。教员与学生在学术自由和自由研究的空气里，工作得非常和谐而愉快。

**敞开**(chǎngkāi)：(활짝)열다. **招收**(zhāoshōu)：(시험이나 기타방식으로 학생, 견습공, 직원 등을) 모집하다. 받아들이다. **空气**(kōngqì)：분위기(雰圍氣).

北大所发生的影响非常深远。北京古都静水中所投下的每一颗知识之石，余波都会到达全国的每一角落。甚至各地的中学也沿袭了北大的组织制度，提倡思想自由，开始招收女生。

**深远**(shēnyuǎn)：(영향, 사상, 뜻 등이) 깊고 크다. 심원(深遠)하다. 심대하다. **静水**(jìng shuǐ)：고인 물. 흐르지 않는 물. **沿袭**(yánxí)：예부터 내려오는 낡은 관습을 그대로 이어 나가다. 답습(踏襲)하다. 도습(蹈襲)하다.

北大发起任何运动，进步的报纸、杂志，和政党无不纷起响应。国民革命的势力，就在这种氛围中日渐扩展，同时中国共产党也在这环境中渐具雏型。

**纷起**(fēnqǐ)：잇달아 일어나다. **氛围**(fēnwéi)：분위기. **雏型**(chúxíng)：초보적인 형태.

军阀之间的冲突正在这古都的附近间歇进行着。在这些时断时续的战事中, 北京各城门有一次关闭几达一星期之久。枪炮声通常在薄暮时开始, 一直持续到第二天早晨。有一次, 我们曾经跑到北京饭店的屋顶去眺望炮火, 那真叫做隔岸观火, 你可以欣赏夜空中交织的火网, 但是绝无被火花灼伤的危险。

**间歇**(jiànxiē) : 간헐적으로. **薄暮**(bómù) : 해질녘. 저녁 무렵. 황혼. **早晨**(zǎo chén) : (비교적 이른) 아침. [여명(黎明) 무렵부터 오전 8, 9시까지의 시간을 가리킴]. **战事**(zhànshì) : 전쟁과 관련된 각종 활동. 전쟁. **屋顶**(wūdǐng) : 지붕. 옥상. **眺望**(tiàowàng) : 멀리 바라보다. 전망하다. **隔岸观火**(géànguānhuǒ) : 강 건너 불구경하듯 하다. 남이 위급할 때 도와주지 않고 방관하다. **交织**(jiāozhī) : (감정 등이)엇갈리다. 교차하다. 섞어서 짜다. **火网**(huǒwǎng) : 화망. **火花**(huǒhuā) : 불꽃. 불똥. 스파크. **灼伤**(zhuóshāng) : 화상(을 입다).

炮弹拖着长长的火光, 在空中飞驰, 像是千万条虹互相交织。隆隆的炮声震得屋顶摇摇晃晃, 像是遭到轻微的地震。从黄昏到清晨, 炮火一直不停。我回家上床时, 根本不能把耳朵贴着枕头睡, 因为这样炮声显得特别响亮。

**拖着**(tuōzhe) : ~을 늘어뜨리면서. 드리우면서. **火光**(huǒguāng) : 불빛. 화광. **飞驰**(fēichí) : 나는 듯이 달리다. 질주하다. **虹**(hóng) : 무지개. **隆隆**(lóng lóng) : 극렬하게 진동할 때 나는 소리. 천둥소리. **摇摇晃晃**(yáoyáohuàng huàng) : 흔들거리다. 흔들흔들 움직이다. **贴**(tiē) : 붙이다. **枕头**(zhěntou) : 베개. **响亮**(xiǎngliàng) : (소리가) 우렁차다. 높고 낭랑하다. 매우 크다.

因此我只能仰天躺着睡, 让耳朵朝着天花板, 同时注意到电灯罩子在微微摇晃。玻璃窗也嘎嘎作响。我有一只德国种的狼犬, 名叫狼儿, 它被炮声吵得无法再在地板上安睡, 一直哼个不停。

**仰天**(yǎngtiān) : (하늘을) 고개를 들고 쳐다보다. 우러러 보다. **天花板**(tiān huābǎn) : 천장판. 천장널. **电灯罩子**(diàndēngzhàozi) : 전등씌우개. **狼犬**(lángquǎn) : 세퍼드(shepherd). **嘎嘎**(gāgā) : 여기서는 창문이 흔들리는 소리. **安睡**(ānshuì) : 조용히 자다. 편안히 자다. **哼**(hēng) : 끙끙거리는 소리를 내다.

它的耳朵一贴到地板，它就惊跳起来，哼唧几声之后，它冲到房门旁，拚命在门上抓，它一定以为怪声是我卧房的地板下面发出来的。第二天早上，我骂它一顿，说它前一晚不该那么捣乱。

**卧房**(wòfáng) : 침실. **捣乱**(dǎoluàn) ; 교란하다. 소란을 피우다.

它似乎自知理屈，只用两只眼睛怯生生地望着我。早餐時我到处找不到狼儿，从此再不见它的踪影。大概它跑出去想找块安静地，夜里不会有恶作剧的魔鬼在地下大敲大擂，好让它安安稳稳的睡觉。不过，我想它大概是很失望的。

**理屈**(lǐqū) : 이유가 서지 않다. 이치가 닿지 않다. **怯生生地**(qièshēngshēngde) : 쭈뼛쭈뼛하다. [소심하거나 수줍어하는 모양 또는 겁에 질린 모양]. **踪影**(zōngyǐng) : 형적(形迹). 영적(影迹). 종적. 행방. 자취. [주로 찾는 대상을 가리키며, 부정문에 많이 쓰임]. **大概**(dàgài) : 아마도. 대개는. **恶作剧**(èzuòjù) : 못된[짓궂은] 장난. **大敲大擂**(dàqiāodàléi) : 요란한 소리를 내다.

有一天，我和一位朋友在围城中沿着顺城门大街散步。老百姓还是照常操作，毫无紧张的样子。拉黄包车和坐黄包车的也与平常毫无异样。我们从西单牌楼转到西长安街，然后又转到中央公园。

**顺城门大街**(shùnchéngméndàjiē) : 북경(北京)의 지명(地名). **操作**(cāozuò) : 일하다. **黄包车**(huángbāochē) : 인력거.

皇宫前半门谯楼上的黄色琉璃瓦，在夕阳下映着澄碧的秋空闪闪发亮。我们在一棵古柏的浓荫下选了一个地方坐下。这些古老的柏树是几百年前清朝的开国皇帝种植的。有的排成长列，有的为呈方形。

**谯楼**(qiáolóu) : 초루. 문루(門樓). **琉璃瓦**(liú·liwǎ) : 유리 유약을 발라서 구운 오지기와. [청기와와 황금색 기와가 있으며 궁전이나 사원 따위의 건축에 쓰이는 고급품임]. **映着**(yìngzhe) : (빛)을 받아. **澄碧**(chéngbì) : (물·하늘 따위가) 맑고 푸르다. **闪闪**(shǎnshǎn) : (빛이)번쩍번쩍하다. 번쩍거리다. **发亮**(fāliàng) : 밝아지다. 빛나다. 번쩍이다. **柏树**(bǎishù) : 측백나무. **浓荫**(nóngyīn) : 짙은 나무 그늘.

空气中充塞着柏树的芳香, 微风带着这些醉人的香味吹拂着我们的面庞。我们围坐在桌子旁, 静听着邻座酒客的议论。大家都在议论战事, 猜测着谁会胜利, 谁将入据北京。谁胜谁败, 大家好像都不在乎。操心又怎么样? 北京已经见过不少的战事, 饱经沧桑之后, 北京还不是依然故我? 沉默的午门谯楼就是最好的见证。

**充塞**(chōngsè) : 가득 차다[채우다]. 충만하다. **芳香**(fāngxiāng) : 방향. 꽃다운 향기. **微风**(wēifēng) : 미풍. 산들바람. **香味**(xiāngwèi) : 향기. **吹拂**(chuīfú) : (미풍(微風)이) 스치다. 바람에 흔들리다. **邻座**(línzuò) : 인접한 자리. 옆자리. **将**(jiāng) : 장차~하다. **不在乎**(bùzài·hu) : 대수롭지 않게 여기다. 염두에 두지 않다. 문제 삼지 않다. **操心**(cāoxīn) : 마음을 쓰다[졸이다]. 걱정[고민]하다. 애태우다. 노심하다. **饱经沧桑**(bǎojīngcāngsāng) : 수많은 세상사의 변천을 경험하다(겪다). 온갖 경험을 다하다. **依然故我**(yīránɡùwǒ) : 변함없이 예전 그대로의 자기이다. 그 모양 그 꼴이다. 구태의연하다. **见证**(jiànzhèng) : (사건을 목격한 현장) 증인. 증거 (물품).

"城门都关了, 不知道我们能不能叫个鱼吃吃。" 我的朋友说。堂倌拿了一条活生生的鱼来问我们 : "先生们喜欢怎么个烧法?" "一鱼两吃。一半醋溜, 一半红烧。" 鱼烧好端上来了, 又一碟似乎不大新鲜。

**堂倌**(tángguān) : 옛날, (음식점·다방·주점 등의) 접대원. 사환. 심부름꾼 아이. **醋溜**(cùliū) : 갈분으로 만든 양념초장을 얹는 요리법. **醋溜鱼** : 기름에 튀긴 생선에 녹말가루로 만든 초장을 얹은 것. **红烧**(hóngshāo) : 고기, 물고기 등에 기름과 설탕을 넣어 익혀 검붉은 색이 되게 하는 중국 요리법의 한 가지.

"这是怎么回事? 这一半是死鱼呀!" 我的朋友质问堂倌, 堂倌鞠了一躬, 只是嘻嘻地笑。"哦, 我知道了! 这条鱼一定是从城墙跳进来的, 碰到地的一边碰死了, 另一边却仍然活着。" 我代为解釋。

**质问**(zhìwèn) : 힐문하다. 책문하다.

堂倌再度跑过来时, 我的朋友从桌子抓起空酒壶, 翻过来给他看。"怎么! 你给我们一把空酒壶呀!" "对不起", 堂倌笑嘻嘻地说, "酒烫跑了!" 他马上给我们重新拿了一壶。当然, 两壶酒都记在我们账上。

**翻过来**(fānguòlái) : 뒤집다. 뒤엎다. **笑嘻嘻**(xiàoxīxī) : 희희 웃다. 미소 짓다. **烫**(tàng) : (뜨거운 물에) 데우다. 덥히다. 중탕하다. **记账**(jìzhàng) : 장부에 적다. 기장(記帳)하다. 외상으로 하다.

我们在黄昏时回家。那天晚上, 战斗停止了, 我又想起狼儿。这一晚, 它大概可以在城里找个地方, 安静的睡一觉了。第二天早上, 我们发现政府已经易手。皇宫依然无恙。老百姓照常过活。

**黄昏**(huánghūn) : 황혼(黃昏). 해질 녘. 해거름. **无恙**(wúyàng) : 병[탈]이 없다. 건강하다. 무고하다. **易手**(yìshǒu) : (토지·정권 등의) 소유자가 바뀌다. **照常**(zhàocháng) : 평소와 같다. 평소대로 하다. **过活**(guòhuó) : 생활하다. 살아(나)가다.

各城门大开, 成千成万的人从乡下挑着蔬菜、肉类、鸡蛋、鱼虾涌进北京城。小孩子们在战场上捡起废弹壳, 以几块钱的代价在街头出售。许多人拿着些炮弹壳制花瓶。城外有些人家破人亡, 我亦失掉了我的狼儿。

**挑**(tiāo) : (멜대로) 메다. 어깨에 메다. 짊어지다. **鱼虾**(yúxiā) : 물고기와 새우. 어류. **涌进**(yǒngjìn) : 많이 밀려들다. 앞으로 전진하다. 갑자기 한꺼번에 쏠리다. **捡起**(jiǎnqǐ) : 줍다. **弹壳**(dànké) : 탄피. **出售**(chūshòu) : 팔다. 매각하다. **家破人亡**(jiāpòrénwáng) : (재난으로 인해) 집과 가족을 모두 잃다.

一般而论, 在这些漫长痛苦的日子里, 因战事而丧失的生命财产并不严重。使中国陷于瘫痪而成为邻邦侵略之目标的, 实为人心之动荡, 交通之破坏, 经济之崩溃, 以及国民安定生活之遭破坏。

**一般而论**(yībānérlùn) : 일반적으로 말하면. **瘫痪**(tānhuàn) : (기구·활동 따위가) 마비(되다). 정지(되다). **动荡**(dòngdàng) : 동요하다. 출렁이다.

中国陷于四分五裂, 全国性的建设计划几乎成为不可能。中国当务之急就是统一。蔡校长赴欧旅行时, 我又再度代理北大校长。这时我接到中山先生一封信, 对北大的各种运动大加奖誉, 最后并勉励我"率领三千子弟, 参加革命。"

当务之急(dāngwùzhījí) : 급선무. 당장 급한 일. 奖誉(jiǎngyù) : 칭찬(하다). 표창(하다). 子弟(zǐdì) : 젊은이. 청년.

孙中山可惜未能在有生之年看到他的希望实现, 不过短短数年之后, 他的继承人蒋总司令, 率领革命军从广州北伐, 所向披靡, 先至长江流域, 继至黄河流域, 终于底定北京。开始于北京, 随后遍及全国各阶层的革命运动, 已先为这次国民革命军的新胜利奠定了心理的基础。

有生之年(yǒushēngzhīnián) : 살아 있는 동안. 여생. 继承人(jìchéngrén) : 계승자. 후계자. 所向披靡(suǒxiàngpīmǐ) : (바람이 불어) 가는 곳마다 초목이 쓰러지다; (군대 따위가) 가는 곳마다 적을 무너뜨리다. 대적할 자가 없다. 무적. 底定(dǐdìng) : 내란을 평정(平定)하다. 진정(鎭定)시키다.

# 第十六章　扰攘不安的岁月
# 소란스럽고 불안한 세월

蔡校长和胡适之他们料得不错，学生们在"五四"胜利之后，果然为成功之酒陶醉了。这不是蔡校长等的力量，或者国内的任何力量所能阻止的，因为不满的情绪已经在中国的政治社会和知识的土壤上长得根深蒂固。

**料得不错**(liàodebùcuò)：예상이 맞아떨어지다. **根深蒂固**(gēnshēndìgù)：뿌리가 깊다. 고질이 되다. 깊이 뿌리박혀 있다.

学校里的学生竟然取代了学校当局聘请或解聘教员的权力。如果所求不遂，他们就罢课闹事。教员如果考试严格或者赞成严格一点的纪律，学生就马上罢课反对他们。他们要求学校津贴春假中的旅行费用，要求津贴学生活动的经费，要求免费发给讲义。

**竟然**(jìngrán)：결국. 마침내. 드디어. **聘请**(pìnqǐng)：초빙하다. **解聘**(jiěpìn)：(초빙한 사람을) 해임하다. 해촉하다. [주로 계약 기간이 끝나 다시 초빙하지 않는 것을 말함]. **津贴**(jīntiē)：수당. 보조금. 수당을 지급하다. 보조하다.

总之，他们向学校予取予求，但是从来不考虑对学校的义务。他们沉醉于权力，自私到极点。有人一提到"校规"他们就会瞪起眼睛，噘起嘴巴，咬牙切齿随时预备揍人。

**予取予求**(yúqǔyúqiú)：나에게서 취하고 나에게서 구하다. 제 멋대로 취하다. 자기 마음대로 얻다. **沉醉**(chénzuì)：심취하다. **自私**(zìsī)：이기적이다. [자기의 이익만 돌보고 다른 사람을 고려하지 않음을 형용함]. **一…就～**：…하기만 하면 곧～하다. **瞪眼睛**(dèngyǎnjing)：눈을 크게 뜨다. **噘嘴巴**(juēzuǐ ba)：입을 삐쭉 내밀다. **咬牙切齿**(yǎoyáqièchǐ)：이를 물고 갈다.

有一次, 北大的评议会通过一项办法, 规定学生必须缴讲义费。这可威胁到他们的荷包了。数百学生马上集合示威, 反对此项规定。

**荷包**(hébāo) : 지갑. 호주머니.

蔡校长赶到现场, 告诉他们, 必须服从学校规则。学生们却把他的话当耳边风。群众涌进教室和办公室, 要找主张这条"可恶的"规定的人算账。蔡校长告诉他们, 讲义费的规定应由他单独负责。

**耳边风**(ěrbiānfēng) : 마이동풍(馬耳東風). 귀담아 듣지 않는 말. 흘려듣는 말. **可恶**(kěwù) : 얄밉다. 가증스럽다. 괘씸하다. **算账**(suànzhàng) : (보복의 뜻으로) 결판을 내다. 끝장을 내다[보다]. 흑백을 가리다.

"你们这班懦夫!" 他很气愤地喊道, 袖子高高地卷到肘子以上, 两只拳头不断在天空中摇动。"有胆的就请站出来与我决斗。如果你们那一个敢碰一碰教员, 我就揍他。"

**懦夫**(nuòfū) : 겁쟁이. 비겁한 사람. 기개가 없는 남자. 약하고 무능한 남자. **袖子**(xiù·zi) : 소매. **肘子**(zhǒu·zi) : 팔꿈치. **卷**(juǎn) : (원통형으로) 말다. 감다. 걷다. **摇动**(yáodòng) : 흔들다. 흔들어 움직이게 하다. **碰**(pèng) : 부딪치다. 충돌하다. 만지다. 건드리다. 손을 대다. **揍**(zòu) : 남을) 때리다. 치다.

群众在他面前围了个半圆形。蔡校长向他们逼进几步, 他们就在往后退几步, 始终保持着相当的距离. 这位平常驯如绵羊, 静如处子的学者, 忽然之间变为正义之狮子。

**平常**(píngcháng) : 평소. 평시. **驯**(xùn) : 온순하다. 얌전하다. 선량하다. **绵羊**(miányáng) : 면양. (양같이) 온순한 사람. **处子**(chǔzǐ) : 처녀.

群众渐渐散去, 他也回到了办公室。门外仍旧聚着五十名左右的学生, 要求取消讲义费的规定。走廊上挤满了好奇的围观者。事情成了僵局。后来教务长顾孟余先生答应考虑延期收费, 才算把事情解决。所谓延期, 自然是无限延期。这就是当时全国所知道的北大讲义风潮。

**走廊**(zǒuláng) : 복도. 회랑(回廊). **挤满**(jǐmǎn) : 가득 차다. 꽉 차다. **围观**(wéiguān) : (많은 사람들이) 둘러싸고 구경하다. 에워싸고 관람하다. **僵局**(jiāngjú) : 교착된 국면. 교착 상태. 대치 상태[국면]. **答应**(dā·ying) : 약속하다. **风潮**(fēngcháo) : 소동. 충돌. 분쟁. 쟁의.

| 闹得最凶的人往往躲在人们背后高声叫骂, 我注意到这些捣乱分子中有一位高个子青年, 因为他个子太高, 所以无法逃出别人的视线。我不认识他, 后来被学校开除的一批人之中, 也没有他的名字。 |
|---|

**叫骂**(jiàomà) : 큰 소리로 욕을 하다. **捣乱分子**(dǎoluànfēnzǐ) : 교란분자. **高个子**(gāogè·zi) : 키다리. **开除**(kāichú) : 제적하다. 제명하다. 면직시키다.

| 若干年之后, 我发现它已经成为神气十足的官儿, 我一眼就认出他来。他的相貌决不会让人认错, 他的叫骂声仍旧萦回在我的耳畔。他已经成为手腕圆滑的政客, 而且是位手辣心黑的贪官, 抗战胜利后不久故世, 留下一大堆造孽钱。 |
|---|

**神气十足**(shén·qìshízú) : 몹시 거드름 피우다. 대단히 우쭐대다. **官儿**(guānr) : 벼슬아치. 관리. **认出来**(rènchūlái) : 알아보다. **萦回**(yínghuí) : 영회하다. 감돌다. 맴돌다. **耳畔**(ěrpàn) : 귓가. **圆滑**(yuánhuá) : 원활하다. (성격이) 원만하다. 매끄럽다. 성숙하다. 숙련되다. **手辣心黑**(shǒulàxīnhēi) : 수법이 악랄하고 음흉한. **贪官**(tānguān) : 탐관오리. **故世**(gùshì) : 세상을 떠나다. 서거하다. **造孽钱**(zàonièqián) : 부정한 수단으로 번 금전. 부정한 돈. **一大堆**(yīdàduī) : 산처럼 쌓인 것.

| 几年之后, 发生了一次反对我自己的风潮, 因为我拒绝考虑他们的要求。一群学生关起学校大门, 把我关在办公室。胡适之先生打电话给我, 问我愿不愿找警察来解围, 但是我谢绝了。 |
|---|

**风潮**(fēngcháo) : 소동. 충돌. 분쟁. 쟁의. 풍파. **解围**(jiěwéi) : 곤경에서 벗어나게 하다(구원하다). **谢绝**(xièjué) : 완곡하게 거절(拒絶)하다. 정중하게 거부(拒否)하다.

| 大门关闭了近两小时。那些下课后要回家的人在里面吵着要出去, 在门外准备来上课的人则吵着要进来。群众领袖无法应付他们自己同学抗议, 最后只好打开门。 |
|---|

关闭(guānbì) : 닫다.

我走出办公室时, 后面跟着一二十人, 随跟随骂着。我回过头来时, 发现有几个学生紧钉在我背后。北大评议会决定开除我所能记得的以及后来查出的闹事学生。

紧钉(jǐndīng) : 바싹 달라붙다.

好几年以后我偶然经过昆明中央航空学校的校园。航空学校原来在杭州, 战时迁到昆明。忽然一位漂亮的青年军官走到我面前, 他向我行过军礼后告诉我, 他就是被北京大学开除的一位学生。

军礼(jūnlǐ) : 군대식 경례.

我马上认出那诚实的面孔和健美的体格。闹学潮时紧迫在我后背所表现的那副丑恶的样子已经完全转变了, 他的眼睛闪耀着快乐的光辉, 唇边荡漾着笑意。这次邂逅使我们彼此都很高兴。航空学校的校长来告诉我, 这位青年军官是他们最优秀的飞行员和教官之一。

闪耀(shǎnyào) : 반짝반짝 빛나다. 빛을 뿌리다. 光辉(guānghuī) : 눈부신 빛. 唇边(chúnbiān) : 입가. 荡漾(dàngyàng) : (물. 파도가)출렁이다. 넘실거리다. (음식. 감정 등이) 물결치다. 맴돌다. 笑意(xiàoyì) : 웃으려는 기색. 채 가시지 않은 웃음의 흔적. 웃음기. 邂逅(xièhòu) : 해후하다. 뜻하지 않게 만나다. 우연히 만나다.

这些例子足以说明学生运动中包含各式格样的分子。那些能对奋斗的目标深信不疑, 不论这些目标事实上是否正确, 而且愿意对他们的行为负责的人, 结果总证明是好公民。而那些鬼头鬼脑的家伙, 却多半成为社会的不良分子。

深信不疑(shēnxìnbùyí) : 믿어 의심치 않다. 鬼头鬼脑(guǐtóuguǐnǎo) : 살금살금 못된 짓을 하다. 교활하고 음흉하다. 家伙(jiāhuo) : 녀석. 새끼. 자식. 놈.

学生们所选择的攻击目标, 常常是政府无法解决或者未能圆满解决的国际问题。因此，他们常能获得国人的同情；他们的力量也就在此。中日之间的"事件"日渐增多以后，学生的示威游行常常被日本人解释为反日运动。纠纷的根源在于二十一条要求和凡尔赛和约所引起的山东问题。

**日渐**(rìjiàn)：나날이. 날마다. 차츰차츰.

自从远东均势破坏以后，日本几乎享有控制中国的特权。门户开放政策已经取代瓜分中国的政策。但是门户开放政策必须以均势为基础，均势一旦破坏，中国只有两条路可走——一条路是任由日本宰割，另一条路就是自我振作，随时随地与日本打个分明。

**均势**(jūnshì)：세력이 균형을 이룬 형세. 세력 균형. **瓜分**(guāfēn)：박을 쪼개듯이) 분할 또는 분배하다. **自我振作**(zìwǒzhènzuò)：스스로 분발하다.

学生们决定奋起作战，起先是游行、示威、罢课，和抵制日货，接着就转而攻击北京政府，因为他们认为一切毛病都出在北京政府身上。他们发现没有重要国际问题或国内问题足资攻击时，他们就与学校当局作对。

**奋起**(fènqǐ)：기운을 내어 힘차게 일어서다. **起先**(qǐxiān)：처음(에). 최초(로). **游行**(yóuxíng)：시위하다. 데모하다. 시위행진하다. **罢课**(bàkè)：수업거부.

原因在于青年心理上的不稳。一旦他们受到刺激而采取行动时，这种不稳的情绪就爆发了。想压制这种澎湃的情绪是很困难的。

**澎湃**(péngpài)：(기세나 사조 따위가) 거세게 일어나 넘치는 모양. 끓어 넘치다. 들끓다. 팽배하다. **压制**(yāzhì)：억압(하다). 압제(하다). 억제(하다).

若干学生团体，包括青年共产党员，开始把他们的注意力转移到劳工运动以及工人的不稳情绪上。沿海商埠的工人正蠢蠢欲动。铁路工人和工厂工人已开始骚动，而且蔓延各地。

**蠢蠢欲动**(chǔnchǔnyùdòng)：꿈틀거리며 움직이려 하다. 적이 공격하려고 꿈틀대다(준비하다). **骚动**(sāodòng)：(여럿이서) 소란을 피우다. 시끄럽고 어수선하게 하다. 방해하다. 어지럽히다. 교란하다.

他们不久就与学生携手, 参加群众大会和游行。劳工运动是不可轻侮的武器。在广州的国民党政府, 曾以总罢工瘫痪香港, 使这个英国殖民地在工商业上成为荒漠, 历时十八月之久。

**轻侮**(qīngwǔ) : 경멸하다. 깔보다. **瘫痪**(tānhuàn) : (기구 활동 등이) 마비되다. 정지되다. **荒漠**(huāngmò) : 황량한 광야. 황량한 사막.

全国性的反英情绪是民国十四年的上海"五卅惨案"激起的。五月三十日那一天, 一群同情劳工运动的人在上海大马路(南京路)游行示威, 公共租界当局竟然下令向群众开枪, 好几个人中弹身死, 伤者更不计其数。工人、商人和学生在国民党及共产党领导之下, 随即发动全面罢工、罢市、罢课, 上海再度变为死城。

**惨案**(cǎnàn) : 대규모 학살 사건. **激起**(jīqǐ) : 불러일으키다. 야기하다. **劳动运动**(láodòngyùndòng) : 노동운동. **开枪**(kāiqiāng) : 총을 쏘다. 발포하다. **中弹**(zhòngdàn) : 탄환을 맞다. 총에 맞다. **身死**(shēnsǐ) : 죽다. **随即**(suíjí) . 즉시(卽時). 곧. **罢市**(bàshì) : 철시(撤市). **再度**(zàidù) : 다시. 재차.

六月二十三日, 广州的学生、工人、商人和军人继起响应, 发动反英示威游行。群众行近沙面租界时, 驻防英军又向群众开枪。于是香港各界亦开始罢工、罢市、罢课, 使香港也变为死城。北京英国使馆的华籍雇员, 在学生煽动之下, 也进行同情罢工, 致使这批英国外交官员很久都没有厨子和听差侍候。

**响应**(xiǎngyìng) : 호응(하다). 응답(하다). 공명(하다). **驻防**(zhùfáng) : 방비하기 위해 주둔하다. 주둔하여 지키다. **听差**(tīngchāi) : 사환. 하인. 급사. 종. **侍候**(shìhòu) : 시중들다. 보살피다.

自从工人运动与学生运动彼此呼应以后, 游行示威者人数动以万计, 北京不时有各色人等参加的群众大会出现, 街头游行行列常常长达数里, 群众手摇旗帜, 高呼口号, 无不慷慨激昂。

**动以万计**(dòngyǐwànjì) : 걸핏하면 몇 만을 헤아리다. **旗帜**(qízhì) : 깃발. **慷慨激昂**(kāngkǎijīáng) : 강개 격앙하다. 의기·어조가 격앙되어 정기(正氣)가 충만한 모양.

一位白俄看到这种情形时, 不觉怵然心惊。他曾经在俄国看到不少这样的集会, 他说这是革命即将来临的征兆, 因此他担心是否能继续在中国平安住下去。

**白俄**(báí'é) : 백계(白系)러시아 사람. **不觉**(bùjué) : 자기도 모르게. **怵然**(chùrán) : 무서워서 경계하는 모양. **心惊**(xīnjīng) : 깜짝 놀라다. 질겁하다. **怵目惊心**(chùmùjīngxīn) : 보기만 해도 몸서리치다[마음이 아프다]. **即将**(jíjiāng) : 머지않아. 곧. 장차. 불원간(不遠間).

学生们找不到游行示威的机会时, 曾经拿学校当局作为斗争的对象, 工人的情形亦复如此。他们找不到示威的对象时, 就把一股怨气发泄在雇主的身上。不过, 中央政府或地方政府对付罢工工人, 可比对付学生简单多了。他们有时用武力来弹压罢工工人, 有时就干脆拿机关枪来扫射。

**亦复**(yìfù) : 또한. 역시. **一股**(yīgǔ) : 한 가닥. 한 줄기. **怨气**(yuànqì) : 원한. 미움. 분노. **发泄**(fāxiè) : (불만·감정 따위를) 털어 놓다[발산하다]. **干脆**(gāncuì) : 전혀. 아예. 근본적으로.

段祺瑞执政的政府显然认为机关枪是对付一切群众行动的不二法门, 因此, 在一群学生包围执政府时, 段祺瑞就老实不客气下令用机关枪扫射。我在事前曾经得到消息, 说政府已经下令, 学生如果包围执政府, 军队就开枪。

**执政**(zhízhèng) : 집권하다. 정권을 잡다. **不二法门**(bùèrfǎmén) : 유일한 방법. 최상의 방법. **老实**(lǎo·shi) : 어리석다. 총명하지 않다.

因此我警告学生不可冒险, 并设法阻止他们参加 ; 但是他们已经在校内列队集合, 准备出发, 结果不肯听我的劝告。他们一到了执政府, 子弹就像雨点一样落到他们头上了。

**雨点**(yǔdiǎn : 빗방울. **列队**(lièduì) : 대열을 짓다. 줄지어 서다.

我在下午四点钟左右得到发生惨剧的消息后马上赶到出事地点。段执政府官邸门前的广场上, 男女学生伤亡枕藉, 连伤者与死亡都难辨别。救护车来了以后, 把所有留着一口气的全部运走, 最后留下二十多具死尸, 仍旧躺在地上。

**惨剧**(cǎnjù) : 참사. 비극적 사건. 대 재해. **官邸**(guāndǐ) : 관저. 저택. **伤亡**(shāngwáng) : 사상자. **枕藉**(zhěnjiè) : (많은 사람이) 뒤엉켜 누워 있다[넘어져 있다]. **救护车**(jiùshāngchē) : 구급차. **死尸**(sǐshī) : 시체. 주검. 사체(死體). 송장.

许多重伤的在送往医院的途中死去, 更有许多人则在手术台上断了气。我们向各医院调查之后, 发现死伤人数当在一百以上。这个数目还不包括经包扎后即行回家的人在内。

**断气**(duànqì) : 숨이 끊어지다. 죽다. **包扎**(bāozā) : 상처를 싸매다. 싸서 묶다. 포장하다. 싸매다.

段祺瑞政府的这种行动, 引起全国普遍的抗议, 段政府后来终于垮台, 此为原因之一。学生势力这样强大而且这样嚣张跋扈, 除了我前面所谈到的原因之外, 另一原因是这些学生多半是当时统治阶级的子女。学生的反抗运动, 也可以说等于子女对父母的反抗。

**嚣张跋扈**(xiāozhāngbáhù) : 방자하고 오만하게 날뛰다. **等于**(děngyú) : …이나 매한가지다. …이나 다름없다. …에 해당하다.

做父母的最感棘手的问题就是对付桀骜不驯的子女, 尤其是这些子女的行为偏偏又受到邻居们的支持, 工人们的情形可就不同了 ; 他们的父母或亲戚, 既不是政府大员, 也不是社会闻人, 因此他们命中注定要挨警察的皮鞭或军队的刺刀。只有在学生领导之下, 或者与学生合作时, 工人才能表现较大的力量。

**棘手**(jíshǒu) : (처리하기가) 곤란하다. 까다롭다. 애먹다. 난처하다. **桀骜不驯**(jiéàobùxùn) : 포악하고[고집스럽고]오만불손하다. 성질이나 태도가 완강하고 사납다. **偏偏**(piānpiān) : 마침. 공교롭게. 뜻밖에. 꼭. **闻人**(wénrén) : 이름난 사람. 명성이 높은 사람. **命中注定**(mìngzhōngzhùdìng) : 운명으로 정해져 있다. 숙명적이다. **挨**(ái) : …을 당하다. …을 받다. **皮鞭**(píbiān) : 가죽 채찍. **刺刀**(cìdāo) : 총검.

学生运动在校内享有教师的同情, 在校外又有国民党员和共产党员的支持, 因此势力更见强大。此外还牵涉到其他的政治势力。故而情形愈来愈复杂, 声势也愈来愈浩大。学生运动自从民国八年开始以来, 背后一直有教员在支持。就是满清时代的首次学潮, 也是有教员支持的。

**牵涉**(qiānshè) : 관련되다. 파급되다. 영향을 미치다. **声势**(shēngshì) : 성세. 위풍과 기세.

后来教员也发生罢教事件, 要求北京政府发放欠薪, 情势更趋复杂。北大以及其他七个国立大专学校的教员, 一直不能按时领到薪水。他们常常两三个月才能领到半个月的薪俸。他们一罢课, 通常可以从教育部挤出半个月至一个月的薪水。

**罢教**(bàjiào) : 교원이 동맹파업을 하다. 교원의 동맹 파업. **发放**(fāfàng) : 지급하다. **薪水**(xīn·shui) : 급료, 봉급. **薪俸**(xīnfèng) : 봉급. 급료. 급여. **挤出**(jǐchū) : 짜)내다.

有一次, 好几百位教员在大群学生簇拥之下, 占据了整个教育部的办公厅, 要求发放欠薪。八个国立学校的校长也到了教育部, 担任居间调停的工作。教员与学生联合起来, 强迫马邻翼教育次长和八位校长一齐前往总统府, 要求发薪水。

**簇拥**(cùyōng) : (많은 사람들이) 떼 지어 둘러싸다.

这位次长走到教育部门口时, 藉口天在下雨, 不肯继续往外走。一位走在他旁边的学生汪翰, 马上把自己的雨伞打开递给他, 并且很直率地说 : "喏, 这把雨伞你拿去!" 于是这位次长只好无可奈何地继续前进, 后面跟着八位心理同样不怎么乐意的校长。群众走近总统府时, 宪兵、警察赶紧关起大门。

**藉口**(jièkǒu) : 구실로 삼다. 핑계로 삼다. 빙자하다. **递给**(dìgěi) : 건네다. 건네주다. 내주다. 수교(手交)하다. **直率**(zhíshuài) : 솔직하다. **无可奈何**(wú kěnàihé) : 속수무책(束手無策)이다. 어찌할 도리가 없다. 방법이 없다. **赶紧**(gǎnjǐn) : 서둘러. 급히. 어서.

教员与学生在门外吵着要进去。忽然大门打开了, 大群武装宪警蜂拥而出, 刺刀乱刺, 枪把乱劈。上了年纪的教员和年轻的女学生纷纷跌到沟里, 有的满身泥泞, 有的一脸血迹, 叫的叫, 哭的哭, 乱成一片。

**蜂拥而出**(fēngyōngérchū) : 벌떼처럼 몰려나오다. 우르르 몰려나오다. **刺刀**(cìdāo) : 총검. **枪把**(qiāngbà) : 총목. 총자루. **劈**(pī) : (도끼 등으로) 찍다. 쪼개다. 패다. 자르다. 뻐개다. **上年纪**(shàngniánji) : 나이가 들다. 늙다. (나이를) 많이 먹다. **纷纷**(fēnfēn) : (많은 사람이나 사물이) 잇달아. 끊이지 않고. 쉴 새 없이. 계속하여. **沟**(gōu) : 도랑. **跌**(diē) : 넘어지다. 떨어지다.

法政大学校长王家驹像死人一样躺在地上。北大政治学教授李大钊挺身与士兵理论, 责备他们毫无同情心, 不该欺负饿肚皮的穷教员。北大国文系教授马叙伦额头被打肿一大块, 鼻孔流血, 对着宪兵大喊 : "你只会打自己中国人, 你们为什么不去打日本人?"

**挺身**(tǐngshēn) : 용감하게 나서서. **理论**(lǐlùn) : 시비(是非)를 가리다. 논쟁(論爭)하다. 이치를 따지다. **饿肚皮**(èdùpí) : 배를 곯다. 굶주리다. **欺负**(qī·fu) : 얕보다. 괴롭히다. 업신여기다. **打肿**(dǎzhǒng) : 얻어맞아[부딪쳐서] 부어오르다.

这位马教授后来被送到法国医院诊治, 政府派了一位曾任省长的要员前往慰问并致歉意。坐在病榻的马教授的老母说 : "这孩子是我的独子, 政府几乎要他的命, 请问这是什么道理?"

**诊治**(zhěnzhì) : 진료를 받다. 치료를 받다. **歉意**(qiànyì) : 유감의 뜻. 사죄의 뜻. **病榻**(bìngtà) : 병상(病床). **要命**(yàomìng) : 목숨을 빼앗다. 죽이다. 생명을 잃게 하다.

曾任省长的那位要员回答 : "老伯母请放心, 小侄略知相法, 我看这位老弟的相貌, 红光焕发, 前途必有一步大运。老伯母福寿无疆, 只管放心就是。至于这些无知士兵无法无天, 政府至感抱歉。老伯母, 小侄向您道歉。"

**老伯母** : 【경어】어머님. [아버지 친구 분의 부인 또는 친구의 어머니에 대한 존칭]. **老弟**(lǎodì) : 너. 자네. [친구나 손아랫사람에 대한 호칭 혹은 스승의 제자에 대한 호칭]. 동생. **红光焕发**(hóngguānghuànfā) : 얼굴빛이 (혈색이 좋아) 환하게 빛나다. **大运**(dàyùn) : 성명가에서 10년마다 한 번씩 바뀐다는 운. **福寿无疆**(fúshòuwújiāng) : 행복과 장수가 무한하다. **只管**(zhǐguǎn) : 오로지. 단지. 다만. [어떤 일에만 열중하여 다른 것들은 돌보지 않는 상황에서 쓰임]. **无法无天**(wúfǎwútiān) : 법도 하늘도 업신여기다. 극악무도하다. 난폭하다. 무법천지. 제멋대로 법을 어기고 질서를 어지럽히다.

> 老太太居然被哄得安静下来, 病房里其余的人却几乎笑出声来了。躺在医院病床上的其他教员, 也都因为这位要员的风趣而面露笑容。

居然(jūrán) : 뜻밖에. 생각 밖에. 의외로. 확실히. ['竟然'보다는 어감이 가벼움]. 哄(hǒng) : 어린아이를) 구슬리다. 어르다. 달래다. (감언이설로) 환심을 사다. 비위를 맞추다. 알랑거리다. 아첨하다. 安静(ānjìng) : 조용하다. 평온하다. 차분하다. 病房(bìngfáng) : 병실. 병동(病棟). 风趣(fēngqù) : (말·문장의) 재미. 해학. 유머.

> 这件事总算这样过去了。另一次, 教员们拥到财政部要求发放欠薪, 部里的人一个个从后门溜走, 结果留下一所空房子。有一次学生们因为不满政府应付某一强国的外交政策, 冲进外交部打烂一面大镜和好些精致的座椅。

溜走(liūzǒu) : 몰래 달아나다. 슬그머니 빵소니치다. 打烂(dǎlàn) : 부수어 버리다. 精致(jīngzhì) : 정밀(精密)하다. 정교(精巧)하다. 세밀(細密)하다. 好些(hǎoxiē) : 많은['许多'와 같은 뜻임. ]. 冲进(chōngjìn) : 돌진하다. 쳐들어가다.

> 学生、教员和工人联合起来罢工罢课, 反对北京政府和侵略中国权益的列强。多事的那几年里, 差不多没有一个月不发生一两次风潮, 不是罢课就是罢工。

风潮(fēngcháo) : 소동. 충돌. 분쟁. 쟁의.

> 在那时候当大学校长真是伤透脑筋。政府只有偶然发点经费, 往往一欠就是一两年。学生要求更多的行动自由, 政府则要求维持秩序, 严守纪律, 出了事时, 不论在校内校外, 校长都得负责。

伤脑筋(shāngnǎojīn) : 골머리를 앓다. 어쩔 줄을 모르다. 애를 먹다.

> 发生游行、示威或暴动时, 大家马上找到校长, 不是要他阻止这一边, 就是要他帮助那一边。每次电话铃声一响, 他就吓一跳。他日夜奔忙的唯一报酬, 就是两鬓迅速增加的白发。

日夜(rìyè) : 밤낮. 주야(晝夜). 奔忙(bēnmáng) : 바쁘게 뛰어다니다. 报酬 (bào·chou) : 보

수. 사례금. 鬓(bìn) : 귀밑머리.

我讲这些话, 绝不是开玩笑。我记下这些往事以后, 又做了场恶梦, 有时看到青年男女横尸北京街头, 有时又看到宪兵包围北京大学要求交出群众领袖。梦中惊醒之后, 辗转反侧无法安枕, 一闭上眼睛, 一幕幕的悲剧就重新出现。

记下(jìxià) : 적다. 기록하다. 横尸(héngshī) : 시체가 누워 있다. 交出(jiāo chū) : 넘겨주다. 惊醒(jīngxǐng) : 깜짝놀라서깨다. 辗转反侧(zhǎnzhuǎnfǎncè) : 전전반측하다. 몸을 엎치락뒤치락하며 잠을 이루지 못하다. 이리저리 몸을 뒤척이다. 安枕(ānzhěn) : 편안하게 잠자다.

有一天, 我和一位老教授在北京中央公园的柏树下喝茶。这位老教授曾经说过一段话, 颇足代表当时扰攘不安的情形。

扰攘不安(rǎorǎngbùān) : 소란스럽고 불안한. 颇(pō) : 생각보다는 훨씬. 꽤. 퍽. 상당히 제법. 한결.

"这里闹风潮, 那里闹风潮, 到处闹风潮——昨天罢课, 今天罢工, 明天罢市, 天天罢, 罢, 罢。校长先生, 你预备怎么办? 这情形究竟到哪一天才结束。有人说, 新的精神已经诞生, 但是我说, 旧日安宁的精神倒真是死了!"

安宁(ānníng) : (소요가 없이) 평안하다. (심정이) 안정되다. 편안하다.

# 第十七章　宪政的试验
# 헌정의 시험

军阀时代的一天晚上, 俄国驻北京大使加拉罕举行宴会, 招待当地首要。出席宴会的约有六十人。上菜上到烤乳猪时, 席上一些客人, 一面斜眼看看在座的国会议长、副议长, 一面望着热气蒸腾的烤乳猪, 不觉掩嘴而笑。

**首要**(shǒuyào):수뇌(首腦). 영도자(領導者). 주요 인물들. **上菜**(shàngcài):요리를 내다. **斜眼**(xiéyǎn):곁눈질하다. 흘겨보다. **蒸腾**(zhēngténg):김이 무럭무럭 나다. 열기가 오르다. (기체가) 상승하다. **乳猪**(rǔzhū):돼지 새끼. **不觉**(bùjué):저도 모르게. 부지중에. **掩嘴**(yǎnzuǐ):입을 가리다.

这种吃吃的笑声, 迅即传染到全体宾客, 只有那位议长和那位副议长, 板起面孔装聋作哑。最后我看到有人向苏俄大使咬耳朵, 弄得这位大使也忍俊不止。

**吃吃**(chīchī):키득키득. 웃음소리. **宾客**(bīnkè):손님. 빈객. **板起面孔**():정색을 하다. 무뚝뚝한 표정을 하다. **装聋作哑**(zhuānglóngzuòyǎ):귀머거리인 척 벙어리인 척하다. 모르는 체하다. **咬耳朵**(yǎoěr·duo):귓속말하다. 귀엣말하다. 귀에 대고 속삭이다. **忍俊不止**(rěnjùnbùzhǐ):웃지 않을 수 없다.

这里头有个典故。从前印尼的橡园主人和矿场老板, 常常以不法手段向中国招募工人。中国的劳工招募所, 就把南洋说得天堂似的, 花点钱把工人诱骗到南洋群岛, 转卖给当地的开发公司。这些被当做货色出卖的可怜虫就叫"猪仔"。他们有的是自甘卖身, 有的根本糊里糊涂就被当猪一样卖掉了。

**典故**(diǎngù) : 이유. 까닭. 사정. **招募**(zhāomù) : 사람을 모집하다. **诱骗**(yòu piàn) : 기만하다. **货色**(huòsè) : 상품. 물품. **可怜虫**(kěliánchóng) : 가련한 사람. 비참한 사람. 불쌍한 인간. 가엾은 사람. **猪仔**(zhūzǎi) : 돼지새끼. **自甘**(zì gān) : 스스로 만족하다. 달게 여기다. 자신이 원하다. **糊里糊涂**(húlihútú) : 얼떨떨하다. 어리벙벙하다. 흐리멍덩하다.

民国初年, 国会的议员受贿舞弊, 弄得声名狼籍, 普受鄙视, 许多人就骂他们是"猪仔议员", 因为他们只看谁出价高, 就把自己卖给谁。当然, 绝大多数的议员是正直无私的, 但是这些人毫无组织, 因此也就无法制止其中的败类。

**受贿舞弊**(shòuhuìwǔbì) : 뇌물을 받고 부정한 행위를 하다. **声名狼籍**(shēng mínglángjí) : 평판이 매우 나쁘다. **鄙视**(bǐshì) : 경멸하다. 경시하다. 깔보다. **出价**(chūjià) : 값을 내다. 값을 정하다. 입찰하다. 입찰 가격. 낙찰 가격. 지정가. (손님이) 부르는 값. **败类**(bàilèi) : 변절자(變節者). 불량분자(不良分子). 악인(惡人). 인간쓰레기.

于是 "猪仔"之名就普遍加在国会议员的头上了, 坏人营私结党时, 好人也必须团结一致, 要不然, 好人蒙冤不白, 那是自作自受。有一次他们在万牲园里的豳风党宴会, 有人把豳字解作 "猪积如山", 一时全城传诵, 此后议员们就不敢在那里请客了。

**营私结党**(yíngsījiédǎng) : 사리사욕을 꾀하기 위해 작당[결탁]을 하다. **蒙冤不白**(méngyuānbùbái) : 억울한 누명을 뒤집어쓰다. **自作自受**(zìzuòzìshòu) : 자업자득. 제가 놓은 덫에 걸리다. **传诵**(chuánsòng) : 사람들의 입을 거쳐 널리 전해지다. 구전되다.

中国成文宪法的观念是从美国介绍来的。美国的宪法是美国人民思想信仰的具体表现, 而且是根据人民的生活发展而来的。中国的宪法只是抄袭外国的观念, 起草宪法的人就随意取舍, 根本没有考虑到中国人的生活习惯或思想观念。

**抄袭**(chāoxí) : (객관적인 상황을 살피지 않고 남의 경험이나 방법 등을) 그대로 답습하다. **随意**(suíyì) : 뜻대로. 생각(마음)대로. **取舍**(qǔshě) : 취사선택하다.

革命前的帝政时代末年, 由绅士阶级组成的咨议局倒是成绩斐然, 因为他们的目标大致相同, 而且绅士阶级里也不乏领袖人才。同时各省巡抚威望甚高, 足以约束省咨仪局。碰到重大问题时, 咨议局里很少发生政治纠纷。通过的议案大致都是为民谋福利的, 贪污舞弊绝无仅有。

**成绩斐然**(chéngjìfěirán) : 성적이 우수하다. **贪污舞弊**(tānwūwǔbì) : 횡령과 부정행위. **绝无仅有**(juéwújǐnyǒu) : 아주 적다. 극히 드물다.

民国元年, 中山先生在南京任临时大总统时 参政会颇有成为现代国会的迹象, 因为参政员代表革命利益, 而且有革命领袖在领导工作, 孙中山担任总统, 众望所归, 威望一时无俩。后来袁世凯继任总统, 国会里可就有了纠纷了。

**迹象**(jìxiàng) : 흔적. 형적. 자취. 현상. 기미. 조짐 기색. 눈치. **众望所归**(zhòngwàng-suǒguī) : 뭇사람이 기대하는 바이다, 뭇사람의 촉망이 쏠리다. 인망이 높다. **无俩**(wúliǎng) : 견줄 자가 없다. **纠纷**(jiūfēn) : 다툼. 분쟁. 분규. 알력.

革命领袖憎恶专制反动的袁世凯, 袁也憎恶革命领袖。但因他掌握军队, 不惜以武力恐吓国会议员, 为此后国会发展史上开了恶例。我不妨在这里举一个例子, 藉以说明恐吓手段对议会风气所产生的恶劣影响。

**恐吓**(kǒnghè) : 으르다. 위협하다. 협박하다. 공갈하다. **不惜**(bùxī) : 아끼지 않다. 불사하다.

事情发生在选举袁世凯为总统的时候, 选举时有摄影师在场拍照。当时室内照须用镁光粉, 点燃镁光粉时会发生炫目的闪光和震耳的响声。镁光粉爆炸时, 许多人以为是炸弹, 纷纷夺路逃命。

**摄影师**(shèyǐngshī) : 촬영 기사. 사진사. 카메라맨. **拍照**(pāizhào) : 사진을 찍다. 촬영하다. **镁光粉**(měiguāngfěn) : 플래시라이트. **点燃**(diǎnrán) : 불을 붙이다. 점화(點火)하다. **炫目**(xuànmù) : 눈부시게 하다. **震耳**(zhèněr) : (소리가)귀를 진동하다. **爆炸**(bàozhà) : (물체의 부피가 급격하게 커져서 주위 기압을 강렬하게 변화시켜 거대한 소리를 내며) 터지다. 폭발하다. 파열하다. **响声**(xiǎng sheng) : 소리. **炸弹**(zhàdàn) : 폭탄(爆彈). **夺路**(duólù) : (군중사이를 뚫고)급히 가다. **逃命**(táomìng) : 구사일생으로 살아나다. 목숨만 겨우 건져 도망치다. 생명의 위험에서 벗어나다. **夺路逃命**(duólùtáomìng) : 목숨을 구하려고 급히 길을 헤치며 뛰쳐나가다.

有一位议员躲到桌子底下，高喊："我选举的是袁世凯!"另外有些人则落掉鞋子，事情过去以后到外找鞋。这场戏终以弹劾国会秘书長张公权为结束时，说他不该让摄影师以"炸弹"惊扰国会。

**终**(zhōng)：결국. **秘书長**(mìshūzhǎng)：사무총장. **惊扰**(jīngrǎo)：(놀라게 하고) 소란을 피우다. 방해하다. 괴롭히다.

在袁世凯担任总统期间，经常活动的五、六个政党之间纠纷迭起，派系之争和意气之争非常激烈。这个被老百姓瞧不起的国会后来终于被袁世凯称帝运动以及张勋复辟运动的潮流所卷走。不过两次运动相继失败，国会亦告恢复。

**经常**(jīngcháng)：늘. 항상. 언제나. 일상적으로. **迭起**(diéqǐ)：자꾸 일어나다[출현하다]. **瞧不起**(qiáo·buqǐ)：멸시하다. 경멸하다. 무시하다. **称帝**(chēngdì)：제왕이라 일컫다. 왕위에 오르다. **卷走**(juǎnzǒu)：휩쓸려가다.

政治权力一部分操在各省督军手里，一部分操在有名无实的北京中央政府手里，这时北京政府，已经威信扫地，无力控制国会。北方军阀曹锟贿选获任总统之后，国会威信一落千丈，此后情势演变，国会声望更是每况愈下。

**操**(cāo)：쥐다. 장악하다. 잡다. 다루다. 조작하다. 조종하다. 사용하다. **督军**(dūjūn)：성의 최고 군사장관. **扫地**(sǎodì)：(명예·신용 따위가) 땅에 떨어지다. 없어지게 되다. **贿选**(huìxuǎn)：선거에서 당선되기 위해 뇌물을 쓰다. **一落千丈**(yīluòqiānzhàng)：일순간에 천장이 떨어지다；(명예·지위·시세 따위가) 갑자기 여지없이 떨어지다. 폭락하다. **演变**(yǎnbiàn)：변화 발전(하다). 변천(하다). **声望**(shēngwàng)：성망. 명성과 인망. **每况愈下**(měikuàngyùxià)：상황이 갈수록 나빠지다. 형편이 날로 악화되다.

国会议员之中，许多是贿选而来。享誉国际愤世嫉俗的学者辜鸿铭告诉我，有一次选举时，曾有一位哥伦比亚大学毕业的陈博士，出八百大洋收买他的选票，他把钱收下了，跑到天津逛了一趟胡同，根本没有去投票。

**享誉**(xiǎngyù)：성예(聲譽)를 떨치다. **愤世嫉俗**(fènshìjísú)：세상의 불합리한 모든 것에 분개하고 증오하다. **选票**(xuǎnpiào)：투표용지. **大洋**(dàyáng)：옛날의 '银yín洋' 일원(一元)짜리 은화의 이름. **收买**(shōumǎi)：수매하다. 사들이다. 구입하다. 매수하다. 회유하다. 포섭하다. 길들이다.

后来在北京饭店的一次国际性聚会上，辜鸿铭碰到这位贿选的人，他指着这人对大家操英语说："这家伙要拿八百块钱收买我，各位先生，你们看我辜鸿铭真的这么贱吗？"若干不良分子就是这样混进国会的，虽然这种人数目不多，但是已足以使国会显得有点像拍卖场，谁出钱最高，就把议席卖给谁。

**聚会**(jùhuì)：회합. 모임. 집회. **拍卖场**(pāimàichǎng)：경매장.

北京学生现在开始把他们的攻击目标移到这个"腐败之家"头上了。有一天下午，好几千男女学生包围了国会，要求取消议程上若干有关教育的议案。结果学生与守卫警察发生冲突。若干学生气愤之余，竟在几天之后从天津偷运来三颗炸弹准备去炸议会。

**腐败之家**(fǔbàizhījiā)：부패한 기관. **炸弹**(zhàdàn)：폭탄(爆彈).

这事被我们劝阻了，总算没有见诸行动，炸弹也运出城外丢到河里。几个礼拜之后，一位渔夫捡到其中的一颗炸弹，他把炸弹提在手里摇来摇去，希望弄清楚里面究竟有什么东西。轰隆一声，炸弹爆炸，炸得这位好奇的渔人血肉横飞。警方认为这颗炸弹是革命时期投河进去的。因此根本未进行任何调查。

**劝阻**(quànzǔ)：(어떤 일이나 활동을) 하지 말라고 충고하다. 그만두도록 설득하다. 그만두게 하다. **总算**(zǒngsuàn)：마침내. 드디어. 결국. **弄清楚**(nòng qīngchu)：분명히 하다. 확인하다. **轰隆**(hōnglōng)：꽈르릉하는 소리를 내다. **血肉横飞**(xuèròuhéngfēi)：피와 살점이 사방으로 튀다. **警方**(jǐngfāng)：경찰측.

国会与学生之间的冲突仍然不断发生。国会议员最先想确立人民代表的权威，学生们却反唇以"猪仔"相讥。国会预备弹劾北大校长，学生们就发动示威遊行，高举畵着猪猡的旗帜，并且扬言要捣毁国会。

**反唇相讥**(fǎnchúnxiāngjī)：남의 비평을 겸허하게 받아들이지 않고 도리어 상대방을 비난하다. **扬言**(yángyán)：(…하겠다고) 떠벌리다. 큰소리치다. [흔히 부정적 뜻을 가짐]. **猪猡**(zhūluó)：돼지. **捣毁**(dǎohuǐ)：때려 부수다. 파괴하다.

国会自知本身有弱点，最后只好高悬免战牌，不敢再捋学校与学生的虎须。愤世嫉俗的辜鸿铭既看不起学生，也看不起议员，他有一天对我说：“你相信民主，这实在是民狂。”

**免战牌**(miǎnzhànpái)：정전패(**停戰牌**). 적에게 싸울 의사가 없음을 표시하는 패. **捋虎须**(luōhǔxū)：호랑이 수염을 잡아채다.【비유】권세가를 건드리다. 위험한 행동을 하다. 모험을 하다.

如果一个机关只是被公众憎恨，它也许仍旧有存在的余地，如果这个机关成为公众冷讽热嘲的对象，即使那是为了其中少数人的行为，多数人也会因此遭殃，而整个机关也就像沉船一样难逃劫数了。中国宪政初期的国会，情形就是如此。后来有些军阀抓住机会，干脆把它一脚踢开。

**冷讽热嘲**(lěngfěngrècháo)：차가운 풍자와 뜨거운 조소. **遭殃**(zāoyāng)：재앙을 만나다. 불행한 일을 당하다. **难逃劫数**(nántáojiéshù)：액운을 피하기 어렵나. **干脆**(gāncuì)：아예. 전혀. **一脚踢开**(yījiǎotīkāi)：발로 차서 열다.

我们可以从两个不同的角度来看军阀时代的宪政。一方面是军阀以威胁利诱来破坏宪政，他们没有领导团体的威信、原则或政策。袁世凯垮台以后，中央政府的权力已经名存实亡，实际权力操纵在互相残杀的名省督军手里。

**垮台**(kuǎtái)：와해하다. 파산하다. 붕괴하다. 무너지다. **名存实亡**(míngcúnshí wáng)：유명무실(**有名無實**)하다. **互相残杀**(hùxiāngcánshā)：서로 잔인하게 죽이다.

他们根本不理什么叫法律，他们只晓得自己持有封建军队的实力。中央政府既不能维持宪政原则，也不能确立治国政策，事实上这个政府已经无足轻重，不值得拥护也不值得反对。

**无足轻重**(wúzúqīngzhòng)：중요하지 않다. 대수롭지 않다. 그리 문제 삼을 만한 것이 못되다. 중시할 만한 가치가 없다. **拥护**(yōnghù)：(지도자, 당파, 정책, 조치 등에 대해) 옹호(**擁護**)하다. 지지(**支持**)하다.

在另一方面, 国会里的议员, 很少有人关心国家利益。他们念念不忘的只是他们本省的或本地的利益, 甚至只是本身的利益。他们对国家利益的观念, 本来就很模糊, 因此对国家大事也就不可能有整套的指导原则或政策。除了地方事件或私人利益之外, 既无组织, 亦无领导。

**念念不忘**(niànniànbùwàng) : 항상 생각하다. **整套的**(zhěngtàode) : 전반적인.

中国人爱好自由, 但是对有组织的民主政治, 也就是对宪政, 却无经验, 也不懂组织对民主的重要。中西国情不同, 想使中国遵循西洋的宪政规模, 无疑赶东方之车, 朝向西方的一颗星走着。宪政试验的失败, 实在毫不足奇。

**赶**(gǎn) : (수레나 가축을) 몰다.

中山先生又鉴于此, 所以在他的民主宪政计划中, 设计了训政制度, 作为过渡到宪政政府的跳板。依照他的计划, 先有军政时期以达国家统一, 接着是一个以党领政的训政时期, 最后才过渡到正式的宪政时期。

**过渡到**(guòdùdào) : ~로 넘어가다. 이행하다.

民国十六年, 国民党北伐成功, 在南京建立训政政府, 锐意革除国会的腐败风气。此后十年间, 国民党在蒋委员长的领导下, 铲除军阀, 统一全国。日本军阀所导致的国难, 使统一的局面更为加强。

**锐意**(ruìyì) : 마음을 단단히 차리다. 전심전력으로. **革除**(géchú) : 제거하다. 없애다. 타파하다. **铲除**(chǎnchú) : 뿌리 뽑다. 깨끗하게 없애다. **更为**(gèng wéi) : 더욱. **加强**(jiāqiáng) : (모자라거나 부족한 점을 보완하여)강화(强化)하다. 보강(補强)하다.

国家统一是实行宪政的先决条件。孙中山先生已经制定建国的原则, 只要政府与国会能有坚强的领导, 人民与政府一致尊重法律, 中国无疑地将在民主宪政的道路上大步迈进。

**迈进**(màijìn) : 매진하다. 돌진하다.

# 第十八章　中山先生之逝世
# 중산선생의 서거

出师未捷身先死,
长使英雄泪满襟。

逝世(shìshì) : 서거(逝去)하다. 세상을 뜨다. 捷(jié) : (전쟁이나 시합에서) 이기다. 승리(勝利)하다. 襟(jīn) : 옷깃.

此为杜甫咏诸葛武侯之句, 宋宗泽元帅假以自挽者也。如果拿这两句诗为描写中山先生之死, 真是再恰当没有了。这位伟大的领袖, 致力国民革命达四十年之久, 不幸在国家建设正需要他的时候, 死神就把他攫走了。

咏(yǒng) : 서술(敍述)하다. [시사(詩詞)를 이용하여 어떤 사물을 설명함을 나타냄]. 恰当(qià·dàng) : 알맞다. 적절하다. 적당하다. 합당하다. 攫走(juézǒu) : 빼앗아가 버리다.

民国十四年(一九二五年) 春天, 孙先生因为宵旰勤劳的结果, 几个月来身体一直不怎么好。他在容许共产党参加国民党以后, 更采取了进一步的行动。他鉴于中国仍旧陷于分裂, 同时鉴于只有团结才能产生力量, 乃毅然应北样军阀之邀, 离粤北上, 到北京讨论统一国家的计划。北上途中, 他曾绕道访问日本, 希望说服日本朝野, 使他们相信强大统一的中国是对日本有利的。

宵旰(xiāogàn) : 날이 새기 전에 옷을 입고, 해 진 뒤에야 밥을 먹다 ; 침식을 잊고 나라 일에 열중하다[분주하다]. 勤劳(qínláo) : 부지런히 일하다. 근로하다. 근면하다. 毅然(yìrán) : 의연히. 결연히. 단호히. 粤(Yuè) : 광동 성의 다른 이름. 绕道(ràodào) : 길을 (빙빙) 돌아서 가다. 우회하다. 에돌아가다.

到达天津时，他竟病倒了。我到天津谒见孙中山先生及夫人并报告北京政情后，不日返京。过了几天，大家把他从天津护送到北京，我赴车站往迎。猛地从车上跳下来一位老友湖北刘麻哥，抓住了我的领口，喝道："你好，你们养成那么多的共产党员祸国殃民。" 我说："麻哥，你胡说。"

**竟**(jìng) : 결국. 끝내. 마침내. 드디어. **病倒**(bìngdǎo) : 몸져눕다. 앓아눕다. **谒见**(yèjiàn) : 알현하다. **不日**(bùrì) : 불일간(不日間). 며칠 안에. 머지않아. **猛地**(měng·de) : 돌연히. 갑자기. 급히. **领口**(lǐngkǒu) : 깃의 양끝을 여미는 부분. 멱살. **喝道**(hèdào) : 소리치다. **祸国殃民**(huòguóyāngmín) : 국가와 백성에게 재앙을 가져오다.

他笑道："小心，共产党都是坏东西啦。" 先生到北京后病势仍是很重，无法讨论统一计划，且一直卧床不能起身。执政段祺瑞托称足疾亦未往谒。北京协和医院的医师对先生的病均告束手，胡适之先生推荐了一位中医陆仲安。

**坏东西**(huàidōng·xi) : 나쁜 놈. 몹쓸 놈. **卧床**(wòchuáng) : 침대에 눕다. **托称**(tuōchēng) : ~을 빙자하다. ~을 구실로 삼다. **往谒**(wǎngyè) : 가서 알현하다. **均**(jūn) : 모두. 다. 전부.

但是孙中山先生不愿服中药。他说，他本身是医生，他知道现代医药束手时，中医的确有时也能治好疑难病症。

**服**(fú) : (약을) 먹다. **的确**(díquè) : 확실히. 정말. **疑难病症**(yínánbìngzhèng) : 난치병.

他说："一只没有装罗盘的船也可能到达目的地，而一只装了罗盘的船有时反而不能到达。但是我宁愿利用科学仪器来航行。" 朋友仍旧一再劝他吃点中药，他不忍过于拂逆朋友的好意，最后终于同意了。但是这只没装罗盘的船却始终没有到达彼岸。

**罗盘**(luópán) : 나침반. **反而**(fǎnér) : 오히려. 도리어. **宁愿**(nìngyuàn) : 차라리. **仪器**(yíqì) : 측정 기구. 관측기구. **拂逆**(fúnì) : 어긋나다. 거역하다.

孙先生自协和医院移住顾少川(维钧)寓。顾寓宽敞宏丽, 建于十七世纪, 原为著名美人陈圆圆的故居。陈为明将吴三桂之妻, 据说吴三桂为了从闯王李自成手中抢救陈圆圆, 不惜叛明降清, 并引清兵入关。

**顧少川**: 본명은 고유균(顧維鈞)이고 소천(少川)은 호이다. 그는 일찍이 미국의 컬럼비아 대학에서 국제법학 박사를 받고 귀국하여 원세개의 비서를 거쳐서 파리강화조약 때에는 중국 측 대표로서 뛰어난 활약을 보여 국제적으로 명성이 높았으며 북양정부 시절에는 총리를 지냈고, 국민정부시대에는 주미대사를 거쳐 네덜란드 헤이그에 있는 국제사법재판소 재판관을 지냈으며, 중화인민공화국 정부수립 후에는 한때 전범으로 지명수배 되기도 했으나 1979년 중미간의 국교가 수립된 이후에는 상당한 예우를 받았고, 1986년 99세를 일기로 미국에서 세상을 떠났다. **寓**(yù): 거처(居處). 사는 곳. 우의(寓意). **宽敞**(kuānchang): 넓다. 널찍하다. 훤히 트이다. **宏丽**(hónglì): 웅장하고 화려하다. 웅대하고 화려하다. **故居**(gùjū): 예전에 살았던 집. **抢救**(qiǎngjiù): (긴급하거나 위험한 상황 속에서) 급히 구조(救助)하다. 빨리 구제(救濟)하다. 서둘러 구원(救援)하다.

民国十四年三月十二日早晨, 行辕顾问马素打电话来通知我, 孙先生已入弥留状态。我连忙赶到他的临时寓所。我进他卧室时, 孙先生已经不能说话。在我到达前不久, 他曾经说过:"和平、奋斗、救中国……。"

**弥留**(míliú): (병세가 위독하여) 목숨이 끊어지려고 하다. 죽음에 다다르다. 임종(臨終)하다. 망종(亡終)하다. **连忙**(liánmáng): 서둘러. 급히. 황급히. 즉시. 바로.

这就是他的最后遗嘱了。大家退到客厅里, 面面相觑。"先生还有复原的希望吗?" 一个国民党元老轻轻地问。大家都摇摇头, 欲言又止。

**遗嘱**(yízhǔ): 유언. **面面相觑**(miànmiànxiāngqù): 얼굴과 얼굴을 바라보다. **复原**(fùyuán): (건강 등을) 회복하다.

沉默愈来愈使人感到窒息, 几乎彼此的呼吸都清晰可闻。时间一分一秒无声地过去, 有些人倚在墙上, 茫然望着天花板。有些人躺在沙发上, 闭起眼睛沉思。也有几个蹑手蹑脚跑进孙先生卧室, 然后又一声不响地回到客厅。

**天花板**(tiānhuābǎn): 천장. 천장판. **蹑手蹑脚**(nièshǒunièjiǎo): 발소리를 죽여 조용히[살금살금] 걷는 모양. **一声不响**(yīshēngbùxiǎng): 소리를 내지 않다. 침묵을 지키다. 한 마디 말도 하지 않다. 일언반구도 없다.

忽然客厅里的人都尖起耳朵, 谛听卧室内隐约传来的一阵啜泣声, 隐约的哭声接着转为号啕痛哭——这位伟大的领袖已经撒手逝世了。

**尖起耳朵**(jiānqǐěr·duo) : 귀를 잔뜩 기울이다. **谛听**(dìtīng) : 상세히 듣다. **隐约**(yǐnyuē) : 은약하다. 분명하지 않다. 은은하다. 희미하다. 어렴풋하다. 어슴푸레하다. **啜泣**(chuòqì) : 훌쩍이며 울다. **号啕**(háotáo) : 큰 소리로 울다. **撒手逝世**(sāshǒushìshì) : 죽다. 인간 세상을 떠나다.

我们进入卧室时, 我发现孙先生的容颜澄澈宁静, 像是在安睡。他的公子哲生先生坐在床旁的一张小凳上, 呆呆地瞪着两只眼, 像是一个石头人, 孙夫人伏身床上, 埋头在盖被里饮泣, 哭声凄楚, 使人心碎。汪精卫站在床头号啕痛哭, 同时拿着一条手帕擦眼泪。吴稚晖老先生背着双手站在一边, 含泪而立。

**澄澈**(chéngchè) : 맑고 투명하다. 아주 맑다. **公子**(gōngzǐ) : 영식. 영랑. **哲生** : 본명은 손과(孫科)이며 철생(哲生)은 호이며, 본 부인과의 사이에서 태어난 손 중산의 유일한 아들임. 1974년 대만에서 작고함. **伏身**(fúshēn) : 엎드리다. **盖被**(gàibèi) : 이불(을 덮다). **饮泣**(yǐnqì) : 음읍하다. 눈물을 삼키다. 흐느껴 울다. **凄楚**(qīchǔ) : 슬프다. 비통하다. 측은하다. 슬프고 괴롭다. **心碎**(xīnsuì) : 마음이 찢어지듯 아프다(슬프다). **床头**(chuángtóu) : 침대의 머리맡. 베갯머리. **擦**(cā) : 문지르다. (천이나 수건 따위로) 닦다. **含泪**(hánlèi) : 눈물을 머금다. 눈물을 글썽이다.

覆盖着国旗的中山先生的遗体舁出大厅时, 鲍罗廷很感慨地对我说: 如果孙先生能够多活几年, 甚至几个月, 中国的局势也许会完全改观的。

**覆盖**(fùgài) : 덮다. **舁**(yú) : 같이 들다. 여럿이 맞들다. 메다. **鲍罗廷**(bàoluótíng) : 보로딘(Borodin)의 중국이름. 그는 제1차 국공합작 후 소련에서 파견되어 국민당고문으로 있다가, 귀국 후 스탈린에 의해 숙청되어 1951년 시베리아에 있는 강제노동수용소에서 생을 마감한 것으로 알려지고 있다. **感慨**(gǎnkǎi) : 느낀 바가 있어서 개탄하다. 탄식하다. **也许**(yěxǔ) : 아마도. 어쩌면. **改观**(gǎiguān) : 변모하다. 면모를 일신하다.

协和医院检验结果, 发现中山先生系死于肝癌。孙先生的灵柩停放在中央公园的社稷坛, 任人瞻仰遗容。一星期里, 每天至少有两三万人前来向他们的领袖致最后的敬意。出殡行列长达四、五里, 执绋在十万人以上, 包括从小学到大学的全部学生、教员、政府官员、商人、工人和农人。

**检验**(jiǎnyàn) : 검증(檢證)하다. 검사(檢查)하다. **系**(xì) : …은 …이다. **灵柩**(líng jiù) : 영구. 시체를 넣은 관. **停放**(tíngfàng) : 안치하다. **瞻仰**(zhānyǎng) : 쳐다보다. 우러러보다. 삼가 뵈다. 배견(拜見)하다. 참배하다. **遗容**(yíróng) : 사후(死後)의 용모. 죽은 뒤의 모습. **领袖**(lǐngxiù) : (국가·단체의) 지도자. 영도인. 영수. **出殡**(chūbìn) : 영구(靈柩)를 안장하거나 안치하는 곳으로 옮기다. **执绋**(zhífú) : 장송하다. 발인하다. 영구차를 끄는 데 쓰는 동아줄을 잡다.

灵柩暂停厝在离北京城约十五里的西山碧云寺的石塔里。石塔建于数百年前, 略带西藏风味, 由白色大理石建成, 塔尖是镀金的青铜打造的。石塔高踞碧云寺南方, 四周古松围绕, 春风中松涛低吟, 芬芳扑鼻。碧空澄澈, 绿茵遍地, 潺潺的溪水和碧云寺檐角的铃声相应和, 交织成清轻的音乐。

**停厝**tíngcuò) : 안치하다. **风味**(fēngwèi) : (사물의) 특색. 맛. 분위기. **略**(lüè) : 약간. **打造**(dǎzào) : (주로 금속 기물을) 제조하다. 만들다. **高踞**(gāojù) : 군림하다. **四周**(sìzhōu) : 사방(四方). 둘레. 주위(周圍). **围绕**(wéirào) : (둘레나 주위 등을)돌다. 회전(回轉)하다. 전회(轉回)하다. 에워싸다. 둘러싸다. **松涛**(sōngtāo) : 송도. [소나무 숲에 바람이 불 때 마치 파도 소리처럼 나는 소리]. **低吟**(dīyín) : 낮은 소리로 음영(吟詠)하다[읊다]. **芬芳**(fēnfāng) : 향기(롭다). **扑鼻**(pūbí) : (냄새가)코를 찌르다. 진동하다. 풍겨오다. **碧空**(bìkōng) : 푸른 하늘. 벽공. **澄澈**(chéngchè) : 맑고 투명하다. 아주 맑다. **绿茵**(lǜyīn) : 잔디. 풀밭. **遍地**(biàndì) : 도처. 곳곳. **潺潺**(chánchán) : 졸졸. [시냇물·샘물 따위가 흐르는 소리]. **溪水**(xīshuǐ) : 시냇물. **檐角**(yánjiǎo) : 처마 끝. **应和**(yìnghè) : (소리. 말. 행동 등이) 호응하다.

毕生致力于科学和奋斗的孙先生, 现在终于在艺术与自然交织的优美环境中安息了。中国的革命领袖已经安息, 但是他所领导的国民党内部却开始有了纠纷。

**毕生**(bìshēng) : 전생(全生). 일생. 온 생애. **优美**(yōuměi) : 우미(優美)하다. 뛰어나게 아름답다.

国民党的一群要员, 借北来参加中山先生葬礼之便, 就在西山他的临时陵墓前集会, 讨论如何对付国民党内势力日渐膨大的共产党。这就是以后所称的西山会议派。在会议中有人哭着说:"先生呀, 先生离我们去了, 叛党的共党分子, 要把我们的党毁灭了。"

**葬礼**(zànglǐ) : 장례(葬禮). 장례식. **便**(biàn) : 편리한 때. 편리한 시기. **陵墓**(líng mù) : 지도자 혹은 순국열사의 묘. 능묘. 왕릉. **毁灭**(huǐmiè) : (철저하게) 파괴하다. 소멸시키다. 없애다.

于是跨党的共产党徒和亲共的一班小喽罗, 赶到孙先生的灵前, 把会议打散了。从此以后, 国民党的正式党员与跨党的共产分子之间, 裂痕日深一日。两年以后, 也就是民国十六年(一九二七年)国民革命军占领南京, 国民党发动清党, 共产党徒终于被逐出党。

**跨党**(kuàdǎng) : 한 사람이 복수 당에 적을 두다[올리다]. **一班**(yībān) : 1조. 한 반. 한 무리. 한 극단. **小喽罗**(xiǎolóu·luo) : 졸개. (도적의)부하. **打散**(dǎsǎn) : (뿔뿔이 사방으로) 흩뜨리다. **裂痕**(lièhén) : (사물의) 갈라진 금. 틈. 균열. (감정상의) 금. 불화. **清党**(qīngdǎng) : 당내 숙청. 당내의 불순분자를 제거하다.

按 : 罗家伦先生主编《国父年谱》七三八页对中山先生民国十四年于北平治疗情形, 曾有刊载, 志录如下 :

**主编**(zhǔbiān) : 편집을 주관하다[책임지다]. 책임 편집하다. **志录**(zhìlù) : 기록하다.

十八日自协和医院移居铁狮子胡同行辕。是日, 先生离协和医院, 乘医院特备汽车, 缓驶至铁狮子胡同行辕。家属及友好同志, 多以为医院既经宣告绝望, 仍当不惜采取任何方法, 以延长先生寿命。

**行辕**(xíngyuán) : 임시거소. **铁狮子胡同**(tiěshī·zihú·tòng) : 북경의 지명

于是有推荐中医陆仲安者 ; 因陆曾医治胡适博士, 若由胡进言, 先生或不峻拒。乃推李坦赢(石曾)赴天津访胡(时胡适有事赴津), 告以来意, 约其同归。胡初以推荐医生责任太重, 有难色。

**推荐**(tuījiàn) : 추천하다. **医治**(yīzhì) : 치료하다. 병을 고치다. **峻拒**(jùnjù) : 단호히 거절하다.

后抵京见汪兆铭等, 力言侍疾者均惶急万状, 莫不以挽救先生生命为第一, 且因先生平时对胡甚客气, 换一生人往说, 或可采纳。胡乃偕陆同往。胡先入室进言。先生语胡曰 "适之! 你知道我是学西医的人。"

**抵京**(dǐjīng) : 북경에 도착하다. **力言**(lìyán) : 강력히 말하다. **侍疾**(shìjí) : 환자를 보살피다. **均**(jūn) : 모두. 다. 전부. **惶急**(huángjí) : 두렵고 초조하다. 황황하고 급박하다. **万状**(wànzhuàng) : ~에 싸이다. **挽救**(wǎnjiù) : (위험에서) 구해내다. 구제(救濟)하다. **客气**(kèqi) : 공손(恭遜)하다. 정중(鄭重)하다. 겸손(謙遜)하다. 친절(親切)하다.

胡谓"不妨一试, 服药与否再由先生决定。"语至此, 孙夫人在床边急乘間言曰"陆先生已在此, 何妨看看。" 语讫即握先生腕, 先生点首, 神情凄惋, 盖不欲重拂其意, 乃伸手而以面移向内望。孙夫人即转身往床之内方坐下, 目光与先生对视。

**点首**(diǎnshǒu) : 고개를 끄덕이다. **乘間**(chéngjiàn) : 기회를 타다. 틈을 타다. **语讫**(yǔqì) : 말을 마치다. **凄惋**(qīwǎn) : 슬프고 애석해하다. **盖**(gài) : 대략. 아마. **拂**(fú) : (다른 사람의 의도를) 거스르다. 어기다. **内**(nèi) : 처(妻) 또는 처(妻)의 친족(親族).

# 第十九章　反军阀运动
# 군벌반대 운동

学生游行罢课闹了好几年, 加上军阀互相残杀, 北京政府的力量终于一蹶不振, 军阀则像印度土大王一样统治各省。在北京的中央政府首脑, 无时不需要邻近各省的支持, 如果军阀一翻脸, 随时可以长驱直入北京城。北京政府在各省的根基愈来愈脆弱, 政权本身亦随之摇摇欲坠。

**一蹶不振**(yījuébùzhèn) : 한 번 넘어져서 다시 일어나지 못하다 ; 한 번 좌절하고는 다시 분발하지 못하다. **则**(zé) : 오히려. 그러나 [대비·역접을 표시함]. **翻脸**(fānliǎn) : 외면하다. 반목(反目)하다. 불쾌한 얼굴을 하다. 태도를 바꾸다. 사이가 틀어지다. **根基**(gēnjī) : 기초. 근원. 토대. **摇摇欲坠**(yáoyáoyùzhuì) : 흔들흔들하여 곧 떨어질[무너질] 것 같은 모양. 휘청거리다.

某一军阀进入北京接收政权, 另一军阀马上阴谋取而代之。当政的人如果遭遇民意的强烈反对, 例如学生游行示威, 其他军阀便利用机会从中取利。权谋、内战、政变, 各种政治力量纵横捭阖的结果, 北京政府随时在更换主人。

**取而代之**(qǔérdàizhī) : 남의 지위를 빼앗아 대신 들어서다. **权谋**(quánmóu) : 권모술수. 책략. 남을 속일 목적으로 쓰는 술책. **纵横捭阖**(zònghéngbǎihé) : (정치·외교상)수완을 부려 연합·분열·이간·포섭하다.

我在北京的最初九年之中, 所看到的变迁实在太多了, 留在记忆中的是一大堆乱糟糟的悲喜剧场面。我像是埃及沙漠中一座金字塔, 淡淡遥望着行行列列来来往往的鸵影, 反映在斜阳笼罩着的浩浩平沙之上, 驼铃奏出哀怨的曲调, 悠扬于晚红之中。

**一大堆**(yīdàduī) : 산처럼 쌓인 것. 산더미처럼 많은. **乱糟糟的**(luànzāozāo de) : (사물이) 난잡하고 질서가 없다. **埃及**(āijí) : 이집트(Egypt). **金字塔**(jīnzìtǎ) : 피라미드(pyramid). 금자탑(金字塔). **行行列列**(hánghánglièliè) : 대열을 이루어. **遥望**(yáowàng) : 멀리 바라보다. **驼**(tuó) : 낙타. **浩浩**(hàohào) : 끝없이 넓고 크다. **平沙**(píngshā) : 넓고 평탄한 사막. **哀怨**(āiyuàn) : 슬프며 한스럽다. **悠扬**(yōuyáng) : 소리가 높아졌다 낮아졌다 하다. (종소리 따위가) 은은하다. **晚红**(wǎnhóng) : 저녁 놀.

北京政府的经济状况非常窘困, 国库应有的收入, 都被各省军阀扣留, 用以维持他们的私人军队或径入私人腰包。中央政府通常只能以极高的利息向银行借一点钱, 这一点钱之中的一部分, 还得用于笼络支持政府然而需索无餍的军阀。

**窘困**(jiǒngkùn) : (생활이)궁하다. 곤궁하다. **扣留**(kòuliú) : 압수하다. 차압하다. 억류(유치, 구류)하다. **腰包**(yāobāo) : 허리춤에 차는 (몸에 지니고 다니는) 돈주머니. **径入**(jìngrù) : 곧장 들어가다. **利息**(lìxī) : 이식. 이자. **笼络**(lǒngluò) : 농락하다. 구슬리다. 회유하다. **需索**(xūsuǒ) : (억지로[강제로] 재물을) 요구하다. **无餍**(wúyàn) : 만족이 없다.

我们前面已经提到教员薪水拖欠的情形。不但教员如此, 就是政府官员和驻外使节的薪水, 也往往一欠就是好几个月, 甚至好几年。"北京政府的前途究竟怎么样呢?"有一天, 一位美国外交官这样问我。"它会像河滩失水的蚌, 日趋干涸, 最后只剩下一个蚌壳。" 我回答说。

**拖欠**(tuōqiàn) : (기한이 넘었는데도 질질 끌며) 빚을 갚지 않다. **就是…也~** : …도 ~하다. **河滩**(hétān) : (강가의) 모래톱. **失水**(shīshuǐ) : 탈수하다. **蚌**(bàng) : 말조개. 마합(馬蛤). **干涸**(gānhé) : (수로, 저수지 등의 물이) 마르다. **蚌壳**(bàngké) : 말씹 조개껍질.

情势一年不如一年, 终至老百姓对政府的最后一点敬意也消失了。学生帮同破坏了它的威信, 军阀们则把它整个埋葬在北京的尘土里。数年后在美国遇见那位美国朋友, 他问我是否忘了蚌壳的故事, 我说没有。

**帮同**(bāngtóng) : 서로 돕다. 도와서 같이 하다. **消失**(xiāoshī) : 사라지다. 없어지다. 소실하다. **尘土**(chéntǔ) : 티끌과 흙. 먼지. 흙먼지.

在那时候, 广州的国民革命运动则以一日千里之势在发展, 国民党的革命运动一直享有大众的支持, 尤其是知识分子和学生, 甚至连北洋军阀中的一些开明分子也同情国民党。一篮烂橘子里, 有时也能找出几个好的来的。

**开明分子**(kāimíngfènzǐ) : 보수적 계층에 속하면서도 비교적 진보적인 입장을 취하는 사람. **烂**(làn) : 썩다. 부패하다. 곪다. **橘子**(jú·zi) : 귤(나무).

中山先生虽然逝世了, 国民党的精神却始终未沮丧。孙先生所建立的革命武力核心, 继续在蒋介石将军为校长的黄埔军校发展茁壮, 短短几年之内, 蒋将军的国民革命军已经完成训练, 随时可予北洋军队以致命的打击。

**沮丧**(jǔsàng) : 기가 꺾이다. 실망하다. 낙담하다. **茁壮**(zhuózhuàng) : (동식물·사람이)건장하다. 튼튼하다. 실하다. 건강하다.

民国十六年即一九二七年, 革命军以雷霆万钧之势长驱北伐, 左翼直入华中而下汉口, 右翼循闽浙沿海北上而达杭州, 继以钳形攻势会师南京。革命军攻克南京后, 遂以南京为国民政府首都。

**雷霆万钧**(léitíngwànjūn) : (막을 수 없는) 매우 큰[무서운] 힘. **长驱**(chángqū) : 먼 거리를 신속하게 진군하다. **闽**(Mǐn) : 복건 성의 다른 이름. **浙**(Zhè) : 절강성(浙江省)의 준말. **钳形攻势**(qiánxínggōngshì) : 돌파와 포위를 같이 사용하는 집게형 공격. 양면 공세. 협공. **会师**(huìshī) : 부대가 합류하다. **攻克**(gōngkè) : 점령하다. 정복하다. 함락시키다.

国民革命军开始北伐的那一年, 北样军阀张宗昌亦于同时入据北京, 这位声名狼藉的军阀, 体健如牛, 脑笨如猪, 性暴如虎。他的利爪随时会伸向他不喜欢的任何人, 或者他垂涎的任何漂亮女人。我曾在一个治安委员会席上见过他几面, 当时我是这个委员会的委员之一。

**张宗昌**(zhāngzōngchāng) : 인명(人名). 군벌중한사람. **声名狼藉**(shēngmínglángjí) : 평판이 극히 나쁘다. 악명 높은. **体健**(tǐjiàn) : 몸이 건장하다. **如牛**(rúniú) : 소처럼. **利爪**(lìzhǎo) : 날카로운 발톱. **垂涎**(chuíxián) : 먹고 싶어서 군침을 흘리다. 다른 사람의 좋은 물건을 보고 가지고 싶어하다. 침을 흘리다. 탐내다.

他那副尊容，真叫人望而生畏。京报编辑邵飘萍被枪毙的那天晚上，北京政府的前总理孙宝琦告诉我，我的名字已经上了黑名单，我感觉到魔爪的影子已经向我伸过来了。刚好王亮畴(宠惠)来访，我不假思索，连忙跳上他的军警不会盘查的红牌汽车，直驶东交民巷使馆界，在六国饭店辟室住下。

尊容(zūnróng)：(부정적인 뜻으로 쓰여) 상판. 상판대기. 京报(jīngbào)：청(清)나라 때, 북경의 보방 상인이 간행했던, 유지, 주장 등을 실은 신문. 枪毙(qiāngbì)：(총으로)쏘아 죽이다. 총살(銃殺)하다. [일반적으로 사형 집행에 많이 쓰임]. 黑名单(hēimíngdān)：블랙리스트(black list). 감시 대상 명단. 요주의자 명단. 魔爪(mózhǎo)：마수(魔手). 검은손. 독수(毒手). [흉악한 세력을 비유함]. 不假思索(bùjiǎsīsuǒ)：깊이 생각하지 않다. 별로 생각하지 않다. 盘查(pánchá)：상세하게 조사하다. 취조하다. 단속하다. 辟室(bìshì)：벽실.

第二天跑到美国使馆向一位美国朋友开玩笑说："我天天叫打倒帝国主义，现在却投入帝国主义怀抱求保护了。"还有校长室秘书政治学教授李守常(大钊)，女生张挹兰等六七人先后逃入使馆界旧东清铁路办事处躲避。他们后来被张作霖派兵捕去，处绞刑而死。我在六国饭店住了三个月，经常以写字消遣。

投入(tóurù)：뛰어들다. 참가하다. 先后(xiānhòu)：뒤이어. 계속. 연이어. 잇따라. 연속적으로. 전후하여. 躲避(duǒbì)：몸을 피하다. 숨다. 绞刑(jiǎoxíng)：교수형. 消遣(xiāoqiǎn)：심심풀이하다. 한가한 시간을 보내다. 소일하다.

同住在六国饭店的亦有几个人，地质学教授，以后任中央研究院院长朱骝先(家骅)就是其中之一。好些朋友不时探望我们，但是在那里关了三个月，即使那是一个豪华"监狱"，也有点吃不消。

好些(hǎoxiē)：많은. ＝[好些个]. 探望(tànwàng)：방문하다. 문안하다. 吃不消(chī·buxiāo)：견딜 수 없다. 지탱할 수 없다. 참을 수 없다.

我们一直在设法逃出北京，后来局势比较松弛一点时，就相继溜出来了。我的一位朋友有一位年轻能干的太太，我之能够逃出北京，就是她一手策划的。她冒充我的太太，同乘一辆古老的马车陪送我到东车站，一路上居然逃过警察的耳目。

**设法**(shèfǎ) : 방법을 세우다. 방도를 찾다. 대책을 강구하다. **溜出来**(liūchūlái) : 빠져나오다. **一手策划**(yīshǒucèhuà) : 획책[계획](하다). 기획(하다). 계략을 꾸미다. **冒充**(màochōng) : 사칭(詐稱)하다. 속여서 …하다. …인 체하다. 가장하다. **陪送**(péi·song) : 떠나는 손님을 따라 가서 전송하다. **一路上**(yīlùshàng) : 도중 내내. **居然**(jūrán) : 뜻밖에. 생각 밖에. 의외로. **耳目**(ěrmù) : 감시망.

陌生人望我一眼, 都会使我心惊肉跳, 虽然我在外表上仍旧竭力装作若无其事的样子。我挤在人潮中搭上一辆去天津的火车, 然后从天津搭英国商船到上海。在船上碰到朱骝先, 他正预备转道上海赴广州, 后来他出任广州中山大学校长。我本人则由上海转赴杭州。当时沪杭铁路已告中断, 因此我只好绕道赴杭。

**陌生人**(mòshēngrén) : 낯선 사람. **望**(wàng) : 바라보다. 쳐다보다. **心惊肉跳**(xīnjīngròutiào) : 혼비백산하다. 몹시 놀라고 두려워 떨다. 놀라서 얼이 빠지다. **若无其事**(ruòwúqíshì) : 아무 일도 없었던 것처럼 시치미를 떼다. 무관심한 표정을 짓다. 태연스럽다. **挤**(jǐ) : 비집다. 밀치다. (떼)밀다. **人潮**(réncháo) : 인파(人波). **搭**(dā) : (차·배·비행기 따위를)타다. **出任**(chūrèn) : (나와서)임무·관직을 담당하다[맡다].

这时何敬之将军(应钦)所率领的国民革命军尚未到达浙江, 北京政府委派的浙江省长正准备起义反抗北洋政府向国民革命军输诚。我去拜访他时, 他向我透露了参加南方集团的计划。他告诉我, 他已经派了一千人沿铁路进驻江苏边境, 江浙之间的铁路已告中断。

**何敬之**(héjìngzhī) : 본명은 응흠(應欽)이고, 경지(敬之)는 호이다. 그는 장개석총통의 심복으로서 국민혁명군 창설이후 줄곧 군의 요직을 맡았으며 대만에서 96세를 일기로 세상을 떠났다. **委派**(wěipài) : 임명하여 파견하다. 위임하여 파견하다. (결원된) 관리를 임용하다. **起义**(qǐyì) : 봉기(蜂起)(하다). 의거(義擧)(를 일으키다). **输诚**(shūchéng) : 투항하다. 귀순하다. **透露**(tòulù) : (소식·상황·의사 등을)드러내다. 폭로하다. 누설하다. 토로하다.

我心理想, 他准是被别人的胜利陶醉了, 否则他怎么会企图与实力强他十倍的敌人作战呢? 第二天早晨, 我就离开杭州, 绕道重回上海。几星期以后, 他的军队被北军打得落花流水。北军进杭州时, 他被捕处决。

**准**(zhǔn) : 꼭. 반드시. 틀림없이. 어김없이. **落花流水**(luòhuāliúshuǐ) : 참패하다. 쇠퇴하다. 산산이 부서지다. **处决**(chǔjué) : 사형을 집행하다. 처단하다.

不久北洋军阀命运逆转，国民革命军进占杭州。我也再度回到西子湖畔。杭州人热烈欢迎国民革命军。这些现代装备的军队胜利进军杭州时，成千成万的市民满面笑容的列队欢迎。我站在人丛中观望，一颗心高兴得怦怦乱跳。经过十六年之后，一支现代化的中国军队的信誉有重新建立起来了。

**西子湖**(Xīzǐhú) : 서호. [절강성(浙江省) 항주(杭州)에 있는 유명한 호수. **湖畔**(húpàn) : 호숫가. 호반. **列队**(lièduì) : 대열을 짓다. 줄지어 서다. **人丛**(réncóng) : 사람들의 무리. **心里怦怦乱跳**(xīn·lipēngpēngluàntiào) : 가슴이 두근두근 마구 뛰다. **信誉**(xìnyù) : 신용과 명예. 위신. 신망(信望). **重新**(chóngxīn) : 새로이. 처음부터.

大约一年之后，蒋总司令在民国十七年即一九二八年完成部署，准备继续北伐。他指挥的军队度过长江，沿津浦路向北京推进。北伐军抵山东济南府边缘时，日本人惟恐中国统一，借口保护在山东的权益和日本皇民的生命财产，竟由青岛派兵沿胶济路向济南推进。

**津浦路**(jīnpǔlù) : 진포로(津浦路). **边缘**(biānyuán) : 가. 가장자리. 계선. 거의 닿을 듯한 곳[상태]. 위기. 더 이상의 여지가 없는 상태. **惟恐**(wéikǒng) : 다만 …가[할까] 두렵다[걱정이다].

他们的目的是制造“事件”，以破坏中国的统一计划。所谓“事件”，自然就是中日之间公开冲突。日军在济南府残杀山东交涉员及其僚属，希望借此激起中国的报复行动。

**自然**(zìrán) : 자연히. 당연히. 물론. 저절로. **残杀**(cánshā) : 잔인하게 죽이다. 잔살하다. 학살하다. **僚属**(liáoshǔ) : (옛날, 자기 밑에 딸린)하급 관리. 부하. **激起**(jīqǐ) : (자극이나 충격을 주어) 불러일으키다. 야기하다.

蒋总司令洞烛日人阴谋，深恐小不忍而乱大谋，决定暂避其锋，把国民革命军的前头部队调离山东，并以迅雷不及掩耳的手段渡过黄河，直逼北京。因而国民革命军未遭阻挠，统一目标亦赖以实现。日本军队在山东终于扑了空。国民革命军到达后，北京随即陷落，北京政府的纸老虎被南风一吹就倒了。

**洞烛**(dòngzhú) : 똑똑히[분명히]알아내다. 간파하다. **小不忍则乱大谋**(xiǎobùrěnzéluàndàmóu) : 작은 일을 참지 못하면, 큰 계획을 어지럽히게[망쳐버리게] 된다. **《论语·卫灵公》**. **小不忍而乱大谋**(xiǎobùrěnérluàndàmóu) : 작은 일을 참지 못하여 큰일을 그르치다. **调离**(diàolí) : 전임[전근]시키다. 전출(**轉出**)하다. **迅雷不及掩耳**(xùnléibùjíyǎněr) : 천둥소리가 매우 빨라 귀를 틀어막을 겨를도 없다. (어떤 사건이나 동작 등이) 맹렬한 기세로 밀려오거나 갑작스럽게 일어나 미처 손 쓸 겨를이 없다. **直逼**(zhíbī) : 육박하다. 계속[직접] 다가오다. **阻挠**(zǔnáo) : 저지(하다). 방해(하다). 제지(하다). 억제(하다). **扑空**(pūkōng) : 허탕 치다. 헛걸음하다. 헛일하다. **随即**(suíjí) : 즉시. 곧.

民国十六年国民革命军进杭州时, 我被任为省政府委员兼教育厅长。我在政府中担任工作的经验也就在杭州开始了。杭州是浙江的省会, 也是我青年时代读书的地方。省政府由省政府委员会组成。国民政府在南京成立以前, 所有省府委员以及主席都是由国民革命军总司令蒋介石将军委派的。

**省会**(shěnghuì) : 성도(**省都**). '**省政府**'소재지.

省府委员之中有五位分别兼任民政厅长、财政厅长、军事厅长、建设厅长和教育厅长。省府委员会之上则有国民党中央政治会议浙江分会, 负责全省一般政策, 政策决定后即下令省政府执行。会议主席由省主席张静江先生担任, 由我任秘书长。这是我第一次担任国民党要职。后来省境情势渐趋稳定, 政分会遂告撤消。

**分别**(fēnbié) : 각각. **遂**(suì) : 마침내. 결국. 종내. 끝내. **撤消**(chèxiāo) : (법령 따위를) 폐지하다. 파기하다. (계약 따위를) 취소하다. 해제하다. 철회하다. 해임하다.

省政府和南京的国民政府一样充满着改革和建设的精神, 中央政府的重大施政, 我将在下一章加以叙述。省政府的建设计划相当庞大, 但是革命之后, 此项计划难免受经费支绌的限制。

**支绌**(zhīchù) : 돈·물자 등이)부족하다. 지급[지출]하기에 부족하다.

因此只能将工作集中在铺筑公路上面, 几年之内的确铺了不少公路。省城本身也有许多道路经省政府指定拓宽或添建。两年之后, 杭州城内已经添筑了许多宽阔的马路。西湖沿岸和苏堤也辟了马路, 直达西山各名胜, 另有一条公路与上海衔接, 招徕了不少度周末的游客。

**经**(jīng) : 경과하다. 지나다. 통과하다. **的确**(díquè) : 확실히. 분명히. 정말. 참으로. 실로. **拓宽**(tuòkuān) : 확장하다. 넓히다. **添建**(tiānjiàn) : 추가건설하다. **宽阔**(kuānkuò) : (면적이나 범위 등이) 크다. 넓다. 광활(廣闊)하다. **苏堤**(sūdī) : 소제(苏堤)[송나라 시대에 소동파(蘇東坡)가 항주 태수로 있을 때 쌓은 제방이기 때문에 후에 소제(蘇堤)라는 이름이 붙여졌다. ]. **辟路**(pìlù) : 길을 뚫다. 길을 개척하다. 길을 만들다. **直达**(zhídá) : 곧바로 가다. 직통하다. 직행하다. **名胜**(míngshèng) : 명승(지). 명소(名所). **衔接**(xiánjiē) : 맞물다. 맞물리다. 잇다. 이어지다. 연결하다. 연결되다. **招徕**(zhāolái) : (고객을)불러 모으다. 불러들이다. 끌다. **度**(dù) : 회(回). 차(次).

短短三年之内, 杭州已经焕然一新了。市区之内, 西湖之滨, 以及湖边山麓, 新建洋房别墅像雨后春笋一样出现, 人口激增, 商业也盛极一时。

**焕然一新**(huànrányīxīn) : 온통 새롭게 되다. 면모가 몰라보게 달라지다. 면모가 일신(一新)되다. **市区**(shìqū) : 시가 지역. 시내 지역. 시가 지. **滨**(bīn) : 물가. **洋房**(yángfáng) : 양옥(洋屋). 양관(洋館). 서양식집. **别墅**(biéshù) : 별장. **雨后春笋**(yǔhòuchūnsǔn) : 우후죽순(雨後竹筍). 비가 온 뒤에 여기저기 무럭무럭 솟는 죽순 ; 어떠한 새로운 일이 한때에 많이 일어나다. **盛极一时**(shèngjíyīshí) : 한 시기 동안 매우 성행(盛行)하게 되다. 일시에 크게 유행하다.

各县市也新建了许多电灯厂。若干乡村里还装设了蒸汽帮浦灌溉稻田。因为浙江是丝织业中心, 政府开始提倡科学养蚕法, 以科学方法培育蚕种, 然后转售给养蚕的人。

**帮浦**(bāngpǔ) : '泵bèng'(펌프)의 구칭(舊稱). **灌溉**(guàngài) : 관개하다. 논밭에 물을 대다. **稻田**(dàotián) : 논. **培育**(péiyù) : 기르다. 재배하다. **蚕种**(cánzhǒng) : 누에알. **转售**(zhuǎnshòu) : 전매(轉賣)(하다).

头一年里, 科学蚕种曾经引起强烈的反对, 因养蚕的人受了以传统方法培育蚕种的人的影响, 对于科学蚕种发生怀疑。但是事实胜于雄辩, 第二年中, 政府出产的新式蚕种已经供不应求。

**出产**(chūchǎn) : 생산하다. 산출하다. **胜于**(shèngyú) : ……보다 낫다. **供不应求**(gōngbùyìngqiú) : 공급이 수요를 따르지 못하다. 공급이 수요를 만족시키지 못하다. 공급부족(供給不足).

为了改善田租制度, 政府举办全省耕地调查, 工作继续了好几年。浙江省所采用的办法, 与共产党对农地所采的激烈手段适成对照。浙江省采取一种比较温和的"二五减租"办法, 也就是佃农付给地主的田租普遍减低百分之二十五。

**田租**(tiánzū) : 전조(田租). 논밭에 대한 조세. **佃农**(diànnóng) : 소작농(가). 소작인. **减租**(jiǎnzū) : (지대·집세 등의) 임대료를 내리다. 소작료를 내리다. **二五减租** : 소작료를 25% 인하하다.

佃农通常以主要作物收获的百分之五十付给地主田租, "二五减租"以后, 佃农就只要付收成的百分之三七点五了。

**通常**(tōngcháng) : 통상. 일반. 보통.

田租的租率已经维持了几百年, 计算方法各地互有差别, 实行"二五减租"以后, 有些地方的佃农得到很大的利益, 在另一些地方, 这个减租办法却在地主与佃农之间引起严重的纠纷。

**实行**(shíxíng) : 실시하다.

减租委员会所收受的讼案多如山积, 全省各地普遍发生纠纷, 减租办法终于几年之后放弃。推行减租最力的沈玄庐(定一)被暗杀, 死因迄今未明。不久之后, 扫除文盲运动开始。经过六、七年时间, 除了普通的小学之外, 短期的民众识字班增加了几千个。

**多如山积**(duōrúshānjī) : 산더미처럼 많다. **识字班**(shízìbān) : 식자반. 문맹퇴치반.

省内的教育制度进行一次新试验。国立浙江大学成立, 由我担任校长。浙大不但主持高等教育, 并且主管全省公立学校。教育厅取消, 浙大校长则成为省府委员。另外两省也继起仿效, 各自成立大学。

**仿效**(fǎngxiào) : 흉내 내다. 모방하다. 본받다.

经过两年的试验, 另外几省发生内部纠纷和政治争执, 整个制度终于在民国十八年即一九二九年废止, 那时我任国民政府教育部长, 所以培植这个制度和埋葬这个制度的都是我自己。

**争执**(zhēngzhí) : 논쟁. 의견의 충돌. 고집. **培植**(péizhí) : 인재를) 양성하다. (세력을) 부식하여 키우다.

我在杭州整整住了一年, 翌年膺任教育部长, 同时兼任浙江大学校长, 因此经常往返京杭之间。民国十八年, 我辞去浙大校长兼职, 在南京再住了一年, 后以中央大学易长及劳动大学停办两事与元老们的意见相左, 被迫辞职。

**膺任**(yīngrèn) : 맡다. **相左**(xiāngzuǒ) : 어긋나다. 일치하지 않다. **意见相左** : 의견이 일치하지 않다.

我当时年壮气盛, 有所决策, 必贯彻到底, 不肯通融。在我自以为励精图治, 在人则等于一意孤行。我本世居越中, 耳濡目染, 颇知绍兴师爷化大为小化小为无的诀窍。今背道而驰, 自然碰壁。武力革命难, 政治革命更难, 思想革命尤难, 这是我所受的教训。

**年壮**(niánzhuàng) : 장년. 혈기 왕성한 나이. **气盛**(qìshèng) : 성미가 팔팔하다. 성급하다. **决策**(juécè) : 방법·정책을 결정하다. **贯彻**(guànchè) : (방침·정책·정신·방법 따위를) 관철하다. 철저히 실행하다. **到底**(dàodǐ) : 끝까지 …하다. 최후까지 …하다. **通融**(tōng·róng) : 융통하다. 변통하다. **励精图治**(lìjīngtúzhì) : 정신을 가다듬어 나라를 잘 다스릴 방법을 강구하다. 힘을 다하여 나라를 다스리다. **等于**(děngyú) : …와 같다. 맞먹다. …이나 매한가지다. …이나 다름없다. …에 해당하다. **一意孤行**(yīyìgūxíng) : 남의 의견을 받아들이지 않고 자기의 고집대로만 하다. **越**(yuè) : 절강성(浙江省)동부(東部). **世居**(shìjū) : 대대로 살다. **耳濡目染**(ěrrúmùrǎn) : 항상 보고 들어서 익숙하고 습관이 되다. 눈과 귀에 익다. 매우 자주 보고 듣다. **颇**(pō) : 자못. 꽤. 상당히. 몹시. 대단히. 매우. 퍽. **绍兴师爷**(shàoxīngshīyé) : 과거, 지방관의 개인 고문으로 근무한 서기관. 책사. 브레인트러스트. 모사. **化大为小化小为无**(huàdàwéixiǎohuàxiǎowéiwú) : 큰 문제를 작게 하고 작은 문제를 문제가 없는 것으로 하다. **诀窍**(juéqiào) : 좋은 방법. 비결. 요령. **背道而驰**(bèidàoérchí) : 서로 반대의 방향으로 가다. 방향·목표가 완전히 상반되다. 배치(背馳)되다. **碰壁**(pèngbì) : 벽에 부딪치다. 난관에 부닥치다. 실패를 당하다. 퇴짜 맞다.

在我辞职的前夜, 吴稚晖先生突然来教育部, 双目炯炯有光, 在南京当时电灯朦胧的深夜, 看来似乎更觉明显。他老先生问我中央、劳动两校所犯何罪, 并为两校讼冤。据吴老先生的看法, 部长是当朝大臣, 应该多管国家大事, 少管学校小事。最后用指向我一点, 厉声说道:“你真是无大臣之风。”

**炯炯有光**(jiǒngjiǒngyǒuguāng): 밝고 빛나다. **朦胧**(ménglóng): 모호하다. 어렴풋하다. 불분명하다. **讼冤**(sòngyuān): 옳고 그름을 따지다. **部长**(bùzhǎng): (정부의 각 부처의) 장관. **当朝**(dāngcháo): 조정의 정사를 주관하다. **厉声**(lìshēng): 성난 목소리.

我恭恭敬敬的站起来回答说:“先生坐, 何至于是, 我知罪矣。”第二天我就辞了职, 不日离京, 回北京大学去了。刘半农教授闻之, 赠我图章一方, 文曰:“无大臣之风。”

**恭恭敬敬地**(gōnggōngjìngjìng): 공손하게. **何至于**(hézhìyu): 어찌 …까지 되겠는가. 어찌 …에 이르겠는가. **不日**(bùrì): 며칠 안에. 멀지 않아. **方**(fāng): [양]사각형의 물건을 셀 때 쓰임.

# 第二十章　国民党之出掌政权
# 국민당의 정권 장악

国民革命军攻克北京以后, 中国重归统一, 首都亦由北京迁至南京, 北京则改为北平。北京曾为辽、金、元、明、清五代的首都, 历时一千余年。现在国都固然改为南京, 北平却仍旧是文化和艺术的中心。

**历时**(lìshí) : 지나온 세월. 경과한 시간. 시간이 경과하다.

中国知识阶级除了本地方言之外所说的, 以及广播电台所采用和学校所教授的"官话"或"国语"就是以北京方言做基础的。国民政府从北方黄河流域迁都南方的长江流域, 主要原因有二。第一个理由是革命精神已经弥漫长江流域, 因此也是革命精神比较容易生根的肥沃土壤, 黄河流域则是反动军阀的根据地。

**攻克**(gōngkè) : 정복하다. 함락시키다. 점령하다. **国都**(guódū) : 수도.

第二个理由 : 长江流域是中国金融力量的中心, 足以供应政府必需的经费。在一八五一年至一八六四年之间, 南京曾是太平天国的首都。太平军溃败以后, 南京破坏殆尽, 而且始终不曾恢复旧观。

**溃败**(kuìbài) : (군대가) 패배하여 완전히 없어지다. 진영(陣營)이 완전히 흐트러지다. 궤멸(潰滅)되다.

城内的废墟、麦田、菜圃、果园比盖了房子的街道还多。街道狭窄, 路面高低不平, 而且肮脏不堪, 电灯昏暗如菜油灯。差个专人送封信往往比打电话还快。这座雄踞扬子江边的古城, 在古时是文物教化的中心, 尤其是在南朝时代, 所谓南朝金粉是也。

街道(jiēdào) : 큰길. 대로(大路). 거리. 가로(街路). [근처에 가옥이 있는 비교적 널찍한 길을 가리킴]. 盖房子(gàifángzi) : 집을 짓다. 不平(bùpíng) : 고르지 못하다. 肮脏(āngzang) : 더럽다. 불결하다. 지저분하다. 菜油灯(càiyóudēng) : 유채기름등. 差(chāi) : (공무나 직무 등을 처리하기 위해서) 파견하다. 专人(zhuānrén) : 전담자. [어떤 업무를 전문적으로 책임지는 사람]. 특파원. [임시로 파견되어 어떤 일을 전문적으로 처리하는 사람]. 여기서는 편지 보내는 것을 전담하는 사람. 雄踞(xióngjū) : 위풍이 늠름하게 앉다. 웅거하다. 金粉(jīn fěn) : 옛날, 화장용 연백분. 꽂 비녀와 연분. 금가루. 호화스러운 생활.

女人、醇酒、清歌、妙舞一直萦回在历代骚人墨客的记忆里。秦淮河横越城内, 连接了盛长百合的湖泊。河上满是金碧辉煌高悬彩灯的画舫。秦淮河两岸酒楼歌榭栉比, 雕梁画栋, 门口挂着竹帘子, 妙曼的曲调和醉人的幽香从竹帘后一阵阵飘送出来, 此所谓 : “此曲只应天上有, 人间哪得几回闻。”

醇酒(chúnjiǔ) : 산뜻하고 진한 술. 맛이 순수하고 진한 술. 清歌(qīnggē) : 무반주 노래. 맑은 노랫소리. 妙舞(miàowǔ) : 아름다운 춤. 萦回(yínghuí) : 영회하다. 감돌다. 맴돌다. 骚人墨客(sāorénmòkè) : 시인 묵객. 풍아(風雅)한 문사(文士). 秦淮河(qínhuáihé) : 진회하(강소 성에 있는 강 이름). 横越(héngyuè) : (지리적 위치에서 동서 방향으로)날아 건너다[넘다]. 가로지르다. 盛长(shèngzhǎng) : 무성하게 자라다. 湖泊(húpō) : 호수. 金碧辉煌(jīnbìhuīhuáng) : 금빛과 푸른빛의 광채가 눈부시게 빛나다. 건축물이 눈부실 정도로 화려하다. 画舫(huàfǎng) : 화방. 아름답게 장식한 놀잇배. 彩灯(cǎidēng) : 곱게 꾸민 등롱. 酒楼(jiǔlóu) : 술집. 요릿집. 주루. 歌榭(gēxiè) : 가무를 공연하는 무대. 栉比(zhìbǐ) : 즐비하다. 雕梁画栋(diāoliánghuàdòng) : 기둥과 대들보를 채화로 장식하다. 화려하게 단청한 집. 竹帘子(zhúliánzi) : 죽렴. 대발. 妙曼(miàomàn) : 아름다운. 醉人(zuìrén) : 도취시키다. 幽香(yōuxiāng) : 그윽한 향기. 竹帘(zhú lián) : 죽렴. 대발. 一阵阵(yīzhènzhèn) ; 간간이. 飘送出来(piāosòngchūlái) : 흘려보내다. 흘러나오다.

这就是旧日京华。但是南京是战略要地, 国内每有重大战事, 南京必定要遭一场浩劫, 每经一次战祸, 它的精华也就失去其大半。战事结束, 和平重临, 南京又会在废墟上重建, 恢复旧日的光辉。我所描写的往昔金陵生活, 就是根据历史记载而来的。

旧日(jiùrì) : 옛날. 이전. 京华(jīnghuá) : 수도. 서울. 국도. 战事(zhànshì) : 전쟁. 精华(jīnghuá) : 정화. 정수(精髓). 光辉(guānghuī) : 광휘. 찬란한 빛. 必定(bìdìng) : 꼭. 반드시. 기필코. [판단 또는 추론이 정확하거나 필연적인 것을 나타냄. 의지의 확고함을 나타

냄]. **浩劫**(hàojié) : 큰 재난. **重临**(chónglín) : 다시 오다. **往昔**(wǎngxī) : 옛날. 이전. **金陵**(Jīnlíng) : 금릉. 남경(南京)의 옛 이름.

不过, 自从太平天国灭亡, 劫后南京一直未曾恢复昔日的美丽。历次重建似乎只是庸俗艺匠对于古家的临摹, 经过一再临摹之后, 原作的光彩渐渐消失, 留下的只是俗不可耐的赝品。秦淮河仍旧在南京城内流过, 画舫歌榭也依然存在。但是形式、素质和内容都远非昔比了。风雅的生活已经随滚滚江流冲走了。

**历次**(lìcì) : 이제까지의 매회. (지난) 여러 차례. **重建**(chóngjiàn) : 재건(再建)하다. **庸俗**(yōngsú) : 범속하다. 비속(卑俗)하다. 저속하다. 졸렬하고 속되다. **艺匠**(yìjiàng) : 장인(匠人). **临摹**(línmó) : (글씨나 그림 등을) 모사하다. **俗不可耐**(súbùkěnài) : 저속하기 그지없는. **赝品**(yànpǐn) : 위조품. **素质**(sùzhì) : 자질(資質). 소양(素養). **滚滚**(gǔngǔn) : 끊임없다. **冲走**(chōngzǒu) : (물의 힘으로)떠밀려가다. 떠내려가다.

国民革命军进入南京以后, 一种新精神随之诞生——一种改革和建设的精神。大家要拿现代科学来复兴往昔的艺术。在这疮痍满目的废墟上, 一座柏油马路四通八达的现代城市建立起来了。

**疮痍满目**(chuāngyímǎnmù) : 상처투성이이다. 만신창이(滿身瘡痍)이다. **柏油**(bǎiyóu) : 아스팔트(asphalt). **四通八达**(sìtōngbādá) : 길이 여러 군데로 막힘없이 통하다. 사통팔달.

街道旁栽种了葱翠的树木, 供市民游息的公园也先后开始设计和建立。自动电话、电灯和自来水也装设了, 停泊南京附近的美国兵舰的水上飞机则从空中测绘了一幅南京地图, 南京的新都市计划就是根据这幅地图设计的。国民政府成立了首都建设设计委员会, 我以教育部长的身分成为该委员会的委员之一。

**街道**(jiēdào) : 큰길. 대로(大路). 거리. 가로(街路). **栽种**(zāizhòng) : (꽃, 풀, 나무 등을) 심다. **葱翠**(cōngcuì) : 초목이 짙고 푸르다. **游息**(yóuxī) : (물고기 새 등이) 서식하다. 놀이와 휴식(을 취하다. **先后**(xiānhòu) : 뒤이어. 계속. 연이어. 잇따라. 연속적으로. 전후하여. **自动电话**(zìdòngdiànhuà) : 자동전화. **自来水**(zìláishuǐ) : 상수도. 수돗물. **装设**(zhuāngshè) : 설치하다. 달다. 가설하다. 장치하다. **兵舰**(bīngjiàn) : 군함. **水上飞机**

(shuǐshàngfēijī) : 수상비행기. **测绘**(cèhuì) : 측량(하여) 제도(하다). 제도하다.

这个设计委员会在一位美国建筑师的协助下, 辛勤工作了一年多。这位美国建筑师对北京的中国宫殿式建筑很有研究, 委员会的目标是尽量保持中国建筑的宏伟和华丽, 同时兼有现代都市的便利和卫生设备。

**辛勤工作**(xīnqíngōngzuò) : 열심히 일하다. **宏伟**(hóngwěi) : (규모나 계획 등이) 웅장하다. 웅대하다. **兼有**(jiānyǒu) : 겸비하다.

陈旧倾圮的建筑被拆除去了, 以便铺筑道路或重建新屋。商业日渐发达, 现代戏院倍增, 人口急速增加。秦淮河和湖泊一一加以疏浚, 古刹和其他公共建筑也都开始修葺。

**陈旧**(chénjiù) : 낡다. 오래되다. 케케묵다. **倾圮**(qīngpǐ) : (건물이나 담장이) 무너지다. **拆除**(chāichú) : (건축물 따위를) 뜯어 없애다. 철거하다. **以便**(yǐbiàn) : …(하기에 편리)하도록. …하기 위하여. **铺筑**(pūzhù) : (길 따위를) 포장하다. **一一**(yīyī) : 하나하나. 일일이. 낱낱이. 차례대로. **湖泊**(húpō) : 호수. **倍增**(bèizēng) : 배증하다. 배가하다. 갑절로 늘다. **疏浚**(shūjùn) : (도랑·샘·강바닥 따위를) 쳐내다. 준설(浚渫)하다. **古刹**(gǔchà) : 고찰. 오래된 사찰. **修葺**(xiūqì) : 건축물을 보수하다. 개축하다.

政府建造了中央博物院, 来陈列北平故宫博物院的一部分珍品, 而且在南京城内朝天宫一座小山里, 造了一个不虞空袭的钢骨水泥的地下室, 来保藏贵重文物。因为中央博物院的董事们早已预料到日本不久即将发动对华侵略, 南京当然是他们攻击的目标。

**陈列**(chénliè) : 진열하다. 전시하다. **珍品**(zhēnpǐn) : 진품. 진귀한 물건. **朝天宫**(Chaotiangong) : 중국 장쑤성[**江蘇省**] 난징[**南京**]에 위치한 문묘 건축군. **小山**(xiǎoshān) : 동산. **不虞**(bùyú) : 염려하지 않다. 우려하지 않다. **钢骨水泥**(gānggǔshuǐní) : 철근 콘크리트. 철근 시멘트. **保藏**(bǎocáng) : 보존하다. 간수하다. **董事**(dǒngshì) : 이사. **预料**(yùliào) : 예상(하다). 전망(하다). 예측(하다).

华北局势恶化, 长城战云密布之时, 故宫博物馆的贵重宝藏即以数百辆火车运至南京, 并且在南京失陷之前, 全部转运内地, 保留于山河石室之中。

**局势**(júshì) : (정치·군사 등의) 정세. 형세. 상태. **长城**(chángchéng) : 만리장성(**萬里長城**). **战云密布**() : 전운이 짙게 감돌다. 전쟁의 기미가 짙게 감돌다. **宝藏**(bǎozàng) : 수장(**收藏**)하고 있는 보물. 보물 창고. **失陷**(shīxiàn) : 적에게 점령당하다. 함락되다. **转运**(zhuǎnyùn) : 운반되어 온 물건을 다시 다른 곳으로 운반하다. 중계 운송하다. **保留**(bǎoliú) : 보존하다. 보관하다. **山河**(shānhé) : 산과 강. 강산. 산천. 【비유】국가. 국토. 강역(**疆域**). **麓**(lù) : 산기슭. **覆**(fù) : 덮다. 씌우다. 덮어 가리다. **琉璃瓦**(liú·liwǎ) : 청기와.

> 交通部大楼和铁道部大楼都是钢骨水泥的建筑, 里面有现代的照明、通风等设备。但是它们建筑图样却是完全中式的, 釉瓦、雕梁、画栋、花窗, 以及其他古色古香的装潢。

**大楼**(dàlóu) : 빌딩. 고층 건물. **钢骨水泥**(gānggǔshuǐní) : 철근 콘크리트. 철근 시멘트. **图样**(túyàng) : 도안. 도면. 설계도. 견본. 카탈로그. . **釉瓦**(yòuwǎ) : 유약을 바른 기와. **雕梁**(diāoliáng) : 조각한 대들보. **画栋**(huàdòng) : 그림을 그린 마룻대. **花窗**(huāchuāng) : 틀에 장식 모양이 있는 창. **古色古香**(gǔsègǔxiāng) : 고색이 창연하다. 옛 풍모를 그대로 간직하고 있다. **装潢**(zhuānghuáng) : (포장·외장 따위의) 장식.

> 这两幢雄伟的建筑峙立在新都交通要道中山路的两旁, 成为配合现代需要的中国古代艺术的纪程碑。其他的建筑也已设计好蓝图, 后以战事影响而告搁置。

**雄伟**(xióngwěi) : 웅장하다. 우람하다. **峙立**(shìlì) : 우뚝 솟아 있다. **交通要道**(jiāotōngyàodào) : 교통요로. **纪程碑**(jìchéngbēi) : 이정표. **搁置**(gēzhì) : 놓다. 내버려두다. 보류해 두다. 방임하다.

> 中山陵位于城外紫金山之麓, 上覆琉璃瓦, 柱子全部是白色大理石。陵前有层层叠叠步步高升花岗岩的石阶。山上栽种着从全国各地移来的不同林木。山坡上点缀着各种各样的花木和果树, 山脚建造了一个运动场和游泳池。政府在南京附近规划了一个示范新村, 由市府设计包括道路、下水道、电话、电灯、学校等的建设蓝图。

**层层叠叠**(céng·cengdiédié) : 여러 겹으로 겹쳐 있다. 겹겹이 쌓여. **步步**(bùbù) : 한 걸음 한 걸음. 걸음마다 점점. **移来**(yílái) : 옮겨오다. **栽种**(zāi zhòng) : (꽃, 풀, 나무 등을) 심다. **点缀**(diǎnzhuì) : 단장하다. 장식하다. 돋보이게 하다. **山脚**(shānjiǎo) : 산기슭. 산각(**山脚**). 산록(**山麓**).

几年之内, 私人新建房屋到处矗立, 房屋周围都有广大的空地, 辟为东方式的花园。树木葱翠, 花枝招展, 小鸟啁啾, 溪水低吟, 古老的生活方式已为新生活所取代, 科学与艺术, 工作与娱乐, 天工与人力, 齐头并进, 相得益彰。

**矗立**(chùlì) : 우뚝 솟다. **辟为**(pìwéi) : ~로 개발되다. **葱翠**(cōngcuì) : 초목이 짙고 푸르다. **花枝招展**(huāzhīzhāozhǎn) : 부녀자가 매우 아름답게 차려 입은 모양. (부인이) 성장(盛粧)하다. 화려하게 치장하다. 꽃가지가 바람에 흔들거리다. **啁啾**(zhōujiū) : 짹짹. 새 우는 소리. **溪水**(xīshuǐ) : 계수. 시냇물. **低吟**(dīyín) : 낮은 소리로 음영(吟詠)하다[읊다]. **天工**(tiāngōng) : 하늘의 조화. 자연. **齐头并进**(qítóubìngjìn) : 머리를 나란히 하고 앞으로 나아가다. **相得益彰**(xiāngdéyìzhāng) : 상부상조로 서로의 능력[장점]을 더욱 잘 나타내다.

这就是实验中的胚芽, 大家希望它发展滋长, 将来有一天可以推广到全国的每一角落。这只是个平凡的开端, 但是已经有了相当的成果, 因为这个新村运动已经在数年之内推广到许多大城市及附近地区。

**胚芽**(pēiyá) : 눈. 배아. 갓 생긴 사물. 싹. 발단. **滋长**(zīzhǎng) : (주로 추상적인 의미로) 자라다. 성장하다. **推广**(tuīguǎng) : 널리 보급하다. 확충[확대]하다. 일반화하다. **角落**(jiǎoluò) : 구석. 모퉁이. **地区**(dìqū) : 지구. 지역.

如果持之以恒, 而且经济有进一步的发展, 这些新村势将使新中国的生活方式全面改观。我们无法奢望北京政府垮台之后, 军阀们随之销声匿迹。他们的实力仍旧根深蒂固地盘据在各省。

**持之以恒**(chízhīyǐhéng) : 늘[오래도록] 견지하다. 끈기를 가지고 지속하다. **势将**(shìjiāng) : 반드시~해질 것이다. **改观**(gǎiguān) : 면모를 일신하다. **奢望**(shēwàng) : 너무 지나치게 바라다. **垮台**(kuǎtái) : 와해하다. 파산하다. 붕괴하다. 무너지다. **随之**(suízhī) : 이[여기]에 따라. 이에 좇아. **销声匿迹**(xiāo shēngnìjì) : 다시는 공개적으로 말을 하지 않거나 사람들 앞에 나타나지 않다. 종적을 감추거나 공개적으로 나타나지 않다. **根深蒂固**(gēnshēndìgù) : 뿌리가 깊다. 고질이 되다. 깊이 뿌리박혀 있다. **盘据**(pánjù) : 불법으로 점거하다. 둥지를 틀고 들어앉다. 도사리다. 웅거하다

中国幅员辽阔, 交通不便, 兼以人心未定, 凡此种种, 无不使军阀们蠢蠢欲动。时机一到, 他们就企图扩张势力 : 他们像血液中的细菌一样潜伏在各省, 身体衰弱, 就会乘机偷袭。

**幅员**(fúyuán) : 국토의 면적. **辽阔**(liáokuò) : 아득히 멀고 광활하다. 넓고 넓다. 탁 트이다. 끝없이 넓다. **兼之**(jiānzhī) : 게다가. 또. 겸하여. **蠢蠢欲动**(chǔnchǔnyùdòng) : 벌레가 꿈틀꿈틀 기어 나가려 하다 ; 악인이[적 또는 불순분자]가 나쁜 일을 하려고 하다. 준동하다. **乘机**(chéngjī) : 기회를 타다. [주로 부사적으로 쓰임]. **偷袭**(tōuxí) : 기습하다. 습격하다.

蒋总司令从挥军攻克北京到对日抗战的前夕, 十年间为统一国家, 真是宵旰辛劳, 席不暇暖。罗马帝国的将军们曾以纵横辐辏的道路巩固其帝国, 蒋总司令也深知开辟公路、铁路和航空线的重要。

**挥军**(huīhuī) : 군대를 지휘하다. **攻克**(gōngkè) : 정복하다. 함락시키다. 점령하다. [적의 거점을 공격하여 무너뜨리는 것을 가리킴]. **宵旰**(xiāogàn) : 날이 새기 전에 옷을 입고, 해 진 뒤에야 밥을 먹다. 침식을 잊고 나라 일에 열중하거나 나라 일로 분주하다. **辛劳**(xīnláo) : 고생스럽고 고되다. **席不暇暖**(xí bùxiánuǎn) : 자리가 따뜻해질 겨를조차 없다. 동분서주(**東奔西走**)하여 편안하게 생활할 수 없다. (잠시 앉아 있을 시간도 없이) 매우 바쁘다. **辐辏**(fúcòu) : (한 곳으로) 모여들다. 집결하다. **航空线**(hángkōngxiàn) : 항공로. **开辟**(kāipì) : 개척하다.

他以南京为中心, 建筑了向各省辐射的公路、铁路和航空线。国民政府成立以前, 交通网的一部分业已存在。国民党执政以后, 就以原有的交通网为基础, 新建了许多支线和衔接线。

**辐射**(fúshè) : 방사(하다). 복사(하다). 뻗어나가다. **建筑**(jiànzhù) : 건축하다. 축조하다. 건설하다. 세우다. 설치하다. 구축하다.

边远城市则辟航空线以资联系。从新首都北飞可达北平、开封、西安和兰州, 南飞可达福州、广州和昆明, 西航则达汉口、重庆及成都。连接汉口与广州及香港对岸九龙的新铁路也筑成了。

**边远**(biānyuǎn) : 중심지로부터 멀리 떨어진 (곳). 먼 국경지대. 변방.

如果日本不在此时侵略东北, 我们很可能在民国二十年(一九三一年)就可以从香港或上海乘火车直达巴黎。如果从上海出发, 可搭直达车经南京、济南到天津, 从天津搭北宁路出长城到沈阳, 从沈阳搭中国自建而与日人所有的南满铁路平行的长春铁路到齐齐哈尔 ; 从齐齐哈尔有铁路支线与西伯利亚铁路连接。

**巴黎**(Bālí) : 파리(Paris). [프랑스의 수도]. **平行**(píngxíng) : 병해하다. 나란히 가다.

中国统一努力的进展以及在东北自建铁路, 促使日人企图一举而占满洲(即东三省), 乃在民国二十年(一九三一年)九月十八日挑起"沈阳事件", 亦即"九一八事变"。沪杭甬铁路钱塘江至曹娥江之间的一段缺口也填补起来了, 但是铺轨工作却因战事发生而停止。

**促使**(cùshǐ) : …도록 (재촉)하다. …하게 하다. **挑起**(tiǎoqǐ) : 도발하다. 일으키다. **甬**(Yǒng) : 절강 성 영파(寧波)의 다른 이름. **缺口**(quēkǒu) : 파손되어 이지러진 부분. 갈라진 틈. (그릇 따위의) 이 빠진 곳. 결함. **填补**(tiánbǔ) : 빈 부분이나 모자란 곳을) 메우다. 보충하다. **铺轨**(pūguǐ) : 철길을 놓다. 철궤(鐵軌)를 깔다. 철도를 놓다.

不过苏州与杭州之间的苏杭铁道刚在战事开始以前就铺筑完成了。另一条从杭州到江西的浙赣铁路刚好在抗战前完成, 抗战期间更西延至湖南境内, 在株洲与粤汉路衔接。后来湘桂铁路完成, 再往西可以直达广西的桂林。

**铺筑**(pūzhù) : (길 따위를) 포장하다. **刚好**(gānghǎo) : 알맞게. 때마침. **抗战**(kàngzhàn) : 【약칭】'**抗日战争**'(항일전쟁)의 준말. **粤汉铁路**(YuèHàntiělù) : 광주(廣州)·한구(漢口)간의 철도.

公路的发展更为迅速。京杭国道是在我居留南京期间建成的, 在这条公路正式开放以前, 我曾经很荣幸地参加通车典礼。京杭国道穿越江浙两省最富庶的地区。当车子沿太湖奔驰时, 我们真想留下来小住几天, 坐在松树之下, 眺望着远帆在夕阳余晖中出没。渔人们在湖边撒网捕鱼, 渔网中跳跃着金鳞闪烁的鲤鱼。

**更为**(gèngwéi) : 더욱. 한층. 더. **京杭国道**(jīnghángguódào) : 남경-항주국도. **开放**(kāifàng) : 개방하다. 개통하다. **通车典礼**(tōngchēdiǎnlǐ) : (철도나 도로의) 개통식. **穿越**(chuānyuè) : (산 따위를) 넘다. 통과하다. 지나가다. **富庶**(fùshù) : 인구가 많고, 물자가 풍부하다. 풍요롭다. **奔驰**(bēnchí) : (수레나 말 따위가) 내달리다. 질주하다. 분주히 뛰어다니다. **留下来**(liúxiàlái) : 남다. **小住**(xiǎozhù) : 잠시 체류하다[머물다]. **眺望**(tiàowàng) : 멀리 바라보다. 전망하다. **余晖**(yúhuī) : 석양(夕陽) 볕. **撒网**(sāwǎng) : 그물을 치다. **跳跃**(tiàoyuè) : 도약하다. 뛰어오르다. **闪烁**(shǎnshuò) : 번쩍이다. 번뜩거리다.

太湖是我国五大湖之一，湖水灌溉了我国人口最密、文化最高的江浙两省千万亩肥沃的农田。京杭国道同时经过一个盗匪如毛区域，但是公路通车以后，盗匪随之销声匿迹，因为现在如遇匪警，军队可以随时赶到出事地点了。

**灌溉**(guàngài) : 관개(灌漑)하다. (농사에 필요한) 물을 대다. **如毛**(rúmáo) : 매우 많은. **通车**(tōngchē) : (철도나 도로가)개통하다. **销声匿迹**(xiāoshēngnìjì) : 소리 없이 자취를 감추다. 종적을 감추다. 숨어서 나타나지 않다. **匪警**(fěijǐng) : 도적떼 출현사건(상황). **随时**(suíshí) : 수시(로). 언제나. 때를 가리지 않고. 아무 때나. **出事**(chūshì) : 사고가 발생하다. 일이 생기다.

建设进展之时，各地也不断发生事故。有时缺乏现代道路的地区发生变乱，铁路和公路常常需要以赛跑的姿态赶筑到出事地点。抗战前一年，福建省发生叛变，中央军迅速沿新筑成的浙赣铁路及公路从杭州赶赴福建，变乱旋即敉平。

**赛跑**(sàipǎo) : (달리기)경주. **姿态**(zītài) : 자태. 모습. 태도. 자세. **赶筑**(gǎnzhù) : 급히 짓다. 급히 건설하다. **赣**(gàn) : 장시성(江西省)의 다른 이름. **旋即**(xuánjí) : 뒤이어. 곧. 오래지 않아. **敉平**(mǐpíng) : 평정하다.

铁路公路愈多，叛乱与盗匪也愈会减少，各地间货运赖以畅流更不必说了。交通是现代化和改革的关键，也是发现国家未来发展机会的钥匙。因此国民政府的建设计划就从建筑铁路公路着手。

**货运**(huòyùn) : 화물 운송. **畅流**(chàngliú) : 원활하다. 원활하게 유통되다. **钥匙**(yào·shi) : 열쇠.

交通建设也是确保国家统一之一法，如果有完善的道路可资利用，地方性变乱很容易就可以敉平。除此之外，交通愈便利愈发达，人民交往也愈频繁，观念交流也愈容易。偏僻地区的名胜风景，旦夕之间就成为学者、画家、诗人和爱好自然者的徜徉之所了。

**偏僻**(piānpì) : 외지다. 궁벽하다. **旦夕之间**(dànxīzhījiān) : 짧은 시간 동안. **徜徉之所**(chángyángzhīsuǒ) : 한가롭게 노니는 장소.

各省在国民政府的影响之下也开始修建更多的道路。原有道路在国民党执政以后很快就开始修补拓展。因之抗战期间军队得以在各省之间畅通无阻。抗战前一兩年, 旅客可以从南京坐汽车直达昆明, 换一句话说, 可以从华东沿海直达西南边城, 也就是滇缅公路的起点。

**修补**(xiūbǔ) : 손질하다. 보수하다. **拓展**(tuòzhǎn) : 확장하다. 넓히다. 개척하다. **畅通无阻**(chàngtōngwúzǔ) : 막힘없이 잘 통하다. 거침없다. **滇**(Diān) : 운남 성의 다른 이름. **缅**(miǎn) : 미얀마.

在行政方面, 政府正设法增加行政效率。政府设计了一种新式的档案处理办法并在各机关试行。公文程式也经过简化。文官考试制度重新恢复, 但是见过清朝科举制度的人也许会失望, 因为考试录取的人已经不再有从前那种煊赫的排场和荣耀。

**设法**(shèfǎ) : 방법을 세우다. 방도를 찾다. 대책을 강구하다. **程式**(chéngshì) : 일정한 격식. 법식. 양식. 규격. **经过**(jīngguò) : (장소·시간·동작 등을)경과하다. 거치다. 지나다. 통과하다. 경험하다. 체험하다. **也许**(yěxǔ) : 어쩌면. 아마. 아마도. 혹시. **录取**(lùqǔ) : (시험으로)채용하다. 합격시키다. 뽑다. **煊赫**(xuānhè) : 훤혁하다. 명성이 대단하다. **排场**(pái·chǎng) : 규모. 겉보기. 겉치레. 신분.

新的法典也开始拟定。妇女的地位提高到与男人一样。过去只有儿子可以继承父母的产业, 现在女儿也享有同等的继承权了。男女达到结婚年龄就可以享受婚姻自由。只要当事两造协议, 就可构成合法的离婚。

**产业**(chǎnyè) : 토지·가옥 따위의 부동산. 재산. **两造**(liǎngzào) : 쌍방. 양쪽. 원고와 피고.

学校课程统一, 科学钟点增加, 体育普遍受重视。管理大学的法律也公布了。中央研究院等机构先后成立, 已进行科学、历史、经济学和工程等的高深研究。厘金制度宣告废止。对于这种苛扰的国内关卡制度, 我们将在下章再加论列。政府财政基础渐见巩固, 全国币制统一, 政府所属的各银行也加以改组。

**钟点**(zhōngdiǎn) : 시각. 정해진 시간. 시간. **工程**(gōng·chéng) : 공학. 엔지니어링. **高深**(gāoshēn) : (학문·기술의 조예가) 수준이 높고 깊다. **厘金**(líjīn) : 청대(清代), 상품의 지방

통과세. **苛扰**(kērǎo) : 가혹하고 성가신. **关卡**(guān qiǎ) : 비용을 받거나 경비를 위해서 도로의 요충지에 설치한) 검문소(檢問所). 관문. **论列**(lùnliè) : 하나하나 논술하다. 시비곡직을 논정하다.

不久之后, 银元禁止流通, 一律改用法币, 抗战期间我们开始了解此一措施的重要, 如果我们一直依赖笨重的银子作交易的媒介, 势将无法进行长期抗战, 如果在抗战期间才进行币制改革, 也必定要引起严重的紊乱。

**法币**(fǎbì) : 1935년 이후 국민당 정부가 발행한 지폐. **笨重**(bènzhòng) : 육중하다. 둔하고 무겁다. **必定**(bìdìng) : 꼭. 반드시. 기필코. **紊乱**(wěnluàn) : 문란하다. 혼란이 일어나다.

从民国十六年(一九二七年)定都南京开始, 到民国二十六年(一九三七年)芦沟桥事变止, 其间只有短短十年工夫让国民政府从事建设。十年之间还有继续的变乱和其他障碍阻滞改革和建设的进展, 但在这段期间内, 居然建筑了四千五百多公里的铁路, 而在过去五十年内所建的铁路也不过一万六千公里而已。

**定都**(dìngdū) : 수도를 정하다. **工夫**(gōngfu) : (차지해서 쓰는) 시간(時間). **居然**(jūrán) : 뜻밖에. 생각 밖에. 의외로. 놀랍게도.

十年之内建筑的公路超过十万公里, 新添电报线路则在一万多公里以上。在这样短的时间内, 自然各方面的建设就都很有限, 评断成绩时, 不能不考虑到时间因素。国民党执政以后, 与共产党的斗争仍在继续进行。共产党虽然失去对城市的控制, 他们在乡村地区的势力却渐渐扩展, 同时在农民之间积极展开工作。

**评断**(píngduàn) : 비평하여 판단하다. 평가하다. **因素**(yīnsù) : (사물의 성립을 결정하는) 원인. 조건. 요소. **扩展**(kuòzhǎn) : 확장하다. 신장하다.

从民国十七年(一九二八年)到民国二十三年(一九三四年)之间, 农民暴动遍及十八行省内二百余县, 无数地主被"清算", 土地被分配给农民, 手段之激烈与俄国革命初期无异。

**遍及**(biànjí) : 두루 미치다. 골고루 퍼지다. **清算**(qīngsuàn) : 뿌리 뽑다. 숙청하다.

共产党的根据地是江西省，一共占领了五十九个县，经过国民政府军队多次围剿，共产党终于撤退到西北边陲，而在延安建立"陕甘宁边区政府"。他们为适应环境暂时放弃激烈手段，而采取一种比较温和的土地改革政策，实际上就是变相的国民党土地减租政策。

**围剿**(wéijiǎo)：포위하여 토벌하다. **边陲**(biānchuí)：변경. 변방. **变相**(biànxiàng)：변형된.

这时候，蒋委员长在人民间的声望隆极一时，因此许多军阀或为舆情所迫，或受其精神感召，不得不承认他的国家领袖地位。最显著而且最富戏剧性的例子就是西安事变。当时蒋委员长出巡，先至洛阳，继飞西安。他召集了许多军政首长在西安会商国事并面授机宜。

**声望**(shēngwàng)：성망. 명성과 인망. **隆极一时**(lōngjí)：한 동안 가장 높다. **舆情**(yúqíng)：여론. **为舆情所迫**(wèiyúqíngsuǒpò)：세정의 압박을 받다. **感召**(gǎnzhào)：감화(를 받다). **戏剧性**(xjùxìng)：극적인. 연극 같은. 감동적인. **出巡**(chūxún)：바깥으로나가 순시하다. (임금이)순행(巡幸)하다. **会商**(huìshāng)：만나서[모여서]의논하다. 공동으로의 논하다. **面授机宜**(miànshòujīyí)：시의(時宜)적절한 대책을[비밀행동지시를]직접 일러주다.

突然一件梦想不到的事件发生了。夜深人静之时，他的行馆华清池附近枪声忽起，武装部队渐逼渐进，到处搜索他的踪迹。蒋委员长身经百战，行动非常机警，终于突围而出，不幸最后被发现而送交张学良将军。

**夜深人静**(yèshēnrénjìng)：밤이 깊어 인기척이 없다. **行馆**(xíngguǎn)：임시숙소. **搜索**(sōusuǒ)：숨겨 둔 사람이나 물건을) 수사하다. 수색하다. 자세히 뒤지다. **踪迹**(zōngjì)：(어떤 행동이 남긴)종적(蹤跡). 자취. **身经百战**(shēnjīngbǎizhàn)：몸소 많은 전투(戰鬪)를 경험하다. 경험이 풍부하다. **机警**(jījǐng)：(상황의 변화에 대하여)빨리 알아차리다. 눈치 채다. 기만하다. **送交**(sòngjiāo)：넘겨주다.

蒋委员长曾经花了不少心血培植张学良，这次事变实在出他的意料之外。不过在另一方面来说，西安事变却也反映了人民希望国家统一以抵抗日本侵略的心情。西安事变的消息广播全国之后，老百姓无不忧心如焚，妇女小孩甚至泣不成声。

**培植**(péizhí) : (인재를)양성하다. 육성하다. **广播**(guǎngbō) : 방송하다. (소문 따위를) 퍼뜨리다. **忧心如焚**(yōuxīnrúfén) : 근심걱정으로 애가 타다. **泣不成声**(qìbùchéngshēng) : 흐느껴 울다. 울어 목이 메다.

全国各方纷电西安, 劝谏张学良三思而行。蒋夫人和宋子文先生不顾身入虎穴的危险, 径行飞往西安。张学良在全国舆情压迫下, 终于改变初衷, 最后护送蒋委员长和蒋夫人安返洛阳。

**各方**(gèfāng) : 각계. **纷电**(fēndiàn) : 잇달아 전보를 띠우다. **劝谏**(quànjiàn) : (윗사람에게) 충고하다. 간언(諫言)하다. **三思而行**(sānsīérxíng) : 여러 번 거듭 생각한[심사숙고한] 다음에 실행하다. =[三思而后行]. **初衷**(chūzhōng) : 맨 처음의 심원(心願). 최초의 지향(志向)과 소망. 맨 처음에 먹은 생각.

蒋委员长在西安未有脱险消息以前, 美国大使馆的美军陆战队营房里曾举行一次舞会, 参加的有各使馆的人员, 我也是来宾之一, 一位塔斯社的记者撕拉配克问我为什么不跳舞。

**脱险**(tuōxiǎn) : 위험을[위험에서]벗어나다. **陆战队**(lùzhànduì) : 육전대. 해병대. **营房**(yíngfáng) : 병영(兵營). 병사(兵舍). **使馆**(shǐguǎn) : 대사관. 영사관. **塔斯社**(Tǎsīshè) : 소련의 타스(TASS)통신사.

我告诉他正为蒋委员长的安全担忧, 所以无心跳舞, 他很平静的对我说 : "你放心好了, 他马上就会出来。他绝不会有什么意外。" 我睁大了眼睛望着他说 : "但愿你的预言能成事实。"

**担忧**(dānyōu) : 걱정하다. 근심하다. **睁大眼睛**(zhēngdàyǎnjing) : 눈을 크게 뜨다.

第二天晚上快吃饭的时候, 我的电话响了。"喂, 这里是中央社。蒋委员长已经安抵洛阳, 并转飞南京。" 这消息太好了, 简直不像真的, 我几乎不能相信自己的耳朵。我打电话给胡适之, 他正在请客。我把消息告诉他以后, 客人的欢呼声从电话筒里都清晰可闻。

**简直**(jiǎnzhí) : 그야말로. 전혀. 정말. 완전히. 실로. **电话筒**(diànhuàtǒng) : 전화통.

号外最先送到东安市场的吉祥戏园, 观众之间马上掀起一片欢呼声, 弄得戏台上唱戏的人们莫名其妙。大约半小时以后, 北平严冬夜晚的静寂忽然被震耳的鞭炮声冲破了, 漆黑的夜空中到处飞舞着爆竹焰火的火星。

**戏园**(xìyuán) : 극장. **掀起**(xiānqǐ) : 자극하다. 불러일으키다. 물결치다. 넘실거리다. 일다. **唱戏**(chàngxì) : (중국 전통 극이나 지방 극 따위를) 공연하다. **莫名其妙**(mòmíngqímiào) : 아무도 그 오묘함을 설명할 수 없다 ; 영문을 모르다. **严冬**(yándōng) : 추운 겨울. **震耳**(zhènĕr) : (소리가) 귀를 진동하다[울리다]. **鞭炮**(biānpào) : (크고 작은) 폭죽의 총칭. 한 꿰미에 죽 꿴 연발 폭죽. **冲破**(chōngpò) : 돌파하다. 타파하다. **漆黑**(qīhēi) : 칠흑 같다. 아주 검다. 매우 어둡다. **焰火**(yànhuǒ) : 불꽃을(쏘아)올리다. 불길이 솟다. **火星**(huǒ xīng) : 불티. 불똥. 불꽃.

我有一位朋友当时正在搭乘火车从南京到上海, 火车驶进苏州时, 车中乘客被苏州城内的一片爆竹声弄得莫名其妙。到达车站时他们才得到这个消息, 乘客也都想放几个鞭炮以发泄抑制已久的情绪, 但是车站上买不到爆竹, 于是车上的女学生就放开喉咙高唱起来了。

**搭乘**(dāchéng) : (차, 배, 비행기 등을) 타다. 탑승하다. **驶**(shǐ) : (차, 말 등이) 뛰다. 빨리 달리다. **发泄**(fāxiè) : (불만, 감정 등을) 털어놓다. 풀다. 분출하다. **喉咙**(hóulóng) : 목구멍. 인후(咽喉). **放开喉咙**(fàng·kāihóulóng) : 소리를 내지르다.

军阀蹂躏国家达二十五年之久, 人民一直渴望能产生一位全国领袖来扫除这些统一的障碍。他们发现蒋委员长正是这样的一位领袖。他遭遇到双重的困难, 他一方面要把那些作势噬人的"虎狼"从各省的巢穴驱逐出去, 一方面又须建立足够的实力抵抗日本的侵略。但是舆论民心却一致坚决支持他达成他的任务。

**蹂躏**(róulìn) : 유린하다. 짓밟다. 폭력을 사용하여 짓밟다. 침해하다. **扫除**(sǎochú) : 쓸어버리다. 제거하다. 없애다. 퇴치하다. **渴望**(kěwàng) : 갈망(하다). **双重**(shuāngchóng) : 이중. [추상적인 것에 대해 많이 씀]. **作势噬人**(zuòshìshìrén) : 사람을 물 자세를 취하다. 사람들을 괴롭히다. **虎狼**(hǔ láng) : 범과 이리. 포악한 사람. 잔인무도한 사람. **巢穴**(cháoxué) : 소굴. **驱逐**(qūzhú) : 몰아내다. 쫓아내다. 구축(驅逐)하다.

# 第二十一章 陋规制度
# 누규제도

凡是亲见清室覆亡的人都知道：满清政府失败的主要原因之一就是财政制度的腐败。公务人员的薪水只是点缀品，实际上全靠陋规来维持。陋规是不公开的公家收支，为政府及社会所默认的。以现在用语来说，好象我们大家所称黑市。

**覆亡**(fùwáng)：멸망하다. **陋规**(lòuguī)：누규는 글자그대로 번역하면 추악한 규칙이지만 여기에서는 청대에 이르러 유행한, 규정에는 없지만 관례적으로 징수한 비용(수수료)을 말한다. 이것은 지방 관리들이 재산을 모은 원천이었다. **点缀品**(diǎnzhuìpǐn)：장식품. **公家**(gōng·jiā)：국가나 공공 단체[기관]. 공공 기관. **收支**(shōuzhī)：수지. 수입과 지출.

这种办法削弱了公务人员的公德心，也使他们把不规则的收入看成理所当然的事。清廷对官吏的这种收入视若当然，常说"规矩如此"，竟把陋规变成规矩了。这些官吏对下属营私舞弊也就开只眼闭只眼。如果拿一棵树来比喻政府的话，这种陋规的毒汁可以说已经流遍树上的每一枝叶，每一根芽。

**削弱**(xuēruò)：약화시키다. 약하게 하다. **公德心**(gōngdéxīn)：공중 도덕심. **不规则**(bùguīzé)：규칙에 어긋난. **理所当然**(lǐsuǒdāngrán)：지극히 당연한. **视若当然**(shìruòdāngrán)：당연시하다. **规矩**(guī·ju)：규율. 표준. 법칙. **下属**(xiàshǔ)：부하. 아랫사람. **营私舞弊**(yíngsīwǔbì)：사리(私利)를 꾀하며 마구 부정한 일을 저지르다. **开只眼闭只眼**(kāizhīyǎn, bìzhīyǎn)：한 쪽 눈을 감아주다. 너그러이 봐주다. **毒汁**(dúzhī)：(동·식물의) 독액. 독. **芽**(yá)：(나무나 풀의) 눈. 싹.

政府只要求税收机关向国库缴纳定额的税款。主持税收的官吏可以利用各式各样的籍口和理由，在正规赋税之外加征各种规费。这样一来如果有一两银子到了国库，至少也另有一两银子成了陋规金。

**税款**(shuìkuǎn) : 징수)세금(액). **加征**(jiāzhēng) : 조세(租税)를 더 징수하다. **规费**(guīfèi) : 소정[규정] 수수료.

在满清末年,"漏"入私人腰包的钱远较缴入国库的钱为多。清廷需用浩繁,只好一味向官吏需索。官吏向民间搜刮,结果官场陋规愈来愈多,人民负担也愈来愈重。乾隆皇帝几次下江南,开支浩大,都靠官吏孝敬、民间搜刮而来,清代在乾隆朝为极盛时代而衰运亦在此时开始。

**远**(yuǎn) : 훨씬. **需用**(xūyòng) : 을 필요로 하다. 소용되다. 반드시 써야 한다. **浩繁**(hàofán) : 크고 많다. 거대하고 많다. 엄청나다. **一味**(yīwèi) : 그저. 줄곧. 덮어놓고. 오로지. 외곬으로(만). **需索**(xūsuǒ) : (억지로[강제로] 재물을) 요구하다. **民间**(mínjiān) : 민간(民間). [일반 대중(大衆) 또는 대중(大衆) 사이에서 광범위하게 사용되는 것을 지칭함]. **搜刮**(sōuguā) : 착취하다. 수탈하다. 재물을 강제로 빼앗다. **开支**(kāizhī) : 지출. 비용. **孝敬**(xiàojìng) : 웃어른에게 공경의 뜻으로 물건을 드리다.

清代后期,征税与捐官等方法均未能使清廷达到筹款的目的。因此不得不乞灵于借贷外债,而以让渡铁路建筑权或矿产开采权为交换条件。这自然是饮鸩止渴的办法。现在或许还有人记得清廷将四川省内铁路收归国有,以为转让筑路权予外国公司之张本,结果触发了辛亥革命的导火钱。

**捐官**(juānguān) : 청대(清代)에 돈으로 관직이나 공명첩(空名帖)을 사다. 돈으로 관직을 사다. **均**(jūn) : 모두. 다. 전체로. **筹款**(chóukuǎn) : 돈을 조달하다. 돈을 마련하다. **乞灵**(qǐlíng) : 신불(神佛)에게 도움을 청하다. 허황한 것에 매달리다. …에 의지하다. **饮鸩止渴**(yǐnzhènzhǐkě) : 목이 마르다 하여 독이 든 술을 마셔 갈증을 풀다; 후환을 생각하지 않고 눈앞의 위급만을 면하기 위해 임시방편을 쓰다. 임시 모면을 위하여 장차의 큰 화를 돌보지 않다. **将**(jiāng) : ~을. **张本**(zhāngběn) : (사전에 취하는) 방안. 계획. 기본. 모범. 본보기. **转让**(zhuǎnràng) : (물건이나 권리를) 넘겨주다. 양도하다.

时遭光绪帝国丧,地方士绅,披麻带孝,头顶"德宗景皇帝神位"。长跪于总督衙门之前,哭呼先帝,保佑四川,不使铁路收归国有,弄得政府啼笑皆非。

**国丧**(guósāng) : 국상. [중국의 봉건시대에 황제, 황후, 태상황, 태후의 상(喪)을 일컫는 말임]. **士绅**(shìshēn) : 신사. 지방의 재산가나 권력가. **披麻带孝**(pī mádàixiào) : 상복을 입

다. 头顶(tóudǐng) : 머리에 이다. 머리위에 받쳐 들다. 神位(shénwèi) : (종묘 또는 사당에 세우거나, 제사를 지낼 때 세우는) 위패(位牌). 신주(神主). 长跪(chángguì) : 윗몸을 꼿꼿이 세우고 무릎을 꿇다. 哭呼(kūhū) : 울면서 호소하다. 保佑(bǎoyòu) : 가호(加護)(하다). 돕다. 보우(하다). 啼笑皆非(tíxiàojiēfēi) : 울지도 웃지도 못하다. 울 수도 웃을 수도 없다. 이러지도 못하고 저러지도 못하다. =[急不得恼不得]

所谓陋规制度究竟是怎么一种办法呢? 中国当时分为二十二行省, 大约包括两千个县。县的行政首长是知县, 他不但掌管一县的财政, 同时还是一县的司法官。他的薪水每月不过数两银子, 简直微不足道。

知县(zhīxiàn) : 지현. ['知某县事'의 준말로 송(宋)대에는 중앙기관의 관리가 현관(縣官)에 임명되는 것을 가리켰으며, 명청(明淸)시대는 현(縣)의 지사를 말함]. 行省(xíngshěng) : 성. 중국의 행정구역. 微不足道(wēibùzúdào) : 하찮아서 말할 가치도 없다. 보잘것없다.

因此他的一切费用都只能在陋规金上开支。如果上级官员经过他那一县, 他除了负责招待之外, 还得供应旅途一切需要财物。对于上级官员的随员也得送 "礼", 所谓 "礼" 通常都是送的钱。

开支(kāizhī) : 지출하다. 지불하다. 随员(suíyuán) : 수행원.

我的故乡余姚城外的姚江岸上有一坐接官亭, 这是各县都有的。如果有上级官员过境, 知县就在亭里迎候。大约六十年前的一个下午, 我发现亭子附近聚了一大堆人。我赶过去一看, 原来是大家在观望学台和他的随行人员纷纷下船; 有些上岸。这位学台正预备去宁波主持郡试。

过境(guòjìng) : 국경을 넘다. 지역의 경계를 넘다. 迎候(yínghòu) : 마중 나가다. 출영하다. 学台(xuétái) : 학태. 上岸(shàngàn) : (배로부터) 기슭에 오르다. 육지[물]에 오르다. 상륙하다. 主持(zhǔchí) : 주관하다. 주재(主宰)하다. 진행하다.

前一日, 知县已经从老百姓手中"抓"去好几条大船, 那条专为这位学台预备的船上装了好几只加封条的箱子, 至于箱子里面装些什么, 自然只有经手的人才知道了。

**封条**(fēngtiáo) : 봉인 종이. **经手**(jīngshǒu) : 다루다. 취급하다.

我遥望着学台等一行换了船，学台踏上最华丽的一只，随后这只载着官吏和陋规礼金的小型舰队就扬帆顺着退潮驶往宁波去了。那种气派使我顿生"大丈夫当如是也"的感触。我心里说从今以后一定要用功读书，以便将来有一天也当起学台享受封藏在箱子里面的神秘礼物。

**舰队**(jiànduì) : 선박. 함대. **扬帆**(yángfān) : 돛을 올리다. (돛을 달고) 배가 항구를 떠나가다. 출범(**出帆**)하다. 개범(**開帆**)하다. **退潮**(tuìcháo) : 썰물. **驶往**(shǐwǎng) : ~로 향해 가다. **气派**(qìpài) : 기개. 기백. 관록. 위엄. **顿生**(dùnshēng) : 갑자기 생기다. **感触**(gǎnchù) : 감촉. 감동. 감명. **用功读书**(yòng gōngdúshū) : 열심히 공부를 하다. **封藏**(fēngcáng) : 봉해서 감추다.

知县还得经常给藩台的幕僚送礼，否则他就别想他们给他在藩台面前说好话；如果搞得不好，这些师爷们还可能在公事上吹毛求疵。各种礼金加起来，一个知县为保宦海一帆风顺所化的钱就很可观了。同时人情世故也告诉他必须未雨绸缪，何况他还得养活一家大小以及跟随他的一班人呢!

**得**(děi) : (마땅히) …해야 한다. **藩台**(fāntái) : 명. 청시대의 포정사(**布政司**)의 다른 이름. **送礼**(sònglǐ) : 예물[선물]을 보내다. **吹毛求疵**(chuīmáoqiúcī) : 털을 불어 헤쳐서 결점을 찾다 ; 억지로 남의 결점을 꼬치꼬치 찾아내다. 생트집 잡다. **师爷**(shīye) : 옛날, 지방 관서(**官署**)의 장관의 개인적인 고문. 비장. 막료. **宦海**(huànhǎi) : 관리의 사회. 환해(**宦海**). 관계(**官界**). **礼金**(lǐjīn) : 사례금(**謝禮金**). 축의금(**祝儀金**). **一帆风顺**(yīfānfēngshùn) : 순풍(**順風**)에 돛을 올리다 ; 일이 순조롭게 진행되다. **可观**(kěguān) : 대단하다. 굉장하다. 훌륭하다. **人情世故**(rénqíngshìgù) : 처세술. 세상물정. **未雨绸缪**(wèiyǔchóumóu) : 비가 오기 전에 창문을 수선하다 ; 사전에 방비하다. 사전에 철저히 준비하다. **一家大小**(yījiādàxiǎo) : 전 가족. 한 집안의 어른과 아이. **何况**(hékuàng) : 하물며. 황차. 더군다나. **养活**(yǎng·huo) : 기르다. 부양하다. 먹여 살리다. **跟随**(gēnsuí) : 뒤따르다. 동행하다. 따라가다. **一班人**(yībānrén) : 한 패[무리]의 사람. 전체구성원.

有靠山的时候补知县无不垂涎收入比较大的县份。以我的故乡余姚县而论，就我所能记忆的，没有一个知县在我们的县里任职一年以上。正常的任期是三年，一位知县如果当上三年，大概可以搜刮到十万元叮当作响的银洋。

**靠山**(kàoshān) : 믿고 의지할 사람. 후원자. 보호자. 빽. **垂涎**(chuíxián) : (먹고 싶어) 침을 흘리다. (갖고 싶어) 탐내다. 부러워하다. **住职**(zhùzhí) : 직책에 머물다. 직책을 맡다. **搜刮**(sōuguā) : 착취하다. 수탈하다. 재물을 강제로 빼앗다. **叮当**(dīngdāng) : 금속, 도자기, 옥 장식 등이 부딪칠 때 나는 소리. 댕그랑. **作响**(zuòxiǎng) : 소리를 내다. **叮当作响**(dīngdāngzuòxiǎng) : 댕그랑 소리를 내다.

这在当时是很大的数目。因此藩台只派些代理知县, 任期通常一年, 这样一来, 候补知县们的分肥机会也就比较多了。

**分肥**(fēnféi) : (부당하게 얻은) 이익을 나누어 갖다. 장물(臟物)을 분배하다. 부당한 이익분배.

知县任满离职时, 通常都得正式拜望藩台一次, 藩台总要问一声他的缺好不好。当时对于所补的职位叫做缺, 也就是等于问他得到了多少陋规金, 他的亲朋戚友与他谈话, 也常常以同样的问题做开场白, 说"老兄你的缺想必很好罢"。

**拜望**(bàiwàng) : 찾아뵙다. 방문하다. **缺**(quē) : 옛날, 관직의 공석(空席). 결원(缺員). **也就是**(yějiùshi) : **也就是说**(바꾸어[다시]말하면…이다.). **开场白**(kāichǎngbái) : 개막사. 프롤로그. 머리말. 서두. 서론. **想必**(xiǎngbì) : 반드시. 틀림없이.

经手政府收支的官吏, 官阶愈高, "漏"入他私人腰包的数目也愈大。据说上海道台每年可以获利十万两银子。所以上海道的缺, 是全国缺中最肥的。富庶省份的藩台, 督抚以及北京有势力的王公大臣, 每年的收入也都很可观。

**经手**(jīngshǒu) : 다루다. 취급하다. 손을 거치다. **官阶**(guānjiē) : 관리의 등급. 벼슬의 품계. **道台**(dàotai) : '**道员**'(청(清)대에 한 성(省) 각 부처의 장관이나 또는 각 부·현(府·縣)의 행정을 감찰하는 관리)의 존칭. **肥缺**(féiquē) : 옛날, (주로 불법적인) 수입이 좋은 관직. 부수입이 많은 자리. **富庶**(fùshù) : 인구가 많고, 물자가 풍부하다. 풍요롭다. **督抚**(dūfǔ) : 총독(總督)과 순무(巡撫). [명·청대(明·清代)의 최고 지방관임]. **王公大臣**(wánggōngdàchén) : 왕공대신.

连平定太平天国之乱的学者政治家曾国藩也赞成陋规制度。他曾在一封信里为陋规制度辩护, 认为要顺利推行政务, 就不得不如此; 他说一个官吏的必要开支太大, 而且还得赡养一家和亲戚。

**连…也**：…조차도. **赡养**(shànyǎng)：부양하다. 먹여 살리다.

咸丰同治年间住在北京的名士李莼客曾在日记里抱怨总督张之洞送他的“礼”太轻。过了几天日记里又有一段记载，为：“午后至陶然亭，张之洞来，我避之。”可见张之洞从陋规金中提出来赠与李莼客的礼太轻，结果就得罪了这位名士了。

**抱怨**(bàoyuàn)：원망을 품다. 원망하다. **一段**(yīduàn)：한 절(節). 문장이나 노래 따위의 한 단락. **提出来**(tíchūlái)：꺼내다. 끄집어내다. **得罪**(dézui)：남의 미움을 사다. 실례가 되다. 남의 노여움을 사다. 남의 기분을 상하게 하다.

在满请时代有前程的候补官员只要化很少的钱，甚至不必出钱，就会有仆从跟随他们。这些仆从们也会含辛茹苦地追随不舍，希望有朝一日他们的主人时来运转，他们也就可以分享陋规了。

**有前程**(yǒuqiánchéng)：전도가 유망하다. **仆从**(púcóng)：복부(僕夫). 사내종. 종복(從僕). **跟随**(gēnsuí)：뒤따르다. 동행하다. 따라가다. **含辛茹苦**(hánxīnrúkǔ)：고생을 참고 견디다. **追随不舍**()：떨어지지 않고 따르다. **有朝一日**(yǒuzhāoyīrì)：언젠가는. 어느 날엔가는. **时来运转**(shíláiyùnzhuǎn)：때가 되어 좋은 운이 돌아오다[트이다]. 때가 되어 운수가 트여, 매사가 뜻대로 되다.

如果真的吉星高照，主子和奴才就沆瀣一气，大刮一笔。如果流年不利，官爵迟迟不能到手，仆从们也还株守不去，直至最后一线希望消灭时为止。一些倒霉的主人，受不住饥寒煎熬，只好投缳自尽，以求解脱。我在杭州读书时，曾经听说有一位赋闲多年的候补知县，因为受不住债主催逼，结果在大除夕自缢了。

**吉星高照**(jíxīnggāozhào)：길운(吉運)의 별이 높은 곳에서 비치다；운수가 좋다. 운이 트이다. **奴才**(nú·cai)：노비. 노예. **沆瀣一气**(hàngxièyīqì)：(나쁜 짓에) 서로 의기투합하다. [당대(唐代)에 시험관 최항(崔沆)이 최해(崔瀣)를 합격시켰다는 고사에서 유래함]. **流年不利**(liúniánbùlì)；(그 해의) 운수가 불길하다. **官爵**(guānjué)：관직(官職)과 작위(爵位). **迟迟**(chíchí)：느릿느릿한 모양. 꾸물거리는 모양. **到手**(dàoshǒu)：손에 넣다. 획득하다. 받다. **株守**(zhūshǒu)：요행만을 바라다. 노력하지 않고 횡재만 바라다. **倒霉**(dǎoméi)：재수 없는 일을 당하다. **受不住**(shòubuzhù)：견디어 내지 못하다. 참아 내지 못하다. 견지할 수 없다. 지탱할 수 없다. 참기 어렵다. **饥寒煎熬**(jīhánjiān'áo) : 굶주림과 추위에 시달리다. **投缳**(tóuhuán) : (죽으려고)목을 매달다. **自尽**(zìjìn) : 자살하다. **赋闲**(fùxián) : 관직을 그만두고 한거(閒居)하다. [진(晉)의 반악(潘岳)이 관직을 사양하고 집에서 한거부(閒居賦)를 지은 데서 유래함]. 직업이 없이 놀고 있다. **债主**(zhàizhǔ) : 채권자. **催逼**(cuībī) : 재촉하고 다그치다. 몹시 다그치다.

变相的陋规恶习甚至流布于小康之家, 厨子买菜时要揩油, 仆人购买家用杂物时也要捞一笔。尤其在北平, 仆人们来买东西时, 商店照规矩会自动把价格提高一成, 作为仆人们的佣金, 这在北平通俗叫做 "底子钱"。

**流布**(liúbù) : 유포하다. 퍼뜨리다. **小康之家**(xiǎokāngzhījiā) : 중류가정. **厨子**(chú zi]) : 요리사. **揩油**(kāiyóu) : 다른 사람을 기만해 이득을 얻다. 착복하다. **捞一笔**(lāoyībǐ) : 돈을 한몫 챙기다. **一成**(yīchéng) : 1할. 10%. 10분의 1. **佣金**(yòngjīn) : 수수료(手數料). 커미션(commission). **底子钱**(dǐziqián) : (옛날 상인이) 물건을 사러온 남의 집 하인에게 주는 수고비.

这种变相的陋规之风甚至吹到外国而进入拿破仑的家里。拿破仑有个中国厨子, 服务周到而热心。这位伟大的法国将军临死时记起他的忠仆, 就吩咐他的左右说 : "你们要好好地待他, 因为他的国家将来是要成为世界最伟大的国家之一的。不过这位中国朋友很爱钱的, 你们给他五百法郎罢!"

**吹**(chuī) : (바람이)불다. **拿破仑**(Nápòlún) : 나폴레옹 1세(Napoleon Bona- parte, 1769~1821). 프랑스의 황제. **周到**(zhōu·dao) : 주도하다. 꼼꼼하다. 세심하다. 세밀하다. 빈틈없다. **记起**(jìqǐ) : 생각이 나다. **左右**(zuǒyòu) : 시종. 측근.

自然, 中国人并非个个如此。哥伦比亚大学的丁良 (译音) 中国文学講座基金, 就是为纪念一位中国洗衣工人而设的, 基金的来源是他一生辛勤浆洗衣服的积蓄。

**个个**(gègè) : 개개. 각개. 각각. 낱낱. 하나하나. **辛勤**(xīnqín) : 부지런하다. 근면하다. **浆洗**(jiāngxǐ) : (옷을) 빨아 풀을 먹이다. 재양치다.

丁良临死時把一袋金子交给他的东家, 托付他做一点有益于中国的事。这位东家就拿这笔钱, 再加上他自己的一笔捐款, 在哥大设置了中国文学讲座, 来纪念这位爱國的洗衣工人。

**东家**(dōng·jiā) : 옛날, 점원·피고용인이 주인을 이르는 말. **托付**(tuōfù) : 위탁하다. 부탁하다. 당부하다. 의뢰하다. **捐款**(juānkuǎn) : 기부금. 헌납금.

陋规之风更弥漫了整个厘金制度, 厘金制度像一个硕大无朋的章鱼把它的触须伸展到全国的每一条交通线上, 吮吸着国内工商业的血液。厘金是在太平天国时期设置的, 旨在筹措战费以供应清廷士卒。太平军虽然被评定, 厘金却始终未取消。

**弥漫**(mímàn) : (연기나 안개가) 자욱하다. (물이) 가득 차다. 널리 퍼지다. **厘金**(líjīn) : 청대(清代), 상품의 지방 통과세. **硕大无朋**(shuòdàwúpéng) : 어마어마하게 크다. **章鱼**(zhāngyú) : 문어. **吮吸**(shǔnxī) : 빨다. 빨아 먹다. **旨**(zhǐ) : 뜻. 의의(意義). 목적. 취지(趣旨). **筹措**(chóucuò) : 마련하다. 조달하다. **供应**(gōngyìng) : 제공(하다). 공급(하다). 보급(하다).

厘金方面的陋规大致是这样的 : 凡是懂得如何敲诈老百姓的人都可以向政府经纪人出价投标, 只要他出价高, 譬如说一年二十万块钱, 他就可以获得在某一关卡或若干关卡征收厘金的权利。

**敲诈**(qiāozhà) : (남의 재물을) 사기[공갈]쳐서 빼앗다[갈취하다]. 협잡하다. **经纪人**(jīngjìrén) : 중매인. 거간꾼. 브로커. **投标**(tóubiāo) : (경쟁) 입찰하다. 도급으로 맡다. **关卡**(guānqiǎ) : 초소. 검문소. 관문.

这些关卡通常设在官道上的货物必经之地, 得标的人就成为此一关卡的厘卡委员, 受权向过往的货物征税。如果他能在一年之内受到三十万块钱, 他把二十万缴交政府, 其余的钱就归他本人及其合伙者所有。因此他规定大多数的货物都得抽税, 以便充实他们的私囊。

**官道**(guāndào) : 국도. 도로. **得标**(débiāo) : 낙찰되다. **厘卡**(líqiǎ) : 청말(清末), 각 성마다 설치되어져 상품 통과세를 걷던 관청. 이금국. **过往**(guòwǎng) : 왕래하다. 오고 가다. **缴交**(jiǎojiāo) : 납부하다. 납입하다. **抽税**(chōushuì) : 세금을 징수하다. **充实**(chōngshí) : 충실하게 하다. 보강하다. 강화하다**私囊**(sīnáng) : 개인의 호주머니. 사복(私腹).

有一次我看到一条装西瓜的木船从关卡附近的一座桥下经过。这条船马上被岸上伸下来的一跟竹柄挠钩拦住了, 同时岸上跳下好几位稽查, 用铁棒往西瓜堆里乱戳乱捹。西瓜主人慌了手脚, 哀求他们手下留情, 同时答应他们, 要缴多少税收就缴多少税。"税" 缴过以后, 这位可怜的农夫才得继续鼓棹前进。

**装**(zhuāng) : 물품을) 담다. (화물을) 싣다. 채워 넣다. **西瓜**(xīguā) : 수박. **竹柄**(zhúbǐng) : 대나무 손잡이. **挠钩**(náogōu) : (낙엽 등을 긁어모으는) 갈퀴. **拦住**(lánzhù) : 꽉 막다. 차단하다. 가로막다. **稽查**(jīchá) : 밀수·탈세·법령 위반 등을 조사하는) 사람. **乱戳乱捹**(luànchuōluàngǎn) : 마구 찌르다. **慌了手脚**(huāng leshǒujiǎo) : 당황하여 어쩔 줄을 모르다. **哀求**(āiqiú) : 애원하다. 애절하게 구하다. **手下留情**(shǒuxiàliúqíng) : 사정을 잘 봐주다. **答应**(dāying) : 응답하다. 약속하다. **鼓棹**(gǔzhào) : 노를 저어가다.

小商人和农夫对厘金无不深恶痛绝, 如果有机会, 每一个人都愿意把关卡砸个稀烂。有一次, 一群青年士子乘船去参加科举, 途径一处厘金关卡, 卡上着令停船, 他们根本不予理睬。稽查们扣住船只, 并且开始搜检行李。

**深恶痛绝**(shēnwùtòngjué) : 극도로 미워하다. 원한과 증오가 극에 달하다. **砸个稀烂**(zágexīlàn) : 산산조각 내다. 산산이 때려 부수다. **士子**(shìzǐ) : 과거를 준비하는 독서인. 사인(士人). **途径**(tújìng) : 도중에~을 경유하다. **着令**(zhuólìng) : 명령하다. **理睬**(lǐcǎi) : 아랑곳하다. 거들떠보다. 상대하다. [흔히 부정·금지에 쓰임]. **稽查**(jīchá) : 검사원. 조사원. **扣住**(kòuzhù) : 압류하다. **搜检**(sōujiǎn) : 수색하여 조사해 내다. (소지품 따위를 조사하기 위해) 신체검사를 하다

这群士子蜂拥上岸, 冲进关卡, 见物就砸, 结果把关卡打得落花流水。只留下那面象征朝廷权威, 上面写着"奉旨征收厘金"的旗子低垂在空中, 围观的群众以不胜钦慕的目光伫望着这些士子扬长而去。

**冲进**(chōngjìn) : 돌진하다. **砸**(zá) : 때려 부수다. 깨뜨리다. 못쓰게 만들다. **打得落花流水**(dǎdeluòhuāliúshuǐ) : 완전히 박살내다. (적을)완전히 패배시키다. **面**(miàn) : 깃발을 세는 양사. **旗子**(qízi) : 깃발. **低垂**(dīchuí) : 아래로 늘어뜨리다. 드리우다. **钦慕**(qīnmù) : 흠모하다. 경모하다. **伫望**(zhùwàng) : 서서 바라보다. **扬长而去**(yángchángérqù) : (다른 사람은 의식하지 않고) 활개 짓하며 성큼성큼 떠나다. (조금의 망설임도 없이) 훌쩍 떠나다.

辛亥革命以后, 陋规制度逐渐被戢止, 厘金制度亦于稍后废止。官吏的薪俸也提高了。但是贪污案件还是屡见不鲜, 仆役间的揩油风气迄今未衰。有一位太太骂她的厨子揩油揩得太贪心, 结果与厨子大吵其架。有人批评这厨子贪心得条饿狼, 他的答覆是:"如果一个人不贪心, 他也就不会当厨子了。"

**戢止**(jízhǐ):중지하다. **稍后**(shāohòu):조금 후에. **薪俸**(xīnfèng):봉급. 급료. 급여. **屡见不鲜**(lǚjiànbùxiān):자주 봐서 신기하지 않다. 흔히 볼 수 있다. **贪污**(tānwū):탐오(하다). 독직(하다). 횡령(하다). **案件**(ànjiàn):소송(訴訟)이나 위법(違法)에 관계되는 사건. **揩油**(kāiyóu):남을 속여서 이득을 보다. 중간에서 웃돈을 떼어 내다. 착복하다. 갉아먹다. **迄今**(qìjīn):지금에 이르기까지. **贪心**(tānxīn):탐심. 탐욕. (만족을 모를 정도로)탐욕스럽다. 욕심스럽다. **吵架**(chǎojià):다투다. 말다툼하다. **饿狼**(èláng):굶주린 이리. [비유]음식이나 재물을 탐내는 사람.

北京某大使馆的厨子每买一个鸡蛋, 就向主人索价一毛, 大使馆秘书的厨子为主人买蛋, 却只索价五分钱一只。大使夫人问:"为什么我买鸡蛋要比秘书太太多化钱呢?" 她的厨子答道:"太太, 大使馆的薪水要比秘书先生的高呀!"

**索价**(suǒjià):값을 부르다. 대금을 청구하다.

汽车主人也常常发现汽油箱"漏"油, 原因就是司机"揩"油。不必要的修理, 更使保养费大得惊人。

**保养费**(bǎoyǎngfèi):정비비용.

自从民国十六年(一九二七年)国民党执政以来, 中国一直在设法阻遏政府中的贪污风气, 并且规定了几种对贪污舞弊的严厉罚则。但是陋规制度在清朝以前就已存在。数百年的积习, 不是几年之内, 甚至二三十年之内所能完全革除的。自从现代财政制度建立, 公家道德逐渐提高以后, 中国已经革除了很多积弊。

**阻遏**(zǔ'è):저지하다. 가로막다. **贪污舞弊**(tānwūwǔbì)독직과 부정. **严厉**(yánlì):(어떤 정도 등이)매우 심하다. 엄하다. 매섭다. 준엄(峻嚴)하다. **罚则**(fázé):벌칙. **积习**(jīxí):오

랜 습관. 고질적인 습관. **革除**(géchú) : 없애다. 제거하다. **积弊**(jībì) : 적폐. 오랜 폐단.

行政技术正与时俱进, 相信她在不久的将来一定可以达到组织健全的现代国家水准, 征收赋税和控制财政的有效办法也会渐次建立。不幸当时内乱外患并乘, 致使功败垂成。

**征收**(zhēngshōu) : (정부가 법에 따라 세금을) 징수하다. **并乘**(bìngchéng) : 함께 몰려오다. **功败垂成**(gōngbàichuíchéng) : 일이 거의 성공하려 할 때 실패를 맛보다. [아쉬움, 안타까움의 감정이 들어 있는 말임].

我们中国人一向相信人之初性本善, 认为邪恶的产生只是缺乏正当的教育而使善良的本性湮没, 中国社会风气的败坏导源于腐朽的财政制度, 而非缺乏责任感。但是这种制度对社会风气产生极大的不良影响, 因此我们迄今仍蒙受其遗毒。

**湮没**(yānmò) : 소멸하다. **败坏**(bàihuài) : (명예·풍속·관습 따위를)손상시키다. 싸괴시키다. **导源**(dǎoyuán) : 발원(發源)하다. 나오다. 생기다. **腐朽**(fǔxiǔ) : (사상이) 진부하다. 케케묵다. (제도가)문란하다. (생활이)타락하다. **蒙受**(méngshòu) : 입다. 받다. 당하다. **遗毒**(yídú) : 유독. 남아 있는 해독. 해독을 남기다[끼치다].

实际的例子已经指出, 补救之道在于建立良好的制度, 来接替腐败的制度。单单废止坏制度, 还是不够的。英国人为中国建立的关税制度, 一开始就摆脱了陋规的恶劣影响。海关雇员都经过良好训练, 薪俸也相当优厚, 退休之后还有充裕的养老金。徇情偏私的情形很少发生。

**补救**(bǔjiù) : (부족한 것을)보완하다. **单单**(dāndān) : 오직. 홀로. **摆脱**(bǎituō) : (속박·어려운 상황 따위에서) 벗어나다. 빠져나오다. 이탈하다. 떨쳐버리다. **海关**(hǎiguān) : 세관. **雇员**(gùyuán) : 임시직원. **优厚**(yōuhòu) : (대우나 물질적 조건이) 좋다. 후하다. **充裕**(chōngyù) : 풍족하다. 넉넉하다. 여유가 있다. **徇情偏私**(xùnqíngpiānsī) : 사사로운 정에 얽매여 두둔하다.

中国为了保证偿付外债而把国家重要收入的控制权交付给外国政府, 这原是国家的奇耻大辱, 而且严重威胁到主权的完整, 但是因此而建立关税制度却是中国的意外收获。

**偿付**(chángfù) : (부채 따위를) 갚다[지불하다, 치르다]. 상환하다. 지급하다. **交付**(jiāofù) : 건네주다. 인도하다. 붙이다. 회부하다. 위임하다. 맡기다. **奇耻大辱**(qíchǐdàrǔ) : (크나큰 치욕[수치].

邮政也是根据西方制度建立的。创办迄今, 行政效率始终很高。就是在漫长的内战时期, 邮递工作也从未中断。抗战期间, 日军占领区与中国大后方之间, 邮递一直畅通无阻, 邮差们常常穿越火线把邮件送达收件人手里。盐务机构是另一实例。八年抗战期间, 人民的这种日用必需品始终供应无缺。

**邮政**(yóuzhèng) : 우편행정. **就是……也** : 설사…하더라도. …조차도. **邮递**(yóudì) : 우편물 배달. **大后方**(dàhòufāng) : 후방. 전선으로부터 멀리 떨어져 있어 전화(戰火)가 미치지 않는 지역. 중일 전쟁 시기에 국민당 통치하에 있던 서남·서북 지역. **畅通无阻**(chàngtōngwúzǔ) : 지장 없이 잘 통하다. 원활하게 소통되다. **邮差**(yóuchāi) : 우편집배원의 옛 이름. **穿越**(chuānyuè) : (어떤 지역을) 지나다. 뚫고 가다. 통과하다. **火线**(huǒxiàn) : 전선. 전장. **邮件**(yóujiàn) : 우편물(郵便物). 메일(mail). **收件人**(shōujiànrén) : 수취인. **供应无缺**(gōngyìngwúquē) : 차질 없이 공급되다.

治黄河的河督衙门从前一向以陋规制度闻名于世 ; 事实上著名的山东菜和河南菜就是这些食厌珍馐, 腰缠万贯的治黄老爷们光顾的结果。同样地, 扬洲菜之所以出名, 就是因为贪图口福的扬洲盐商而来。

**闻名于世**(wénmíngyúshì) : 세상에서 유명하다. **食厌**(shíyàn) : 입에 물리도록 먹다. **珍馐**(zhēnxiū) : 진기한 음식. 가장 맛 좋은 음식. 진수(珍羞). **腰缠万贯**(yāo chánwànguàn) : 허리에 돈을 만 냥 두르다. **光顾**(guānggù) : 왕림하다. **所以**(suǒ yǐ) : 이유. **贪图**(tāntú) : 탐내다. 욕심 부리다. **口福**(kǒufú) : (맛 있을 뿐만 아니라 귀한 음식을)먹을 복.

黄河水利委员会成立以后, 改由受过现代训练的工程师主持疏浚工作, 陋规制度也就随滚滚河水冲入黄海去了。老饕已随陋规制度消失, 只有烹饪艺术依旧存在。美食家至今对扬洲菜赞不绝口, 但是自从组织完善的现代盐务制度建立以后, 倡导扬洲菜的盐商已无法立足了。

**疏浚**(shūjùn) : (도랑, 강바닥 등을) 준설하다. **滚滚**(gǔngǔn) : 들끓다. 소용돌이치다. 굽이치다. **冲入**(chōngrù) : 뛰어들다. **老饕**(lǎotāo) : 대식가(大食家). 먹보. 걸귀. 탐식가. **烹饪**

**艺术**(pēngrènyìshù) : 요리기술. **赞不绝口**(zànbùjuékǒu) : 칭찬이 입에서 그치지 않다. 칭찬이 자자하다. 극찬하다. **倡导**(chàngdǎo) : 제창(提唱)(하다). 창도(唱導)(하다). 발기(하다). 발의(하다). 수창(首唱)(하다).

这些成就可以说是依赖外国协助而来的。但是我要请问 : 这些成就究竟由于外国人的良好道德, 还是由于他们介绍到中国来的良好制度呢? 没有健全的品德, 这些制度固然无法实行, 但是单凭外国人的道德难道就能收到预期的效果吗?

**品德**(pǐndé) : 인품과 덕성(德性). **固然**(gùrán) : 물론.

单凭少数高居要津的外国专家就能够制止千千万万中国职员的不法行为吗? 海关、盐务、邮政之所以成功, 还是靠良好制度下的基层中国职员的通力合作。这就是孟子所谓 : "徒善不足以为政, 徒法不足以自行。"

**要津**(yàojīn) : 요진. 높은 지위. 요직. **千千万万**(qiānqianwànwàn) : 무수하다. 수가 매우 많다. 수천. **通力合作**(tōnglìhézuò) : 전부의 힘을 합하여 한 가지 일을 하다. 모두가 힘을 합쳐 일을 하다. **徒善不足以为政, 徒法不足以自行**(tú shànbùzúyǐwéizhèng, túfǎbùzúyǐzìxíng) : 착하기만 한 것으로는 정치를 하기에 부족하고, 실행이 따르지 않는 한갓 형식만 갖춘 법도만으로는 그것이 저절로 운영되 나가지 못한다[맹자(孟子) 리루(離婁) 상편에 나오는 말이다. ]

中国的现代银行制度和铁道管理也是值得称道的实例。一般而论, 银行与铁路的行政效率都很高, 而且没有银钱上的重大舞弊案件。中国的现代大学除了实事求是的学术立场之外, 也是经费从无私弊的又一实例。

**称道**(chēngdào) : 칭찬하다. 찬양하다. **私弊**(sībì) : 부정(不正)한 행위. 비행.

抗战期间, 因为物价高昂, 教授生活非常清苦, 但是他们始终辛苦工作, 力求维持学术水准。绝大多数的学生, 除了接受现代训练之外, 在教授和大学当局的良好影响之下, 对于如何诚实而有效地运用公款, 也自然养成正确的观念和良好的习惯。

**清苦**(qīngkǔ) : 청빈하다. 가난하고 결백하다. **力求**(lìqiú) : 힘써 노력하다[추구하다].

되도록 힘쓰다. **高昂**(gāo'áng) : (물가가)오르다. **诚实**(chéngshí) : 성실하다. **公款**(gōngkuǎn) : 공금.

最重要的是对公款处理的态度已经起了根本的转变, 过去大家都默认甚至赞扬陋规制度, 到了抗战以前的几年, 有识之士不但讨厌它而且随时加以讥讽, 这种风气转变, 再加采用现代方法, 当时我们相信对于将来公共行政各方面的经费处理, 必将发生重大良好的影响。

**有识之士**(yǒushízhīshì) : 식자(識者). **随时**(suí shí) : 수시(로). 언제나. 때를 가리지 않고. **讥讽**(jīfěng) : 풍자하다. 비꼬다.

要消灭仆役, 厨子和司机的揩油行为可难得多了。或许要经过五, 六十年之后才能提高这些人的经济地位, 在他们的经济地位确切提高以前, 我们无法奢望他们临财不苟。

**司机**(sījī) : 운전사(運轉士). 기관사(機關士). [기차, 자동차, 전차 등 교통 운송 수단을 운행하는 사람]. **揩油**(kāiyóu) : 다른 사람을 기만해 이득을 얻다. 착복하다. **或许**(huòxǔ) : 아마. 어쩌면. **确切**(quèqiè) : 틀림없다. 정확(正確)하다. 확실(確實)하다. 꼭 맞다. 적당(適當)하다. 적절(適切)하다. **奢望**(shēwàng) : 너무 지나치게 바라다. **临财不苟**(líncáibùgǒu) : 재물을 보고서 함부로 대하지 않다.

如果真的到了那一天, 也许我们已经不容易找到愿意当家庭仆役的人了。抗战时我在昆明居留的八年期间, 我倒在我的佣人中碰到过一位男仆, 一位女佣, 和一位司机从来没有揩过油。

**佣人**(yōngrén) : 고용인. 머슴. 하인.

# 第二十二章　社会组织和社会进步
# 사회조직과 사회진보

一般人都说中国的四万万人像一盘散沙，如果说中国的人是由许多自治的小单位构成的，倒更切近事实。中国的民主体制包括千千万万的这种单位，由几千年来累积下来的共同的语言，共同的文化和生活理想疏松地联系在一起。

**一盘散沙**(yīpánsǎnshā)：온 쟁반에 흩어진 모래. 산만하여 단결력이 없는 오합지중(烏合之衆). **切近**(qièjìn)：(아주) 가깝다. **疏松地**(shūsōngde)：느슨하게.

这些或大或小的单位是以家庭、行业和传统为基础而形成的。个人由这些共同的关系与各自治团体发生联系，因此团体内各分子的关系比对广大的社会更为亲切。他们对地方问题比对国家大事了解较深。

**亲切**(qīnqiè)：친근하다. 친밀하다. 친절하다. 절실하다. 밀접하다. 다정하다.

这就是立宪国会失败的症结，也是老百姓听凭军阀统治的原因。我们在前面曾经一再提到"天高皇帝远"的观念，帝制时代的这种观念就是上述心理状态产生的。

**症结**(zhēngjié)：(일의) 문제점. 애로. 장애. 난점. 매듭. **听凭**(tīngpíng)：(자유에) 맡기다. 하자는 대로 하다. 마음대로 하게 하다. 좋을 대로 내맡기다. **帝制**(dìzhì)：군주제.

个人如非因特殊事故与所属社会破裂，永远是小单位的一部分，但是各单位之间并无全国性的组织使其密切团结。这是中国国民生活中的优点，同时也是弱点。好处在于使中国生活民主，虽经数百年之战乱以及异族之入侵而仍能屹立无恙，坏处在于中央政权软弱无能，因而易遭异族侵凌。

**破裂**(pòliè) : (사이가)틀어지다. 결렬하다. 금이 가다. **屹立**(yìlì) : 우뚝 솟다. **无恙**(wúyàng) : 병[탈]이 없다. 건강하다. **侵凌**(qīnlíng) : 침해하여 욕보이다.

中国人民生活中这些单位的存在是有它历史的背景的。它们是几千年历史演变的结果。我们的祖先逐渐向人口比较稀少的地区迁移时, 他们总是成群结队而行, 在各地构成许多独立的部落, 这些部落后来便发展为自治的村庄或乡镇。

**成群结队**(chéngqúnjiéduì) : 무리를 이루다. **村庄**(cūnzhuāng) : 마을. 촌락. 부락.

广大的中华帝国就是千百年来由这些聚族而居者向边疆和平原拓殖而形成的。近年来由于研究中国各地方言的结果, 我们已经追溯出这种发展的途径。我们发现广东话与唐朝的口语有密切的关系, 因此我们可以推断多数的广东人是唐朝的后裔。

**千百年**(qiānbǎinián) : 긴 세월. 수천 수백 년. **聚族而居**(jùzúérjū) : 일족이 모여 함께 살다. **拓殖**(tuòzhí) : 황무지를 개간하여 사람을 이주시키다. **追溯**(zhuī sù) : 추소하다. 거슬러 올라가다. 사물의 근본으로 거슬러 올라가 살피다. **推断**(tuīduàn) : 추측하여 판단하다.

迁到广东较晚的移民又另行形成不同的部落, 所说的方言也迥然不同, 那就是我们所谓的客家话。客家话所显示的语言特征是属于近世纪的。甚至长江流域各地方言之间的些微差别, 也可以隐约显示拓殖过程中的先后。

**迥然不同**(jiǒngránbùtóng) : 현저히 다르다. 완전히 딴판이다.

第十世纪, 唐朝灭亡, 中国北方普遍遭塞外入侵的异族蹂躏, 因而也加速了中国人口的南迁。南方各省, 尤其是广东、湖北和浙江一带, 不易遭受外族的侵略, 所受战祸较轻, 因此就成了中国文化的蓄水库, 并在过去六七十年内灌溉了新中国大块的土地。

**塞外**(sàiwài) : 국경 밖. [만리장성의 이북 지역을 말함]. **蓄水库**(xùshuǐkù) : 저수지.

如果要使某一改革对国家统一与团结切实有效，这种改革必须直接使这些古老的区域单位在家庭制度上、行业上和传统上发生某种程度的变化，反过来说，这些单位系共同的语言、文化和生活理想所维系，那么任何经由共同语言所产生的文化和理想的变化，也势必影响这些社会集团的生活，并且进而影响国家的生活。

**切实**(qièshí)：확실하다. 적절하다. **反过来说**(fǎnguòláishuō)：바꾸어 말하면. **系**(xì)：은 …이다. [두 종류의 사물을 서로 연관시켜 양자(**兩者**)가 서로 동일하거나 후자(**後者**)가 전자(**前者**)의 종류(**種類**)와 속성(**屬性**)을 설명하는 것을 나타냄]. **维系**(wéixì)：유지하다. **势必**(shìbì)：꼭. 반드시. 필연코.

外国商品开始影响中国行业时，中国就开始变化了，维系中国社会的三条绳索之一因而松散。这是受现代影响的最初改变，这种改变人们是不大知道的。以后现代思想经由书籍、报纸和学校制度等输入中国，又松散了传统这一条绳索。最后留下来的一条绳索——家庭的联系，也终于不得不随其他两条绳索一起松散。

**维系**(wéixì)：틀어쥐다. 잡아매다. 유지하다. **松散**(sōngsǎn)：매듭이)풀어지다. 긴장이 풀어지다. 뿔뿔이 흩어지다. (구조가)느슨해지다. 부드럽게 되다.

人们因探索新的有效的团结而引起各式各样的纷乱。首先受到新思潮影响的是学生，首先闹事的也是他们；新兴工业的工人丧失了旧日行业的维系力量，因此也就跟着学生一起滋生事端。军阀之间的内战，宪政的失败，以及败坏风气的陋规制度，既未阻止旧有社会组织的瓦解，亦未阻滞社会的进步。

**闹事**(nàoshì)：소란을 일으키다. 큰 소동을 일으켜 사회질서를 파괴하다. **滋生**(zīshēng)：(일을) 일으키다. 야기 시키다. **事端**(shìduān)：사고. 분규. **阻滞**(zǔ zhì)：(장애로)가로막히다. 지체되다.

军阀所引起的祸患只是中国广大的“社会之海”面上的泡沫。不论有没有互相残杀的军阀，或者声誉扫地的国会，或者败坏风气的陋规，海面底下的潜流仍在滚滚而进。军阀、国会、陋规只是浮面上的祸患，那些自治单位本身仍然宁静如恒，在道德方面也洁净无瑕。

**祸患**(huòhuàn) : 재난. 재해. 재앙. **泡沫**(pàomò) : 포말(泡沫). (물)거품. **潜流**(qiánliú) : 저류. **滚滚**(gǔngǔn) : 끊임없다. **浮面**(fúmiàn) : 표면. 겉. **宁**(níngjìng) : (환경, 마음 등이) 편안하다. 평온하다. 고요하다. **如恒**(rúhéng) : 평소와 같다. 다른 때와 다름없다. **洁净**(jiéjìng) : 때나 먼지가 없다. 청결(淸潔)하다. 깨끗하다. **瑕**(xiá) : 옥의 티. 흠. 결함. 결점. 흠집. 약한 곳.

在悠久的历史过程中, 尤其在唐朝末年以后中国的国防一直很脆弱, 因为侵略她的异族全部组织严密, 随时准备作战, 而中国的社会组织却是升平世界的产物。国防部队是由太平无事的社会中征募来的, 维持这些军队的中央政府也只是一个和平社会上层的空架子。

**严密**(yánmì) : (사물의 결합·구성이) 빈틈없다. 치밀하다. **征募**(zhēngmù) : (병사 등을) 징모하다. 징집하다. **空架子**(kōngjià·zi) : (문장이나 조직·기구 따위가) 단지 형식뿐이고 내용이 없는 것. 허세.

明室领导下的汉族之所以能推翻蒙古人所建立的元朝, 并非由于汉人本身的军事力量, 而是由于蒙古人本身力量的衰竭。成吉思汗的子孙在欧亚两大陆连年征战之后, 武力已消耗殆尽。

**推翻**(tuīfān) : (기존의 국면을) 전복시키다. 뒤집다. **衰竭**(shuāijié) : (질병으로) 기력[생리 기능]이 쇠약해지다. **成吉思汗**(chéngjísīhàn) : 징기스칸(Genghis Khan). **征战**(zhēngzhàn) : 출정하여 싸우다. **殆尽**(dàijìn) : 거의 다하다.

中国在明成祖御宇期间, 曾经组织成一支强大的军队, 并且征服了满洲的大部分 ; 但是成祖驾崩以后, 这支军队的实力也就日趋式微。

**御宇**(yùyǔ) : 어우. 황제가 다스리는 기간. **驾崩**(jiàbēng) : 붕어하다(군주가 세상을 떠나다). **日趋**(rìqū) : 날로. 나날이. 더더욱. **式微**(shìwēi) : (국가·명문 호족 따위가) 쇠미하다.

骁勇善战的满洲人在关外崛起以后, 明室对鞑靼入侵简直束手无策, 结果没有经过激烈战斗, 明朝就亡在满洲人手里了。满清入主中国一百余年以后, 结果也染上了汉人的和平习气, 等到西方列强的兵舰来攻击中国时, 清室也是同样束手无策。

**骁勇**(xiāoyǒng) : 용맹하다. 용감하고 날래다. **关外**(Guānwài) : 산해관(山海關) 동쪽 혹은 가욕관(嘉峪關) 서쪽 일대의 지방. **崛起**(juéqǐ) : 굴기하다. 들고 일어나다. 궐기하다. **鞑靼**(Dádá) : 타타르(Tatar). 옛날, 한족(漢族)의 북방 유목 민족에 대한 총칭. **入主**(rùzhǔ) : 중국본토에 들어와서 주인이 되다.

日本研究历史的结果, 认为历史是会重演的, 因此就在一八九四年发动对中国大陆的攻击。到那一年为止, 日本的设想并没有错。但是自从中国学到西方的"诀窍"以后, 中国的历史演变途径就开始转向了。

**重演**(chóngyǎn) : 재연하다. [비유적인 뜻으로도 자주 쓰임]. 되풀이 되다. **设想**(shèxiǎng) : 생각하다. 구상하다. 상상하다. **诀窍**(juéqiào) : 좋은 방법. 비결. 요령. **演变**(yǎnbiàn) : 변화 발전(하다). 변천(하다). **转向**(zhuǎnxiàng) : 방향을 바꾸다.

日本不是对这种转变懵然无知, 就是有意防患于未然。无论动机如何, 日本终于在三十年之后又向中国大陆发动了另一次战争。结果发现她的途程上障碍重重, 使她大感意外。

**转变**(zhuǎnbiàn) : 전변하다. (점점)바뀌다. 전환(轉換)하다. **懵然无知**(měngránwúzhī) : 전혀 모르다. 전혀 무지하다. **防患于未然**(fánghuànyúwèi rán) : 일이 발생하기 전에 예방해야 한다. **途程**(túchéng) : 거리. 과정. 도정. **重重**(chóngchóng) : 층층의. 겹겹의. 많다.

日本遭遇的障碍就是中国的社会进步, 日本已经看到高踞中国社会之上的腐败无能的北京帝制政府, 这个政府的财政力量已经被陋规制度腐蚀殆尽; 稍后日本又在水面上看到互相征战的军阀; 但是她对过去五十年间在中国的浩瀚海洋之中缓慢地, 然而不断地流动的潜流, 却茫然无知。

**遭遇**(zāoyù) : (적이나 불행한 일, 여의치 못한 일 등을 우연히) 만나다. 부닥치다. **财政力量**(cáizhèngliliang) : 재정력. **腐蚀**(fǔshí) : 부식하다. 썩어 문드러지다. 타락시키다. 좀먹다. **水面**(shuǐmiàn) : 수면(水面). 물의 표면. **浩瀚**(hào hàn) : 무수히 많다. 드넓은. **流动**(liúdòng) : (액체나 기체가) 흐르다. 유동(流動)하다. **潜流**(qiánliú) : 복류. 저류. **茫然无知**(mángránwúzhī) : 전혀 모르다.

在过去, 秘密帮会是全国组织的维系力量。帮会兄弟生活于乡村单位之外而聚集于大城市附近或通商孔道。他们的主要目的是互相保护, 抵制压迫, 但是这种动机有时候会随落为不法买卖, 他们在内乱时可以表现相当大的力量, 但是以之应付外国侵略却无多大用处。他们缺乏现代思想, 也不懂什么叫社会进步。

**帮会**(bānghuì) : (옛날 사회에서) 민간의 비밀결사조직에 대한 총칭. **维系**(wéi xì) : 유지하고 연계시켜 흩어지지 않게 하다. **聚集**(jùjí) : (사람이나 사물 등을) 모으다. 집합(**集合**)하다. **孔道**(kǒngdào) : 요로. 대로. (왕래하면서 반드시 거치는)길목. 중요한 곳.

现在的情形可不同了, 全国千千万万自治单位的边缘, 已经围集了充满国家观念和爱国热情的人, 他们反对地域偏见和家族观念。这些人像蜜蜂一样绕着蜂巢喧嚷不休, 最后就在蜂巢边缘聚集起来。

**千千万万**(qiānqiānwànwàn) : 수많은 수천수만의. **边缘**(biānyuán) : 가장자리. 모서리. 주변. **围集**(wéijí) : 모이다. **喧嚷**(xuānrǎng) : 떠들어 대다. 시끄럽게 굴다. **蜜蜂**(mìfēng) : 꿀벌.

从蜂巢里面溜出来参加巢外集团的个人愈来愈多。外面围集的群众数量增加以后, 他们开始闯进蜂巢, 终至影响了整个社会的生活。同时他们开始把自己组织为全国性的社会, 拿中国作为他们的共同蜂巢。

**溜出来**(liūchūlái) : 빠져나오다. **闯进**(chuǎngjìn) : 틈입하다. 뛰어들다.

中国现代的全国性社团就是这样形成的。轮船、公路、铁路、航空等交通网的迅速扩展, 更加速了社团发展的过程。教育会、商会、工会、科学团体、工程学会、政治学会等社团都纷纷成立全国性组织。

**商会**(shānghuì) : 상인 단체. 상업 회의소. 상업 연합회. **工会**(gōnghuì) : 노동조합. 노조. **纷纷**(fēnfēn) : (많은 사람이나 물건이)잇달아. 몇 번이고. 쉴 사이 없이. 계속하여.

所以政党, 包括国民党以及意见与其相左的政党, 都鼓励人民考虑全国性的问题。大专学校吸收了家庭的分子, 而把他们塑造成国家的领袖。学校都在努力把国家民族观念和爱国心灌输到新生一代正在发育的心灵里。

**相左**(xiāngzuǒ) : 어긋나다. 일치하지 않다. **鼓励**(gǔlì) : 격려하다. 북돋우다. **塑造**(sùzào) : 빚어서 만들다. 조소하다. **心灵**(xīnlíng) : 심령. 정신. 영혼. 마음.

虽然内战频仍, 各省的公立学校甚至在国家统一之前就已经增加了好几倍。私人常常以创办学校来表达他们的爱国忠忱。千千万万的小学毕业生, 跑进本乡本土的自治社会, 把爱国观念散布到全国的每一角落。

**频仍**(pínréng) : 잦다. 빈발(頻發)하다. 빈번히 일어나다. 여러 번 발생하다. **本乡本土**(běnxiāng- běntǔ) : 고향. **散布**(sànbù) : 퍼뜨리다. (사상 따위를) 유포하다.

中日正沿长城作战时, 我在内地旅行, 途中看到一个孤单的小孩在扮军人作游戏。他把一棵树当作假想敌, 拿他的匕首猛刺这棵树。然后他又想像敌人向他还击, 他装出自卫的姿势, 接着躺倒在地上, 闭起眼睛自言自语说 : "我为国牺牲了!" 显然地他在想像自己为保卫国家而抵抗日本侵略。

**孤单**(gūdān) : 외톨이이다. 외롭다. 쓸쓸하다. 고독하다. **游戏**(yóuxì) : 놀다. 장난치다. **拿**(ná) : [개사] …(으)로(써). ['用yòng'과 그 쓰임이 같음]. **拿眼睛看** ; 눈으로 보다. **拿事实证明** ; 사실로써 증명하다. **匕首**(bǐshǒu) : 비수. **刺**(cì) : (바늘·가시 따위로)찌르다. 암살하다. **还击**(huánjī) : 반격하다. **装出**(zhuāngchū)) : 가장하다. **躺倒**(tǎngdǎo) : 옆으로 넘어뜨리다.

抗战后期, 我在后方边荒地区看到一个小孩拿铲子挖了一个小坟。坟挖成以后, 他在坟上立了一个木牌, 上书"汉奸"。那时少数重庆政要已经出亡投靠日本去了。

**边荒**(biānhuāng) : 변방황무지. **铲子**(chǎnzi) : 삽. **挖**(wā) : 파다. **坟**(fén) : 무덤. **木牌**(mùpái) : 목패. 목찰. **汉奸**(hànjiān) : (중국민족을 배신하고 변절한) 매국노(賣國奴). **出亡**(chūwáng) : 떠나다. 도망하다. **政要**(zhèngyào) : 정계의 요인. **投靠**(tóukào) : (남에게) 몸을 의탁[의지]하다. 빌붙다. 여기서는 투항하다의 뜻.

有一次, 一位矿冶工程师经过某山区, 那里离最近的学校也有好几里路, 他却看到几位小孩在他们村庄墙上书写"三民主义万岁!" 这些例子可以显示全国性的团结力量 已经代地方性的维系力量兴起了。

**山区**(shānqū) : 산간 지대(지역). 산악 지구. **兴起**(xīngqǐ) : 일어나다. 흥기하다. 세차게 일어나다.

| 小孩子们在新的教育制度影响之下, 大家都能拿纸折飞机抛在空中滑翔。他们制造小小的抽水机, 也能做玩具汽车。他们开始养成研究机械的习惯, 这对国家的未来工业化运动也是个良好的基础。 |
|---|

**抛**(pāo) : 버려두다. 방치하다. 내던지다. **滑翔**(huáxiáng) : 활공(滑空)하다. 미끄러지듯 날다. **抽水机**(chōushuǐjī) : 양수기. 물 펌프.

| 近年来轻工业的发展, 从地方单位吸收了许多人, 他们开始彼此联系, 组成全国性的团体。广播从空中给人民带来许多新观念。 |
|---|

**组成**(zǔchéng) : 구성하다. 조직하다. 결성하다. **广播**(guǎngbō) : 방송하다. [유선 방송도 포함. 라디오[텔레비전] 방송.

| 风俗习惯、迷信、方言、民歌、宗教、家庭工业、垂危的本地行业及苦难农民的经济情况, 都经过仔细调查, 并且根据高等学府和学术团体所收集的资料很科学地加以研究。中国已开始从科学研究中了解她自己了。 |
|---|

**垂危**(chuíwēi) : 위험에 봉착하다. 병이 위급[위독]하다. 사경(死境)에 이르다. **高等学府**(gāoděngxuéfǔ) : 고등학부. **从……中** : ……로부터, ……을 통해서.

| 五十年的动荡已经促使人们思索, 他们的人生观开始转变了。他们希望在侵略威胁下从事有效的组织, 以团结全国的力量, 同时为国家的进步辛勤工作, 期望能在混乱中创造安定。 |
|---|

**动荡**(dòngdàng) : 불안정. **转变**(zhuǎnbiàn) : 전변하다. (점점) 바뀌다. 전환(轉換)하다. **辛勤**(xīnqín) : 부지런하다. 근면하다. **从事**(cóngshì) : 종사하다. 일을 하다. **期望**(qīwàng) : 앞날에 대해) 기대(하다).

| 这种新生的社会意识和国家意识或许还不够坚强, 因为它还不能充分应付战争。但是这种意识可以产生坚忍不拔的意志来进行坚强的抵抗。从这一方面来看, 社会意识和国家意识的力量是惊人的。 |
|---|

**或许**(huòxǔ) : 아마. 혹시. 어쩌면. **坚强**(jiānqiáng) : 공고히 하다. 견고히 하다. 강화하다. **应付**(yìng·fù) : 대응하다. 대처하다.

# 第二十三章 迷人的北京
# 사람을 매혹시키는 북경

正像巴黎继承了古罗马帝国的精神, 北京也继承了中华帝国黄金时代的精神。巴黎是西方都市之都, 北京则是东方的都市之都。

**迷人**(mírén) : 사람을 미혹시키다. 마음을 끌다. **巴黎**(Bālí) : 파리(Paris). [프랑스의수도. **罗马帝国**(LuómǎDìguó) : 로마 제국.

如果你到过巴黎, 你会觉得它不但是法国人的首都, 而且是你自己的城市;同样地, 北京不仅是中国人的都市, 也是全世界人士的都市。住在巴黎和北平的人都会说:"这是我的城市, 我愿意永远住在这里。"

**城市**(chéngshì) : 도시.

我在北京住了十五年, 直到民国廿六年(一九三七年)抗战开始, 才离开北京。回想过去的日子, 甚至连北京飞扬的尘土都富于愉快的联想。我怀念北京的尘土, 希望有一天能再看看这些尘土。清晨旭日初升, 阳光照射在纸窗上, 窗外爬藤的阴影则在纸窗上随风摆动。

**飞扬**(fēiyáng) : 높이 오르다. (먼지가)날리다. **尘土**(chéntǔ) : 티끌과 흙. 먼지. 흙먼지. **富于**(fùyú) : …이 풍부하다. **怀念**(huáiniàn) : 그리워하다. 그리다. 생각하다. **清晨**(qīngchén) : 새벽녘. 동틀 무렵. 이른 아침. **旭日初升**(xùrìchūshēng) : 아침 햇살은 막 떠오르다. **照射**(zhàoshè) : (빛이 물체에) 비치다. 비추다. **纸窗**(zhǐchuāng) : 지창. 종이로 바른 창문. **爬藤**(páténg) : 담장이넝쿨. **阴影**(yīnyǐng) : 음영(陰影). 그늘. 그림자. **摆动**(bǎidòng) : (왔다 갔다 하며)흔들리다. 흔들거리다. 살랑이다.

红木书桌上, 已在一夜之间铺上一层薄薄的轻沙。拿起鸡毛帚, 轻轻地拂去桌上的尘土, 你会感到一种难以形容的乐趣。然后你再拂去笔筒和砚台上的灰尘；笔筒刻着山水风景，你可以顺便欣赏一番，砚台或许是几百年来许多文人学士用过的，他们也像你一样曾经小心翼翼地拂拭过它。

**红木**(hóngmù) : 마호가니(mahogany). **鸡毛帚**(jīmáozhǒu) : 닭털로 만든 먼지떨이. **拂去**(fúqù) : (먼지를)털다. **笔筒**(bǐtǒng) : 필통. 붓꽂이. **砚台**(yàn·tai) : 벼루. **灰尘**(huīchén) : 먼지. **小心翼翼**(xiǎoxīnyìyì) : 거동이 신중하고 소홀함이 없다. 매우 조심스럽다. **拂拭**(fúshì) : (먼지를)털고 닦다. (어떤 경향 따위를) 없애다. 불식시키다.

乾隆间出窑的瓷器，周朝的铜器，四千年前用于卜筮的商朝甲骨，也有待你仔细揩擦。还有静静地躺在书架上的线装书，这些书是西方还不懂得印刷术以前印的。用你的手指碰一碰这些书的封面，你会发现飞扬的尘土已经一视同仁地光顾到这些古籍。

**窑**(yáo) : (기와나 도기를 굽는)가마. **卜筮**(bǔshì) : 점(을 치다). [귀갑(龜甲)과 시초(蓍草)로써 점을 치는 것]. **揩擦**(kāicā) : 닦고 문지르다. **有待**(yǒudài) : 기다리다. 기대하다. …이 기대되다. …이 요구되다. …할 필요가 있다. **书架**(shūjià) : 책꽂이. 서가. **线装书**(xiànzhuāngshū) : 선장 본. **封面**(fēngmiàn) : 신식 장정본의) 책뚜껑. 표지. 책의 앞표지와 뒤표지. **一视同仁**(yīshìtóngrén) : 누구나 차별 없이 대하다. 차별하지 않다. **光顾**(guānggù) : 왕림(하다). **古籍**(gǔjí) : 고서(古書).

拂去案头杂物上的灰尘，你会觉得已经圆满的完成这一早晨的初步工作。阳光映耀，藤影摇曳的纸窗在向你微笑，纤尘不染的书桌以及案头摆设的古董在向你点头；于是你心满意足的开始处理你这一天的工作。

**拂去**(fúqù) : 털다. **案头**(àntóu) : 탁자 위. 책상머리. 탁상. **杂物**(záwù) : 잡물. **早晨**(zǎo·chén) : (이른)아침. 새벽. 오전. **映耀**(yìngyào) : 비추다. 비치다. **摇曳**(yáoyè) : 흔들리다. 흔들흔들하며 늘어지다. **纤尘**(xiānchén) : 섬진. 몹시 자디잔 티끌[먼지]. **摆设**(bǎishè) : 차려 놓다. 꾸며놓다. 장식하다. 진열하다. **古董**(gǔdǒng) : 골동품. **点头**(diǎntóu) : (동의 · 승인 · 찬성 · 인사 따위의 표시로)머리를 끄덕이다. **心满意足**(xīnmǎnyìzú) : 매우 만족해[흡족해]하다.

这种古色古香的气氛可以使你回想到孔夫子设帐授徒的春秋时代；或者景教徒初至中国的唐朝时代；或者耶稣会教士在明朝制造天文仪器

的时代;或是拿破仑长驱直入俄罗斯, 迫得饮街灯灯油的时代;或者回想到成吉思汗派遣他的常胜军直入多瑙河盆地, 建立横跨欧亚两大洲的蒙古帝国;并且把北京定为他的一位儿子的京城。

**古色古香**(gǔsègǔxiāng):(색채나 분위기가) 옛 모습 그대로다. 고색이 창연하다. 옛 풍모를 그대로 간직하고 있다. **设帐**(shèzhàng):장막을 치다. **授徒**(shòutú):제자를 가르치다. **仪器**(yíqì):측량·제도 또는 물리 화학 실험용의 각종 기구의 총칭. 측정 기구. 계기. **长驱直入**(chángqūzhírù):거침없이 쳐들어가다. 승승장구하다. 파죽지세로 쳐들어가다. **多瑙河**(Duōnǎohé):다뉴브(Danube)강. 도나우(Donau)강. [유럽에서 둘째로 긴 강]. **横跨**(héngkuà):~에 걸치다. 가로 걸쳐 있다.

我们可以从北京正确地了解历史, 因为北京不仅像大自然一样伟大, 而且像历史一样悠久。它曾是五个朝代的京城, 一代继替一代兴起, 一代又接着一代灭亡, 但是北京却始终屹立无恙。

**朝代**(cháodài):왕조(王朝)의 연대(年代). 왕조 **京城**(jīngchéng):경성. 수도. 국도. 서울.

皇宫建筑都是长方形的, 而且很对称地排得像一张安乐椅, 中间有一个宽阔的长方形天井, 天井中央摆着一只青铜镀金的大香炉, 点了香, 香烟就袅袅地升入天空。宫门前站着一排排的铜鹿, 宫门口则有雄踞着的一对对石狮或铜狮把守。

**宽阔**(kuānkuò):(면적이나 범위 등이)크다. 넓다. 광활(廣闊)하다. **天井**(tiānjǐng):안채와 사랑채 사이의 마당. 주택의 뜰의 통칭. **袅袅地**(niǎoniǎode):모락모락. **雄踞**(xióngjū):위풍이 늠름하게 앉다. 웅거하다. 든든히 자리 잡고 있다. **把守**(bǎshǒu):(중요한 지역을) 지키어 막다. 방위(防衛)하다. 수비(守備)하다.

这种三面围着雄伟建筑的天井, 数在一百以上, 星罗棋布在紫禁城内, 紫禁城的周围是一座长方形的黄色城墙, 城墙四角矗立着黄瓦的碉楼。北京皇城由元朝开始建造, 明朝时曾予改建, 清朝再予改良而成目前的形式。

**星罗棋布**(xīngluóqíbù):별처럼 늘어서고 바둑알처럼 널리다;사방에 총총 분포되다. **城墙**(chéngqiáng):성벽. **四角**(sìjiǎo):사각 어귀. **矗立**(chùlì):우뚝 솟다. **碉楼**(diāolóu):방어를 겸한 망루.

碰到晴空澄碧, 艳阳高照的日子, 宫殿屋顶的黄色釉瓦就闪耀生辉。在暮霭四合或曙色初露之时, 紫禁城的大门—午门—上的谯楼映着苍茫的天色, 很像半空中的碉堡。在万里无云的月夜, 这些谯楼更像是月亮中的神仙宫阙, 可望而不可即。

**晴空**(qíngkōng) : 맑게 갠 하늘. **澄碧**(chéngbì) : 맑고 푸르다. **艳阳**(yànyáng) : 환하게 빛나는 태양. **高照**(gāozhào) : 높은 곳에서 비치다. **釉瓦**(yòuwǎ) : 유약을 입힌 기와. **闪耀**(shǎnyào) : 반짝반짝 빛나다. 빛을 뿌리다. **生辉**(shēnghuī) : 빛이 나다. **暮霭**(mùǎi) : 저녁 무렵의 운무(雲霧). [해질 무렵의 구름과 안개를 가리킴]. 저녁안개. **四合**(sìhé) : 사면을 둘러싸다. **曙色**(shǔsè) : 새벽하늘빛. **初露**(chū lù) : 처음 나타나다. 막 나타나다. **谯楼**(qiáolóu) : 초루(譙樓). 문루(門樓). **苍茫**(cāngmáng) : 넓고 멀어서 아득하다. 창망하다. 망망하다. **天色**(tiānsè) : 하늘빛(색). 날. **半空**(bànkōng) : 공중. **碉堡**(diāobǎo) : 토치카. 돌로 만든 보루. **万里无云**(wànlǐwúyún) : 쾌청(快晴)하다. **可望而不可即**(kěwàngérbùkějí) : 바라볼 수는 있으나 다가갈 수는 없다.

民国成立以后, 满清的末朝皇帝溥仪暂时仍统治着北京的这个城中之城, 少数残留的清廷官吏还每隔半月觐见一次。这些官吏穿着旧日满清官服聚集在紫禁城的后门听候召见, 仍执君臣之礼。民国十三年(一九二四年)冯玉祥入京, 终于把溥仪逐出紫禁城。

**觐见**(jìnjiàn) : (군주를) 알현하다. **聚集**(jùjí) : 모으다. 모이다. **听候**(tīnghòu) : (상급 기관의 결정이나 명령을) 기다리다. 대기하다. **召见**(zhàojiàn) : 옛날, 윗사람이 아랫사람을 불러서 만나다. 소견하다. **执礼**(zhílǐ) : 예절을 지키다[행하다]. 예를 행하다.

政变后不久, 我受命入故宫监督政府的一个委员会逐屋封闭各门。当时宫内还留有几个太监, 我从他们口中得到好些有关宫廷生活的知识, 以及过去许多皇帝、皇后、王子、公主等等的趣闻轶事。

**封闭**(fēngbì) : 봉쇄하다. 폐쇄하다. **逐屋**(zhúwū) : 한 가옥 한 가옥. 모든 가옥. **太监**(tàijiàn) : 환관. **好些**(hǎoxiē) : 많은. **趣闻轶事**(qùwényìshì) : 재미 있는 일화.

其中一则故事涉及一面从天花板一直垂到墙脚的大镜子, 据说慈禧太后喜欢坐在镜子前面, 看看她自己究竟多威严。有一天陕西抚台奉命入宫觐见, 他进门后首先看到镜子里的太后, 于是马上跪倒对镜中人大叩其头。

**面**(miàn) : 편평한 물건을 세는 데 쓰임. **一面镜子** ; 거울 한 개. **涉及**(shèjí) : 언급하다. (힘·작용 따위가) 관련되다. 미치다. **天花板**(tiānhuābǎn) : 천장판. 천장널. **墙脚**(qiángjiǎo) : 담벽 밑. **抚台**(fǔtái) : 순무(巡撫)의 존칭. **奉命**(fèngmìng) : 명령을 받다. 명령에 따르다. **跪倒**(guìdǎo) : 무릎을 꿇다. 꿇어 엎드리다.

"那末太后怎么样呢? 我想她一定很生气吧!" 我说。"哦, 不, 不! 她笑了, 而且很和蔼的对他说: "你弄错了, 那是镜子呀。" 我遇到几个曾经侍候过王子读书的太监, 但是这几个太监竟然全都目不识丁。宫廷规矩禁止他们受教育, 因此他们对于王子念些什么始終毫无所知。

**和蔼**(hé'ǎi) : 상냥하다. 부드럽다. 사근사근하다. **侍候**(shìhòu) : 시중들다. 보살피다. **目不识丁**(mùbùshídīng) : 낫 놓고 기역자도 모른다. 일자무식이다. **毫无所知**(háowúsuǒzhī) : 조금도 아는 바가 없다

走廊上挂着许多鸟架, 上面站着红色、黄色以及蓝色的鹦鹉, 嘴里说着公主们花了不少时间教它们的话, "请进! 客来了。倒茶…" 一只蓝色的鹦鹉这样对我说, 那只红色的和那只黄色的跟着喊: "倒茶! 倒茶!" 这是我第一次看到蓝色的鹦鹉。

**走廊**(zǒuláng) : 복도. 회랑(回廊). **鹦鹉**(yīngwǔ) : 앵무새. **跟着**(gēn·zhe) : 곧 이어서. 계속하여.

金鱼在宫中的水池中追逐嬉戏, 有白色的、黑色的、红色的和金色的。其中有许多几乎长达一尺, 它们的潜望镜一样的眼睛朝天望着, 它们的丝绸样的尾巴好象几柄相连的扇子在水中摇曳生姿。

**金鱼**(jīnyú) : 금붕어. **水池**(shuǐchí) : 못. 저수지. **追逐**(zhuīzhú) : 서로 세력을 다투다. 쫓고 쫓기며 하다. **嬉戏**(xīxì) : 놀다. 장난하다. 유희하다. **朝天**(cháotiān) : 위[하늘]를 향하다. **丝绸**(sīchóu) : 견직물. 명주. 비단. **摇曳**(yáoyè) : 흔들리다. 흔들흔들하며 늘어지다.

溥仪住的宫殿看起来很俗气, 大厅中央摆着一张似乎很粗俗的长长的外国桌子, 桌子四周放着几张丑陋的椅子。桌子上摆着一对红色的玻璃花瓶。这房间看起来倒很像美国乡下的次等客栈, 真想不到就是中国皇帝的居室。所有的精美家具和艺术珍品已经被弃置而收拾到后宫去了。

**俗气**(súqi) : 조잡하고 속되다. 쌍스럽다. 천하다. **粗俗**(cūsú) : (어투·행동 등이) 거칠고 속되다. 조야(粗野)하다. 저속하다. 촌스럽다. **丑陋**(chǒulòu) : 용모(容貌)나 모양이 추하다. **次等**(cìděng) : 차급(次級)(의). 2등(의). 다음가는 등급. **客栈**(kèzhàn) : 옛날의 여인숙. [시설이 간단하며 창고업이나 운수업을 겸업하기도 함]. **所有的**(suǒyǒude) : 모든. **精美**(jīngměi) : 정미하다. 정밀하고[정교하고] 아름답다. **收拾**(shōu·shi) : 거두다. 치우다. 정돈하다. 수습하다. 정리하다.

通商口岸的粗俗的西方文明已经侵入到皇宫；对照之下，使人觉得没有再比这更不调和的了。低级杂志四散各处，新切开的半只苹果和一盒新打开的饼干还放在桌子上。溥仪显然因事起仓卒，匆匆出走，无暇收拾房间。

**粗俗**(cūsú) : (어투·행동 등이) 거칠고 속되다. 조야(粗野)하다. 저속하다. 촌스럽다. **四散**(sìsàn) : (산지)사방으로 흩어지다[도망가다]. 뿔뿔이 흩어지다[도망하다]. **低级**(dījí) : 저급의. 저속한. **各处**(gèchù) : 각처. 여러 곳. **饼干**(bǐnggān) : 과자. 비스킷(biscuit). 크래커(cracker). **仓卒**(cāngcù) : 황급하다. 창졸하다. 급작스럽다. **匆匆**(cōngcōng) : 분주한 모습. 급하게 서두르는 모습. **出走**(chūzǒu) : 소리 소문도 없이(가정이나 살던 곳을) 떠나다. **暇**(xiá) : 여가. 여유. 겨를. 짬. 틈.

后来各宫启封清点艺术珍藏时，奇珍拱璧之多实在惊人。其中有足以乱真的玉琢西瓜，有"雨过天青"色的瓷器，有经历三千年沧桑的铜器，还有皇帝御用的玉玺。

**启封**(qǐfēng) : 봉인을 뜯다. **清点**(qīngdiǎn) : 철저하게 점검하다. **珍藏**(zhēn cáng) : 간직한 물건. 보물. **奇珍**(qízhēn) : 진기한 물건. **拱璧**(gǒngbì) : 큰 옥. 진귀한 보물. **乱真**(luànzhēn) : (골동품, 그림, 서예 등을) 진품처럼 모방하다. 진짜와 혼동할 지경이다. **沧桑**(cāngsāng) : 세상의 변화가 크다. **御用**(yùyòng) : 황제가 사용하다. **玉玺**(yùxǐ) : 옥새. (옥으로 만든) 군주의 도장.

唐宋元明清的历代名画，更是美不胜收。有些山水画，描写大自然的美丽和谐，使人神游其中，乐而忘返；有些名家画的鸟维妙维肖，跃然纸上；鱼儿遨游水中，栩栩如生；鹅嘶鸡啼，如闻其声；竹影扶疏，迎风摇曳；荷塘新叶，晨露欲滴；兰蕙飘香，清芬可挹。

**美不胜收**(měibùshèngshōu) : 훌륭한[좋은] 것이 많아서 이루다 헤아릴[볼] 수 없다. **神游**(shényóu) : 몸은 움직이지 않고 혼(魂)이 어떤 곳에 날아가 노닐다. **维妙维肖**(wéimiàowéixiào) : 모방(模倣)이나 묘사(描寫)를 매우 잘해서 진짜와 꼭 같다. **跃然**(yuèrán) : 눈앞에 생생하게 나타나는 모양. 살아 움직이는 듯한 모양. **鱼儿**(yúr) : 작은 물고기. **遨游**(áoyóu) : 노닐다. 유력하다. **栩栩如生**(xǔxǔrúshēng) : 살아 있는 것처럼 생동하다. **鹅嘶鸡啼**(ésījītí) : 거위와 닭이 울다. **扶疏**(fúshū) : (가지와 잎이) 무성하다. **荷塘**(hétáng) : (연꽃)연못. **晨露欲滴**(chénlùyùdī) : 새벽이슬이 떨어지려고 하다. **兰蕙**(lánhuì) : 혜란. **飘香**(piāoxiāng) : 향기를 풍겨오다. **清芬**(qīngfēn) : 맑고 깨끗한 향기. 고결한 덕행. **挹**(yì) : 잡아당기다. 끌어당기다. 푸다. 뜨다.

中国的名画, 不仅力求外貌的近似, 而且要表现动态、声音、色泽和特征, 希望启发想象, 甚至激发情感。换一句话说, 就是要描摹事物的神韵。

**描摹**(miáomó) : 모사(模寫)하다. (언어·문자로써)묘사하다. 그려내다. **神韵**(shényùn) : 신운. (문장이나 글씨·그림 등의) 기품. 신비롭고 고상한 운치. 본디 지닌 독특한 맛. (사람의) 정신적 풍모. 기품.

这个委员会包括一百多职员, 两年中翻箱倒箧, 搜遍了皇宫的每一角落, 把历代帝王积聚下来的千万件奇珍异宝一一登记点验。有些仓库密密层层满是蜘蛛网, 有些仓库的灰尘几乎可以淹没足踝, 显见已经百年以上无人问津。有些古物已经好久没有人碰过, 究竟多少, 谁也不知道。

**翻箱倒箧**(fānxiāngdàoqiè) : 샅샅이 뒤지며 철저하게 검사하다[수사하다]. **积聚**(jījù) : (쌓아) 모으다. 축적하다. **奇珍异宝**(qízhēnyìbǎo) : 진기한 보배. 귀중한 보물. **密密层层**(mì·micéngcéng) : (나무, 사람 등이) 빽빽하다. **蜘蛛网**(zhīzhū wǎng) : 거미줄. **淹没**(yānmò) : 침몰하다. 물에 잠기다[빠지다]. 익사하다. 파묻다. 파묻히다. **足踝**(zúhuái) : 복사뼈. **无人问津**(wúrénwènjīn) : 1. 물어볼 사람이 없다. 2. (비유)아무도 시도하고 탐문하고 구매하려는 사람이 없다. 관심을 보이는 사람이 전혀 없다. **古物**(gǔwù) : 고대의 기물(器物).

最后故宫终于开放, 同时故宫博物院成立, 主持古物展览事宜。一般民众, 尤其是年轻的一代, 总算大开眼界, 有机会欣赏几百年来中国艺术丰富而伟大的成就。北京本来就是艺术中心, 鉴赏家很多, 艺术家也不少, 故宫博物院开放以后, 更使北京生色不少。

**事宜**(shìyí) : 사무(事務). 일. [대개 공문(公文)·법령(法令)에 사용함. ]. 일에 관계된 안배와 처리. **总算**(zǒngsuàn) : 겨우. 간신히. 마침내. 드디어. **大开眼界**(dàkāiyǎnjiè) : 시야가 크게 트이다. **生色**(shēngsè) : 광채를 더하다. 빛내다.

过去深藏在皇宫后院的东西, 现在大家都可以欣赏了, 过去只有皇室才能接触的东西, 现在已经公诸大众。抗战初期, 政府就把故宫古物南运, 由北平而南京而西南内地。战后运回南京, 复因战乱而运至台湾。现在台中所陈列之古物, 就是从北平故宫运来的。

**深藏**(shēncáng) : 깊이 감추(어 두)다. 깊이 숨(기)다.

科学是心智探究自然法则的表现, 艺术则是心灵对自然实体所感所触的表现。艺术是人生的一种表现, 它使人生更丰富, 更美满 ; 科学是心智活动的产物, 旨在满足知识上的欲望, 结果就创造物质文明。在现代文明里, 艺术与科学必须携手合作, 才能使人生圆满无缺。

**心智**(xīnzhì) : 마음의 지혜. **心灵**(xīnlíng) : 심령(心靈). 정신(精神). 영혼(靈魂). 마음. **美满**(měimǎn) : 아름답고 원만하다. **携手合作**(xiéshǒuhézuò) : 긴밀히 협력하다.

紫禁城之西, 有三个互相衔接的湖, 叫南海、中海和北海, 湖与湖之间的小溪上有似驼背形的石桥, 沿湖遍植百年古木, 湖里盛开着荷花, 环湖的山峰上矗立着金黄色琉璃瓦、朱红柱子和雕梁画栋的亭子。据说有一次在湖中捕到一条鱼, 鱼身上还挂着一块写着明朝永乐年间放生的金牌。

**衔接**(xiánjiē) : 맞물다. 맞물리다. 잇다. 이어지다. 연결하다. 연결되다. **小溪**(xiǎoxī) : 시내. 작은 내. **驼背**(tuóbèi) : 곱사등이. **荷花**(héhuā) : 연꽃. **盛开**(shèngkāi) : (꽃이) 만발(滿發)하다. 활짝 피다. **矗立**(chùlì) : 우뚝 솟다. **金黄色**(jīnhuángsè) : 황금색. **琉璃瓦**(liúliwǎ) : 유리기와. 유리 유약을 칠해서 구운 오지기와. **朱红**(zhūhóng) : 주홍. **雕梁画栋**(diāoliánghuàdòng) : 기둥과 대들보를 채화로 장식하다. **据说**(jùshuō) : 들리는 바에 의하면.

中海之中有个瀛台, 那是一个周围遍植荷花的小岛, 一八九八年维新运动失败后, 光绪皇帝就被慈禧太后囚禁在瀛台, 后来在一九〇九年死在那里。小岛上建着许多庭院宽敞的宫殿。

瀛台(yíngtái) : 영대(瀛台). 荷花(héhuā) : 연(꽃). 囚禁(qiújìn) : 감옥에 가두다. 수감하다. 宽敞(kuān·chang) : 넓다. 널찍하다.

| 长着绿苔的古树高高地覆盖着设计复杂的宫殿上的黄瓦, 各亭台之间有迂回曲折的朱红色的走廊互相连接。御花园中建有假山, 洞穴怪石毕具, 使人恍如置身深山之中。 |
|---|

绿苔(lǜtái) : 녹색 이끼. 亭台(tíngtái) : 정자. 迂回曲折(yūhuíqūzhé) : 길이 꾸불꾸불하다. 恍如(huǎngrú) : 마치 …인 것 같다. 假山(jiǎshān) : 석가산. 毕具(bìjù) : 모두 구비되다.

| 至于不幸的光绪皇帝是否在这美丽的监狱里乐而忘忧, 那恐怕只有光绪皇帝自己和跟随他的人才知道了。在他被幽禁的寂寞的日子里, 他一直受着身心病痛的困扰, 最后还是死神解脱了他的痛苦。 |
|---|

乐而忘忧(lèérwàngyōu) : 근심 걱정을 잊고 즐거운 나날을 보내다. 跟随(gēnsuí) : 뒤따르다. 수행하다. 幽禁(yōujìn) : 유폐하다. 연금하나. 寂寞(jìmò) : 이롭다. 쓸쓸하다. 적막(寂寞)하다. 적적(寂寂)하다. 病痛(bìngtòng) : 병고. 병. 困扰(kùnrǎo) : 괴롭힘. 성가심. 혼란. 死神(sǐshén) : 사신. 죽음의 신. 저승사자.

| 湖水原先是用石渠从西山转引来的泉水。公路旁边至今仍可发现部分残留的渠道。北京的下水道系统更是旧日的一项伟大的工程成就。用以排泄市内污水的地下沟渠很像现代地道车的隧道。 |
|---|

原先(yuánxiān) : 원래. 이전. 본래. 石渠(shíqú) : 돌로 쌓은 도랑. 泉水(quán shuǐ) : 샘물. 残留(cánliú) : 잔류하다. 남다. 渠道(qúdào) : 관개 수로(灌溉水路). 수로(水路). [강이나 호수, 저수지 주변에 파놓은 수로로 물을 끌어다 배수(配水)와 관개(灌溉)에 씀]. 地道车(dìdàochē) : 지하철. 隧道(suìdào) : 굴. 터널. 排泄(páixiè) : (빗물이나 오물을) 흘려보내다. 배설[배출]하다. 沟渠(gōuqú) : 도랑. 하수도.

| 到了清朝末期, 所有这些下水道都淤塞了, 但是每年检查一次下水道的制度却维持到清朝末年。早年时, 检查人员必须身入下水道, 从这一头查到那一头, 看看有没有需要修补的地方。 |
|---|

淤塞(yūsè) : (수로나 수채 따위가) 진흙으로 막히다. 修补(xiūbǔ) : 손질(하다). 보수(하다). 수리(하다).

后来下水道垃圾淤塞，这些检查人员就用一种非常巧妙的手段来欺蒙他们的上司：两个穿制服的检查员在下水道的一端爬下去躲起来，另外两个穿着同样制服的检查员则预先躲在另一端，检查官骑马到了出口处时，事先躲在那里的检查员也就爬出来了。

**后来**(hòulái)：(그) 후. 그 뒤에. 그 다음에. **垃圾**(lājī)：쓰레기. 오물. **欺蒙**(qīméng)：기만하다. 속이다.

这个例子也说明了这个下水道系统表面上虽然仍旧存在，但是它的实质和精神却因多年来阳奉阴违的结果而烟消云散了。清朝末年，这类事情在政府各部门都有发生，所以清廷终于只剩下一个空架子，实在毫不足奇。

**阳奉阴违**(yángfèngyīnwéi)：겉으로는 복종하나 속으로는 따르지 않다. 면종복배(**面從腹背**)하다. **烟消云散**(yānxiāoyúnsàn)：연기나 구름같이 사라져 없어지다；사물이 종적 없이 깨끗이 사라지다. **空架子**(kōngjià·zi)：(문장이나 조직·기구 따위가) 단지 형식뿐이고 내용이 없는 것.

北京满城都是树木。私人住宅的宽敞的庭院和花园里到处是枝叶扶疏、满长青苔的参天古木。如果你站在煤山或其他高地眺望北京，整个城市简直像是建在森林里面。平行交叉的街道像是棋盘上纵横的线条交织着北京的“林园”。

**枝叶扶疏**(zhīyèfúshū)：가지와 잎이 무성하다. **满长青苔**(mǎnzhǎngqīngtái)：온통 이끼가 돋아 있다. **参天**(cāntiān)：(하늘을 찌를 듯이) 높이 솟다. 하늘에 닿다. **煤山**(Méishān)：매산. 중국 북경(**北京**)의 옛 황성(**皇城**)에 있는 작은 산. **眺望**(tiàowàng)：(높은 곳에 올라) 멀리 바라보다. 조망하다. **街道**(jiēdào)：큰길. 가로. 거리. **棋盘**(qípán)：바둑판. **线条**(xiàntiáo)：선. **交织**(jiāozhī)：섞어서 짜다. 교직하다. (감정 따위가) 엇갈리다. 뒤엉키다. 교차하다. 엇섞이다. **林园**(línyuán)：(나무가 무성한) 정원. 공원.

根据由来已久的皇家规矩，北京城里只许种树，不准砍树。年代一久，大家已经忘记了这规矩，却在无形中养成了爱护树木的良好习惯——这个例子说明了制度本身虽然已经被遗忘，但是制度的精神却已深植人心。中国新生的秘密就在这里。

**规矩**(guī·ju) : 규율. 표준. 법칙. **砍树**(kǎnshù) : 나무를 자르다. **年代一久**(nián dàiyījiǔ) : 오랜 세월이 흐르다. 세월이 흐르다. **无形中**(wúxíngzhōng) : 어느새. 모르는 사이에. 어느 틈에. **遗忘**(yíwàng) : 잊다. 잊어버리다.

在北京住过的人, 很少人会忘记蔚蓝天空下屋瓦闪闪发光的宫殿和其他公共建筑。颐和园和公园里有几百年前栽种的古松。有的成行成列, 有的则围成方形, 空气中充塞着松香。烹调精美的酒楼饭馆随时可以满足老饕们的胃口。

**蔚蓝**(wèilán) : 쪽빛. 짙은 남색. 새파랗다. **屋瓦**(wūwǎ) : 기와. **闪闪发光**(shǎn shǎnfāguāng) : 반짝반짝 빛나다. **颐和园**(yíhéyuán) : 이화원. **栽种**(zāizhòng) : (꽃, 풀, 나무 등을) 심다. **充塞**(chōngsè) : 가득 차다. 가득 채우다. **烹调**(pēng tiáo) : (음식을) 만들다. 요리(料理)하다. 조리(調理)하다. **精美**(jīngměi) : 정미(精美)하다. 정교하고 아름답다. **酒楼**(jiǔlóu) : 주루. 요릿집. 술집. 요정. **老饕**(lǎotāo) : 탐식가. **胃口**(wèi·kǒu) : 식욕.

古董铺陈列着五光十色的古玩玉器, 使鉴赏家目不暇接。公共图书馆和私人图书馆的书架上保存着几千年来的智慧结晶, 年代最久远的是商代的甲骨, 这些甲骨使我们对中国历史上雾样迷濛的时代开始有了概念。此外还有令人肃然起敬的天坛, 它使我们体会到自然的伟大和人类精神的崇高。

**古董铺**(gǔdǒngpū) : 골동품 상점. **五光十色**(wǔguāngshísè) : 색채가 화려하고 아름답다. 울긋불긋 아름답다. 오색이 영롱하다. 종류가 다양하다. **古玩**(gǔwán) : 골동품. **玉器**(yùqì) : 옥기. 옥을 세공한 각종 기물. **目不暇接**(mùbùxiájiē) : 많아서 다 볼 수 없다. 눈이 모자라다. **雾样迷濛**(wùyàng míméng) : 안개처럼 희미하고 뚜렷하지 않은. **肃然起敬**(sùránqǐjìng) : 엄숙(嚴肅)하게 경모(敬慕)하는 마음이 생기다. 경건(敬虔)한 마음이 일다. **天坛**(tiān tán) : 천단.

现代的国立北京大学建立于一八九八年, 直接继承了国子监的传统, 在几百年积累下来的文化氛围中, 北京大学的成立几乎可以说只是昨天的事。北大不仅是原有文化的中心, 而且是现代化智慧的源泉。学者、艺术家、音乐家、作家和科学家从各方汇集到北京, 在这古城的和谐的氛围中发展他们的心智, 培育他们的心灵。

**原有**(yuányǒu) : 이전부터 있다. 고유하다. **汇集**(huìjí) : 모이다. 집중하다. **古城**(gǔchéng) : 고도(古都). 오래된 도시.

古代的文物、现代思想的影响以及对将来的希望, 在这里汇为一股智慧的巨流, 全国青年纷纷来此古城, 畅饮这智慧的甘泉。

**畅饮**(chàngyǐn) : 마음껏 (술을) 마시다. **甘泉**(gānquán) : 물맛이 좋은 샘.

# 第二十四章　杭州、南京、上海、北京
# 항주, 남경, 상해, 북경

杭州富山水之胜, 上海市是洋货的集散地, 南京充满了革命精神, 北京则是历代的帝都, 也是艺术和悠闲之都。我出生在浙江省的一个小村里, 童年时生活在农夫工匠之间, 与他们的孩子共同嬉戏。

**富山水之胜**(fùshānshuǐzhīshèng) : 산수(山水)가 뛰어나게 아름답다. **洋货**(yánghuò) : (외국에서 수입해 온) 물품. 상품. 화물. **悠闲**(yōuxián) : 유한하다. 유유하다. **工匠**(gōngjiàng) : 공예가. 공인(工人). 장인(匠人). **嬉戏**(xīxì) : 놀다. 장난하다. 유희하다.

少年时代在杭州读书, 后来又在上海继续求学。留美回国以后, 因为工作的关系先住在上海, 继至北京、南京、杭州, 最后又回到北京, 一直到抗战开始。

**求学**(qiúxué) : 학교에서 공부하다.

就地理来说, 北京位于黄河流域的华北平原, 离天津不远。其余三地则是长江流域的南方城市。杭州位于杭州湾口钱塘江之岸, 与北京之间从前有运河可通。运河全长二零七四公里, 横越长江黄江两大河, 至今仍有一部分可通舟楫。

**舟楫**(zhōují) : 배와 노. 배.

一千三百多年前, 隋炀帝动员全国人力, 筑此运河, 河成而隋亡。唐皮日休有诗云 : "人道隋亡是此河, 至今千里赖通波。若无水殿龙舟事, 共论禹功不较多。"

**筑**(zhù) : 건설하다. 건축하다. **成**(chéng) : 이루다. 완성하다. 성공하다. **皮日休**(pírìxiū) : 당대 말기의 유명한 민중의 시인. 황소의 난에 가담했다가 사망함. **道**(dào) : 말하다。 **赖**(lài) : 의지하다。 기대다。 의뢰하다。 **通波**(tōngbō) : 파도전체。 **若**(ruò) : 만약 …이라면。 만약。 **水殿**(shuǐdiàn) : 물 위[물 가]에 세운 궁전。 옛날, 천자가 타는 배。 **龙舟**(lóngzhōu) : 단오절에, 용머리를 뱃머리에 장식하고 경조(競漕)하는 배。 제왕의 배。 **禹功**(Yǔgōng) : 우임금의 공적。

上海在杭州的东北, 踞黄浦江之岸。黄浦江位于长江口而入黄海, 所谓黄海实际上是与太平洋不可分的一部分, 仅仅名称不同而已。南京离海较远, 位于沪杭两地的西北, 雄踞长江南岸。自南京沿长江东下可达扬州, 运河即在此越江入江南, 马可·波罗曾在元朝扬州当过太守。北京、南京、上海、杭州四城之间现在均有铁路互通, 也可以说是太平洋沿岸的城市。

**均**(jūn) : 모두.

长江下游的江南都市, 气候大致差不多, 春秋两季的天气尤其温煦宜人。杨柳发芽就表示春天到了, 游春的人喜欢采摘新枝回家装饰门户, 表示迎春。树叶转红则表示秋天到了, 夕阳红叶曾给诗人带来不少灵感。春天有一段雨季, 雨水较多, 其余三季晴雨参半, 夏天不太热, 冬天也不太冷。

**下游**(xiàyóu) : 하류. **温煦**(wēnxù) : 따뜻하다. 따사롭다. **宜人**(yírén) : 사람에게 좋은 느낌을 주다. 사람의 마음에 들다. **杨柳**(yángliǔ) : 버드나무. **发芽**(fāyá) : 발아하다. 싹이 트다. **游春**(yóuchūn) : 봄 경치를 유람하다. 봄맞이가다. **采摘**(cǎizhāi) : (과일·잎 따위를) 따다. 뜯다. **雨季**(yǔjì) : 우계. 우기(雨期). **参半**(cānbàn) : 반반이다. 반수(半數)(를 차지하다).

土壤非常肥沃, 主要农作物是稻, 养蚕是普通的家庭工业。鱼、虾、蟹、蚌、鳗、牛、羊、猪、蔬菜、水果遍地皆是, 著名的扬州菜就是拿这些东西来做材料的。

**蟹**(xiè) : 게. **蚌**(bàng) : 마합. **鳗**(mán) : 뱀장어. **遍地皆是**([biàndìjiēshì) : 도처에 널려 있다.

上海是长江流域的金融中心。上海的繁荣应该归功于外国人的工商活动, 外国资本是上海经济结构的基础, 外国商人和资本家因而成为上海的贵族阶级, 住在上海的人都得向这些洋人低头。

**归功于**(guīgōngyú) : 공로를…에게 돌리다. …의 덕택이다. **成为**(chéngwéi) : …으로 되다. **洋人**(yángrén) : 외국인. **低头**(dītóu) : 머리를 숙이다.

这些洋人有他们自己的生活圈子, 许多外国人虽然在上海住了几十年, 中国对他们却仍然是个"谜样的地方"。他们住在富丽幽邃的花园洋房里, 有恭顺的中国仆人侍候着, 生活得有如王公贵族。

**谜样**(míyàng) : 수수께끼 같은, 불가사의한. **富丽**(fùlì) : 화려하다. 웅대하고 아름답다. **幽邃**(yōusuì) : (산수. 수림. 궁실 등이) 깊숙하고 고요하다. 으슥하다. **洋房**(yángfáng) : 양옥(洋屋). [서양식으로 지은 집]. 양옥집. **恭顺**(gōngshùn) : 공손하고 순종적이다.

主人们靠剥削致富, 仆人们则靠揩油分肥。他们的俱乐部拒绝华人参加, 似乎没有一个华人值得结识 ; 他们的图书馆也没有一本值得一读的书。他们自大、无知、顽固, 而且充满种族歧视, 就是对于他们自己国内的科学发明和艺术创造也不闻不问, 对于正在中国或他们本国发展的新思想和潮流更无所知。他们唯一的目标就是赚钱。

**靠**(kào) : 기대다. 의지(依支)하다. 의뢰(依賴)하다. **剥削**(bōxuē) : 착취하다. **致富**(zhìfù) : 부자가 되다. 부유하게 되다. **揩油**(kāiyóu) : 다른 사람을 기만해 이득을 얻다. 착복하다. 중간에서 웃돈을 떼어 내다. 갉아먹다. **分肥**(fēnféi) : (부당하게 얻은) 이익을 나누어 갖다. 장물(贓物)을 분배하다. **结识**(jiéshí) : 사귀다. **自大**(zìdà) : 제 잘난 체하다. 우쭐거리다. 뽐내다. 빼기다. **顽固**(wángù) : 완고하다. 고집스럽다. **歧视**(qíshì) : 경시(하다). 차별대우(하다). **种族歧视**(zhǒngzúqíshì) : 인종차별. **不闻不问**(bùwénbùwèn) : 자기 일 이외의 일에는 일절 간섭하지 않다. 남의 말을 듣지도 않고 남에게 묻지도 않다. 매사에 관심이 없다. 알고자 하지 않다. **就是……也** : ……조차도.

地位仅仅次于这些洋人的是中国买办, 他们像洋主子一样无知, 也像洋主子一样富足。中国商人非常尊敬外国银行里和洋行里的买办。买办们张大嘴巴向洋主子讨骨头时, 他们的同胞也就流着口水, 不胜羡慕地大摇其尾巴。

**讨**(tǎo) : 요구[요청]하다. 청구하다. 재촉[독촉]하다. 빌다. 바라다. **口水**(kǒushuǐ) : 군침. 침. **羡慕**(xiànmù) : 부러워하다. 흠모하다. 선망(羨望)하다.

买办阶级很像炼金术士, 可以点铜成银, 他们的洋主子则点银成金。买办们花了一部分银子去讨小老婆, 他们的洋主子却高明多了, 只要在"女朋友"身上花点银子。

**炼金术士**(liànjīnshùshì) : 연금술사. **点铜成银**(diǎntóngchéngyín) : 구리를 은으로 되게 하다. **小老婆**(xiǎolǎo·po) : 첩.

上海的第三等人物是商人。他们从买办手中购买洋货, 赚了钱以后就汇钱回家买田置产。他们偶然回乡探亲时, 自然而然触动了乡下人的"灵机", 因此到上海做生意的人也愈来愈多。

**洋货**(yánghuò) : 양품. 서양 상품. 외래품. **汇钱**(huìqián) : 환으로 송금하다. **置产**(zhìchǎn) : 부동산을 사다. **自然而然**(zìránérrán) : 자연히. 저절로. **触动**(chùdòng) : (심정·추억 따위를) 불러일으키다. 건드리다. 자아내다. 감동되다. **灵机**(língjī) : 재치. 기지. 영감.

我所谈的上海种种情形, 多半是身经目睹的, 绝无夸张之词, 因为我的许多亲戚就是在上海做生意的, 其中有些还是买办。我对他们的生活思想知道得很清楚 ; 同时, 我认得不少住在上海的外国人, 也听过不少关于他们的故事。开明的外国人, 尤其是我所熟悉的美国人, 每当我们谈起上海, 总是紧蹙双眉, 摇头叹息。

**目睹**(mùdǔ) : 목도하다. 보다. **紧蹙双眉**(jǐncùshuāngméi) : 양미간을 몹시 찌푸리다. 눈살을 찌푸리다.

第四等人是工厂工人。他们是农村的过剩人口, 因为在农村无法过活, 结果放弃耕作而到上海来赚钱。他们是贫民窟的居民。

**过剩人口**(guòshèngrénkǒu) : 과잉인구. **居民**(jūmín) : 거민. 주민.

第五等人, 也就是最低贱的一等人, 是拉人力车的苦力。他们多半是来自江北的贫苦县份。这些名为万物之灵的动物, 拖着人力车, 像牛马一样满街奔跑。这种又便宜又方便的交通工具使上海的活动川流不息, 使上海商业动脉中的血液保持循环的, 就是人力车苦力。

**县份**(xiàn·fèn) : 현. **川流不息**(chuānliúbùxī) : (사람과 차들이) 냇물처럼 끊임없이 오가다.

这五等人合在一起, 就构成了一般人所说的"租界心理", 一种崇拜权势, 讲究表面的心理。权势包括财力、武力、治外法权等等, 表面功夫则表现于绘画、书法、歌唱、音乐, 以及生活各方面的肤浅庸俗。

**表面**(biǎomiàn) : 표면。외견。외관。**功夫**(gōng·fu) : 실력。능력。조예(造詣)。**肤浅**(fūqiǎn) : (학식, 이해가) 얕다。**庸俗**(yōngsú) : 저속(低俗)하다。범속(凡俗)하다。비속(卑俗)하다。**书法**(shūfǎ) : 서도。서예。

我们通称这种"租界心理"为"海派", 相对的作风则叫"京派", 也就是北京派。"京派"崇尚意义深刻的艺术, 力求完美。上海是金融海洋, 但是在知识上却是一片沙漠。

**深刻**(shēnkè) : 인상, 느낌, 감상, 체험 등이) 깊다.

上海人一天到晚都像蚂蚁觅食一样忙忙碌碌。他们聚敛愈多, 也就愈受人敬重。在上海, 无论中国文化或西洋文明都是糟糕透顶。中国人误解西方文明, 西洋人也误解中国文化; 中国人仇恨外国人, 外国人也瞧中国人不起, 谁都不能说谁没有理由。

**一天到晚**(yītiāndàowǎn) : 아침부터 밤까지. 하루 종일. **蚂蚁**(mǎyǐ) : 개미. **觅食**(mìshí) : 먹이를 구하다. 먹을 것을 찾다. **忙忙碌碌**(mángmanglùlù) : 매우 분주한 모양. 대단히 바쁜 모양. **聚敛**(jùliǎn) : (세금, 조세 등을) 긁어모으다. 수탈하다. **糟糕**(zāogāo) : (일이나 상황 등이) 엉망이다. 야단나다. **透顶**(tòu dǐng) : (헐뜯거나 비방하는 의미에서) 절정에 달하다. 극도에 이르다. 그지 없다. **仇恨**(chóuhèn) : (이해관계의 충돌로 인해) 극도로 증오하다. **瞧不起**(qiáobuqǐ) : 경멸하다. 업신여기다.

但是他们有一个共同之点—同样地没有文化; 也有一个共同的谅解—敛财。这两只因素终使上海人和外国人成为金钱上的难兄难弟。"你刮我的钱, 我揩你的油。"

**难兄难弟**(nánxiōngnándì) : 난형난제. 막상막하. 생사고락을 함께 한 사람. 서로 같은 곤경에 빠진 사람. **揩油**(kāiyóu) : 다른 사람을 기만해 이득을 얻다. 착복하다.

沙漠之中还是有绿洲的, 上海的可取之处也就在此。在本世纪的最初十年里, 治外法权曾使上海成为革命思想和革命书籍的避难所和交换处。进化论和民主思想的种籽最初就散播在这些绿洲上, 之后又随风飘散到中国各文化中心。

**种籽**(zhǒngzǐ) : 종자. 씨. 씨앗. **绿洲**(lǜzhōu) : 오아시스(oasis). [사막에 풀과 나무가 있는 곳]. **散播**(sànbō) : (사물이나 소문, 사상 등을) 퍼뜨리다. 살포하다. (어떤 물건을) 흩뜨리다. 뿌리다. **飘散**(piāosàn) : 사방으로 흩날리다. 날아 흩어지다.

科学和民主的种籽在其它各地发育滋长为合抱大树, 在上海却始终高不盈尺。在民国十年到二十年间, 上海因受治外法权的庇护, 军阀无法染指, 上海及其附近地区的工业曾有急速的发展。

**滋长**(zīzhǎng) : 주로 추상적인 의미로) 생장하다. 자라다. 생기다. **合抱大树**(hébàodàshù) : 거목(巨木). 아름드리나무. **高不盈尺**(gāobùyíngchǐ) : 높이가 한자도 되지 못했다. 별로 성장하지 못하다. **庇护**(bìhù) : 비호하다. 감싸주다. 덮어 가리다. **染指**(rǎnzhǐ) : (욕망에 져) 손을 대다. 부당한 이익을 취하다. 자기 몫이 아닌 이익을 취하다.

留学生回国掌握金融和工业大权以后, 中国更开始利用管理和生产上的外国诀窍, 不过这些诀窍多半是直接从欧美学来的, 与上海的外国人关系较小。

**诀窍**(juéqiào) : 기교. 요령. 솜씨. [결정적일 때 쓰이는 좋은 방법을 뜻함].

北京的生活可就不同了。除了美丽的宫殿和宫内园苑之外, 我们第一个印象是北京城内似乎只有两个阶级 : 拉人力车和被人力车拉的。但是你在北京住久了以后, 你会发现被人力车拉的也分好几个阶级。

**园苑**(yuányuàn) : 원원.

不过要找出一个“上层”阶级倒也不容易，大家和睦相处，所不同的只是职业而已。在过去，旗人出生以后就是贵族；但这些贵族现在已经与平民大众融为一体。大家都生而平等，要出人头地，就得靠自己努力。唯一的贵族阶级是有学问的人——画家、书法家、诗人、哲学家、历史家、文学家以及近代的科学家和工程师。

**和睦相处**(hémùxiāngchǔ)：화목하게 잘 지내고 있다. **生而平等**(shēngérpíng děng)：나면서부터 평등하다. 평등하게 태어나다. **出人头地**(chūréntóudì)：보통사람보다 뛰어나다. 발군(**拔群**)이다. **工程师**(gōngchéngshī)：기술자(**技術者**). 엔지니어(engineer). [기술을 담당하는 간부의 직무 명칭 중 하나].

一眼就能辨别真伪的艺术鉴赏家，制作各式各样艺术品的工匠，脑中装着活目录的书商，替你篆刻图章，使你俨然有名重百世之感的金石家，美化你的客厅卧室的地毯设计师，大家融融泄泄地生活在一起，有的陶醉于自己的鉴赏力，有的则以能为别人制造艺术品而自豪。鉴赏、技艺也是北京生活的特征。

**辨别**([biànbié)：판별하다. 구별하다. **工匠**(gōngjiàng)：장인(**匠人**). 공예가. [수공예에 종사하는 사람]. **篆刻**(zhuànkè)：전각하다. 도장을 새기다. **俨然**(yǎnrán)：흡사…같다. **卧室**(wòshì)：침실. **名重百世**(míngzhòngbǎishì)：명성을 백세에 남기다. **融泄**(róngyì)：펄럭이는 모양. 조화롭고 여유가 있다. **自豪**(zìháo)：스스로 긍지를 느끼다. 자랑으로 여기다. **技艺**(jìyì)：기예.

差不多每一个人都可以抽空以不同的方式来欣赏美丽的东西。你可以逛逛古老的书铺，与店主人聊上一阵，欣赏一番书架上的古籍和新书，神游于古今知识的宝库之中，只要你有兴致，你不妨在这里消磨两三个钟头，临走时店伙会很客气地请你再度光临。除非你自己高兴，你不一定要买。

**抽空**(chōukòng)：틈[시간]을 내다. **欣赏**(xīnshǎn)：감상하다. 좋다고 여기다. 마음에 들어 하다. 좋아하다. **逛逛**(guàngguàng)：구경하러 다니다. **书铺**(shū pù)：서점. 책방. **神游**(shényóu)：(몸은 원래의 자리에 있는데) 상상이나 꿈에서 어떤 지역을 두루 돌아다니다. **兴致**(xìngzhì)：흥미. 재미. 흥취. **消磨**(xiāo mó)：(시간 등을) 헛되이 보내다. (의지, 정력 등을) 소모하다. **店伙**(diàn huǒ)：점원. **光临**(guānglín)：광림(**光臨**)하다. 왕림(**枉臨**)하다. 내림(**來臨**)하다.

如果你有兴致，你可以跑古董铺，欣赏书画珠宝，包括贵重的真品巧妙的赝品。无论你买不买，都会受到欢迎，但是等到你真的对这些东西发生兴趣时，就是要你拿出留着吃晚饭的最后一块钱，你也在所不惜了。

**古董铺**(gǔdǒngpū)：골동품가게. **书画**(shūhuà)：서화(書畫). '**书法和绘画**(서예와 회화)'의 줄임말. **珠宝**(zhūbǎo)：진주. 보석류의 장식물. **赝品**(yànpǐn)：위조품(僞造品).

你也可以跑到戏园里去，欣赏名伶唱戏。他们多半唱得无懈可击，声声动人心弦。要不然你就跑到故宫博物院，去欣赏历代天才所创造的艺术珍品，我在前面所提到的"京派"作风就是在这种永远追求完美、追求更深远的人生意义的氛围下产生的。

**戏园**(xìyuán)：극장. **名伶**(mínglíng)：명배우. 유명한 배우. **唱戏**(chàngxì)：(중국 전통극이나 지방극 따위를) 공연하다. **无懈可击**(wúxièkějī)：공격당할 만한 허술한 곳이 전혀 없다；빈틈없다. 약점 잡을 곳이 없다. 흠잡을 데가 없다. **动人心弦**(dòngrénxīnxián)：심금(心琴)을 울리다. **要不然**(yào·burán)：그렇지 않으면. 그러지 않으면. **作风**(zuòfēng)：(사상·일·생활 따위의)기풍. 태도. 풍격. 풍조. 수법. **完美**(wánměi)：완미하다. 완전하여 결함이 없다. 매우 훌륭하다. **氛围**(fēnwéi)：분위기.

如果你高兴，你也可以跑到皇宫内苑所改的"中央公园"，坐在长满青苔的古树下品茗，或是坐在假山的古石上闲眺池中的白鹅戏水。在星期天，你可以骑驴，或者坐人力车，或者乘汽车到西山去凭吊名胜古迹，呼吸充塞着古松芳香的空气。

**内苑**(nèiyuàn)：내원(內苑). **青苔**(qīngtái)：청태. 푸른 이끼. **品茗**(pǐnmíng)：차의 맛을 보다. 차의 맛을 즐기다. **闲眺**(xiántiào)：한가로이 바라보다. **白鹅**(bái'é)：흰 고니. **戏水**(xìshuǐ)：물 장난치다. **驴**(lǘ)：(당)나귀. **凭吊**(píngdiào)：(유적(遺跡)이나 분묘(墳墓) 앞에서) 고인(故人)이나 옛 일을 추모하다. 위령제를 거행하다. **芳香**(fāngxiāng)：방향. 꽃다운 향기.

寻求正当娱乐时，学者、艺术家、工匠、科学家和工程师一致欣赏古老的北京。工作时，他们各自在不同的行业上埋头努力。

**寻求**(xúnqiú)：찾다. 탐구하다. **一致**(yīzhì)：함께. 일제히. 동시에. 한꺼번에. **古老**(gǔlǎo)：오래되다.

科学家们在实验室里从事研究，希望对人类的知识宝库提供贡献；工程师拿起计算尺和绘图仪器，设计未来的建设的蓝图；学者们埋头在书堆里，希望从历史教训里找寻未来的理想；工匠们在努力创造美丽的器皿；艺术家们从自然和历史文物里获得灵感，用灵巧的手指把心目中的形象表达于画纸或其他材料。

**器皿**(qìmǐn)：그릇. 식기. **灵巧**(língqiǎo)：민첩하고 교묘하다. (솜씨가) 뛰어나다. 기민하다. 재빠르다. **形象**(xíngxiàng)：형상(形象). [사람의 사상과 감정 활동 등을 일으키게 하는 구체적인 형상(形狀)이나 자태(姿態)]. **画纸**(huà zhǐ)：화지. **表达**(biǎodá)：(생각, 감정을) 나타내다. 드러내다. 표시하다. 표현하다.

连年战乱并没有使北京受到多大的影响，政府虽然一再易手，这个可爱的古城仍然还是老样子。我在前面曾经提到，国都迁移南京以后，北京已经改名为北平。

**连年**(liánnián)：몇 해 동안 이어지다. 여러 해 동안 계속되다. **一再**(yīzài)：수차. 거듭. 여러 차례. 반복하여. 되풀이하여. **老样子**(lǎoyàngzi)：재래식. 종래의 방식. 원래의 모습.

但是在精神上，北平仍旧是北京，随着国都的迁移，北京的一部分也转到政府的新址，例如一部分学者和艺术家，建筑式样和艺术珍藏，但是北平的气氛和情趣却始终未变。铁路和飞机使这两个城市的血液彼此交流，结果两蒙其利。

**迁移**(qiānyí)：이사하다. 이전하다. **新址**(xīnzhǐ)：(어떤 기구의) 새로운 주소.

南京和北平不同，它是个必须从废墟上重建的城市。新都里充满着拆除旧屋，建筑新厦的精神。北京的人固然也憧憬着未来，他们却始终浸淫于旧日的光辉里，但是南京除了历史记忆之外，并无足资依赖的过去，一切都得从头做起。

**重建**(chóngjiàn)：재건(再建)하다. **拆除**(chāichú)：(건축물, 폭탄 등을)철거하다. 허물다. 해체하다. **浸淫**(jìnyín)：점점 스며들다. **光辉**(guānghuī)：광휘. 찬란한 빛. 찬란하다. 훌륭하다. **足资**(zúzī)：～하기에 충분하다. **从头**(cóngtóu)：처음부터. 다시 새로이.

因此大家都在思考、计划和工作, 生活也跟着这些活动而显得紧张。每个人都忙着开会和执行命令。空气永远是那么紧张, 北京的悠闲精神无法在南京发荣滋长。

**永远**(yǒngyuǎn):늘. 항상. 언제나. 언제까지나. 길이길이. **悠闲**(yōuxián):유한하다. 유유하다. **发荣滋长**(fāróngzīzhǎng):무성히 자라다.

街上行人熙来攘往, 人力车夫争先恐后, 就是懒洋洋的驴子也受了急急忙忙的行人车辆的感染而加紧了脚步。每月都有新道路和新建筑出现, 到处在发展, 而且是急速的发展。

**熙来攘往**(xīláirǎngwǎng) : 사람이 끊임없이 왕래하고 매우 번화하다. **争先恐后**(zhēngxiānkǒnghòu) : 뒤질세라 앞을 다투다. **就是……也** : ……조차도. **懒洋洋**(lǎnyángyáng) : 흥이 나지 않는 모양. 활기가 없는 모양. 게으르다. **急急忙忙**(jíjímángmáng):바쁘게 움직이다. **加紧**(jiājǐn):다그치다. 강화하다. 박차를 가하다. 바싹 힘을 내다. 서둘러 하다. 스피드를 내다. 힘을 들이다.

甚至连娱乐都得花很大气力去争取。饭馆只能在拥挤的角落里供应饭菜, 新店面尚未建筑完工。人们在花园里栽花种木, 焦急地等待着花木长大。你需要东西全得临时设法。

**连……都**:……조차도. **气力**(qìlì):힘. 기력. 체력. 노력. 정력. 노고. 애. **拥挤**(yōngjǐ):붐비다. 혼잡하다. 한데 모이다. 한 곳으로 밀리다[몰리다]. 밀치락달치락하다. **角落**(jiǎoluò):구석진 곳. 궁벽한 곳. **饭菜**(fàncài):밥과 찬. 식사. **店面**(diànmiàn):가게 전면. **栽花种木**(zāihuāzhòngmù):꽃과 나무를 심다.

除非你不断地积极工作, 你就会落伍; 你必须努力不懈, 才能追上时代精神。经过六、七年的辛勤工作之后, 南京终于成为崭新而繁荣的都市了。旧日废墟正在迅速地消失, 思考、计划和工作的精神不断在发展, 而且扩散到各省的其他城市, 国家的前途也因而大放光明。

**努力不懈**(nǔlìbùxiè):끊임없이 노력하다. **辛勤工作**(xīnqíngōngzuò):열심히 일하다.

你为了追赶上世界的进步潮流, 计划或许很远大, 甚至已经跑在时代的前头, 但是实际行动势必无法赶上你的思想。你可以栽花种木, 但是你不能使它们在一夜之间长大成荫；铁路公路必须一尺一码地铺筑, 改革计划也不能在旦夕之间实现。于是, 你可能要问：我们又何必这样惶惶不可终日呢?

**追赶**(zhuīgǎn)：(타격을 주거나 붙잡기 위해 속도를 내어) 쫓다. 뒤쫓다. **势必**(shìbì)：꼭. 반드시. 필연코. **成荫**(chéngyīn)：녹음이 우거지다. 나무가 무성하여 그늘이 지다. **一尺一码**(yīchǐyīmǎ)：**铺筑**(pūzhù)：(길 따위를) 포장하다. **旦夕之间**(dànxīzhījiān)：짧은 시간 동안. 단시간 동안. **何必**(hébì)：구태여[하필]…할 필요가 있는가. …할 필요가 없다. **惶惶不可终日**(huánghuángbùkězhōngrì)：매우 두렵고 불안해 하루도 지낼 수가 없다. 불안한 나날을 보내다.

当时有几句流行的话, 颇足代表一般人的感慨, 这几句话是："议而不决, 决而不办, 办而不通。" 当然, 实际的情形并不至于如此之糟, 但是有一件事情是无可置疑的：大家都觉得他们的工作成绩不如理想。其实, 这就是进步的精神。

**感慨**(gǎnkǎi)：느낀 바가 있어서 개탄하다. **无可置疑**(wúkězhìyí)：의심할 여지가 없다.

杭州与前面所谈的三个城市都有一点相像, 但是与它们又都不同。在古文化上, 杭州有点像北京, 因为它是"学人之省"的首府, 但是缺少北京的雄伟。

**相像**(xiāngxiàng)：서로 닮다. **首府**(shǒufǔ)：옛날, 성회(省會)가 있는 부(府). **雄伟**(xióngwěi)：웅위하다. 우람하다. 웅장하다.

杭州像上海一样带点商业色彩, 但是色调比较清淡, 同时因为没有洋主子存在, 故有表现个性的自由。在改革和建设的精神上, 它有点像南京, 但是气魄较少。杭州究竟只是中国一省里的城市, 北京和南京却是全国性的都市。

**清淡**(qīngdàn)：(맛·색깔 따위가) 담백하다. 산뜻하다. 연하다. 담담하다. **气魄**(qìpò)：기백. 진취성 있는 정신. 패기.

杭州最大的资产是西湖。西湖不但饶山水之胜，而且使人联想到历代文人雅士的风流韵事，但是杭州的缺点也就在此。因为杭州人把西湖视如拱璧，眼光也就局限于此；他们甚至自欺欺人地以为西湖比太平洋还伟大，并且足与天堂媲美。

**雅士**(yǎshì)：풍아한 선비. **风流韵事**(fēngliúyùnshì)：풍류가 있고 운치스러운 일. 로맨스. **拱璧**(gǒngbì)：큰 옥. 진귀한 보물. **自欺欺人**(zìqīqīrén)：스스로를 기만하고 남도 속이다. **媲美**(pìměi)：아름다움을 겨루다. 필적하다.

他们已经被"上有天堂，下有苏杭"的俗谚所催眠而信以为真。他们想：且别管苏州怎么样，杭州就在这里，所以这里也就是天堂。自我来台湾以后，从经验中证实，苏杭确是天堂，因为既无地震，又无台风。

**俗谚**(súyàn)：(세상에서 흔히 사용되는)속어. 속담. **信以为真**(xìnyǐwéizhēn)：정말이라고 믿다. 가짜를 진짜로 믿다. **别管**(biéguǎn)：…하든지. …이더라도. …막론하고. …물론하고. **证实**(zhèngshí)：실증하다. 입증하다.

杭州人的心目中只有西湖，你如果在这里住得太久，你不免有沉醉于西湖的危险。此种情况，自古已然。昔人有诗为证云：

"山外青山楼外楼，西湖歌舞几时休。
暖风吹得游人醉，却把杭州作汴州。"

**几时**(jǐshí)：언제. **汴州**(Biànzhōu)：하남 성의 개봉(開封)

但是，从南北传播过来的改革和建设的精神终于把杭州从沉醉中唤醒了。揉揉眼睛以后，它渐渐看出浙江省未来发展的远景以及它在重建中国的过程中所应担负的任务。

**沉醉**(chénzuì)：도취하다. 심취하다. 휩싸이다. **唤醒**(huànxǐng)：일깨우다. (정신적으로) 눈뜨게 하다. 깨우치다. 자각시키다. 각성시키다. **揉**(róu)：(손으로) 비비다. 문지르다. 주무르다. **远景**(yuǎnjǐng)：청사진. 장래의 설계도. 미래의 전망. 전도.

北京也有它辽阔宁静的一面。从城外西山之顶可以看到城内的塔尖；向西可以看到横跨永定河之上的蘆沟桥，它像一条沉睡的巨龙，不理会战争, 也不理会和平, 在这条年代久远的长桥之下, 挟着黄沙的河水日以继夜地, 经年累月地奔流着。

**塔尖**(tǎjiān) : 탑 꼭대기. **横跨**(héngkuà) : 가로 걸쳐 있다. **不理会**(bùlǐhuì) : 주의하지 않다. 상대[응대]하지 않다. 거들떠보지 않다. 알지 못하다. 깨닫지 못하다. **年代**(niándàijiǔyuǎn) : 연대가 오래된. **挟**(xié) : 끼다. 품다. **日以继夜**(rìyǐjìyè) : (어떤 일을) 밤낮으로 계속하다. 낮과 밤이 따로 없이 계속하다. 불철주야로. **经年累月**(jīngniánlěiyuè) : 오랜 세월이 지나다. **奔流**(bēnliú) : 세차게 흐르다. 분류하다.

"永定"是"永远安定"或者"永久和平"的意思。和平真能永维不坠吗? 国人存着这个希望, 因此也就给这条河取了这么个名字。但是我们并未努力保持和平, 结果和平从我们手上溜走, 随着蘆沟桥下的河水奔腾而去。

**溜走**(liūzǒu) : 몰래 달아나다. 뺑소니치다. **奔腾**(bēnténg) : (많은 말이 껑충껑충 뛰며) 내달리다. 달리다. 질주하다. 세차게 흐르다.

民国二十六年(一九三七年)七月七日, 日本军队未经宣战而发动了对芦沟桥的攻击, 终使烽火燃遍了整个中国。为步步胜利所陶醉的日本, 把在中国的战火日积月累的贮蓄在魔盒里滋长, 终至民国三十年(一九四一年)十二月七日变为一道金光向珍珠港闪击。

**发动**(fādòng) : 개시하다. 일으키다. 발동하다. [주로 전투나 전쟁 상황에 쓰이는 단어임]. **烽火**(fēnghuǒ) : 봉화. 전화. 전쟁. **步步**(bùbù) : 한 걸음 한 걸음. 걸음마다 점점. **步步胜利**(bùbùshènglì) : 단계마다 승리하다. **日积月累**(rìjīyuèlěi) : 해와 달이 쌓이다. 오랜 시간 동안 축적되다. 장시간 쌓이다. **贮蓄**(zhùxù) : 저축(하다). **魔盒**(móhé) : 마법 상자. **闪击**(shǎnjī) : (병력을 집결하여 번개와 같이) 기습하다. 급습하다. **战火**(zhànhuǒ) : 전화. 전쟁의 불길. 전쟁. **滋长**(zīzhǎng) : (주로 추상적인 의미로) 생장하다. 자라다. 생기다. **金光**(jīnguāng) : 금광. 금빛.

# 第二十五章　東北與朝鮮
# 만주와 조선

民国七年(一九一八年)夏天。也就是中日战争爆发前十九年, 我曾经和一位朋友到东北去过一趟。日本侵略中国是从东北开始的, 我们且来看看民国初年时那里的情形。

**東北**(dōngběi) : 동북 삼성의 준말. 오늘날의 만주.

我们从上海搭火车到南京, 在下关渡长江到浦口, 在搭津浦铁路火车到北京, 自浦口北上火车穿广漠的平原, 一共走了两天两夜。这还是我第一次经过这一区域。飞扬的沙尘, 干旱的黄土, 以及遍野的玉蜀黍, 与江南潮湿的黑土, 蜿蜒的溪涧, 连绵的稻田和起伏的丘陵, 适成强烈的对比。

**广漠**(guǎng mò) : 넓고 아득하다. 광막하다. **飞扬**(fēiyáng) : 높이 오르다. **尘土飞扬** : 먼지가 날리다. **干旱**(gānhàn) : 메마르다. 가물다. **遍野**(biànyě) : 온 들. 들 전체. **玉蜀黍**(yùshǔshǔ) : 옥수수. **潮湿**(cháoshī) : 축축하다. 눅눅하다. **蜿蜒**(wānyán) : (산·강·길 등이) 구불구불하다. **溪涧**(xījiàn) : 계간. 산골짜기에 흐르는 시내. 계곡. **连绵**(liánmián) : (산맥·강·눈·비 등이)그치지 않다. 끊이지 않다. 이어지다. **稻田**(dàotián) : 논.

我心里想, 北方与南方地理环境的不同, 可能与两个人民体魄和心理的差异有很大的关系。我的祖先几百年来所居住的华东江浙两省, 曾在历史上出过无数的学者、艺术家和政治家; 但是我现在经过的苏北和皖北却似乎是全国最贫穷的地区, 境内树木砍伐殆尽, 淮河更不时泛滥成灾。

**体魄**(tǐpò) : 심신(**心身**). 신체와 정신. 체력과 기백. **苏**(sū) : 강소성(**江蘇省**)의 준말. **皖**(Wǎn) : 안휘 성(**安徽省**)의 다른 이름. **似乎**(sì·hu) : 마치(…인 것 같다[듯하다]). **砍伐**

(kǎnfá) : (톱·도끼 따위로) 나무를 베다[자르다]. 벌채하다. **不时**(bùshí) : 때때로. 이따금. 종종. 늘. **泛滥成灾**(fànlànchéngzāi) : 강물이 범람하여 홍수 피해를 입다.

车离苏北进入黄河流域的山东省境。山东是华北的沿海省份之一, 人民个子高大, 肌肉结实, 生活勤劳, 但是人烟过于稠密, 省民不得不向外谋发展。最后我们到了北京, 使我有机会初次瞻仰故都的公园、宫殿、博物院和花园。

**省份**(shěngfèn) : 성(省). **结实**(jiē·shi) : 굳다. 단단하다. 질기다. **勤劳**(qínláo) : 부지런히 일하다. 근로하다. 근면하다. **稠密**(chóumì) : 많고 빽빽하다. 조밀하다. **瞻仰**(zhānyǎng) : 쳐다보다. 우러러보다. 삼가 뵈다. 배견(拜見)하다. 참배하다.

我们从北京循京奉铁路续向沈阳, 途经长城的终点山海关。全球闻名的万里长城, 西起甘肃的嘉峪关, 像一条巨龙蜿蜒而东, 一迄于渤海岸的山海关, 把中国本部与满洲及蒙古隔为两半。

**循**(xún) : (규칙·순서·인습·관례 따위를)따르다. 좇다. 준수하다. **隔为两半**(géwéiliǎngbàn) : 절반으로 나누다.

在火车穿越山海关以前, 我们随处可以听到知了(蝉)在枝头此唱彼和, 喧闹的情形与中国其它各地完全一样。但一出山海关就不闻蝉声了。原来知了只在长城以内生长、歌唱。

**穿越**(chuānyuè) : (산 따위를) 넘다. 통과하다. 지나가다. **随处**(suíchù) : 도처에. 어디(서)나. **知了**(zhīliǎo) : 【북경어】매미. **蝉**(chán) : 매미. **枝头**(zhītóu) : 나뭇가지의 끝. **此唱彼和**(cǐchàngbǐhè) : 맞장구치다. **喧闹**(xuān nào) : (여럿이 시끄럽게 마구) 떠들(어 대)다.

我们在夜色苍茫中到达沈阳, 车站建在城内日本租界里。街头到处是日本商店, 很像日本的一座小城。日本势力侵入满洲已经是铁的事实, 除非中国与日本一决雌雄, 否则这种情势决无法遏止。

**夜色**(yèsè) : 야경(夜景). **苍茫**(cāngmáng) : 아득히 요원하다. 끝이 없다. **铁的事实**(tiědeshìshí) : 움직일 수 없거나 명백한 사실. 부인할 수 없는 사실. 확고한 사실. **一决雌雄**(yījuécíxióng) : 자웅(雌雄)을 겨루다. 승패를 가리다. **遏止**(èzhǐ) : 저지하다.

在历史上, 满洲和蒙古一直是中国祸患之源。这两个广大区域里的民族如匈奴、蒙古和鞑靼, 不时越过长城入侵, 致令中原板荡, 民不聊生。日本人一旦盘据满洲, 势将成为现代的鞑靼。

**祸患**(huòhuàn) : 재난. 재해. 재앙. **板荡**(bǎndàng) : 정국이 혼란하고 사회가 불안하다. **民不聊生**(mínbùliáoshēng) : 백성이 편안히 생활할 수가 없다. **势将**(shìjiāng) : 반드시장차 ~하게 될 것이다.

我们拜访了好几位在当地军阀张作霖手下做事的官员, 从他们那里听到许多关于满洲的情形。我们原来打算去看张作霖, 但是被朋友劝住了。沈阳是奉天省的省会, 也是三百年前满洲人征服中国以前的京城。我们参观了沈阳附近的皇陵, 清兵入关前的清室诸王就葬在那里。

**劝住**(quànzhù) : 타일러 그만두게 하다. 권고하여 제지시키다. 달래서 마음을 가라앉히다. **省会**(shěnghuì) : 성도(省都). '省政府' 소재지. **入关**(rùguān) : 산해관(山海關) 안으로 들어가다. (동북으로부터) 중국 관내에 들어가다.

我们从沈阳搭日本人经营的南满铁路到宽城子。宽城子就是我们现在所知道的长春市, 民国二十年(一九三一年)九 · 一八事变后一度改名新京而成为伪满洲国的首都。日本势力侵入宽城子的迹象非常显著, 日本商店随处可见。

**迹象**(jìxiàng) : 흔적. 형적. 자취. 현상. 기미. 조짐 기색. 눈치.

铁道两旁是一望无际的麦田, 繁茂的麦穗说明了长城之外这块辽阔的处女地正是中国最富庶的地方, 供应每年从山东河北来的千万移民, 绰有余裕。从中国抢走东北等于剥夺了他的生存空间, 并使黄河流域的省份窒息而死。

**一望无际**(yīwàngwújì) : 일망무제. 일망무애. 끝없이 넓다. **麦田**(màitián) : 밀 · 보리밭. **繁茂**(fánmào) : 초목이 무성하다[우거지다]. **麦穗**(màisuì) : 밀 · 보리이삭. **绰有余裕**(chuòyǒuyúyù) : 여유가 많다. 매우 넉넉하다. **省份**(shěng fèn) : 성(省). **剥夺**(bōduó) : 박탈하다. (재산이나 권리 등을) 빼앗다.

宽城子是日本人经营的南满铁路的终点，也是原由帝俄经营的中东铁路的起点。中东铁路公司承袭了沙皇政府的腐败作风，由一群贪污无能的白俄雇员在管理。

**帝俄**(dìé)：제정러시아. **起点**(qǐdiǎn)：기점(起點). 출발점. [어떤 것이 시작되는 장소나 시간을 가리킴]. **沙皇**(shāhuáng)：차르(tsar). [러시아(Russia)와 불가리아(Bulgaria)를 다스렸던 황제의 칭호]. **承袭**(chéngxí)：따르다. 답습하다. **白俄**(bái é)：백계 러시아 사람.

买了票的乘客上车时还得争夺座位，不买票坐霸王车的人反而大模大样占据着舒适的车厢。扒窃之风非常猖獗。有一位乘客，穿着皮鞋睡在卧车的上铺，早上醒来，发现一只皮鞋已经不翼而飞。

**坐霸王车**(zuòbàwángchē)：무임승차하다. 표를 사지 않고 승차하다. **反而**(fǎn'ér)：오히려. 역으로. 도리어. **大模大样**(dàmúdàyàng)：느긋한 모양. 의젓한 모양. 대범한 모양. 거들먹거리는 모양. 거드름을 피우는 모양. 거만한 모양. **车厢**(chēxiāng)：(열차의) 객실이나 수화물 칸. 찻간. **扒窃**(páqiè)：소매치기 하다. **风**(fēng)：일의 발선·성횡. 추세. 동향 경향. **皮鞋**(píxié)：가죽구두. **卧车**(wòchē)：침대차. **上铺**(shàngpù)：이층[삼층] 침대의 상단. **不翼而飞**(bùyìérfēi)：(물건이)온 데 간 데 없다.

他眼睁睁地望着那只失掉鞋子的脚，想不通鞋子被人脱走时他为什么毫无知觉。我也想不通，偷鞋子的贼光偷一只鞋究竟有什么用途。这件怪事发生以后，全体乘客都小心翼翼地守着自己的行李不敢离开。我的那位朋友为了保险起见，赶紧把携带的卢布塞到内衣口袋里，晚上并且穿着长衫睡觉。

**眼睁睁地**(yǎnzhēngzhēngde)：눈을 뻔히 뜨고. (눈으로) 빤히 보면서. 주시(注視)하는 모양. 자세히 보는 모양. **想不通**(xiǎng·butōng)：납득할 수 없다. 이해할 수 없다. **光**(guāng)：다만. 오직. 홀로. **小心翼翼**(xiǎoxīnyìyì)：거동이 신중하고 소홀함이 없다. 매우 조심스럽다. **保险**(bǎoxiǎn)：안전하다. **赶紧**(gǎnjǐn)：서둘러. 급히. 어서. **卢布**(lúbù)：루블. [러시아(Russia)의 화폐 단위].

第二天早上他的卢布仍然不翼而飞。回程经过哈尔滨车站时，我从车窗探身与中国海关的一位美国官员谈话，我发觉有人摸我臀部的裤袋。我还来不及转身，自己的卢布也不见了。

**回程**(huíchéng) : 돌아가는 길. 귀로. **探身**(tànshēn) : 몸을 앞으로 내밀다. **摸**(mō) : (손으로)만지다. 어루만지다. **臀部**(túnbù) : 둔부. 볼기. 엉덩이. **裤袋**(kùdài) : 바지의 호주머니. **来不及**(láibují) : (시간이 촉박하여) …할 수 없다. 댈 수 없다. 겨를이 없다. …할 시간이 없다.

破败的哈尔滨市是我国最北的国际都市, 也是东方与西方的交会地, 衣衫褴褛的中俄两国的穷孩子在街头一道玩耍, 中俄通婚的事也屡见不鲜。小孩子们说着一种混杂的语言, 一半中文, 一半俄文。哈尔滨贫苦居民不分畛域地交往相处, 对我倒是一件新鲜的事。

**破败**(pòbài) : 무너지다. 퇴락하다. 실패하다. 파탄하다. **交会**(jiāohuì) : 서로 만나다. **衣衫**(yīshān) : 홑옷. 옷. 의복. **褴褛**(lánlǚ) : (의복이) 남루하다. **一道**(yīdào) : 같이. 함께. **玩耍**(wánshuǎ) : 놀다. 장난하다. **屡见不鲜**(lǚjiànbùxiān) : 자주 봐서 신기하지 않다. 흔히 볼 수 있다. **贫苦**(pínkǔ) : 빈곤(하다). 곤궁(하다). **畛域**(zhěnyù) : 한계. 경계. **交往**(jiāowǎng) : 왕래(하다). 내왕(하다). 교제(하다). 상종(하다). **相处**(xiāngchǔ) : 함께 살다. 함께 지내다. **新鲜**(xīn·xiān) : (사물이) 새롭다. 신기하다. 보기 드물다.

在上海顽固的洋人总是瞧不起比他们穷的中国人, 把中国人看成瘟疫似的。这或许是因为很少赤贫的欧洲人到上海来住的缘故。但是最重要的原因, 还是俄国多混血儿。鞑靼与斯拉夫血统合流已经有相当的年代了。

**顽固**(wángù) : 완고하다. 고집스럽다. 보수적이다. **瘟疫**(wēnyì) : 급성 전염병. 유행병. 돌림병. 역병. **合流**(héliú) : 합류하다. 융합하다.

从前平坦整洁的哈尔滨街道, 已经多年未曾修整。我们所坐的马车, 在崎岖的路面经过时, 忽上忽下地颠簸震荡, 我们必须经常紧紧抓住一点东西, 才不致于跌出车外, 舒服不舒服自然谈不到了。下水道大部淤塞。一阵暴雨之后, 街道变成泽国, 积水深可没胫。

**平坦**(píngtǎn) : (땅의 형세가 높낮이 없이)평평(平平)하다. 평탄(平坦)하다. **整洁**(zhěngjié) : 단정하고 깨끗하다. 말끔하다. 가지런하고 정결하다. **修整**(xiūzhěng) : 수리하여 완전하게 만들다. **崎岖**(qíqū) : (산길이) 험하다. 평탄하지 않다. **颠簸**(diānbǒ) : (아래위로) 요동하다. 진동하다. 흔들리다. **震荡**(zhèndàng) : 흔들리다. 요동하다. 진동하다. **淤塞**(yūsè) : (수로나 수채 등이) 진흙으로 막히다. **泽国**(zéguó) : 물바다. 수해나 수몰을 받는 지역. **积水**(jī shuǐ) : 고인 물. **没胫**(mòjìng) : 정강이 까지 이르다.

我们曾经碰到不少从南方来的人在这里做生意。这城里的商人们靠小麦、大豆和矿砂的投机居奇, 全都利市百倍。他们只知道赚钱, 可没有时间理会这个俄国人发展起来的城市究竟残破到什么程度。

**矿砂**(kuàngshā) : 광사(鑛砂). [광상(鑛床)에서 광물을 채굴하거나 빈광(貧鑛)을 선광(選鑛)할 때, 생기는 모래 모양의 부스러기]. **投机**(tóujī) : 투기하다. **居奇**(jūqí) : 폭리(暴利)를 취하기 위하여 수량이 적은 귀한 상품을 대량으로 사들여 값이 오르기를 기다리다. **利市**(lìshì) : 이익. 이윤. **理会**(lǐhuì) : 알다. 이해하다. 깨닫다. **残破**(cánpò) : (온전하지 못하고) 파손되다. 파괴되다.

我们随后又到吉林省城吉林, 当地优美的风景给我们很深的印象。吉林城建筑在松花江北岸, 爬上城内山头的寺庙眺望江景, 宽阔处有如湖泊, 使我想起了杭州的西湖。江中盛产鲜鱼, 松花江的白鱼是大家公认最为鲜美的一种鱼。

**省城**(shěngchéng) : 성(省) 정부의 소재지(所在地). 성도(省都). **盛产**(shèng chǎn) : (대량으로) 산출(産出)하다. 생산(生産)하다. **鱼鲜**(yú xiān) : 새우 따위의 수산물. 물고기. 생선. **白鱼**(báiyú) : 사백어. 방어. (멸치, 은어 따위의) 치어. **鲜美**(xiānměi) : 맛이 아주 좋다.

帝制时代, 只有皇帝、后妃以及王公大臣才有吃到白鱼的口福。北京郊外青龙桥在夏季有白鱼市, 因为慈禧太后常在颐和园驻跸避暑。直到北伐以前, 我们在青龙桥还可买到白鱼。大家相信能够延年益寿的人参也是吉林的特产, 每年有大量的人参运入关内, 销售各省。

**口福**(kǒufú) : (맛있을 뿐만 아니라 귀한 음식을) 먹을 복. **驻跸**(zhùbì) : 주필하다. 임금이 행행하는 도중에 잠시 머무르거나 숙박하다. **延年益寿**(yán niányìshòu) : 장수(長壽)하다. 영수(永壽)하다. 하수(遐壽)하다. 오래 살다. 목숨이 길다. **销售**(xiāoshòu) : (상품을) 팔다. 판매(販賣)하다. 매출(賣出)하다. 매도(賣渡)하다. 매각(賣却)하다.

我们又到黑龙江的省会齐齐哈尔逗留了一个短时期, 我们在那里经历了一次气候由夏转冬的急遽变化。我们发现绿叶在一夜之间枯萎, 纷纷从枝头飞坠。齐齐哈尔已经是中国境内最北的都市, 除非搭乘连接西伯利亚铁路的支线火车前往西伯利亚, 我们已无法再往北前进。

**逗留**(dòuliú) : 머물다. 체류(滯留)하다. **急遽**(jíjù) : 급속하다. 갑작스럽다. **一夜之间**(yīyèzhījiān) : 하룻밤 사이에. **枯萎**(kūwěi) : (꽃·잎이) 마르다. 시들다. 이울다. **飞坠**(fēizhuì) : 추락하다.

回到哈尔滨以后, 我们包了一只汽船, 沿平静的松花江顺流驶往富锦县。舟行两日一夜, 沿途饱览山光水色, 曲折迂回的江上不时出现原始森林遮掩着的岛屿, 夜间月明如洗, 北国夏夜的空气更是清新凉爽。月亮倒映在河水里, 我们的船缓缓经过时, 水面激起银鳞似的微波。

**包**(bāo) : 전세 내다. 대절하다. **汽船**(qìchuán) : 기선. 발동선. 똑딱선. **两日一夜**(liǎngrìyīyè) : 1박2일. **饱览**(bǎolǎn) : 충분히 보다. 실컷 보다. **山光水色**(shānguāngshuǐsè) : 산수풍경. 산천경개(山川景槪). **遮掩**(zhēyǎn) : 덮어 가리다. **清新**(qīngxīn) : 청신하다. 맑고 새롭다. 신선하다. 참신하다. **凉爽**(liángshuǎng) : 시원하고 상쾌하다.

松花江本身也常常有山穷水尽疑无路的情境, 江水似乎汇为湖泊, 森林覆盖的黑森森的山峰, 常常在月色辉映中横阻去路。但是当我们驶近山麓时, 江流会或左或右忽然回转, 我们的船也绕山而过, 河道再度向前平伸, 江水继续向天边外滚滚奔流而去。

**山穷水尽**(shānqióngshuǐjìn) : 막다른 골목에 몰리다. 궁지에 빠지다. **情境**(qíngjìng) : 정경(情景). 광경. 처지. 상황. **湖泊**(húpō) : 호수. **覆盖**(fùgài) : 가리다. 덮다. **黑森森**(hēisēnsēn) : 음침한 모양. 어둡고 음산한 모양. **辉映**(huīyìng) : 눈부시게 비치다. 빛나다. **江流**(jiāngliú) : 강물. 강의 물살. 강류. 하류(河流). **河道**(hédào) : (배가 다닐 수 있는) 강줄기. 수로(水路). **平伸**(píngshēn) : 수평으로 뻗다. 수평으로 펼치다. **天边**(tiānbiān) : 몹시 머나먼 곳. 아득히 먼 곳. **奔流**(bēnliú) : 세차게 흐르다. 분류(奔流)하다.

富锦县是个农仓林立的城市。周围几百里内所出产的小麦和大豆都运集在这个边城里。冬天里四周用冰砖筑起城墙, 以防止土匪"红胡子"的袭击。入夏冰砖融化, 因为夏天盗匪较少, 防务也可以稍稍松弛。

**林立**(línlì) : 임립하다. 숲 처럼 빽빽이 늘어서다. 즐비하다. **边城**(biānchéng) : 변경도시. **四周**(sìzhōu) : 사방. 주위. 둘레. **冰砖**(bīngzhuān) : (저장용 또는 냉장고용으로) 네모나게 자른 얼음. **防务**(fángwù) : 방위업무.

这里每个人都带着枪，也都知道如何放枪。这些边陲省份的人民仍然保持着原始作风，充满了战斗精神，未曾因古老文化的熏染而变得文弱，与长城以内的老大民族适成强烈的对比。抗战前，中国空军就曾从东北处女地的这群强壮的人民中吸收了大批最优秀的斗士。

**边陲**(biānchuí) : 변경. **熏染**(xūnrǎn) : (주로 나쁜 것에) 물들다. 영향을 받다. **强壮**(qiángzhuàng) : 강건하다. 건장하다.

我们最终目的是罗甸县和我们一位朋友的农场。罗甸县在黑龙江与松花江汇合处三角地带的尖端，黑龙江下游与松花江合流后叫混同江。我们从富锦改乘小船顺流而下，于傍晚到达罗甸，当晚寄宿在一个孤零零的小茅屋里，宽阔的砖炕的一部分已经睡着一位老太婆和一只小猫，剩下的一角就用以安顿我们。

**尖端**(jiānduān) : 첨단. 정점. **孤零零**(gūlínglíng) : 외롭다. 고독하다. 적적하다. **砖炕**(zhuānkàng) : 벽돌 온돌. **安顿**(āndùn) : 적절하게 배치하다. 안착하다. 안정시키다. 거주하다.

泥地上睡着两只肥猪，它们似乎睡得很安稳，时而发出重浊的鼾声。蚊子和臭虫扰得我们整夜不能入睡。

**重浊**(zhòngzhuó) : 묵직하고 답답하다. 우울하다. (소리가) 낮고 굵다. **鼾声**(hānshēng) : 코고는 소리. **臭虫**(chòuchóng) : 빈대. **扰**(rǎo) : 교란하다. 어지럽히다

天亮以前我们就起个大早望农场进发。一行四人骑着马，鱼贯穿越连绵数里的树林和麦田。在我们到达目的地以前，太阳已经爬上树梢。黑龙江彼岸俄羅斯境内的山岭依稀可辩。

**望**(wàng) : …을 향하여. …의 쪽으로. **进发**(jìnfā) : (차·배 또는 집단이) 출발[전진]하다. **鱼贯**(yúguàn) : (꼬챙이에 꿴 생선처럼) 쭉 이어서. 줄줄이 늘어서서. 줄지어. **穿越**(chuānyuè) : (산 따위를) 넘다. 통과하다. 지나가다. **连绵**(liánmián) : (산맥·강·눈·비 등이) 그치지 않다. 끊이지 않다. 이어지다. **树梢**(shùshāo) : 나무꼭대기. 나무 끝. **山岭**(shānlǐng) : 산봉우리. 연봉(連峰). **依稀**(yīxī) : 모호하다. 희미하다. 어렴풋하다. 어슴푸레하다. 아련하다.

马蝇渐聚渐多, 咬得我们坐骑血流如注。我骑的是一匹白马, 马身上血流如汗, 下垂如柳条。我们只有用马尾鬃制的蝇拂尽力驱逐这些马蝇。早上六点钟光景, 我们到达一个丹麦人经营的农场, 据说一星期前曾有一伙红胡子光顾这里。各处墙壁弹痕累累。

**马蝇**(mǎyíng) : 말파리. **咬**(yǎo) : 물다. 깨물다. 떼어 먹다. **坐骑**(zuòqí) : 탄 말. 타는 말. (낙타·나귀 따위의) 타는 짐승. (자동차·오토바이 따위의) 탈것. **血流如注**(xuèliúrúzhù) : 피가 콸콸 쏟아지다. 피가 줄줄 흐르다. **下垂**(xiàchuí) : 축 늘어지다. 아래로 드리워지다. **柳条**(liǔtiáo) : 버드나무 가지. [특히 광주리 따위를 짤 수 있는 고리버들을 가리킴]. **马尾鬃**(mǎwěizōng) : 말 꼬리 갈기. **蝇拂**(yíngfú) : 구식 파리채. **光景**(guāngjǐng) : 쯤. **据说**(jùshuō) : 말하는 바에 의하면. 듣건대. **光顾**(guānggù) : 왕림(하다). **弹痕**(dànhén) : 탄흔. **累累**(lěilěi) : 쌓이고 쌓인 모양. 적체된 모습. **弹痕累累**(dànhénlěilěi) : 온통 탄흔이다.

我们在八点钟左右到达目的地。在最初几年里, 这块处女地上所经营的农场, 每年种植的收益相当不错, 真正的问题在乎盗匪。几个月以前, "小白龙"曾经带着一伙人到农场来光顾一次, 掳走大批的鸡鸭牛羊。

**掳走**(lǔzǒu) : 약탈해 가버리다.

土匪们似乎对农场上的人相当友善, 还用他们的破枪枝换走一批新枪。农场经理说 : "无论如何, 土匪并不如想像中的那么坏。如果日本人控制东三省, 那我们就真的完蛋了。"

**友善**(yǒushàn) : 우호적이다. (친구간에) 사이가 좋다. 의좋다. 다정하다. **枪枝**(qiāngzhī) : 총. 무기. **土匪**(tǔfěi) : 토비. 토구. 지방의 무장한 도적떼. **完蛋**(wándàn) : 망하다. 끝장이 나다. 와해(瓦解)되다. 무너지다. 거덜 나다. 파산(破産)하다. 틀어지다.

罗甸县是我们这次北行的终站, 在满洲大陆的南端, 我们曾访问过日本的租借地大连与旅顺。大连是个商港, 东北的大豆就是由这里大量出口的。

**终站**(zhōngzhàn) : 종착지. **商港**(shānggǎng) : 상항. 통상항. 무역항. **大豆**(dàdòu) : 대두. 콩.

旅顺港是个海军基地，也是东北的门户，一九○四年日俄战争就为此而发。帝俄失败以后，租借权也就转入日人之手。从旅顺和朝鲜开始而贯穿南满的铁路已使日本人控制了东三省的心脏和动脉。

**贯穿**(guànchuān)：관통하다. 꿰뚫다. **东三省**(DōngSānShěng)：중국 동북 지역의 세 개의 성(省). [요령(遼寧)·길림(吉林)·흑룡강(黑龍江) 성(省)]

我们在这海军基地漫游了一天，爬上许多山头，希望能够鸟瞰全港。夕阳衔山时我们终于在一处山头上看到一个石碑，碑上刻着日本东乡大将引金人的两句诗云："拥兵百万西湖上，立马吴山第一峰。"

**漫游**(mànyóu)：자유롭게 유람하다. 기분나는 대로 노닐다. **山头**(shāntóu)：산. 산의 정상. 산봉우리. **鸟瞰**(niǎokàn)：조감하다. 굽어보다. **衔山**(xiánshān)：산을 머금다. **东乡**(dōngxiāng)：일본의 해군대장으로서 러일전쟁 때, 러시아의 막강한 발틱 함대를 대한 해협에서 전멸시킴으로서 러일전쟁을 승리로 이끄는데 결정적인 역할을 한 인물이다. 그의 일본 이름은 도고(東鄕)이다.

南宋曾在一一二七年建都杭州，吴山第一峰就在西湖之滨，金人则于一二七六年征服南宋。日俄战争以后，东乡大将和他同胞的梦想就是步武金人的后尘。大约三十年之后，这个梦想居然实现。继攻陷上海之后，日军终于进占杭州，骑马登上吴山第一峰。

**建都**(jiàndū)：수도를 세우다. 수도로 정하다. **滨**(bīn)：물가. **步武**(bùwǔ)：본받다. 다른 사람을 따라 걷다. **步后尘**(bùhòuchén)：남의 걸음을 따라 걷다. 남이 한 것을 답습하다

朝鲜是日本帝国主义到达亚洲大陆的跳板。一八九四年的中日战争就是因为朝鲜而引起的。为控制这个古老王国而起的中日战争是日本侵略亚洲大陆的开端，也为中国历史揭开了新的一页，接着而来的是中国的维新运动、革命、内战、灾祸、国耻以及西化运动和现代化运动。

**开端**(kāiduān)：시작. 발단. **揭开**(jiēkāi)：열다. 올리다. **西化**(xīhuà)：서양화. 서구화.

我们在游历满洲以后就转往朝鲜。我们坐火车度过鸭绿江到达仁川，由仁川续行到达朝鲜京城汉城。日本的朝鲜总督就住在汉城。雄伟的西式总督府建在王宫的正前面，像是故意要侮辱朝鲜国王似的。国王已经不再存在，王宫却仍留在那里忍受被挤在总督府背后的侮辱。

**游历**(yóulì)：두루 돌아다니다. 유력하다. **挤**(jǐ)：(혼잡한 곳에서 몸으로) 밀치다. 비집다. 배제하다. **忍受**(rěn shòu)：(고통, 어려움, 불행 등을) 견디다. 버티다. 참다.

王宫与北京的中国宫殿一模一样，不过规模却小得多，所以只能算是小型宫殿。据熟悉李朝掌故的韩人某君对我说：中国钦差来访时，李王必须降阶亲迎；如奉上谕，李王尚须跪接圣旨。

**一模一样**(yīmúyīyàng)：같은 모양 같은 모습이다；모양이 완전히 같다[닮았다]. **熟悉**(shú·xī)：숙지(熟知)하다. 익히 알다. 충분히 알다. 상세히 알다. **掌故**(zhǎnggù)：장고. 고실(故實). 전고(典故). 연혁(沿革). 역사적 사실. **降阶**(jiàngjiē)：층계를 내려오다. **上谕**(shàngyù)：조서(詔書). 조칙(詔勅). 옛날, 황제의 명령.

王宫的后面有个中国式的亭，嫔妃们就在这亭子里表演唐朝时的中国古代歌舞。在朝鲜和日本，古代的中国风俗习惯至今仍风行不衰。他们对中国字的发音，他们的风俗习惯、舞蹈、音乐和生活方式都可追溯到唐代的影响。

**嫔妃**(pínfēi)：비빈. 임금의 정실(正室)과 소실(小室)의 통칭. **风行**(fēngxíng)：널리 퍼지다. 유행하다. 성행하다. **追溯**(zhuīsù)：추소하다. 거슬러 올라가다.

当我站在那个亭子里眺望着笼罩在烟雾里的汉城小山时，我不禁神驰于唐朝(六一八~九〇七)的辉煌时代，当时的中国文化有如丽日中天，光芒四射，远及日本、朝鲜和越南等地，成了一个远东文化圈。这个灿烂的文化的祖国已因为经外族入侵而改变了她的风俗习惯和生活方式。

**眺望**(tiàowàng)：(높은 곳에 올라) 멀리 바라보다. 조망하다. **笼罩**(lǒngzhào)：덮어씌우다. 뒤덮다. 휩싸이다. (연기·안개 등이) 자욱하다. 자욱이 끼다. **烟雾**(yānwù)：연무. 수증기. 스모그(smog). 안개. **汉城**(Hànchéng)：서울. 대한민국의 수도. **不禁**(bùjīn)：금치 못하다. 참지 못하다. 견디지 못하다. 【전용】자기도 모르게. **神驰**(shénchí)：마음이 달리다[쏠리다]. 생각이 간절하다. 그리워하다. **丽日中天**(lìrìzhōngtiān)：마치 밝은 해가 중

천에 떠 있는 것 같다. (일이나 사업이) 한창 번창하고 있는 시기 또는 단계. **光芒四射**(guāngmángsìshè) : 빛이 사방에 환하게 비치다.

十九世纪时, 日本在中国唐朝的文化基础上吸收了西洋文明而创立了一种新的文化, 终于并吞了朝鲜, 而且食髓知味, 正预备鲸吞她的恩师中国。但是日本倒也给了中国一个教训 : 如何在古文化的基础上建立一个富强的新中国。中国的一连串改革、革命、西化运动和现代化运动也就是这样开始的。

**并吞**(bìngtūn) : 병탄하다. 삼키다. **一连串**(yīliánchuàn) : 일련의. 계속되는. 이어지는.

在我思前想后的当儿, 太阳已经从云层后面探出头来, 汉城山头的烟雾也很快消散了。引我到王宫去的是位精通汉学的韩国老学者, 他一直默然站在我旁边, 这时才提醒我晚上的一个宴会。我们离开亭子后经过闵妃被刺的地方, 据说闵妃因同情中国而遭日人暗杀。

**思前想后**(sīqiánxiǎnghòu) : 지난날을 회상하고 앞날을 여러모로 생각하다 ; 앞뒤를 생각하다. **当儿**(dāngr) : (일이 발생한, 혹은 진행 중인) 바로 그때. **云层**(yúncéng) : 운층. 구름층. **探头**(tàntóu) : 머리를 내밀(고 엿보)다. **消散**(xiāosàn) : 소산하다. 흩어져 사라지다[없어지다]. **提醒**(tíxǐng) : 일깨우다. 깨우치다. 주의를 환기시키다. 상기시키다.

"我知道你心里在想什么", 这位老学者对我说, "我国现在要振作也太晚了。

我们的国王已经因沉湎声色歌舞而贻误国事。但是中国是有光明的前途的, 中国是你的国家, 也可以看作我的祖国。我已经老了, 老弟, 你还年轻, 你好好地为中国努力吧 ! "

**沉湎**(chénmiǎn) : (주색 따위에) 빠지다. 탐닉하다. **声色**(shēngsè) : 가무와 여색. **贻误**(yíwù) : (나쁜 영향을 끼칠) 잘못을 남기다. 그르치다.

我们到达中国总领事馆时, 晚餐已经准备好了。总领事馆在从前是中国特使的官邸。中国、帝俄和日本竞争这位朝鲜小姐的四角恋爱期间, 这座历史性的大厦里面究竟有过什么活动, 恐怕只有参与其事的人才知道。

**大厦**(dàxià) : 고층 건물. 빌딩(building). **究竟**(jiūjìng) : 도대체. 대관절.

历史记载只给我们一个模糊的轮廓；私人记录即使有，也迄今未发表。一切情形只能凭后人想像了。汉城的生活正在迅速地日本化。日本的商场、银行、店铺和饭馆，占据着大街闹市。大企业的经理、政府官员、重要学府的教员全都是日本人，被征服者的生活习惯，正像他们的皇宫一样，正在步步往后退缩。

**记载**(jìzǎi) : (써 놓은) 기록. 문장. 기사. **凭**(píng) : 의지하다. 의거하다. **大街**(dàjiē) : 큰길. 번화가. 큰 거리. 대로. **商场**(shāngchǎng) : (건물 안에 설치된) 시장. 상가. 아케이드. **闹市**(nàoshì) : 번화한 시가. 번화가. **步步**(bùbù) : 한 걸음 한 걸음. 걸음마다. 점점. **退缩**(tuìsuō) : 뒷걸음질 치다. 위축되다. 주춤하다. 움츠러들다. 곱송그리다. 기가 꺾여 무르춤해지다.

街头不时可以碰到朝鲜人蹲踞在人行道上，嘴里衔着长烟筒，吞云吐雾，悠然自得；妇女们头上顶着沉重的篮子，悠闲地在街上走过。几处讲授四书五经的老式学校已有无法维持之势。我曾经去过这样的一所学校，那里有一位教经书的老先生，十多位学生则围着他蹲踞在垫席上。

**蹲踞**(dūnjù) : 쭈그리고 앉다. **衔**(xián) : (입에)물고 있다. 머금다. 삼키지 않은 채로 있다. **长烟筒**(chángyāntong) : 긴 담뱃대. **吞云吐雾**(tūnyúntǔ wù) : 구름을 들이마시고 안개를 내뿜다. 담배를 피다. **悠然自得**(yōuránzì dé) : 유유자적하다. **垫席**(diànxí) : 방석. 깔개.

朝鲜人和日本人仍旧保持着中国的古代方式，蹲踞在地板上。地板下面即使在夏天也用温火烘着，垫席打扫得和床铺一样清洁。学生们必须背诵中国经书，和我童年时的情形完全一样。虽然他们采用同样的课本，字句发音却迥然不同。他们像中国的广东和日本越南一样，中国字的发音和唐朝人的读法相似或竟相同。

**温火**(wēnhuǒ) : 따스한 불. **烘**(hōng) : (불이나 증기로) 말리다. 쬐다. 데피다. 따뜻하게 하다. **床铺**(chuáng pù) : 침대. [침대와 침상의 총칭]. **清洁**(qīng jié) : (먼지나 기름때 없이) 청결(淸潔)하다. 깨끗하다. **课本**(kèběn) : 교과서(敎科書). 교본(敎本). **迥然不同**(jiǒngránbùtóng) : 현저히 다르다. 완전히 딴판이다.

所有人都穿着棉絮布袜, 夏季也不例外。我问她们这是什么道理, 他们说是因为北方的土地太寒。但是他们身上却都穿着非常凉爽的白色麻布长衫。

**棉絮布袜**(miánxùbùwà) : 솜 양말. 버선. **凉爽**(liángshuǎng) : 시원하고 상쾌하다. **麻布**(mábù) : 삼베. 마포(麻布).

朝鲜人、日本人和越南人, 都爱好中国的山水画、书法和诗词。但是这三个民族都保持着他们自己的特色。艺术方面如此, 生活方面亦然。朝鲜和越南后来受明朝的影响较大; 日本则为海洋所隔离, 且明代与德川幕府, 彼此均以锁国为政策, 故所受影响不多。

**隔离**(gélí) : 격리(隔離)하다. 격리시키다. 떼어 놓다. **均**(jūn) : 모두. 다. 전부.

此外, 以海为家的日本人富于冒险精神, 因此保持着古代中国的尚武精神; 朝鲜人和越南人则深受明以后几百年来中国崇尚文事的影响。授予中国文人莫大尊荣的科举制度曾经传入朝鲜和越南, 却止于日本大门之外。

**尊荣**(zūnróng) : 존귀와 영예.

朝鲜的年轻一代因受日本人控制下的现代学校的影响, 对中国的态度已有急剧的转变; 在这些学校里, 日本天皇被奉为神明, 日本人的优点被捧上天, 中国人的缺点则被过分描写。如果说朝鲜青年对日本的态度是仇恨, 那么对中国的态度就是鄙夷。

**优点**(yōudiǎn) : 장점(長點). 우수한 점. **捧之上天**(pěngzhīshàngtiān) : 정도 이상으로 칭찬하여 주다. 추어주다. **仇恨**(chóuhèn) : (이해관계의 충돌로 인해) 극도로 증오하다. **鄙夷**(bǐyí) : 경시하다. 얕보다. 경멸하다.

年老的一代惋叹充满中国文化的黄金时代已成为过去, 年轻的一代虽有少数人认为自己是大日本帝国的天皇子民, 而大多数的青年却仍仇视日本。

**子民**(zǐmín) : 백성. 국민. 인민.

# 第二十六章 战云密布
# 전운이 짙게 감돌다.

我辞卸国民政府的教育部长以后，于民国十九年(一九三〇年)十月回到北京——这时改称北平。但北京大学校名以历史关系名未改。旋奉当时任行政院长的蒋委员长之命，再度承乏北京大学校务。

**辞卸**(cíxiè) : 사직하다. 사퇴하다. **承乏**(chéngfá) : 인재(人材)가 없어서 재능이 없는 사람이 벼슬을 얻어 하다.

学生游行示威的次数已大见减少。国都迁往南方以后，政治活动的重心已跟着转移，学生们示威反对的对象已经不多，只有日本的侵略偶然激发学生的示威行动。日本在东北发动侵略以后，此时已经向关内迅速扩展。

**扩展**(kuòzhǎn) : 확장하다. 신장하다.

民国二十年(一九三一年)九月十九日早晨，我正坐在北大校长室里办公，忽然电话传来前一天发生的惊人消息：日本人已经在沈阳发动突击，国军为避免冲突，已撤出沈阳。我在前面曾经逐点指出日本侵华的来龙去脉，概括地说起来，发展过程约略如下：

**逐点**(zhúdiǎn) : 하나하나. **来龙去脉**(láilóngqùmài) : 산의 지세가 용트림치며 뻗어 나가 이룬 맥. [명당을 이룬 곳] ; 사물의 경과 상태. 경위. 전후 관계. 내력.

一八九四年(甲午)中日第一次战争以后，中国这位小姐开始崇拜日本英雄。她涂脂抹粉，希望能获意中人的垂青。但是她所崇拜的对象却报以鄙夷的冷笑。记得小时候曾经作过一篇短文，呈给日文教师中川先生请教。

**涂脂抹粉**(túzhīmǒfěn) : 입술연지나 분을 (마구) 바르다; 본래 모습을 감추고 남을 속이다. 추한 것을 억지로 숨기다. **意中人**(yìzhōngrén) : 의중인. 마음속으로 사모하는 사람. 마음속의 애인[사람]. **垂青**(chuíqīng) : 특별히 애호하시다. 호의를 보이시다. **报**(bào) : 회답하다. 응답하다. 보답[사례]하다. **鄙夷**(bǐyí) : 경시하다. 얕보다. 경멸하다. **呈**(chéng) : 드리다. 올리다. 바치다.

> 里面提到"中日同文同种"的话，我的日文教师笔下绝不留情，随笔批道："不对，不对，中日两国并非同种，你的国将被列强瓜分，可怜，可怜!"这个无情的反驳，像一把利剑刺进了我稚嫩的心灵，记得那天晚上，我不禁为国家的前途流泪。

**提到**(tídào) : 말이 미치다. 언급하다. **笔下留情**(bǐxiàliúqíng) : 글에서) 사정을 두다. **瓜分**(guāfēn) : (박을 쪼개듯이) 분할 또는 분배하다. [특히 강대국이 연합하여 약소국이나 미개발국의 영토를 분할하는 것을 가리킴] =[瓜剖豆分]. **随笔**(suíbǐ) : 멋대로 쓰다. **批道**(pīdào) : 비평하여 말하다. **无情**(wúqíng) : 사정(事情)없다. 무자비(無慈悲)하다. 잔혹(殘酷)하다. 인정사정(人情事情)없다. **利剑**(lìjiàn) : 이검. 썩 잘 드는 칼. **稚嫩**(zhìnèn) : 앳되다. 여리다. 야들야들하다. **心灵**(xīnlíng) : 심령(心靈). 정신(精神). 영혼(靈魂). 마음. **不禁**(bùjīn) : 참지 못하게. 견디지 못하게. 자기도 모르게. 참을 수 없을 정도로.

> 中国固然无法获得她意中人的爱情；但是她希望至少能与日本做个朋友。想不到日本竟出其不意地掏出匕首向他刺来，差一点就结束了她的性命，这就是大家所知道的"二十一条"要求。

**出其不意地**(chūqíbùyìde) : 불의에. **掏出**(tāochū) : (손이나 공구로)끄집어 내다. 꺼내다. **匕首**(bǐshǒu) : 비수. **差一点**(chàyīdiǎn) : 하마 트면.

> 从此以后，她才逐渐明白，她的意中人原来是个带着武士道假面具的歹人。后来日本到转头向她示爱，她也一直不肯再理睬他了。因为这时她已经知道得很清楚，他向她追求不过是为了她的丰厚妆奁——中国的天然资源而已。

**假面具**(jiǎmiànjù) : 가면. 탈. **歹人**(dǎirén) : 악한 사람. 악인. **转头**(zhuǎntóu) : (생각을) 돌리다. **示爱**(shìài) : 사랑을 표시하다. **理睬**(lǐcǎi) : 아랑곳하다. 거들떠보다. 상대하다. 관심을 가지다. **追求**(zhuīqiú) : (이성에게) 구애(求愛)하다. **丰厚**(fēnghòu) : 푸짐하다. 융숭하다. 풍성하다. **妆奁**(zhuānglián) : 여자의) 혼수. 혼수 감.

接着来的是一幕谋财害命的惨剧。日本这个歹徒, 把经济"合作"的绳子套到她脖子上, 同时又要她相信那是一条珍珠项链, 叫做东亚共荣圈。民国二十年九月十八日晚上, 正当大家都沉睡的时候, 他忽然把绳圈勒紧了。

**谋财害命**(móucáihàimìng) : 재물을 탐해 목숨까지 해치다. **惨剧**(cǎnjù) : 참사. 비극적 사건. **绳子**(shéng·zi) : 새끼. 밧줄. 노끈. **脖子**(bó·zi) : 목. **绳圈**(shéngquān) : 새끼줄(밧줄)을 둘러친 곳. **勒紧**(lēijǐn) : 단단하게 조르다.

她从梦中惊醒, 马上拔脚飞逃。但是套在她脖子上的共荣圈却始终无法摆脱, 她逃得愈远, 绳子就拖得愈长, 而且脖子的另一端始终掌握在歹徒魔术师的手里。她在惊骇之余大呼救命。

**惊醒**(jīngxǐng) : 깜짝 놀라서 깨다. **拔脚**(bájiǎo) : 걸음을 급히 내딛다. 급히 걷다. **飞逃**(fēitáo) : 쏜살같이 도망치다. **惊骇**(jīnghài) : 놀라다. 무서워하다. 놀라고 두려워하다. **救命**(jiùmìng) : 목숨을 구하다[살리다]. 인명을 구조하다. "사람 살려!" [황급히 구조를 청하여 부르짖는 말].

美国国务卿史汀生呼吁英国与美国联合向日本提出严重抗议。西蒙爵士代表英国拒绝了。弄得史汀生孤掌难鸣, 日本因而得以肆无忌惮地继续推行既定政策。

**国务卿**(guówùqīng) : (미국의)국무장관. **史汀生**(shǐtīngshēng) : 스팀슨(H. L. Stimson) (1867-1950). 그는 저명한 미국의 정치가 겸 전략가로서, 필립핀 총독. 육군 장관, 국무장관을 역임했다. **孤掌难鸣**(gūzhǎngnánmíng) : 한쪽 손바닥만으로는 울리지 못한다; 혼자서는 일을 이루지 못 한다. **肆无忌惮**(sìwújìdàn) : 방자하여 거리낌 없(이 제멋대로 하)다. 아무 거리낌 없이 제멋대로 굴다.

对中国并不太热心的一班朋友, 在李顿爵士率领之下, 懒洋洋地前来营救。他们访问了犯罪的现场沈阳, 并且宣告日本有罪, 沈阳邮政局的意籍局长樸菜第在他给李顿爵士的备忘录里明白指出 : 如果列强不在东北就地阻遏日本侵略, 他相信不出三年, 他的祖国意大利就要染指阿比西尼亚。

**一班**(yībān) : 1조. 한 반. 한 무리. 한 극단. **李顿**(lǐdùn) : 리튼(Lytton). **懒洋洋**(lǎnyángyáng) : 마음이 내키지 않는 모양. **营救**(yíngjiù) : 대책을 세워 구원하다. 원조 활동을 하다. **染指**(rǎnzhǐ) : 자기 몫이 아닌 이익을 취하다. 부당한 이익을 취하다. 부정한 물건을 남몰래 가지다. (욕망에 끌려) 손을 대다.

那位樸局长把备忘录交我读了一遍并且自语道:“但是我人微言轻, 谁又肯理会小小一位邮政局长的话呢?”“对不起, 小姐,” 中国的朋友说:“我们除了宣布对你同清之外, 实在无能为力了。” 同清是有了, 援助却毫无踪影。

**人微言轻**(rénwēiyánqīng) : 지위가 낮으면 그 의견[말]도 경시된다. 사람이 지위가 낮으면 하는 말도 무게가 없다. **理会**(lǐhuì) : 아랑곳하다. 거들떠보다. 상대하다. 상관하다. **无能为力**(wúnéngwéilì) : 무능해서 아무 일도 못하다. 일을 추진시킬 힘이 없다. 어찌할 도리가 없다. **踪影**(zōngyǐng) : 형적(形迹). 종적. 행방. 자취. 흔적.

几个月以后, 我因事回到南方。民国二十一年(一九三二年)一月十八日下午, 我前往上海车站, 准备搭火车回北平。进车站后, 发现情势迥异平常, 整个车站像荒凉的村落。

**前往**(qiánwǎng) : 나아가다. 가다. 향하여 가다. **车站**(chēzhàn) : 정거장. 정류소. 역. **迥异**(jiǒngyì) : 판이하다. 아주 다르다.

一位车站警卫是认识我的。他告诉我, 已经没有往外开的车子。“看样子, 日本人马上要发动攻击了”。他说, “你最好马上离开这里。恐怕这里随时要出事呢!”

**警卫**(jǐngwèi) : 경호원. 경비원. **看样子**(kànyàng·zi) : 보아하니.

那天夜里, 我突然被一阵炮声惊醒, 接着是一阵轧轧的机枪声。我从床上跳起来, 随着旅馆里的人跑到屋顶观望。天空被车站附近射出来的炮火映得通红。日本侵略似乎已经追在我脚跟后面, 从北方到了南方, 我所住的十层高楼的旅馆在租界以内, 日本炮火不会打过来的。

**轧轧**(gágá) : 삐그덕삐그덕[기계나 수레바퀴 등에서 나는 소리]. 여기서는 드르럭 드르럭 하는 기관총소리. **机枪**(jīqiāng) : 기관총. **屋顶**(wūdǐng) : 옥상.

我同一班旅客都作隔岸观火。隆隆的大炮声, 拍拍的机枪声终宵不断。第二天早晨, 我再度爬上屋项, 发现商务印书馆正在起火燃烧, 心里有说不出的难过。好几架日本轰炸机在轮番轰炸商务印书馆的房子。

**同**(tóng) : …와[과]. …와[과] 함께. **隔岸观火**(géànguānhuǒ) : 강 건너 불 보듯 하다. **隆隆**(lónglóng) : 꽈르릉. 우르릉. [천둥이나 포성이 크게 울리는 소리]. **拍拍**(pāipāi) : 툭툭 두드리는 소리. 여기서는 기관총소리. **终宵**(zhōngxiāo) : 밤새. 하루 밤(동안). **轰炸机**(hōngzhàjī) : 폭격기. **轮番**(lúnfān) : 차례대로 (어떤 일을 하다). 순서대로. 번갈아.

黑烟冲天, 纸片漫天飞舞, 有些碎纸片上还可以看到"商务印书馆"的字样。日本已经展开对上海的攻击。结果引起一场民国二十六年(一九三七年)以前最激烈的战事, 但是中国终于被迫接受条件, 准许日本在上海驻兵。

**冲天**(chōngtiān) : 충천(衝天)하다. 하늘을 찌르다. [비유적인 뜻으로 많이 쓰임]. **纸片**(zhǐpiàn) : 종이조각. **漫天**(màntiān) : 온 하늘에 가득 차다. **飞舞**(fēi wǔ) : (춤추듯이 공중에) 흩날리다. 춤추듯 날다.

从民国十九年到二十六年的七年内, 我一直把握着北大之舵, 竭智尽能, 希望把这学问之舟平稳渡过中日冲突中的惊涛骇浪。在许多朋友协助之下, 尤其是胡适之、丁在君(文江), 和傅孟真(斯年), 北大幸能平稳前进, 仅仅偶尔调整帆篷而已。

**舵**(duò) : (배나 비행기 등의) 방향타. 키. 조타. **竭智尽能**(jiézhìjìnnéng) : 온갖 지혜와 능력을 다 발휘하다. **惊涛骇浪**(jīngtāohàilàng) : 사람들이 두려워할 정도로 매우 세찬 파도. 거칠고 사나운 파도. **帆篷**(fānpéng) : 배의 돛.

科学教学和学术研究的水准提高了。对中国历史和文学的研究也在认真进行。教授们有充裕的时间从事研究, 同时诱导学生集中精力追求学问, 一度曾是革命活动和学生运动漩涡的北大, 已经逐渐转变为学术中心了。

**教学**(jiàoxué) : 교수(敎授). 수업(受業) 교육(敎育). **漩涡**(xuánwō) : 분규. 소용돌이. **逐渐**(zhújiàn) : 점점. 조금씩.

七年之中只有一次值得记录的示威运动。当日军迅速向长城推进时，京沪一带的学生大声疾呼，要求政府立即对日作战。大规模的示威游行不时在南京发生，北平的学生也亟欲参加此一救国运动。

**京沪**(jīnghù)：북경과 상해. **大声疾呼**(dàshēngjíhū)：(주의를 끌기 위해) 큰소리로 외치다. 큰 소리로 외쳐 대다. **亟欲**(jíyù)：조속히 바라다.

有一天，一大群学生聚集东火车站，准备搭乘南下的火车，军警当局不准他们上车，这班男女青年就日夜躺卧在铁轨上，不让火车出站。最后当局只好让几百名学生南下，与他们在南京的同志会师。

**聚集**(jùjí)：(사람이나 사물 등을) 모으다. 집합(集合)하다. **躺卧**(tǎngwò)：(아무렇게나)드러눕다. (편안하게)모로 눕다. **铁轨**(tiěguǐ)：철도의 레일. **会师**(huìshī)：부대가 합류하다. (어떤 사업을 위해서) 많은 사람이 집결하다.

我们头上的乌云愈来愈密，此后几年中我们为了争取时间，只好小心翼翼地在浅水里缓缓前进，不敢闯进急流，以免正面撞上日本侵华的浪潮。但是我们的谨慎是与懦怯不同的。

**乌云**(wūyún)：검은 구름. 먹장구름. **小心翼翼**(xiǎoxīnyìyì)：거동이 신중하고 소홀함이 없다. 매우 조심스럽다. **缓缓**(huǎnhuǎn)：느릿느릿한 모양. **浪潮**(làngcháo)：물결. 소동. 풍조. 캠페인. **闯进**(chuǎngjìn)：틈입하다. 뛰어들다. **谨慎**(jǐnshèn)：신중하다. **懦怯**(nuòqiè)：겁이 많다.

每当日本的第五纵队伪装的学者来这“文化中心”(实际上他们却把北大看成反日运动的中心)“拜访”时，我们总是毫无保留地表示我们的态度。

**每当**(měidāng)：…할 때마다. …할 때면 언제나. **第五纵队**(dìwǔzòngduì)：제5열. 제5 부대(第五部隊). 스파이. 내통자.

记得有一位日本学者曾经对北大教授们滔滔不绝地大谈中日文化关系，结果我们告诉他，除了日本的军事野心之外，我们可看不出中日之间有什么文化关系存在。“只要你们肯放弃武力”侵略的野心，中日两国自然就能携手合作的。

**大谈**(dàtán) : 서로 실컷 이야기하다. **滔滔不绝**(tāotāobùjué) : 말이 많고 끝이 없다.

这些学者, 包括地质学家、经济学家、生物学家等等, 不时来拜访我们, 希望争取北大的“友谊”。他们一致埋怨我们的反日运动。我们告诉他们, 我们不一定是反日, 不过我们反对日本军国主义却是真的。但是他们一心一意要灭亡中国, 除了中国完全投降, 他们决不会改变方针。

**一心一意**(yīxīnyīyì) : 전심으로. 외곬으로. 오로지. 일편단심으로. 일념으로. **埋怨**(mányuàn) : (일이 여의치 못해) 불평(不平)하다. 원망(怨望)하다.

这时, 驻屯东三省的日本关东军正迅速向长城之内推进。国军先沿长城浴血奋战, 继在河北省北部紧紧抵抗, 最后终于撤退到北平及其近郊。伤兵络绎于途。各医院到处人满。

**驻屯**(zhùtún) : 주둔하다. **浴血奋战**(yùxuèfènzhàn) : 피 흘려 싸우다. 피투성이가 되어 싸우다. **紧紧**(jǐnjǐn) : 바짝. 꽉. 단단히. **络绎**(luòyì) : (사람·말·수레·배 등의) 왕래가 잇달아 끊이지 않다.

北大教职员也发动设立了一所伤兵医院, 由内子陶曾穀主持院务, 教职员太太和女学生充任职员和看护。因为这医院的关系, 我与作战部队有了较密切的接触, 同时, 获悉他们的心理状态。他们认为作战失利完全是由于缺乏现代武器, 尤其是枪支, 因而以血肉之躯筑成的长城, 终被敌人冲破了。

**发动**(fādòng) : 행동하기 시작하다. 행동하게 하다. **获悉**(huòxī) : 정보를 얻다. 소식[사실]을 알게 되다. **失利**(shīlì) : (전쟁·경기 따위에서) 패(배)하다. 지다. **血肉之躯**(xuèròuzhīqū) : 육체. 몸

国军以血肉筑成长城抗御敌人的弹雨火海, 主要的凭藉就是这种不屈不挠的精神。这种精神使中国在漫长痛苦的八年之中愈战愈勇, 虽然千千万万的人受伤死亡, 中国却始终连哼都不哼一声。我们虽然节节失利, 却终于赢得战争。

**抗御**(kàngyù) : 저항하고 방어하다. **凭藉**(píngjiè) : 의지하다. 의존하다. **不屈不挠**(bùqūbùnáo) : 불요불굴하다. **漫长**(màncháng) : (시간·길 따위가) 멀다. 길다. 지루하다. **节节**(jiéjié) : 잇달아. **赢得**(yíngdé) : 이기다. 승리를 얻다.

战事正在沿长城进行时, 当时的军政部长何敬之(应钦)将军曾亲至北平指挥作战。他和我都希望能达成停战以换取时间。我访晤英国大使蓝浦生, 探询他有无出任调人之意。

**换取**(huànqǔ) : 바꾸어 가지다. 바꾸다. 바꾸어 얻다. **访晤**(fǎngwù) : 방문하다. **蓝浦生**(lánpǔshēng) : 램프슨(Miles Lampson)[영국외교관]. **探询**(tànxún) : 탐문하다. 의사를 타진하다.

他说日本大使馆的须磨先生曾经对他暗示, 日本也希望停战。蓝浦生大使当即拍电报向伦敦请示, 伦敦覆电同意由他出任调人。我们经由美国驻华大使詹森先生把这件事通知华盛顿。

**当即**(dāngjí) : 즉시. 곧. 바로. **拍电**(pāidiàn) : '**拍电报**'(전보를 치다, 타전하다)의 준말. **请示**(qǐngshì) : 지시를 바라다. (상급기관에) 물어보다. **覆电**(fùdiàn) : 답전(答電)을 치다. **调人**(tiáorén) : 조정인. 중재자. **詹森**(zhānsēn) : 존슨(Nelson Johnson)[1929–1941년까지 주중대사역임].

但是这个计划终于胎死腹中, 因为当时的外交部长罗钧任(文干) 告诉南京的英国大使馆说, 除了他本人之外, 谁也无权与外国办交涉。不久日军突破国军沿长城佈置的防线, 步步向北平逼近, 北平军民已开始准备撤退。

**胎死腹中**(tāisǐfùzhōng) : 태아가 뱃속에서 죽다. (중도에)유산되다. **逼近**(bījìn) : 바싹 접근하다. 바싹 다그다.

我当时因为割盲肠之后正躺在北京协和医院, 对外面的情形很隔膜。有一天清早, 我听到日本飞机在头上盘旋, 直觉地感到情势不妙。我得到主治医生的许可, 忍痛步行到何敬之将军的寓所。

**隔膜**(gé·mó) : 사정에 어둡다. 익숙하지[정통하지] 못하다. **盘旋**(pánxuán) : 선회하다. 빙빙 돌다. **不妙**(bùmiào) : (정세가) 좋지 않다. 신통치 않다. 심상치 않다. **寓所**(yùsuǒ) : (임시로) 사는 곳. 거처. 우거하는 곳. 처소.

他见我还留在北平城内, 很感意外。他告诉我日军马上会发动攻击, 劝我快离开北平, 于是我准备第二天就离开。第二天早晨, 我的电话响了, 是何将军打来的:"我们已经谈妥停战, 你不必走了。"

**谈妥**(tántuǒ) : 협상이 타결되다.

我马上打电话把这消息转告胡适之。"真的吗? 日本飞机还在我们头上盘旋呢!" 他说。"何敬之将军刚刚打电话来这样说的。" 我所能回答的也仅此而已。后来才知道黄膺白(郛)已代表中国在午夜签订塘沽协定, 根据此项协定, 日军在占领河北省北部以后, 将暂时停止前进。

**午夜**(wǔyè) : 자정(子正). [밤 열두 시 전후의 시간. **签订**(qiāndìng) : (계약이나 조약 등을) 체결(締結)하다. 맺다. 조인(調印)하다. 서명(署名) 날인(捺印)하다.

日军占领上述地区后, 就在当地成立"自治政府"并催促留在河北的国军司令官与他们合作, 在北平也成立一个"自治政府"。北平城内谣言满天飞, 说河北省境内的司令宋哲元将军即将对日本人屈服。

**催促**(cuīcù) : 재촉하다. 독촉하다. **谣言**(yáoyán) : 유언비어. 풍설. 요언. 헛소문. **满天飞**(mǎntiānfēi) : 온 하늘을 날다. 【전용】가득하다. 도처에 있다.

北大教授就在这紧急关头发表宣言, 声明誓死反对华北的所谓"自治运动"。事实上, 宋哲元将军也并没有答应日本人的要求。

**关头**(guāntóu) : 일의 중요한 시기. 전환점. 고비. **宣言**(xuānyán) : (어떤 문제에 대한 국가, 정당, 단체 등의) 선언(宣言). 성명(聲明). **誓死**(shìsǐ) : 목숨을 걸고 맹세하다.

一两个月以后一个下午, 一个日本宪兵到北大来找我。"日本在东交民巷的驻防军请你去一趟, 谈谈他们希望了解并且需要你加以解释的事情。" 他这样告诉我。我答应在一小时之内就去, 这位日本兵也就告辞回去了。

驻防(zhùfáng) : 군대가 중요한 곳에 주둔하여 방비(수비)하다.

| 我把这件事通知家里的几位朋友之后, 在天黑以前单独往东交民巷日本兵營。我走进河边将军的办公室以后, 听到门锁咔嚓一声, 显然门已下了锁。一位日本大佐站起来对我说 : "请坐。" 我坐下时, 用眼睛扫了旁边一眼, 发现一位士官拔出手枪站在门口。 |
|---|

门锁(ménsuǒ) : 문이 잠기다. 咔嚓(kāchā) : 물체가 끊어져 갈라질 때 나는 소리. 여기서는 문이 잠기는 소리. 扫了一眼(sǎoleyīyǎn) : 힐끗 휘둘러보다. 士官(shìguān)장교. 拔出(báchū) : 빼들다. 手枪(shǒuqiāng) : 권총.

| "我们司令请你到这里来, 希望知道你为什么要进行大规模的反日宣传。他一边说, 一边递过一支香烟来。" "你说什么? 我进行反日宣传? 绝无其事!" 我回答说, 同时接过他的烟。"那末, 你有没有在那个反对自治运动的宣言上签字?" "是的, 我签了名的。那是我们的内政问题, 与反日运动毫无关系。" |
|---|

香烟(xiāngyān) : 담배. 签字(qiānzì) : 서명하다. 조인하다.

| "你写过一本攻击日本的书。" "拿这本书出来给我看看!" "那末你是日本的朋友吗?" "这话不一定对。我是日本人的朋友, 但是也是日本军国主义的敌人, 正像我是中国军国主义的敌人一样。" "呃, 你知道, 关东军对这件事有点小误会。你愿不愿意到大连去与板垣将军谈谈?" |
|---|

敌人(dírén) : 적(敵).

| 这时电话铃響了, 大佐接了电话以后转身对我说 : "已经给你准备好专车。你愿意今晚去大连吗?" "我不去。" "不要怕, 日本宪兵要陪你去的, 他们可以保护你。" "我不是怕, 如果我真的怕, 我也不会单独到这里来了。" |
|---|

专车(zhuānchē) : 특별 (열)차. 전용 (열)차.

如果你们要强迫我去, 那就请便吧——我已经在你们掌握之中了。不过我劝你们不要强迫我。如果全世界人士, 包括东京在内, 知道日本军队绑架了北京大学的校长, 那你们可就要成为笑柄了。

**请便**(qǐngbiàn) : 마음대로 하시오. 좋도록 하시오. 편한 대로 하십시오. **绑架**(bǎngjià) : 납치하다. 인질로 잡다. **笑柄**(xiàobǐng) : 웃음거리.

他的脸色变了, 好象我忽然成了一个棘手的问题。"你不要怕呀!" 他心不在焉地说。"怕吗? 不, 不。中国圣人说过, 要我临难毋苟免。我相信你也一定知道这句话。你是相信武士道的, 武士道绝不会损害一个毫无能力的人。" 我抽着烟, 很平静地对他说。

**心不在焉**(xīnbùzàiyān) : 마음이 여기 있지 않다 ; 정신을 딴 데 팔다. **临难毋苟免**(línnànwúgǒumiǎn) : 곤경에 처하여 일시 모면만 꾀해서는 안 된다. **抽烟**(chōuyān) : 담배를 피우다.

电话又响了, 他再度转身对我说 : "好了, 蒋校长, 司令要我谢谢你这次的光临。你或许愿意改天再去大连——你愿意什么时候去都行。谢谢你。再见!" 门锁又是咔嚓一响。

**光临**(guānglín) : 왕림(하다).

大佐帮我穿好大衣, 陪我到汽车旁边, 还替我打开汽车门。这时夜色已经四合了。我独自到日本兵营, 也有朋友说不应该去的, 听日本人来捕好了。他们敢么?

**大衣**(dàyī) : 외투. 오버코트. **夜色**(yèsè) : 야경. 밤 정경. **四合**(sìhé) : 사면을 둘러싸다[조여들다].

第二天下午, 宋哲元将军派了一位少将来劝我离开北平, 因为他怕自己无力保护我。我向他的代表致谢, 不过告诉他, 我将继续留在北平负起我的责任。不久以后, 蒋委员长因陈辞修将军北上之便, 亦来代表慰问。

**陈辞修**(chéncíxiū) : 본명은 진성(**陳誠**)[1898-1965]이다. 사수(**辭修**)는 그의 호이다. 장개

석 씨의 심복으로서 국민정부군 고위 장성이었으며 국민정부가 대만으로 옮겨간 후에는 부총통 직을 맡았으며 한때 장개석씨의 후계자로 지목되기도 했다.

我继续在北平住下来, 而且居然平安无事。偶然也有些朝鲜浪人到北大来寻衅找岔, 这些事曾经一一报告给我知道, 但是我并未予以重视。不久日本人的策略开始转变了。松室孝良将军受命来北平担任日军的特别代表。

**寻衅**(xúnxìn):트집을 잡아서 싸움을 걸다. 도전하다. **找岔**(zhǎochà):트집잡을 구실을 찾다.

他与我交了朋友, 常常到我家里来。他大骂那位日本将军不该在东交民巷兵营折磨我。大概半年光景, 我们私人之间一直保持非常友好的关系。他任期届满时, 穿了全副武装来向我辞行。

**折磨**(zhé·mo):(육체적·정신적으로) 고통스럽게 하다. 구박하다. 학대하다. 괴롭히다. **光景**(guāngjǐng):추량·추정을 표시함. 정도. **届满**(jièmǎn):만기가 되다. **全副武装**(quántùwǔzhuāng):완전무장을 하다. **辞行**(cíxíng):작별 인사를 하다.

他告诉我, 他已奉命调往东北与西伯利亚交界的海拉尔去指挥一个骑兵师。他说战云愈来愈低, 如果中国与日本真的发生冲突, 那是很不幸的。"战事一旦发生," 他说, "日军势将深入汉口"。

**势将**(shìjiāng):반드시 장차~할 것이다.

"真的, 将军, 我同意你的看法。两国之间不幸而发生公开冲突, 很可能会引起国际纠纷, 那时整个日本舰队都可能葬身海底, 日本帝国会缩小为太平洋地图上的几粒小黑点。" 他叹了一口气: "那当然也可能。但是日本仍旧是独立的国家, 中国却不免要被西方列强消灭了。"

**叹了一口气**(tànleyīkǒuqì):한숨을 한 번 쉬다

"也可能如此。下次碰面时, 希望我们不必为愚蠢的作为而抱头痛哭。不管将来发生什么事情, 将军, 希望我们永远是朋友。" 我们就这样怀着沉重的心情分别了。战事结束若干年后, 我经过东京偕内子陶曾縠往访, 相对话旧, 不禁感慨系之。

抱头痛哭(bàotóutòngkū) : 머리를 감싸 쥐고 통곡하다. 往访(wǎngfǎng) : 방문하다. 相对(xiāngduì) : 마주 앉다. 话旧(huàjiù) : (오래간만에 만난 친구와) 지난 일을 이야기하다. 感慨系之(gǎnkǎixìzhī) : 분개한 마음이 어떤 일과 관련되어 개탄(慨嘆)스러움을 금할 수 없다.

接替他的是今井将军。他来拜访我, 我也曾去回拜。我们谈得很坦白, 和我跟松室孝良谈话的情形大致相似。有一次, 日本贵族院的两位议员来访, 其中一位曾任台湾总督。四顾无人之后, 他低声问我, 在东交民巷日本兵营拘留我的是谁。我告诉他是高桥。他摇头说 : "岂有此理!"

接替(jiētì) : 대신하다. 교체하다. 回拜(huíbài) : 답례로 방문하다. 답방하다.

这时候日本人已经明白, 北大并无意于马上发起反日运动, 他们希望能与北大里的主要教授建立友谊, 而把北大拉到日本这一边。双方来往都很审慎, 北大与日本军之间的紧张情势至此已渐渐缓和了。

友谊(yǒuyì) : 우정(友情). 우의(友誼).

后来田代将军来到天津担任当地驻军司令。日本以及其他列强, 因条约规定有权在天津驻军, 田代特地跑到北平来, 设宴招待中日双方文武要员。

设宴(shèyàn) : 주연을 베풀다.

田代在席间发表演说, 鼓吹中日经济合作, 中国官员也曾有人继起发言, 但是措词都相当含糊。我除了吃饭时偶尔说笑外, 对于经济合作问题始终不发一言。几天之后, 忽然南京来了密电, 告诉我, 日本大使馆, 已经暗示外交部, 说北大校长支持中日合作。

措词(cuòcí) : 말하거나 작문할 때 단어나 구(句)를 골라 쓰다.

这就是日本人对付中国的手段。程序大概是, 先来一套甜言蜜语, 继之挑拨阴谋, 然后威胁恫吓, 接着又是甜言蜜语, 最后施行闪电攻击。先后次序可能有所改变, 但是从来不离征服中国的基本方针。日本人在珍珠港事变以前对付美国的, 也是这一套。

**程序**(chéngxù) : (일을 할 때의) 순서. **甜言蜜语**(tiányánmìyǔ) : (남을 속이거나 비위를 맞추기 위해 꾸며낸) 듣기 좋은 말. 달콤한 말. 감언이설(**甘言利說**). **挑拨阴谋**(tiǎobōyīn móu) : 이간질과 음모를 꾸미다. **威胁恫吓**(wēixiédònghè) : 위협과 협박을 하다.

# 第二十七章　抗战初期
# 항일전쟁 초기

未改名北平以前的北京是文化活动和学生运动的中心, 易名以后则变为中日冲突的中心。民国二十六年(一九三七年) 之初, 北平附近事端迭起, 战事已如箭在弦上, 不得不发。七月七日的晚上, 终于发生芦沟桥事变。日军在夜色掩护下发动攻击, 从芦沟桥的彼端向北平近郊进袭, 城内驻军当即予以还击。

**事端**(shìduān) : 사고. 분규. **迭起**(diéqǐ) : 자꾸 일어나다. **箭在弦上**(jiàn zài xián shàng) : 화살이 이미 시위에 걸쳐져 있다. 일 또는 말을 이미 어쩔 수 없이 해야 하는 상황에 이르다. **进袭**(jìnxí) : 진군하여 (적을) 습격하다. **当即**(dāng jí) : 즉시. 곧. 바로. **还击**(huánjī) : 반격하다.

战神降临北平时, 我正在庐山。当时蒋委员长在这华中避暑胜地召集了一群知识分子商讨军国大事, 有一天午后, 天空万里无云, 树影疏疏落落地点缀着绿油油的草地。

**军国**(jūnguó) : 군사(軍事)와 국정 또는 군대와 국가. **万里无云**(wànlǐwúyún) : 만리 창공에 구름 한 점 없다. **疏疏落落**(shūshūluòluò) : 드문드문하다. 흩어져 있다. **绿油油**(lǜyōuyōu) : 푸르고 반들 반들거리다. 푸르고 싱싱하다. 짙푸르다. **点缀**(diǎn·zhuì) : 점철하다. 단장하다. 장식하다. 돋보이게 하다.

蒋委员长曾经为他的客人准备了许多简单雅洁的房子, 我吃过午饭正在一幢单开间独立的宿舍里休息, 一面眺望着窗外一棵枝叶扶疏的大树, 一面谛听着枝头知了的唱和。忽然中央日报程社长沧波来敲门。告诉我日军在前一晚对芦沟桥发动攻击的消息, 我从床上跳起来追问详情, 但是他所知也很有限。

**雅洁**(yǎjié) : 속기(俗氣)가 없이 고상하다. **眺望**(tiàowàng) : 멀리 바라보다. 전망하다. **单开间**(dānkāijiān) : 단칸. **谛听**(dìtīng) : 자세히 듣다. **扶疏**(fúshū) : (가지와 잎이)무성하다. **枝头**(zhītóu) : 가지. **知了**(zhīliǎo) : 매미. **唱和**(chànghè) : 화답하다. [주로 한 사람이 지은 시나 글에 대해 그 운율에 맞게 답하며 지은 것을 가리킴]. (노래할 때 서로) 화음을 맞추다. (노래할 때 서로) 화음을 맞추다. **追问**(zhuīwèn) : 캐묻다. 추궁하다. **详情**(xiángqíng) : 상세한[자세한] 상황[사정].

| 我们曾经讨论過可能的发展。因为我刚从北平来, 他问我, 根据我所知道的北平情况, 对时局有何看法。我告诉他, 以我对当地日军司令官的印象以及他们的保守见解来判断, 这次事变似乎仍旧是地方性事件。日本的计划似乎还是蚕食中国, 一时恐怕尚无鲸吞的准备。 |
|---|

**鲸吞**(jīngtūn) : (타국의 영토를) 병탄하다.

| 但是蚕食的结果, 日本很可能在数年之内即根深蒂固地盘据华北而无法撼其分毫, 到那时候, 长江流域也就危在旦夕了。日本已经以渐进的方式吞噬东北而进窥华北, 将来华北对华中华南的局势亦复如是。同样的方法, 同样的过程。这似乎就是日本对付中国的政策。 |
|---|

**根深蒂固**(gēnshēndìgù) : 뿌리가 깊다. 고질이 되다. 깊이 뿌리박혀 있다. **撼**(hàn) : 뒤흔들다. 요동하다. **盘据**(pánjù) : 불법으로 점거하다. 둥지를 틀고 들어앉다. 도사리다. 웅거하다. **分毫**(fēnháo) : 극히 적은 분량. 아주 미세한 양. **危在旦夕**(wēizàidànxī) : 위험이 조석에 달려 있다. 매우 위급하다. 위재조석(危在朝夕). **吞噬**(tūnshì) : 삼키다. 통째로 먹다. 병탄(倂呑)하다. **进窥**(jìnkuī) : (무장 세력 등이)가까이 다가가[접근하여] (동정을) 엿보다. **局势**(júshì) : (정치·군사 등의) 정세. 형세. 상태.

| 战事断断续续相持了好几天。十二天以后, 北平城外的零星战事仍在进行, 蒋委员长在牯岭对几千名在庐山训练团受训的将领演说, 认为日本即将对中国发动全面攻击, 呼吁大家准备不计代价保卫国家。 |
|---|

**战事**(zhànshì) : 전쟁과 관련된 각종 활동. 전쟁. **断断续续**(duànduànxùxù) : 끊어졌다 이어졌다 하며[하는]. 단속적으로. 단속적인. **相持**(xiāngchí) : 서로 버티다. 서로 고집하다. 쌍방이 대립하다.

他说:"全面战争一旦开始, 我们必须随时准备牺牲。…… 这次战争必将旷日持久, 时间拖得愈长, 我们的牺牲也就愈大。"

**旷日持久**(kuàngrìchíjiǔ): 헛되이 시일을 보내면서 오래 끌다.

在这次演说里, 我初次听见蒋委员长称呼侵华的日军为倭寇, 并表示对日问题的坚决主张。倭寇这个名词, 在一般听众或不甚注意, 但在明代长期遭倭寇蹂躏的宁波绍兴人, 听到这种称呼, 就会觉得事态严重。

**称呼**(chēng·hu): 호칭.

当时的听众之中有阵诚将军、胡宗南将军, 以及其他后来在各区建立殊勋的许多将领。这次演说后不久, 蒋委员长飞返南京, 各将领亦分别返防。我和几位朋友飞到南京, 希望赶返北平, 但是北上火车已全部停顿。

**分别**(fēnbié): 각각. **停顿**(tíngdùn): 중지되다. 잠시 멈추다. 정돈하다. (일이) 침체하여 진척되지 않다.

在此后的两个星期内, 战事像洪水一样泛滥北平附近。宋哲元将军英勇奋战, 部下伤亡惨重。日军司令田代对中国问题的看法一向很保守, 我知道得很情楚, 不幸田代忽然病倒, 思想激进的少壮军官遂得控制日本部队。

**惨重**(cǎnzhòng): 손해가 크다. 가혹하다. 막심하다.

数日后田代去世。究竟是病故、自杀或被杀, 虽然谣言满天飞, 谁也弄不清楚底细。宋哲元将军仍旧希望把事件局部化, 要求兼程北上的中央政府军队暂时停留在保定。结果中央部队就在保定留下来了。

**病故**(bìnggù): 병사(病死)(하다). **谣言**(yáoyán): 유언비어. 풍설. 요언. 헛소문. **满天飞**(mǎntiānfēi): 온 하늘을 날다. 【전용】가득하다. 도처에 있다. **底细**(dǐ·xi): (사람이나 사건 따위의)속사정. 내막. 진상. 경위. 속내. **兼程**(jiānchéng): 하루에 이틀 길을 가다. 겸행(兼行)하다.

但是现由少壮军人指挥的日本军却并未停止前进；宋哲元将军的部队四面八方受到攻击。一位高级将领并在作战时阵亡。宋将军不得已撤出北平，日军未经抵抗即进入故都。

**阵亡**(zhènwáng)：진망(하다). 전사(하다). 전몰(하다).

日军已经控制北平了，华北是否会像沈阳陷落后的东北，遭逢同样的命运呢？日本会不会在华北暂时停下来，在华北等上几年，然后再以之为攻击南方的基地呢？日本是不是已等得不耐烦，准备一举攻下南方而图一劳永逸呢？

**一劳永逸**(yīláoyǒngyì)：한 번 고생으로 영원히[오랫동안] 편안해지다.

二者似乎均有可能。日本的渐进政策似乎对中国更危险。南京的高级官员以及各省的军事领袖全都赞成全面抵抗侵略。结果全国上下，包括政府官员、军事将领和平民百姓，万众一心，一致奋起应付空前的国难。

**均**(jūn)：모두. 다. 전체로. **万众一心**(wànzhòngyīxīn)：모든 사람이 한마음이다. **空前**(kōngqián)：공전의. 전대미문(前代未聞)의. 미증유의.

这时候，日本已开始派遣军队循海道开抵上海。中国也在同时派军队沿长江东下赶到沪渎。在这小小的区域里，已有好几万军队结集对峙着，战事一触即发。究竟那一方面先发第一枪都无关宏旨，不论是一位粗心大意的士兵无意中走火，或者是掌握大权者的决策。

**沪渎**(Hùdú)：상해(上海) 시내를 흐르는 오송강(吳松江). **一触即发**(yīchùjífā)：일촉즉발；막 일이 일어날 듯하여 몹시 위험한 상태에 놓여 있다. **无关宏旨**(wúguānhóngzhǐ)：주된 취지와는 아무런 관계없다. 의의(意義)가 크지 않거나 관계(關係)가 없다. **粗心大意**(cūxīndàyì)：경솔하고 세심하지 못하다. **走火**(zǒuhuǒ)：(총포 따위가) 폭발하다. 발화하다. 오발하다. **决策**(juécè)：(방법과 정책을) 결정하다.

日军官兵大家都知道，制造沈阳事变的负责将领如本庄繁和土肥原等均曾因功而获得最高级的勋奖。一手制造芦沟桥事变的人，无疑地也会获得同样的勋奖。谁又能怪渡海而来上海的日军将领也想一显身手呢？

**一显身手**(yīxiǎnshēnshǒu) : 한번 크게 솜씨를 발휘하다. 수완을 나타내다. **怪**(guài) : 나무라다. 비난하다.

我们在南京的人都知道, 密布在全国上空的乌云势将迸发为狂风暴雨。我离开南京循公路到杭州, 在湖滨-位朋友的别墅里住了几天, 我们没有一天不担心, 在淞沪对垒的中日军队会发生冲突。

**迸发**(bèngfā) : 뿜어대다. 분출하다. 터져 나오다. **狂风暴雨**(kuángfēngbào yǔ) : 세차게 몰아치는 비바람. 광풍과 폭우. **湖滨**(húbīn) : 호반. 호숫가. **别墅**(biéshù) : 별장. **淞沪**(SōngHù) : 상해에서 오송강 입구에 이르는 지역. **对垒**(duìlěi) : 바둑. 장기. 구기 경기에서 대전하다. 대치하다.

我的朋友王文伯不时打长途电话到上海探问情况。八月十二日, 上海方面的回答很短促:"没有消息。明天十点钟, 十点钟, 再见!" 接着电话就挂断了。

**探问**(tànwèn) : 탐문하다. **短促**(duǎncù) : (시간이)촉박하다. 없다. 급하다. 짧다. **挂断**(guàduàn) : 전화를 끊다.

第二天早上十点钟, 历史性的时刻终于来临。浓烟上冲霄汉, 双方的轰炸机交互炸射敌方阵地, 全面战争已经开始了。从此不再有地方性的事件, 也不再有蚕食的机会。日本要就一口吞下中国, 要就完全放弃。但是吞下去倒也不容易, 放弃吗? 她又舍不得。这局面注定是一场长期战争。

**上冲**(shàngchōng) : 위로 치솟아 올라가다. **霄汉**(xiāohàn) : 하늘. **轰炸机**(hōng zhàjī) : 폭격기. **要就……要就～** : ……하든～하든하다. **注定**(zhùdìng) : 필히. 반드시. 운명으로 정해져 있다.

两天以后, 一个乌云密布的下午, 我正坐在柳荫下欣赏湖边浅水中鱼儿穿梭往返, 城的这一边隐隐传来阵阵雷声。有人打电话给我:"喂! 你听到没有?" 接着又是一阵雷声。"是呀, 在打雷。" "不是 … 敌人在轰炸我们的机场!"

**穿梭往返**(chuānsuōwǎngfǎn) : 왔다 갔다 하다. **阵阵**(zhènzhèn) : 이따금. 간간이. **雷声**(léishēng) : 뇌성. 우레 소리.

七架没有战斗机掩护的木更津队轰炸机已经从台湾松山机场飞到杭州。驻扎笕桥的中国战斗机当即升空拦击，并当场击落其五架，其余两架夺路逃命，但是也在离杭州不远處被迫降落，飞行员被俘。我到绍兴专员公署去看一位俘虏，据他说，他们在台湾的指挥官曾经告诉他们，中国根本没有战斗机。

**掩护**(yǎnhù) : (부대나 인원의 행동 등을) 보호하다. 엄호(**掩護**)하다. **驻扎**(zhùzhā) : (군대가 모처에서)주둔(**駐屯**)하다. **当即**(dāngjí) : 즉시. 곧. 바로. **升空**(shēngkōng) : (항공기 등이)하늘로 날아오르다. **拦击**(lánjī) : 적의 진로[퇴로]를 차단하고 공격하다. 요격하다. **当场**(dāngchǎng) : 당장. 즉석(에서). 현장. **击落**(jīluò) : 격추하다. **夺路逃命**(duólùtáomìng) : 황급히 도망하다. **飞行员**(fēixíngyuán) : (비행기의)조종사. **专员公署**(zhuānyuángōngshǔ) : 성(**省**)의 자치구에서 몇몇 현이나 시를 관할하기 위해서 설치했던 파출 기구.

第二天，日军开始轰炸南京。战事刚开始时，日本人在一个地方只丢一个炸弹，所以他们所有的炸弹都是分散的。这种轰炸方式所造成的损害远较集中轰炸为小。一年之后，日军与俄军在伪满与西伯利亚交界处的张高峰发生冲突，日本人才从俄国学到集中轰炸的战术。

**炸弹**(zhàdàn) : 폭탄(**爆彈**). **交界处**(jiāojièchù) : 접경.

我的朋友王文伯是浙江省政府委员兼建设厅厅长。战事开始以后，他的工作自然跟着紧张起来了。他调集了好几百辆公路车，把军火运给前方。有一次，大约二十辆车子结队驶往前方，结果这队车辆误入敌人后方而遭围攻。

**紧张**(jǐnzhāng) : 바쁘다. 긴박하다. 격렬하다. **调集**(diàojí) : 이동 집결시키다. 소집하다.

其中的一位司机跳下车子躲在田野里，后来借夜色掩护爬出敌人阵地回到杭州。几天之后，他找了另外一辆卡车，又再度上前线担任运输工作去了。

**田野**(tiányě) : 전야(**田野**). 들판. 들. **卡车**(kǎchē) : 트럭(truck). [화물, 기자재 등을 운반하는 데 쓰이는 동력 엔진을 사용하는 차량].

难民从上海像潮水一样涌到杭州。庙宇里住满了妇孺老幼。山区的小茅屋也成了衣装入时摩登小姐的临时香闺。她们还是像以前一样谈笑, 似乎根本没有发生过任何变故。我们中国人就有 这点本领, 即使身临危难, 也常能处之泰然。

**庙宇**(miàoyǔ) : 사당. 불당. **茅屋**(máowū) : 모옥. 초가집. **入时**(rùshí) : (복장 따위가) 유행에 맞다. 시류(時流)에 맞다. 모던(modern)하다. **香闺**(xiāngguī) : 여자가 거처하는 방에 대한 미칭(美稱). **危难**(wēinàn) : 위난. 위험과 재난.

我有一位朋友, 本来是上海的棉纱大王, "八·一三"战事发生后, 带着他的子女逃到杭州, 暂时住在山中的一所庙宇里。他告诉我, 他预备给他的家人盖一幢房子。"为什么?" 我问他。"上海作战期间, 我想在杭州住下来"他说。

**大王**(dàwáng) : 거물. 거두. …왕. **盖房子**(gàifángzi) : 집을 짓다.

我真想不到他对这次战争有这样的看法。我劝他最好还是迁到内地去, 因为战事必定要蔓延到杭州以及所有的沿海城市, 甚至可能远及华中的汉口。他听到这些话, 好像没法相信似的。五年之后, 我在重庆碰到他, 他告诉我, 他们一家人在战火扩及杭州以前就离开西湖了。

**碰到**(pèngdào) : 우연히 만나다.

与北方三个大学有关的人士正在南京商议学校内迁的计划。大家有意把北平的北京大学、清华大学和天津的南开大学从北方撤退而在长沙成立联合大学。胡适之从南京打电话给我, 要我回到南京商量实施这个计划的办法。我经过考虑, 勉强同意了这个计划。

**内迁**(nèiqiān) : 오지(奧地)로 이전하다. **勉强**(miǎnqiǎng) : 마지못하다. 내키지 않다.

我晓得在战事结束以前恐怕没有机会再见到父亲和我的老家。而且战局前途很难逆料, 因此我就向朋友借了一辆别克轿车驶回家乡。这时父亲年纪已经很大, 看到我回家自然笑逐颜开。我离家重返南京时告诉父亲说, 中国将在火光血海中获得新生。

**晓得**(xiǎo·de) : 알다. **逆料**(nìliào) : 예측하다. 예견하다. 예상하다. **别克轿车**(biékèjiàochē) : 비크(BUICK)형 승용차 **驶回**(shǐhuí) : 서둘러[급히]돌아오다. **笑逐颜开**(xiàozhúyánkāi) : 얼굴에 웃음꽃이 활짝 피다. 얼굴에 웃음을 가득 띠다. **重返**(chóngfǎn) : (원래 있던 곳으로) 되돌아가다. 복귀하다. **火光血海**(huǒguāngxuèhǎi) : 화광이 충천한 피바다.

"你这是什么意思?" 他目不转睛地望着我, 双目炯炯有光。"事情是这样的 : 这次战争将是一次长期战争, 千千万万的房屋将化为灰烬, 千千万万的百姓将死于非命。这就是我所说的火光血海, 最后中国将获得胜利。"

**目不转睛**(mùbùzhuǎnjīng) : 눈을깜빡이지않고보다. **炯炯有光**(jiǒngjiǒngyǒuguāng) : 눈에 광채가 있다. 눈이 번쩍번쩍 빛나다. **灰烬**(huījìn) : 잿더미. 재

当我向父亲告别时, 我心里有一个感觉, 怕自己从此没有机会再见我所敬爱的父亲了。父亲所施于我的实在太多了。但是我所报答他的却乂如此之少。
后来我的家乡遭到轰炸时, 他迁到山中, 以栽花养鸟自娱, 战事发生两年以后的一个早上, 他像平常一样起得很早, 他忽然感到有点头晕, 回到卧室, 即告去世。享年八十。他不过是战争的间接受害者之一。战争对老年人实在是很大的磨难。

**自娱**(zìyú) : 스스로 오락을 찾다. 스스로 즐기다. **磨难**(mónàn) : 고난. 고생. 시달림.

我回南京逗留几天之后就搭轮溯江而至汉口, 码头附近沿江堆积着大批木箱, 里面装着政府的档案、中央大学图书馆的书籍, 和故宫博物院的古物(即现在台中之古物)。从南京至汉口途中, 我们曾碰到满载军队的船只, 顺流东下增援上海。

**逗留**(dòuliú) : 머물다. 체류하다. 체재하다. **搭轮**(dālún) : 배에 타다. **沿江**(yánjiāng) : 연강. 강가에 벌여 있는 땅. 강에 연하다. 강을 따라. **堆积**(duījī) : 쌓아 올리다. 쌓이다. 밀리다. **档案**(dàng'àn) : 분류하여 보관하는 공문서.

我从汉口搭粤汉铁路赴长沙, 沿途碰到好几批军队挤在敞篷车里, 由广东广西向北开往汉口。这次战争现在的的确确是全国性的, 不再像过去一样是地方性的战事了。士兵们的斗志非常激昂, 我问他们往哪里去。"打日本鬼!" 他们异口同声地说。

**敞篷车**(chǎngpéngchē) : 오픈 카(open car). 무개차. **的的确确**(dídíquèquè) : 확실히.

# 第二十八章　战时的长沙
# 전시의 장사

长沙是个内陆城市。住在长沙的一段时期是我有生以来第一次远离海洋。甚至在留美期间, 我也一直住在沿海地区, 先在加里福尼亚住了四年, 后来又在纽约住了五年。住在内陆城市使我有干燥之感, 虽然长沙的气候很潮湿, 而且离洞庭湖也不远。

**有生以来**(yǒushēngyǐlái) : 태어난 후 (지금까지). **远离**(yuǎnlí) : 멀리 떨어지다. **干燥**(gānzào) : 건조하다. 무미건조하다. 재미가 없나. **潮湿**(cháoshī) : 축축하다. 눅눅하다

我心目中最理想的居所是大平原附近的山区, 或者山区附近的平原, 但是都不能离海太远。离海过远, 我心目中的空间似乎就会被坚实的土地所充塞, 觉得身心都不舒畅。

**充塞**(chōngsè) : 가득 차다[채우다]. 충만하다. **不舒畅**(bùshūchàng) : 불편하다.

我到达长沙时, 清华大学的梅贻琦校长已经先到那里。在动乱时期主持一个大学本来就是头疼的事, 在战时主持大学校务自然更难, 尤其是要三个个性不同历史各异的大学共同生活, 而且三校各有思想不同的教授们, 各人有各人的意见。

**尤其是**(yóuqíshì) : 특히. 더욱.

我一面为战局担忧, 一面又为战区里或沦陷区里的亲戚朋友担心, 我的身体就有点支持不住了。"头疼"不过是一种比喻的说法, 但是真正的胃病可使我的精神和体力大受影响。虽然胃病时发, 我仍勉强打起精神和梅校长共同负起责任来, 幸靠同仁的和衷共济, 我们才把这条由浑杂水手操纵的危舟度过惊涛骇浪。

沦陷区(lúnxiànqū) : 피 점령지역. 时(shí) : 종종. 때때로. 자주. 打起精神(dǎqǐ jīng·shen) : 원기를 내다. 정신을 차리다. 同仁(tóngrén) : 함께 일하는 사람. 동지. 동인. 동업자. 和衷共济(hézhōnggòngjì) : 마음을 합쳐 서로 돕다. 度过(dùguò) : 보내다. 지내다. 惊涛骇浪(jīngtāohàilàng) : 사람들이 두려워할 정도로 매우 세찬 파도. 매우 위태로운 환경 또는 경험.

联合大学在长沙成立以后, 北大、清华、南开三校的学生都陆续来了。有的是从天津搭英国轮船先到香港, 然后再搭飞机或粤汉铁路火车来的, 有的则由北平搭平汉铁路火车先到汉口, 然后转粤汉铁路到长沙。

陆续(lùxù) : 끊임없이. 계속해서.

几星期之内, 大概就有两百名教授和一千多名学生齐集在长沙圣经学校了。联合大学租了圣经学校为临时校舍。书籍和实验仪器则是在香港购置运来的, 不到两个月, 联大就粗具规模了。

齐集(qíjí) : 모두 모이다. 仪器(yíqì) : 측정 기구. 관측기구.

因为在长沙城内找不到地方, 我们就把文学院搬到佛教圣地南岳衡山。我曾经到南岳去过两次, 留下许多不可磨灭的回忆。其中一次我和几位朋友曾深入丛山之中畅游三日, 途中还曾经过一条山路, 明朝末年一位流亡皇帝(永历帝)在三百年前为逃避清兵追赶曾经走过这条山路。

不可磨灭(bùkěmómiè) : 지워 버릴 수 없다. 없애 버릴 수 없다. 回忆(huíyì) : 회상하다. 돌이켜 생각하다. 추억. 丛山(cóngshān) : 끊임없이 이어진 많은 산. 畅游(chàngyóu) : 마음껏 유람(游覽)하다. 追赶(zhuīgǎn) : (타격을 주거나 붙잡기 위해 속도를 내어) 쫓다. 뒤쫓다.

现在路旁边还树着一个纪念碑, 碑上刻着所有追随他的臣子的名字。在我们经过的一所寺庙里, 看见一棵松树, 据一位老僧说是永历帝所手植的。说来奇怪, 这棵松树竟长得像一位佝偻的老翁, 似乎是长途跋涉之后正在那里休息。

追随(zhuīsuí) : 추수[추종]하다. 뒤쫓아 따르다. 佝偻(gōu·lóu) : 곱사(등이). 老翁(lǎowēng) : 노옹. 노인. 할아버지. 长途跋涉(chángtúbáshè) : 먼 길을 고생스럽게 가다.

| 我们先后在同一的路上走过, 而且暂驻在同一寺庙里, 为什么? 同是为了由北方来的异族入侵。一千多年来, 中国始终为外来侵略所苦。 |
|---|

先后(xiānhòu) : 뒤이어. 계속. 연이어. 잇따라. 연속적으로. 전후하여.

| 第一夜我们住宿在方广寺。明朝灭亡以后, 一位著名的遗老即曾在方广寺度其余年。那天晚上夜空澄澈, 团圞明月在山头冉冉移动, 我从来没有看到过这样低、这样近的月亮, 好像一伸手就可以触到它这张笑脸。 |
|---|

遗老(yílǎo) : 유로. 선제(先帝) 또는 전조(前朝)의 유신(遺臣). 澄澈(chéngchè) : 맑고 투명하다. 아주 맑다. 团圞(tuánluán) : 둥근. 冉冉(rǎnrǎn) : 한들거리는 모양. 부드럽게 밑쪽으로 드리운 모양. 천천히 움직이는 모양.

| 第二夜我们住在接近南岳极峰的一个寺院里。山峰的顶端有清泉汩汩流出, 泉旁有个火神庙。这个庙颇足代表中国通俗的想法, 我们一向认为火旁边随时预备着水, 因为水可以克火。 |
|---|

顶端(dǐngduān) : 꼭대기. 정상. 汩汩(gǔgǔ) : 콸콸.

| 第二天早晨, 我们在这火神庙附近看到了日出奇观, 太阳从云海里冉冉升起, 最先透过云层发出紫色的光辉, 接着发出金黄色、粉红和蓝色的光彩, 最后浮出云端, 像一个金色的鸵鸟蛋躺卧在雪白的天鹅绒垫子上。忽然之间它分裂为四个金光灿烂的橘子, 转瞬之间却又复合为一个大火球。 |
|---|

奇观(qíguān) : 기관. 기이한 광경. 云海(yúnhǎi) : 구름바다. 운해. 云端(yún duān) : 구름 속. 躺卧(tǎngwò) : (아무렇게나) 드러눕다. (편안하게) 모로 눕다. 天鹅绒(tiānéróng) : 빌로드. 벨베트. 垫子(diànzi) : 깔개. 매트. 방석. 火球(huǒqiú) : 불덩이.

接着的一段短暂时刻中, 它似乎每秒钟都在变换色彩, 很像电影的彩色镜头在转动。一会儿它又暂时停住不动了, 四散发射着柔和的金光, 最后又变为一个耀目大火球, 使我们不得不转移视线。

**镜头**(jìngtóu) : (카메라·영사기·촬영기 따위의) 렌즈. 장면. 화면. 신(scene). **四散发射**(sìsànfāshè) : 사방으로 발산하다. **耀目**(yàomù) : 눈부시다.

云海中的冰山不见了, 平静的云浪也跟着消逝, 只剩下一层轻雾笼罩着脚下的山谷。透过轻雾, 我们看到缕缕炊烟正在煦和的旭日照耀下袅袅升起。来南岳朝山进香的人络绎于途, 有的香客还是从几百里之外步行来的。男女老幼, 贫贱富贵, 都来向菩萨顶礼膜拜。

**消逝**(xiāoshì) : 사라지다. 없어지다. **笼罩**(lǒngzhào) : 덮어씌우다. 뒤덮다. 휩싸이다. (연기·안개 등이) 자욱하다. 자욱이 끼다. **缕缕**(lǚlǚ) : 잇달아 끊이지 않다. 끊임없다. **炊烟**(chuīyān) : 밥 짓는 연기. **煦和**(xùhé) : (날씨 따위가) 온화하다. 따사롭다. **旭日**(xùrì) : 막 솟아오른 태양. **照耀**(zhàoyào) : 밝게 비추다. 눈부시게 비치다. **袅袅**(niǎoniǎo) : 연기·냄새 따위가 모락모락 오르는 모양. **升起**(shēngqǐ) : 떠오르다. **进香**(jìnxiāng) : (불교도나 도교도가) 성지나 명산의 사원에 가서 향을 사르고 참배하다. **络绎于途**(luòyìyútú) : 길에 발길이 끊이지 않다. **香客**(xiāngkè) : 참배자. **顶礼**(dǐnglǐ) : 〈불교〉정례(頂禮). 무릎을 꿇어 두 손으로 땅을 짚고 존경하는 사람의 발밑에 머리를 대는, 가장 공경하는 뜻으로 하는 절. **膜拜**(móbài) : 부복(俯伏)하여[엎드려]절하다. **顶礼膜拜**(dǐnglǐmóbài) : 부복하여 최고의 예를 취하다; 최상의 예를 하다. (권력자에게) 아첨하다.

长沙是湖南的省会, 湖南是著名的鱼米之乡, 所产稻米养活了全省人口以外, 还可以供应省外几百万人的食用。湘江里最多的是鱼、虾、鳝、鳗和甲鱼, 省内所产橘子和柿子鲜红艳丽。贫富咸宜的豆腐洁白匀净如浓缩的牛奶。唯一的缺点是湿气太重, 一年之中雨天和阴天远较晴天为多。

**省会**(shěnghuì) : 성도(省都). '省政府' 소재지. **鱼米之乡**(yúmǐzhīxiāng) : 농산물과 수산물이 풍부한 지방. **稻米**(dàomǐ) : 쌀. **养活**(yǎng·huo) : 기르다. 부양하다. 먹여 살리다. **鳝**(shàn) : 두렁허리. **甲鱼**(jiǎyú) : 자라. **鲜红**(xiānhóng) : 새빨간 색. **咸宜**(xiányí) : 모두 이치에 맞다. 모두 타당하다. 적당하다. **洁白**(jiébái) : 희디희다. 새하얗다. **匀净**(yún·jing) : (굵기·농도 따위의 정도가) 고르다. 균일하다.

我每次坐飞机由长沙起飞时, 总会想到海龙王的水晶宫。我的头上有悠悠白云, 脚下则是轻纱样的薄雾笼罩着全城, 正像一层蛋白围绕着蛋黄。再向上升更有一层云挡住了阳光。在长沙天空飞行终逃不了层层遮盖的云。

悠悠(yōuyōu) : 많다. 轻纱(qīngshā) : 얇고 가벼운 고급 천. 薄雾(bówù) : 엷은 안개. 蛋黄(dànhuáng) : 겨란 노른자.

湖南人的身体健壮, 个性刚强, 而且刻苦耐劳, 他们尚武好斗, 一言不合就彼此骂起来, 甚至动拳头。公路车站上我们常常看到"不要开口骂人, 不要动手打人"的标语。人力车夫在街上慢吞吞像散步, 绝不肯拔步飞奔。

刚强(gāng·qiang) : (성격·의지가)굳세다. 억세다. 강직하다. 刻苦耐劳(kèkǔ nàiláo) : 애써 노고를 견디어내다. 一言不合(yīyánbùhé) : 한마디가 어긋나다. 拔步(bábù) : 빠르게 걷다. 발걸음을 빨리하다. 빠르게 발을 내딛다. 飞奔(fēi bēn) : 나는 듯이 달리다. 급히 가다.

如果你要他跑得快一点, 他准会告诉你"你老下来拉吧—我倒要看看你老怎么个跑法"。湖南人的性子固然急, 但行动却不和脾气相同, 一个人脾气的缓急和行动的快慢可见并不一致的, 湖南人拉黄包车就是一个例子。

你老(nǐlǎo) : 당신. 귀하. 黄包车(huángbāochē) : 인력거.

他们很爽直, 也很真挚, 但是脾气固执, 不容易受别人意见的影响。他们要就是你的朋友, 要就是你的敌人, 没有折衷的余地。他们是很出色的军人, 所以有"无湘不成军"的说法。

爽直([shuǎngzhí) : 시원시원하다. 활달하다. 솔직 담백하다. 真挚(zhēnzhì) : 진지하다. 진실하다.

曾国藩在清同治三年(一八六四年)击败太平军, 就是靠他的湘军。现在的军队里, 差不多各单位都有湖南人, 湖南是中国的斯巴达。抗战期间, 日本人曾三度进犯长沙而连遭三次大败。老百姓在枪林弹雨中协助国军抗敌, 伤亡惨重。

**枪林弹雨**(qiānglíndànyǔ) : 총칼이 숲을 이루고 탄알이 빗발치듯 하다.

在长沙我们不断有上海战事的消息。国军以血肉之躯抵御日军的火海和弹雨, 使敌人无法越过国军防线达三月之久。后来国军为避免继续作无谓的牺牲, 终于撤出上海。

**血肉之躯**(xuèròuzhīqū) : 피로 얼룩진 몸. **抵御**(dǐyù) : 막아내다. 방어하다. **火海**(huǒhǎi) : 불바다. 여기서는 맹렬한 포화.

敌军接着包围南京, 首都人民开始全面撤退, 千千万万的人沿公路涌至长沙。卡车、轿车成群结队到达, 长沙忽然之间挤满了难民。从南京撤出的政府部会, 有的迁至长沙, 有的则迁到汉口。

**卡车**(kǎchē) : 트럭(truck). **轿车**(jiàochē) : 세단(sedan). 승용차(乘用車). **挤满**(jǐ mǎn) : 가득 차다. 꽉 차다.

日军不久进入南京, 士兵兽性大发。许多妇女被轮奸杀死, 无辜百姓在逃难时遭到日军机枪任意扫射。日军在南京的暴行, 将在人类历史上永远留下不可磨灭的污点。

**兽性**(shòuxìng) : 수성. 야만성. 야비한 욕망.

新年里, 日军溯江进逼南昌。中国军队结集在汉口附近, 日军则似有进窥长沙模样。湖南省会以随时有受到敌人攻击的危险。我飞到汉口, 想探探政府对联大续迁内地的意见。

**进逼**(jìnbī) : (군대가) 앞으로 다가가다. **进窥**(jìnkuī) : 잠입하여 동정을 살피다. 들어가서 염탐하다. **探**(tàn) : 찾다. 뒤지다. 정찰하다. 알아보다. 떠보다.

我先去看教育部陈立夫部长, 他建议最好还是去看总司令本人。因此我就去谒见委员长了。他赞成把联大再往西迁, 我建议迁往昆明, 因为那里可以经滇越铁路与海云衔接。他马上表示同意, 并且提议应先派人到昆明勘寻校址。

谒见(yèjiàn) : 알현하다. 勘寻(kānxún) : 물색하다. 校址(xiàozhǐ) : 학교의 소재지.

民国二十七年(一九三八年)正月, 就在准备搬迁中过去了。书籍和科学仪器都装了箱, 卡车和汽油也买了。二月间, 准备工作已经大致完成, 我从长沙飞到香港, 然后搭法国邮船到越南的海防。我从海防搭火车到法属越南首府河内, 再由河内乘滇越铁路火车, 经过丛山峻岭而达昆明。

搬迁(bānqiān) : 옮기다. 이전하다. 이사하다. 汽油(qìyóu) : 휘발유(揮發油). 가솔린(gasoline). 海防(hǎifáng) : 하이퐁. 丛山峻岭(cóngshānjùnlǐng) : 높고 험준한 산과 고개.

# 第二十九章 日军入侵前夕之越南與缅甸 일본군 침입 전야의 베트남과 미얀마

我由长沙绕道越南赴昆明途中, 发现越南也保留着许多古代中国的风俗习惯, 正如二十多年前我在朝鲜所发现的。越南人与朝鲜人一样, 穿着一种近似明朝服饰的衣服。他们念中国字时, 发音与唐代语言相像; 乡村、城市和行政区也采用中国地名, 这些地名的读音多少与唐代的读音相似。亦可以说与广东音相似。

**服饰**(fúshì) : 복식. 의복과 장신구. 옷차림. **读音**(dúyīn) : 글자의) 발음.

越文是中文的一种变体, 在一般用途上, 法国人却宁取一种拉丁化的越文。这种拉丁化文字在一般人学起来自然容易得多, 但以此为表达高深思想之工具是不够的。越南国王保大在顺化的宫殿很像过去朝鲜李王的宫室, 但是与北京的紫禁城比起来, 规模同样地小得多了。

**越文**(yuèwén) : 베트남어문. **宁**(nìng) : 오히려. **高深**(gāoshēn) : (학문·기술의 조예가) 수준이 높고 깊다. **保大**(bǎodà) : 바오따이(베트남 국왕이름). **顺化**(shùnhuà) : 후에(Hue)[베트남의 지명].

事实上, 越南皇宫很像明朝皇宫残留的一枝, 法国人一直保留着越南皇宫, 拿它作活的博物馆看待, 日本人却宁愿把朝鲜国王送到日本, 想把他改造为日本人。

**残留**(cánliú) : 잔류하다. 남다. **保留**(bǎoliú) : (변하지 않게) 보존하다.

有人告诉我, 越南王的始祖葬在昆明某山头, 因为他本来是中国人。后来有一天下午, 我曾经去找越南王陵寝的古址, 结果没有找到。

**山头**(shāntóu) : (산의) 정상. 산꼭대기. **陵寝**(língqǐn) : 왕릉. 황릉. **古址**(gù zhǐ) : 옛터.

法国殖民地政府的所在地河内已经发展为现代化的法国城市, 街道宽阔, 公共建筑巍然矗立。但是一般农民所住的乡村却肮脏破落, 与河内相较, 真有天渊之别。自由、平等、博爱, 原来如此!

**巍然**(wēirán) : 우뚝한 모양. **矗立**(chùlì) : 우뚝 솟다. **肮脏**(āngzang) : 더럽다. 불결하다. 지저분하다. **破落**(pòluò) : 너무나도 낙후한. **天渊之别**(tiānyuānzhī bié) : 하늘과 땅만큼의 차이. 극히 현저한 차이. 엄청난 간격. 하늘과 깊은 못. **河内**(hénèi) : 하노이(Hanoi).

殖民地政府是一种时代的倒置, 也就是非常倒退的制度, 总督们到殖民地来只是为了剥削榨取, 对人民的福利漠不关心, 这与现代的政治原理背道而驰。

**倒置**(dàozhì) : 거꾸로 놓다. 뒤바뀌다. **剥削**(bōxuē) : 착취하다. **榨取**(zhàqǔ) : 가혹하게 빼앗다. 착취하다. **漠不关心**(mòbùguānxīn) : 전혀 관심이 없다. **背道而驰**(bèidàoérchí) : 방향, 목표가 완전히 상반되다.

不过, 我想在这里声明一句 : 菲律宾的殖民地政府应该例外。美国人有一个理想——提高菲人的文化水准, 美国在菲律宾的殖民政府, 在当地建立了一种足与美国学校媲美的学校制度。

**声明**(shēngmíng) : (일정한 사항에 관한 생각 또는 의견, 태도 등을) 공개적으로 발표하다. 성명(聲明)하다. **媲美**(pìměi) : 아름다움을 겨루다. 필적하다. 어깨를 겨루다.

我曾在民国二十年(一九三一年)去过菲律宾, 所到之处, 学校都在传授历史、文学、科学和民主思想。美国正按照自己的模型, 致力建设菲律宾为一民主共和国。菲律宾在欧美人殖民地制度下, 获得两大贡献。一是西班牙人留下来的天主教。二是美国人留下来的民主制度和言论自由。

**传授**(chuánshòu) : 전수하다. 가르치다.

英国的生存寄托在殖民地上, 法国也得靠殖民地的资源维持生存。如果说英法对殖民地人民的福利还没有完全漠视的话, 那也只是为了养活母鸡, 好让它多生一些蛋而已。

**寄托**(jìtuō) : (기대·희망·감정 따위를) 걸다. 두다. 담다. 의탁하다. 기탁하다.

英国人养鸡生蛋的方法更是妙不可言, 他们控制了主要的工业, 而让当地人民在余留的行业上自觅生路。让鸡到田野里自行寻觅谷粒小虫充饥。鸡能找到谷粒小虫就心满意足了, 养鸡的人则捡起晶莹的鸡蛋笑逐颜开。

**妙不可言**(miàobùkěyán) : 절묘하다. 이루 말할 수 없이 훌륭하다. 말로 표현할 수 없을 정도로 훌륭하다. **余留**(yúliú) : 남다. 남기다. **觅**(mì) : 구하다. 찾다. **自行**(zìxíng) : 스스로. 자체로. 저절로. **寻觅**(xúnmì) : 찾다. **谷粒**(gǔlì) : 낟알. **充饥**(chōngjī) : 요기하다. 배를 채우다. **心满意足**(xīnmǎnyìzú) : 매우 만족해[흡족해] 하다. **晶莹**(jīngyíng) : 반짝반짝 빛나다. 투명하게 반짝이다. 밝고 투명하다. 영롱하다. **笑逐颜开**(xiàozhúyánkāi) : 얼굴에 웃음꽃이 활짝 피다.

英国人从来不干涉殖民地人民的风俗和迷信思想, 除了影响公共卫生的事情以外, 当地人民以自由自在的过活而不受干扰。因为公共卫生不但与被统治者有关, 与统治者也有同样的关系, 传染病或瘟疫是不认肤色人种的。

**过活**(guòhuó) : 생활하다. 살아(나)가다. **干扰**(gānrǎo) : 교란시키다. 방해하다. **瘟疫**(wēnyì) : 급성 전염병. 유행병. 돌림병. 역병.

道路修得宽敞平坦, 而且保养得很好, 因为治安和商业是要靠良好的道路来维持的。防御力量只建立到足以镇压当地叛乱的程度, 抵御其他强国的攻击则有赖大英帝国的威望。这种威望衰退时, 殖民地就不免要受强邻的觊觎了。

**修路**(xiūlù) : 도로를 정비하다. 길을 닦다. **觊觎**(jìyú) : (분에 넘치는 것을) 바라다[엿보다]. (야심을 품고) 노리다.

香港和缅甸一度失陷就是这个道理, 英国这样珍惜他的威望, 尤其是在远东的威望, 也是这个道理。

**珍惜**(zhēnxī) : 진귀하게 여겨 아끼다. 소중히 여기다.

缅甸与云南省的西南角接壤, 珍珠港事变前约一年, 我曾经奉命组织一个友好访问团到缅甸, 我参观过炼油厂、锯木厂、和碾米厂, 这些都是缅甸的主要工业, 统由英国控制, 其余的行业则留归缅甸人经营。

**缅甸**(Miǎndiàn) : 버마(Burma)[지금의 미얀마(Myanmar)]. [수도는'**仰光**'(양곤, Yangon)]. **接壤**(jiērǎng) : 경계를 접하다. 인접하다. 접양하다. **炼油厂**(liànyóuchǎng) : 정유공장. **锯木厂**(jùmùchǎng) : 제재소. **碾米厂**(niǎnmǐchǎng) : 정미소. **统**(tǒng) : 모두. 다. 함께. 전부.

被视为神圣的牛只闲荡仰光街头, 警察从来不加干涉。到处是寺院, 院内矗立着镀金的宝塔, 生活着普受统治者及被统治者尊崇的僧侣。缅甸人在英国人的统治下自由过活, 像一群吃饱了小虫谷粒的母鸡悠然自得, 至少, 我看不出一点不满的情绪, 养的人则心满意足地捡取他们的鸡蛋。

**闲荡**(xiándàng) : 한가로이 돌아다니다. 할 일 없이 돌아다니다. 빈둥빈둥 돌아다니다. **仰光**(Yǎngguāng) : 양곤(Yangon). ['**缅**Miǎn**甸**'(버마)의 수도]. **矗立**(chùlì) : 우뚝 솟다. **宝塔**(bǎotǎ) : 보탑. 귀한 보배로 장식한 탑. **尊崇**(zūnchóng) : 존숭하다. 우러러 존경하다. **悠然自得**(yōuránzìdé) : 유유한 가운데 즐거움을 얻다. **心满意足**(xīnmǎnyìzú) : 매우 만족해[흡족해] 하다.

但是总督们在祖国照耀出来的光明在殖民地里却不能完全隔绝。在印度, 甘地的行动一直不受干扰, 只有在紧急危难时才遭监禁。像甘地的这种行为, 在某些欧洲国家的殖民地里或许早已受到阴毒的处置了。

**隔绝**(géjué) : 막히다. 끊어지다. 단절시키다. 차단하다. **照耀**(zhàoyào) : 밝게 비추다. 눈부시게 비치다. **危难**(wēinàn) : 위난. 위험과 재난. **阴毒**(yīndú) : (성질이) 음험하고 악독하다.

但是大不列颠究竟是自由之邦, 自由的光辉不免要透过殖民地上空的云层而惠及当地人民。各种迹象显示, 英国对殖民地正在采取一种比较开明的政策。我希望这些照射到海外殖民地的微光能扩大为强烈的自由火炬, 引导殖民地人民向光明的前途迈进。

**大不列颠**(dàbúlièdiān) : 영국(Great Britain)의 줄임말. **迹象**(jìxiàng) : 흔적. 형적. 자취. 현상. 기미. 조짐 기색. 눈치. **照射**(zhàoshè) : (밝게) 비치[추]다. 쪼이다. **火炬**(huǒjù) : 횃불.

就文化形态而言, 越南王国是属于中国型的, 缅甸则是印度型的。从前缅甸国王在曼达来的宫殿就是印度式的建筑。城镇的地名也看不出与中国有丝毫渊源。

**丝毫**(sīháo) : 사호. 추호. 극히 적은 수량. 조금(치)도. 털끝만큼도. **渊源**(yuānyuán) : 연원. 유래.

越南人和中国人一样, 吃饭时用的是筷子 ; 缅甸却和印度人一样用手指。但是越南和缅甸在过去曾一度尊重中国的宗主权, 中国在两国宗主权的丧失是中国觉醒的原因之一。

**手指**(shǒuzhǐ) : 손가락.

缅甸落入英人手中以后, 缅甸王室就逃到云南, 生活费用一直由云南省政府供给, 不过缅甸王的头衔已经有名无实了。缅甸王的子孙后来进了中国学校, 结果归化为中国人。但是云南腾冲一带的人仍旧知道, 这些缅甸王室后裔的祖先, 曾经在曼达来皇宫的雀屏宝座上, 统治过有镀金宝塔和黄袍僧人的王国。

**头衔**(tóuxián) : (관직이나 학위 따위의) 직함. 학위. 칭호. **雀屏**(quèpíng) : 공작을 병풍에 그려놓다.

# 第三十章　大学逃难
# 대학의 피난

中日战争爆发以后，原来集中在沿海省份的大学纷纷迁往内地，除了我前面提到过的北大、清华、南开三所大学之外，接近战区以及可能受战争影响的高等学府都逐渐向内地迁移，到抗战快结束时，在内地重建的大学和独立学院，数目当在二十左右，学生总数约一万六千人。

**省份**(shěngfèn) : 성(省). [고유 명사와 붙여 쓰지 않음]. **纷纷**(fēnfēn) : (많은 사람이나 물건이) 잇달아. 몇 번이고. 쉴 사이 없이. 계속하여. **提到**(tídào) : 말이 미치다. 언급하다.

这些学府四散在内地各省。有的借用庙宇祠堂，有的则借用当地学校的一部分校舍上课。公共建筑找不到时，有的学校就租用私人宅院，也有些学校临时搭了茅篷土屋。所有学校都已尽可能带出来一部分图书仪器，数量当然很有限，然而就是这一点点简陋的设备也经常受到敌机故意而无情的轰炸。

**四散**(sìsàn) : (산지) 사방으로 흩어지다[도망가다]. 뿔뿔이 흩어지다[도망하다]. **宅院**(zháiyuàn) : 저택. **搭**(dā) : (막, 울타리 등을) 치다. (다리 등을) 놓다. 세우다. **茅篷**(máopéng) : 초가집. **土屋**(tǔwū) ; 흙집. **无情**(wúqíng) : 사정(事情)없다. 무자비(無慈悲)하다. 잔혹(殘酷)하다. 인정사정(人情事情)없다.

许多学生是从沦陷区来的，父母对他们的接济自然断绝了；有些学生甚至与战区里的家庭完全音信不通。有些在沦陷区的家长，虽然明知子弟在内地读书，遇到敌伪人员查问时，宁愿把儿子报成死亡，以免招致无谓的麻烦。后来由政府拨了大笔经费来照顾这些无依无靠的学生。

**接济**(jiējì) : (생활비를)보내다. (물자나 금전으로) 원조하다. 구제하다. **音信**(yīn xìn) : 편지.

음신. 소식. 기별. **家长**(jiāzhǎng) : 학부형(學父兄). 보호자(保護者). **查问**(cháwèn) : 조사 심문(하다). 조사하여 따져 묻다. **招致**(zhāozhì) : (어떤 결과를) 초래하다. 일으키다. **无谓**(wúwèi) : 의미[가치]가 없다. 뜻이 없다. 부당하다. **麻烦**(máfan) : 귀찮게[번거롭게] 하다. 성가시게 굴다. 부담을 주다. 폐를 끼치다

因为日本侵略是从华北开始的, 所以最先受到影响的大学自然是在平津区的学校。平津区陷敌以后, 许多教员和学生知道在侵略者的刺刀下绝无精神自由的希望, 结果纷纷追随他们的学校向南或其他地方转进。

**刺刀**(cìdāo) : 총검. **追随**(zhuīsuí) : 추수하다. 뒤쫓아 따르다.

当时政府尚在南京, 看到这种情形, 便下令在后方成立两个联合大学, 一个在长沙, 另一个在西北的西安。西北联大包含过去的两个国立大学和两个独立学院。它后来从西安迁到汉中, 因为校舍分散, 结果多少又回复了原来各单位的传统。
战事蔓延其他各地以后, 原来还能留在原地上课的大学也步我们的后尘内迁了。结果国立中央大学从南京搬到战时首都重庆, 浙江大学从杭州搬到贵州; 中山大学从广州搬到云南。

**蔓延**(mànyán) : 만연하다. 널리 번지어 퍼지다. **步后尘**(bùhòuchén) : 남의 걸음을 따라 걷다. 남이 한 것을 답습하다.

我想详细地叙述一下长沙临时大学的情形, 它是怎么联合起来的, 后来又如何从长沙迁移到昆明。这故事也许可以说明一般大学播迁的情形。我在前面已谈到, 长沙临时大学是原在北平和天津的三所大学奉教育部之命联合而成的。

**迁移**(qiānyí) : 이사하다. 이전하다. **播迁**(bōqiān) : 멀리 유랑하다. 방랑하다. 정처 없이 떠돌아다니다.

这三所大学就是国立北京大学、国立清华大学和私立南开大学。三所大学的校长成立校务委员会, 教职员全部转到临时大学。民国二十六年(一九三七年)十一月一日在长沙复课, 注册学生有从原来三个大学来的约一千二百五十人, 以及从其他大学转来的二百二十名借读生。

**复课**(fùkè) : 수업을 재개하다. **注册**(zhùcè) : (관련 기관·단체·학교 등에) 등기(하다). 등록(하다). **借读**(jièdú) : 그 학교의 학적이 없는 학생이 모종의 이유로 그 학교에 취학하다.

虽然设备简陋, 学校大致还差强人意, 师生精神极佳, 图书馆图书虽然有限, 阅览室却经常座无虚席。但是民国二十七年初, 也就是南京失陷以后, 情形可不同了。日本飞机把长沙作为轰炸目标之一。在长沙久留是很危险的, 结果临时大学在第一学期结束后, 经政府核准于二十七年二月底向西南迁往昆明。

**差强人意**(chāqiángrényì) : 대체로 마음에 들다. 그런대로 괜찮다. **虚席**(xūxí) : 빈 좌석. **轰炸**(hōngzhà) : 폭격(하다).

从长沙西迁昆明是分为两批进行的, 一批包括三百名左右男生和少数教授, 他们组织了一个徒步旅行团, 从湖南长沙穿越多山的贵州省一直步行到云南的昆明, 全程三千五百公里, 约合一千一百六十哩, 耗时两月零十天。

**穿越**(chuānyuè) : (산 따위를) 넘다. 통과하다. 지나가다. **全程**(quánchéng) : 전체의 노정(路程). 전 코스.

另外一批约有八百人, 从长沙搭被炸得疮痍满目的粤汉路火车到广州, 由广州坐船到香港, 再由香港转到海防, 然后又从海防搭滇越铁路到达昆明。他们由火车转轮船, 再由轮船转火车, 全程约耗十至十四天, 视候车候船的时日长短而有不同。另有三百五十名以上的学生则留在长沙, 参加了各种战时机构。

**搭**(dā) : 차를 타다. **疮痍满目**(chuāngyímǎnmù) : 온통 상처투성이다. **海防**(hǎi fáng) : 하이퐁(Haiphong)[베트남에 있은 도시]. **轮船**(lúnchuán) : 증기선.

搬到昆明以后, "长沙临时大学" 即改名"国立西南联合大学", 简称 "联大"。因为在昆明不能立即找到合适的房子容纳这许多新客, 联大当局决定把文学院和法商学院设在云南第二大城蒙自。民国二十七年五月初联大开课时, 四个学院的学生总数约在一千三百人左右。

简称(jiǎnchēng) : 약칭(略稱).

同年九月间，文学院和法商学院由蒙自迁回昆明，因为当地各中学均已迁往乡间，原有校舍可以出租，房间问题已不如过去那么严重。这时适值联大奉教育部之令成立师范学院，真是“双喜临门”。五院二十六系的学生人数也增至二千人。

均(jūn) : 모두. 出租(chūzū) : ] 세주다. 세놓다. 房间(fángjiān) : 방. 双喜临门(shuāngxǐlínmén) : 경사가 겹치다.

二十八年九月间，联大规模再度扩充，学生人数已达三千人。联大过去十个月来新建造的百幢茅屋刚好容纳新增的学生。抗战结束时，我们共有五百左右的教授、助教和职员以及三千学生。

再度(zàidù) : 다시. 재차. 刚好(gānghǎo) : 꼭 맞다. 딱 알맞다.

多数学生是从论陷区来的。他们往往不止穿越一道火线才能到达自由区，途中受尽艰难险阻，有的甚至在到达大后方以前就丧失了性命。我的儿子原在上海交通大学读书，战事发生后他也赶到昆明来跟我一起住。

不止(火线(huǒxiàn) : 전선. 전장. 艰难险阻(jiānnánxiǎnzǔ) : 난관. 곤란과 위험.

他在途中就曾遭遇到好几次意外，有一次，他和一群朋友坐一条小船，企图在黑夜中偷渡一座由敌人把守的桥梁，结果被敌人发现而遭射击。另一次，一群走在他们前头的学生被敌人发现，其中一个人被捕，日人还砍了他的头悬挂树上示众。

把守(bǎshǒu) : 지키다. 수비하다. 보초를 서다. 망보다. 감시하다. 보호하다. 悬挂(xuánguà) : 매달다. 걸다. 示众(shìzhòng) : (공개적으로) 대중에게 보이다.

我有一位朋友的儿子从北平逃到昆明，在华北曾数度穿越敌人火线，好几次都受到敌人射击。他常常一整天吃不到一点东西，晚上还得在夜色掩护下赶好几里路。他和他的兄弟一道离开北平，但是他的兄弟却被车站上的日本卫兵抓走送到集中营去了，因为他身上被搜出了学生身份的证件。

**一道**(yīdào) : 함께. **车站**(chēzhàn) : 정거장. 정류소. 역. **集中营**(jízhōngyíng) : (강제) 수용소. **证件**(zhèngjiàn) : (신분·경력 등의) 증명서. 증거 서류. [학생증·신분증·졸업 증명서 따위를 가리킴.]

他们是化装商店学徒出走的, 但是真正的身份被查出以后, 就会遭遇严重的处罚。据说北大文学院的地下室已经变为恐怖的地牢。我无法证实这些传说, 不过后来我碰到一位老学生, 在他设法逃出北平到达大后方以前, 曾經被捕坐了兩年牢。據他說, 他曾被送到北大文学院地下室去受"招待"。

**化装**(huàzhuāng) : 가장하다. 변장하다. **据说**(jùshuō) : 말하는 바에 의하면. 듣건대. **地牢**(dìláo) : 지하감옥. **证实**(zhèngshí) : 실증하다. 증명하다. **传说**(chuánshuō) : 소문. 풍문. **设法**(shèfǎ) : 방법을 세우다. 방도를 강구하다. 대책을 찾다.

那简直是活地狱。敌人把冷水灌到他鼻子里, 终至使他晕过去。他醒过来时, 日本宪兵上村告诉他, 北大应该对这场使日本蒙受重大损害的战争负责, 所以他理应吃到这种苦头。

**活地狱**(huódìyù) : 생지옥(生地獄). **灌**(guàn) : (액체, 기체 또는 알갱이 형태의 물체를) 채우다. 불어 넣다. 붓다. 담다. **晕过去**(yūnguoqu) : 기절하다. 졸도하다. **理应**(lǐyīng) : 이치에 비추어 마땅히 …해야 한다. **苦头**(kǔtóu) : 고통. 괴로움. 고난.

上村怒不可遏地说 : "没有什么客气的, 犯什么罪就该受什么惩罚!" 他曾经连续三次受到这种"招待", 每次都被灌得死去活来, 他在那个地牢里还看到过其他的酷刑, 残酷的程度简直不忍形诸笔墨。女孩子的尖叫和男孩子的呻吟, 已使中国历史最久的学府变为撒旦统治的地狱了。

**怒不可遏**(nùbùkěè) : 노여움을 억제할 수 없다. 화를 참지 못하다. **死去活来**(sǐqùhuólái) : 죽었다가 살아나다. **尖叫**(jiānjiào) : 날카롭게 소리치다(부르짖다). 비명소리. **撒旦**(sādàn) : (유대교에서 말하는) 사탄.

留在北平的学生在敌人的酷刑下呻吟呼号, 在昆明上课的联大则受到敌机的无情轰炸。轰炸行为显然是故意的, 因为联大的校址在城外, 而且附近根本没有军事目标。

**呼号**(hūháo) : 큰소리로 울부짖다. 통곡하다. **校址**(xiàozhǐ) : 학교의 소재지.

校内许多建筑都被炸毁了, 其中包括总图书馆的书库和若干科学实验室。联大的校舍约有三分之一被炸毁, 必须尽速再建。但是敌机的轰炸并没有影响学生的求学精神, 他们都能在艰苦的环境下刻苦用功, 虽然食物粗劣, 生活环境也简陋不堪。

**炸毁**(zhàhuǐ) : 폭격으로 파괴되다. **刻苦**(kèkǔ) : 고생을 참아 내다. 몹시 애를 쓰다. **粗劣**(cūliè) : 조잡하고 열등하다. 거칠고 나쁘다. **简陋**(jiǎnlòu) : (가옥·설비 등이) 초라하다. 빈약하다. 보잘것없다. 누추하다.

学术机构从沿海迁到内地, 对中国内地的未来发展有很大的影响, 大群知识分子来到内地各城市以后, 对内地人民的观念思想自然发生潜移默化的作用。

**潜移默化**(qiányímòhuà) : 모르는 사이에[은연중에] 감화(感化)하다.

在另一方面, 一向生活在沿海的教员和学生, 对国家的了解原来只限于居住的地域, 现在也有机会亲自接触内地的实际情况, 使他们对幅员辽阔的整个国家的情形有较真切的了解。

**幅员**(fúyuán) : 국가의 영토. **辽阔**(liáokuò) : 아득히 멀고 광활하다. 넓고 넓다. 탁 트이다. 끝없이 넓다.

大学迁移内地, 加上公私营工业和熟练工人、工程师、专家和经理人员的内移, 的确具有划时代的意义。在战后的一段时期里, 西方影响一向无法到达的内地省份, 经过这一次民族的大迁徙, 未来开发的机会已远较以前为佳。

**的确**(díquè) : 확실히. 분명히. 정말. 참으로. 실로. **划时代**(huàshídài) : 시대를 긋다. 새로운 시대를 열다. 획기적이다. [주로 한정어로 쓰임]. **迁徙**(qiānxǐ) : 이사하다. 이전하다. **远**(yuǎn) : 훨씬. **较**(jiào) : 훨씬. **为佳**(wéijiā) : 좋다. 좋아지다.

# 第三十一章　战时之昆明
# 전시의 곤명

北大等校内迁以后，我也随着迁居滇缅路的终点昆明。珍珠港事变爆发以前，我曾一度去过缅甸，并曾数度赴法属印度支那及香港。当时以上数地与昆明之间均有飞机可通。法国对德投降以后，日本不战而下法属印度支那，因此我们就筑了滇缅路与仰光衔接。

迁居(qiānjū)：이사하다. 거처를 옮기다. 下(xià)：공략하다. 함락시키다. 仰光(Yǎngguāng)：양곤(Yangon). ['缅Miǎn甸'(미얀마)의 수도] 衔接(xiánjiē)：맞물다. 맞물리다. 잇다. 이어지다. 연결하다. 연결되다.

珍珠港事变以后，缅甸亦陷敌手，我国与法属印度支那的海防以及缅甸的仰光，陆上交通均告断绝，昆明亦陷于孤立状态。租借法案下运华的军火，只好由空运飞越隔绝中印两国的喜马拉雅山的"驼峰"，才免于中断。

军火(jūnhuǒ)：병기. 무기. 화기. 隔绝(géjué)：막히다. 끊어지다. 단절시키다. 차단하다. 驼峰(tuófēng)：험프.

抗战期间，我曾数度坐飞机去重庆，也曾一度去过四川省会成都。重庆是战时的首都，位于嘉陵江与长江汇合之处。嘉陵江在北，长江在南，重庆就建在两江合抱的狭长山地上，看起来很像一个半岛。房子多半是依山势高下而建的，同时利用屋后或屋基下的花岗岩山地挖出防空洞，躲避空袭。

合抱(hébào)：양팔로 껴안다. 防空洞(fángkōngdòng)：방공호.

日本飞机经年累月, 日以继夜地滥炸这个毫无抵抗力的山城, 但是重庆却始终屹立无恙。成千累万的房屋被烧毁又重建起来, 但是生命损失却不算太大。

**经年累月**(jīngniánlěiyuè) : 오랜 세월이 지나다. **日以继夜**(rìyǐjìyè) : (어떤 일을) 밤낮으로 계속하다. 낮과 밤이 따로 없이 계속하다. 불철주야로. **屹立**(yìlì) : 우뚝 솟다. **成千累万**(chéngqiānlěiwàn) : 매우 많은. 수천만의. [수량이 매우 많음을 나타냄].

敌人企图以轰炸压迫战时政府迁出重庆, 但是陪都却像金字塔样始终雄踞扬子江头, 它曾经受过千百年的磨练考验, 自然也能再经千百年的考验。重庆可以充分代表中国抵抗日本侵略的坚忍卓绝的精神。

**陪都**(péidū) : 제 2의 수도. 임시수도. **金字塔**(jīnzìtǎ) : 피라미드(pyramid). 금자탑(金字塔). **坚忍卓绝**(jiānrěnzhuójué) : 견인불발의.

重庆之西约半小时航程处是平坦的成都市。成都和北平差不多一样广大, 街道宽阔, 整个气氛也和故都北平相似。成都西北的灌县有两千年前建设的水利系统, 至今灌溉着成都平原百万亩以上的肥沃土地。

**航程**(hángchéng) : (배·비행기의) 항행 노정. 항로.

严重的水灾或旱灾几乎从来没有发生过。这块广大丰饶的平原使四川成为“天府之国”, 使重庆人民以及驻防省境和附近地区的军队, 粮食得以供应无缺。

**丰饶**(fēngráo) : 풍요롭다. **天府之国**(tiānfǔzhīguó) : 토지가 비옥하고 천연 자원이 풍부한 지역. [중국에서는 일반적으로 사천성(四川省)을 일컬음]. **驻防**(zhùfáng) : 방비하기 위해 주둔하다. 주둔하여 지키다. **省境**(shěngjìng) : 성 지역.

学校初迁昆明之时, 我们原以为可经法属印度支那从欧美输入书籍和科学仪器, 但是广州失陷以后, 军火供应的干线被切断, 军火都改经滇越线运入。滇越铁路军运频繁, 非军用品根本无法挤上火车。我们运到越南的图书仪器, 只有极少一部分获准载运入滇。

**获准**(huòzhǔn) : 비준을 얻다. 허가를 얻다. **载运**(zàiyùn) : 실어 나르다. 운반하다. **滇**(Diān) : 운남성(雲南省)의 다른 이름.

这时候, 长江沿岸城市已相继陷入敌手, 日军溯江直达宜昌, 离长江三峡只是咫尺之遥。最后三峡天险也无法阻遏敌人的侵略狂潮而遭到铁骑的蹂躏。每当战局逆转, 昆明也必同时受到灾殃。影响人民日常生活最大的莫过于物价的不断上涨。抗战第二年我们初到昆明时, 米才卖法币六块钱一担(约八十公斤)。

**相继**(xiāngjì) : 잇따르다. 잇닿다. 연잇다. 계속하다. **咫尺之遥**(zhǐchǐzhīyáo) : 지척의 거리. **最后**(zuìhòu) : 결국. 최후. 맨 마지막. **天险**(tiānxiǎn) : 천험의 요새지. 천연 요새. **阻遏**(zǔ'è) : 저지하다. 가로막다. **狂潮**(kuángcháo) : 세찬 조수. **莫过于**(mòguòyú) : …보다 더 한 것은 없다. …이상의 것은 없다. **铁骑**(tiěqí) : 철기. 선발된 기병(대). 강한 기병. 정예 기병. 강한 군대. **逆转**(nìzhuǎn) : 악화되다. 나빠지다. **上涨**(shàngzhǎng) : (수위(水位)나 물가가) 오르다. **法币**(fǎbì) : 1935년 이후 국민당 정부가 발행한 지폐.

后来一担米慢慢涨到四十元, 当时我们的一位经济学教授预言几个月之内必定会涨到七十元, 大家都笑他胡说八道, 但是后来一担米却真的涨到七十元。法属安南投降和缅甸失陷都严重地影响了物价。

**必定**(bìdìng) : 꼭. 반드시. [판단, 추론, 개인의 의지 등을 표현할 때 쓰임]. **胡说八道**(húshuōbādào) : 함부로 지껄이다. 제멋대로 지껄이다.

物价初次显著上涨, 发生在敌机首次轰炸昆明以后, 乡下人不敢进城, 菜场中的蔬菜和鱼肉随之减少。店家担心存货的安全, 于是提高价格以图弥补可能的损失。若干洋货的禁止进口也影响了同类货物以及有连带关系的土货的价格。

**菜场**(càichǎng) : 야채시장. 채소시장. **店家**(diànjiā) : 상점. 점포.

煤油禁止进口以后, 菜油的价格也随之提高。菜油涨价, 猪油也跟着上涨。猪油一涨, 猪肉就急起直追。一样东西涨了, 别的东西也跟着涨。物价不断上涨, 自然而然就出现了许多囤积居奇的商人。囤积的结果, 物价问题也变得愈加严重。钟摆的一边荡得愈高, 运动量使另一边也摆得更高。

**菜油**(càiyóu) : 유채기름. **急起直追**(jíqǐzhízhuī) : 분발하여 앞지른 것을 바싹 따라잡다. **自然而然**(zìránérrán) : 자연히. 저절로. **囤积居奇**(túnjījūqí) : 매점하다. 투기하다. 매점매석하다. 물품을 쌓아 두고 큰 이익을 얻을 때를 기다리다. **囤积**(túnjī) : (상인들이 투기를 목적으로) 사서 쟁이다. 사재다. 매점하다. **钟摆**(zhōngbǎi) : 시계추. 시계불알.

控制物价本来应该从战事刚开始时做起, 等到物价已成脱缰野马之后, 再来管制就太晚了。一位英国朋友告诉我, 英国农人在第一次世界大战时曾经大发其财, 但是第二次大战一开始, 农产品就马上受到管制了。这次战争在中国还是第一次大规模的现代战争, 所以她对这类问题尚无经验足资借鉴。

**脱缰野马**(tuōjiāngyěmǎ) : 야생마가 고삐에서 풀려나다. 【비유】고삐 풀린 말. **管制**(guǎnzhì) : 관제(하다). 통제(하다). 단속(하다). **借鉴**(jièjiàn) : 참고로 하다. 거울로 삼다.

昆明的气候非常理想, 它位于半热带, 海拔约六千呎, 整个城有点像避暑胜地。但是因为它的面积大, 居民并不认为它是避暑胜地。昆明四季如春, 夏季多雨, 阵雨刚好冲散夏日的炎暑。其他季节多半有温煦的阳光照耀着农作密茂的田野。

**呎**(chǐ) : 피트(feet). **避暑胜地**(bìshǔshèngdì) : 피서지. **居民**(jūmín) : 거민. 주민. **阵雨**(zhènyǔ) : 소나기. 갑자기 내리는 비. **冲散**(chōngsàn) : 쫓아 흩뜨리다. 해산하다. 격퇴하다. **炎暑**(yánshǔ) : 염서. 무더운 여름날. 무더위. **温煦**(wēnxù) : 따뜻하다. 따사롭다. **农作**(nóngzuò) : 농사일. 경작. **照耀**(zhàoyào) : 밝게 비추다. 눈부시게 비치다.

在这样的气候之下, 自然是花卉遍地, 瓜果满园。甜瓜、茄子和香橼都大得出奇。老百姓不必怎么辛勤工作, 就可以谋生糊口 ; 因此他们的生活非常悠闲自得。初从沿海省份来的人, 常常会为当地居民慢吞吞的样子而生气, 但是这些生客不久之后也就被悠闲的风气同化了。

**花卉**(huāhuì) : 화훼. 화초(花草). **瓜果**(guāguǒ) : 과일. **园**(yuán) : (채소, 꽃, 과일, 나무 등을 가꾸는) 밭. **甜瓜**(tiánguā) : 참외. **茄子**(qiézi) : 가지. **香橼**(xiāng yuán) : 시트론(citron). **悠闲自得**(yōuxiánzìdé) : 유유자적하다. **慢吞吞**(màntūn tūn) : 느릿느릿한 모양. **风气**(fēngqì) : 풍조. 기풍.

昆明人对于从沿海省份涌到的千万难民感到相当头痛。许多人带了大笔钱来，而且挥霍无度，本地人都说物价就是这批人抬高的，昆明城内到处是从沿海来的摩登小姐和衣饰入时的仕女。

**挥霍无度**(huīhuòwúdù)：물 쓰듯 하다. **抬高**(táigāo)：높이다. 높이 끌어올리다. **仕女**(shìnǚ)：신사숙녀.

入夜以后他们在昆明街头与本地人一齐熙来攘往，相互摩肩接踵而过。房租迅速上涨，旅馆到处客满，新建筑像雨后春笋一样出现。被飞机炸毁的旧房子，迅速修复，但是新建的房子究竟还是赶不上人口增加的速度。

**熙来攘往**(xīláirǎngwǎng)：사람이 끊임없이 왕래하고 매우 번화하다. **摩肩接踵**(mójiānjiēzhǒng)：어깨가 부딪치고 발뒤꿈치가 잇닿다. 매우 붐비다. **房租**(fángzū)：집세. 방세. **雨后春笋**(yǔhòuchūnsǔn)：우후죽순(雨後竹筍). 비가 온 뒤에 여기저기 무럭무럭 솟는 죽순；어떠한 새로운 일이 한때에 많이 일어나나. **修复**(xiūfù)：수리하여 복원하다. 복구하다. 재생하다. 회복하다.

八年抗战，昆明已变得面目全非。昔日宁静的昆明城，现已满街是卡车司机，发国难财的商人，以及营造商、工程师和制造厂商。军火卡车在城郊穿梭往返。

**面目全非**(miànmùquánfēi)：(주로 좋지 않은 의미로 쓰이며) 모습이 전혀 달라지다. 딴 것으로 되다. 옛 모습을 찾아볼 수 없게 되다. **发国难财**(fāguónàncái)：전쟁 중의 어수선한 틈을 타서 많은 재산을 벌어들이다. **营造商**(yíngzàoshāng)：건축업자. **制造厂商**(zhìzàochǎngshāng)：제조업자. **穿梭往返**(chuānsuōwǎngfǎn)：베틀 북이 드나들 듯이 빈번하게 왕래하다.

自然环境和名胜古迹却依然如昔。昆明湖的湖水仍像过去一样平滑如镜，依旧静静地流入长江，随着江水奔腾两千哩而入黄海。鱼儿和鹅鸭仍像往昔一样遨游在湖中。古木围绕的古寺雄踞山头，俯瞰着微波荡漾的辽阔湖面。和尚还是像几百年前的僧人一样念经诵佛。

**如昔**(rúxī)：예전과 같다. **平滑如镜**(pínghuárújìng)：거울처럼 매끈매끈하다. **哩**(lǐ)：마

일. **奔腾**(bēnténg) : (많은 말들이) 내닫다. 내달리다. **鹅鸭**(éyā) : 거위와 오리류. **遨游**(áoyóu) : 노닐다. 유력하다. **俯瞰**(fǔkàn) : 굽어보다. 내려다보다. 부감하다. **念经诵佛**(niànjīngsòngfó) : 불경을 독송하다.

遥望天边水际, 我常常会想入非非 : 如果把一封信封在瓶子里投入湖中, 它会不会随湖水流入长江, 顺流经过重庆、宜昌、汉口、九江、安庆、南京而漂到吴淞江口呢? 说不定还会有渔人捡起藏着信件的瓶子而转到浙江我的故乡呢! 自然, 这只是远适异地的思乡客的一种梦想而已。

**遥望**(yáowàng) : 멀리 바라보다. **天边水际**(tiānbiānshuǐjì) : 하늘 끝과 바다 끝. **想入非非**(xiǎngrùfēifēi) : 현실에서 완전히 벗어난 망상을 하다. 비현실적인 터무니없는 생각을 하다.

纵横的沟渠把湖水引导到附近田野, 灌溉了千万亩肥沃的土地。沟渠两旁是平行的堤岸, 宽可纵马骋驰 ; 我们可以悠闲地放马畅游, 沿着漫长的堤防跑进松香扑鼻的树林, 穿越苍翠欲滴的田野。

**沟渠**(gōuqú) : 도랑. [관개 또는 배수를 위해서 판 수로]. **田野**(tiányě) : 전야(田野). 들판. 들. **平行**(píngxíng) : 나란히 가다. **骋驰**(chěngchí) : 온 힘을 다하여 질주하다. **悠闲**(yōuxián) : 유한하다. 유유하다. **畅游**(chàngyóu) : 마음껏 유람(游覽)하다. **扑鼻**(pūbí) : (냄새가)코를 찌르다. 진동하다. 풍겨오다. **苍翠欲滴**(cāngcuìyùdī) : 초록빛이 뚝뚝 떨어질 듯하다.

城里有一个石碑, 立碑处据说是明朝最后的一位流亡皇帝被缢身死的故址。石碑立在山坡上, 似乎无限哀怨地凝视着路过的行人。这可怜的皇帝曾经逃到缅甸, 结果却被叛将吴三桂劫持押回中国。

**哀怨**(āiyuàn) : 슬퍼하고 원망하다. **凝视**(níngshì) : 주목[응시]하다. 눈여겨보다. 뚫어지게 바라보다. **劫持**(jiéchí) : (물건·인물·결점 따위를 끼고) 협박하다. 유괴하다. 납치하다.

吴三桂原来奉命防守长城抗御清兵, 据传说他是为了从闯王李自成手中援救陈圆圆, 终于倒戈降清。他为了镇压西南的反抗被派到云南, 已经成为他阶下囚的永历帝被带到他的面前受审。

**抗御**(kàngyù) : 저항하고 방어하다. **倒戈**(dǎogē) : 창을 거꾸로 돌리다. 【전용】 배반하다. **阶下囚**(jiēxiàqiú) : (옛날, 법정 계단 밑에서 심문을 받던) 죄인. 감금된 사람. 포로.

"你还有什么话要说没有?" 据说吴三桂这样问。"没有。" 明代的末朝皇帝回答说, "唯一我想知道的事是你为什么背叛我的祖上? 你受明室的恩泽不能不算深厚吧?" 吴三桂闻言之下, 真是心惊胆战, 他马上下令绞死这位皇帝。后人在那里立了纪念碑, 上刻:"明永历帝殉国处。"

**恩泽**(ēnzé):은혜와 혜택. **深厚**(shēnhòu):(감정이) 깊고 두텁다. **心惊胆战**(xīnjīngdǎn-zhàn):매우 두려워 전전긍긍하다. 무서워서 벌벌 떨다.

离城约十公里处有个黑龙潭。春天里, 澄澈的潭水从潭底徐徐渗出, 流入小溪浅涧。黑龙潭周围还有许多古寺和长满青苔的木树。明朝末年曾有一位学者和他的家人住在这里。

**渗出**(shèn·chu):배어 나오다. **小溪**(xiǎoxī):시내. 작은 내. **浅涧**(qiǎnjiàn):얕은 계곡.

崇祯帝殉国和明朝灭亡的消息传来以后, 他就投身潭中自杀了。他的家属和仆人也都跟着跳入潭中, 全家人都以身殉国, 后来一齐葬在黑龙潭岸旁。

**殉国**(xùnguó):순국하다.

西洋人是很难了解这件事的, 但是根据中国的哲学, 如果你别无办法拯救国家, 那末避免良心谴责的唯一方法就是以死殉国。抗战期间, 中国军人以血肉之躯抵抗敌人的弹雨火海, 视死如归;他们的精神武装就是这种人生哲学。

**拯救**(zhěngjiù):구하다. 구제하다. 구조하다. 구출하다. 건지다. 구원하다. **血肉之躯**(xuèròuzhīqū):육체. 육탄. **视死如归**(shìsǐrúguī):죽는 일을 집으로 돌아가는 것같이 여기다;죽음도 두려워하지 않다.

这个多少依年份先后记述的故事到此暂告段落。后面几章将讨论中国文化上的若干问题, 包括过去的, 现在的和未来的;同时我们将讨论若干始终未能解决的全国性问题, 这些问题在未来的年月里也将继续存在。

**年份**(niánfèn):해. 연도. **年月**(nián·yue):시대. 세월. 세상.

从一八四二年香港割让到一九四一年珍珠港事变, 恰恰是一世纪。≪西潮≫所讲的故事, 主要就是这一段时期内的事情。英国人用大炮轰开了中国南方的门户, 开始向中国输入鸦片和洋货, 但同时也带来了西方的思想和科学的种子, 终于转变了中国人对人生和宇宙的看法。

**轰开**(hōngkāi) : 쫓아내다. 몰아내다. 대포로 열다.

中国曾经抵抗、挣扎, 但是最后还是吸收了西方文化, 与一千几百年前吸收印度文化的过程如出一辙。英国是命运之神的工具, 她带领中国踏入国际社会。

**挣扎**(zhēngzhá) : 힘써 버티다[지탱하다]. 발버둥 치다. 발악하다. **如出一辙**(rúchūyīzhé) : 두 가지 일이 아주 비슷하다; (여러 사람의 언행이) 꼭 같다. 판에 박은 듯하다. **带领**(dàilǐng) : 데리다. 안내하다.

中国所走的路途相当迂回, 正像曲折的长江, 但是她前进的方向却始终未变, 正像向东奔流的长江, 虽然中途迂回曲折, 但是终于經历二千多哩流入黄海。它日以继夜, 经年累月地向东奔流, 在未来的无穷岁月中也将同样地奔腾前进。不屈不挠的长江就是中国生活和文化的象征。

**迂回曲折**(yūhuíqūzhé) : 우여곡절. **日以继夜**(rìyǐjìyè) : 밤낮으로 계속하다. 밤낮없이. **经年累月**(jīngniánlěiyuè) : 오랜 세월이 지나다. 해와 달을 거듭하다. **不屈不挠**(bùqūbùnáo) : 불요불굴하다.

# 第三部 现代世界中的中国

## 현대세계속의 중국

# 第三十二章 中国与日本—谈敌我短长 중국과 일본—적과 우리의 단점과 장점을 논함

日本在培利上将抵达以前, 只是中国大陆文化的一支而且是很单纯的一支。自从这位海军上将来过以后, 日本就变为中西文化的混合体了。除非你能同时了解中国和西方, 否则你就无法了解日本。

**培利**(péilì) : 페리(Matthe Perry1794-1858)[미국의 해군사령관. 1853-1854년 원정대를 지휘해 일본으로 하여금 쇄국정책을 버리고 서구와 무역 및 외교관계를 맺게 했다. ] **抵达**(dǐdá) : 도달(하다). 도착(하다).

但是单单了解日本的中西两种文化的来源是不够的。分支可能与它们的主体相似, 但是并不完全相同。把相似的东西看成完全相同而遽下断语, 很可能差以毫厘而谬以千里。同时, 两种文化的混合, 还可能使原来文化变质。

**分支**(fēnzhī) : 분과(分科). 분파. 분점. 지파. **遽**(jù) : 황급히. 서둘러. **下断语**(xiàduànyǔ) : 단언을 내리다. **差以毫厘而谬以千里**(chāyǐháolíérmiùyǐqiānlǐ) : 털끝만큼의 실수가 매우 큰 잘못을 초래한다. 처음에는 차이가 미미하다가 마지막에는 큰 차이가 생기다.

中国大陆文化在日本的支流导源于唐朝(六一八~九〇七年)。唐代文化中许多可贵的成份, 其中包括从西域输入的印度文化与从伊兰民族间接输入的希腊文化, 在中国因千余年来历经異族侵略, 已逐渐衰落, 但在日本却被保留下来了。

**导源**(dǎoyuán) : 발원하다. 나오다. 생기다. **可贵**(kěguì) : 귀하다. 귀중하다. 소중하다.

唐代的舞蹈、音乐、美术、习俗、语音和尚武精神, 都还留在日本。如果你想了解一点唐代文化, 你最好还是到日本去一趟。日本以唐代文化为基础, 其中包括儒家思想并唐代所吸收的佛教文化及其他外来文化。

语音(yǔyīn) : 말소리. 음성(音聲). 어음.

又在南宋时代(日本镰仓时代)输入宋儒朱子之学, 盖随禅僧而俱来者。因此造成在日本儒佛一致之思想。寻至明末之际, 德川氏本其向来保护禅僧研究儒学之素志, 于开府江户(东京古名)时, 广招儒者讲学刻书, 极一时之盛。

禅僧(chánsēng) : 선승(禪僧). 盖(gài) : [문언]앞글을 받아서 이유나 원인을 말하는 데 쓰임. 寻(xún) : 계속해서. 연달아. 뒤이어. 잠시 후. 素志(sùzhì) : 소망. 평소 염원(念願). 向来(xiànglái) : 본래부터. 종래. 여태까지. 줄곧. 讲学(jiǎngxué) : 학문을 강의하다. 학술강연을 하다.

并藉新政权之威力, 使儒家之学为此后日本兴国之张本, 而为日本发展了道德、政治、经济、史学、数学与夫流入民间之教育。日本虽与晋初从朝鲜人王仁得≪论语≫、≪千字文≫, 而在明末又输入了陽明之学, 但经世之学的中心则在朱子之学。

张本(zhāngběn) : (사전에 취하는) 방안. 계획. 기본. 모범. 본보기. 经世(jīngshì) : 세상을[나라를] 다스리다.

到了咸同之间, 明治维新, 以儒家经世之学与西洋近世社会科学自然科学相接引, 遂在短短数十年里成为史无前例的东西两洋文化的大结合, 而致日本于盛强之境。并予文化祖国的中国以极大的鼓励与兴奋。

接引(jiēyǐn) : 접목시키다.

在我幼年时代, 我们一辈青年, 都奉日本为师, 希望日本反哺文化之母鸟而帮助中国复兴。惜乎日本秉国的军阀, 知尽忠于己, 而不知施恕于人, 知义而不知仁, 见小而不见大, 识近而不识远。致使中国近六十年之历史成为中日关系之惨痛史, 终至鹬蚌相争, 渔翁得利, 真是历史上很大的一幕悲剧。

**反哺**(fǎnbǔ) : 까마귀 새끼가 자란 뒤에 늙은 어미에게 먹을 것을 물어다주다. 부모의 은덕에 보답하다. **秉国**(bǐngguó) : 국가 정권을 장악하다. **惜乎**(xīhū) : 아쉽다. 안타깝다. **恕**(shù) : 어진 마음으로 남을 대하다. 자신의 마음으로 남의 마음을 헤아리다. **鹬蚌相争**(yùbàngxiāngzhēng) : 도요새와 조개가 싸우다가 둘 다 어부에게 잡히다. 어부지리(渔夫之利).

我们此后应把中国文化广称为大陆文化, 作为中国、日本、韩国、越南共有之文化, 亦犹希罗文化(希腊罗马合流之文化)之为欧美各国共同之文化。若在文化方面抱狭义之国家主义, 则反将文化之价值减低了。

**犹**(yóu) : 마치 …과[와] 같다. **若**(ruò) : 만약 …이라면. 만약. **狭义**(xiáyì) : 협의. 좁은 의미. **反**(fǎn) : 도리어. **将**(jiāng) : ~을. **减低**(jiǎndī) : 낮추다. 떨구다. 내리다. 인하하다.

实际言之, 唐代文化所包含外来因素既广且多, 在当时已成为国际文化, 因其来甚渐, 故国人不自觉耳。日本于吸收唐代文化时, 亦于不知不觉中吸收了当时的国际文化, 此亦日本之大幸也。

**因素**(yīnsù) : 구성 요소. (사물의 성립을 결정하는) 원인. 조건. 요소. **既…且~** : …이고~이다. **甚渐**(shènjiàn) : 매우 점진적이다.

日本善于效法。她效法唐宋的文化而定立国之基础; 她效法英国建立海军; 她效法德国训练陆军; 效法美国发展工业。她效法十九世纪的西方建立之殖民帝国——只可惜晚了一步。她效法德国闪电战术而发动珍珠港的突击——只可惜太远了一点。

**善于**(shànyú) : …에 능숙하다. …를 잘하다. **效法**(xiàofǎ) : 본받다. 모방하다. 배우다.

我很钦佩日本的善于模仿, 这是中国所做不到的, 因为她在这方面似乎有点笨脚。但中国创造能力弥补了这一缺憾, 她创造又创造, 一直到唐代衰亡。此后千余年历经异族侵略、饥馑、疾病等灾祸, 终至精疲力竭。

**钦佩**(qīnpèi) : 경복(敬服)하다. 우러러 탄복하다. **笨脚**(bènjiǎo) : 둔하다. **弥补**(míbǔ) : (부족하거나 완전하지 못한 부분을) 채우다. 보충하다. 메우다. 보완하다. **缺憾**(quēhàn) : 유감스러운 점. 불충분한 점. **精疲力竭**(jīngpílìjié) : 정신적으로 매우 피곤하고, 체력이 모두 고갈되다. 기진맥진하다.

美国的情形和日本很相似, 美国文化是欧美文化的一支, 所不同的是从英国来的早期殖民者是带爱好自由的种籽而俱来的。因此美国创造又创造, 直到她成为世界上最工业化的国家, 同时也是最重理想和人道的国家。美国的伟大就在于这两种矛盾因素的溶而为一。

溶而为一(róngérwéiyī) : 융합되어 하나가 되다.

日本在国际舞台上的空前成就, 应该完全归功于依循西方路线所进行的改革。这些改革是在世袭的统治阶级领导下完成的。他们孕育于尚武精神之中, 效法他国并使之适应本国, 对于领袖和祖国更是精忠不贰。

空前(kōngqián) : 전례(典例)가 없는. 공전(空前)의. 전대미문(前代未聞)의. 미증유(未曾有)의. 전에 없던. 孕育(yùnyù) : 낳아 기르다. 생육(生育)하다. 精忠(jīngzhōng) : (국가, 민족에 대하여) 한없이 충성스럽다. 不贰(bùèr) : 두 마음을 품지 않다. 변심하지 않다.

他们统治下的老百姓, 最大的美德就是拥护领袖, 服从命令。因此从明治初年开始的日本改革运动, 始终是坚定不移地朝着固定目标前进。

拥护(yōnghù) : (지도자, 당파, 정책, 조치 등에 대해) 옹호(擁護)하다. 지지(支持)하다. 떠받들다. 坚定不移(jiāndìngbùyí) : 확고부동(確固不動)하다.

回头看看我们自己 : 中国的改革却必须从基层开始, 也就是由下而上的。我们没有世袭的统治阶层, 除了相当于贵族的士大夫阶级之外, 也没有贵族阶级, 要使这辽阔的国度里的人民万众一心, 必须仰仗老百姓之间的学者领袖来驱策督导。

国度(guódù) : 국가. 万众一心(wànzhòngyīxīn) : 수많은 사람이 한 마음이다. 일치단결(一致團結)하다. 仰仗(yǎngzhàng) : (남이나 다른 국가, 다른 사물 등에) 의지(依支)하다. 의뢰(依賴)하다. 驱策(qūcè) : (채찍으로) 휘몰다. 혹사하다. 부리다. 몰아대다. 督导(dūdǎo) : 감독하고 지도하다. 远见(yuǎnjiàn) : 원대한 식견. 선견. 달견. 예지.

因此改革的过程必然很缓慢, 而且迂回曲折。政治领袖像孙中山先生, 学者领袖像章太炎、梁任公、蔡孑民诸先生, 都是来自民间的学者。他们来自民间, 又带着能根据他们的社会理想和知识上的远见而深入民间。

**迂回曲折**(yūhuíqūzhé) : 우여곡절. **远见**(yuǎnjiàn) : 원대한 식견. 선견. 달견. 예지.

现代日本是统治阶级建立起来的, 现代中国系平民百姓所缔造。因此, 在日本当一个领袖要容易得多, 他可以任意独裁, 他要人民做什么, 人民就会做什么; 在中国当一个领袖的却必须教育人民, 而且真正地领导人民…这是一种較为困难的才能, 也必须具备超人的才智创造能力。

**系**(xì) : ~이다. **缔造**(dìzào) : (위대한 사업을) 창건하다. 창립하다. 창설하다. **平民百姓**(píngmínbǎixìng) : 일반 백성들.

中国在采取改革措施方面每较迟缓, 但是他一旦决心改革, 她总希望能够做得比较彻底。在过去的一百年中, 她从制造炮弹着手, 进而从事政治改革、社会改革、乃至介绍西方思想。她扬弃了旧的信仰, 另行建立新的, 直至这些信仰成为她生活中不可分的一部分为止。

**乃至**(nǎizhì) : 더 나아가서. 내지. **扬弃**(yángqì) : 포기하다. 버리다. **另行**(lìngxíng) : 따로[별도로] …하다.

她是一位学者, 一位道德哲学家, 也是一位艺术家。她的文化是从她的生活发展而来的, 她不会轻易满足于西方的思想观念, 除非她能够把这些观念彻底同化而纳之于她的生活之中。因此与日本比起来, 中国的思想是现代化的, 但是她的社会和工业建设却仍旧落在日本之后。这是这位哲学家兼梦想家的天性使然。

**纳**(nà) : 넣다. 들이다. 받아 넣다. **使然**(shǐrán) : 그렇게 되게 하다. …시키다.

中国人胸襟宽大, 生活民主, 而且能自力创造, 但是她缺乏组织、纪律和尚武精神。她是学者之国, 最受尊敬的是学问, 最受珍视的是文化。但是保卫国土的武力则尚待建立。中国的优点正是她的弱点所在。

**胸襟**(xiōngjīn) : 흉금. 포부. 도량(度量). 마음(속). 가슴(속). **宽大**(kuāndà) : (면적이나 용적 따위가) 크다. 넓다. **珍视**(zhēnshì) : 귀중히 여기다. 소중하게 여기다.

日本的情形也是优劣互见, 日本人是位斗士, 也是位很干练的行政人员。日本所吸收的西方文明只是军事方面的上层结构, 并未触及人民较深一层的生活和思想, 她的上层结构固然现代化了, 她的精神和观念却仍然是中世纪的。

**干练**(gànliàn) : 유능하고 노련하다. **上层结构**(shàngcéngjiégòu) : 상부구조.

对这种情形, 读者自然不会感到惊奇, 因为封建制度废除的时间甚短, 故封建精神在明治时代仍然存在, 中国则在西历纪元以前就已经废除了。

**惊奇**(jīngqí) : 놀랍고도 이상하다. 이상히 여기다. 이상하여 놀라다. **故**(gù) : 그러므로. **废除**(fèichú) : (법령·제도·조약 따위를)취소하다. 폐지하다. 폐기하다.

日本对同化中国文化和西方文化都只有部分的成功。例如日本对忠和恕这两个重要的道德观念只学到忠, 却无法了解恕。这或许受政治与地理环境之影响而使然, 然而日本人之不能以恕道待人, 却是事实。

**然而**(ránér) : 하지만. 그러나, 그렇지만. [뒷 구절의 처음에 쓰여 전환을 표시함]. **忠**(zhōng) : 충성(忠誠)스럽다. 충실(忠實)하다. **恕**(shù) : 어진 마음으로 남을 대하다. 자신의 마음으로 남의 마음을 헤아리다.

忠和恕是中国生活的两大指导原则, 忠在封建国家或黩武国家是必不可少的品德, 恕则是学者的美德。日本一向坚执己见, 不肯考虑别人的观点。日本人胸襟狭窄, 连他们自己都有此自觉, 这种褊狭的心理使他们无法具备建立洲际殖民帝国所必需的领导能力。

**黩武**(dúwǔ) : 무력을 남용하다. **必不可少**(bìbùkěshǎo) : 없어서는 안 된다. 반드시 필요하다. **品德**(pǐndé) : 덕목. 인품과 덕성.

他们有野心, 有武力, 但是缺乏政治家风度。所以他们藉武力而建立的"东亚共荣圈", 只如空中楼阁, 顷刻幻灭。忠和恕在中国却是携手同行的。她不但忠贞, 而且处处为人设想。

**風度**(fēngdù) : 풍격. 풍모. **空中樓閣**(kōngzhōnglóugé) : 신기루. 공중에 누각을 짓는 것처럼 근거 없는 이론이나 현실과 동떨어진 환상 따위. **頃刻**(qǐngkè) : 순식간에. 눈 깜짝할 사이. **幻滅**(huànmiè) : 환멸로 변하다. (기대나 꿈이)속절없이 사라지다. **忠貞**(zhōngzhēn) : 충성스럽고 의롭다. **處處**(chùchù) : 모든 면에서.

| 中国并不觉得忠于她自己的思想观念就应该排斥他人的观点。她常常设身处地考虑别人的观点, 这就是所谓恕。日本人对恕的观念很薄弱, 所以不克了解中国。 |
|---|

**設身處地**(shèshēnchǔdì]) : 처지를 바꾸어서 고려하다. 다른 사람의 지위 또는 상황을 미리 고려하여 생각하다.

| 日本的行为很像一个身体健壮的顽童。他抓住了公羊的两只角不许它动, 公羊急得乱叫乱跳, 用角来撞他, 结果他不是被迫放手, 就是被撞倒地上。他想不通这只公羊为什么这样不听话。可怜的孩子!他应该想想如果有人抓住他的两只耳朵, 他的反应又如何? 他应该设身处地想一想, 这样他就会了解中国了。 |
|---|

**頑童**(wántóng) : 장난꾸러기. 개구쟁이. **公羊**(gōngyáng) : 숫양. **亂叫亂跳**(luànjiàoluàntiào) : 마구 소리를 지르고 마구 날뛰다. **想不通**(xiǎng·butōng) : 납득할 수 없다. 이해할 수 없다.

| 使日本人变为好战民族的另一重要因素, 是他们的一种错误信念, 他们认为日本是个神圣的国家, 系神所缔造, 而且应该根据神的意志行事, 并且征服世界。这种心理是由军阀御用的历史家歪曲史实所造成的。 |
|---|

**締造**(dìzào) : 창건하다. 창립하다. **行事**(xíngshì) : 실행하다. 일을 하다.

| 为西洋人或中国人所不易了解, 但是日本人却的确如此深信不疑。中国人也相信神佛, 但是他们把神佛当作道德的监护者, 而不是战争的呵护者。日本人却认为日本称霸是神的意旨。 |
|---|

**監護者**(jiānhùzhě) : 감호자. 보호하고 감독하는 사람. **呵護**(hēhù) : 보살피고 돌보다. 보호하다. 애호하다. **稱霸**(chēngbà) : 제패하다. 권력으로 남을 억누르다.

从悠远的年代以来, 日本的统治阶级一直相信神佛在战时总是站在大日本这一边的。元朝不克征服她时, 他们就认为那是神佛以无边的法力保护了她。他们认为吹毁忽必烈汗蒙古舰队的台风就是神佛的意旨。

**悠遠**(yōuyuǎn) : (시간적으로)유원하다. 매우 오래되다. **吹毁**(chuīhuǐ) : (강한 바람이)불어서 훼멸시키다.

我修改本稿时, 已在战后十多年了, 还在日本箱根遇见一位老尼。她说人们应该信佛, 日本打败蒙古人, 就靠佛的法力的。日本人一直相信历代天皇都是神的嫡亲后裔。直到战后, 日本历史家得到言论自由, 才用科学方法, 把那些凝结在教科书里的神话, 一口气吹散了。

**嫡親後裔**(díqīnhòuyì) : 직계자손. **凝結**(níngjié) : 응결되다. **吹散**(chuīsàn) : 산산조각을 내어 흩어지게 하다.

中国某大学的一位教授, 原是东京帝大的毕业生, 他曾作过一件发人深省的历史研究工作, 说明了这种宗教性的爱国热狂如何发展为日本帝国主义。这种宗教性的爱国热狂表现于军人日常生活者更是屡见不鲜。

**發人深省**(fārénshēnxǐng) : 사람을 깊이 생각하게 하다. 사람을 깊이 깨닫게 해주다. **屢見不鮮**(lǚjiànbùxiān) : 흔히 볼 수 있다.

中日战争期间, 几乎所有日本士兵身上都带着佛教或神道的护身符。我曾经见过许多由中国士兵从战场捡回来的这种护身符。中国士兵因为见得多了, 就把这些护身符看作敌人装备中必备的一部分, 除了偶而拿它们开开玩笑之外, 并不拿它们当回事。

**護身符**(hùshēnfú) : 호신부. 부적.

其次美国空军与日本入侵飞机发生空战之后, 我曾经权充向导, 领了一群美国官兵, 乘吉普车经过好几里崎岖的山路, 去看一架被击落坠毁的日本轰炸机残骸。

**權充**(quánchōng) : 임시로 충당하다. **嚮導**(xiàngdǎo) : 길 안내자. 향도.

> 我们从飞行员的尸身上和口袋里发现常见的佛教和神道的护身符, 符上满是血迹, 且已为枪弹所洞穿。一位美军上尉从日本飞行员尸体上捡出一块布符, 问我那是什么。我告诉他那是符。

**洞穿**(dòngchuān) : 꿰뚫다. **血蹟**(xuèjì) : 핏자국.

> "那是做什么用的?" 上尉问道。"求神佛保佑。" 我回答说。"不过, 佛好像并没有保佑他—" 他翻过布符, 想看看上面无法辨认的符号究竟说些什么, 说了一声 "我真不懂", 接着随手把布符往地上一丢, 就立刻把它忘了。

**布符**(bùfú) : 천으로 만든 부적. **辨認**(biànrèn) : 분간하다. 식별하다. **随手**(suíshǒu) : 즉석에서 하다. 손이 가는대로 하다. 하는 김에 하다.

> 中国人也像这位美国军官一样, 对于这种刀枪不入的表征始终一笑置之。世界各地人士也是如此。那次空战时, 我曾经看到七架敌机冒着白烟回旋下坠。其他的搜索队也从敌机残骸中捡回许多类似的符箓, 以及弹药、地图和科学图表。

**一笑置之**(yīxiàozhìzhī) : 일소에 부치다. 웃어넘기다. **符箓**(fúlù) : 부적. 부작.

> 这是中世纪迷信和现代科学一种奇怪的混合, 但是日本人绝不以为那是迷信; 一种存在于冥冥之中的神圣力量驱策着他们为国家奋斗, 神佛则随时随地在呵护他们, 护符只是那种神圣力量的象征而已。

**驅策**(qūcè) : 지휘하다. **呵護**(hēhù) : 보호하다. 가호하다.

> 香港陷落以後, 有一对我很熟识的黄氏夫妇住在香港, 他们很了解日本人的心理, 当一个日本士兵进他们房子盘查时, 他们就送了一尊佛像给他。这个日本兵由香港赴九龙时, 所乘小船不意覆没, 船上乘客除他之外全体没顶。

**熟识**(shú·shi) : 숙지(熟知)하다. 잘 알다. **盘查**(pánchá) : 상세하게 조사하다. 취조하다. 단속하다. **不意**(bùyì) : 뜻밖에. 상상외에. 불의. **覆没**(fùmò) : 배가 뒤집혀 가라앉다. **没顶**(mòdǐng) : 머리가 잠기다.

他后来回来向黄氏夫妇道谢, 因为他相信是那尊佛像救了他的命。但是按照中国人的想法, 他之没有被淹死, 不过是运气而已。世界人士对于日本人在战时的宗教狂热所知不多, 因为日本人自己在他们的宣传中很少提到它。

**道谢**(dàoxiè) : 감사의 말을 하다. 사의(謝意)를 표하다. **淹死**(yānsǐ) : 익사(溺死)하다. 물에 빠져 죽다. **运气**(yùn·qi) : 운이 좋다. 행운이다.

在中国, 现代科学已经削弱了旧的信仰, 而且成为使旧信仰解体的一个因素 ; 但是在日本, 现代科学却反而成为神的一种有力武器, 使日本在侵略战争中团结一致。这种由强烈的宗教性的爱国心所形成的心理背景, 终使日本军阀无可理喻, 使日本兵难于制服, 使日本本身成为世界的一个威胁——这就是宗教狂热与现代科学结合的结果。

**削弱**(xuēruò) : 약화시키다. 약화되다. 약하게 하다. **无可理喻**([wúkělǐyù) : 말로는 이해시킬 수 없다. **制服**(zhìfú) : (강한 힘으로 제압하여) 순종시키다. 굴복시키다. 제압하다.

任何国家有这样一位疯狂的邻居都会头痛。在过去六十年的动乱的年月里, 日本又岂仅使我国头痛而已 ! 讲到这里, 我们不得不责备从明治以来至战事结束这一时代之日本历史学家, 他们仰军阀鼻息, 无古太史之风, 其中虽偶有若干史家, 敢批军阀逆鳞, 但在环境逼迫之下, 亦属孤掌难鸣, 遂使日本历史为神权迷信和军权崇拜之护符。

**疯狂**(fēngkuáng) : 미친 듯하다. 미치다. **责备**(zébèi) : (지적하여) 꾸짖다. 책하다. 나무라다. **仰人鼻息**(yǎngrénbíxī) : 남의 기분[안색]을 살피다. 남의 눈치를 살피다. 남의 비위를 맞추다. **太史**(tàishǐ) : 고대의 사관. 태사. **批逆鳞**(pīnì lín) : 군주 또는 권세가의 노여움을 사다. **孤掌难鸣**(gūzhǎngnánmíng) : 한쪽 손바닥으로는 소리를 내기 어렵다. 혼자서는 일을 이루기 어렵다.

我在碰见那老尼的同一天，在箱根的一家理发店理发。店主自称其祖若父，曾在封建时代为将军武士们束发整容。他幼时曾听人们说，天皇的祖宗是中国人，从中国来的，这些话现在大家敢说了，以前没有人敢说，说了要杀头的。

**理发店**(lǐfàdiàn) : 이발관. 이발소. **束发整容**(shùfàzhěngróng) : 머리를 묶어주고 얼굴을 가다듬어주다.

可见这些天皇非神说，早在武士阶级及民间流传。他还有几句有趣的话，我们可以在此作一插曲。他好蓄古钱，在他的小小搜集里，倒点缀了宋金明清四朝的铜钱，及相当时代的日本钱。

**流传**(liúchuán) : (사적, 작품 등이) 전하다. 퍼지다. **有趣**(yǒuqù) : 흥미롭다. 재미있다. 흥미 있다. **插曲**(chāqǔ) : 에피소드(episode). **蓄**(xù) : 저장하다. 모아 두다. 보존하다. 쌓아 두다. 저축하다. **搜集**(sōují) : 수집. **点缀**(diǎn·zhuì) : 점철하다. 단장하다. 장식하다. 돋보이게 하다. 숫자[머릿수]를 채우다. 구색을 맞추다.

他说日本钱是用日本铜在中国铸的。最有趣味的是，把大正、昭和两代的硬币排列成行。中日战争开始以后，硬币步步缩小，战事越久，钱缩得越小，在最后一两年间，缩小到了几乎等于鹅眼。他很幽默地指着说，这是代表"东亚共荣圈"的。

**硬币**(yìngbì) : 경화(**硬貨**). 금속 화폐. **成行**(chéngháng) : 열을 짓다. 줄을 이루다. **步步**(bùbù) : 한 걸음 한 걸음. 걸음마다 점점. **鹅眼**(éyǎn) : 거위의 눈알.

从民间流传的关于天皇源流故事看来，可以推想到日本历史虽受军阀之制，而民间却仍保存着乃祖若宗世代相传之口史，为军阀所不能毁灭者。战后因思想言论自由，近年来新出版的日本史是值得我们一读的。

**乃**(nǎi) : 그. 그의. **世代相传**(shìdàixiāngchuán) : 대대로 전하다. **口史**(kǒushǐ) : 구술사(**口述史**). **毁灭**(huǐmiè) : (철저하게) 파괴하다. 소멸시키다. 없애다.

昔韩宣子适鲁, 见易象与鲁春秋, 曰周礼尽在鲁矣。读日本最近出版之日本历史并各种学术的书籍, 几乎使我与宣子有同样的感叹! 六七十年来, 我国与日本所定的国策, 同为富国强兵。

适(shì) : 가다. 이르다. 尽(jìn) : 전부. 모두. 다.

日本所走的路线为资本主义与军国主义, 用资本主义所产生的财富来养兵, 军阀与财阀联合操纵军政大权。他们的权力超越一切党派与学派。军国主义与资本主义的日本, 一战而胜中国, 再战而胜帝俄, 三战横冲直撞而轰炸到珍珠港。

横冲直撞(héngchōngzhízhuàng) : 제멋대로 날뛰다. 제 세상인 양 설치고 다니다. 轰炸(hōngzhà) : (비행기에서 지면이나 물 위의 목표물을) 폭격하다.

我国为何想富国而国不富, 想强兵而兵不强呢?
第一, 内政问题。日本倒幕尊皇, 政权统一已数十年。我国初则保皇革命, 国是未定。继则军阀割据, 全国扰攘。等到国民革命军统一全国的时候, 内则战乱频仍, 外则日本侵略, 内忧外患接踵而起。那里还谈得到富国强兵呢?

扰攘(rǎorǎng) : 혼란하고 어수선하다. 接踵而起(jiēzhǒngérqǐ) : 잇따라 발생하다.

第二, 经济思想问题。我国儒家"不患寡而患不均"的经济思想, 先天上已有不赞成资本主义的色彩, 数十年来一般士大夫复颇有仰慕王安石统制经济之倾向, 故对西洋资本主义, 虽不一定反对, 却不热心拥护。这个事实, 是谁也不能否定的。只以此而论, 就可知道建设一个资本主义的社会是怎样的不容易了。

不患寡而患不均(bùhuànguǎérhuànbùjūn) : 적은 것을 걱정하지 말고 고르지 못한 것을 걱정하라. (이 말은 논어(論語) 계씨편(季氏篇)에 나오며 공자(孔子)가 한 말로서 국가의 경제정책은 균부(均富)를 바탕으로 한다는 뜻이고 훗날 중국역대왕조의 경제정책은 공자가 주장한 이 균부(均富)를 핵심으로 하였다.) 仰慕(yǎngmù) : 앙모하다. 경모(敬慕)하다. 우러러 사모하다.

第三，门户开放问题。中国明清两代均采取锁国主义。日本在德川时代亦采取锁国主义。19世纪之资本主义迫开了两国之门。在中国称之为通商，日本称之为开国。然日本之开国发之于统一之政府，故全国一致而收实效。中国则此开彼闭，前迎后拒，步骤至不一致。故开国之实效未显，而瓜分之祸兆已见。

**瓜分**(guāfēn) : 분할하다. 분할. **祸兆**(huòzhào) : 재앙의 조짐.

以上对于中国与日本的比较，对日本之批评，大部分是抗战期间我在重庆所想到而记下来的。当全国被日军蹂躏、千千万万人民在日军铁蹄下牺牲生命财产的期间，我这记录似乎相当客观和公平。这是出于儒家忠恕平衡的传统观念，而日本却缺少了一个恕字。

**铁蹄**(tiětí) : 철제 편자.

对日和约，我国主张维持日本皇室，放弃赔款要求，遣送全体俘虏返国，凡此种种，虽出于政治远见，根本思想还是出于恕道。我国人知道"不念旧恶"为维持和平的要道，所以这种和约，为全国人民所拥护。

**赔款**(péikuǎn) : (남이나 어떤 단체에 입힌 손해에 대한) 배상금(**赔偿金**). 변상금(**辨偿金**). **遣送**(qiǎnsòng) : 돌려보내다. (거류 조건에 맞지 않는 사람을)송환하다. **要道**(yàodào) : 중요한 도리. 사람이 지켜야 할 도리, 본분.

停战以后，我视察了好多日本俘虏营(湘西、汉口、南京等地)，未曾看见当地民众对日俘有嘲笑或侮辱的举动，这使我感觉到中国人民度量的宽宏。

**俘虏营**(fúlǔyíng) : 포로수용소. **宽宏**(kuānhóng) : (도량, 그릇이) 크다.

日本战败后十余年来，其国内思想颇有变动，有些地方和我们在战前所见和战时所论的颇有不同，如民主主义之抬头、思想和言论之充分自由、神道迷信之渐趋薄弱、历史之重史实而放弃传统的虚伪、工业化之加速与产品的进步、学术研究之加速发达，凡此种种，影响日本本身之将来与东亚之局势者必甚大。

**颇**(pō) : 매우. 대단히. **如**(rú) : 예를 들면.

欧洲之西德与远东之日本, 已居冷战中重要地位。西德则站在西方民主阵线而为其重要的一环, 日本则表面似倾向西方, 而其内心则犹站在三岔路口, 游移未定。亲西方乎? 中立乎? 抑或倾向共产主义集团乎?

**西德**(xīdé) : 서독(西獨). **远东**(yuǎndōng) : 극동. **一环**(yīhuán) : 일환. **游移未定**(yóuyíwèidìng) : 줏대 없이 어물거리기만 하고 딱 잘라 결단을 내리지 못하다. 어찌할 바를 모르고 망설이다. **抑或**(yìhuò) : 혹은. 그렇지 않으면.

现在日本各种不同之政见, 归纳起来, 不外乎此三点。这是日本的内心烦恼, 亦是它本身的课题, 而亦为西方民主集团的课题。

**不外乎**(bùwàihū) : 다름 아닌 ~이다.

# 第三十三章　敌机轰炸中谈中国文化 적기의 폭격 속에서 중국 문화를 이야기하다

东方与西方不同, 因为它们的文化不同。但是你仍旧可以找出东西文化之间的相似之点。无论两种文化如何相似, 不可能完全相同, 每一文化的特点也必有异于他种文化。就西方而论, 不同的文化特征使德国人异于英国人, 同时也使法国人不同于荷兰人。

**特點**(tèdiǎn) : 특색. 특징. 특성.

但是他们之间仍有共通的特征, 这些特征使西方国家在文化上结为一体, 泛称"西方文化"。这些特征又使他们与东方各国显出不同。因此, 文化上的异同, 不应该由表面上的类似之点来判断, 而应该由各别的基本特征来论定。

**論定**(lùndìng) : 논하여 정하다.

在这一章里, 我们将从三方面来讨论中国文化的特征 : (一)中国文化之吸收力。(二)道德与理想。(三)中国人的人情。

## (一) 中国文化之吸收力 중국문화의 흡수력

大约五十年前, 当我还在学校念书的时候, 外国人和前进的中国人都常常说, 中国很像一块绝少吸收能力, 甚至毫无吸收能力的岩石, 那也就是说中国文化已经停滞不前, 而且成为化石, 因此中国已经变得无可救药地保守。她一直我行我素, 谁也不能使这位"支那人"改变分毫。

**停滯不前**(tíngzhìbùqián) : 정체되어 앞으로 나가지 못하다. 제자리걸음하다. **我行我素**(wǒxíngwǒsù) : 사람들이 뭐라고 하든 평소 자기식대로 하다.

这种说法表面上似乎言之成理, 但是结果却证明完全错误。从五口通商开始, 至一八九四年中日战争为止, 中国似乎一直在抗拒西方影响。但是在以前的几百年内, 她曾经吸收了许多先后侵入她生活之中的外来东西。

**言之成理**(yánzhīchénglǐ) : (말이)이치에 부합하다. 도리에 맞다. 일리가 있다. **爲止**(wéizhǐ) : 에 까지 이르다. **先后**(xiānhòu) : 잇따라.

在音乐方面, 现在所谓的"国乐", 实际上多半是用起源于外国的乐器来弹奏的。胡琴、笛和七弦琴, 都是几百年前从土耳其斯坦传入的。我们现在仍旧保留着中国的胡琴, 但是只有极少数人能够欣赏, 至于能弹胡琴的人就更少了。

**起源**(qǐyuán) : 기원하다. 생겨나다. **彈奏**(tánzòu) : (현악기를)연주하다. **土耳其斯坦**(tǔěrqísītǎn) : 투르키스탄.

从外国介绍到中国的食品更不计其数 : 西瓜、黄瓜、葡萄和胡椒是好几百年前传入中国的; 甘薯、落花生、玉蜀黍则是最近几百年传入的; 在最近的几十年中, 洋山芋、番茄、花菜、白菜和 堇菜也传入中国了。

**黃瓜**(huángguā) : 오이. **胡椒**(hújiāo) : 후추. **甘薯**(gānshǔ) : 고구마. **洋山芋**(yángshānyù) : 감자. **花菜**(huācài) : 꽃양배추. **白菜**(báicài) : 배추. **董菜**(jǐncài) : 제비꽃.

切成小块, 用酱油红烧的西方牛排, 也已经变为一道中国菜。锅巴虾仁加番茄汁更是一种新花样。中菜筵席有时也要加上冰淇淋、咖啡和金山橙子。

**牛排**(niúpái) : 비프스테이크. **鍋巴**(guōbā) : 누룽지탕. **蝦仁**(xiārén) : 껍질을 벗긴 새우. **花樣**(huāyàng) : 각조 양식. 종류. 패턴. **筵席**([yánxí) : 연회석. 향연.

柑橘原是中国的土产，后来出洋赴美，在加利福尼亚经过园艺试验家褒朋克改良后，带着新的头衔又回到了本乡，与中国留学生从美国大学带着硕士、博士的头衔学成归国的情形差不多。中国的柑橘还在很久很久以前传到德国，想不到柑橘到了德国却变成了苹果，因为德国人把柑橘叫做“中国苹果”。

出洋(chūyáng) : 외국으로 가다. 本鄕(běnxiāng) : 본향. 본토.

凡是值得吸收的精神食粮或知识养分，不论来自何方，中国总是随时准备欢迎的。明朝时，耶稣会教士把天文、数学和圣经传到中国。

耶蘇會(yēsūhuì) ; 예수회. 敎士(jiàoshì) : 선교사.

大学士徐光启，不但从他们学习天算，而且还信仰了天主，把他在上海徐家汇的住宅作为天主教活动中心，我们从耶稣会教士学到西方的天文学，有些人因此而成为天主教徒。五口通商以后，徐家汇天文台一直是沿海航行的指针。

天算(tiānsuàn) : 천문의 산법. 指针(zhǐzhēn) : 지침. 안내. 지도.

明末清初有位学者黄黎洲，他非常佩服耶稣会教士传入的天文学。他曾说过这样一句话，中国有许多学问因自己没有好好的保存，所以有不少已经流到外国去了。他有一次告诉一位朋友说：“就天文学而论，我们与西方比起来，实在幼稚得很。”可见中国学者是如何虚怀若谷！

佩服(pèi·fú) : 탄복하다. 감탄하다. 虛怀若谷(xūhuáiruògǔ) : 겸허한 마음이 산골짜기만큼 깊다. 대단히 겸허하다.

事实上正因为她有伟大的吸收能力，中国才能在几千年的历史过程中历经沧桑而屹立不坠。世界上没有任何文化能够不随时吸收外国因素而可维系不坠。我想这是不必历史家来证明的。西方各国文化间的相互依存关系和相互影响，彰彰在人耳目，无庸争辩。但是东方文化与西方文化间的相互作用却比较不太明显。

**历经**(lìjīng) : 두루 …경험하다. 여러 번 …겪다. **沧桑**(cāngsāng) : 세상의 변화가 크다. **历经沧桑**((lìjīngcāngsāng) : 수많은 세상사의 변천을 경험하다(겪다). **屹立**(yìlì) : 우뚝 솟다. **彰彰**(zhāngzhāng) : 분명한 모양. **彰彰在人耳目**(zhāngzhāngzàirénĕrmù) : 남의 이목에 분명히 드러나다. **无庸争辩**(wúyōngzhēngbiàn) : 논쟁할 필요가 없다. **明显**(míngxiǎn) : 뚜렷하다. 분명하다. 분명히 드러나다.

剑桥大学的尼邓教授曾告诉我, 火药的膨胀性导致蒸汽机的发明, 而儒家的性善学说则影响了法国大光明时代学派的思想。许多东西曾经悄无声息的从东方流到西方。至于这些东西究竟是什么, 我想还是让西洋人自己来告诉我们罢。

**剑桥大学**(Jiànqiáodàxué) : 영국의 캠브리지 대학교. **蒸汽机**(zhēngqìjī) : 증기 기관. 스팀 엔진. **悄无声息**(qiǎowúshēngxī) : 소리 없이 조용히.

但是我们除了音乐、食物之类以外, 并没有经由西面和北面陆上边界吸收其他的东西。这些区域里的民族, 所能提供的精神食粮事实上很少, 因此我们转而求諸印度。在艺术方面, 我国的绘画和建筑都有佛教的影响, 佛教思想在中国哲学方面更占着重要的地位, 佛教经典甚至影响了中国文学的风格和辞藻。

**边界**(biānjiè) : 지역 간의 경계(선). 국경(선). 변경. **辞藻**(cízǎo) : 사조. 시문의 문채(**文彩**) 또는 말의 수식(**修飾**). 화려한 문사.

在耶稣会教士到达中国之前好几百年, 中国人已经吸收了佛教的道德观念, 但是对佛教的超世哲学却未加以理睬。佛教传入中国虽已有千百年的历史, 而且千千万万的佛教寺庙也占据着城市和山区的最好位置, 但是佛教的基本哲学和宗教在中国人的思想里仍然是陌生的。学者们对佛教保持友善或容忍的态度, 一般老百姓把它当作中国的诸多宗教之一来崇拜。

**理睬**(lǐcǎi) : 아랑곳하다. 거들떠보다. 상대하다. [흔히 부정·금지에 쓰임].

但是他始终还是外国的东西。在重实用的中国人看起来, 佛教的超知识主义并无可用。超知识主义所以能在中国存在, 是因为含有道德教训,同时遇到苦难的时候, 可以作精神上的避风港。中国人只想把外国因素吸收进来充实自己的思想体系；但是他们绝不可放弃自己的思想体系而完全向外国投降。

**始终**(shǐzhōng) : 처음부터 한결같이. 언제나. 결국. 끝내. 늘. **避风港**(bìfēnggǎng) : (외부로부터의 상해(**傷害**)·정치 투쟁 따위를 피하는) 대피소[안전지대].

中国人凭藉容忍的美德, 对于无法吸收的任何思想体系都有巧妙的应付办法。他们先吸收一部分, 让余留的部分与本国产物和平共存。因此亿万人口中的一部分就接纳了外国的思想文化, 成为佛教徒、回教徒、或基督教徒, 大家和睦相处, 互不干扰。

**成为**(chéngwéi) : …으로 되다. **和睦相处**(hémùxiāngchǔ) : 화목하게[사이좋게] 지내다. **干扰**(gānrǎo) : 교란시키다. 방해하다.

中国历史上最有趣味的两件事, 一件是关于道家思想的。我们把它劈成两半。一半为老庄哲学, 以此立身, 为任自然而无为；以此治国为无为而治。另一半成为道教, 起于东汉张道陵之五斗米道。流入特殊社会而成帮会, 二千年来, 揭竿而起, 改朝换代, 都是与帮会有关的。

**帮会**(bānghuì) : (구사회의) 민간의 비밀 결사. **揭竿而起**(jiēgānérqǐ) : 봉기하다. 반기를 들다. **改朝换代**(gǎicháohuàndài) : 조대(**朝代**)가 바뀌다; 세상[정권]이 바뀌다. 왕조가 바뀌다.

流入通俗社会则成道教。即拜神也拜佛, 台湾之"拜拜"即此。通俗所迷信之阎罗王, 本为印度婆罗门教冥府之司狱吏, 由佛教于无意中传来中国而入了道教。至轮回之说, 入了道教而亦忘其来源矣。

**拜神**(bàishén) : 신을 모시다. 신에게 절하다. **迷信**(míxìn) : 맹신(**盲信**)하다. 덮어놓고 믿다. **婆罗门教**(Póluóménjiào) : 브라만교. **冥府**(míngfǔ) : 명부. 저승. 황천.

第二件是把佛教也辟成两半。宗教部分入了道教, 哲学部分则合道家而入了儒家。老子之无为主义, 凑合了佛家之无为主义, 使佛学在中国思想系统里生了根。故宋儒常把老佛并称。自宋以来之儒家, 可以说没有不涉猎道家哲学与佛学的。儒家之洒脱思想, 实因受其影响而来。

**辟**(pì): 갈라놓다. **凑合**(còuhe): 긁어모으다. (자질구레한 것들을 한데) 모으다. **故**(gù): 그래서. 이로 인해. 그러므로. **洒脱**(sǎtuō): 말이나 행동, 풍격 등이) 예절이나 형식에 얽매이지 않고 수수하고 털털하다. 소탈하다. 대범하다. 시원스럽다. 자연스럽다.

中国之学人, 以儒立身, 以道处世, 近年以来加上了一项以科学处事。美国本年六月份《幸福》杂志, 以幽默的口气, 谓台湾有人对美国人说, 台湾的建设靠三子。一孔子, 二老子, 三鬼子。问什么叫鬼子, 则笑谓洋鬼子。

**学人**(xuérén): 학자. **鬼子**(guǐ·zi): 놈[중국을 침략한 외국인에 대해 쓰는 말].

现在让我们再回头看一看过去五十年间西方文化传入中国的情形。在衣着方面过去三十年间西化的趋势最为显著。呢帽和草帽已经取代旧式的帽子和头巾; 昔日电影中所看到的辫子已失去了踪迹。女人都已烫了发, 短裙、丝袜和尼龙袜已使中国妇女有机会显示他们的玉腿。

**衣着**(yīzhuó): 복장. 옷차림. 옷. **呢帽**(nímào): 나사로 된 중절모자. **草帽**(cǎo mào): 밀짚모자. **头巾**(tóujīn): 두건. **烫发**(tàngfà): 머리를 파마하다. **丝袜**(sīwà): 명주양말. **玉腿**(yùtuǐ): 하얀 다리. **尼龙**(nílóng): 나일론(nylon).

女人的腿更已经历一次重大的革命, 西式鞋子使她们放弃了几千年来的缠足恶习, 结果使她们的健康大为改善。健康的母亲生育健康的子女, 天足运动对于下一代的影响至为明显。现代的儿童不但比从前的儿童健康, 而且远较活泼, 不但行动比较迅速, 心智也远较敏锐。

**缠足**(chánzú): 전족. **天足**(tiānzú): 전족(纏足)하지 않은 자연 그대로의 발. **下一代**(xiàyīdài): 다음 세대 (사람). 후대. **心智**(xīnzhì): 마음의 지혜. **敏锐**(mǐnruì): (감각이) 예민하다. (눈빛이) 날카롭다.

在社交方面, 男女可以自由交际, 与过去授受不亲的习俗适成强烈的对照。民法中规定, 婚姻不必再由父母安排; 青年男女成年以后, 有权自行选择对象。男女同校已经成为通例, 男女分校倒成了例外。

**授受不亲**(shòushòubùqīn): (남자와 여자는)서로 물건을 주고받으면 안 된다. **适成强烈**

的对照(shìchéngqiánglièdeduìzhào) : 선명한 대조를 이루다. 自行(zìxíng) : 스스로. 对象(duìxiàng) : 배우자. 男女同校(nánnǚtóngxiào) : 남녀 공학. 通例(tōnglì) : 통례. 관례.

在住的方面, 一向左右屋基选择的风水迷信已经渐为现代的建筑理论所替代。在若干实例中, 古代的艺术风格固然因其华丽或雄伟而保留了下来, 但是大家首先考虑的还是阳光、空气、便利、舒适、卫生等要件。现代房屋已经装置抽水马桶、洋瓷浴盆和暖气设备。硬背椅子和硬板床已经渐为沙发及弹簧床垫所取代。

屋基(wūjī) : 건물의 부지. 집터. 집이 있던 빈 터. 固然(gùrán) : 비록 …하지만. [어떤 사실을 인정하고 이어지는 글에서 전환을 끌어냄]. 물론 …하지만 …해도 …하다. [A라는 사실을 인정하면서 또한 B라는 사실을 부정(否定)하지 않음을 표시함]. 装置(zhuāngzhì) : 장치하다. 설치하다. 달다. 抽水马桶(chōushuǐmǎtǒng) : 수세식(水洗式)변기(便器). 洋瓷浴盆(yángcíyù pén) : 에나멜 욕조. 板床(bǎnchuáng) : 나무로 만든 평상. 沙发(shāfā) : 소파(sofa). 弹簧床垫(tánhuángchuángdiàn) : 스프링 매트리스.

中国菜肴花样繁多, 因为我们随时愿意吸收外国成分。西菜比较简单, 我想主要是因为不大愿意采用外国材料的缘故。不错, 茶是好几世纪以前从中国传入欧洲的。香料也是由东方传去。

菜肴(càiyáo) : 요리. 반찬. [밥반찬이나 술안주로 쓰이는 물고기, 육류, 알, 채소 등을 말함]. 花样(huāyàng) : (각종) 양식. 종류. 패턴(pattern). 디자인(design). 繁多(fánduō) : (종류가)많다. 因为……缘故 : ……하기 때문이다.

哥伦布就是为了找寻到印度的通商捷径而无意中发现新大陆的。有人告诉我, 渥斯特郡辣酱油也是从中国酱油发展而来的。但是除此以外, 西菜始终很少受东方的影响。美国的“杂碎”店固然数以万计, 而且美国人也很喜欢“杂碎”, 但是除此以外, 他们就很少知道别的中国菜了。

找寻(zhǎoxún) : 찾다. 渥斯特郡辣酱油(wòsītèjùnlàjiàngyóu) : 우스터소스. 辣酱油(làjiàngyóu) : 소스. 杂碎(zásui) : 삶은 후 토막으로 썰어 식용으로 제공되는 소·양 등의 내장. 数以万计(shǔyǐwànjì) : 수만을 헤아리다.

中国却一直不断地在吸收外国东西, 有时候经过审慎选择, 有时候则不分皂白, 乱学一气——不但食物方面如此, 就是衣着、建筑、思想、风俗习惯等等也是如此。吸收的过程多半是不自觉的, 很像一棵树通过树根从土壤吸收养分。吸收养分是成长中树木的本能, 否则它就不会再长大。

**审慎**(shěnshèn) : 세밀하고 신중하다. 신중하다. **不分皂白**(bùfēnzàobái) : 흑백(**黑白**)을 구별하지 않다. 시비곡직(**是非曲直**)을 구별하지 않다.

中国由新疆输入外国文化并加吸收的过程很缓慢, 千余年来只点点滴滴地传入了少许外国东西。因此她是逐步接受这些东西, 有时间慢慢加以消化。大体上这是一种不自觉的过程, 因此并未改变中国文化的主流, 很像磁石吸收铁屑。铁屑聚集在磁石上, 但是磁石的位置并未改变。

**缓慢**(huǎnmàn) : 완만하다. 느리다. 더디다. **点点滴滴地**(diǎndiǎndīdī) : 아주 조금씩. **少许**(shǎoxǔ) : 소량. 얼마간. 약간. **铁屑**(tiěxiè) : 쇠 깎은 부스러기. **聚集**(jùjí) : 모으다. 모이다.

由华东沿海输入的西方文化, 却是如潮涌至, 奔腾澎湃, 声势慑人 ; 而且是在短短五十年之内涌到的。西方文化在法国革命和工业革命之后正是盛极一时, 要想吸收这种文化, 真像一顿饭要吃下好几天的食物。

**如潮涌至**(rúcháoyǒngzhì) : 조수처럼갑자기몰려들다. **奔腾澎湃**(bēnténgpéngpài) : (파도가) 맞부딪치며 세차게 밀려오다. **声势**(shēngshì) : 성세. 위풍과 기세. **慑人**(shèrén) : 사람을 두렵게 하다. **盛极一时**(shèngjíyīshí) : 한 시기 동안 매우 성행(**盛行**)하게 되다. 일시에 크게 유행하다.

如果说中国还不至于胀得胃痛难熬, 至少已有点感觉不舒服。因此中国一度非常讨厌西方文化, 他惧怕它, 诅咒它, 甚至踢翻饭桌, 懊丧万分地离席而去, 结果发现饭菜仍从四面八方向她塞过来。中国对西方文化的反感, 正像一个人吃得过饱而闹胃痛以后对食物的反感。

**熬**(áo) : (고통·곤란 따위를) 참고 견디다. **惧怕**(jùpà) : 두려워하다. **诅咒**(zǔzhòu) : 저주하다. **踢翻**(tīfān) : 발길로 걷어차서 엎어버리다. **懊丧**(àosàng) : (일이 뜻대로 되지 않아)

풀이 죽다. 기가 죽다. 낙담(落膽)하다. **饭菜**(fàncài):밥과 찬. 식사. **塞**(sāi):(물건을 틈 또는 간격에) 메우다. 채우다. [물건을 틈이 있는 곳으로 넣는 동작을 가리킴]. **闹胃痛**(nàowèitòng):위통을 앓다.

> 一八九八年的康梁维新运动, 只是吃得过量的毛病; 一九〇〇年的"义和团之乱", 则是一次严重而复杂的消化不良症, 结果中国硬被拖上手术台, 由西医来开刀, 这些西医就是八国联军。这次医药费相当可观, 共计四亿五千万两银子, 而且她几乎在这次手术中丧命。

**硬**(yìng) : 억지로. 무리하게. **开刀**(kāidāo) : 수술(手術)하다. **相当可观**(xiangdangkěguan):상당히 엄청나다. **丧命**(sàngmìng):목숨을 잃다. 사망(死亡)하다. 죽다. [뜻밖의 재앙을 당해 죽거나 급병으로 인해 갑자기 죽는 것을 말함].

> 张之洞 "中学为体, 西学为用" 的主张, 事实上也不过是说:健全的胃比它所接受的食物对健康更重要。因此中国很想稳步前进, 不敢放步飞奔。但是西方文化的潮流却不肯等她。

**稳步**(wěnbù):침착하고 절도 있는 걸음. 점진적인 진행(進行). **放步**(fàngbù):성큼성큼[힘차게] 걷다. 활보하다. **飞奔**(fēibēn):나는 듯이 달리다. 급히 가다.

> 西潮冲激着她的东海岸, 泛滥了富庶的珠江流域和长江流域。并且很快弥漫到黄河流域。虽然她最近闹了一场严重的胃病, 她也不得不再吃一点比较重要的食物。

**冲激**(chōngjī):세차게 부딪치다[충돌하다]. **弥漫**(mímàn):(물이)가득 차다. 널리 퍼지다.

> 到了一九〇二年, 胃口最佳的学生已为时代精神所沾染, 革命成为新生的一代的口头禅。他们革命的对象包括教育上的、政治上的、道德上的, 以及知识上的各种传统观念和制度, 过去遗留下来的一切, 在这班青年人看起来不过是旧日文化的骸骨, 毫无值得迷恋之处。他们如饥如渴地追求西方观念, 想藉此抵消传统的各种影响。

**胃口**(wèi·kǒu):식욕. 위. **口头禅**(kǒutóuchán):실속 없는 말. 공염불. 입에 발린 말. **骸骨**(háigǔ):사람의 뼈. 해골. **迷恋**(míliàn):미련을 두다[갖다]. 연연해하다. **如饥如渴**

(rújīrúkě) : 배고프고 목마른 것 같다 ; 갈망하다. 절실하게 요구하다. **抵消**(dǐxiāo) : 작용 따위를)에끼다. 상쇄하다. …와 맞비기다. 벌충하다. 메꾸다. 중화하다. 효력이[효과가] 없게 하다. 소멸시키다.

五口通商后不久, 中国即已建立兵工厂、码头、机器厂, 和外语学校, 翻译了基本科学的书籍, 而且派学生留学美国。因为她在抵抗西方列强的保卫战中屡遭败北, 于是决定先行建立一支海军。一支小型的海军倒是真的建立起来, 结果却在一八九四年被日本所毁灭。日本是无法容忍中国有海军的。

**毁灭**(huǐmiè) : 괴멸하다. 섬멸하다. 박멸하다.

海军既然建不成, 中国就进一步进行政治、陆军和教育上的改革。北京的满清政府开始准备采取西方的立宪政制 ; 它建立了新的教育制度, 组织了现代化的军队和警察, 并且派遣了大批学生出洋留学。这可算是中国文化有史以来首次自觉的大规模吸收外国文明, 其结果对往后国民生活发生了非常深远的影响。

**出洋**(chūyáng) : 외국으로 가다.

最重要的是教育上的改革, 因为这些改革的计划最完善, 眼光最远大, 而且是针对新兴一代而发的, 传统观念对这班年轻人的影响最小。后来这班年龄相若的学生逐渐成长而在政府中掌握大权, 他们又采取了更多的西洋方法, 使较年轻的一代有更佳的机会吸收新的观念思想。

**完善**(wánshàn) : 완선하다. 완전하다. 완벽하다. 나무랄 데가 없다. **针对**(zhēnduì) : 겨누다. 견주다. 대하다. 맞추다. 조준하다.

这年轻的一代接着握权以后, 他们又进一步从事西化工作, 更多的新措施也随之介绍到政府、军队和学校等部门。因此新兴的每一代都比以前一代更现代化。

**措施**(cuòshī) : 조치(하다). 대책. 시책(施策)(을 행하다).

民国八年(一九一九年)北京的学生运动, 北大教授所强调的科学和现代民主观念, 以及胡适教授所提倡的文学革命, 只是自觉的致力吸收西方思想的开端, 这种努力在过去只限于工业和政治方面。

开端(kāiduān) : 발단(하다). 시작(하다).

这次自觉的努力比较更接近中国文化的中心, 同时中国文化史也随之转入新页。因为中国正想藉此追上世界潮流。中国文化把罗盘指向西方以后, 逐渐调整航线, 以期适应西方文化的主流。在今后五十年内, 它在保持本身特点的同时, 亦必将驶进世界未来文化共同的航道而前进。

罗盘(luópán) : 나침반. 航线(hángxiàn) : 항로. 航道(hángdào) : (배·비행기의) 항행 통로.

到目前为止, 中国已经从西化运动中获得很多好处。妇女与男子享受同等的社会地位, 享受结婚和再嫁的自由, 并且解放缠足, 这就是受到西方尊重妇女的影响而来的。西方医药也已阻遏了猖獗的时疫, 麻醉药的应用已使千万病人在施行手术時免除痛苦。

阻遏(zǔ'è) : 저지하다. 가로막다. 时疫(shíyì) : 시역. 유행병. 돌림병.

机器和发明已经改进了生产技术, 对于人民的生活提供了重要的贡献。现代作战武器增加了杀伤的能力, 因而也招致了更大的生命损失。现代科学已经拓宽了知识范围 ; 中国的历史、哲学和文学的研究工作已采用了科学方法。大家一向信守不疑的迷信, 也因科学真理的启示而渐渐失势。

拓宽(tuòkuān) : 넓히다. 확장하다. 启示(qǐshì) : 계시(하다). 시사(하다). 계발(하다).

我们吸收西方思想的能力愈强, 我国的文化亦将愈见丰富。中国的现代工作愈广泛彻底, 则与中国国民生活结着不解缘的贫困和疾病两大祸患亦将随之逐渐消灭. 在这一方面, 我认为现代化运动和西化运动, 即使并非完全相同, 也是不可分的, 因为现代化运动肇始于西化, 而且已经毫不间断地向前迈进. 中国无法取此而舍彼.

**祸患**(huòhuàn) : 화. 재난. 재해. 재앙. **肇始**(zhàoshǐ) : 시작하다. 개시하다. **无法**(wúfǎ) : (…할) 방법이[도리가] 없다. …할 수 없다.

西方被迫现代化, 多少有点像中国之被迫西化. 现代发明浪潮所经之处, 随即改变了生产的方式, 招致分配和控制的问题, 并进而引起其他新的问题. 人类必须适应日新月异的环境, 进步就是由环境的不断的改变和人类适应新的环境产生的.

**被迫**(bèipò) : 강요당하다. 강요에 못 견디다. 할 수 없이 …하다. **随即**(suíjí) : 즉시. 곧. **日新月异**(rìxīnyuèyì) : 나날이 새로워지다[달라지다]. 발전이 매우 빠르다.

你不妨看一看法国革命以后的欧洲情形, 你或许会发现自从罗马帝国以来, 欧洲大陆在表面上几无多大改变. 但是你如果再仔细看看工业革命以后五十年来的欧洲情形, 你一定会发现许多显著的变化. 在隔五十年之后, 你又会发现整个欧洲大陆和美洲都已经遍布了铁路网, 一列列的火车则像千万条蜈蚣爬行在铁路上.

**蜈蚣**(wú·gōng) : 지네. **爬行**(páxíng) : 기다. 기어가다.

烟囱高耸入云的工厂像蜂房一样集中在工业大城里. 装载工业成品的轮船在港口穿梭进出, 准备把工厂产品运送到世界的每一角落. 半世纪以前, 这些轮船曾经把自来火、时辰钟、洋油灯、玩具, 以及其他實用和巧妙的外国货带到中国. 我童年时代在安宁的乡村里就曾经玩过这些洋货.

**烟囱**(yāncōng) : 굴뚝. 연통. **高耸入云**(gāosǒngrùyún) : 구름 속으로 우뚝 솟다. **蜂房**(fēngfáng) : 벌집. **装载**(zhuāngzài) : (짐을)싣다. 적재하다. **成品**(chéngpǐn) : 제품. 완제품. **穿梭进出**(chuānsuōjìnchū) : 쉴 새 없이 들락날락 하다. **自来火**(zìláihuǒ) : 성냥. **时辰钟**(shíchénzhōng) : 시계. **洋油灯**(yángyóudēng) : 남포등. 석유등.

我们天真而不怕自觉吸收这些新鲜的玩艺儿, 实际上正是一次大转变的开端, 这次转变结果使中国步上现代化之途, 同时也经历了相伴而生的苦难、扰攘、危险, 以及旧中国恬静生活的迅速消逝.

**玩艺儿**(wányir) : 물건. 사물. [하찮다는 어감이 포함됨]. **开端**(kāiduān) : 발단(하다). 시작(하다). **恬静**(tiánjìng) : 평안하고 고요하다. **消逝**(xiāoshì) : 사라지다. 없어지다.

中国在此以前所吸收的外国东西, 不论是自觉的或是不自觉的, 都曾使人民生活更见充实丰富, 而且并未导致任何纷扰。但是自从西方工业制品和思想制度传入以后, 麻烦就来了。正像现代的磺胺药品, 它们固然可以治病, 但是有时候也会引起严重的副作用, 甚至致人于死。

**纷扰**(fēnrǎo) : 혼란(스럽다). 분란. **导致**(dǎozhì) : 야기하다. (어떤 사태를) 초래하다[가져오다]. **磺胺**(huáng'àn) : 술파민(sulfamine).

中国所面临的问题就是如何吸收西方文化而避免严重的副作用。此项工作有赖于实验与科学研究, 因为实验和科学研究是推动心理、社会、工业各项建设的基本工具。不过这些工具仍然是西方的产物。

**推动**(tuīdòng) : 밀고 나아가다. 추진하다. 촉진하다. **工具**(gōngjù) : 수단. 도구.

## (二) 道德与理智
도덕과 이지

我在加州大学伦理学班上初次读到希腊哲学家的著作时, 我开始觉得中国古代思想家始终囿于道德范围之内, 希腊哲学家则有敏锐深刻的理智。

**囿于**(yòuyú) : ~에 사로잡히다.

后来我读了更多有关希腊生活和文化的书籍以后, 更使我深信古代中国思想和古希腊思想之间, 的确存在着这种鲜明的对照, 同时我相信就是东西文化分道扬镳的主要原因。这种说法也许过于武断, 但是据我后来的经验来说, 我并未发现有予以修正的必要, 而且我至今仍如此深信不疑。

**的确**(díquè) : 확실히. 분명히. 정말. 참으로. 실로. **分道扬镳**(fēndàoyángbiāo) : 제각기

제 갈 길을 가다[지향하여 달려가는 방향이 같지 않음을 말함]. **武断**(wǔduàn) : 독단적이다. 고압적이다. **深信不疑**(shēnxìnbùyí) : 믿어 의심치 않다.

我从美国留学回来以后, 曾不断努力使国人了解发展理智的重要, 无论是上课或写作, 我总是经常提到苏格拉底、柏拉图和亚里士多德等名字, 以致若干上海小报讥讽我是"满口柏拉图、亚里士多德的人"。

**写作**(xiězuò) : 글을 짓다. 저작(著作)하다. 저술(著述)하다. **讥讽**(jīfěng) : 비꼬다. 비웃다. 풍자(諷刺)하다. 비난(非難)하다.

我发现并没有多少人听我这一套, 结果只好自认失败而放弃了这项工作, 同时改变策略转而鼓吹自然科学的研究。事实上这是一种先后倒置的办法, 我不再坚持让大家先去看看源头, 反而引大家先去看看水流。他们看到水流以后, 自然而然会探本穷源。

**源头**(yuántóu) : 수원. 발원지. 원천. **自然而然**(zìránérrán) : 자연히. 저절로. **探本穷源**(tànběnqióngyuán) : (사물의 근본을) 거슬러 올라가다. 탐구하다.

有人曾经请教一位著名的中国科学家, 为什么中国未曾发展自然科学。他提出四个理由 : 第一, 中国学者相信阴阳是宇宙中相辅相成的两大原则。第二, 他们相信金、木、水、火、土、五行是构成宇宙的五大要素, 并把这种对物质世界的分析应用到人类生活以及医药方面。

**请教**(qǐngjiào) : 지도를 부탁하다. 가르침을 청하다. 문의하다. **相辅相成**(xiāngfǔxiāngchéng) : (두 사물이) 서로 보완하고 협력하여 일을 완성하다. 서로 잘 어울리고 보완해서 하나라도 부족한 점이 없게 하다. 상부상조하다.

第三, 中国人的粗枝大叶, 不求甚解。这是精确计算的大敌。第四, 中国学者不肯用手, 鄙夷体力劳动。这些很可能都是自然科学发展的障碍, 但是即使没有这些障碍, 我也不相信自然科学就能发展起来, 因为我们根本就没有注意到这方面的工作。

**粗枝大叶**(cūzhīdàyè) : 세심하지 못하고 일을 경솔하게 하다. 대충 대충하다. 꼼꼼하지 못하다. 不求甚解(bùqiúshènjiě) : 깊이 파고들지 않다. 精确(jīng què) : (논점, 계산, 분석 등이) 정확(正確)하다. 틀림없다. 鄙夷(bǐyí) : 깔보다. 얕보다. 경시(輕視)하다. 경멸(輕蔑)하다.

我们中国人最感兴趣的是实用东西。我在美国时常常发现, 如果有人拿东西给美国人看, 他们多半会说:"这很有趣呀!" 碰到同样情形时, 中国人的反应却多半是:"这有什么用处?" 这真是中国俗语所谓智者见智, 仁者见仁。

多半(duōbàn) : 대부분. 대개.

心理状态的不同, 所表现的兴趣也就不同了。我们中国对一种东西的用途, 比对这种东西的本身更感兴趣。

兴趣 : 흥미.

中国思想对一切事物的观察都以这些事物对人的关系为基础, 看它们有无道德上的应用价值, 有无艺术价值, 是否富于诗意, 是否切合实用。古希腊的科学思想源于埃及与巴比伦。

诗意(shīyì) : 시적 정취(情趣). 시적(詩的)인 맛. 시정(詩情). 切合(qièhé) : 적합하다. 巴比伦(Bābǐlún) : 바빌로니아(Babylonia).

巴比伦的天文学和埃及的几何学, 和中国天文数学一样, 都以实际应用为目的。但是希腊学者具有重理智的特性, 他们概括并简化各种科学原则, 希望由此求出这些科学的通理。这种追求通理的过程为天然律的发现铺平了道路。

概括(gàikuò) : 개괄하다. 简化(jiǎnhuà) : 간략화하다. 간소화하다. 天然律(tiānránlǜ) : 자연의 법칙.

对希腊人而言, 一共有两个世界:即官觉世界与理性世界。官觉有时会弄玄虚;所以哲学家不能信赖他的官觉的印象, 而必须发展他的理性。

柏拉图坚主研究几何学, 并不是为了几何学的实际用途, 而是想发展思想的抽象力, 并训练心智使之能正确而活泼地思考。

**官觉**(guānjué) : 감각. **弄玄虚**(nòngxuánxū) : 속임수를 쓰다. 수단을 부리다. 연막을 치다.

柏拉图把思想的抽象力和正确的思考能力应用在伦理与政治上, 结果奠定了西方社会哲学的基础 ; 亚里士多德把它们应用在研究具体事物的真实性上, 结果奠定了物质科学的基础。

**奠定**(diàndìng) : 다지다. 닦다. 안정시키다.

亚里士多德相信由官觉所得知识的真实性。他并有惊人的分析的理智力, 他的这种理智力几乎在任何学问上都留有痕迹。他认为正确的知识不但需要正确地运用理性, 同时也牵涉到官觉正确运用 ; 科学的进步则同时仰赖推理能力和观察能力的发展。

**惊人**(jīngrén) : 사람을 놀라게 하다. 놀라운. **痕迹**(hénjì) : 흔적. 자취. **运用**(yùnyòng) : 운용(하다). 활용(하다). 응용(하다). **仰赖**(yǎnglài) : 의뢰[의존]하다.

亚里士多德从应用数学演绎出若干通则, 研究与探讨这些原则是一种心智的锻炼, 他便由此训练出一种有力而深刻的理智力。凭着这种训练有素的理智力以及官觉的正确运用, 他创造了一套成为现代化科学基础的知识系统。使西方思想系统化的逻辑和知识理论也同是这种理智锻炼的产物。

**通则**(tōngzé) : 통칙. 일반적인 법칙. **训练有素**(xùnliànyǒusù) : 평소에 훈련을 많이 하다 ; 훈련이 잘 되어 있다.

中国思想集中于伦理关系的发展上。我们之对天然律发生兴趣, 只是因为它们有时可以作为行为的准则。《四书》之一的《大学》曾经提出一套知识系统, 告诉我们应该先从格物着手, 然后才能致知。知识是心智发展的动力。

**天然律**(tiānránlǜ) : 자연의 법칙. **动力**(dònglì) : 원동력.

到此为止, 我们所谈的还是属于知识方面的。讨论再进一步以后, 道德的意味就加强了。心智发展是修身的一部分, 修身则是齐家的基础。齐家而后方能治国, 国治而后方能平天下。从格物致知到平天下恰恰形成一个完整的, 非常实际的, 道德上的理想体系。

**齊家**(qíjiā) : 집안을 다스리다. **方**(fāng) : 비로소. **平天下**(píngtiānxià) : 천하를 탕평하다.

在中国人看起来, 世界和平绝非梦想, 而是实际的道德体系。因为国家的安定必然是与国际和平密切关联的。离开此目标的任何知识都是次要的或无关痛痒的。在这种学问态度之下, 查问地球究竟绕日而行, 抑或太阳绕地球而运行, 原是无关痛痒的事。

**无关痛痒**(wúguāntòngyǎng) : 문제 삼을 만한 것이 못되다. 대수롭지 않다. 보잘것없다. 별로 중시할 것이 못되다.

再说, 我们何苦为沸水的膨胀而伤脑筋? 瓦特实在太傻了！我们中国人倒是对沸水的嘶嘶声更感兴趣, 因为这种声音可以使我们联想到煮茗待客的情调。那该多富于诗意！

**再说**(zàishuō) : …한데다가. 게다가. **何苦**(hékǔ) : 무엇이 안타까워서. 무엇 때문에. **沸水**(fèishuǐ) : 끓는 물. **伤脑筋**(shāngnǎojīn) : 골머리를 앓다. 어찔 줄을 모르다. 애를 먹다. **煮茗**(zhǔmíng) : 차를 끓이다. **情调**(qíngdiào) : 정서. 분위기.

苹果落地是自然的道理, 中国人可以在这件事情上找出道德意义。他们会说, 一样东西成熟了自然就掉下来。因此, 你如果好好地做一件事情, 自然就会得到应有的结果, 为此多伤脑筋毫无好处。

**应有**(yīngyǒu) : 마땅히 있어야 할. 상응하는. 당연한. 합당한.

如果你家花园里的苹果不是往地下落, 而是往天上飞, 那倒可能使中国人惴惴不安, 认为老百姓即将遭逢劫难。彗星出现, 或者其他习见情形失常, 中国人就是如此解释的。只有牛顿这种人才会从苹果落地想到地心吸力上面去。

**惴惴不安**(zhuìzhuìbùān) : 벌벌 떨며 불안해하다. **失常**(shīcháng) : 정상적인 상태를 잃다. 비정상적(**非正常的**)이다. **牛顿**(níudùn) : 뉴턴(Newton). **地心吸力**(dìxīnxī lì) : 지구인력.

我一度鼓吹发展理智, 结果徒劳无功, 原因不言而喻。这些古希腊人物和他们的学说对中国有什么用? 在我们中国人的眼光里, 自然科学的价值只是因为他们能够产生实际的用途。希腊哲学家离现代自然科学太远了, 他们还有些什么实际用途呢?

**不言而喻**(bùyánéryù) : 말하지 않아도 안다. 말할 필요도 없다. **用途**(yòngtú) : 용도. 사용처.

我们中国人对科学的用途是欣赏的, 但是对为科学而科学的观念却不愿领教。中国学者的座右铭就是"学以致用"。在这样的心理状态之下, 中国未能发展纯粹科学是毫不足奇的, 因为纯粹科学是知识兴趣的表现, 而非实际应用的产物。

**欣赏**(xīnshǎng) : 좋다고 여기다. 마음에 들어 하다. 좋아하다. **领教**(lǐngjiào) : 가르침을 받다. 배우다. **学以致用**(xuéyǐzhìyòng) : 배운 것을 실제로 활용하다.

我们曾经建造长城和运河, 也曾建设伟大的水利工程 ; 我国建筑式样的宏丽, 我们的宫殿和庙宇, 都曾获得举世人士的激赏。这些工程足与世界上最伟大的工程成就相提并论。

**水利工程**(shuǐlìgōngchéng) : 수리 공사. **宏丽**(hónglì) : 웅장[웅대]하고 화려하다. **庙宇**(miàoyǔ) : 묘우. 사당. 묘당. 불당. 사원.

但是它们并不是纯粹科学的基础上发展而来的。因此它们无论如何伟大, 也没有进一步发展的可能, 直到现代工程技术输入以后, 才见转机。如果没有纯粹科学, 现代工程科学根本无法达到目标的巅峰状态。

**转机**(zhuǎnjī) : 전기. **见转机**(jiànzhuǎnjī) : 전기를 마련하다. 호전의 조짐이 보이다. **巅峰状态**(diānfēngzhuàngtài) : 최상의 컨디션. 최고봉

中国人所发明的指南针和火药曾使全世界普受其利，但是发现火药爆炸的膨胀原理，把这原理应用于沸水，并进而发明蒸汽机的，结果还是西洋人。在中国，发明通常止于直接的实际用途。我们不像希腊人那样肯在原理原则上探讨；也不像现代欧洲人那样设法從个别的发现中归纳出普遍的定律。

**沸水**(fèishuǐ)：끓는 물. **探讨**(tàntǎo)：탐구하다. **定律**(dìnglǜ)：(과학상의) 법칙.

现代欧洲人的这种习性是从古希腊继承而来的，不过较诸希腊时代更进步而已。中国人一旦达到一件新发明的实用目的，就会马上止步不前；因此中国科学的发展是孤立无援的，也没有科学思想足为导向的明灯。科学发展在中国停滞不进，就是因为我们太重实际。

**较诸**(jiàozhū)：~보다. **止步**(zhǐbù)：걸음을 멈추다. 통행을 금지하다. **导向**(dǎoxiàng)：(어떤 지점으로) 유도하다. 인도하다. **明灯**(míngdēng)：횃불. 등불. 대중을 올바르게 인도하는 사람. 환히 밝혀 주는 등대.

我并不是说中国人不根据逻辑思考，而是说他们的思想没有受到精密的系统的训练。这缺点已经反映在中国哲学、政治组织、社会组织，以及日常生活之中。世界其余各地的人民普遍享受现代科学的光明和工业社会的福利以后，这种缺点在中国已经更见显著。

**福利**(fúlì)：복리. 복지. 후생.

除了重实际之外，我们中国人还充满着强列的道德观念。也可以说正因为我们注重道德，我们才重实际。因为道德系指行为而言，行为则必然要凭实际结果来判断。希腊人在物理学和形而上学方面曾有离奇的幻想和推测，但是我们对行为却不可能有同样的幻想和推测。

**系**(xì)：**是**(이다). **离奇**(líqí)：색다르다. 예사롭지 않다. 괴이하다. 기이하다. 진기(**珍奇**)하다. 불가사의하다.

有时侯我们也可能闯出重实际重道德的思想常规, 但是我们一旦发觉离开伦理范围太远时, 我们马上就收回心灵的触角。宋代的朱子就曾有一次超越道德的范围。他从山项上发现的贝壳而推断到山脉的成因。

**闯出**(chuǎngchū) : (역경을 극복하고)개척하다. 뛰어나가다[나오다]. **常规**(chángguī) : 상규. (틀에 박힌) 관습. 관례. 관행. 일반적인[변하지 않는] 규정[규칙]. **心灵**(xīnlíng) : 예지. 슬기. **贝壳**(bèiké) : 패각. 조가비. 조개껍질. **推断**(tuīduàn) : 미루어 판단하다.

他认为山势的起伏显示千万年以前的山脉一定是一种流体, 山项上的贝壳正可以说明, 目前的山峰一度曾是深渊之底。至于这种流体何时凝结为山脉, 如何凝结为山脉, 以及海底如何突出水面而成高峰等等问题, 他却无法解答了。

**流体**(liútǐ) : 유체. 유동체. 액체와 기체의 총칭.

他的推断也就到此为止, 深恐冒险前进要栽筋斗。在朱子之前以及朱子之后都曾有过同样的观察自然的例子, 但是中国思想家在理论方面的探讨一向是谨慎的, 惟恐远离倫理关系的范围。

**栽筋斗**(zāijīn·dou) : 쓰러지다. 곤두박이다. **谨慎**(jǐnshèn) : 신중하다.

中国人当然不是缺乏理智的民族;但是他们的理智活动却局限于道德与实用的范围。他们像蚕一样作茧自缚, 自立智识活动的界限。他们深爱他们的道德之茧, 而且安居不出。中国人的生活就是一种乐天知命的生活。中国哲学的目标是安定。求进步?

**作茧自缚**(zuòjiǎnzìfù) : 제 손으로 자기를 얽어매다;자승자박. 자업자득. **界限**(jièxiàn) : 한계. 경계. 끝. 한도. **茧**(jiǎn) : 고치. **乐天知命**(lètiānzhīmìng) : 하늘의 뜻에 순응하여 자기의 처지를 만족해하다.

算了吧---进步势将招致对现状的不满, 不满现状则会破坏安定, 中国人很满意现实世界, 从来不想对大自然作深入的探讨。中国未曾发展自然科学, 只是因为她根本无意于此。

**算了**(suàn·le) : 그만두다. 개의하지 않다. 내버려두다. 따지지 않다. 됐다

希腊人却大不相同。亚里士多德的思想可以上天入地，无远弗届。整个宇宙都是希腊理智活动的范围。希腊人觉得运用理智，本身就是一种快乐。他们不管它是否切合实际，也不管它与道德伦理有没有关系。据说古希腊数学家欧几里得的一位学生曾经这样问过老师："我学这些东西能得到些什么呢？"

**大不相同**(dàbùxiāngtóng) : 크게 다르다. **上天入地**(shàngtiānrùdì) : 하늘로 올라가고 땅속으로 들어가다. **无远弗届**(wúyuǎnfújiè) : 아무리 멀어도 도달하지 않는 곳이 없다. **切合实际**(qièhéshíjì) : 실제와 부합하다. **欧几里得**(ōujǐlǐdé) : 유클리드.

欧几里得吩咐他的仆人说："既然他一定要从所学的里面得到些东西，你就给他六个铜板让他走吧。" 希腊人甚至对道德也发展了一套伦理学，以理智的研究来检讨道德的正确性。苏格拉底就是因此而招致了麻烦，被控以危险的研究毒害青年的心灵。

**欧几里得**(ōujǐlǐde) : 유클리드. **铜板**(tóngbǎn) : 동전. **检讨**(jiǎntǎo) : (어떤 문제에 대해) 검토(檢討)하다. **招致**(zhāozhì) : (어떤 결과를) 일으키다. 야기(惹起)하다. 초래(招來)하다. **毒害**(dú hài) : 해치다. 해독을 끼치다.

自然科学之能发展到目前的阶段，首先归功于希腊人对大自然的观念以及对有系统的智力训练的爱好，中间经过文艺复兴、宗教革命、法国革命，后来又受到工业革命的大刺激。

**归功于**(guīgōngyú) : 공로를 …에게 돌리다. …의 덕택이다.

工业革命使工具和技术逐渐改进。西欧在自然科学的后期发展中，从未忽视科学的实际用途。不断的发展和发明更进一步刺激了科学研究。理论科学和应用科学齐头并进，而相辅相成。

**齐头并进**(qítóubìngjìn) : 어깨를 나란히 하고 나아가다. **相辅相成**(xiāngfǔ xiāngchéng) : (두 사물이) 서로 보완하고 협력하여 일을 완성하다. 서로 잘 어울리고 보완해서 하나라도 부족한 점이 없게 하다. 상부상조하다. 상호보완작용을 하다.

五口通商以后, 现代科学开始涓涓滴滴地流传到中国时, 引起中国学者注意的还是科学的使用价值。他们建立了兵工厂和轮船码头。他们附带翻译了基本科学的书籍。究竟是太阳绕地球运行或者是地球绕太阳运行, 他们仍未感觉兴趣。在他们看起来, 那是无足轻重的, 因为无论谁绕谁转, 对人都没有实际的影响。

**兵工厂**(bīnggōngchǎng) : 병기공장. 무기 공장. **附带**(fùdài) : 부수적인. 부차적인. **无足轻重**(wúzúqīngzhòng) : 관계가 없다. 중요하지 않다. 대수롭지 않다. 그리 문제 삼을 만한 것이 못되다.

三百多年前耶稣会教士把天文数学传到中国时, 学者们马上发生兴趣, 因为这些科学可以纠正当时中国日历上的许多错误。不但计算日子、月份、年份缺不得日历, 就是播种收获, 日历也是不可或缺的。

**纠正**(jiūzhèng) : (결점이나 잘못 등을) 바로잡다. 고치다. 수정(**修正**)하다. 교정(**教正**)하다. 시정(**是正**)하다. **日历**(rìlì) : 태양력. 일력. **月份**(yuèfèn) : 월분. **年份**(niánfèn) : 해. 연도. **不可或缺**(bùkěhuòquē) : 필수불가결한.

二十世纪初叶, 进化论传入中国。我国学者马上发现它的实用的道德价值。应用"物竞天择, 适者生存" 这项天然律, 他们得到一项结论, 知道世界各国正在互相竞争以求生存, 而且经过天择之后只有适者才能生存。中国会不会是适者? 他会不会生存呢?

**物竞天择**(wùjìngtiānzé) : 생존경쟁과 자연도태.

她必须竞争, 为生存而竞争! 进化论如需证据, 只要看街头大狗和小狗打架, 小狗会被大狗咬死, 小虫碰到大虫, 小虫会被大虫吃掉的事实。俗语说 :"大虫吃小虫, 小虫吃眯眯虫。"

**眯眯虫**(mīmichóng) : 미미충.

这种古色古香的气氛可以使你回想到孔夫子设帐授徒的春秋时代 ; 或者景教徒初至中国的唐朝时代 ; 或者耶稣会教士在明朝制造天文仪器

衣。下面就是他们道德化结果，他们说：“弱肉强食。”中国既然是弱国，那就得当心被虎视眈眈的列强吃掉才行。

**达尔文**(dáěrwén)：다윈(Darwin). **披上**(pīshàng)：(옷을)걸치다. **当心**(dāng xīn)：조심하다. 주의하다. 유의하다. **虎视眈眈**([hǔ shìdāndān)：호시탐탐(虎視眈眈)하다. 형세를 살피며 가만히 기회를 엿보다.

进化论的另一面则被应用于历史上，照中国过去学者的历史观，世运是循环的。受了达尔文学说影响以后，他们相信世运是依直线进行的，不进则退，或者停住不动。这种历史观的转变，对中国学者对进步这一观念发生了重大的影响。

**世运**(shìyùn)：세상의 운수. 세상 흥망성쇠의 운세.

阴阳和五行等观念显然是从直接观察大自然得来，拿这些观念来理性化宇宙的变幻和人类的行为已经绰有余裕。我们不必作精密的计算，更不必动手。我猜想，中国学者如果有兴趣从事体力劳动，他们宁愿去制作实用的东西，或者美丽的艺术品，而不愿在科学实验室里从事试验。大家仍旧只根据自己的兴趣去思想，去行动。磁针永远是指向磁极的。

**变幻**(biànhuàn)：변화하다. **绰有余裕**(chuòyǒuyúyù)：여유가 많다. 매우 넉넉하다. **动手**(dòngshǒu)：손을 대다. **思想**(sīxiǎng)：생각하다. 숙고(熟考)하다. **磁针**(cízhēn)：자침. **磁极**(cíjí)：자극.

这样的心理状态自然不是纯粹科学的园地。不过中国已在漫漫地、不断地改变她的态度，他已经从运用科学进而研究纯粹科学，从纯粹科学进而接触到新的思想方法，最后终于切实修正了她的心里状态。我们已经在道德宇宙的墙上开了一扇窗子，凭窗可以眺望长满科学与发明果实的理智的宇宙。

**切实**(qièshí)：착실하다. 진실하다. 성실하다. 확실하다. 적절하다. **窗子**(chuāng·zi)：창. **长满**(zhǎngmǎn)：온통[가득]생기다[자라다, 돋아나다].

这种心理状态的改变已经使大自然有了新的价值, 从此以后, 大自然不再仅仅是道德家或诗人心目中的大自然, 而且是纯粹科学家心目中的大自然。对现代中国人而言, 宇宙不仅是我国先贤圣哲心目中的道德宇宙, 而且是古希腊人心目中的理智宇宙。

**从此以后**(cóngcǐyǐhòu) : 금후.

道德家观察大自然的目的在于发现有利伦理道德的自然法则。科学家观察大自然则是为了发现自然法则, 满足知识上的兴趣, 也就是为知识而求知识。

**发现**(fāxiàn) : 발견(하다).

中国所吸收的现代科学已经穿越她那道德宇宙的藩篱, 近代中国学人正深入各处探求真理。他们的思想愈来愈大胆, 像一只小舟在浩瀚的海洋上扬帆前进搜寻秘密的宝藏。

**穿越**(chuānyuè) : (산 따위를) 넘다. 통과하다. 지나가다. **藩篱**(fānlí) : 울타리. 담. 범위. **浩瀚**(hàohàn) : 광대하다. 무수히 많다. **扬帆**(yángfān) : (돛을 올려) 출범(出帆)하다. **宝藏**(bǎozàng) : 수장(收藏)하고 있는 보물.

这种知识上的解放已经使年轻的一代对某些传统观念采取了批评的态度, 对道德、政治和社会习俗予以严厉的检讨, 其影响至为深远。年纪较大的一代忧虑宁静的道德乐园将被毁灭, 惋叹太平盛世渐成过去, 年轻的一代则为建筑新的知识之宫而竟日忙碌。

**年轻的一代**(niánqīngde) : 젊은 세대。**严厉**(yánlì) : 호되다。매섭다。**检讨**(jiǎntǎo) : 본인 또는 부문(部門)의 사상·일·생활상의 결점·과실을 검사하고 그 원인을 분석하다。깊이 반성하다。자기비판을 하다。**至为**(zhìwéi) : 지극히。**毁灭**(huǐmiè) : 괴멸하다。섬멸하다。박멸하다。**惋叹**(wǎntàn) : 놀라[슬퍼] 탄식하다。**竟日**(jìngrì) : 온종일。하루 종일。

我想这就是西方对中国的最大贡献。在相反的一方面, 把中国的学问加以整理研究, 也可能对现代科学世界提供重大的贡献, 希腊人研究巴比伦和埃及科学的结果就是如此。近年来对中国建筑、医学和实用植物学的初步科学研究已经有了可喜的成绩。世界各国的文化奠基于不同的宇宙观。

可喜(kěxǐ) : 즐겁다. 기쁘다. 반갑다. 만족스럽다. 奠基(diànjī) : 기초를 잡다[정하다, 닦다].

中国人所想的是一个道德的宇宙, 并以此为基础而发展了他们的文化。希腊人所想的是一个理智的宇宙, 也以此为基础发展了他们的文化。今日欧洲人的道德观念导源于基督教教义——一个上帝所启示的道德的宇宙。但中国人的道德宇宙是自然法则所启示的。

导源(dǎoyuán) : 발원(發源)하다. 나오다. 생기다.

基督徒努力想在地球上建立一个天国, 中国人却只想建立一个和平安定的王国。中国道德观念本诸自然, 基督教的道德观念则本诸神权; 在中国人看起来, 神只是大自然的一部分, 在基督徒看起来, 大自然却是上帝所创造的。

本诸(běnzhū) : ~을 근본으로 하다.

由此可见基督教教条与科学之间的矛盾必然是很严重的, 西方历史已经一再证明如此; 科学与中国的道德观念之间的矛盾却比较缓和, 因为二者的出发点都是大自然, 所不同的只是发展的方向。有人说过, 基督教思想是天国的或神国的, 中国思想是为人世的, 希腊思想是不为人世的, 换言之, 却越出人世以外的。

缓和(huǎnhé) : 완화되다.

引导人类发现自然法则的就是这种超越人世的思想。自然法则是现代科学的基础。有了现代科学, 然后才有现代发明。这种不为人世的思想在科学上应用的结果, 如果说未为世界带来和平与安定, 至少也已为世界带来繁荣。

**引导**(yǐndǎo) : 인도하다. 인솔하다. 이끌다. **超越**(chāoyuè) : 넘다. 넘어서다. 능가하다. 초월하다. 추월하다. 뛰어넘다. **人世**(rénshì) : 인간 세상. 세상. 이 세상. 세간.

据我个人的看法, 欧洲文化的发展过程就是基督教的道德宇宙与希腊的理智宇宙之间的一部斗争史。文艺复兴、宗教革命和法国革命, 都不过是长久淹没在道德宇宙下的理智宇宙的重现而已, 这些运动事实上只是同一潮流中的不同阶段。

**淹没**(yānmò) : 파묻다. 파묻히다. 침몰하다. 물에 잠기다[빠지다]. 익사하다.

最后工业革命爆发, 理智宇宙经过几百年的不断发展, 终于涌出水面, 奔腾澎湃, 横扫全球。工业革命狂潮的前锋, 在我童年時代前后已经突然冲到中国; 它冲破了我们的道德宇宙, 破坏了我们的安定生活; ≪西潮≫所讲的正是这些故事。

**奔腾澎湃**(bēnténgpéngpài) : (파도가) 맞부딪치며 세차게 밀려오다. 끓어 넘치다. **横扫**(héngsǎo) : 쓸어버리다. 소탕하다. 일소하다. 퇴치하다. **冲**(chōng) : 돌진하다. 돌파하다.

道德宇宙不可能产生理智宇宙的果实, 理智宇宙也不可能产生道德宇宙的果实。科学之果只能在理智之园成长, 在基督教教条或中国的道德观念之下, 不可能产生任何科学。

**园**(yuán) : 채소·과목·화초 따위를 가꾸는) 밭.

不错, 我们发现古时的墨子也有过科学思想, 但是那只是他哲学体系中无关紧要的一部分, 这些科学思想只是行星的卫星, 墨子的哲学体系基本上仍旧是属于道德方面的。

**无关紧要**(wúguānjǐnyào) : 중요하지 않다. 대수롭지 않다.

科学的发展有赖于人们全力以赴, 需要对超越人世以外的真理持有梦寐以求的热忱; 并且有赖于不屈不挠无休无止的思维和不偏不倚的精神去探索真理; 无论身心, 均须不辞劳瘁, 愈挫愈奋。

**全力以赴**(quánlìyǐfù) : 전력을 다하여 일에 임하다. 전력투구하다. **梦寐以求**(mèngmèiyǐqiú) : 꿈속에서도 바라다. 자나 깨나 바라다. 갈망하다. **不屈不挠**(bùqūbùnáo) : 불요불굴하다. **不偏不倚**(bùpiānbùyǐ) : 어느 한쪽으로 치우치지 않다. 공정하다. 불편부당하다.

换一句话说, 科学是人的整个灵魂从事知识活动的结果。仅凭玩票的态度, 或者偶而探讨大自然的奥秘, 或者意态阑珊, 不求甚解, 绝不可能使人类荣获科学的桂冠。

**玩票**(wánpiào) : (어떤 일을) 취미 삼아 하다. 무보수로 일을 하다. **偶而**(ǒuér) : 어쩌다가. **奥秘**(àomì) : (심오하여 남들에게 아직 알려지지 않은) 비밀. 신비함. **意态**(yìtài) : 표정이나 태도. **阑珊**(lánshān) : 쇠락하다. 약해지다. **不求甚解**(bùqiúshènjiě) : 깊이 파고들지 않다. **荣获**(rónghuò) : 영예롭게도 …을 획득하다. (상을 받는 따위의) 영예를 누리다. **桂冠**(guìguān) : 월계관.

在现代科学影响之下, 中国正在建立起一个新的道德体系。扬弃了迷信和那些对大自然似是而非的推断, 经过理智探究的考验, 并受到社会科学结论的支持, 这些结论是根据对社会的实地调查而获得的。

**扬弃**(yángqì) : 포기하다. 버리다. **考验**(kǎoyàn) : 시험(하다). 시련(을 주다). 검증(하다).

在另一方面, 我们绝不可忘记中国旧的道德体系, 这个旧体系是经过千百年长期的经验和历代不断的努力而建立起来的, 建立过程中所运用的方法或工具包括四书五经、一般文学、雕刻、音乐、家庭、戏剧、神佛、庙宇, 甚至玩具, 这个道德体系曾使中国人诚实可靠, 使中国社会安定平静, 并使中国文化历久不衰。

**千百年**(qiānbǎinián) : 긴 세월. 수천 수백 년. **诚实可靠**(chéngshíkěkào) : 신실(信實)하다. 성실하여 믿을 만하다. **历久**(lìjiǔ) : 오랜 시간을 거치다. 오랜 시간이 경과하다.

道德观念如忠、孝、仁、义、诚、信、中庸、谦冲、诚实等等都曾对中国人的心情个性有过重大贡献。现代科学所导致的知识上的忠实态度, 自将使几千年来道德教训所产生的这些美德, 更为发扬光大。

**谦冲**(qiānchōng) : 겸허하다. 다른 사람에게 자기를 낮추다. **发扬光大**(fāyáng guǎngdà) : (사업, 전통 등을) 원래의 기초 위에서 더욱 확대하고 발전시키다.

一片新的知识园地将与新的道德观念同时建立起来, 以供新中国富于创造能力天才的发展。我们将在儒家知识系统的本干上移接西方的科学知识。

**园地**(yuándì) : (활동의) 범위. 무대. 분야. 세계. **富于**(fùyú) : …이 풍부하다. **本干**(běngàn) : 본간. 본줄기. 원줄기. **移接**(yíjiē) : 접목하다.

儒家的知识系统从探究事物或大自然出发, 而以人与人的关系为归趋; 西方的科学知识系统也同样从探究事物或大自然出发, 但以事物本身之间的相互关系为归趋, 发展的方向稍有不同。道德宇宙与理智宇宙将和在西方一样在中国平行并存, 一个保持安定, 一个促成进步。问题在于我们是否能觅得中庸之道。

**归趋**(guīqū) : 어떤 결과로서 귀착하는 것.

## (三) 中国人的人情
중국인의 인정

我们说, 学以致用, 那末所谓"用"又是什么呢? 这里有两大原则: 第一是有益于世道人心, 第二是有益于国计民生。这是为世俗所熟知的, 亦即<左传>里所说的"正德利用厚生"。

**学以致用**(xuéyǐzhìyòng) : 배운 것을 실제로 활용하다. **那末**(nà·mo) : 그러면. 그렇다면. 그런고로. **世道人心**(shìdàorénxīn) : 세도 인심. 세상의 도의와 사람의 마음. **国计民生**(guójìmínshēng) : 국가 경제와 국민 생활. **世俗**(shìsú) : 세상사람. 보통 사람. **亦即**(yìjí) : 곧. 즉. 다시 말하자면. **正德利用厚生**(Zhèngdélìyònghòushēng) : 바른 도덕을 기초로 쓰임을 이롭게 하여 삶을 윤택하게 하다.

这两大原则是先贤圣哲几千年来训诲的总结, 他们所说所论, 最后总是归结到这两点。学者们从先贤学到这些原则, 然后又把所学传播给老百姓。老百姓在这种影响之下已逐渐而不自觉地形成一种重常识与重人情的心理。他们根据上述两大原则, 随时要问这样东西有什么用, 那样东西有什么用。

训诲(xùnhuì) : 가르치다. 훈시하다.

轮船火车传到中国时, 大家都很愿意搭乘, 因为它们走得比较快。他们采用洋油灯, 因为洋油灯比较亮。电话电报使消息传递更为便利, 而且不像邮寄或者专差送递那样迟缓。有了钟表以后, 可以不必看太阳就知道正确的时刻。大家购买西方货品, 因为它们能够满足日常生活中的实际需要。

洋油(yángyóu) : 수입석유. 传递(chuándì) : (차례차례)전달하다. 건네다. 邮寄(yóujì) : 우송(하다). 专差(zhuānchāi) : 전문 배달인. 钟表(zhōngbiǎo) : 시계.

传教士到了中国以后, 到处设立学校和医院。中国人异口同声地说 : 这些人真了不起啊, 他们为患病者诊疗, 又使贫穷的子弟受教育。当中国人上礼拜堂聽福音时, 许多人的眼睛却瞅在医院和学校上面。

瞅(chǒu) : 보다.

他们的手里虽然拿着<圣经>, 眼睛却偷偷地瞅着牧师从西方故乡带来的实用货品。我父亲与当地的一位牧师交了朋友, 因为这位牧师替我们修好了抽水机, 并且还送给我们咳嗽糖和金鸡纳霜。他非常诚实, 而且对邻居很客气。最后一点非 常重要, 因为中国人不但实际, 而且最重道德。

抽水机(chōushuǐjī) : 양수기. 咳嗽糖(késoutáng) : 기침약. 金鸡纳霜([jīnjīnà shuāng) : 퀴닌(quinine). 키니네(quinine). 금계랍. 客气(kèqi) : 공손(恭遜)하다. 정중(鄭重)하다. 겸손(謙遜)하다. 친절(親切)하다.

那末, 他们所宣扬的宗教怎么样? 哦, 那是一个好宗教, 它是劝人为善的。那末, 他们的上帝呢? 哦, 当然, 当然。你说他们的上帝吗? 他是个好上帝呀。我们要把它与其他好神佛一齐供奉在庙宇里。

宣扬(xuānyáng) : 선양(宣揚)하다. 널리 떨치다. 널리 알리다. 포교하다. 供奉(gòngfèng) : 바치다. 공양하다. 모시다.

我们应崇拜它, 在它的面前点起香烛。但是它不肯与你们的偶像并供在庙宇里又怎么办呢? 那末, 我们就给它也塑个偶像吧!不行, 那怎么可以? 它是无所不能, 无所不在的。上帝就在你身上, 而不是在偶像上。

**香烛**(xiāngzhú) : 향촉. 제사나 불공 때에 쓰이는 향과 초. **塑**(sù) : 빚다. 소조(**塑造**)하다.

哦, 是的, 是的。不过它不在我身上时, 也许喜欢托身在偶像上呢。不, 它住在天堂。是, 是, 我知道, 其它神佛不也都是住在天上吗? 不过, 他也许愿意到下界来玩玩, 拿庙宇作旅馆暂住, 那时候我们就可以在庙宇里祭拜它了。

**托身**(tuōshēn) : 몸을 의탁하다.

不行, 它是独一无二的神——你崇拜它, 就不能崇拜其他的神佛。这可使中国人颇费踌躇了。最后他们说, 好吧, 你们崇拜你们的上帝, 我们还是崇拜我们的神佛算了。"信者有, 不信者无。" 中国对宗教的包容并蓄, 其故在此。

**包容并蓄**(bāoróngbìngxù) : (내용이 다르고, 성질이 상반되는 것을) 모두 받아들이다. 전부 수용하다.

西方人所了解的现代法律观念在中国尚未充分发展。中国人以为最好是不打官司。不必诉诸法律就能解决纠纷不是很好吗? 还是妥协算了! 让我们喝杯茶, 请朋友评个理, 事情不就完了?

**评理**(pínglǐ) : 시비를 가리다.

这样可以不必费那么多钱, 不必那么麻烦, 而且也公平得多。打官司有什么用? 你常常可以在县城附近的大路旁边看到一些石碑, 上面刻着"莫打官司"四个大字。这或许就是中国人不重法律的原因。

**打官司**(dǎguānsi) : 소송을 걸다. 소송을 하다.

但是现代工商业发达以后，社会也跟着变得复杂了，处理复杂的社会关系的法律也成为必需的东西，法律成为必需时，通达人情的中国人自将设法发展法律观念。但是，如果能凭饮杯茶，评个理就解决事端，法院的负担不是可以减轻了吗？

事端(shìduān)：사고 분규.

己所不欲，勿施于人。批评家说这是消极的，"己之所欲，施之于人"才算积极。不错，这说法很正确。但是中国人基于实际的考虑，还是宁愿采取消极的作风。你也许喜欢大蒜，于是你就想强迫别人也吃大蒜，那是积极的作法。

己所不欲，勿施于人(jǐsuǒbùyù, wùshīyúrén)：자기가 싫어하는 것은 남에게 하지 마라(論語. 顔淵篇). 大蒜(dàsuàn)：마늘.

我也许觉得大蒜味道好，别人却未必有同样的感觉；他们也许像太太小姐怕老鼠一样怕大蒜。如果你不爱好臭味冲天的大蒜，难道你会高兴别人硬塞给你吃吗？不，当然不。那末，你又何必硬塞给别人呢？这是消极的，可是很聪明。因为坚持积极的办法很可能惹出麻烦，消极的作风则可避免麻烦。

太太(tàitai)：부인. 硬塞(yìngsāi)：억지로 강요하다. 성가신 일. 귀찮은 일.

以直报怨，以德报德。自然，更高的理想应该是爱敌如己。但是历史上究竟有多少人能爱敌如己呢？这似乎要把你的马车赶上天边的一颗星星；事实上，那是达不到的。以直报怨则是比较实际的想法。所以中国人宁舍理想而求实际。

赶上(gǎnshàng)：시간에 대가다. 天边(tiānbiān)：：머나먼 곳. 아득히 먼 곳. 宁(nìng)：차라리~하려하다. 舍：포기하다.

音乐有没有用处？当然很有用。它可以陶冶性情，可以移风易俗。艺术有没有用处？当然很有用。艺术可以培养人民的高尚情操，有益于世道人心。花卉草木、宫殿宙宇、山水名画、诗词歌赋、陶瓷钟鼎、雕塑篆刻等等都足以启发人的高尚情操。

**陶冶**(táoyě)：도야하다. **移风易俗**(yífēngyìsú)：낡은 풍속 습관을 고치다. **情操**(qíngcāo)：정서. 지조. **世道人心**(shìdàorénxīn)：세도인심. 세상의 도의와 인심. **花卉**([huāhuì)：화초.

一个人为什么必须诚实呢? 因为你如果不诚实, 不可靠, 人们就不会相信你, 你在事业上和社交上也会因此失败, 不诚实是不合算的。诚实不但是美德, 它的实际效果对人与人之间的关系也有很大的价值。

**不合算**(bùhésuàn)：수지가 맞지 않다.

中国人爱好幽默。为什么? 因为幽默的话不会得罪人；而且你可从幽默中觅得无限的乐趣。你如果常常提些无伤大雅而有趣的建议, 你一定可以与大家处得更好。幽默使朋友聚晤更觉融洽, 使人生更富乐趣。有恒为成功之本。只要有恒心, 铁杵磨成针。

**得罪**(dézuì)：남의 미움을 사다. 남의 기분을 상하게 하다. 남의 노여움을 사다. **觅**(mì)：찾다. **无伤大雅**(wúshāngdàyǎ)：큰 지장이 없다. 전체에는 손색이 없다. **聚晤**(jùwù)：대면하다. 만나다. **融洽**(róngqià)：사이가 좋다. 융화하다. **有恒**(yǒuhéng)：인내성이 있다. 끈기가 있다. **铁杵磨成针**(tiěchǔmóchéng zhēn)：쇠 절굿공이를 갈아 바늘을 만들다. 꾸준히 노력하면 어떠한 일도 해낼 수 있다.

有一个夏天下午, 杜威教授、胡适之先生和我三个人在北平西山看到一只屎蜣螂正在推着一个小小的泥团上山坡。它先用前腿来推, 然后又用后腿, 接着又改用边腿。泥团一点一点往上滚, 后来不知怎么一来, 泥团忽然滚回原地, 屎蜣螂则紧攀在泥团上翻滚下坡。

**屎蜣螂**(shǐqiāngláng)：쇠똥구리. **泥团**(nítuán)：진흙덩어리. **紧攀**(jǐnpān)：꽉 달라붙다. **翻滚**(fāngǔn)：：데굴데굴 구르다. 나뒹굴다.

它又从头做起, 重新推着泥团上坡, 但结果仍旧遭遇同样的挫败。它一次接一次地尝试, 但是一次接一次地失败。适之先生和我都说, 它的恒心毅力实在可佩。杜威教授却说, 它的毅力固然可嘉, 它的愚蠢却实在可怜。

**挫败**(cuòbài) : 좌절시키다. 좌절. **毅力**(yìlì) : 굳센 의지. 기백. 굳건함. **可佩**(kě pèi) : 감복할 만하다. **可嘉**(kějiā) : 가륵하다. 표창할만하다. **愚蠢**(yúchǔn) : 어리석다. 미련하다.

这真是智者见智, 仁者见仁。同一东西却有不同的两面。这位杰出的哲学家是道地的西方子弟, 他的两位学生却是道地的东方子弟。西方惋叹屎蜣螂之缺乏智慧, 东方则赞赏它之富于毅力。

**道地**(dàodì) : 진지한. 순수한. **子弟**(zǐdì) : 젊은이, 청년. **惋叹**(wǎntàn) : 놀라 탄식하다. 슬퍼 탄식하다. **赞赏**(zànshǎng) : 높이 평가하다.

中国人多半乐天知命。中国人如有粗茶淡饭足以果腹, 有简陋的房屋足以安身, 有足够的衣服可以御寒, 他就心满意足了。这种安于俭朴生活的态度使中国亿万人民满足而快乐, 但是阻滞了中国的进步。除非中国能够工业化, 她无法使人民达到高度的物质繁荣。或许在今后的一段长时间内, 她的亿万人民仍须安贫乐道。

**乐天知命**(lètiānzhīmìng) : 하늘의 뜻에 순응하여 자기의 처지에 만족해하다. **粗茶淡饭**(cūchádànfàn) : 변변치못한 음식. **果腹**(guǒfù) : 배불리 먹다. **简陋**(jiǎnlòu) : 초라하다. 누추하다. **安身**(ānshēn) : 거처하다. 몸을 편하게 하다. 휴식하다. **御寒**(yùhán) : 추위를 막다. 방한. **心满意足**(xīnmǎnyìzú) : 매우 만족해 하다. **阻滞**(zǔzhì) : 가로막히다. 지체되다. **或许**(huòxǔ) : 어쩌면. 혹시. 아마도. **安贫乐道**(ānpínlèdào) : 가난한 생활 속에서 편안한 마음으로 지내다.

中国人深爱大自然, 这不是指探求自然法则方面的努力, 而是指培养自然爱好者的诗意、美感或道德意识。月下徘徊, 松下闲坐, 静聽溪水细语低吟, 可以使人心神舒坦。观春花之怒放感觉宇宙充满了蓬勃的精神; 见落叶之飘零则感觉衰景的凄凉。

**诗意**(shīyì) : 시적인 맛. 시적인 정취. **美感**(měigǎn) : 심미안. 미적 감각. 미감. **细语**(xìyǔ) : 속삭이다. 가만가만 이야기하다. **低吟**(dīyín) : 낮은 소리로 음영(吟詠)하다. **舒坦**(shūtan) : 편안하다. 상쾌하다. **怒放**(nùfàng) : 활짝 피다. 만발하다. **蓬勃**(péngbó) : 왕성한 모양. 활기 있는 모양. **飘零**(piāolíng) : 우수수 떨어지다. 영락하다. 몰락하다. **衰景**(shuāijǐng) : 쇠락하는 모습. 쇠락하는 풍경. **凄凉**(qīliáng) : 쓸쓸하다. 처량하다.

中国人从大自然领悟到了人性的崇高。北京有一个天坛, 是用白色大理石建造的, 这个天坛就是昔日皇帝祭天之所。一个秋天的夜晚, 万里无云, 皓月当空, 银色的月光倾泻在大理石的台阶上, 同时也弥漫了我四周的广大空间。我站在天坛的中央, 忽然之间我觉得自己已与天地融而为一。

**万里无云**(wànlǐwúyún) : 온 하늘에 구름 한 점 없다. **皓月**(hàoyuè) : 밝은 달. **当空**(dāngkōng) : 하늘에 걸려 있다. **倾泻**(qīngxiè) : 퍼붓다. 쏟다. **四周**(sì zhōu) : 사방. 주위. 둘레. **弥漫**(mímàn) : 가득 차다. 널리 퍼지다.

这次突然升华的经验使我了解中国人为什么把天、地、人视为不可分的一体。他们因相信天、地、人三位一体, 使日常生活中藐不足道的人升入庄严崇高的精神境界。

**升华**(shēnghuá) : 승화하다. 사물이 한 층 높은 단계로 높여지다. **藐不足道**(miǎobùzúdào) : 아주 보잘 것 없는.

茫无边际的空间、灿烂的太阳、澄明的月亮、浩繁的星辰、葱翠的树木、时序的代谢、滋润五谷的甘霖时雨、灌溉田地的江河溪澗、奔腾澎湃的海浪江潮、高接云霄的重峦叠嶂, 这一切的一切, 都培养了人的崇高精神。人生于自然, 亦养于自然; 他从大自然学到好好做人的道德。自然与人是二而为一的。

**边际**(biānjì) : 끝, 한도, 제한. **澄明**(chéngmíng) : 밝고 깨끗하다. **浩繁**(hào fán) : 엄청나게 많은. **葱翠**(cōngcuì) : 짙푸르다. **时序**(shíxù) : 돌아가는 계절의 순서. 계절의 바뀜. **代谢**(dàixiè) : 신진대사. 신구교대. **滋润**(zīrùn) : 촉촉하게 하다. 축이다. **甘霖时雨**(gānlínshíyǔ) : 때맞추어 내리는 단비. **田地**(tiándì) : 전지. 논밭. 경작지. **江河**(jiānghé) : 하천. 강. **溪澗**(xījiàn) : 산골짜기에 흐르는 시냇물. **海浪江潮**(hǎilàngjiāngcháo) : 바다의 파도와 강의 조수. **高接云霄**(gāojiēyúnxiāo) : 하늘을 찌를 듯이 높다. 하늘에 닿을 듯이 높다. **重峦叠嶂**(chóngluándiézhàng) : 첩첩한 산봉우리. **二而为一**(èrérwéiyī) : 둘이면서 하나이다.

大自然这样善良、仁慈、诚挚, 而且慷慨, 人既然是大自然不可分的一部分, 人的本性必然也是善良、仁慈、诚挚, 而且慷慨的。中国人的性善的信念就是由此而来。邪恶只是善良的本性堕落的结果。中国伟大的教育家和政治家始终信赖人的善良本性, 就是这个缘故。

**诚挚**(chéngzhì) : 성실하고 진지하다. **慷慨**(kāngkǎi) : 강개하다. 후하게 대하다. **缘故**(yuángù) : 이유.

伟大政治家如孙中山先生, 伟大教育家如蔡孑民先生, 把任何人都看成好人, 不管他是张三、李四, 除非张三或李四确实证明是邪恶的。他们随时准备饶恕别人的过错, 忘记别人的罪愆。他们的伟大和开明就在这里。所以我国俗语说:"宰相腹内可撑船", 又用虚怀若谷来形容学者的气度。

**不管张三李四**(bùguǎnzhāngsānlǐsì) : 누구를 막론하고. **饶恕**(ráoshù) : 용서하다. **过错**(guòcuò) : 과실. 잘못. **罪愆**(zuìqiān) : 죄과. 잘못. **开明**(kāimíng) : 진보적이다. 생각이 깨어있다. **宰相腹内可撑船**(zǎixiàngfùnèikěchēngchuán) : 재상의 뱃속에서는 배도 저을 수 있다. 큰 인물은 도량이 넓다. **虚怀若谷**(xūhuái ruògǔ) : 겸허한 마음이 산골짜기만큼 깊다. **气度**(qìdù) : 기개, 도량.

大自然是中国的国师。她的道德观念和她的一切文物都建筑于大自然之上。中国文化既不足以控制自然, 她只好追随自然。中西之不同亦即在此。道德家和诗人的责任是追随自然;科学家的责任则是控制自然。

**国师**(guóshī) : 일국의 스승. 한 나라의 사표. **追随**(zhuīsuí) : 추종하다. 뒤쫓아 따르다. **亦即**(yìjí) : 곧. 즉. 다시 말하면.

中国年轻一代在西方文明影响之下, 已开始转变——从诗意的道德的自然欣赏转变到科学的自然研究。中国此后将不单凭感觉和常识的观察来了解自然, 而且要凭理智的与科学的探讨来了解自然。中国将会更真切地认识自然, 更有效地控制自然, 使国家臻于富强, 使人民改善生活。

**年轻一代**(niánqīngyīdài) : 젊은 세대. **诗意**(shīyì) : 시적 정취. 시적인 맛. 시정(詩情). **不单**(bùdān) : ~뿐만 아니라. **真切**(zhēnqiè) : 뚜렷하다. 분명하다. 명료하다. **臻于**(zhēnyú) : ~에 이르다. 도달하다.

有人以为科学会破坏自然的美感, 其实未必如此。我现在一面握笔属稿, 一面抬头眺望窗外, 欣赏着花园中在雨后显得特别清新的松树和竹丛。在竹丛的外边, 我还可以看到长江平静徐缓地在重庆山城旁边流过。

**属稿**(zhǔgǎo)：집필을 의뢰하다. 글을 쓰다. **抬头**(táitóu)：머리를 들다. **清新**(qīngxīn)：맑고 새롭다. 신선하다. 참신하다.

大自然的美感使我心旷神怡。但是我如果以植物学观点来观察树木, 我会想到它们细胞的生长, 树液的循环, 但是这种想法并不至于破坏我的美感。如果我以地理学的观点来看长江, 我可能想到挟带污泥的江水之下的河床, 亿万年之前, 这河床或许只是一块干燥的陆地, 也可能是深海之底。

**心旷神怡**(xīnkuàngshényí)：: 마음이 탁 트이고 기분이 유쾌하다. **挟带**(xié dài)：감추어 지니다. 몰래 지니다. **污泥**(wūní)：진창. 흙탕. 침전물. **河床**(hé chuáng)：하상.

这些思想虽然在我脑海掠过, 但是长江优美的印象却始终保留在我心里, 甚至使我产生更丰富的联想。如果说对于细胞作用的知识足以破坏一个人对松树或竹丛的美感, 那是不可想像的。我觉得科学的了解只有使大自然显得更奇妙更美丽。

**脑海**(nǎohǎi)：머리. 생각. 뇌리. **掠过**(lüè guo)：스치고 지나가다. **奇妙**(qí miào)：신기하다. 기묘하다.

中国人因为热爱大自然的美丽, 同时感觉大自然力量之不可抗拒, 心里慢慢就形成了一种强烈的宿命论。无论人类如何努力, 大自然不会改变它的途径。因此洪水和旱灾都不是人力所能控制的, 人们不得不听任命运的摆布。

**途径**(tújìng)：경로. 절차. 순서. **听任**(tīngrèn)：(자유에)맡기다. 하자는 대로 하다. **摆布**(bǎibu)：지배하다. 조종하다. 좌지우지하다.

既然命中注定如此, 他们也就不妨把它看得轻松点。天命不可违, 何必庸人自扰? 我们发现中国的许多苦力也笑容满面, 原因在此。苦难是命中注定的, 何不逆来顺受?

**不妨**(bùfáng)：무방하다. 괜찮다. **庸人**(yōngrén)：범인. 평범한 사람. **苦力**(kǔ lì)：쿨리.

중노동에 종사하는 중국이나 인도의 하층노동자. **逆来顺受**(nìlái shùnshòu) : 외부로부터의 압력을 참고 견디어내다. **庸人自扰**(yōngrénzìrǎo) : 아무런 일도 없는데 스스로 귀찮은 일을 사서 하다. 걱정도 팔자. 스스로 문제를 만들다.

| 抗战期间, 中国人民表现了无比的忍受艰难困苦的能力, 秘密就在此。尽力而为之, 其余的听天由命就是了。你最好乐天知命。秋天的明月、六月的微风、春天的花朵、冬天的白雪, 一切等待你去欣赏, 不论你是贫是富。 |
|---|

**艰难**(jiānnán) : 곤란하다. 어렵다. **困苦**(kùnkǔ) : (생활상의)어려움. 고통. **听天由命**(tīngtiānyóumìng) : 운명을 하늘에 맡기다. 천명에 따르다. **乐天知命**(lè tiānzhīmìng) : 하늘의 뜻에 순응하여 자기의 처지를 만족해하다.

# 第三十四章　二次大战期间看现代文化
# 2차 대전 기간 중 본 현대문화

现代文化肇始于欧洲;美国文化不过是欧洲文化的一支而已。中国文化是中华民族自己发展出来的, 历史悠久, 而且品级很高。现代思潮从欧美涌到后, 中国才开始现代化。

**肇始**(zhàoshǐ) : 시작하다. 개시하다. **品级**(pǐnjí) : 옛날 관리의 등급. (생산품이나 상품)의 등급.

在过去五十年内, 她已经逐渐蜕变而追上时代潮流, 在蜕变过程中曾经遭受许多无可避免的苦难。中国已经身不由主地被西潮冲到现代世界之中了。

**蜕变**(tuìbiàn) : 변화하다. 탈바꿈하다. **追上**(zhuīshang) : 따라잡다. **身不由主**(shēnbùyóuzhǔ) : 무의식적으로. 자기도 모르게. **冲**(chōng) : 휩쓸다.

"现代文化"是个笼统的名词。它可以给人许多不同的印象。它可以指更多更优良的作战武器, 使人类互相残杀, 直至大家死光为止。它也可以指更优越的生产方法, 使更多的人能够享受安适和奢华, 达到更高的生活水准。

**笼统**(lǒngtǒng) : 뚜렷하지 않다, 두리 뭉실하다. **残杀**(cánshā) : 학살하다. 잔인하게 죽이다. **死光**(sǐguāng) : 모두 죽다. **安适**(ānshì) : 편안한. 안정되고 쾌적한.

现代文化也可以指同时促成现代战争和高级生活水准的科学和发明。它可以代表人类追求客观真理, 控制自然的欲望, 也可以指动员资源和财富的交通建设和组织制度。对民主国家而言, 它可以代表民主政治, 对极权国家而言, 它又可以代表极权政治。

**促成**(cùchéng) : 촉진시키다. 재촉하여 빨리 이루어지게 하다.

> 这一切的一切, 或者其中的任何一项, 都可以叫做现代文化——至于究竟什么最重要, 或者什么最标准, 似乎没有任何两个人的意见会完全相同。那末, 在过去多灾多难的五十年中, 中国究竟在做些什么呢? 她可以说一直在黑暗中摸索, 有时候, 她似乎已掉进陷阱, 正像一只苍蝇被蜜糖引诱到灭亡之路。

**一切的一切**(yīqièdeyīqiè) : 모든 것. **那末**(nàmo) : 그러면. **蜜糖**(mìtáng) : 벌꿀.

> 有时候, 她又似乎是被一群武装强盗所包围, 非逼她屈服不可。她自然不甘屈服, 于是就设法弄到武器来自卫。总而言之, 她一直在挣扎, 在暗中摸索, 最后发现了"西方文化"的亮光, 这亮光里有善也有恶, 有祸也有福。

**总而言之**(zǒngéryánzhī) : 요컨대. 총괄적으로 말해서. **挣扎**(zhēngzhá) : 힘써 버티다. 발버둥 치다. **亮光**(liàngguāng) : 밝은 빛. 광선.

> 哪些是她应该努力吸收的善因, 哪些又是她必须拒斥的祸根呢? 这问题似乎没有一致的结论, 个人之间与团体之间都是如此。她所遭遇的祸患, 也可能在后来证明竟是福祉。鸦片是列强用枪炮硬加到她身上的祸害, 但是她却因此而获得现代科学的种子。

**善因**(shànyīn) : 좋은 요소. **拒斥**(jùchì) : 물리치다. 배제하다. **祸根**(huògēn) : 화근. **福祉**(fúzhǐ) : 복지. 행복. **枪炮**(qiāngpào) : 총포. **祸害**(huòhài) : 화 재난.

> 在另一方面, 她接纳的福祉在后来却又可能夹带着意想不到的祸患。例如我们因为过分相信制度和组织, 竟然忘记了人格和责任感的重要。因缺乏对这些品德的强调而使新制度新组织无法收效的例子已经屡见不鲜。

**夹带**(jiādài) : 몰래 숨겨 휴대하다. 뒤섞이다. **意想不到**(yìxiǎng·budào) : 예기치 못한. 생각지도 못하다. **无法**(wúfǎ) : ~할 방법이 없다, ~할 수 없다. **屡见不鲜**(lǚjiànbùxiān) : 흔히 볼 수 있다.

少数以剥削他人为生的人, 生活水准确是提高了。汽车进口了, 但是他们从来不设法自己制造。事实上要靠成千的农夫, 每人生产几百担谷子, 才能够赚换一辆进口汽车的外汇。现代都市里的电灯、无线电、抽水马桶等等现代物质享受, 也必须千千万万农夫的血汗来偿付。

**成千**(chéngqiān) : 천. **担**(dàn) : 석(石). 100근. **谷子**(gǔzi) : 좁쌀. 곡식. **无线电**(wúxiàndiàn) : 라디오. **抽水马桶**(chōushuǐmǎtǒng) : 수세식 변기. **偿付**(chángfù) : 지급하다. 상환하다.

我们以入超来提高生活水准, 结果使国家愈来愈贫困。但是生活水准是必须提高的, 因此而产生的祸害只有靠增加生产来补救。为了增加生产, 我们必须利用科学耕种, 农业机械和水利系统。

**入超**(rùchāo) : 수입초과. **补救**(bǔjiù) : 구제하다. 보완하다. 고치다. **耕种**(gēngzhòng) : 땅을 갈고 파종하다.

这种工作势将引起其他新的问题。我们吃足了现代文化的苦头, 然而我们又必须接受更多的现代文化。我们如果一次吃得太多, 结果就会完全吐出来。

**势将**(shìjiāng) : 반드시~하게 될 것이다.

一九〇〇年的义和团之乱就是一个例子; 如果我们吃得太少, 却又不够营养。现代文化在中国所产生的影响就是这样。无论如何, 中国还是不得不跟着世界各国摸索前进。

**跟着**(gēnzhe) : ~와 함께. **摸索**(mōsuo) : 모색하다. 탐색하다. 더듬어 찾다.

西方在过去一百年中, 每一发明总是导致另一发明, 一种思想必定引发另一种思想, 一次进步之后接着必有另一次进步, 一次繁荣必定导致另一次繁荣, 一次战争之后必有另一次战争。

**引发**(yǐnfā) : 일으키다. 야기 시키다. 자아내다. **导致**(dǎozhì) : 야기하다. 초래하다.

惟有和平不会导致和平，继和平而来的必是战争。这就是这个世界在现代文化下前进的情形。中国是否必须追随世界其余各国亦步亦趋呢?

**追随**(zhuīsuí)：추종하다. 뒤쫓아 따르다. **亦步亦趋**(yìbùyìqū)：맹목적으로 남을 따르다.

大家都在担忧发生第三次世界大战，如果另一次大战争真地发生的话，很可能仍像第一次大战一样爆发于东欧和中欧，也可能像第二次大战一样爆发于中国的东三省。中欧的人民想在另处找个生存空间，至于中国的东北，则是别国人民想在那里找生存空间。

**担忧**(dānyōu)：걱정하다. 근심하다. **如果……的话**：만일……한다면.

中欧是个人口稠密的区域，境内的纷扰很容易蔓延到其他区域；东三省则是辽阔的真空地带，很容易招惹外来的纷扰。二者都可能是战争的导火线，战争如果真地发生，势将再度牵涉整个世界，未来浩劫实不堪设想。

**招惹**(zhāorě)：일으키다. 야기 시키다. **纷扰**(fēnrǎo)：혼란. **牵涉**(qiānshè)：파급되다. 영향을 미치다. **浩劫**(hàojié)：큰 재난. 큰 재앙. **不堪设想**(bùkānshèxiǎng)：상상조차 할 수 없다.

确保东方导火线不着火的责任，自然要落在中国的肩膀上。因此今后二三十年间，中国在政治、社会、经济和工业各方面的发展，对于世界和平自将发生决定性的影响。一个强盛兴旺的中国与西方列强合作之下，即使不能完全消弭战争的危机，至少也可以使战争危机大为减低。

**确保**(quèbǎo)：확실히 보증하다. **兴旺**(xīngwàng)：번창하다. 왕성하다. **消弭**(xiāomǐ)：제거하다. 없애다. 소멸시키다. **减低**(jiǎndī)：낮추다. 인하하다.

西方列强如能与中国合作，不但同盟国家均蒙其利，即对整个世界的和平亦大有裨益。西方国家在今后五、六十年内至少应该协助中国发展天然资源，在今后二十年内尤其需要协助中国进行经济复员和社会重建的工作。

**均**(jūn)：모두. **裨益**(bìyì)：이익이 되다. 이익이 있다.

在西方潮流侵入中国以前，几百年来的祸患可说完全导源于满洲和蒙古。甲午中日战争之后，日本一跃而为世界强国，遂即与帝俄抢夺满洲的控制权，终至触发日俄之战。

**祸患**(huòhuàn)：화. 재난. 재앙. **导源**(dǎoyuán)：발원하다. 나오다. 생기다. **抢夺**(qiǎngduó)강탈하다.

日本处心积虑，想利用东三省作为征服全中国的跳板，结果发生九一八事变。如果唐朝灭亡以后的历史发展能够给我们一点教训的话，我们就很有理由相信，东三省今后仍系中国的乱源，除非中国成为强大富足的国家，并且填补好满洲的真空状态。

**处心积虑**(chǔxīnjīlǜ)：별의 별궁리를 다하다. 부심하다. **跳板**(tiàobǎn)：발판.

在建立现在民主政治和工業的工作上，中国需要时间和有利的条件从事试验。这些条件就是和平安全。国内和平有赖于国家的统一。国家安全则有赖于国际间的了解。只有在东北成为和平中心时，中国才有安全可言。我们必须从头做起，設法把广大的东北领土从战乱之源转化为和平的重镇。

**設法**(shèfǎ)：방법을 세우다. 방도를 찾다. 대책을 강구하다. **重镇**(zhòng zhèn)：요충지. 주요도시. 군사상 요지.

在這件艰巨的工作上，我希望全世界----尤其是美国，英国和苏俄----能够与中国合作。如果她们肯合作，这件工作自然会成功，那不但是中国之福，也是全世界之福。

**艰巨**(jiānjù)：어렵고 막중한.

民国十年(一九二一年)，我承上海市商会及各教育团体的推选，并受广州中山先生所领导的国民党政府的支持，曾以非官方观察员身份列席华盛顿会议。翌年我又到欧洲访问现代文化的发祥地。

**推选**(tuīxuǎn)：추천하여 선발하다. **列席**(lièxí)：(옵서버)로 참관하다. 참석하다.

那时刚是第一次世界大战结束后不久，欧洲各国正忙于战后复员，主要的战胜国则忙于确保永久和平。但是当时似乎没有一个国家意识到，实际上他们正在帮着散布下一次大战的种籽。

**意识**(yìshí)：의식하다. 깨닫다. **种籽**(zhǒngzǐ)：종자. 씨앗.

法国已经精疲力竭，渴望能有永久和平。她目不转睛地监视着莱茵河彼岸，因为威胁她国家生存的危机就是从那里来的。法国的防御心里后来表现在马奇诺防线上，她认为有了这道防线，就可以高枕无忧，不致于再受德国功击了。

**精疲力竭**(jīngpílìjié)：기진맥진하다. **目不转睛**(mùbùzhuǎnjīng)：주의를 집중하다. 주시하다. **高枕无忧**(gāozhěnwúyōu)：마음이 편안하고 근심걱정이 없다.

秦始皇 (公元前二四六～前二〇七年) 筑长城以御韃靼，法国则筑马奇诺防线以抵御德国的侵略。但是中国的祸患结果并非来自长城以外，而是发于长城之内，法国及其"固若金汤"的防线，命運亦复如是。

**韃靼**(Dádá)：한족(**漢族**)의 북방민족에 대한 총칭. **抵御**(dǐyù)：막아내다. 방어하다. **祸患**(huòhuàn)：화. 재난. 재해. 재앙. **来自**(láizì)：～로부터 오다. **固若金汤**(gùruòjīntāng)：금성탕지(**金城湯池**)처럼 견고하다. 난공불락이다. **亦复如是**(yì fùrúshì)：또한 이와 같다.

英国忙于欧洲的经济复兴，并在設法维持欧陆的均势。战败的德国正在休养将息。帝俄已经覆亡。一种新的政治实验正在地广人众的苏俄进行。这就是第一次世界大战后的欧洲政治情势。

**均势**(jūnshì)：세력균형. **休养将息**(xiūyǎngjiāngxī)：휴양하여 예기(**銳氣**)를 기르다. **覆亡**(fùwáng)멸망하다. **地广人众**(dìguǎngrénzhòng)：땅이 넓고 인구가 많은.

美国因为不愿卷入欧洲纷扰的漩涡，已经从多事的欧陆撤退而召开华盛顿会议；九国公约就是在这次会议中签订的。此项公约取代了英日同盟，所谓山东问题，经过会外磋商后，亦告解决，日本对华的二十一条要求终于静悄悄地被放进坟墓。巴黎和会中曾决定把青岛赠送给日本，所谓山东问题就是因此而起的。

**纷扰**(fēnrǎo) : 혼란. **漩涡**(xuánwō) : 소용돌이. **多事**(duōshì) : 다사다난하다. **九国公约**(jiǔguógōngyuē) : 워싱턴조약. 9개국조약. **磋商**(cuōshāng) : 협의하다. 교섭하다. **静悄悄**(jìngqiāoqiāo) : 아주 고요한 모양.

中国人民对巴黎和会的愤慨终于触发了学生运动, 在中日关系上发生了深远的影响, 同时在此后二十年间, 对中国政治和文化上的发展也有莫大的影响。巴黎和会的决定使同情中国的美国政界人士也大伤脑筋, 终至演化为棘手的政治问题。

**伤脑筋**(shāngnǎojīn) : 골머리를 앓다. 애를 먹다. **棘手**(jíshǒu) : 까다롭다. 난처하다. (처리하기가)곤란하다. **演化**(yǎnhuà) : 진화하다.

共和党和民主党都以打抱不平自任, 承诺为中国伸雪因凡尔赛和约而遭受的冤抑。因此, 美国固然从欧洲脱身, 却又卷入了太平洋的漩涡。二十年后的珍珠港事变即种因于此。

**打抱不平**(dǎbàobùpíng) : 학대받는 약자의 편을 들다. **承诺**(chéngnuò) : 승낙하다. **伸雪**(shēnxuě) : 억울함을 씻다. **冤抑**(yuānyì) : 억울한 죄를 입다. **种因**(zhòngyīn) : 인과의 씨를 뿌리다. 원인을 조성하다.

美国虽然是国际联盟的倡导者, 结果却并未参加国联的实际活动; 法国唯一的愿望是避免纠纷, 防御心理弥漫全国; 英国的注意力集中在维持欧陆均势上面; 结果国际联盟形同虚设。它只会喑喑狂吠却从来不会咬人。但是会员本身无法解决的问题, 还是一古脑儿往国际联盟推, 结果国联就成了国际难题的垃圾堆。

**倡导者**(chàngdǎozhě) : 발기인. 창립자. 주창자. **均势**(jūnshì) : 세력균형. **形同虚设**(xíngtóngxūshè) : 유명무실한. **喑喑**(yànyàn) : 거칠고 사나운 모양. **狂吠**(kuángfèi) : 미친 듯이 짖다. 제멋대로 떠들어대다. **一古脑儿**(yīgǔnǎor) : 모두, 몽땅. **垃圾堆**(lājīduī) : 쓰레기더미.

中国无法应付东北问题的困难时, 也把这些难题推到国联身上, 因为日本是国联的会员国。法国对沈阳事变漠不关心, 英国所关切的只是欧洲大陆的均势, 惟恐卷入远东纠纷, 因此国联连向日本吠几声的胆量都没有。结果只懒洋洋地打了几个呵欠, 如果说那是默认既成事实, 未始不可。

**漠不关心**(mòbùguānxīn) : 전혀 관심이 없다. **关切**(guānqiè) : 관심을 갖다. 배려하다. **胆量**(dǎnliàng) : 담보. 용기. **懒洋洋**(lǎnyángyáng) : 마음이 내키지 않는 모양. **打呵欠**(dǎhēqian) : 하품하다. **未始不可**(wèishǐbùkě) : 안된다고 할 수 없다.

> 国联虽然一事无成, 却是一个很有价值的教训。世界人士可以从它的失败中, 学习如何策划未来的和平。国联诞生于美国之理想, 结果因会员国间利益之冲突, 以及列强间的野心而夭折。

**一事无成**(yīshìwúchéng) : 아무 일도 성사하지 못하다.

> 凡尔赛和约订立后约二十年间, 世局演变大致如此。由凡尔赛和约播下的战争种籽在世界每一角落里像野草一样蔓生滋长, 这些野草终于着火燃烧, 火势遍及全球。

**演变**(yǎnbiàn) : 변화 발전(하다). 변천(하다). **蔓生**(mànshēng) : 식물줄기가 덩굴져나다. 만성하다.

> 但是政治究竟只是过眼云烟, 转瞬即成历史陈迹。恒久存在的根本问题是文化。我们无法否认欧洲已经发展了现代科学和民主制度, 为人类带来了许多幸福。在我看起来, 德国是个遍地是望远镜、显微镜和试验管的国家。

**过眼云烟**(guòyǎnyúnyān) : 금방 사라져 버리다. **陈迹**(chénjì) : 옛일. 옛 자취.

> 她的发明日新月异, 突飞猛进。上海人甚至把高级舶来品统称为"茄门货"(德国货)。德国人在物质发明上的确称得起能手, 但是在人事关系上却碌碌无能。我想, 这或许就是他们无法与其他国家和睦相处的原因。

**日新月异**(rìxīnyuèyì) : 나날이 새로워지다. 발전이 매우 빠르다. **突飞猛进**(tūfēiměngjìn) : 비약적으로 발전하다. **茄门货**(jiāménhuò) : MADE IN GERMANY. **的确**(díquè) : 확실히. **能手**(néngshǒu) : 명수. **碌碌无能**(lùlùwúnéng) : 평범하여 특별한 능력이 없다. **和睦相处**(hémùxiāngchǔ) : 화목하게 지내다.

他们透过望远镜或显微镜看人，目光焦点不是太远就是太近，因而无法了解人类的行为和情感。他们不可能把国际关系或人类情绪放到试管里去观察它们的反应。

**焦点**(jiāodiǎn)：초점.

在人类活动的广大领域里，德国人常常抓不到人性的要点或缺点。他们已经发展了其他民族望尘莫及的特殊才智，但是欠缺常识。他们的特长使他们在科学上穷根究底，对世界提供了许多特殊的贡献；但是他们在常识方面的欠缺，却使德国和其他国家同受其害。

**望尘莫及**(wàngchénmòjí)：도저히 따라잡을 수 없다. **特长**(tècháng)：특색. 장점. **穷根究底**(qiónggēnjiūdǐ)：꼬치꼬치 캐묻다. 진상을 추구하다.

英国人刚刚与德国人相反。他们是个常识丰富的民族，也是应付人事关系的能手。他们对国际事务的看法以及有关的政策富于弹性和适应性。他们从来不让绳子拉紧到要断的程度。

**绳子**(shéngzi)：새끼. 밧줄.

如果拉着绳子另一端的力量比较强，英国人就会放松一点免得绳子拉断。如果拉着另一端的力量比较弱，英国人就会得寸进尺地把绳子拉过来，直至人家脱手为止。但是他们绝不会放弃自己拿着的这一端——他们会坚持到底，不顾后果。在国际关系和殖民政策上，英国人的这种特性随处可见。

**得寸进尺**(décùnjìnchǐ)：말 타면 경마 잡히고 싶다. 욕망은 한이 없다.

英国人的特性中，除了弹性和适应性之外，同时还有容忍、中庸、体谅、公平以及妥协的精神。他们的见解从来不走极端，而且始终在努力了解别人的观点，希望自己能因此迁就别人，或者使别人来接受他们自己的观点。他们爱好言论自由和思想自由，憎恶无法适应不同情况的刻板规律。

迁就(qiānjiù) : 아무런 원칙이나 생각 없이 남을) 좇다. 따르다. 순응(順應)하다. 동의(同意)하다. 타협(妥協)하다. 양보(讓步)하다. 刻板(kèbǎn) : 융통성 없는. 기계적인.

英国的拘谨矜持几乎到了冷酷的程度, 这是英国人最受其他民族讨厌的一种特性, 而且常常因此引起猜疑误会。这种特性使英国人丧失了许多朋友。但是当你对他们有较深的认识时, 或者说当他们对你了解较深时, 你就会愿意与他们交朋友了。

拘谨(jūjǐn) : (말과 행동이)지나치게 신중하다. 지나치게 조심스럽다. 어색(語塞)하다. 딱딱하다. 부자연스럽다. 矜持(jīnchí) : 스스로 품위를 지켜 조심하다. 자중하다. 지나치게 신중하다. 猜疑(cāiyí) : 의심(疑心)하다. 의구심(疑懼心)을 갖다.

这许多特性凑合在一起时, 英国的民主政治才成为可能。因为民主不是抽象的东西, 也不是天上掉下来的, 民主政治包含着民主先进国家的所有特长。翻开英国的宪政史, 你会发现其中充满了偏执、迫害、腐败和残忍的事实。许多生命, 包括一位君主, 曾经为民主牺牲。英国实行民主的经验的确值得我们好好研究。

凑合(còuhe) : 모이다. 긁어모으다. (자질구레한 것들을 한데) 모으다. 翻开(fānkāi) : (책 등을) 젖혀 열다(펴다).

不过, 我们必须记住一项事实 : 英国的民主政治在联合王国达成统一之后才迅速发展, 美国民主政治也是在南北战争之后才突飞猛进. 历史告诉我们 : 只有统一与安全同时并进时, 有组织的民主政治才能实现. 英国幸而是小岛组成的王国, 四围有海洋保护者.

突飞猛进(tūfēiměngjìn) : 비약적으로 진보하거나 발전하다. 幸而(xìngér) : 다행히. 운 좋게.

在古代, 外国侵入英国是不容易的, 因此英国人得以永久安全, 有足够的时间从事民主实验. 在民主的孕育和实验期间, 英国的生存始终未受外来侵略的威胁. 美国的情形也很相似. 北美大陆本身就是一个大岛, 周围的海洋使它不受外来的侵略.

**孕育**(yùnyù) : 배태(胚胎)하다. 내포(內包)하다. 배양(培養)하다.

从英国来的早期殖民者带来爱好自由的种籽, 这些种籽遂即滋长为自由大树, 海洋则保护了这些大树, 免受外来侵略者的斧斤之扰. 经过约一百年的发荣滋长, 美国的民主已经根深蒂固, 不但人事方面普遍进行实验, 即在物质方面也是如此, 换一句话说, 科学研究之风已吹遍美洲的每一角落.

**种籽**(zhǒngzǐ) : 종자. 씨. 씨앗. **遂即**(suìjí) : 결국. 드디어. **滋长**(zīzhǎng) : (주로 추상적인 의미로) 생장하다. 자라다. 생기다. **斧斤**(fǔjīn) : 도끼. **扰**(rǎo) : 훼방 놓다. 방해하다. 어지럽게 하다. **发荣滋长**(fāróngzīzhǎng) : 무성하게 자라다. **根深蒂固**(gēnshēndìgù) : 뿌리가 깊고 꼭지가 튼실하다.

美国的民主固然由英国模型发展而来, 美国的科学即受德国之惠不浅. 美国的高等教育制度是英国学院和德国大学的混合体 : 打个比喻, 美国的学术服装是由一件英国袍子和一项德国帽子凑合而成的。

**模型**(móxíng) : 견본. 모델. 모형. [주로 전람회나 실험용의 모형을 일컬음]. **打个比喻**(dǎgebǐyù) : 비유하다. **袍子**(páozi) : 긴 옷.

美国大学里男女学生的友好相处, 与交际自由, 建立了自由研究的基础。知识不受严格的管制 ; 人与人的关系是经由学生团体的自由接触而建立的 ; 年轻一代的目光并未受到望远镜、显微镜或试验管的局限 ; 凡是有兴趣的人都可以接受一种普遍文化的陶冶。在大学部和研究院里, 美国学生普遍接受研究方法的训练。德国学者的彻底精神普受赞许与提倡, 但是这种彻底精神直到我进大学的时代才充分发挥。

**友好相处**(yǒuhǎoxiāngchǔ) : 사이좋게 지내다. **研究院**(yánjiūyuàn) : 대학원. **赞许**(zànxǔ) : (좋다고 생각하여) 칭찬(稱讚)하다. 지지(支持)하다. **提倡**(tíchàng) : 제창하다. 부르짖다.

第一次世界大战期间, 中国旧国旗中的红黄蓝白黑五色一度只乘下黑白两色。理由是德国颜料因战事关系已无法再输入中国。纽约一位美国化学家告诉我, 在德国, 通常是好几位专家共同研究一种颜料, 在美国却是一位化学家同时研究好几种颜料。

一度(yīdù) : 한때. 한동안. [과거에 발생한 적이 있는]. 颜料(yánliào) : 안료(顔料). 도료(塗料). [물이나 기름 등에 녹지 않는 광물질 또는 유기질의 착색제로 페인트, 잉크, 니스, 화장품 등의 원료로 첨가제와 함께 쓰임]. 关系(guānxi) : 관계. 원인. 조건.

这是二十多年前的事了, 目前的情况已经有了改变, 因为在过去二三十年间, 美国人民已经深获德国彻底精神的诀窍。美国民主和德国精神在美国携手并进, 相得益彰。美国以其丰富的天然资源, 强大的组织能力, 以及对大规模建设的热诚, 已经一跃而登民主国家的首座。

诀窍(juéqiào) : 기교. 요령. 솜씨. [결정적일 때 쓰이는 좋은 방법을 뜻함]. 相得益彰(xiāngdéyìzhāng) : (두 사람이나 두 개의 사물이 서로 잘 어울려) 서로의 능력과 장점을 더욱 잘 나타내다. 首座(shǒuzuò) : 윗자리. 상좌.

有一天, 重庆的美国大使馆举行酒会, 会中一位英国外交官对我说: "英国美国化了, 俄国美国化了, 中国也美国化了。" "英国在哪一方面美国化了呢?" 我问道。"好莱坞电影就是一个例子。" 他回答说。"那末俄国呢一你是不是指大工业?" "是的。"

酒会(jiǔhuì) : 간단한 연회(宴會). [술과 간식으로 손님을 대접하고 좌석을 따로 배치하지 않아 자유롭게 출입을 할 수 있는 파티를 가리킴]. 리셉션. 好莱坞(hǎoláiwù) : 할리우드(Hollywood). [미국의 캘리포니아 주 로스앤젤레서 북서쪽에 위치한 곳으로 영화 제작이 매우 활발한 지역임].

这使我联想到中国的政治制度、教育制度、社会改革和工业发展, 这一切都带着浓厚的美国色彩。但是我并没有忘记: 中国也已使冲激着她海岸的汪洋染上了她自己的色彩。

汪洋(wāngyáng) : 넓은 바다. 망망대해.

这位英国外交官用手指着缀有四十八颗星星的美国国旗, 带点幽默地转身问站在他身边的一位美国高级将领说: "这上面是六行星星, 每行八颗。如果你们增加一个新的州时, 你们预备怎么安排?"

将领(jiànglǐng) : 고급 장교(高級將校). 장성.

"呃, 我想它们排成七行, 每行七颗星就成了。但是你问这个干什么? 你心里所想的是哪一个新的州?" "英格兰。" 这位外交官回答说。我们大家都笑了。这当然只是一个笑话, 但是从笑话里, 我们可以看出时代的潮流。

**英格兰**(yīnggélán) : 잉글랜드(England).

昔日西方在东方争取殖民地时, 西方列强除了美国之外都曾或先或后地侵略过中国。甚至连葡萄牙也从广东省咬走一小块土地——澳门。美国取自中国的唯一东西是治外法权, 但是美国所施于中国者实远较其所取者为多。这些人人皆知的事实, 用不到我浪费笔墨。

**连……也** : ……조차도. **澳门**(Àomén) : 마카오. **治外法权**(zhìwàifǎquán) : 치외 법권. **远**(yuǎn) : 훨씬. **人人皆知**(rénrénjiēzhī) : 모든 사람들이 알고 있다.

现在美国与英国都已放弃了在华的治外法权, 英国虽然仍旧保持香港, 却已交还了所有的租界。全世界虽然历经战争惨祸, 国际乌云之中已经透露出一线曙光了。希望这一线曙光, 在大战胜利之后, 能够渐渐扩大而成为光芒万丈的霁日。

**交还**(jiāohuán) : 반환(返還)하다. (빌리거나 받은 것을) 다시 돌려주다. 되돌려주다. 반려(返戾)하다. **历经**(lìjīng) : 여러 차례 경험하다. **惨祸**(cǎnhuò) : 참혹한 화(禍). **乌云**(wūyún) : 검은 구름. 먹구름. 암담(暗澹)하거나 열악(劣惡)한 정세(情勢). **透露**(tòulù) : (소식이나 뜻 등을) 나타내다. 드러내다. 누설(漏洩)하다. 누출(漏出)하다. 폭로(暴露)하다. **曙光**(shǔguāng) : 서광. [새벽에 동이 터 올 때의 빛]. **光芒万丈**(guāngmángwànzhàng) : (기백이 넘치는 문장을 나타내는 말로) 눈부시게 빛나다. 찬연하다. **霁日**(jìrì) : 비가 갠 하늘의 밝은 빛.

美国已经决意参加未来的国际和平组织, 她已经英勇地参加战斗, 为永久和平而战斗。历史上的一个新时代正在形成中。中、美、英、苏俄如能合力谋求和平, 再由一个有效的世界组织来维护和平, 永久和平并非不可能的。

**决意**(juéyì) : 결의(하다). 결심(하다). **如**(rú) : 만약~하면. **合力**(hélì) : 힘을 합치다. **谋求**(móuqiú) : 꾀하다. 도모(圖謀)하다. 모색(摸索)하다. 계획(計劃)하다. **维护**(wéihù) : 지키다. 유지하고 보호하다. 옹호[수호]하다.

就中国而论，在未来二十年或者三十年里，她尤须加倍努力，从事建设和复兴。

今后二三十年将是中国的兴衰关头。我们的努力能否成功，要看我们有无远大眼光，有无领导人才，以及盟国与我们合作的程度而定。

关头(guāntóu) : 일의 중요한 시기. 전환점. 고비.

盟国与我们合作的程度，又要看我们国内的政治发展以及我们对国际投资所采取的政策而定。战争的破坏，敌骑的蹂躏，更使我们的复兴工作倍形困难。在另一方面，中国必须完成双重的任务。

敌骑(díqí) : 적군. 蹂躏(róulìn) : 유린하다. 짓밟다. 폭력을 사용하여 짓밟다. 침해하다.

第一是使她自已富强。第二是协力确保世界和平。在儒家的政治哲学里，世界和平是最终的目的。中山先生根据儒家哲学，也把世界和平定为他的三民主义的目标。

确保(quèbǎo) : 확실히 보증하다. 확고히 보장하다.

我们如果能够度过这二三十年的难关，自然就可以驾轻就熟，继续进行更远大的改革和建设，为中国创造辉煌的将来，到那时候，中国自然就有资格协助世界确保永久的和平了。

度过(dùguò) : 보내다. 지내다. 넘기다. 驾轻就熟(jiàqīngjiùshú) : 가벼운 수레를 몰고 아는 길을 가다 ; 숙달되어 일 처리가 쉽다. =[驾轻车，就熟路] [轻车熟路].

有许多地方，中国仍得向西方学习。自从唐朝覆亡以后，中国曾经一再被来自附近亚洲地区的异族所征服。唐亡以后中国文化的衰退，就是蛮夷戎狄不断蹂躏中国的结果。

覆亡(fùwáng) : 멸망하다. 蛮夷戎狄(mányíróngdí) : 옛날, 중국인의 입장에서 주위의 주변국가의 민족을 얕잡아 부르던 말.

异族一再入寇中原, 加上饥馑、疾病和内乱, 终使中国元气衰竭, 人民创造能力大为削弱。西方影响开始侵入中国时, 正是中国文化陷于最低潮的时候。现在我们中国人一提到唐朝文化, 不禁眉飞色舞, 心向往之, 满望能恢复旧日的光荣。

**入寇**(rùkòu) : 침입하다. **低潮**(dīcháo) : 저조하다. **眉飞色舞**([méifēisèwǔ) : 희색이 만면하다. 의기양양(**意氣揚揚**)하다. 득의만만(**得意滿滿**)하다. **心向往之**(xīnxiàngwǎngzhī) : 내심으로 몹시 동경하다. **满望**(mǎnwàng) : 매우 바라다.

唐朝的文化比起后来宋朝禁欲主义的文化要近人情的多。如果我们能从唐朝文化得到些灵感与鼓舞, 也未始不是件好事。从唐人的绘画里, 我们深深赞叹唐人体格的强健。唐朝的音乐、舞蹈、诗歌、绘画和书法都有登峰造极的成就, 后代少能望其项背。

**近人情**(jìnrénqíng) : 인정에 가깝다. **未始不是**(wèishǐbùshì) : …이 아니라고 말할 수 없다. 결코 …(이)지 않은 것이 아니다. [부정사 앞에 놓여 이중 부정을 나타냄]. **深深**(shēnshēn) : 매우 깊이. 깊숙이. **登峰造极**(dēngfēngzàojí) : 최고봉에 이르다. 학문·기능이 최고 수준에 이르다. 나쁜 짓을 함이 극도에 달하다. **望其项背**(wàngqíxiàngbèi) : (실력·열의·정도 따위가 비교 대상에) 거의 근접하다[도달하다]. 따라잡다. [주로 부정문 형태로 쓰임]

但中国想要回到历史上的这个辉煌时代是不可能的。千百年来我们一直在努力恢复过去的光荣, 但是我们的文化却始终在走下坡。因为环境已经改变了。

**千百年**(qiānbǎinián) : 긴 세월. 수천 수백 년. **走下坡**(zǒuxiàpō) : 내리막길을 걷다. 【비유】 상황이 점차 나빠지다. 일이 악화되다.

唐代文化赖以滋长的肥沃土壤, 已经被历代祸乱的浪潮冲刷殆尽, 但是我们如果能避免重蹈唐代灭亡的覆辙, 转向在艺术、科学、军事、政治、卫生、财富各方面均有高度成就的现代文明国家如美国等学习, 我们或许会发现唐代的光荣将有重临的一日。

**祸乱**(huòluàn) : 화란. 재난과 변란. **冲刷**(chōngshuā) : 물을 끼얹어 씻어 내다. **殆尽**(dàijìn) : 거의[거반]다하다. **重蹈…的覆辙** : …의 전철을 밟다. **重临**(chónglín) : 다시 오다.

在维护和平的工作上, 中国的职责将是相当重大的。中国的历史上曾经有过不少次的战争, 但是这些战争多半属于国内革命的性质。对外的比较少, 国内战争多半是被压迫的农民和苦难人民反抗腐败的政府所引起的。

职责(zhízé) : 직책. 소임.

至于对外战争, 性质上也是防御多于攻击。中国受外国侵略者多, 侵略外国者少, 从筑万里长城的秦始皇开始, 中国就一直希望能闭关自守, 长城本来就是防御心理的象征。

闭关自守(bìguānzìshǒu) : 관문을 닫고 외부와 왕래를 끊다. 쇄국 정책을 실시하다.

孔子的忠孝、仁爱、信义、和平的教训, 和孟子的民主观念, 都使中国适于做一个不愿欺凌其他民族的现代民主国家。中国在战后必须强调的是现代科学和民主政治 ; 科学方面应注意生产方法的应用, 民主方面应强调国家的统一。科学和民主是现代进步国家的孪生工具, 也是达成强盛、繁荣和持久和平的关键。

欺凌(qīlíng) : 얕보다. 괴롭히다. 업신여기다. 孪生(luánshēng) : 쌍둥이.

中国人民深通人情, 特别注重待人接物的修养, 生活思想习于民主, 这一切都使中国具备现代民主国家的坚强基础。我们在前面已经提到, 中国的民主社会组织相当松泛。中国人对于个人自由的强烈爱好并未能与现代社会意识齐头并进。

深通(shēntōng) : 정통하다. 深通人情(shēntōngrénqíng) : 인정을 깊이 이해하다. 인정을 깊이 통찰하다. 待人接物(dàirénjiēwù) : 사람을 대하는 태도. 사람을 응대하고 환경에 접하다 ; 처세하다. 齐头并进(qítóubìngjìn) : 함께 나아가다. 머리[어깨]를 나란히 하고 나아가다

强烈的家族观念已经阻滞了使个人结合为广大团体的过程。不过这种褊狭的观念正在迅速衰退 ; 现代社团已经在大城市里相继出现 ; 进一步工业化之后, 家族关系自将愈来愈松弛, 个人社会化的程度也将愈来愈深。

**阻滞**(zǔzhì) : (장애로) 가로막히다. 지체되다. **社团**(shètuán) : (노동조합·학생회 따위의) 결사 단체. 동아리. **松弛**(sōngchí) : (줄이) 늘어지다. 느슨하다. 느른하다. 헐겁다. (관계·규율·경계 등이) 해이하다. 무르다. 엄하지 않다.

> 在知识方面, 中国人看待事物的态度使他深通人情, 但是也使他忽视概括与抽象的重要。他以诗人、艺术家和道德家的心情热爱自然, 因而胸怀宽大, 心平气和。但是这种对自然的爱好尚未推展到对自然法则的研究, 人类要控制自然, 必须靠这些法则的武器。

**忽视**(hūshì) : 소홀히 하다. 경시하다. 주의하지 않다. **热爱**(rè'ài) : 열렬히 사랑하다. **胸怀**(xiōnghuái) : 도량. **心平气和**(xīnpíngqìhé) : 마음이 평온하고 태도가 온화하다. **推展**(tuīzhǎn) : 추진하다. 밀고 나아가다.

> 以中国文化同化能力之强, 她必定能慢慢地吸收西方在科学上的贡献; 以中国天然资源之富, 人民智慧之高, 科学的发展将使她前途呈现无限光明。物质文明发展之后, 她的道德和艺术更将发扬光大; 她的文学和哲学也将在现代逻辑方法和科学思想影响下更见突出而有系统。

**发扬光大**(fāyángguǎngdà) : 사업·전통 등을) 원래의 기초 위에서 더욱 확대 발전시키다. **逻辑**(luójí) : 논리. 로직(logic).

> 在这个初步的和平与繁荣的新基础上, 中国将可建立新的防卫力量来维护和平。只有战斗中的伙伴才有资格成为和平时期的伙伴。中国八年抗战对世界和平的贡献, 已使举世人士刮目相看。

**刮目相看**(guāmùxiāngkàn) : 새로운 눈으로 보다.

> 现代科学, 特别是发明和工业上的成就, 将与中国的艺术宝藏和完美道德交织交融。一种新的文化正在形成, 这种新文化对世界进步一定会提供重大的贡献。

**宝藏**(bǎozàng) : 수장(收藏)하고 있는 보물. **交织**(jiāozhī) : (감정 따위가)엇갈리다. 뒤엉키다. 교차하다. 엇섞이다. **交融**(jiāoróng) : 뒤섞이다. 혼합되다. 융합하다. 한데 어우러지다. 조화되다.

**서정희(徐貞姬)**

1953년 서울 출생. 한국외국어대학교 중국어과를 졸업한 뒤
중화민국 국립대만대학교 중문연구소에서 문학박사학위를 취득
했다.
현재 부산대학교 중어중문학과 교수이다.

주요저서로는 『西遊記的八十一難研究』, 『兩種三遂平妖傳比較研
究』와 번역서 『근현대중국사 상·하』 외에 다수의 논문이 있다.

西潮 [서양의 물결]

전통중국사회에서 현대중국사회로

초판 1쇄 발행 _ 2015년 8월 31일

편저자 · 서 정 희
발행인 · 정 현 걸
발 행 · 신 아 사
인 쇄 · 예지인쇄
주 소 · 서울특별시 은평구 통일로 59길 4 2층(122-826)
전 화 · (02) 382-6411 팩 스 · (02) 382-6401
홈페이지 · www. shinasa. co. kr
E-mail · shinasa@daum.net
출판등록 · 1956년 1월 5일(제9-52호)

ISBN: 978-89-8396-913-2(93820)

정가 *16,000* 원